Veröffentlichungen des
Instituts für Europäische Geschichte Mainz

Abteilung für Universalgeschichte
Herausgegeben von Johannes Paulmann

Band 253

Wien und London, 1727–1735

Internationale Beziehungen im frühen 18. Jahrhundert

von

Charlotte Backerra

Vandenhoeck & Ruprecht

Die vorliegende Arbeit wurde vom Fachbereich 07 Geschichts- und Kulturwissenschaften der Johannes Gutenberg-Universität Mainz im Jahr 2017 unter dem Titel »Wien und London, 1727–1735. Faktoren der Internationalen Beziehungen im frühen 18. Jahrhundert« als Dissertation zur Erlangung des akademischen Grades eines Doktors der Philosophie (Dr. phil.) angenommen.

Bibliografische Information der Deutschen Nationalbibliothek:
Die Deutsche Nationalbibliothek verzeichnet diese Publikation in der Deutschen Nationalbibliografie; detaillierte bibliografische Daten sind im Internet über http://dnb.de abrufbar.

Coverabbildung: L'Isle, Guillaume de: Carte d'Europe dressée pour l'usage de Roy sur les itinéraires anciens et modernes et sur les routiers de mer assujetis aux observations astronomiques par G. Delisle Premier Geographe de S.M. de l'Academie Royale des Sciences, Paris 1724, David Rumsey Map Collection, www.davidrumsey.com.

Satz: Vanessa Weber, Mainz
Druck und Bindung: ⊕ Hubert & Co BuchPartner, Göttingen
Printed in the EU.

Vandenhoeck & Ruprecht Verlag | www.vandenhoeck-ruprecht-verlag.com

ISSN 0537-7919
ISBN 978-3-525-30194-4

MEINEN ELTERN

Inhaltsverzeichnis

Vorwort

Die vorliegende Monographie beruht auf meiner Dissertation, die ich mit dem Prüfungskolloquium im Februar 2017 am Fachbereich 07 Geschichts- und Kulturwissenschaften der Johannes Gutenberg-Universität Mainz abschloss. Für den Druck wurde die Arbeit leicht überarbeitet. Mein Dank gilt zuallererst meinem Doktorvater, Herrn Professor Matthias Schnettger, für die jahrelange Unterstützung, Begleitung und Ermutigung. Den Gutachterinnen und Gutachtern, insbesondere Herrn Professor Jan Kusber und Herrn Professor Michael Kißener als Beteiligten der Prüfungskommission, danke ich für ihre Anregungen.

Die Promotion wurde in den ersten Jahren finanziell und ideell durch ein Stipendium des Cusanuswerks gefördert. Ein Forschungsstipendium des Deutschen Historischen Instituts London ermöglichte einen zweiten längeren Englandaufenthalt. Vom Leibniz-Institut für Europäische Geschichte erhielt ich ebenso finanzielle Förderung und die Gelegenheit, mich in Kolloquien und Gesprächen mit Kolleginnen und Kollegen auszutauschen. Herrn Professor Johannes Paulmann danke ich herzlich für die Aufnahme meiner Arbeit in die Reihe der Veröffentlichungen des Instituts für Europäische Geschichte, Frau Dr. Christiane Bacher und Frau Vanessa Weber für die redaktionelle Betreuung der Drucklegung.

Weiterhin danke ich den Mitarbeiterinnen und Mitarbeitern der Archive, Bibliotheken und musealen Münzsammlungen in Mainz, Wien, London, Richmond, Cambridge, Oxford, Leeds, Hannover, St. Pölten und Paris. Mein besonderer Dank gilt Herrn Dr. Graf Rudolph Kinsky für die Möglichkeit, das Familienarchiv Kinsky in Wien zu nutzen.

Seit Beginn der Promotionszeit unterrichtete ich am Historischen Seminar Mainz, vor allem am Arbeitsbereich Neuere Geschichte bei Herrn Schnettger. Diskussionen und anregende Gespräche mit Kommilitonen, Studierenden, Kolleginnen und Kollegen, im Doktorandenkreis und im Forum Junge Kulturwissenschaften führten immer wieder zu neuen Ideen. Während der letzten intensiven Schreibphase unterrichtete ich an der Universität Stuttgart am Lehrstuhl für die Geschichte der Frühen Neuzeit bei Herrn Professor Joachim Bahlcke; auch ihm und den Mitgliedern des Historischen Instituts sei für den vielfältigen Meinungsaustausch gedankt.

Inhaltliche Anstöße erhielt ich darüber hinaus bei verschiedensten Kolloquien, Konferenzen und sonstigen Gelegenheiten. Stellvertretend für viele, die Anregungen gaben und mit Rat und Tat zur Seite standen, seien hier Stefan Dumont, Dr. Mona Garloff, Heiko Geisenhof, Dr. Katrin Keller,

Dr. Torsten Riotte, Dr. Christine van den Heuvel sowie Dr. Thomas Weller genannt. Cathleen Sarti begleitete die Arbeit im gegenseitigen Austausch und mit wechselseitigen Korrekturen und unterstützte mich schließlich bei der Überarbeitung des Manuskripts für die Druckfassung. Meine Familie und meine Freunde halfen mit interessiertem Zuhören, Unterkünften und notwendiger Ablenkung. Zuletzt möchte ich meinen Eltern für das intensive, wiederholte Korrekturlesen und ganz besonders für ihre finanzielle und emotionale Unterstützung danken, ohne die diese Arbeit nie vollendet worden wäre. Ihnen sei dieses Buch gewidmet.

Mainz, im Juli 2018   Charlotte Backerra

Vorbemerkungen

Bis 1752 galt in Großbritannien der julianische Kalender, während auf dem europäischen Festland die katholischen Staaten schon seit dem 16. Jahrhundert, die meisten protestantischen Territorien seit spätestens 1700 den gregorianischen Kalender verwendeten. Der Unterschied betrug im 18. Jahrhundert elf Tage. Dies zeigte sich auch in der diplomatischen Korrespondenz. Britische Korrespondenten machten, wenn sie vom Festland aus schrieben, doppelte Datumsangaben. Der kaiserliche Gesandte in London schrieb von den britischen Inseln jedoch nach dem gregorianischen Kalender. Zur besseren Lesbarkeit werden im Folgenden die Daten nach dem gregorianischen System angegeben, wenn nötig, werden Datumsangaben mit den Abkürzungen »a. S.« für »alter Stil«, also Daten nach dem julianischen Kalender, und »n. S.« für »neuer Stil« genauer definiert. Schon von den Zeitgenossen wurde der in Großbritannien übliche Jahresanfang am 25. März nur teilweise verwendet, deshalb werden Daten zwischen dem 1. Januar und dem 25. März mit der heute verwendeten Jahreszahl angegeben.

Akteure werden im Text mit ihren Familiennamen beziehungsweise Titeln benannt. Die Lebensdaten und Titel der wichtigsten Akteure finden sich in einer kurzen Auflistung im Anhang.

Für Zitate wird die Schreibweise der jeweiligen Vorlage übernommen. Alle verwendeten sprechenden Kurztitel sind über das Quellen- und Literaturverzeichnis aufzulösen.

1. Einleitung

Die Verbindung quer über den europäischen Kontinent zwischen dem Wiener und dem Londoner Hof war spätestens seit 1714 eine besondere. Von diesem Jahr an stammten die britischen Könige aus dem welfischen Haus Braunschweig-Lüneburg mit der deutschen Residenz in Hannover. Mehr als hundert Jahre regierten sie in Personalunion als Könige von Großbritannien und Irland sowie als Kurfürsten von Braunschweig-Lüneburg (Kurhannover) beziehungsweise im 19. Jahrhundert als Könige von Hannover. Bei den Interaktionen mit dem Kaiser sind deshalb zwei verschiedene hierarchische Ebenen zu betrachten: einerseits die der – zumindest aus britischer Sicht – gleichberechtigten souveränen Monarchen, andererseits die des Kaisers und seines Vasalls, des Kurfürsten. Konfessionell hatte die Personalunion ebenfalls Auswirkungen auf das Verhältnis zwischen London und Wien, da der Kaiser sich als Schutzherr aller Katholiken verstand, im Reich aber dem Kurfürsten von Hannover im *Corpus Evangelicorum* und in Europa dem Oberhaupt der anglikanischen Kirche – das sich gleichzeitig als vorherrschende protestantische Macht in Europa sah – gegenüberstand. Gleichzeitig trafen zwei geopolitisch unterschiedlich agierende Mächte aufeinander: die in der Mitte Europas operierende Landmacht des Hauses Österreich und die immer stärker global orientierte Seemacht Großbritannien.[1] Differenzierungsmöglichkeiten lassen sich auch in der politischen Kultur, der Wirtschafts- und Finanzpolitik oder der Institutionalisierung der Verwaltung festmachen.[2] Die Herrscher der beiden Monarchien im untersuchten Zeitraum, Georg II. und Karl VI., zwischen denen nur zwei Jahre Altersunterschied bestand, waren durch ihre persönlichen Vorgeschichten ganz unterschiedlich geprägt. Der jüngere Karl hatte seit 1704 in Spanien Regierungspraxis gewonnen und war seit 1711 Kaiser, während der ältere Georg erst mit über vierzig Jahren seinem Vater auf den Thron gefolgt war.[3]

Beeinflusst wurden beide Herrscher auch durch die kriegerischen Auseinandersetzungen in Europa sowohl gegen das Osmanische Reich als auch zwischen den europäischen Monarchien und Territorien Ende des 17. und Anfang des 18. Jahrhunderts, an denen die Dynastien und auch sie persönlich mitwirkten. Neben den großen und kleinen Kriegen war die erste Hälfte

---

1 Die Zusammensetzung der Territorien wird näher in Kapitel 1.2 erläutert.
2 Siehe Kapitel 4 und 5.
3 Die für die Beziehungen entscheidenden Akteure werden in Kapitel 3 vorgestellt, hier Kapitel 3.1.1 und 3.2.1.

des 18. Jahrhunderts geprägt vom letztlich gescheiterten Versuch eines neuen Modus der Friedenssicherung durch Kongressdiplomatie[4] sowie von den wechselnden Bündnissen der europäischen Mächte. Die komplizierte Gemengelage führte zu einer Art Kaltem Krieg, mit bewaffneten Auseinandersetzungen in den Englisch-Spanischen Kriegen (1726–1729, 1739–1740/1748), dem Großen Nordischen Krieg (1700–1721) sowie den Türkenkriegen (1714–1718, 1735–1739). Der Polnische Thronfolgekrieg, an dem sich fast alle europäischen Mächte beteiligten, wurde von 1733 bis 1735 in Polen, am Rhein und in Italien sozusagen als Stellvertreterkrieg wegen zahlreicher weiterer Streitpunkte ausgefochten.

Der Wiener und der Londoner Hof stehen in der hier vorgelegten Untersuchung im Mittelpunkt. Ausgehend von der formalen Zuständigkeit der Monarchen für die Außenbeziehungen ihrer Herrschaftsgebiete werden Akteure – die Herrscher und ihre Familien, Minister und Diplomaten – sowie Rahmenbedingungen und Themen, die auf diese Beziehungen einwirkten, in den Blick genommen. Anhand der Beziehungen zwischen Wien und London[5] werden zwei grundlegende Fragen untersucht. Wie funktionierten internationale Beziehungen im frühen 18. Jahrhundert? Welche Faktoren beeinflussten sie? Davon ausgehend lautet eine weitere Frage: Wie gestalten sich die kaiserlich-britischen Beziehungen zwischen 1727 und 1735?

Die weiteren europäischen Herrschaftsgebiete werden – je nach thematischem Zusammenhang – miteinbezogen, ohne jedoch im Zentrum der Arbeit zu stehen. Im Gegenteil erfolgt aus forschungspraktischen und inhaltlichen Gründen eine bewusste Konzentration auf die genannten zwei Herrscher und

---

4 Siehe hierzu Heinz DUCHHARDT, Friedenswahrung im 18. Jahrhundert, in: HZ 240 (1985), S. 265–282, sowie Karl-Heinz LINGENS, Kongresse im Spektrum der friedenswahrenden Instrumente des Völkerrechts. Cambrai und Soissons als Beispiele frühneuzeitlicher Praxis, in: Heinz DUCHHARDT (Hg.), Zwischenstaatliche Friedenswahrung in Mittelalter und Früher Neuzeit, Köln 1991, S. 205–226.

5 Die Standorte der entscheidenden Höfe in Wien und London werden, wie im Sprachgebrauch und zeitgenössisch üblich, auch als Ausdruck für die Regierungen bzw. Akteure der jeweiligen Herrschaftsverbände verwendet. Diese Verwendung wird als Hommage an Max Braubachs *Versailles und Wien* verstanden. Seine Art der Diplomatiegeschichte ging schon über die reine Frage von »Welcher Diplomat sagte wann was zu wem?« hinaus – auch wenn, nach Hans-Ulrich Wehler, dieser Eindruck häufig dennoch besteht (siehe Sven EXTERNBRINK, Internationale Politik in der Frühen Neuzeit. Stand und Perspektiven der Forschung zu Diplomatie und Staatensystem, in: Hans-Christof KRAUS/Thomas NICKLAS (Hg.), Geschichte der Politik. Alte und Neue Wege, München 2007, S. 15–39, hier S. 15–16). Er nahm Persönlichkeit und Charakter der Handelnden ernst und bezog in einer sehr narrativen Sprache auch immer die Rahmenbedingungen mit ein, so z.B. in Max BRAUBACH, Versailles und Wien von Ludwig XIV. bis Kaunitz. Die Vorstadien der diplomatischen Revolution im 18. Jahrhundert, Bonn 1952. Jeroen Duindam griff zuletzt in seinem vergleichenden Buch zum Hofzeremoniell am Wiener und Versailler Hof, das in der neuen Kulturgeschichte der letzten Jahre verortet ist, implizit Braubachs Buchtitel auf, siehe Jeroen DUINDAM, Vienna and Versailles, Cambridge 2003.

ihre Territorien. Untersuchungsraum ist Westeuropa, koloniale Fragen werden nur in ihrer Relation zu den europäischen Ereignissen und aus Sicht der sich in Europa aufhaltenden Akteure kommentiert.

Die Beziehungen zwischen den Höfen in Wien und London waren im frühen 18. Jahrhundert nicht ohne Spannungen. Kaiser Karl VI. äußerte 1734 in einem persönlichen Schreiben an seinen Gesandten in London, Philipp Graf Kinsky:

> Daß zu der zeit wo Wir von dreyen mächtigen feinden an Vier orthen[6] angegriffen werden, [...] Wir allein ohne mindester beyhülff Unserer Allijrten das universum nicht retten können, haben wir längst gesagt, und zum öffteren wiederhollet [...].[7]

Die Alliierten, auf deren Hilfe Karl VI. während des Polnischen Thronfolgekriegs 1733 bis 1735 hoffte, waren Georg II., König von Großbritannien und Irland und Kurfürst von Braunschweig-Lüneburg, sowie die Generalstaaten der Vereinigten Niederlande.

Nach dem Ende des Spanischen Erbfolgekriegs 1714 war das Bündnis der drei Herrschaftsgebiete, das sich gegen die Vormachtstellung Frankreichs richtete, in den 1720er Jahren auseinandergebrochen. Dennoch sah der britische König die Wiederherstellung der freundschaftlichen Beziehungen zwischen Großbritannien und dem Kaiser als notwendige Bedingung einer »general Reconciliation«[8] in Europa. Im Jahr 1727 kam James Earl of Waldegrave als britischer Gesandter nach Wien, ein halbes Jahr später Philipp Graf Kinsky als kaiserlicher Gesandter nach London. Bemühungen um einen Ausgleich oder ein formelles Bündnis scheiterten zunächst jedoch. Da auch insgesamt zwischen den europäischen Monarchen über bestimmte Fragen weiterhin keine Einigung zu erreichen war, sollten diese auf einem allgemeinen Friedenskongress, der in Soissons zwischen 1728 und 1731 tagte, geklärt werden. 1729 wurde durch den Vertrag von Sevilla der Kaiser auch von seinem Verbündeten Spanien getrennt. Großbritannien und Frankreich erneuerten einmal mehr ihre Allianz zum Erhalt des Friedens. Dessen ungeachtet hatte der Wunsch der Erneuerung der Beziehungen zwischen Großbritannien und dem Kaiser zu dieser Zeit auf beiden Seiten schon Unterstützer gefunden, konnte sich aber erst Ende 1730 beziehungsweise Anfang 1731 durchsetzen. Mit dem Zweiten Vertrag von Wien, der am 16. März 1731 in Wien von

---

6 Es handelte sich bei den Feinden um Frankreich, Spanien und Sardinien, die in den Feldzügen des Polnischen Thronfolgekriegs (1733–1735) in den Niederlanden, am Rhein, in Polen und Italien den kaiserlichen Truppen gegenüberstanden. Siehe Kapitel 2.5.

7 Karl VI. an Kinsky, Handschreiben, Laxenburg, 15.05.1734, FA Kinsky, 8 b), 15, o.f.

8 Georg II. an Waldegrave, Instruktionen, London (Kensington), 18.08.1727, TNA, SP 80, 62, f. 37.

Vertretern des Kaisers und Georgs II. unterzeichnet wurde, sollte die Grundlage für das Mächtegleichgewicht und die Ruhe Europas[9] wiederhergestellt werden. Verschiedene Folgeverträge und Vereinbarungen, die insbesondere auch das Heilige Römische Reich betrafen, schlossen sich an.[10] Der Vertrag bestätigte das Bündnis, welches seit Beginn des 18. Jahrhunderts und bis zum *Renversement des Alliances* 1756 als eine Grundkonstante der europäischen Beziehungen angesehen wurde.[11] Zwei Jahre später begann der sogenannte Polnische Thronfolgekrieg, dessen Anlass die Sukzession im Wahlkönigreich Polen war, der eigentliche Grund lag aber in den Konflikten Frankreichs und Spaniens mit dem Kaiser. Die Neutralitätspolitik der britischen Krone, die sich bis zuletzt nicht militärisch am Krieg beteiligte, und die lange Frist, die Georg II. als Kurfürst verstreichen ließ, bis er die hannoverschen Truppen in den Reichskrieg schickte, belasteten das Verhältnis schwer. Der ohne britische Beteiligung ausgehandelte vorläufige Friedensvertrag von 1735 zwischen dem Kaiser sowie Frankreich und seinen Verbündeten, der drei Jahre später bestätigt wurde, beendete diesen Krieg, ohne dass die Beziehungen zwischen Wien und London sich erholt hätten. Die folgende britische Isolierung endete erst ab 1742 mit einem erneuten Bündnis im Österreichischen Erbfolgekrieg. Die vorliegende Arbeit analysiert die wechselvollen Beziehungen zwischen Karl VI. und Georg II. und ihren Herrschaftsgebieten in den Jahre 1727 bis 1735 aus der Sicht der internationalen Beziehungen.[12]

9   Siehe Kapitel 5.3, S. 361–362.
10 Der 1731 in Wien abgeschlossene Vertrag markierte eine wichtige Einigung zwischen europäischen Mächten seit den Friedensverträgen des Spanischen Erbfolgekriegs in Utrecht, Rastatt und Baden. Reed BROWNING, The Duke of Newcastle, New Haven, CT 1975, S. 60.
11 Max Braubach hat in seiner wichtigen Studie zu den französisch-kaiserlichen Beziehungen vor 1756 allerdings herausgestellt, dass der Wechsel der Bündnisse schon Jahrzehnte vorher angelegt war (BRAUBACH, Versailles und Wien). Jeremy Black sieht dies ähnlich: »The [Anglo-Imperial] alliance was failing to satisfy the geopolitical needs of both powers long before the Diplomatic Revolution of 1756.« Jeremy BLACK, British Politics and Foreign Policy, 1727–44, Farnham 2014, S. 267. Dies ändert aber nichts daran, dass für viele Zeitgenossen die Höfe von Wien und London »natural allies« waren (Newcastle an Waldegrave, 16.01.1738, BL, Add. Mss. 32800, f. 26, zitiert nach ders., The Continental Commitment. Britain, Hanover and Interventionism, 1714–1793, London 2005, S. 106, Anm. S. 196) und diese Sichtweise die internationalen Beziehungen in Europa im frühen 18. Jahrhundert beeinflusste.
12 Siehe insgesamt Kapitel 2 für eine chronologische Darstellung der Ereignisse und Hintergründe.

1.1 Internationale Beziehungen in der Frühen Neuzeit

Beziehungen zwischen Fürsten und den von ihnen regierten Territorien werden in der historischen Forschung aus verschiedenen Blickwinkeln betrachtet. In der Forschungsliteratur wird dabei häufig nicht unterschieden zwischen »Internationaler Geschichte«,[13] »transnationaler Geschichte«,[14] »Diplomatiegeschichte«[15] oder »Geschichte der internationalen Beziehun-

---

13 Die Herausgeber der Reihe *Studien zur Internationalen Geschichte* – Wilfried Loth, Eckard Conze, Anselm Doering-Manteuffel, Jost Dülffer und Jürgen Oster-hammel – schlagen vor, »Internationale Geschichte« als Gattungsbegriff zu verwenden. Ihm könnten die »Geschichte der internationalen Beziehungen«, die »Kulturgeschichte der Diplomatie« oder die »neue Diplomatiegeschichte«, die »Geschichte der Außenbeziehungen«, »transnationale Geschichte« und »Globalgeschichte« untergeordnet werden. Jost Dülffer/Wilfried Loth, Einleitung, in: Dies. (Hg.), Dimensionen internationaler Geschichte, München 2012, S. 1–8, hier S. 2–5.

14 Die transnationale Geschichte stellt häufig Strukturen beziehungsweise Akteure mit von vornherein übernationalem Bezug in den Mittelpunkt. Ein gutes Beispiel hierfür ist der von Jens Siegelberg und Klaus Schlichte herausgegebene Sammelband zum Thema (Jens Siegelberg/Klaus Schlichte (Hg.), Strukturwandel internationaler Beziehungen. Zum Verhältnis von Staat und internationalem System seit dem West-fälischen Frieden, Wiesbaden 2000), der von der Frühen Neuzeit bis in die Moderne in den einzelnen Aufsätzen thematisch Fragen von Herrschaftsausübung, Gleichge-wichtsdenken, Geostrategie, Souveränität und Akteuren verfolgt. Gienow-Hecht nennt Ethnizität, Transnationalität, Frieden und Umweltforschung als grundsätzlich neue Themen der Forschung der 1990er Jahre, selbstverständlich immer aus einer klar europäischen Perspektive (Jessica C. E. Gienow-Hecht, Introduction, in: Dies./Frank Schumacher (Hg.), Culture and International History, New York 2003, S. 3–26, hier S. 9–10); ebenso sieht dies auch Heidrun Kugeler u.a., Einführung, in: Dies. (Hg.), Internationale Beziehungen in der Frühen Neuzeit. Ansätze und Perspektiven, Müns-ter 2006, S. 9–35, hier S. 11–14. Es ist für die Frühe Neuzeit allerdings schwierig, die bewusste Abkehr vom »staatlichen« Rahmen festzustellen, wie sie für die Akteure der transnationalen Zeitgeschichte angenommen wird. Johannes Paulmann, Grenz-überschreitung und Grenzräume. Überlegungen zur Geschichte transnationaler Beziehungen von der Mitte des 19. Jahrhunderts bis in die Zeitgeschichte, in: Eck-hart Conze u.a. (Hg.), Geschichte der internationalen Beziehungen. Erneuerung und Erweiterung einer historischen Disziplin, Köln 2004, S. 169–196, hier S. 169.

15 Die Diplomatiegeschichte beschäftigt sich hauptsächlich mit den Fragen von Krieg und Frieden, mit Verhandlungen und Verhandlungsergebnissen zwischen Fürsten, Regierenden, Diplomaten und den sie umgebenden Akteuren. Arbeiten zur Dip-lomatiegeschichte konzentrieren sich in den letzten Jahrzehnten häufig auf Akteure und ihre Entscheidungsfindungsprozesse. Externbrink, Internationale Politik, S. 19. Beispiele für Dissertationen, die in jüngerer Zeit solche Ansätze umgesetzt haben, sind die Arbeiten von Judith Matzke zum sächsischen Gesandtschaftswe-sen (Judith Matzke, Gesandtschaftswesen und diplomatischer Dienst Sachsens 1694–1763, Dresden 2007) und von Ernst Schütz zur britischen Diplomatie am Reichstag (Ernst Schütz, Die Gesandtschaft Großbritanniens am Immerwähren-den Reichstag zu Regensburg und am kur(pfalz-)bayerischen Hof zu München 1683–1806, München 2007). Für die 1960er und 1970er Jahre lässt sich sowohl für Deutschland als auch Österreich eine Abwendung von älteren Ansätzen der Diplomatiegeschichte konstatieren. Unter anderem Michael Hochedlinger ver-mutet, dass es einen Zusammenhang zwischen der zeitgenössischen Wahrnehmung

gen«.[16] Das von Heinz Duchhardt und Franz Knipping in neun Bänden herausgegebene *Handbuch der Geschichte der Internationalen Beziehungen*[17] versucht »in multiperspektivischem Zugriff wirtschaftliche, kulturelle, konfessionelle, mentale, geopolitische, strategische usw. Gegebenheiten und Interessen in [der] Interpretation der Internationalen Beziehungen« zu berücksichtigen,[18] ohne dass jedoch eine explizite Definition von »internationalen Beziehungen« geliefert wird.[19]

Für das 19. und 20. Jahrhundert werden internationale Beziehungen häufig nach politikwissenschaftlichen Definitionen[20] verstanden als »alle Arten von öffentlichen oder privaten, politischen oder sonstigen Beziehungen, welche die Überschreitung einer staatlichen Grenze durch Menschen, Waren oder Ideen voraussetzen.«[21] Diese Definition ist natürlich auf frühneuzeitliche Verhältnisse anzupassen. Insbesondere müssen die grundsätzliche Tendenzen, zum Beispiel geistlicher, adeliger und Handelsakteure in der Frühen Neuzeit, in über bestimmte Herrschaftsräume hinausgehenden Netzwerken zu agieren, sowie die nicht abgeschlossener Staatsbildung beachtet werden.[22] Andererseits sollen auch gegenseitige Abhängigkeiten, Einflüsse, Verbindun-

---

der eigenen, scheinbar marginalen bzw. bewusst zurückgenommenen politischen Rolle dieser Länder zur Zeit des Kalten Krieges und dem mangelnden Interesse an Politikgeschichte und insbesondere der Geschichte der internationalen Beziehungen gegeben haben könnte; Michael HOCHEDLINGER, Die Frühneuzeitforschung und die »Geschichte der Internationalen Beziehungen«. Oder: Was ist aus dem »Primat der Außenpolitik« geworden?, in: MIÖG (1998), S. 167–179, hier S. 170. Erst seit den 1990er Jahren wurden vermehrt deutschsprachige Studien publiziert (KUGELER u.a., Einführung, S. 11–13).

16 Siehe insgesamt für die Begriffsvielfalt Heidrun KUGELER u.a. (Hg.), Internationale Beziehungen in der Frühen Neuzeit. Ansätze und Perspektiven, Münster 2006, besonders aber dies. u.a., Einführung, S. 21. Conze versteht »Diplomatiegeschichte«, »Geschichte der Internationalen Beziehungen« und »Internationale Geschichte« als verschiedene Konnotationen des von ihm angenommenen Oberbegriffs internationaler Geschichte. Eckart CONZE, States, International Systems, and Intercultural Transfer. A Commentary, in: GIENOW-HECHT/SCHUMACHER, Culture and International History, S. 198–205, hier S. 203.

17 Heinz DUCHHARDT/Franz KNIPPING (Hg.), Handbuch der Geschichte der Internationalen Beziehungen, 9 Bde., Paderborn 1997–2012.

18 Heinz DUCHHARDT, Balance of Power und Pentarchie. Internationale Beziehungen 1700–1785, Paderborn 1997, Vorwort zum Gesamtwerk [o. S.].

19 Von Sven Externbrink gibt es einen Überblick über den Stand der Frühneuzeitforschung zu internationalen Beziehungen (EXTERNBRINK, Internationale Politik); die von ihm genannten Definitionen bleiben allerdings allgemein, ebd., S. 20, obwohl er gerade die Forschungen besonders betont, die die spezifischen frühneuzeitlichen Bedingungen solcher Beziehungen herausstellen. Das gestiegene Interesse insgesamt an der Geschichte der internationalen Beziehungen zeigt sich u.a. auch an der Gründung eines entsprechenden Netzwerkes in Bonn im März 2013.

20 Jürgen HARTMANN, Internationale Beziehungen, Wiesbaden ²2009, S. 9.

21 Reinhard MEYERS, Die Lehre von den Internationalen Beziehungen. Ein entwicklungsgeschichtlicher Überblick, Düsseldorf 1977, S. 20.

22 PAULMANN, Grenzüberschreitung und Grenzräume, S. 169.

gen und die Geltung von Strukturen und Akteuren außerhalb des Politischen eine Rolle spielen: »A history of international affairs cannot anymore limit itself to political or diplomatic history; it has to consider social and cultural factors as well.«[23]

Für die Frühneuzeitforschung begründen Hillard von Thiessen und Christian Windler auf der Grundlage »einer akteurszentrierten und an der Kulturgeschichte des Politischen orientierten Perspektive«[24] den Ansatz der »Außenbeziehungen«.[25] Mit ihm sollen, über eine mögliche zeitliche Grenze zum 19. Jahrhundert hinweg, unterschiedliche Arten »grenzüberschreitender Beziehungen« gemeint sein.[26] Die Vorstellung, »Außenpolitik sei mit dem Aufstieg der frühneuzeitlichen Fürstenstaaten ein von der übrigen Gesellschaft getrennter Arkanbereich geworden«, wird von den Autoren kritisch gesehen,[27] vor allem unter den Bedingungen einer personalen Herrschaft ohne »eindeutige[r] Trennung zwischen der öffentlichen und der privaten Sphäre«.[28] Hillard von Thiessen plädiert deshalb dafür, zwischen den Akteuren bestehende Beziehungen als »Außenverflechtung«[29] zu bezeichnen. Ganz explizit benennt er dabei die regierenden Monarchen sowie die sie umgebenden Personen als zentral für jede Untersuchung. Allerdings müsse über ihre spezifischen Titel oder Ämter hinaus auf ihre persönlichen, familiären und weitere soziale Zugehörigkeiten eingegangen werden.[30] Außenverflechtung sei dann die »praktische Umsetzung der auswärtigen Beziehungen, die sich in zahlreichen Beziehungssträngen zwischen soziopolitischen Einheiten und

23 Conze, States, International Systems, and Intercultural Transfer, S. 201. Ähnliche Überlegungen auch bei Externbrink, Internationale Politik, S. 15–39. Zu den »zentralen Phänomenen und Kategorien dieses Forschungsfeldes« für das 19. und 20. Jahrhundert siehe den Sammelband von Dülffer/Loth (Hg.), Dimensionen internationaler Geschichte. Interessant auch jüngst die Überlegungen zu Emotionen in den internationalen Beziehungen von Patrick Bormann u.a. (Hg.), Angst in den Internationalen Beziehungen, Göttingen 2010.

24 Hillard von Thiessen, Diplomaten und Diplomatie im frühen 18. Jahrhundert, in: Heinz Duchhardt/Martin Espenhorst (Hg.), Utrecht – Rastatt – Baden 1712–1714. Ein europäisches Friedenswerk am Ende des Zeitalters Ludwigs XIV., Göttingen 2013, S. 13–34, hier S. 13.

25 Siehe die von beiden zusammen herausgegebenen Sammelbände Hillard von Thiessen/Christian Windler (Hg.), Nähe in der Ferne. Personale Verflechtung in den Außenbeziehungen der Frühen Neuzeit, Berlin 2005, sowie dies. (Hg.), Akteure der Außenbeziehungen. Netzwerke und Interkulturalität im historischen Wandel, Köln 2010.

26 Hillard von Thiessen/Christian Windler, Einleitung. Außenbeziehungen in akteurszentrierter Perspektive, in: Dies. (Hg.), Akteure der Außenbeziehungen, S. 1–12, hier S. 5.

27 Ebd., S. 5.

28 Hillard von Thiessen, Diplomatie und Patronage. Die spanisch-römischen Beziehungen 1605–1621 in akteurszentrierter Perspektive, Epfendorf 2010, S. 28.

29 Siehe zur Verflechtungsgeschichte als Konzept weiter unten S. 22–23.

30 Thiessen, Diplomatie und Patronage, S. 27–28.

Personen äußert.«[31] Gegen die alte Vorstellung von »staatlicher« Außenpolitik in der frühen Neuzeit gewandt suggeriert der Begriff sprachlich dennoch eine Trennung von »außen« und »innen«.[32]

Anuschka Tischer stellt in ihrem programmatischen Beitrag zum ersten Treffen des *Netzwerkes Internationale Geschichte* stattdessen die anachronistische Verwendung des Begriffs »internationale Beziehungen« für die Frühe Neuzeit heraus:

> Die Terminologie der internationalen Geschichte ist das Resultat der Entstehung politischer Nationen und Staaten bzw. Nationalstaaten sowie der Institutionalisierung zwischenstaatlicher Beziehungen. Die Frühe Neuzeit aber ist die Epoche dieser Entstehung. [...] Begriffe wie Staat, Nation, zwischenstaatlich, international, Außenpolitik oder Diplomatie existierten nicht oder wurden anders verwendet.[33]

Sie plädiert deshalb dafür, für die Vormoderne diese »Terminologie der internationalen Geschichte [...] deutlich als eine Forschungsterminologie [zu reflektieren]«.[34]

Die Verwendung von »international« als Forschungsbegriff der »internationalen Geschichte« oder der »Geschichte der internationalen Beziehungen« hat mehrere Vorzüge. Zunächst wird es dadurch leichter möglich, an die Forschungen zu internationalen Beziehungen im 19. und 20. Jahrhundert anzuschließen und eine zumindest teilweise künstliche Forschungsgrenze um 1800 in beide Richtungen zu überwinden.[35] Zudem liegen die Themen dieses Forschungsfeldes häufig quer zu sprachlichen Grenzen. Hier erleichtert die Verwendung von »international« die Verständigung mit anderen Forschungstraditionen. Im Englischen wird völlig selbstverständlich von

---

31 Ebd., S. 29.
32 Für die entstehenden Staaten und Herrschaftsräume wird eine solche Unterscheidung allerdings nur angenommen, wenn die Akteure von Herrschaftsgebieten »eine [...] Vorstellung von ›innen‹ und ›außen‹ besaßen [...]«. THIESSEN, Diplomatie und Patronage, S. 22. Davon sei für die Vormoderne aber nur bedingt auszugehen, ebd., S. 28–29.
33 Anuschka TISCHER, Was ist eine internationale Geschichte, die nicht international ist? Methodische Grundüberlegungen zur Erforschung internationaler Geschichte der Frühen Neuzeit, Bonn 2013, (Vortrag, Gründungsworkshop Netzwerk Internationale Geschichte, 21.–22. März 2013), hier S. 1.
34 Ebd., S. 1–2.
35 Der Wunsch nach einer geschlossenen Betrachtung internationaler Beziehungen von der frühen Neuzeit bis zum 20. Jahrhundert wurde in den letzten Jahren häufiger geäußert, siehe z.B. Eckart CONZE u.a., Einführung, in: Ders. u.a., Geschichte der internationalen Beziehungen, S. 1–14, hier S. 9–10. Für das Themenfeld Dynastie hat Torsten Riotte gezeigt, wie fruchtbar eine Längsschnittanalyse sein kann, Torsten RIOTTE, Der abwesende Monarch im Herrschaftsdiskurs der Neuzeit. Eine Forschungsskizze am Beispiel der Welfendynastie nach 1866, in: HZ 289 (2009), S. 627–667.

den »international relations« auch für die Vormoderne gesprochen,[36] ebenso von den »relations internationales«[37] im Französischen.[38] Nicht zuletzt wird der Zugang zu Forschungsergebnissen für Studierende und eine breitere Öffentlichkeit durch die Verwendung eines allgemeinverständlichen Begriffs erleichtert. Dabei muss allerdings die klare Trennung zur Verwendung in der Alltagssprache und die Positionierung als Forschungsbegriff deutlich werden.

In diesem Sinne wird in der vorliegenden Arbeit »internationale Beziehungen« forschungsterminologisch verwendet. Unter internationalen Beziehungen werden die Beziehungen verstanden, die Einzel- oder Kollektivakteure unterschiedlicher Territorien und Herrschaftsräume zueinander unterhielten. Akteure dieser Beziehungen können innerhalb des politischen Systems der entstehenden Staaten verwurzelt sein oder auch außerhalb vorstaatlicher Strukturen handeln, wie zum Beispiel Orden oder Handelsgesellschaften. Akteure sind dabei zunächst handelnde Personen, können unter bestimmten Bedingungen aber auch gemeinsam agierende Gruppen, also kollektive Akteure sein. Grundsätzlich überschreiten die Akteure beim Aufbau und der Unterhaltung solcher Verbindungen politische, kulturelle oder sprachliche Grenzen. Als Faktoren werden all die Dinge begriffen, die Einfluss auf den direkten Kontakt der Akteure haben, strukturierend für die Beziehungen oder das Handeln der Akteure wirken sowie als grundsätzliche Leitmotive die Überlegungen und Entscheidungen der Akteure prägen. Die Strukturen

36 In der anglo-amerikanischen Forschung, besonders der britischen, vertraten Forscher wie Jeremy Black schon länger eine breit angelegte »international history« auch für die Frühe Neuzeit. Schon ein 1985 in der Zeitschrift *Francia* erschienene Aufsatz wird von Black als »a Study in Eighteenth-Century International Relations« bezeichnet, Jeremy BLACK, The Anglo-French Alliance 1716–1731. A Study in Eighteenth-Century International Relations, in Francia 13 (1985), S. 295–310. Ein weiteres Beispiel ist David ONNEKINK, The Perplexities of Peace. Dutch Foreign Policy and the Religious Dimension of International Relations around 1700, in: Inken SCHMIDT-VOGES u.a. (Hg.), Pax perpetua. Neuere Forschungen zum Frieden in der Frühen Neuzeit, München 2010, S. 329–348.

37 Die französische Forschung zu den internationalen Beziehungen erlebte seit den 1990er Jahren einen Aufschwung durch die Forschungen Lucien BÉLYS, siehe ders., Espions et ambassadeurs au temps de Louis XIV, Paris 1990; ders., Les relations internationales en Europe XVIIe–XVIIIe siècles, Paris ²2007. Das französische Handbuch zur Geschichte der internationalen Beziehungen wurde seit 2003 neu aufgelegt als »Nouvelle Histoire des relations internationales«. Drei Bände zur frühen Neuzeit von Jean-Michel SALLMANN (ders., Géopolitique du XVIe siècle, 1490–1618, Paris 2003), Claire GANTET (dies., Guerre, Paix et Construction des États, 1618–1714, Paris 2003) und Jean-Pierre BOIS (ders., De la Paix des Rois à l'Ordre des Empereurs, 1714–1815, Paris 2003) greifen die erwähnten neuen Ansätze und Themen auf. Siehe auch den Überblick bei EXTERNBRINK, Internationale Politik, S. 23–26.

38 Ähnliche Überlegungen stellt Hillard von THIESSEN für den Begriff »Diplomatie« und seine anachronistische, aber sprachenübergreifende Verwendung an, ders., Diplomatie vom *type ancien*. Überlegungen zu einem Idealtypus des frühneuzeitlichen Gesandtschaftswesens, in: Ders./WINDLER, Akteure der Außenbeziehungen, S. 471–503, hier S. 495.

ihres Umfeldes prägten und beeinflussten alle Akteure, gleichzeitig gestalteten und veränderten die Akteure die Strukturen.[39] Wichtig ist dabei, – und hier wird das oben angeführte Konzept der Außenverflechtung aufgegriffen – das Geflecht der Faktoren zu erkennen und zu analysieren.

Verschiedene Elemente der frühneuzeitlichen internationalen Beziehungen sind bislang untersucht worden. Dazu gehören Dynastie, Konfession,[40] Sprache, Zeremoniell, Kommunikation und Netzwerke,[41] ohne dass bisher eine anerkannte Systematisierung oder Synthetisierung dieser Faktoren zu erkennen wäre.[42] Tischer konstatiert in diesem Zusammenhang:

[Es] fehlen übergreifende Ansätze, welche die Forschungen zur internationalen Geschichte der Frühen Neuzeit systematisch aufbereiten oder gar synthetisch zusammenführen würden – ein Vorhaben, welches angesichts der methodischen und perspektivischen Vielfalt und oft auch Konkurrenz in der Tat schwierig erscheint.[43]

Heidrun Kugeler fordert als zentrales Desiderat ein, »die Vorstellungswelt der Akteure mit den Strukturen außenpolitischen Handelns zu verbinden und mit dem internationalen System in Beziehung zu setzen.«[44] Für transnationale Untersuchungen wurde von Michael Werner und Bénédicte Zimmermann der

---

39 Diese zugleich aktive und passive Rolle von Akteuren und vor allem die Annahme einer Wechselwirkung von Akteuren und Strukturen folgt hier Pierre BOURDIEU (ders., Das Feld der Macht und die technokratische Herrschaft, in: Irene DÖLLINGER/Pierre BOURDIEU (Hg.), Die Intellektuellen und die Macht, Hamburg 1991, S. 67–100, hier S. 67). Für die Anwendung dieser These im Bereich der internationalen Beziehungen siehe z.B. Frederik DHONDT, Balance of Power and Norm Hierarchy. Franco-British Diplomacy after the Peace of Utrecht, Leiden 2015, S. 19–20.

40 In der Einleitung von Toby OSBORNE (ders., Dynasty and Diplomacy in the Court of Savoy. Political Culture and the Thirty Years' War, Cambridge 2002, S. 2–12) nennt er besonders diese Faktoren als einflussreich in den Beziehungen der Savoyer. Allerdings führt er dann die Analyse nicht mit Schwerpunkt auf Faktoren, sondern im »Rahmen einer klassischen diplomatiegeschichtlichen Studie« durch, so die Rezension in der Onlinezeitschrift sehepunkte, Magnus RÜDE, Rezension von: Toby Osborne: Dynasty and Diplomacy in the Court of Savoy. Political Culture and the Thirty Years' War, Cambridge: Cambridge University Press 2002, in: sehepunkte 4, 6 (2004).

41 Solche Faktoren werden u.a. angeführt von Heinz SCHILLING, Konfessionalisierung und Staatsinteressen. Internationale Beziehungen 1559–1660, Paderborn 2007; Daniel SCHÖNPFLUG, Dynastische Netzwerke, in: Europäische Geschichte Online (EGO), hg. v. Leibniz-Institut für Europäische Geschichte (IEG); THIESSEN/WINDLER, Akteure der Außenbeziehungen; Guido BRAUN, Fremdsprachen als Fremderfahrung. Das Beispiel des Westfälischen Friedenskongresses, in: Michael ROHRSCHNEIDER/Arno STROHMEYER (Hg.), Wahrnehmungen des Fremden. Differenzerfahrungen von Diplomaten im 16. und 17. Jahrhundert, Münster 2007, S. 203–244.

42 Zu dieser Feststellung siehe TISCHER, Was ist eine internationale Geschichte, S. 6.

43 Ebd., S. 4.

44 KUGELER u.a., Einführung, S. 25.

Ansatz der Verflechtungsgeschichte entwickelt.[45] Theoretischen Problemen, von ihnen sowohl im Vergleich als auch in der Transfergeschichte gesehen,[46] wollen sie mit der Entwicklung einer *Histoire croisée* entgegenwirken. Ausgehend vom französischen »croiser« – begegnen, kreuzen – fordern sie,

> [...] für jede Fragestellung, für die Bearbeitung jedes Problems mindestens zwei Blickwinkel zu berücksichtigen und die aus der Kreuzung der Blickwinkel resultierenden Interaktionen in die Analysesituation selbst eingehen zu lassen, wobei zugleich von vornherein klar ist, daß die Verdoppelung der Blickwinkel und des Zugangs zu den Fragestellungen ihrerseits in eine historische Situation eingeschrieben ist [...].[47]

Die Entwickler dieses Ansatzes hoffen, Rezeption und Beeinflussung der Standpunkte in einer Untersuchung derartiger historischer Prozesse zu berücksichtigen sowie Ungleichheiten zwischen den betrachteten Einheiten zu erkennen und direkt in die Analyse miteinbeziehen zu können.[48] Für die vorliegende Arbeit soll die Idee einer Betrachtung von mehreren Standpunkten aus zur Grundlage genommen werden. Durch die Untersuchung zweier Entitäten ergeben sich gewisse Vergleichspunkte, an denen die Unterschiede zwischen den Wiener und Londoner Verhältnissen deutlich werden sollen.

Als Basis für die Analyse der Akteure und ihrer Standpunkte dient dabei das Konzept der Diplomatie vom *type ancien*.[49] Der frühneuzeitliche Hof war durch die dort getroffene Auswahl des diplomatischen Personals »Ort der politischen Willensbildung«. Die von Thiessen benannte Entwicklung hin

---

45 Siehe den grundlegenden Aufsatz in der Zeitschrift *Geschichte und Gesellschaft* aus dem Jahr 2002: Michael WERNER/Bénédicte ZIMMERMANN, Vergleich, Transfer, Verflechtung. Der Ansatz der Histoire croisée und die Herausforderung des Transnationalen, in: Geschichte und Gesellschaft 28 (2002), S. 607–636.
46 Ebd., S. 609–617.
47 Ebd., S. 618.
48 Ebd., S. 619–620. Die Idee einer Verflechtungsgeschichte wurde in der Folge meist nur für das 20. Jahrhundert bzw. auf die Geschichte von Kulturkontakten angewendet. Die grundlegende Kritik Werners und Zimmermanns an Kulturtransfer oder historischem Vergleich ist in der Folgezeit ebenfalls kritisiert worden, z.B. von Dorothea NOLDE/Claudia OPITZ-BELAKHAL, Kulturtransfer als Familienbeziehungen. Einige einführende Überlegungen, in: Dies. (Hg.), Grenzüberschreitende Familienbeziehungen. Akteure und Medien des Kulturtransfers in der Frühen Neuzeit, Köln 2008, S. 1–14, hier S. 4, Fn. 9.
49 Hillard von Thiessen benennt als Grundlagen der frühneuzeitlichen Diplomatie die Verdichtung von Herrschaft – die Staatsbildung – sowie ein weitgehend stabiles Kommunikationswesen, welches zur Einrichtung von Dauergesandtschaften geführt habe. THIESSEN, Diplomatie vom *type ancien*, S. 478–480. Die angenommene Hierarchie unter den Mächten, die unter anderem durch das diplomatische Zeremoniell bestätigt oder begründet wurde, und die Vorstellung souveräner Herrscher, denen eigenständige auswärtige Beziehungen zustanden, beeinflussten diese Art des Gesandtenaustauschs (ebd., S. 480–483).

zu einer »Trennung zwischen Hof (als Ort der Repräsentation) auf der einen Seite und Regierung und Verwaltung (als Ort der Findung und Umsetzung von Entscheidungen)« im Verlauf der Frühen Neuzeit ist am vorliegenden Untersuchungsgegenstand, wie weiter unten erläutert, deutlich zu sehen.[50] Ein Diplomat der frühen Neuzeit verstand seine Tätigkeit nach diesem Konzept als Fürstendienst, welcher seinem Familienverband und ihm selbst Vorteile versprach.[51] Seine Position erhielt er durch eine personale Bindung zum Herrscher und Patronage, als (hoch)adeliger Repräsentant seines Auftraggebers konnte er sich standesgemäß an fremden Höfen verhalten.[52] Gleichzeitig verfolgte er die Interessen seiner Familie wie seines Patrons und vermittelte Ressourcen und Informationen zwischen seinem Herkunfts- und Einsatzgebiet.[53] Er wurde unterstützt durch »informelle Akteure« und stand dem Gesandtschaftshaushalt vor.[54] Im Anschluss an einen diplomatischen Posten erwartete der Diplomat eine Karriere im inneren Fürstendienst.[55]

Da die räumliche Entfernung Absprachen mit den entsendenden Höfen erschwerte und verlangsamte, Diplomaten also nicht rasche Antworten ihres Hofes erwarten konnten,[56] waren die Gesandten in den internationalen Beziehungen der Frühen Neuzeit von großer Bedeutung. Mit der Entwicklung der diplomatischen Beziehungen in Europa[57] wurden die Rangstufen der Gesandten der Fürsten ausdifferenziert. Souveräne Herrscher hatten im 18. Jahrhundert das Recht, Botschafter, englisch »ambassadors«, zu entsenden; diese waren im vollen Sinne Repräsentanten ihrer Herren. Ein Botschafter durfte auf dem Titel »Excellenz« bestehen, alle anderen Gesandten hatten ihm zuerst aufzuwarten. Andererseits brauchte ein Botschafter Beglaubigungsschreiben, die seinen Rang eindeutig belegten, und musste vom Herrscher bei der Antrittsaudienz als solcher akzeptiert werden.[58] Weitere Rangstufen waren Gesandter und Resident. Als »außerordentliche« Gesandte bezeichnete man meist solche mit kurzfristigen Missionen; Diplomaten, die im Auf-

---

50 Ebd., S. 486.
51 Ebd., S. 487.
52 Ebd., S. 487–490.
53 Ebd., S. 492. Ein Diplomat betreibt damit, wie auch andere Akteure, Mikropolitik im Sinne Wolfgang Reinhards: »Dabei handelt es sich, summarisch vereinfacht, um die Erzeugung und Nutzung von persönlichen Loyalitäten, die durch Verwandtschaft, Freundschaft und klientäre Beziehungen zustande kommen […].« Wolfgang REINHARD, Kommentar: Mikrogeschichte und Makrogeschichte, in: THIESSEN/WINDLER, Nähe in der Ferne, S. 135–144, hier S. 136.
54 THIESSEN, Diplomatie vom *type ancien*, S. 490–491, 493.
55 Ebd., S. 491–492.
56 Siehe zu den Kommunikationswegen Kapitel 4.1.2.
57 Für die Entstehungsgeschichte der Diplomatie in Europa immer noch grundlegend ist die Einführung von Matthew Smith ANDERSON, The Rise of Modern Diplomacy, 1450–1919, London 1993.
58 Anuschka TISCHER, Botschafter, in: EdN 2 (2005), Sp. 367–370.

trag ihres Monarchen Verträge aushandeln und verhandeln durften, waren
»Bevollmächtigte«.[59] Im Folgenden wird davon ausgegangen, dass es keine
Trennung in »offiziell« und »inoffiziell« mit Blick auf Diplomatie oder inter-
nationale Beziehungen gab.[60]

Neben den Diplomaten und Herrschern sowie deren Familienangehörigen
sind unter den Akteuren vor allem Minister als Mitglieder der Regierung zu
verstehen. Die Bezeichnung »Minister« war weder in Wien noch in London
schon endgültig belegt für den Chef eines Regierungs- und Verwaltungsres-
sorts. An den Höfen waren neben den Hofämtern und Verwaltungspositionen
kollegiale Räte entstanden, die gemeinsam den Herrscherwillen umsetz-
ten. Diese Räte hießen »Geheimer Rat« oder auf Englisch »privy council«,
ebenso lautete der Titel der in ihnen beratenden und entscheidenden Personen »Geheimer Rat« beziehungsweise »privy councillor«. Da Geheime
Räte tendenziell durch teilweise nur ehrenhalber ernannte Mitglieder immer
größer wurden, wurde der Kreis der tatsächlich entscheidenden Personen
auf die Geheime Konferenz oder das Kabinett (»cabinet«) verengt. Benannt
waren die entscheidenden Positionen in Wien nach den ursprünglichen Hofämtern (»Obersthofkanzler«) oder der Position in den Räten (»Präsident
des Hofkriegsrates«). In London hatte sich durch den verstärkten Einfluss
des Parlaments seit dem 17. Jahrhundert ein engerer Zusammenhalt der
Minister ausgebildet. »The ministry« oder »das ministerium« waren zeitgenössisch die in den englisch- beziehungsweise deutschsprachigen Quellen
verwendeten Bezeichnungen für die Gesamtheit der entscheidenden britischen
Minister.[61]

Inhaltlich konzentriert sich die Erforschung der europäischen Beziehungen im 18. Jahrhundert bisher häufig auf Friedenschlüsse und die ihnen
vorausgehenden »großen« Kriege, vor allem auf den Spanischen Erbfolgekrieg (1701–1714), den Österreichischen Erbfolgekrieg (1740–1748) und den

---

59 Die von Karl VI. und Georg II. 1727 und 1728 entsandten Diplomaten wurden nicht
    als ständige Botschafter geschickt, von ihnen verwendete Vollmachten wiesen sie
    als Gesandte und bevollmächtigte Minister aus. Der britische Gesandte am Wiener
    Hof, der Earl of Waldegrave, nutzte die mitgeführte Vollmacht als außerordentlicher
    Botschafter nicht. Erst nach Abschluss des Bündnisses 1731 konnte der kaiserliche
    Vertreter Graf Kinsky für sich den Botschafterstatus erlangen. Siehe Kapitel 4.2.1,
    S. 258.
60 Damit wird die Ansicht Dorothea Noldes, dass diese Unterscheidung für die Frühe
    Neuzeit nur schwer zu vertreten sei, geteilt. Dorothea Nolde, Was ist Diplomatie
    und wenn ja, wie viele? Herausforderungen und Perspektiven einer Geschlechterge-
    schichte der frühneuzeitlichen Diplomatie, in: Historische Anthropologie 21, 2 (2013),
    S. 179–198, bes. S. 198.
61 Siehe Rainer Babel, Minister, in: EdN 8 (2008), Sp. 571–574; Christian Wieland,
    Geheimer Rat, in: EdN 4 (2006), Sp. 263–267; John Ashton Cannon, Cabinet, in: Ders.
    (Hg.), A Dictionary of British History, Oxford 2001, S. 107.

Siebenjährigen Krieg (1756–1763).[62] Die komplexen Bündnisse und Beziehungen der 1720er und 1730er Jahre wurden weniger oft beachtet.[63]

Dabei waren die »Balance of Power« und das – als gleichberechtigt und gleichgewichtig postulierte – Verhältnis der großen Mächte, wie es sich im Laufe des 18. Jahrhunderts entwickelte, Inhalt zahlreicher Veröffentlichungen der letzten drei Jahrzehnte.[64] Die Aufmerksamkeit der deutschen Forschung galt besonders den Beziehungen zwischen Frankreich und dem Alten Reich, aber auch denen zwischen Großbritannien und Frankreich als Verbündeten und späteren Gegnern sowie dem Aufstieg Preußens und seiner Bündnisse.[65] Erstaunlicherweise war die Querverbindung über den Kontinent zwischen Wien und London bisher nur selten Gegenstand der Forschung.[66]

1.2 Wien und London

Bei der Betrachtung der Beziehungen zwischen Kaiser Karl VI. sowie König und Kurfürst Georg II. ist eine Definition ihrer jeweiligen Herrschaftsgebiete und ein Überblick über deren Verfassung wichtig. Für beide wird vom Konzept der zusammengesetzten Monarchien, »composite monarchies«,[67]

---

62 Siehe beispielsweise Matthias Schnettger, Der Spanische Erbfolgekrieg, 1701–1713/14, München 2014; Heinz Duchhardt/Martin Espenhorst (Hg.), Utrecht – Rastatt – Baden 1712–1714. Ein europäisches Friedenswerk am Ende des Zeitalters Ludwigs XIV., Göttingen 2013; Michael Hochedlinger, Austria's Wars of Emergence. War, State and Society in the Habsburg Monarchy 1683–1797, London 2003.

63 Aus britischer Sicht trifft diese Feststellung Jeremy Black, Interventionism, Structuralism, and Contingency in British Foreign Policy in the 1720s, in: The International History Review 26, 4 (2004), S. 734–764, hier S. 734–735. Für das Reich hat Andreas Gestrich diese Zeit unter dem Blickwinkel der (politischen) Öffentlichkeit aufgearbeitet, Andreas Gestrich, Absolutismus und Öffentlichkeit. Politische Kommunikation in Deutschland zu Beginn des 18. Jahrhunderts, Göttingen 1994.

64 Als wichtigste deutschsprachige Veröffentlichung der 1990er Jahre ist sicher der Auftaktband von Duchhardt, Balance of Power, zur Reihe »Handbuch der Geschichte der Internationalen Beziehungen« zu sehen; in Großbritannien erschien schon 1983 Derek McKay/Hamish M. Scott, The Rise of the Great Powers, 1648–1815, Harlow 1983.

65 Siehe zum Beispiel Olaf Asbach u.a. (Hg.), Altes Reich, Frankreich und Europa. Politische, philosophische und historische Aspekte des französischen Deutschlandbildes im 17. und 18. Jahrhundert, Berlin 2001; die Forschungen von Klaus Malettke und seinen Schülern, z.B. ders., Frankreich, Deutschland und Europa im 17. und 18. Jahrhundert. Beiträge zum Einfluss französischer politischer Theorie, Verfassung und Außenpolitik in der frühen Neuzeit, Marburg 1994; Sven Externbrink, Friedrich der Große, Maria Theresia und das Alte Reich. Deutschlandbild und Diplomatie Frankreichs im Siebenjährigen Krieg, Berlin 2006.

66 Siehe zum Forschungsstand im nächsten Kapitel 1.2, S. 38–41.

67 Helmut G. Koenigsberger, Dominium regale or Dominium politicum et regale. Monarchies and Parliaments in Early Modern Europe, in: Ders. (Hg.), Politicians and Virtuosi. Essays in Early Modern History, London 1986, S. 1–25; John H. Elliot, A

und »conglomerate states«[68] beziehungsweise »Mehrfachherrschaft«[69] ausgegangen. Grundlage ist die monarchische Herrschaft über verschiedene
Herrschaftsverbände. Als Herrschaftsverband werden hier im Sinne der »composite monarchies« Territorien verstanden, die sich aus unterschiedlichen
Teilgebieten zusammensetzen, aber von einem Herrscher oder einer Familie regiert werden. Sie können, müssen aber nicht, gemeinsame Institutionen
und Strukturen haben und sind zumindest bedingt in ihren Entwicklungen
voneinander abhängig.[70]

Die Territorien, über die Karl VI. herrschte, waren sehr verschieden und
teilweise nur in Personalunion mit den Österreichischen Erblanden verbunden.[71] Dazu zählten die Königreiche Böhmen und Ungarn sowie das
Erzherzogtum Österreich, zeitweilig auch die Königreiche von Neapel, Sizilien und Serbien mit dem Banat, die Herzogtümer Mantua und Mailand sowie
die Österreichischen Niederlande. Die Familie sowie die Gesamtheit der
über die Zeit erhaltenen Besitzungen, das Vermögen und die Macht wurden
als Einheit gesehen und als das »Haus Österreich« bezeichnet.[72] Im Testament Kaiser Karls VI. aus dem Jahr 1711 wurde »Austriaca Monarchia« als
gemeinsame Bezeichnung für alle Erbkönigreiche und -länder verwendet.[73]

Europe of Composite Monarchies, in: Past & Present 137 (1992), S. 48–71. Der Begriff
»composite monarchies« meint, dass verschiedene gleichrangige Territorien, also
beispielsweise zwei Königreiche, die jeweils ihre eigenen Gesetze und Institutionen
behalten, in einem Herrschaftsgebiet vereint sind, ebd., S. 52–53.

68 Harald GUSTAFSSON, The Conglomerate State. A Perspective on State Formation in
Early Modern Europe, in: Scandinavian Journal of History 23, 3–4 (1998), S. 189–213.
Gustafsson hebt hervor, dass zusätzlich zu verschiedenen hochrangigen Territorien –
wie Königreichen – Herrschaftsgebiete aus »patchworks of smaller entities, such as
duchies, counties, towns, Herrschaften und Landschaften, all with more or less varying
relations to the power centre«, bestanden (ebd., S. 197).

69 Franz BOSBACH, Mehrfachherrschaft – eine Organisationsform frühmoderner Herrschaft, in: Michael KAISER/Michael ROHRSCHNEIDER (Hg.), Membra unius capitis.
Studien zu Herrschaftsauffassungen und Regierungspraxis in Kurbrandenburg (1640–
1688), Berlin 2005, S. 19–34.

70 Siehe zu diesem Themenkomplex zukünftig Charlotte BACKERRA, Personal Union,
Composite Monarchy and »Multiple Rule«, in: Ellie WOODACRE (Hg.), The History of
Monarchy. A Handbook, Abingdon 2019 (in Vorbereitung).

71 Zur Entstehung des habsburgischen Herrschaftsverbandes siehe z.B. Robert John Weston EVANS, The Making of the Habsburg Monarchy, 1550–1700. An Interpretation,
Oxford 1979; oder noch weiter ausgreifend Jean BÉRENGER, Die Geschichte des Habsburgerreiches 1273 bis 1918, Wien ²1995.

72 Grete KLINGENSTEIN, The meanings of »Austria« and »Austrians« in the Eighteenth
Century, in: Robert ORESKO u.a. (Hg.), Royal and Republican Sovereignty in Early
Modern Europe. Essays in Memory of Ragnhild Hatton, Cambridge 1977, S. 423–478,
hier S. 441. Hierzu gehörten auch die spanischen Habsburger und ihre Besitzungen.

73 Diese Zusammenfassung geschah im Vergleich zu den Gebieten der spanischen Monarchie, siehe den Auszug aus Karls III. (VI.) Testament, Barcelona, 26.09.1711, in:
Gustav TURBA, Die Grundlagen der pragmatischen Sanktion. Bd. 2: Die Hausgesetze,
Leipzig 1912, S. 395–402, sowie zu den Regelungen, die die Vererbung der »Austriacae
et Hispanicae Monarchiae« an Kinder Karls VI. betrafen, ebd., S. 397–400. Karl VI.

»Österreich«, »Austria« oder »Autriche« wurden in der politischen und diplomatischen Sprache des frühen 18. Jahrhunderts als Kurzformen gebraucht, wenn von der Gesamtheit der Erbkönigreiche und Länder des Hauses Österreich die Rede war. In britischen Quellen stand »Austria« immer im Zusammenhang mit dem »House of Austria«.[74] Wenn im Folgenden die Rede von Österreich sein wird, ist damit diese aus den zeitgenössischen Äußerungen entlehnte Bedeutung gemeint, die sich im Laufe des 18. Jahrhunderts und dann im 19. Jahrhundert mit einem bestimmten Nationenbegriff verband.[75] Werden bestimmte Gebiete besonders hervorgehoben, beispielsweise Böhmen oder die Österreichischen Niederlande, sind demnach nur diese Regionen gemeint. Grundsätzlich wird in der Forschung heute von den »Habsburgischen Erblanden« gesprochen, ein Ausdruck, der in dieser Kombination zeitgenössisch nicht üblich war.[76]

Die britischen Gesandten wurden an den Hof des »Emperor of Germany« entsandt: »Instructions for Our Right Trusty & Wellbeloved James L. Waldegrave, whom we have appointed to be Our Ambassador Extraordinary, & Minister Plenipotentiary to Our good Brother the Emperor of Germany«.[77] Die Begriffe »Reich« oder »Empire« bezeichneten Anfang des 18. Jahrhunderts grundsätzlich das Heilige Römische Reich Deutscher Nation.[78] Beide Begriffe wurden verwendet, wenn es um Entscheidungen,

---

hatte den Begriff »Monarchie« als eher allgemeinen, nicht mehr nur auf die absolute Herrschaft bezogenen Ausdruck aus Spanien mitgebracht. Als »Österreichische Monarchie« setzte er sich dann im Laufe des 18. Jahrhunderts als Bezeichnung für die dynastische Regierung über Territorien und Besitzungen des Hauses Österreich durch. Die Monarchie – die regierende Familie, das Haus Österreich – stand, das war damit ausgedrückt, über den Ständen der einzelnen Erbländer. KLINGENSTEIN, The meanings of »Austria« and »Austrians«, S. 454–458.

74 Entsprechendes gilt für das substantivierte Adjektiv (»Austrians«). Ebd., S. 442–458. Deutlich häufiger tauchte dagegen Wien als Sitz des Hofes und stellvertretend für den Kaiser, seine Minister oder die kaiserliche Politik auf. Siehe z.B. Harrington an Robinson, Windsor Castle, 14.09.1730, TNA, SP 80, 68, o.f.

75 Die Problematik, dass eine Historiographie der österreichischen Geschichte sich immer der unterschiedlichen Territorialität sowie der verschiedenen Benennungen dessen, was in der Geschichte als »Österreich« bezeichnet wurde, bewusst sein muss, wurde schon häufig beschrieben. Siehe hierzu den Tagungsband Herwig WOLFRAM/ Walter POHL (Hg.), Probleme der Geschichte Österreichs und ihrer Darstellung, Wien 1991.

76 KLINGENSTEIN, The meanings of »Austria« and »Austrians«, S. 439–441.

77 Georg II. an Waldegrave, Instruktionen, London (Kensington), 18.08.1727, TNA, SP 80, 62, f. 37. Aber »[aus] österreichischer Perspektive lag das Reich außerhalb, war Reichspolitik Außenpolitik – schon für die Zeitgenossen des 18. Jahrhunderts [...].« Barbara STOLLBERG-RILINGER, Des Kaisers alte Kleider. Verfassungsgeschichte und Symbolsprache des Alten Reiches, München 2008, S. 281.

78 Brendan SIMMS, »Ministers of Europe«. British Strategic Culture. 1714–1760, in: Hamish M. SCOTT/Brendan SIMMS (Hg.), Cultures of Power in Europe during the

Politik, Militäraktionen, Kriege, Minister oder Karl VI. als Kaiser des Heiligen Römischen Reiches Deutscher Nation ging.[79] Für die auswärtigen Beziehungen des Kaisers waren verschiedene Institutionen zuständig.[80] Oberstes Gremium für Entscheidungen und strategische Planung der auswärtigen Beziehungen war die Geheime Konferenz.[81] In ihr berieten die wichtigsten Minister, für den betrachteten Zeitraum Prinz Eugen, die Grafen Sinzendorff und Starhemberg sowie zeitweise die Grafen Schönborn, Metsch, Harrach und Königsegg-Rothenfels mit Bartenstein als Referendar, und damit Protokollant, über die entscheidenden Fragen der inneren und äußeren Angelegenheiten. Diese Minister, insbesondere Prinz Eugen und Sinzendorff, waren auch entscheidend an der Auswahl des diplomatischen Personals beteiligt.[82] Ihre Vorschläge wurden Karl VI. mündlich und schriftlich dargelegt und von ihm intensiv kommentiert und korrigiert. Aufgrund der kaiserlichen Entscheidungen wurden die Instruktionen für die Diplomaten und die anderen Minister verfasst. Die Österreichische Hofkanzlei war für die Monarchia Austriaca für »alle Allianzen mit Kurfürsten und Fürsten und auswärtigen Mächten, und was nachgehends dem anhanget«[83] zuständig, genauer für

Long Eighteenth Century, Cambridge 2007, S. 110–132, hier S. 115–116. Zu kurz greift damit die Darstellung von David Armitage, dessen Empire-Konzeptionen das Reich als Empire nicht aufgreifen. David ARMITAGE, The British Conception of Empire in the Eighteenth Century, in: Franz BOSBACH/Herman HIERY (Hg.), Imperium – Empire – Reich. Ein Konzept politischer Herrschaft im deutsch-britischen Vergleich/An Anglo-German Comparison of a Concept of Rule, München 1999, S. 91–107.

79 Als Beispiele siehe Townshend an Waldegrave, London (Whitehall), 18.08.1727, TNA, SP 80, 62, f. 55; Harrington an Robinson, Whitehall, 12.11.1731, TNA, SP 80, 81, o.f. Für Großbritannien inklusive der Kolonien wurde »Empire« ohne weitere Zusätze erst Ende des 18. Jahrhunderts bzw. im 19. Jahrhundert verwendet.

80 Im Folgenden werden nur die Institutionen vorgestellt, die wesentlich zu den hier betrachteten kaiserlich-habsburgisch-britisch-hannoverischen Kontakten beitrugen. Der Reichstag sowie der Reichshofrat, die sonst im Rahmen der kaiserlichen Außenbeziehungen eine große Rolle spielten, gehören nicht dazu. Ihr Anteil wird soweit nötig in der Analyse berücksichtigt.

81 Trotz eines entsprechenden Vorschlags von Prinz Eugen war sie aber nicht das einzige entscheidende Gremium. Er hatte für gemeinsame Sitzungen aller für auswärtige Beziehungen und Territorien zuständigen Konferenzen und Räte plädiert, um »ein totum aus Euer Majestät weitläufiger und herrlicher Monarchie zu machen«. Konferenzprotokoll vom 27.01.1726, zitiert nach Oswald REDLICH, Das Werden einer Großmacht. Österreich von 1700 bis 1740, Brünn ³1942, S. 254.

82 Zur Auswahl des Personals siehe Kapitel 3.1.2 sowie 4.1.5.

83 Referat des Grafen Sinzendorff über die Behandlung der Geschäfte bei Hof, 02.10.1706, in: Thomas FELLNER (Hg.), Die Österreichische Zentralverwaltung. Abt. 1: Von Maximilian I. bis zur Vereinigung der österreichischen und böhmischen Hofkanzlei (1749), Bd. 3: Aktenstücke 1683–1749, Wien 1970, S. 48–49; siehe auch Klaus MÜLLER, Das kaiserliche Gesandtschaftswesen im Jahrhundert nach dem Westfälischen Frieden (1648–1740), Bonn 1976, S. 28.

alle haus- und fremde staatsachen, auch alle dahin einlaufende materien als foedera, tractatus pacis, heurathssachen, creirung deren gesandten und botschaftern, aller kais. geheimen räthen, die correspondenz und handlungen mit auswertigen mächten und was immer dergleichen in das publicum extrinsecum kann eingezogen werden.[84]

Ab den 1720er Jahren wurde die Hofkanzlei nach Aufgaben in politische Verwaltung, Justiz und auswärtige Angelegenheiten geteilt. Für die im Laufe der Zeit »Österreichische Geheime Staatskanzlei« genannte Abteilung und damit für auswärtige Beziehungen[85] war der erste Hofkanzler zuständig, also Sinzendorff, der zweite Hofkanzler[86] dagegen für innere Angelegenheiten.[87] In der Abteilung für auswärtige Angelegenheiten[88] gab es schon 1726 einen Staatssekretär, der als erster Beamter der Konferenz zuständig war für Protokolle, Instruktionen, Weisungen, Memoria, Promemoria und schriftliche Referate – sogenannte Vorträge – an den Kaiser. Diese Position hatte zunächst Johann Georg von Buol inne, bevor ihm 1727 Bartenstein nachfolgte.[89] Bartensteins Einfluss beim Kaiser und seine umfassenden Kenntnisse des Reichsrechts sowie der Reichsgeschichte führten dazu, dass auch Reichsangelegenheiten im Laufe der 1730er Jahre mehr und mehr von der »Staatskanzlei« bearbeitet wurden.[90] Eigentlich war für Reichsangelegenheiten die Reichshofkanzlei unter dem Reichsvizekanzler Graf Schönborn zuständig, der in Reichsangelegenheiten bei den Sitzungen der Geheimen Konferenz auch die erste Stimme

---

84 Karl VI., Instruktion für die österreichische Hofkanzlei, Wien, 26.03.1720, in: FELLNER, Die Österreichische Zentralverwaltung 1, 3, S. 353; MÜLLER, Das kaiserliche Gesandtschaftswesen, S. 28.

85 Karl VI. an Starhemberg, Handschreiben, die Dotierung der Bancalkassen und Einrichtung der Kameralämter betreffend, Wien, 16.02.1715, in: FELLNER, Die Österreichische Zentralverwaltung 1, 3, S. 163. Müller meint dagegen, seit 1723 habe man von der Österreichischen Geheimen Staatskanzlei gesprochen; MÜLLER, Das kaiserliche Gesandtschaftswesen, S. 29.

86 Zweiter Hofkanzler war von 1719 bis zu seinem Tod 1739 Georg Christoph Graf Stürgkh (1666–1739), siehe Constantin von WURZBACH, Biographisches Lexikon des Kaiserthums Oesterreich. Bd. 40, Wien 1883, S. 174. Da er an den auswärtigen Beziehungen des Kaisers keinen Anteil hatte, wird auf seine Person im Folgenden nicht eingegangen.

87 Grete KLINGENSTEIN, Institutionelle Aspekte der österreichischen Außenpolitik im 18. Jahrhundert, in: Erich ZÖLLNER (Hg.), Diplomatie und Außenpolitik Österreichs. 11 Beiträge zu ihrer Geschichte, Wien 1977, S. 74–93, hier S. 83.

88 Klingenstein (ebd., S. 84), weist darauf hin, dass sich die Österreichische Hofkanzlei auch deshalb in den auswärtigen Angelegenheiten durchsetzen konnte, da sie als erste eine speziell dafür eingerichtete Abteilung hatte.

89 Auf Bartensteins Rolle wird näher eingegangen in Kapitel 3.1.1 und 3.1.2. Ihm arbeiteten jeweils zwei Konzipisten und Kanzlisten sowie ein Registrator und ein Expeditor zu. Sie nutzten zwei Räume im Gebäude der Hofkanzlei. Dies., Institutionelle Aspekte, S. 83.

90 Ebd., S. 84.

hatte.[91] Unter seinem Nachfolger Graf Metsch verlor die Reichskanzlei ab 1734 weiter an Einfluss.[92]

Gleichzeitig wurden die Gesandten durch weitere Institutionen instruiert, darunter die Böhmische Hofkanzlei sowie bei Bedarf durch den Spanischen Rat, speziell das Spanische Staatssekretariat unter der Leitung des Marqués de Rialp, oder die Statthalter der verschiedenen habsburgischen Territorien.[93] Damit erhielten die Diplomaten von verschiedenen Stellen Instruktionen und Weisungen, die allerdings nicht immer übereinstimmten, was ihre Umsetzung erschwerte.[94]

In den letzten Jahrzehnten hat sich die historische Forschung wieder intensiver mit der Geschichte der Habsburgermonarchie und des Kaiserhofes im 17. und 18. Jahrhundert beschäftigt.[95] Insbesondere der Wiener Hof, seine Mitglieder und sein Zeremoniell sind in den Blick genommen worden.[96] Eine moderne Verwaltungsgeschichte oder eine Studie der Regierungspraxis zur Zeit Karls VI. fehlen aber noch immer.[97] Genauso wenig ist bisher die Person Karls VI. in den Fokus der Wissenschaft gerückt. Die einzige moderne Biographie mit wissenschaftlichem Anspruch ist ein Katalog mit kurzen Beiträgen zu einer Ausstellung des Österreichischen Staatsarchivs von 2011.[98]

---

91 MÜLLER, Das kaiserliche Gesandtschaftswesen, S. 27–29. Schönborn trat im Zuge eines Skandals in der Reichskanzlei zurück, für den er die politische Verantwortung übernahm. Hugo HANTSCH, Reichsvizekanzler Friedrich Karl von Schönborn (1674–1746). Einige Kapitel zur politischen Geschichte Kaiser Josefs I. und Karls VI., Augsburg 1929, S. 336–342. Siehe zu Schönborn Kapitel 3.1.2.

92 KLINGENSTEIN, Institutionelle Aspekte, S. 82, 84.

93 MÜLLER, Das kaiserliche Gesandtschaftswesen, S. 31–32.

94 Siehe Kapitel 4.1.3.

95 Man konzentrierte sich nach den beiden Weltkriegen eher auf das österreichische Kaisertum des 19. Jahrhunderts. Dies führte zu umfangreichen Forschungslücken und -desideraten der früheren Geschichte, deren Bearbeitung durch die »Neue Österreichische Geschichte« erst in den letzten Jahrzehnten begonnen hat. Siehe hierzu auch HOCHEDLINGER, Die Frühneuzeitforschung, S. 179, bzw. ders., Bürokratisierung, Zentralisierung, Sozialdisziplinierung, Konfessionalisierung, Militarisierung. Politische Geschichte der Frühen Neuzeit als »Machtstaatsgeschichte«, in: KRAUS/NICKLAS, Geschichte der Politik, S. 239–269, hier S. 265–266.

96 Dazu gehören DUINDAM, Vienna and Versailles; Andreas PEČAR, Die Ökonomie der Ehre. Der höfische Adel am Kaiserhof Karls VI. (1711–1740), Darmstadt 2003; Katrin KELLER, Hofdamen. Amtsträgerinnen im Wiener Hofstaat des 17. Jahrhunderts, Wien 2005; Irmgard PANGERL u.a., Der Wiener Hof im Spiegel der Zeremonialprotokolle (1652–1800). Eine Annäherung, Innsbruck 2007.

97 Das hat schon Michael HOCHEDLINGER 2007 beklagt, ders., Bürokratisierung, S. 258 sowie 266–268.

98 Franz-Stefan SEITSCHEK u.a. (Hg.), 300 Jahre Karl VI. (1711–1740). Spuren der Herrschaft des »letzten« Habsburgers. Begleitband zur Ausstellung des Österreichischen Staatsarchivs, Wien 2011.

Großbritannien war die Sammelbezeichnung für den Herrschaftsverband, der aus dem vereinigten Königreich von England und Schottland nach der Union von 1707 sowie dem Königreich Irland und den britischen Kolonien bestand.[99] In der Umgangssprache und in den Quellen wurden – und werden bis heute – Großbritannien und England häufig gleichgesetzt. Die kaiserlichen Institutionen sprachen von »Engelland«, aber auch dem »Groß Britannischen Hoff«.[100]

Wie Linda Colley zeigen konnte, war der englische Einfluss auf Großbritannien maßgeblich für die Entstehung der britischen Nation als politische und kulturelle Einheit, wie sie sich in anderen europäischen Ländern erst in der Sattelzeit um 1800 manifestierte.[101] »Nation« kommt ebenfalls als Quellenbegriff vor, insbesondere dann, wenn über die politisch aktive Öffentlichkeit in Großbritannien gesprochen wird.[102] In dieser Arbeit werden, auch wenn der räumliche Fokus auf dem Hof und damit den Palästen in England sowie der Hauptstadt London liegt,[103] dennoch »Großbritannien« und »britisch« als allgemeine Begriffe verwendet. Mit der Sukzession der Kurfürsten von Braunschweig-Lüneburg auf den britischen Thron im Jahr 1714 wurde Hannover zu einem Pfeiler britischer Politik auf dem Kontinent. Die Personalunion und die Sicherung des deutschen Territoriums prägten ab diesem Zeitpunkt das Regierungshandeln und führten zu Ambivalenzen und Spannungen.[104]

In Großbritannien beriet der Privy Council den König. Seine Mitglieder entstammten dem Hochadel und hatten zumeist Hofämter oder politische Ämter. In der ersten Hälfte des 18. Jahrhunderts gab es in Großbritannien allerdings keine klare Beziehung zwischen hohen Hof- und politischen Ämtern mehr. Während zum Beispiel der Duke of Newcastle unter Georg I. das Hofamt des Lord Chamberlain sowie den Posten des Secretary of State

---

99   Immer noch grundlegend ist Linda Colleys Studie über das Zusammenwachsen dieses Herrschaftsverbandes (dies., Britons: Forging the Nation 1707–1837, New Haven, CT 1992).

100 Karl VI. an Kinsky, Instruktion, Laxenburg, 12.06.1728, HHStA, StA England 66, f. 3: »Instruction für den Grafen Philipp von Kinsky alß Kays. abgesanden in Engelland«; Karl VI. an Kinsky, Instruktion, Neustadt, 20.06.1728, HHStA, StA England 66, f. 15: »Instruction und anweisung, wornach der Hoch- und Wohlgebohrene, Unser Cämmern, Appellations-Vice-Præsident, Königl. Statthallter und Commercien Rath im Königreich Böhmens, auch des Reichs Liber getreuer Philipp Joseph Kinsky Graff von Chiniz und Tetau, als Unser an dem Königl. Groß Britannischen Hoff Gnädigst benanndter Abgesandter und Gevollmächtigter Minister in denen fürfallenden Verrichtungen sich zuverhallten haben wird.« Siehe für diese Verwendung der Begriffe im 18. Jahrhundert auch Johann Jacob Moser (Hg.), Reichs-Fama […]. Bd. 8, Frankfurt a.M. 1731, S. 461–462.

101 Colley, Britons.

102 Siehe Kapitel 4.1.6.

103 Siehe Kapitel 4.1.1.

104 Dies wird in den Aufsätzen in Brendan Simms/Torsten Riotte (Hg.), The Hanoverian Dimension in British History, 1714–1837, Cambridge 2007, näher ausgeführt.

innehatte, erhielt Sir Robert Walpole, unbestreitbar der wichtigste britische Politiker seiner Zeit, nie ein Hofamt. Das Amt des Lord Chamberlain (Erster Obersthofmeister) hielt für drei Jahrzehnte der Duke of Grafton, der darüberhinaus kaum wirkte.[105]

Die Größe des Privy Council verhinderte eine effektive Arbeit, so dass häufig nur noch die zuvor im engsten Kreis getroffenen Entscheidungen nachvollzogen wurden.[106] Die Minister trafen sich regelmäßig zu Beratungen im Kabinett, meist ohne die Anwesenheit des Königs.[107] Darüber hinaus traf sich der innerste Zirkel der Regierung, die Secretaries of State, der Secretary to the Treasury und gegebenenfalls weitere höhere Minister, zu informellen Sitzungen. Zum inneren Kreis der Regierung gehörten in den 1730er Jahren die beiden Walpole-Brüder, Sir Robert Walpole und Horatio Walpole, als Secretaries of State zunächst Viscount Townshend und der Duke of Newcastle sowie später Lord Harrington, der Obersthofmeister, der Duke of Grafton, sowie ab 1733 auch die Juristen Philipp Yorke, Lord Hardwicke, als Lord Chief Justice, und Charles Talbot, Baron Talbot, als Lord Chancellor (Justizminister).[108] Die aus diesen Besprechungen resultierenden Entscheidungen wurden dem König vorgelegt, der die endgültigen Beschlüsse traf.[109]

---

105 Hannah SMITH, Georgian Monarchy. Politics and Culture, 1714–1760, Cambridge 2006, S. 212. Hofämter dienten aber unter anderem zur Versorgung der Familienmitglieder wichtiger Adeliger in Politik und Verwaltung (ebd., S. 213). Weiterhin wichtig war der Hof als Ort der Repräsentation und Patronage, als Raum, in dem der König und seine Untertanen zum sozialen oder politischen Austausch zusammentrafen (ebd., S. 213–238).

106 John Ashton CANNON, Privy Council, in: Ders. (Hg.), The Oxford Companion to British History, Oxford 2009.

107 Siehe die kurze Zusammenfassung bei ders., Cabinet, sowie den immer noch wichtigen Artikel aus dem Jahr 1913 von Edward Raymond TURNER, The Development of the Cabinet, 1688–1760, in: AHR 19, 1 (1913), S. 27–43. Hans-Christof KRAUS, Englische Verfassung und politisches Denken im Ancien Régime, 1689–1789, München 2006, S. 52, führt als Grund für die Intensivierung des Kabinettssystem implizit die schwache Stellung des Königs gegenüber den Ministern an. Er nennt hierzu die mangelnden Englischkenntnisse Georgs I., die diesen dazu gebracht hätten, nicht an den Zusammenkünften der Minister teilzunehmen, sowie die regelmäßigen Hannoveraufenthalte der ersten Welfen auf dem britischen Thron, ihre Konflikte mit den jeweiligen Thronfolgern und die Bindung an die Whigs als einzige politische Partei. Andererseits erscheint es wahrscheinlich, dass die vielfältigen Aufgabenbereiche und zeremoniellen Pflichten des Königs zu einer Verlagerung der exekutiven Gewalt nach den Richtlinien des Königs auf die Minister und das Kabinett geführt haben.

108 Zur Arbeit dieser Gruppe, deren Entstehung Philip Woodfine in der Arbeitsweise und im Charakter sowohl Georgs II. als auch Robert Walpoles begründet sieht, siehe ausführlicher Philip Laurence WOODFINE, The Duke of Newcastle's War. Walpole's Ministry and the War against Spain, 1737–1742, Huddersfield 1994, S. 51–53. Die für die auswärtigen Beziehungen wichtigen Akteure dieser Gruppe werden u.a. in Kapitel 3.1.2 vorgestellt.

109 Jeremy BLACK, George II. Puppet of the Politicians?, Exeter 2007, S. 117–118, 120–121.

Die zwei Staatssekretariate verwalteten seit der Kronunion 1707 gemeinsam die inneren und äußeren Angelegenheiten des Königreichs Großbritannien.[110] Unter jedem Secretary of State arbeiteten mehrere Untersekretäre, die Undersecretaries of State, sowie weitere Kanzlisten, die für das Abschreiben und Kopieren der Unterlagen zuständig waren.[111] Die Verteilung der vielfältigen Aufgaben konnte je nach beteiligten Akteuren wechseln. Meist hatte aber einer der beiden Amtsinhaber die führende Position inne.[112]

In den auswärtigen Angelegenheiten teilten sich die Secretaries of State die Zuständigkeiten für die südlichen und nördlichen Gebiete Europas auf. Als das wichtigere Amt galt das des Secretary of State of the Southern Department, weil seine Kompetenzen im Wesentlichen die katholisch-romanischen und muslimischen Monarchien und Herrschaftsgebiete umfassten, nämlich Frankreich, Spanien und Italien sowie die Schweiz und das Osmanische Reich. Das »Northern Department« kümmerte sich um die protestantischen Gebiete Nordeuropas – die Niederlande und die skandinavischen Königreiche –, um Polen und Russland sowie die Beziehungen zum Kaiser und zum Heiligen Römischen Reich Deutscher Nation.

Die Organisation von nachrichtendienstlichen Strukturen gehörte dabei mit zur Verantwortung der Secretaries of State. Im Ausland wurden über die Gesandtschaften Informantennetzwerke betrieben, im Inland wurden vor allem über die Postüberwachung Informationen gewonnen.[113] Gleichzeitig

---

110 Zu den Secretaries of State ist insgesamt die Studie von Mark Alméras Thomson aus dem Jahr 1932 immer noch maßgeblich (ders., The Secretaries of State, 1681–1782, New York ²1968). Bis 1746 existierte ein Staatssekretariat für Schottland (Secretary of State of Scotland); der Posten war allerdings regelmäßig nicht besetzt. Für Irland gab es den eigenen Posten des Lord Lieutenant for Ireland sowie des Chief Secretary of Ireland, die im Laufe des 18. Jahrhunderts immer wichtiger wurden. Siehe ebd., S. 29–40. Die Akten wurden seit 1610 als »State papers« dokumentiert und archiviert, siehe hierzu Alan Marshall, The Secretaries' Office and the Public Records, in: State Papers Online, 1603–1714 (2000).

111 Thomson, The Secretaries of State, S. 128–136. Sie alle waren vom jeweiligen Secretary of State ernannt und von ihm abhängig, sie wurden auch nicht von der Treasury bezahlt, sondern wurden durch Gebühren und Honorare finanziert, ebd., S. 136–148. Besonders die Under-Secretaries wurden allerdings nur in Absprache mit dem Monarchen ernannt, siehe ebd., S. 130, den Bericht über die sorgfältige Auswahl eines neuen Under-Secretary durch den Duke of Newcastle.

112 Marshall, The Secretaries' Office, S. 5. In der Instruktion für den kaiserlichen Gesandten aus dem Jahr 1728 war vom »ersten« Staatssekretär die Rede (Karl VI. an Kinsky, Instruktion, Laxenburg, 12.06.1728, HHStA, StA England 66, f. 4v).

113 Dies war spätestens seit der Regierungszeit König Karls II. (1660–1685) in der zweiten Hälfte des 17. Jahrhundert so. Thomson, The Secretaries of State, S. 150–155. Eine strukturierte Auswertung dieses Aspekts der britischen Verwaltung liegt für die ersten Jahrzehnte der Personalunion nur im Hinblick auf die Abwehr der Jakobiten im Äußeren und Inneren vor (Hugh Douglas, Jacobite Spy Wars. Moles, Rogues and Treachery, Stroud 1999). Ein genereller Überblick über die Rolle von Nachrichtendiensten, Spionagenetzwerken und Postüberwachung in den internationalen

war der jeweils führende Minister für die Leitung der Regierungspolitik im House of Lords zuständig.[114] Normalerweise waren immer beide Secretaries of State informiert sowie formell gleichberechtigt und entscheidungsbefugt. Dies hatte den Vorteil, dass anders als in anderen Systemen, wo etwa bei Krankheit eines Ministers Verhandlungen unterbrochen werden mussten, im britischen System der jeweils andere einspringen konnte.

Regelmäßig, aber mindestens einmal in der Woche, trafen sich die Secretaries of State mit dem König und legten ihm dabei die Berichte der Diplomaten aus dem Ausland vor, berieten den König und schickten seine Entscheidungen in den Instruktionen an die Diplomaten.[115] Die britischen Gesandten, die für den König als ständige Vertreter an auswärtigen Höfen waren, erhielten Hauptinstruktionen zu Beginn der Mission und regelmäßige Reaktionen auf ihre Berichte.[116] Wenn allerdings zu häufig nach Anweisungen gefragt wurde, konnte die Antwort auch schon einmal negativ ausfallen:

I don't see by your relations [reports] that you wanted any instructions. You on the spot with those just notions of the true state of affairs will always act better than we can bid you from hence, unless something new should arise.[117]

Getrennt von den britischen Institutionen[118] regierte Georg II. das Kurfürstentum mit seinen hannoverschen Ministern[119] – Johann Philipp von

---

Beziehungen der Frühen Neuzeit fehlt noch; einen ersten Anfang macht die Aufsatzsammlung Robyn ADAMS/Rosanna COX (Hg.), Diplomacy and Early Modern Culture, Basingstoke 2011.

114 Zu Charles Townshend, Viscount Townshend, sowie William Stanhope, Lord Harrington, als Führer der Regierungsbank im House of Lords ab 1730 und zu den vorbereitenden Regierungstreffen in ihren Häusern siehe Clyve JONES/David Lewis JONES, Peers, Politics and Power. House of Lords, 1603–1911, London 1986, S. 221–222.

115 Siehe Kapitel 4.1.3 und 4.2.3.

116 Zum britischen Gesandtschaftswesen des 18. Jahrhunderts sind zwei Studien maßgeblich, die ältere aus dem Jahr 1961 von David Bayne HORN, The British Diplomatic Service, 1689–1789, Oxford 1961, sowie die neuere von Jeremy BLACK, British Diplomats and Diplomacy, 1688–1800, Exeter 2001. Siehe als Einzelstudie zu diplomatischen Missionen aus Sicht der deutschsprachigen Forschung SCHÜTZ, Die Gesandtschaft Großbritanniens am Immerwährenden Reichstag (2007).

117 Tilson an Robinson, 07.07.1730 (a.S.), BL Add. Mss. 23780, zitiert nach BLACK, British Diplomats and Diplomacy, S. 80.

118 Seit dem Act of Settlement 1701 durften Ausländer nicht Mitglieder des englischen bzw. britischen Privy Council, des Parlaments oder Ministeriums werden und auch keine zivilen oder militärischen Ämter übernehmen; es gab aber Ausnahmen, wie in Kapitel 4.1.2, S. 214, ausgeführt.

119 Unter Georg I. waren Geheimes Ratskollegium, Kammer und Kriegskanzlei durch Minister und Verwaltungspersonal in London vertreten gewesen, »[es] entstand sozusagen ein verkleinertes Abbild der in Hannover verbleibenden obersten Landesbehörden am Orte der neuen Residenz des Königs. Eine Verlegung dieser Behörden

Hattorf[120] in London sowie den Geheimen Räten in Hannover –, mit denen er über die Deutsche Kanzlei[121] korrespondierte. Die Deutsche Kanzlei in London fungierte als zentrale Schnittstelle zum Herrscher, da alle aus- und eingehende Post, die den König als Kurfürsten betraf, vom Leiter der Kanzlei geöffnet und verschickt wurde.[122] Wie Georg I. behielt sich auch Georg II. als Kurfürst die alleinige Entscheidungsgewalt in seinem Kurfürstentum vor, was eine regelmäßige Korrespondenz mit den Geheimen Räten in Hannover über die Deutsche Kanzlei, ebenso regelmäßige Besprechungen mit dem hannoverschen Minister in London und darüber hinaus Besuche im Kurfürstentum voraussetzte. Die Machtbefugnisse des Geheimen Rates in Hannover waren damit stark eingeschränkt.[123]

Normalerweise begleitete einer der britischen Secretaries of State König Georg II. auf seinen Reisen, während der andere in London blieb.[124] Für die Zeit seiner Abwesenheiten setzte Georg II. seine Ehefrau als Regentin ein, die zusammen mit dem Privy Council die Regierungsgeschäfte führte.[125] Durch

---

nach England ist niemals auch nur erwogen worden.« Rudolf GRIESER, Die Deutsche Kanzlei in London, ihre Entstehung und Anfänge. Eine behördengeschichtliche Studie, in: BDLG 89 (1952), S. 153–168, hier S. 157.

120 Ab 1730/1732 war Hattorf unter Georg II. der einzige braunschweig-lüneburgische Minister in London und alleinverantwortlich für die Deutsche Kanzlei. Cord PANNING, Die Geschichte und die Konzeption der barocken Gartenanlage des Guts Böhme, in: NsJbLG 68 (1996), S. 175–245, hier S. 193–197. Er besprach in persönlichem Umgang mit dem König als Kurfürsten die Braunschweig-Lüneburg betreffenden Angelegenheiten und leitete Entscheidungen nach Hannover an das dort residierende Gremium der »Geheimen Räte« weiter. GRIESER, Die Deutsche Kanzlei, S. 165–166.

121 Siehe zur Bedeutung der Deutschen Kanzlei die noch unveröffentlichte Disseration von Benjamin Bühring, ders., Verwaltung und Personalunion. Die Deutsche Kanzlei in London und die English Chancery in Hannover als Träger der Personalunion zwischen Großbritannien und Kurhannover 1714–1760, Göttingen 2012 (Betreuer: Prof. Dr. Reitemeier, Universität Göttingen).

122 GRIESER, Die Deutsche Kanzlei, S. 159–161.

123 Alle wichtigen Belange der kurhannoverschen Regierung und Verwaltung mussten von den Geheimen Räten in Hannover durch schriftliche Anfragen und Antworten dem Kurfürsten vorgelegt werden, der daraufhin die Entscheidungen traf. Benjamin BÜHRING, Regieren mit Brief und Siegel. Administrative Kommunikation im Kurfürstentum Braunschweig-Lüneburg zwischen London und Hannover, in: Steffen HÖLSCHER/Sune Erik SCHLITTE (Hg.), Kommunikation im Zeitalter der Personalunion (1714–1837). Prozesse, Praktiken, Akteure, Göttingen 2014, S. 233–258, hier S. 238–240. Noch ist allerdings ungeklärt, in welchem Umfang die kurfürstlichen Minister eine eigene Politik in Abwesenheit des Monarchen durchsetzen konnten. Die bisher erschienenen Dissertationen des Promotionskollegs »Personalunion« an der Universität Göttingen schließen diese Lücke nicht.

124 Uta RICHTER-UHLIG, Hof und Politik unter den Bedingungen der Personalunion zwischen Hannover und England. Die Aufenthalte Georgs II. in Hannover zwischen 1729 und 1741, Hannover 1992, S. 12.

125 Siehe z.B. die Erklärung der Regentschaftsregelung für 1732, Regest, Commission of Queen Caroline to be Custodian of Great Britain during the absence of the King, [1732], TNA, SP 36, 28, f. 323. Der Regentschaftsrat trat regelmäßig zusammen, um

teilweise tägliche schriftliche Berichte waren aber sowohl der König als auch die ihn begleitenden Minister ständig über die Vorgänge in London informiert.[126] Zur Geschichte Großbritannien-Hannovers im 18. Jahrhundert beziehungsweise zum besonderen Verhältnis dieser beiden Herrschaftsgebiete sind in den letzten Jahren, vor allem im Zusammenhang mit dem dreihundertjährigen Jubiläum der Personalunion, einige Sammelbände entstanden.[127]

innere und äußere Angelegenheiten zu besprechen. Neben der Königin und dem Kronprinzen waren die Lords des Privy Council und Vertreter des Unterhauses anwesend, zur Eröffnung der Regentschaftsregierung waren es ca. 36 Personen, siehe das Protokoll zum 22. Mai 1729, Minutes of the Council, Kensington, 02.06.1729, TNA, SP 43, 77, o.f. Normalerweise trat der Rat mit zehn bis fünfzehn Personen zusammen. Minutes of the Council, Kensington, 21.06.1729, TNA, SP 43, 77, o.f.

126 Die Briefwechsel sind in den State Papers Regencies, TNA, SP 43, zusammengeführt und belegen in ihrer Ausführlichkeit die enge Verflechtung der Regentschaftsregierung mit dem König und den ihn nach Hannover begleitenden Ministern und Sekretären. Der enorme Aufwand der Regentschaftsregierung zeigte sich schon allein durch die regelmäßige Korrespondenz und die dadurch notwendige Entsendung von Kurieren alle zwei bis drei Tage. Siehe Messengers at Hanover, Hannover, 27.06.1729, TNA, SP 43, 9, f. 95, sowie zur Überlastung der Sekretäre durch die notwendigen handschriftlichen Kopierarbeiten RICHTER-UHLIG, Hof und Politik, S. 57.

127 Den Anfang machte ein Sammelband, herausgegeben von Brendan SIMMS und Torsten RIOTTE, die 2007 die Ergebnisse verschiedener Einzelstudien jüngerer Autoren unter dem Titel »The Hanoverian Dimension in British History« zusammenstellten. Zum dreihundertjährigen Jubiläum erschienen gleich vier Sammelbände, wobei in zweien Aufsätze der ausgewiesenen britischen und deutschen Experten zur Personalunion insgesamt zusammengestellt sind (Ronald G. ASCH (Hg.), Hannover, Großbritannien und Europa. Erfahrungsraum Personalunion 1714–1837, Göttingen 2014; Andreas GESTRICH/Michael SCHAICH (Hg.), The Hanoverian Succession. Dynastic Politics and Monarchical Culture, Farnham 2015). Zum Thema Kommunikation sind zum einen Aufsätze von Nachwuchswissenschaftlern des Promotionskollegs »Die Personalunion zwischen Großbritannien und Hannover 1714–1837 als internationaler Kommunikations- und Handlungsraum« an der Georg-August-Universität Göttingen erschienen (Steffen HÖLSCHER/Sune Erik SCHLITTE (Hg.), Kommunikation im Zeitalter der Personalunion (1714–1837). Prozesse, Praktiken, Akteure, Göttingen 2014) sowie zum anderen Aufsätze mit einem Schwerpunkt auf der Geschichte der Universität Göttingen (Arnd REITEMEIER (Hg.), Kommunikation und Kulturtransfer im Zeitalter der Personalunion zwischen Großbritannien und Hannover. »to prove that Hanover and England are not entirely synonymus«, Göttingen 2014). Der vierbändige Katalog zur Niedersächsischen Landesausstellung »Als die Royals aus Hannover kamen«, die vom 17. Mai bis 5. Oktober 2014 in Hannover und Celle stattfand, bietet einen großen Überblick über alle grundlegenden Themen der Personalunion (hier wesentlich folgende zwei Bände: Katja LEMBKE (Hg.), Hannovers Herrscher auf Englands Thron 1714–1837. Katalog zur Niedersächsischen Landesausstellung »Als die Royals aus Hannover kamen«, Niedersächsisches Landesmuseum Hannover und Museum Schloss Herrenhausen, 17. Mai bis 5. Oktober 2014, Dresden 2014; Jochen MEINERS (Hg.), Reif für die Insel – Das Haus Braunschweig-Lüneburg auf dem Weg nach London. Katalog zur Niedersächsischen Landesausstellung »Als die Royals aus Hannover kamen«, Bormann-Museum Celle, Residenzmuseum im Celler Schloss, 18. Mai bis 5. Oktober 2014, Dresden 2014).

Die Beziehungen zwischen dem Kaiserhof und dem Haus Hannover fußten zunächst auf der Erringung der Kurfürstenwürde in Form einer kaiserlichen Standeserhöhung für die welfische Linie Braunschweig-Lüneburg, die eine generelle Unterstützung des Kaiserhauses durch die Welfen voraussetzte.[128] Nach der Thronbesteigung in London und dem Ende des Spanischen Erbfolgekrieges verfolgte die britische Regierung in den 1720er Jahren eine Allianz mit Frankreich, worunter die Beziehungen zum Kaiser litten.[129] Gleichzeitig störten die Religionskonflikte im Reich das Verhältnis zwischen den Kurfürsten von Braunschweig-Lüneburg und dem Kaiser.[130]

Die älteste wissenschaftliche Studie über dieses Verhältnis im 18. Jahrhundert stammt aus der Mitte des 19. Jahrhunderts.[131] Franz Schuselka veröffentlichte 1854 eine Arbeit, die allgemein die Beziehungen zwischen Großbritannien und Österreich behandelte. Der Glaube, »England [sei] der unwandelbar treue Alliierte Österreichs«[132], der sich auf den Österreichischen Erbfolgekrieg zurückführen lasse, sei, so Schuselka, nichts anderem als der britischen Interessenpolitik geschuldet.[133] In seiner weiteren Darstellung erkennt man vielfach den österreichischen Standpunkt. Deutlich spricht er schon die Rolle der Presse und deren Wahrnehmung dieser Beziehungen an.[134] Wie in vielen weiteren Untersuchungen aus eher österreichischer oder reichsgeschichtlicher Sicht verengte sich bei Schuselka so der Vertrag von 1731 nur auf die Garantie der pragmatischen Sanktion durch Georg II.[135]

---

128 Die verschiedenen Linien der Welfen hatten sich im 17. Jahrhundert um einen Aufstieg zur Kurwürde bemüht, 1692 erfolgte nach vorherigen vertraglichen Versicherungen gegenüber dem Kaiser unter Leopold I. die Standeserhöhung, 1708 die Aufnahme in das Kurkolleg. Siehe hierzu immer noch maßgeblich Georg Schnath, Geschichte Hannovers im Zeitalter der neunten Kur und der englischen Sukzession 1674–1714. 4 Bde., Hildesheim 1938–1982, hier Bd. 1, S. 471–644. Nach Widerstand der anderen Kurfürsten gegen die Standeserhöhung (ders., Geschichte Hannovers 2, S. 68–120) setzten sich die Konflikte bis Beginn des 18. Jahrhunderts fort (ders., Geschichte Hannovers 3, S. 157–448). Im Spanischen Erbfolgekrieg stand Kurhannover auf Seiten der Habsburger. Siehe ebd., S. 449, sowie Volker Press, Kurhannover im System des alten Reiches 1692–1803, in: Adolf M. Birke/Kurt Kluxen (Hg.), England und Hannover/England and Hanover, München 1986, S. 53–79, hier S. 57.
129 1716 hatten Georg I. und Karl VI. mit dem Defensivbündnis von Westminster und in der Quadrupelallianz das Verhältnis positiv fortgesetzt, bevor es 1725 zum Bruch kam. Press, Kurhannover, S. 58–60.
130 Ebd., S. 61.
131 Franz Schuselka, Österreich und England. Kritischer Beitrag zur Geschichte der Bündnisse und Zerwürfnisse zwischen beiden Staaten, Stuttgart 1854.
132 Ebd., S. 1.
133 Diese Sicht war geprägt von der österreichischen Enttäuschung über die britische Neutralitätspolitik während der Revolutionsereignisse von 1848/49. Ebd., insbesondere S. 2–3.
134 Ebd., S. 1–2, 6–7.
135 Ebd., S. 87.

Ein halbes Jahrhundert später publizierte Pribram die kommentierte Fassung der Staatsverträge zwischen beiden Höfen und legte damit den Grundstein für intensivere wissenschaftliche Untersuchungen.[136] In der Einleitung zum »Bündnis zwischen Karl VI. und Georg II. samt 2 Separatartikeln, 3 Deklarationen, 2 Spezifikationen und 2 Geheimartikeln; d.d. Wien 1731 März 16« befasst sich Pribram mit den diplomatischen Bemühungen bis zum Abschluss des Vertrages; die kurze Einordnung der Vertragsinhalte in den historischen Kontext der internationalen Beziehungen erfolgt durch die Verwendung der Originalakten aus dem Wiener HHStA und aus dem Londoner Public Record Office.[137]

1936 veröffentlichte Martin Naumann seine Betrachtung der britisch-österreichischen Beziehungen der Jahre 1719 bis 1732,[138] wobei er sich stark auf die Beziehungen zwischen Kurfürst/König und Kaiser und die Reichsproblematik konzentrierte. Britische Quellen benutzte er nicht.[139] In zeittypischer, für ihn aber ungewohnt großdeutsch-nationaler Sichtweise kritisiert er aus einer völlig veränderten politischen Lage heraus den Rückzug Österreichs aus dem Reich.[140] Aus der Bonner Schule zur Diplomatiegeschichte entstanden seit den 1950er Jahren drei Dissertationen zum Thema.[141] Gisela Steuer verwendete die diplomatische Korrespondenz Sir Thomas Robinsons der Jahre 1730

---

136 Alfred Francis PRIBRAM (Hg.), Österreichische Staatsverträge England. Bd. 1: 1526–1748, Innsbruck 1907. Siehe z.B. Karl Otmar von ARETIN, Das Alte Reich, 1648–1806. Bd. 2: Kaisertradition und österreichische Großmachtpolitik (1684–1745), Stuttgart ²2005, S. 325–332.

137 PRIBRAM, Österreichische Staatsverträge, S. 464–491. Die Bestände des Public Record Office sind heute Bestandteil der National Archives in Kew, Richmond, bei London.

138 Martin NAUMANN, Österreich, England und das Reich, 1719–1732, Berlin 1936.

139 Unter dem begrenzten Zugang zu archivalischen Quellen litt auch die 1949 in Wien entstandene Dissertation von Ludwig Jorda, die sich mit der ersten Hälfte des Österreichischen Erbfolgekrieges beschäftigte (Ludwig JORDA, Das Verhältnis zwischen Österreich und England von 1740–1744, Wien 1949).

140 NAUMANN, Österreich, England und das Reich, S. 9–10. Eine 1942 veröffentlichte Studie, die »die Gegnerschaft Englands […] gegen das Reich« historisch beleuchten wollte (Heinz ZATSCHEK, England und das Reich, Brünn 1942, Zitat S. 7), wird für die vorliegende Arbeit sowohl aufgrund der ideologischen Grundhaltung als auch der ungenügenden Quellenbasis nicht berücksichtigt.

141 Die entscheidenden Schriften sind: Gisela STEUER, Englands Österreichpolitik in den Jahren 1730–1735 nach den Berichten des englischen Gesandten am Wiener Hof, Sir Thomas Robinson, Bonn 1957; Theo GEHLING, Ein europäischer Diplomat am Kaiserhof zu Wien. François Louis de Pesme, Seigneur de Saint-Saphorin, als englischer Resident am Wiener Hof 1718–1727, Bonn 1964; Elke JARNUT-DERBOLAV, Die Österreichische Gesandtschaft in London (1701–1711). Ein Beitrag zur Geschichte der Haager Allianz, Bonn 1972. Eine Londoner Dissertation zu den Beziehungen im Anschluss an den Spanischen Erbfolgekrieg ergänzt diese Studien (Derek McKAY, Allies of Convenience. Diplomatic Relations Between Great Britain and Austria, 1714–1719, New York 1986).

bis 1735. Allerdings interessierte sie – und damit ist die Arbeit typisch für die Diplomatiegeschichte dieser Jahre – nur das Wer-sagte-wann-was-zu-wem.[142]

In den 1960er Jahren wurden die austro-britischen Kulturbegegnungen zum Thema einer zweibändigen Aufsatzsammlung.[143] Auch wenn der Schwerpunkt eher auf dem 19. und 20. Jahrhundert liegt, sind einige Hinweise für das 18. Jahrhundert zu entnehmen, unter anderem zu musikalischen Verbindungen.[144] Weitere Beschäftigungen mit vorhandenen oder eben nicht existenten Kulturkontakten beschränken sich auf allgemeine Feststellungen, wie jene, dass für Briten Österreich nicht zur Grand Tour gehörte und Österreicher sich eher an der französischen Kultur orientierten.[145] Mit den wirtschaftlichen Beziehungen beschäftigen sich zwei ältere Aufsätze. Einer über die Ostende-Kompanie streift allerdings deren Auflösung nur am Rande,[146] ein anderer untersucht die Rolle der englischen Anleihen für die österreichische Finanzpolitik in den drei Erbfolgekriegen der ersten Hälfte des 18. Jahrhunderts.[147]

Die Untersuchung der Rolle Großbritanniens in den internationalen Beziehungen des 18. Jahrhunderts wurde in den 1980er Jahren besonders durch Jeremy Black wieder angestoßen. Er befasste sich schon früh in zwei sehr ähnlichen Aufsätzen mit den »Anglo-Austrian relations« in den Jahren vor dem Österreichischen Erbfolgekrieg.[148] Dabei betrachtet Black nicht

142 Problematisch ist auch die moralische Bewertung der britischen Politik der 1730er Jahre. »Man wird zu dem Schluß kommen müssen, daß die Forderungen des Kaisers auf Unterstützung durch die Seemächte berechtigt waren und von England sowohl auf Grund der Abmachungen des Wiener Vertrages, als mit Rücksicht auf die Erhaltung des Gleichgewichts in Europa in seinem eigensten Interesse hätten erfüllt werden müssen.« STEUER, Englands Österreichpolitik, S. 188.

143 Otto HIETSCH (Hg.), Österreich und die angelsächsische Welt. Kulturbegegnungen und Vergleiche. 2 Bde., Wien 1961–1968.

144 Hugo ZELZER, Österreichischer Barock und der angelsächsische Raum, in: HIETSCH, Österreich und die angelsächsische Welt, S. 531–543.

145 Jeremy BLACK, When »Natural Allies« Fall Out. Anglo-Austrian Relations, 1725–1740, in: MÖStA 36 (1983), S. 120–149, hier S. 133.

146 Gerald B. HERTZ, England and the Ostend Company, in: EHR 22, 86 (1907), S. 255–279. Der Konflikt um diese Handelsgesellschaft innerhalb der Beziehungen zwischen Wien und London wird in Kapitel 5.2 genauer behandelt. Zur Ostende-Kompanie allgemein siehe Michael-W. SERRUYS, Oostende en de Oostendse Compagnie. Het economisch effect van koloniale zeehandel op enn zuid-nederlandse havenstad tussen de Spaanse en de Oostenrijkse Successieoorlog (1713–1745), Leuven 1999 (ungedruckte Lizensiatsarbeit Universität Leuven).

147 Gustav OTRUBA, Die Bedeutung der englischen Subsidien und Antizipationen für die Finanzen Österreichs 1701 bis 1748, in: VSWG 51, 2 (1964), S. 192–234.

148 BLACK, When »Natural Allies« Fall Out; ders., Anglo-Austrian Relations 1725–1740. A Study in Failure, in: JECS 12, 1 (1989), S. 29–45; sowie zurzeit bis zu den Revolutionskriegen, ders., British Policy towards Austria, 1780–93, in: MÖStA 42 (1991/92), S. 188–228.

nur die diplomatischen Beziehungen, sondern versucht auch, den Einfluss von Wirtschaft,[149] Dynastie, Konfession[150] und Wahrnehmung deutlich zu machen. Es ist für ihn erwiesen, dass sich die Beziehungen zwischen London und Wien schon lange vor der diplomatischen Revolution des 18. Jahrhunderts aufgrund unterschiedlicher Interessenlagen Großbritanniens und Österreichs gelockert hatten.[151]

Die vorliegende Arbeit greift diese ersten Anregungen auf. Strukturell und methodisch geht die Analyse jedoch über existierende Studien hinaus. So wird über die strukturelle Analyse auf drei Ebenen neben einer inhaltlichen Vertiefung eine umfassende Perspektive auf die internationalen Beziehungen eingenommen. Besonders wichtig ist die ausgeglichene Betrachtung aller Faktoren in Wien und London. Die Auseinandersetzung mit Akteuren, Rahmenbedingungen und Themen erfolgt deshalb in der Arbeit in drei umfangreichen Kapiteln mit Einzelanalysen.

1.3 Herangehensweise und Aufbau der Arbeit

Im Mittelpunkt der vorliegenden Analyse stehen die Funktionsweisen und Mechanismen von Beziehungen zwischen Herrschaftsverbänden im frühen 18. Jahrhundert. Ziel ist es, das System der internationalen Beziehungen im frühen 18. Jahrhundert umfassender als bisher zu analysieren. Verwendung finden dabei Ansätze aus der Politik-, Sozial- und Kulturgeschichte. Verschiedene Einflussfaktoren auf die Beziehungen müssen dazu in ihrer Wechselwirkung betrachtet werden. Solche Merkmale der auswärtigen Politik und der internationalen Beziehungen im 18. Jahrhundert wurden schon verschiedentlich zum Thema von Arbeiten gemacht. Hierzu zählen Akteure,[152]

---

149 Wirtschaftliche Themen umfassten die britischen Anleihen für Österreich und den Kaiser seit dem Spanischen Erbfolgekrieg, der umstrittene Asienhandel oder die Zollvereinbarungen für die österreichischen Niederlande. Duchhardt versteht »Handel und Kolonien« als Rahmenbedingungen des internationalen Systems, DUCHHARDT, Balance of Power, S. 82–94, hier S. 93. Siehe insgesamt zu Fragen von Finanzen und Wirtschaft Kapitel 5.2.
150 Siehe hierzu Kapitel 5.4.
151 BLACK, When »Natural Allies« Fall Out, S. 148–149. Im übrigen konstatierte Black in seiner Monographie zu den britisch-französischen Beziehungen zwischen 1727 und 1731, der Zweite Vertrag von Wien »was to be a failure in the end, and in the shortterm it produced a very difficult diplomatic situation for the British government.« ders., The Collapse of the Anglo-French Alliance, Gloucester 1987, S. 200, insgesamt zum Vertrag S. 193–209.
152 Schon im Titel klar positioniert ist in dieser Hinsicht der Sammelband von THIESSEN / WINDLER, Akteure der Außenbeziehungen.

Strukturen[153] oder auch Interessenpolitik,[154] wobei strategische, religiöse, wirtschaftliche, oder dynastische Interessen in den Vordergrund gestellt wurden.[155] Im Folgenden wird aber gerade die Konzentration auf ein Element vermieden. Vielmehr ist – ausgehend von der Vermutung, dass internationale Beziehungen vielen Einflüssen unterliegen – zunächst eine Darstellung, Strukturierung und Analyse mehrerer verschiedener Faktoren Zweck der Arbeit. Im Anschluss daran wird die Wirkung dieser Faktoren auf die internationalen Beziehungen untersucht und erklärt.[156]

Ausgehend von der Annahme, dass die Beziehungen durch die Akteure und spezifische Rahmenbedingungen sowie die Interdependenz verschiedener Themenkomplexe beeinflusst waren, ergeben sich grundlegende Forschungsfragen. Welchen Einfluss hatten die Akteure, ihre familiären, beruflichen und freundschaftlichen Netzwerke sowie ihre jeweils eigenen Charaktere und Eigenschaften auf die Entwicklung der internationalen Beziehungen? Was waren maßgebliche Rahmenbedingungen der Beziehungen und inwieweit betrafen sie das Handeln der Akteure oder die Behandlung bestimmter Themen? Welche thematischen Problemfelder waren relevant für die Beziehungen, welche wechselseitigen Auswirkungen hatten sie aufeinander? In welchem Verhältnis standen Rahmenbedingungen, Akteure und Themenkomplexe zueinander, wie wirkten sie aufeinander und welche Schlüsse lassen sich für das Verständnis des Systems der internationalen Beziehungen des frühen 18. Jahrhunderts ziehen?

Eine der umfangreichsten Quellengattungen, die bei der Untersuchung internationaler Beziehungen des 18. Jahrhunderts genutzt werden können, sind die Akten von Ministern und Diplomaten. Auch wenn das Gesandtschaftswesen noch nicht voll institutionalisiert war, sind die Weisungen an Diplomaten und ihre Berichte an ihre Auftraggeber nicht nur für die Rekonstruktion diplomatischer Verhandlungen von unschätzbarem Wert. Diplomaten berich-

---

153 Einen Schwerpunkt auf die Strukturen legen verschiedene Aufsätze im 2007 erschienenen wegweisenden Sammelband zur Geschichte der Personalunion (SIMMS/RIOTTE, The Hanoverian Dimension in British History) oder auch die Arbeit von Katja FREHLAND-WILDEBOER, Treue Freunde? Das Bündnis in Europa 1714–1914, München 2010.

154 Gottfried NIEDHART versucht, Strukturen und Interessenpolitik zu kombinieren (ders., Handel und Krieg in der britischen Weltpolitik 1738–1763, München 1979, siehe S. 18–19).

155 Siehe zu den genannten Themen die kurzen Literaturüberblicke in den Fußnoten der Kapitel 5.1 bis 5.4.

156 Diese Komplexität kann realistischerweise nur an einem begrenzten Untersuchungsgegenstand erfasst werden. Es wird jedoch davon ausgegangen, dass über den konkreten Fall hinaus die Untersuchung mikropolitischer Elemente (siehe REINHARD, Kommentar: Mikrogeschichte und Makrogeschichte) Erkenntnisse auf makrohistorischer Ebene zu den internationalen Beziehungen im frühen 18. Jahrhundert liefern kann.

teten des Weiteren von Ereignissen am Hof, charakterisierten Monarchen, Minister und alle, mit denen sie sonst Umgang pflegten, lieferten Neuigkeiten und Gerüchte und schickten Zeitungen, Artikel, Flugschriften oder wissenschaftliche Berichte an ihren Heimathof. Da Diplomatie zur »hohen Politik« gehörte, wurden die Quellen normalerweise sorgfältig archiviert, meist sogar in doppelter Ausfertigung als Original unter den Akten des Empfängers und als Kopie oder Konzept in denen des Absenders.[157] Neben Fragen von Krieg und Frieden, Verträgen und Bündnissen spielen wirtschaftliche Ereignisse mit die wichtigste Rolle in diplomatischer Korrespondenz. Aber auch gesellschaftliche und kulturelle Fragen zu Fremd- und Selbstbildern, Geschlecht, Ethnizität oder Fremdheit sowie bildender Kunst, Literatur, Architektur und Musik lassen sich durch sie beantworten.[158] Der zeitliche Schwerpunkt der Arbeit zeigt sich an den verwendeten Akten, die zumeist in den Jahren 1727 bis 1735 entstanden sind, in bestimmten Fällen allerdings auch wenige Jahre vorher und nachher. Für die vorliegende Arbeit werden hauptsächlich dienstliche und – soweit noch vorhanden und archiviert – private Korrespondenzen von Monarchen, Ministern und Diplomaten verwendet. Die Wiener und Londoner diplomatischen Schriftwechsel unterscheiden sich dabei – wie unten ausgeführt – in einigen Punkten sowohl durch die zeitgenössischen Anforderungen als auch durch die archivalische Überlieferungspraxis.

Instruktionen für eine Gesandtschaft ähnelten sich im Allgemeinen überall. Neben dem grundsätzlichen Auftrag, der Vertretung des Herrschers an einem bestimmten Hof, wurden dem Diplomaten in ihnen Informationen über den Stand der jeweiligen Beziehungen gegeben, meist thematisch nach Wichtigkeit sortiert. Die Hintergrundinformationen und die Aufträge konnten ausführlich oder nur sehr knapp gehalten sein, meist wurde an entsprechender Stelle auf ebenfalls mitgegebene weitere Unterlagen, Memoranden oder frühere Korrespondenzen, hingewiesen.

Die Reskripte des Kaisers an die Diplomaten an fremden Höfen folgten einem klaren Schema. Diese Befehle ergingen im Namen und mit Unterschrift des Kaisers. Im britischen System wurden die Befehle durch den Secretary of State übermittelt, auch wenn der königliche Auftrag immer deutlich benannt wurde. Nach einem ersten Absatz über die zuletzt erfolgte Kommunikation, meist mit der Erwähnung des letzten in Wien oder London eingegangenen Briefes, folgten thematische Darstellungen und Analysen mit entsprechenden Befehlen zu aktuellen Themen, die der Diplomat an seinem Einsatzort entweder ansprechen sollte oder die ihm zur Hintergrundinformation dienten.

---

157 Zum Wert diplomatischer Quellen insgesamt Mary LINDEMANN, Reflections. The Discreet Charm of the Diplomatic Archive, in: German History 29, 3 (2011), S. 283–304, hier S. 285, 295.

158 Ebd., S. 288.

Dienstliche Berichte, die Relationen, richteten die kaiserlichen Gesandten an den Kaiser, die britischen an den jeweiligen Secretary of State. Dabei wurde im 18. Jahrhundert immer mehr Wert auf eine standardisierte Berichterstattung gelegt. Auf Informationen über die Kommunikationswege – die Erwähnung der erhaltenen Briefe und deren Übermittlung per Kurier, Staffette oder Post[159] – folgten thematisch und chronologisch sortierte Berichte über Audienzen und Gespräche mit Monarchen, Ministern und anderen Diplomaten am Aufenthaltsort, die je nach Korrespondent ausführlich oder nur stichwortartig niedergeschrieben wurden. In einem weiteren Abschnitt wurden Gerüchte wiedergegeben sowie Vermutungen über zukünftige Entwicklungen geäußert. Anträge und Bitten des Gesandten schlossen die Relationen ab. Die Korrespondenz, die Diplomaten mit Ministern pflegten, folgte einem ähnlichen Schema, konnte aber auch Weitergehendes über Gesprächspartner sowie über geheime Informationen enthalten. Anders als die Relationen enthielten diese Briefe direkte Forderungen sowie Bitten der Diplomaten um Unterstützung durch den Korrespondenzpartner.

Bestimmte Inhalte galten als zu gefährlich oder zu wichtig, um sie offen zu schreiben. Deswegen ist ein nicht unwesentlicher Teil der diplomatischen Briefe chiffriert überliefert. Die Verschlüsselung bestand meist aus Zifferngruppen von drei bis vier Zahlen, die für eine Silbe substituiert wurden.[160] Den Diplomaten wurden entsprechende Chiffrierschlüssel, also Tabellen mit Silben und Zahlengruppen, als Teil ihrer Anfangsinstruktionen übergeben.[161] Zur Entschlüsselung wurden entweder Abschriften des Klartextes angefertigt oder die dechiffrierte Nachricht wurde interlinear zwischen die Zeilen des Originalbriefes geschrieben.[162]

Ein wesentlicher Unterschied der Korrespondenzen zwischen britischen und kaiserlichen Diplomaten bestand bei nicht-dienstlichen oder privaten Inhalten. Berichte über das Leben am fremden Hof, Wohn- und Arbeitsverhältnisse, Familie und Freunde waren normalerweise nicht Teil der Korrespondenz kaiserlicher Diplomaten mit dem Kaiser oder den Ministern. Ausnahmen waren angeordnete Feiern oder Empfänge, über die im Anschluss berichtet wurde. Im Gegensatz dazu tauchten solche Informationen zumindest teilweise in der Korrespondenz zwischen britischen Gesandten und

---

159 Siehe Kapitel 4.1.2, S. 209, 211–212.
160 Leopold AUER, Die Verwendung von Chiffren in der diplomatischen Korrespondenz des Kaiserhofes im 17. und 18. Jahrhundert, in: Anne-Simone ROUS/Martin MULSOW (Hg.), Geheime Post. Kryptographie und Steganographie der diplomatischen Korrespondenz europäischer Höfe während der Frühen Neuzeit, Berlin 2015, S. 153–169, hier S. 161–163.
161 Siehe z.B. die Chiffrenschlüssel in HHStA, StK Interiora 13, oder die sogenannten »double ciphers« zur wechselseitigen Verschlüsselung in TNA, SP 106, 11–13.
162 AUER, Die Verwendung von Chiffren, S. 167. Dasselbe gilt auch für die britischen Briefe.

Ministern auf. Manchmal, aber nicht immer, wurden derartige Briefe explizit als »private« gekennzeichnet. Daneben standen die Gesandten in Wien im Briefkontakt mit Unterstaatssekretären. Diese Schreiben enthielten meist deutliche Beschreibungen der privaten und gesellschaftlichen Situation des Gesandten. Für einen der beiden britischen Gesandten der fraglichen Zeit am Wiener Hof, Sir Thomas Robinson, sind weitere private Briefe an Familienmitglieder und Freunde im Archiv der West Yorkshire Archival Services in Leeds überliefert. Private Korrespondenzen der kaiserlichen Diplomaten sind im Bestand Staatenabteilung nicht enthalten. Auch die Gegenüberlieferung, zum Beispiel im Familienarchiv Kinsky, welches als Depot im Österreichischen Staatsarchiv liegt, wurde im 19. Jahrhundert größtenteils um diese Korrespondenz bereinigt. Trotzdem erwies sich die im Herbst 2011 erfolgte Übergabe des Familienarchivs der Fürsten Kinsky als Depot an das Österreichische Staatsarchiv als Glücksfall für diese Untersuchung. Neben Unterlagen zu Familienangelegenheiten wurde in diesem Archiv, das seit den 1990er Jahren nicht mehr zugänglich gewesen war, die Gegenüberlieferung der Instruktionen, Weisungen und Berichte von Philipp Graf Kinsky aus seiner Zeit als Diplomat in London erhalten. Darüber hinaus findet sich aber auch an anderer Stelle nicht mehr Überliefertes, so die Korrespondenz mit kaiserlichen Diplomaten oder Ministern an anderen Höfen sowie wirtschaftliche Fragen betreffende Berichte, die im Haus-, Hof- und Staatsarchiv nur teilweise unter der Bezeichnung »Varia« in der Staatenabteilung liegen.[163]

Erschwerend kommt für die diplomatischen Quellen des Kaiserhofes die im 19. Jahrhundert erfolgte Umsortierung der Bestände des Wiener Haus-, Hof- und Staatsarchiv hinzu, die eine genaue Zuordnung der Empfänger und Leserschaft nicht immer ermöglicht.[164] Instruktionen und Weisungen – jeweils als Konzepte –, Noten, Berichte und Varia verschiedenster Provenienz wurden gesondert chronologisch in die sogenannte Staatenabteilung England einsortiert.[165] Bei wirtschaftlichen Fragestellungen zeigt sich, dass bei der Umsortierung des 19. Jahrhunderts Briefe der diplomatischen Korrespondenz

---

163 Welche privaten Briefe, z.B. zwischen den Brüdern und Halbbrüdern Kinsky, sich heute in einem weiteren Familienarchiv der Familie Kinsky in Zámrsk (Chlumetz an der Cidlina) befinden, konnte bisher nicht in Erfahrung gebracht werden, da das Archiv neu verzeichnet wird und bisher (2018) nicht zugänglich ist. Das alte Register aus dem Jahr 1913 lässt keine Schlüsse über Bestände zu Philipp Joseph Graf Kinsky zu (siehe Johann Friedrich Novák, Das gräflich Kinskysche Archiv in Chlumetz an der Cidlina, in: Archivalien zur neueren Geschichte Österreichs, Wien 1913, S. 457–469).

164 Im Gegensatz dazu sind die State Papers in den National Archives in Kew bei London weiterhin nach Provenienz und chronologischem Eingang sortiert.

165 Für die Beziehungen des Kaiserhofes zum Kurfürstentum Braunschweig-Lüneburg liegen die Akten in den sogenannten Brunsvicensia innerhalb der Länderabteilungen zu den deutschen Staaten, die parallele Überlieferung findet sich teilweise in den Akten der Reichskanzlei.

mit eindeutig wirtschafts- und finanzpolitischem Inhalt in den Varia-Bestand ausgegliedert wurden. In den National Archives in Kew bei London sind dagegen alle erhaltenen Schreiben zwischen London und Wien, unabhängig von ihrem Inhalt, in den sogenannten State Papers Foreign Holy Roman Empire erhalten. Dort werden auch die Originale der Verträge verwahrt.[166] Die State Papers Regencies umfassen weitere Briefe, Berichte und Anweisungen, die durch die Aufenthalte der britischen Könige in Hannover zwischen den mitreisenden und den in London verbleibenden Ministern nötig wurden.

Sonstige Korrespondenzen von Ministern und Diplomaten haben sich zumeist in Einzelbeständen erhalten. Im Haus-, Hof- und Staatsarchiv in Wien sind Briefüberlieferungen, wie die des Prinzen Eugen, chronologisch und nach Korrespondenzpartnern als »große Korrespondenz« sortiert. In der British Library sind das die sogenannten Additional Manuscripts mit den Korrespondenzen des Duke of Newcastle, Sir Robert Walpoles und anderer.[167] Für wenige Akteure existieren Ego-Dokumente. Dazu zählen die Tagebücher Kaiser Karls VI. im Haus-, Hof- und Staatsarchiv. Sie sind durch in den 1930er und 1940er Jahren angefertigte Transkriptionen[168] teilweise verwendbar.[169] Vom britischen Minister Sir Robert Walpole haben sich im Bestand der Cambridge University Library nicht nur Korrespondenzen, sondern auch Notizen und Entwürfe für Reden oder Vorschläge zur Regierungspolitik erhalten. Darüber hinaus liefern edierte Korrespondenzen und zeitgenössische Beschreibungen wertvolles Material. Schon Ende des 18. Jahrhunderts wurden die Briefe Walpoles von William Coxe herausgegeben.[170] Weiter werden, trotz mancher Quellenprobleme, zeitgenössische biographische Schilderungen verwendet, zum Beispiel John Lord Herveys Berichte über den Hof Georgs II. Als stellvertretender Obersthofmeister – Vice-Chamberlain – und Parlamentsmitglied leistete Hervey der Königin seit Anfang der 1730er Jahre regelmäßig

---

166 Siehe die kaiserliche Ratifikationsurkunde des Vertrags vom 16. März 1731, TNA, SP 108, 155, o.f.

167 Es handelt sich dabei zumeist um Gegen- und Nebenüberlieferungen in den Familien- bzw. Korrespondenzarchiven. Walpoles Briefe liegen teilweise auch in der University Library Cambridge. Die Bodleian Library in Oxford verwahrt kleine Bestände diplomatischer Korrespondenz einzelner Akteure. Da sich diese Arbeit auf die Beziehungen zwischen Wien und London konzentriert, werden Akten und Korrespondenzen der hannoverschen Minister nur kursorisch verwendet. Sie liegen im Niedersächsischen Hauptstaatsarchiv Hannover, z.B. im Bestand der sogenannten Calenberg-Briefe.

168 Pachner VON ZOBOR, Abschriften und Auszüge aus den Tagebüchern Karls VI., HHStA, Haus A, Abschriften Tagebücher Kaiser Karls VI.

169 Siehe zu den Tagebüchern grundsätzlich die Dissertation von Franz-Stefan SEITSCHEK, Die Tagebücher Kaiser Karls VI. (1720–1725), Wien 2017 (Betreuer: Prof. Dr. Winkelbauer, Universität Wien).

170 William COXE (Hg.), Memoirs of the Life and Administration of Sir Robert Walpole, Earl of Orford [...]. 3 Bde., London 1798.

Gesellschaft, berichtete aus dem Parlament, von Gerüchten in der Stadt und unterhielt die königliche Familie. Er wurde allerdings zeitgenössisch teilweise sehr kritisch gesehen, weswegen die Berichte nicht unproblematisch sind.[171]

Für die entscheidenden Gremien der Regierungspolitik, die kaiserliche Geheime Konferenz oder den britischen Privy Council, sind Protokolle zumindest teilweise überliefert.[172] Sie werden allerdings im Folgenden nur in Auszügen herangezogen.[173] Zu einzelnen Themen werden weitere Bestände des Österreichischen Staatsarchivs in Wien[174] und von in London ansässigen Archiven[175] sowie Berichte in Zeitungen,[176] Flugschriften oder zeitgenössische Schriften und Sammlungen verwendet. Eine besondere Quelle sind Medaillen, die in Sammlungen im Kunsthistorischen Museum in Wien, im British Museum in London und im Niedersächsisches Landesmuseum Hannover vorhanden sind und die bei der Analyse gelegentlich unterstützend herangezogen werden.

Der weitere Aufbau der Arbeit folgt den zuvor vorgestellten Forschungsfragen. Die Darstellung der Beziehungen zwischen Wien und London, Hannover und Wien, dem Kaiser und dem König von Großbritannien und Kurfürsten von Hannover in den Jahren 1727 bis 1735 führt im zweiten Kapitel in die historischen Zusammenhänge als Grundlage der folgenden Analyse ein. Chronologisch in fünf Abschnitte gegliedert, folgt die Darstellung den jeweils ungefähr zwei Jahre umfassenden Phasen von der Wiederaufnahme der Beziehungen über die Aushandlung des Zweiten Wiener Vertrags bis zum Ende des Polnischen Thronfolgekrieges. Der Abschluss und die Inhalte des Zweiten Wiener Vertrags von 1731 werden dabei ausführlich dargestellt und eingeordnet, Publikationen und Übersetzungen des Vertrages kurz vorgestellt.

---

171 Romney SEDGWICK (Hg.), Some Materials towards Memoirs of the Reign of King George II by John, Lord Hervey. 3 Bde., New York 1970. Einen zeitgenössischen Angriff auf Hervey schildert Karl Tilman WINKLER, Wörterkrieg. Politische Debattenkultur in England 1689–1750, Stuttgart 1998, S. 739–741.

172 Im Wiener Haus-, Hof- und Staatsarchiv sind die Protokolle unter Staatskanzlei Vorträge zu finden; in den National Archives in Kew sind jedoch im Bestand der State Papers Domestic Privy Council nicht alle Protokolle erhalten.

173 Hintergrund ist die notwendige forschungspraktische Beschränkung auf zentrale Akten. Dies ist unter anderem dem umfangreichen diplomatischen Korrespondenzen geschuldet, die eine Selektion weiterer Bestände notwendig machte. Erschwert haben die Forschung auch die immer noch kaum erfolgte archivalische Erfassung und Bearbeitung der Bestände in Wien sowie die zeitweise restriktiven Arbeitsbedingungen des Österreichischen Staatsarchivs.

174 Dazu zählen die als geschlossener Verband überlieferten Akten der Hofkammer und verschiedener Finanzinstitutionenen, darunter die Protokolle der Geheimen Finanzkonferenz sowie verschiedene Rechnungsbücher, z.B. zur Abrechnung der Gesandtschaften, im Finanz- und Hofkammerarchiv.

175 Vor allem finden Materialien aus dem Roman Catholic Westminster Diocese Archive sowie dem Archiv der Bank of England Verwendung.

176 Siehe zu Zeitungen und Presse Kapitel 4.1.6, S. 250–255.

In den Verhandlungen und im Vertragstext werden nämlich die wichtigsten thematischen Punkte der Beziehungen angesprochen, die in den folgenden Kapiteln aufgegriffen werden.

Der spezifische historische Kontext dient als Basis für die folgenden drei Kapitel mit systematischen Ausführungen zum Einfluss von Akteuren, Rahmenbedingungen sowie handlungsleitenden Themen. In jedem dieser Kapitel wird zudem der jeweilige Forschungsstand zu den Akteuren, den Forschungsfeldern sowie den Themen überblicksartig vorgestellt. Durch die vierfache Darstellung und Analyse der Beziehungen zwischen Wien und London in den Jahren 1727 bis 1735 werden manche Aspekte wiederholt aufgegriffen, dabei aber aus jeweils anderer Perspektive beleuchtet.

Die Akteure des untersuchten Zeitraums werden im dritten Kapitel betrachtet. In biographischen Skizzen werden dabei die Monarchen mit ihren Familien, Ministern und Diplomaten abgehandelt, immer gegliedert nach den Hauptwirkungsorten, den Höfen in Wien und London. So werden die diplomatischen Vertreter jeweils an dem auswärtigen Hof, an dem sie ihren Herrn vertraten, verortet. Anhand familiärer Hintergründe, der Patronagebeziehungen und Stellungen bei Hof, des Ansehens beim Monarchen sowie Charakter und Fähigkeiten soll, soweit aus den Quellen ersichtlich, der Einfluss der Akteure auf die untersuchten Beziehungen erläutert werden.

Kulturhistorische Forschungen folgen dem Ziel, die Lebensumstände der Menschen zu rekonstruieren, um »ihr Verhalten versteh- und erklärbar zu machen«.[177] Das vierte Kapitel widmet sich dementsprechend den Rahmenbedingungen dieser Beziehungen. Zunächst werden strukturelle Faktoren wie das Umfeld der Städte und Höfe, an denen Entscheidungen getroffen wurden, Kommunikationswege, Institutionen, Strukturen diplomatischer Gesandtschaften, Netzwerke der Akteure und die jeweilige politische Kultur untersucht. Damit sollen die Handlungsmöglichkeiten der Akteure ausgelotet werden. Danach folgen Faktoren, die den direkten Kontakt der Akteure beeinflussten, wie Zeremoniell, Sprache, Wahrnehmungen und Erwartungen, der Informationshorizont sowie Persönlichkeiten und Charaktere der Akteure.

Das fünfte Kapitel behandelt handlungsleitende Themen. Als wichtigste werden Dynastie, Finanzen und Wirtschaft, Geostrategie und Religion unter-

---

177 Rudolf VIERHAUS, Die Rekonstruktion historischer Lebenswelten. Probleme moderner Kulturgeschichtsschreibung, in: Ders., Vergangenheit als Geschichte. Studien zum 19. und 20. Jahrhundert, Göttingen 2003, S. 98–110, hier S. 101. Siehe als Beispiel auch den Sammelband herausgegeben von Markus MÖSSLANG und Torsten RIOTTE zu einer Kulturgeschichte der Diplomatie im langen 19. Jahrhundert (dies., The Diplomats' World. A Cultural History of Diplomacy, 1815–1914, Oxford 2008). Ihre Herangehensweise »adjusts the focus beyond the negotiating table but, crucially, it is not intended to exclude it. [...] the ›soft‹ elements in diplomacy proved to be just as vital to power politics as many of the so-called ›hard facts‹.« Dies., Introduction: The Diplomats' World, in: Dies., The Diplomats' World, S. 1–20, hier S. 10.

sucht. Sie spielten – folgt man der Analyse der Quellen – eine maßgebliche Rolle in den Beziehungen. Nach einer Standortbestimmung der Akteure hinsichtlich dieser Themen wird ihre Relevanz innerhalb des diplomatischen Alltags eruiert. Anhand des Materials werden Ereignisse und Problemfelder herausgearbeitet, die in der Zeit von 1727 bis 1735 die Kommunikation bestimmten.[178] Sie sind zum Teil von der Forschung schon mehr oder weniger intensiv behandelt worden. Deshalb geht es bei den Untersuchungen nicht um neue Erkenntnisse per se, sondern um die Rolle dieser Themen im Verhältnis zwischen Wien und London sowie um die sie beeinflussenden Faktoren. Die stringente und jeweils gleich aufgebaute Analyse der einzelnen thematischen Felder soll helfen, den Einfluss einzelner Faktoren darauf und auf die Beziehungen insgesamt deutlich hervorzuheben.

Die internationalen Beziehungen in all ihrer Komplexität mit einem kulturgeschichtlichen Ansatz zu analysieren erfordert, bei einer breiten Betrachtung, alle wichtigen Faktoren einzubeziehen. Die Vielschichtigkeit und die wechselseitigen Abhängigkeiten von einzelnen Faktoren oder Faktorenbündeln äußern sich auch in der Darstellung der Ergebnisse, da es dadurch notwendig ist, kontinuierlich Bezüge zu allen anderen Bereichen als dem gerade analysierten herzustellen. Essentiell ist deshalb die Zusammenfassung der Resultate auf den jeweiligen Analyseebenen. Die Verflechtung, wechselseitige Beeinflussung und Wirkung der Faktoren werden am Schluss zu einem Gesamtbild der internationalen Beziehungen im frühen 18. Jahrhundert vervollständigt.

---

178 Für diese Fallbeispiele gilt, was Johannes Arndt formuliert: »Fallstudien stellen Hybride dar aus dem erzählten Einzelfall und seiner allgemeinen Bedeutung. Mindestens der zweite Teilbereich ist dabei eine interpretatorische Konstruktion. Der typische Charakter der ausgewählten Beispiele wird normalerweise postuliert, ohne völlig bewiesen werden zu können, weil das wieder die Bearbeitung des Gesamtgegenstandes voraussetzen würde.« Johannes ARNDT, Herrschaftskontrolle durch Öffentlichkeit. Die publizistische Darstellung politischer Konflikte im Heiligen Römischen Reich 1648–1750, Göttingen 2013, S. 41.

2. Beziehungen zwischen Wien und London (1727–1735)

2.1 Wiederaufnahme der Beziehungen (1727–1728)

In den 1720er Jahren kam es zu einem »Kalten Krieg«[1] in Europa. Der Kaiser und der König von Großbritannien und Kurfürst von Hannover standen sich mit ihren jeweiligen Alliierten gegenüber. Trotz wiederholter Friedensbemühungen wurde in ganz Europa aufgerüstet. Konflikte im Reich verschärften die Lage.[2]

Im Frühjahr 1727 führte die sogenannte »Affäre Palm« zum Eklat.[3] König Georg I. hatte in seiner Rede zur Eröffnung der Sitzungsperiode des Parlaments Kaiser Karl VI. der Unterstützung der Jakobiten beschuldigt.[4] Am 13. März überreichte von Palm, der kaiserliche Resident am britischen Hof, in einer Audienz eine von Hofkanzler Sinzendorff verfasste lateinische Gegendarstellung und veröffentlichte die Schrift am folgenden Tag auch in englischer Übersetzung.[5] Der kaiserliche Hof hatte jedoch die Reaktionen falsch einge-

---

1 Theo GEHLING verwendet den Begriff »Kalter Krieg« (ders., Ein europäischer Diplomat, S. 229). Insgesamt waren die europäischen Beziehungen dieser Jahre geprägt von Propaganda, Machtdemonstrationen und Stellvertreterkonflikten bei einer gleichzeitigen, vorgeblichen Friedensbereitschaft.

2 Dazu zählten konfessionelle Streitigkeiten, siehe beispielsweise die Arbeit von Andreas KALIPKE, Verfahren im Konflikt. Konfessionelle Streitigkeiten und Corpus Evangelicorum im 18. Jahrhundert, Münster 2015, S. 109 oder 275–352.

3 Ausführlich zur Affäre Palm siehe Wolfgang MICHAEL, Englische Geschichte im achtzehnten Jahrhundert. Bd. 3: Das Zeitalter Walpoles. Zweiter Teil, Berlin 1934; Bd. 4: Das Zeitalter Walpoles. Dritter Teil, Berlin 1937, hier Bd. 3, S. 493–498, und MÜLLER, Das kaiserliche Gesandtschaftswesen, S. 301–303.

4 »[…] I have likewise received Information from different Parts, on which I can entirely depend, that the placing the Pretender upon the Throne of this Kingdom is one of the Articles of the secret Engagements [between the Emperor and the King of Spain] […].« Georg I., The King's Speech at Opening the Fifth Session (1727), in: Richard CHANDLER (Hg.), The History and Proceedings of the House of Commons from the Restoration to the Present Times […]. 14 Bde., London 1742–1744, hier Bd. 6: 1714–1727, London 1742, S. 373. Der Prätendent war James Edward Stuart, Sohn König Jakobs II., der 1688/89 den englischen Thron an seine Tochter und seinen Schwiegersohn verlor. Die Unterstützer dieses katholischen Teils der Stuarts nannten sich Jakobiten. James Edward Stuart war 1701 als Nachfolger seines Vaters von verschiedenen europäischen Mächten anerkannt worden und kämpfte mit seinen Söhnen bis in die zweite Hälfte des 18. Jahrhunderts für die Wiedereinsetzung seiner Dynastie in Großbritannien. Siehe allgemein Daniel SZECHI, The Jacobites. Britain and Europe, 1688–1788, Manchester 1994.

5 Sinzendorff, Memorial presented, in Latin, to the King of Great Britain, by M. de Palm, the Imperial Resident, upon the Speech which his Britannic Majesty made to the two Houses of his Parliament, on the 17/28 of January, 1726–7, in: CHANDLER, The History and Proceedings, Bd. 8: 1733–1734, London 1742, Anhang [S. 357–362].

schätzt. Das öffentliche Vorgehen des Kaisers gegen den König löste bei der britischen Öffentlichkeit Empörung aus. Der Privy Council erklärte Palm zur *Persona non grata* und Georg I. ließ ihm am 15. März die Nachricht überbringen, dass der König »looked upon him no longer as a public Minister, and required him forthwith to depart out of this Kingdom«.[6] Am 9. April folgte daraufhin die Ausweisung des britischen Residenten St. Saphorin aus Wien.[7]

Im Verlauf der Monate nach dem Abbruch der Beziehungen wurde deutlich, dass für einen gesamteuropäischen Friedensprozess, der zur Lösung der nach dem Spanischen Erbfolgekrieg und dem Großen Nordischen Krieg ungelösten territorialen, dynastischen und wirtschaftlichen Problemlagen von allen europäischen Monarchen angestrebt wurde, die Beteiligung des Kaisers notwendig war.[8] Die Partner des seit Mitte der 1720er Jahre engen britisch-französischen Bündnisses[9] hatten keine Möglichkeit, Karl VI. Friedensbedingungen zu oktroyieren. Man musste mit ihm in Verhandlungen treten.

Durch Friedenspräliminarien sollte zwischen dem Kaiser, den Königen von Frankreich, Großbritannien und Spanien sowie den Generalstaaaten 1727 die Wiederherstellung des gestörten Friedens in Europa beschlossen werden. Der beabsichtigte Friedensvertrag sollte auf einem Kongress in Soissons ausgehandelt werden,[10] einem Friedenskongress, der Streitfragen zwischen den wichtigsten europäischen Mächten auf diplomatischen Weg lösen sollte. Es war der zweite friedenswahrende Kongress, der nicht als Abschluss eines Krieges zur Friedenswiederherstellung stattfand.[11] Verhandelt wurde über europäi-

---

6   James Dayrolle an Sir Clement Cottrell, Master of the Ceremonies, »directing him to require [Charles Joseph] de Palm, the Austrian Ambassador, to quit the kingdom«, o.O., 15.04.1727, BL, Add. Mss. 15867, f. 227. Palm schrieb am 1. April 1727 aus Ostende einen entsprechenden ausführlichen Bericht an Karl VI. MICHAEL, Englische Geschichte 3, S. 496.

7   GEHLING, Ein europäischer Diplomat, S. 274.

8   Siehe weiter unten Fn. 11 zum Friedenskongress von Cambrai.

9   Dieses Bündnis basierte auf einer grundsätzlichen Übereinstimmung der französischen und britischen außenpolitischen Vorstellungen in den 1720er Jahren. Vor allem wollten beide Seiten eine kriegerische Auseinandersetzung vermeiden, und die britische Regierung versuchte, eine erneute Unterstützung der Jakobiten durch den französischen Hof zu verhindern. Siehe z.B. Jeremy BLACK, Natural and Necessary Enemies. Anglo-French Relations in the Eighteenth Century, London 1986.

10 Diese Verhandlungen blieben jedoch ohne Ergebnis. Zu dieser Art von Verträgen siehe allgemein Andrea SCHMIDT-RÖSLER, Präliminarfriedensverträge als Friedensinstrumente der Frühen Neuzeit, in: Heinz DUCHHARDT/Martin PETERS (Hg.), Instrumente des Friedens. Vielfalt und Formen von Friedensverträgen im vormodernen Europa, Mainz 25.06.2008, Abs. 56–77, für den hier besprochenen insbesondere Abs. 64.

11 LINGENS, Kongresse, S. 206. Der erste Kongress, der in Cambrai 1724/25 abgehalten wurde, sollte unter Beteiligung der wichtigsten europäischen Mächte die Fragen klären, die zwischen dem Haus Habsburg, also Kaiser Karl VI., und den spanischen Bourbonen, König Philipp V., in den Verträgen nach dem Spanischen Erbfolgekrieg

sche und globale Fragen, die Garantien für verschiedene neu installierte oder bedrohte Dynastien, den Überseehandel, aber auch regionale Probleme, zum Beispiel in den Reichsterritorien Mecklenburg und Ostfriesland,[12] oder die Konfessionskonflikte im Reich.[13]

Als wichtigste Maßnahme wurde Baron Waldegrave,[14] der sich zu der Zeit in Paris aufhielt, aufgrund seiner Kenntnis der britischen Verhältnisse und des französischen Hofes sowie seiner guten Vertrautheit mit den akuten Problemen in Europa als britischer Gesandter für den Wiener Hof bestimmt.[15] Er sollte die Verbindung zwischen dem französischen Alliierten Großbritanniens und dem Kaiser herstellen und in Wien mit den Gesandten des französischen und spanischen Hofes sowie den kaiserlichen Ministern Friedenspräliminarien unterzeichnen.[16] In der Instruktion König Georgs I. für Baron Waldegrave vom 6. Juni 1727 wurde als Grund für die Entsendung angeben, der französische leitende Minister Kardinal Fleury sei der Meinung, »the whole business of the Pacification, & consequently the quiet of all Europe might depend upon it«.[17] Um die Beziehungen nicht erneut zu gefährden, bestand Georg I. nicht auf einer vorherigen Klärung der Unstimmigkeiten zwischen dem kaiserlichen Hof und ihm, jeder Hinweis auf die vorangegangenen Ereignisse war im Beglaubigungsschreiben ausgelassen:

nicht hatten geklärt werden können, darunter die Garantie der Pragmatischen Sanktion und die Lage der italienischen Territorien, angefangen mit Parma und Piacenza. Nach einer gesonderten Einigung zwischen dem Wiener und dem Madrider Hof im Ersten Vertrag von Wien 1725 scheiterte der Versuch, auch weitere offene Probleme auf diesem Kongress zu verhandeln.

12 Siehe die Erläuterungen hierzu weiter unten S. 60–61, Fn. 72, bzw. S. 64–65, Fn. 104.

13 Der zweite Kongress sollte durch Verhandlungen auf gleicher Ebene zwischen Ministern und Abgesandten der Höfe zu einer friedenswahrenden Lösung kommen. Zur besseren Ereichbarkeit für den französischen Minister Kardinal Fleury wurde der Verhandlungsort von Aachen nach Soissons verlegt. Siehe zu einer detaillierteren Darstellung beider Kongresse LINGENS, Kongresse, S. 208–225. Eine ausreichende, wissenschaftliche Darstellung liegt bisher für keinen der Kongresse vor. Wie im Folgenden ausgeführt wird, scheiterte der 1728 begonnene Kongress im Sommer 1729 an »gegenseitigem Mißtrauen«, so DUCHHARDT, Friedenswahrung, S. 271. Heinz Duchhardt hat die Kongresse des frühen 18. Jahrhunderts »ein absolutes völkerrechtliches und politisches Novum« genannt, ebd., S. 269; LINGENS, Kongresse, S. 226, sieht sie als »völkerrechtlich[e] Elemente der Friedenswahrung«.

14 Siehe zu Waldegrave Kapitel 3.1.3.

15 Georg I. an Waldegrave, Instruktionen, London (St. James), 06.06.1727, TNA, SP 80, 62, f. 9–16.

16 Ebd., f. 13v–14.

17 Ebd., f. 9v.

But you [Waldegrave] will do well carefully to avoid dropping the least hint of some late Transactions, which should be buried wholly in oblivion lest the remembrance of past unkindness should bring on improper & disagreeable explanations in this renewal of a good Correspondance.[18]

Im Anschluss an die Unterzeichnung der Präliminarien sollte Waldegrave in Wien bleiben, um Kontakte zu pflegen, regelmäßig Bericht zu erstatten und die Untertanen des Königs in den kaiserlichen Territorien zu beschützen und zu unterstützen.[19] Waldegrave erhielt von Georg I. für den Kaiser und die kaiserliche Familie jeweils zwei verschiedene Beglaubigungsschreiben. Eines wies ihn als Sonderbotschafter für die Unterzeichnung der Präliminarien aus, das andere als bevollmächtigten Gesandten. Aufgrund des einfacheren Zeremoniells sollte er zunächst als solcher und nicht als Botschafter auftreten.[20]

Der Tod Georgs I. am 22. Juni 1727 verhinderte Waldegraves Abreise aus Paris. Da Horatio Walpole, der britische Botschafter in Paris, nach Großbritannien ging, um seinen Bruder, den leitenden Minister Sir Robert Walpole, während des Thronwechsels zu unterstützen,[21] vertrat Waldegrave währenddessen Horatio Walpole am französischen Hof.[22] König Georg II. setzte die Politik seines Vaters bezogen auf den Kaiser fort. Alle Instruktionen und Beglaubigungsschreiben mussten jedoch, wie es üblich war,[23] vom neuen Monarchen erneuert werden.

As We are very ready to renew the Friendship which has formerly subsisted between Our Crown & the Emperor, We have thought fit to direct you to go to the Court of Vienna for that purpose, […] to perform what is to be done on our part not only towards a renewal of friendship between Us and the Emperor as abovesaid but also towards perfecting a general Reconciliation in Concert with Our Good Friends and Allys the most Xtian King & the States General.[24]

---

18 Ebd., f. 12v.
19 Ebd., f. 14–15.
20 Ebd., f. 11. Die »private and additional Instructions« für Waldegrave betrafen u.a. das Zeremoniell, siehe Kapitel 4.2.1, S. 259, 261–262.
21 Zu den Walpole-Brüdern siehe Kapitel 3.2.2.
22 Ab Dezember 1727 tat er dies im Namen Georgs II.: Georg II. an Ludwig XV., Credentials for Waldegrave to act as British envoy in Paris in absence of H. Walpole, London (St. James), 16.12.1727, TNA, SP 78, 186, 90, f. 169.
23 Vergleichbar waren die Probleme des britischen Gesandten beim Kongress von Baden 1714 nach dem Tod von Königin Anna. Andrew THOMPSON, Britain-Hanover and the Politics of the Peace of Rastatt-Baden, in: DUCHHARDT/ESPENHORST, Utrecht – Rastatt – Baden, S. 71–89, hier S. 79–84.
24 Georg II. an Waldegrave, Instruktionen, London (Kensington), 18.08.1727, TNA, SP 80, 62, f. 37–37v. Es handelte sich um fast identische Anweisungen zu denen Georgs I.

Die Präliminarien waren inzwischen von den kaiserlichen, französischen und britischen Vertretern in Paris unterzeichnet worden; in Wien sollten sie zusätzlich auch vom spanischen Abgesandten bestätigt werden.[25] Viscount Townshend,[26] der Secretary of State, erweiterte die Instruktionen.[27] Gespräche mit den Gesandten aus dem Reich am kaiserlichen Hof sollten verhindern, dass der Kaiser beim zur gleichen Zeit stattfindenden Kongress von Soissons im Namen des ganzen Reiches verhandeln könne.[28] Vor allem die Nachfolgeregelung Karls VI., die Pragmatische Sanktion,[29] sollte Waldegrave dabei ansprechen und »[…] the dangerous Consequences, that the putting such a Power in the Emp.r's hands, may be of, to the Constitution to the Empire […].«[30] Die Verbündeten Hannovers, Bayern und Sachsen, hätten negative Folgen zu befürchten, solange nicht bekannt sei, mit wem die als Erbin vorgesehene Erzherzogin verheiratet werde.[31]

Zwei Monate später war Waldegrave immer noch nicht aus Paris abgereist, da der kaiserliche Hof nicht hatte erkennen lassen, dass ein britischer Gesandter in Wien willkommen sei. Vor allem war aber von kaiserlicher Seite kein Gesandter ernannt worden. Georg II. erwartete keinen Botschafter, aber zumindest, dass »[…] that Court appoints any person of Quality (that we may be sure of not having such an one as Palm) to come hither as Minister […].«[32]

In den als »private« gekennzeichneten Instruktionen für Waldegrave ging Townshend auf Befehl Georgs II. sehr viel weiter als bisher. Bezüglich der Pragmatischen Sanktion solle er generelles Einverständnis des Königs erkennen lassen.[33] Die vom Kaiser eventuell gewünschte Einbeziehung der Herzogtümer von Mailand und Mantua hingegen sei wohl kaum umzusetzen, da schon im letzten Krieg die Truppen der Reichskreise kaum zum Kämpfen

---

25 Ebd., f. 37–44. Die Friedenspräliminarien waren am 31. Mai 1727 unterzeichnet worden, mit Spanien einigte man sich aber erst im nächsten Jahr auf einen Beitritt am 13. Juni 1728 in Wien. Siehe auch Paulus Andreas HAUSMANN, Friedenspräliminarien in der Völkerrechtsgeschichte, in: ZaöRV 25 (1965), S. 657–692, hier S. 662.
26 Siehe zu Townshend Kapitel 3.2.2.
27 Townshend an Waldegrave, London (Whitehall), 18.08.1727, TNA, SP 80, 62, f. 53–56. Auch diesen Anweisungen lagen Befehle Georgs II. zugrunde.
28 Solch eine Vollmacht hatte es für den Kongress in Baden 1714 gegeben, Siegrid WESTPHAL, Frieden durch Ignorieren. Die Frage der Rijswijker Religionsklausel im Vorfeld der Friedensverhandlungen von Baden, in: DUCHHARDT/ESPENHORST, Utrecht – Rastatt – Baden, S. 167–183, hier S. 176–177.
29 Siehe Kapitel 5.1, S. 310–311.
30 Townshend an Waldegrave, London (Whitehall), 18.08.1727, TNA, SP 80, 62, f. 55.
31 Ebd., f. 55v.
32 Townshend an Waldegrave, London (Whitehall), 06.11.1727, TNA, SP 80, 62, f. 71. Die Affäre Palm führte man in London hauptsächlich auf den Charakter dieses Gesandten zurück.
33 Townshend an Waldegrave, »private«, London (Whitehall), 06.11.1727, TNA, SP 80, 62, f. 75–75v.

in Italien zu bewegen gewesen waren.[34] Der im Widerspruch zu existierenden Verträgen[35] stehende Ostindienhandel von Häfen in den Österreichischen Niederlanden sei unbedingt zu beenden, damit die Seemächte – Großbritannien und die Niederlande[36] – dem Kaiser vertrauen könnten.[37] Konkreter als vorher wurde die geringschätzige Behandlung des Königs als Kurfürst dargestellt, besonders belastend fand Georg II. die nicht erfolgte Übergabe des Landes Hadeln.[38] Als letzter Punkt wird in den Instruktionen das Testament Georgs I. genannt, welches dieser durch den Kaiser hatte verwahren lassen.[39] Waldegrave wurde angewiesen, keine Aufmerksamkeit auf das Testament zu lenken, sollte es aber erwähnt werden, dafür zu sorgen, dass es ungeöffnet und versiegelt per Express an Georg II. geschickt werde.[40] Hiervon sollte der

---

34 Ebd., f. 76-76v.
35 Gemeint waren – damit wurde die Sicht der Generalstaaten übernommen – die Verträge des Westfälischen Friedens und der Barrierevertrag. Volker JARREN, Die Vereinigten Niederlande und das Haus Österreich 1648-1748. Fremdbildwahrnehmung und politisches Handeln kaiserlicher Gesandter und Minister, in: Helmut GABEL/Volker JARREN, Kaufleute und Fürsten. Außenpolitik und politisch-kulturelle Perzeption im Spiegel niederländisch-deutscher Beziehungen 1648-1748, Münster 1998, S. 39-354, hier S. 267-269. Siehe zur Ostende-Kompanie Kapitel 5.2, S. 344-354.
36 Das Verhältnis der Seemächte zueinander in den 1720er und 1730er Jahre hat Hugh DUNTHORNE aufgearbeitet (ders., The Maritime Powers, 1721-1740. A Study of Anglo Dutch Relations in the Age of Walpole, New York 1986).
37 Townshend an Waldegrave, »private«, London (Whitehall), 06.11.1727, TNA, SP 80, 62, f. 77v-78.
38 Ebd., f. 78v-79. Das Land Hadeln an der Niederelbe gehörte seit dem Mittelalter zur Grafschaft Stade und somit zum Territorium des Herzogtums Sachsen-Lauenburg im Besitz der Dynastie der Askanier. 1689 starb Herzog Julius Franz als letzter Askanier und hinterließ zwei Töchter. Der Erbschaftsstreit zwischen Holstein, Mecklenburg und Calenberg ging zugunsten Calenbergs aus. Fürst Ernst August von Calenberg, der 1692 zum Kurfürsten von Braunschweig-Lüneburg erhoben wurde, konnte das Herzogtum in Personalunion regieren. Das Land Hadeln allerdings blieb seit 1689 unter kaiserlicher Sequestrationsverwaltung, trotz der wiederholten Einsprüche der Welfen. Hierzu siehe Axel BEHNE, Verfassung und Verwaltung der Herzogtümer Bremen und Verden und des Landes Hadeln, in: Hans-Eckhard DANNENBERG/Heinz-Joachim SCHULZE (Hg.), Geschichte des Landes zwischen Elbe und Weser. Bd. 3: Neuzeit, Stade 2008, S. 301-332, hier S. 324-329. Diese Angelegenheit sah der Wiener Hof aber – wie es Waldegrave darstellte – als »a matter of favour« an, über die deshalb nicht verhandelt werde, Waldegrave an Townshend, chiffriert, Wien, 05.02.1729, TNA, SP 80, 64, f. 52.
39 Mit diesem Testament hatte Georg I. die Auflösung der Personalunion von Großbritannien und Hannover angestrebt. Ausführlich siehe hierzu Richard DRÖGEREIT, Das Testament König Georgs I. und die Frage der Personalunion zwischen England und Hannover, in: NsJbLG 14 (1937), S. 94-199; auf S. 104 zur versiegelten Aufbewahrung des Testaments in den kaiserlichen Schatzkammern seit 4. November 1716. Anders als von Drögereit dargestellt (ebd., S. 141-142), hatte Georg II. also schon 1727 überlegt, wie man das beim Kaiser verwahrte Testament zurückbekommen könnte. Die Rückgabe erfolgte zwischen 1731 und 1737, als alle Ausgaben des Testaments nach Hannover übersandt wurden (ebd., S. 143-144).
40 Townshend an Waldegrave, »private«, London (Whitehall), 06.11.1727, TNA, SP 80, 62, f. 80.

hannoversche Gesandte Huldenberg[41] aber nichts erfahren, wohl um die hannoverschen Geheimen Räte nicht auf das Problem aufmerksam zu machen.

Im März 1728, also fünf Monate später, bekam Waldegrave die Instruktionen in französischer Sprache zugeschickt,[42] um sie mit Kardinal Fleury als Vertreter des britischen Bündnispartners zu besprechen.[43] Für diesen Zweck waren sie so verfasst, dass der Eindruck entstehen konnte, Georg II. habe zu wichtigen Themen keine feste Meinung, sondern verlasse sich auf den französischen Hof.[44] Der Inhalt entsprach den privaten Instruktionen von Anfang November, nur das Testament Georgs I. wurde nicht erwähnt.

Am 5. April 1728 reiste Waldegrave endlich aus Paris ab.[45] Bei seiner Ankunft in Regensburg, einer der letzten Stationen vor Wien, musste er am 20. April jedoch erfahren, dass der Kaiser immer noch keinen diplomatischen Vertreter für London ernannt habe.[46] Tatsächlich schrieb Prinz Eugen[47] schon im Februar 1728 an Philipp Joseph Graf Kinsky,[48] er habe ihn dem Kaiser als Gesandten für den Hof des Königs von England vorgeschlagen.[49] Die Besetzung dieses Postens verzögerte sich allerdings wegen des Machtkampfes der Minister am kaiserlichen Hof,[50] so dass auch bei Waldegraves Ankunft in Wien noch keine Ernennung erfolgt war. Waldegrave war aber angewiesen, sollte der Kaiser keinen Gesandten ernennen, Wien nach Unterzeichnung der Präliminarien zu verlassen. Die nicht erfolgte Berufung eines kaiserlichen Repräsentanten stellte eine Benachteiligung des britischen Monarchen dar, der damit in seiner Ehre und Würde gekränkt wurde.

41 Siehe zu Hulde(n)berg Kapitel 3.1.4.
42 Townshend an Waldegrave, London (Whitehall), 22.03.1728, TNA, SP 80, 62, f. 116–122; die französische Fassung f. 122–127.
43 Siehe z.B. Townshend an Waldegrave, »very private«, London (Whitehall), 22.03.1728, TNA, SP 80, 62, f. 128.
44 »Your Lordship will observe, that his Majesty throughout the Letter has thought fit to avoid the appearing to have fixed any opinion of his own on the several material Points in question, which you will easily judge is done purely to facilitate the obtaining such a previous explication from the Cardinal, as by opening the Views of France may enable His Majesty afterwards to form his own into such a Shape as may easiest attain the end desired.« Ebd., f. 128–128v.
45 Seine Route führte ihn über Straßburg und Regensburg nach Wien. In Straßburg blieb er zwei Tage als Gast des Stadtintendanten. Waldegrave an Tilson, Straßburg, 13.04.1728, TNA, SP 80, 62, f. 137. Am 18. April konnte er sich nach längerer Fahrtzeit wegen schlechten Wetters und Unfällen auf der Donau einschiffen. Siehe zu den Bedingungen solcher Reisen Kapitel 4.1.2, S. 205–206.
46 Waldegrave an Tilson, Regensburg, 21.04.1728, TNA, SP 80, 62, f. 143.
47 Siehe zu Prinz Eugen Kapitel 3.1.2.
48 Siehe zu Graf Kinsky Kapitel 3.2.4.
49 Prinz Eugen an Philipp Kinsky, Wien, 18.02.1728, FA Kinsky, 2 b), 2, o.f.
50 Siehe Kapitel 3.1.2, S. 127.

Am Montag, den 26. April 1728, traf Waldegrave abends in Wien ein. Er wurde dort vom Duc de Richelieu, dem französischen Botschafter und damit Repräsentant der anderen Seite der britisch-französischen Allianz, empfangen. Noch in Reisekleidung suchte Waldegrave mit Richelieu als Vermittler anschließend Prinz Eugen auf, der jedoch sehr förmlich und wenig entgegenkommend war.[51] Graf Sinzendorff, den Richelieu und Waldegrave anschließend trafen, schien ähnlich zurückhaltend, aber er sprach von der früher existierenden Freundschaft zwischen beiden Höfen, auf die wieder aufgebaut werden könne. Am folgenden Tag besuchte Waldegrave den dritten wichtigen Minister, Gundaker Graf Starhemberg,[52] der sich nicht anders äußerte, weswegen der britische Gesandte von einer Absprache ausging.[53]

Waldegrave hatte seine Antrittsaudienz beim Kaiser in Laxenburg am 29. April.[54] Allerdings wurde, anders als vorher durch die kaiserlichen Minister verlautbart, auch an diesem Abend kein Bevollmächtigter für den britischen Hof ernannt.[55] Die Audienzen bei den weiblichen Vertretern des Herrscherhauses, in diesem Fall Kaiserin Elisabeth Christine[56] und Kaiserinwitwe Amalia, fanden am 1. Mai[57] sowie am 7. Mai statt.[58] Die Unterzeichnung der Präliminarfriedensartikel erfolgte am 1. Mai 1728.[59]

---

51 Waldegrave schrieb, »[…] the Reception was the coldest I ever met with from any One in my Life.« Waldegrave an Townshend, Wien, 05.05.1728, TNA, SP 80, 62, f. 159. Der Kaiser hielt sich in Laxenburg auf. Prinz Eugen sagte laut Waldegraves Bericht: »We must see how you will go on. For that as you began the Broils, you ought to be the first to show a Readiness to remove all Difficulties.« Ebd., f. 159v. Andererseits erklärte Prinz Eugen, dass ein Vertreter des Kaisers für den Hof von St. James bald ernannt würde, die Verzögerungen seien auf das langsame Procedere am kaiserlichen Hof zurückzuführen. Ebd., f. 160.
52 Siehe zu Graf Starhemberg Kapitel 3.1.2.
53 Waldegrave an Townshend, Wien, 05.05.1728, TNA, SP 80, 62, f. 160–161.
54 Wien, 29.03.1728, in: Wienerisches Diarium Nr. 35, 01.05.1728 [S. 6]. Waldegrave betonte dabei, er habe sich in seinen Äußerungen sehr stark an den Anweisungen des Königs orientiert. Waldegrave an Townshend, Wien, 02.05.1728, TNA, SP 80, 62, f. 147v. Als Bescheinigung reichten Waldegrave französische »Lettres de Cachet«, nach den entsprechenden lateinischen Urkunden wurde der neue britische Vertreter nicht gefragt. Waldegrave an Townshend, »private«, Wien, 13.05.1728, TNA, SP 80, 62, f. 184. Siehe hierzu Kapitel 4.2.1, S. 261–262.
55 Waldegrave hatte seine Audienz um 15 Uhr und verließ den Hof in Laxenburg erst zwischen 18 und 19 Uhr. Waldegrave an Townshend, Wien, 05.05.1728, TNA, SP 80, 62, f. 162v–163. Siehe zu den Residenzen und Palästen Kapitel 4.1.1, S. 196–197.
56 Siehe zu Kaiserin Elisabeth Christine Kapitel 3.1.1.
57 Waldegrave an Townshend, Wien, 02.05.1728, TNA, SP 80, 62, f. 149.
58 Waldegrave an Townshend, Wien, 05.05.1728, TNA, SP 80, 62, f. 169v–170. Sie hielt sich bei Waldegraves Ankunft zu Exerzitien in einem Kloster am Rand der Stadt auf.
59 Als Termin für die Unterzeichnung war eigentlich der 30. April vorgesehen gewesen. Wegen einer »Unpäßlichkeit« Sinzendorffs musste er verschoben werden. Ebd., f. 162v–166v. Siehe die Wiener Druckausgabe der Präliminarien: [KARL VI./GEORG II.], Articuli Præliminares Pro obtinenda in Europa Generali Pacificatione, Parisiis die 31. Maji 1727. subscripti, Wien 1727.

[…] Prince Eugene and Count Stahremberg [!] then told me, that the Emperor had appointed Count Kinsky for his Minister in England. They in Discourse told the Duke of Richelieu that it had been a thing resolved upon above these three Weeks, and that the Report which had been spread of the Emperor's not intending to name a Minister so soon, was groundless. The Conference thereupon broke up, and We retired respectively with all the appearance of Friendship and good Humour.[60]

Prinz Eugens Verhalten hatte sich zum Positiven gewendet,[61] er zerstreute alle Bedenken im Hinblick auf die Berufung[62] und die Persona Kinsky, »[…] he did not doubt but this Gentleman would be liked in England […].«[63] Prinz Eugen versicherte weiter, sehr an einer »perfect Reconciliation with England« interessiert zu sein, er könne sich nicht vorstellen, wie es zum Bruch gekommen sei. Ein guter Umgang sei im gegenseitigen Interesse.[64] Waldegrave wurde in den folgenden Wochen von Gräfin Batthyány in den Kreis um Prinz Eugen aufgenommen und konnte seine Stellung in Wien etablieren.[65] Batthyány war eine der einflussreichsten Frauen am Kaiserhof.[66] Waldegrave beschrieb ihren großen Einfluss auf Prinz Eugen, nicht unbedingt in »affairs of State«, aber in

60 Waldegrave an Townshend, Wien, 05.05.1728, TNA, SP 80, 62, f. 166v–167.
61 Später sollte herauskommen, dass ein Teil der akuten Verstimmung nicht nur auf die Unstimmigkeiten des Vorjahres zurückzuführen war, sondern auf in britischen Zeitungen veröffentlichte Gerüchte, der Kaiser habe einen jakobitischen Anschlag eines vermeintlichen kaiserlichen Kapitäns auf den britischen König unterstützt. In privater Runde wies Prinz Eugen gegenüber Waldegrave Mitte Mai dieses Gerücht mit den Worten »nous sommes incapable d'une telle action« [Hervorhebung i. O.] weit von sich. Waldegrave an Townshend, »very private«, Wien, 13./15.05.1728, TNA, SP 80, 62, f. 190. Das britische Ministerium veranlasste Zeugenaussagen zur Untersuchung des Falls, die die Darstellung schließlich widerlegten, und führte die Angelegenheit auf die schlechte Informationslage der Zeitungen über die Geschehnisse an fremden Höfen zurück. Waldegrave an Townshend, »very private«, Wien, 13.05.1728, TNA, SP 80, 62, f. 190–191; Townshend an Waldegrave, London (Whitehall), 15.06.1728, TNA, SP 80, 62, f. 207, 209–229.
62 Die Ernennung habe sich, so Prinz Eugen, nur aufgrund der vielen Bewerber verzögert, solche Gerüchte seien aber typisch für den Wiener Hof. Waldegrave an Townshend, Wien, 05.05.1728, TNA, SP 80, 62, f. 169. Das Zeremoniell der Berufung war ebenfalls umstritten, siehe Kapitel 4.2.1, S. 259.
63 Waldegrave an Townshend, Wien, 05.05.1728, TNA, SP 80, 62, f. 169.
64 Ebd., f. 169v.
65 Neben einem Empfang, den er anlässlich des Geburtstags der Königin Caroline gab (Waldegrave an Tilson, Wien, 13.05.1728, TNA, SP 80, 62, f. 195), wurde er vom Marqués de Rialp eingeladen, ging auf die Jagd (Waldegrave an Townshend, Wien, 19.05.1728, TNA, SP 80, 62, f. 199) und wurde häufig zum Piquet-Spielen bei Prinz Eugen begrüßt (Waldegrave an Townshend, »very private«, Wien, 13.05.1728, TNA, SP 80, 62, f. 188v–189). Zu den Orten der Treffen siehe Kapitel 4.1.1, S. 198.
66 Eleonore Gräfin Batthyány (1672–1741), geborene Gräfin von Strattmann und Peuerbach, Witwe Adams II. Batthyány (1662–1703), half Prinz Eugen gegen die »Spanische Partei« und blieb danach wichtigstes Mitglied seines Wiener Kreises. Max Braubach, Prinz Eugen von Savoyen. Eine Biographie. 5 Bde., München 1963–1965, hier Bd. 5, S. 148–150. Waldegrave schrieb den Namen in seinen Berichten »Badiani«, wie er von

Patronagefragen; sie regele den Zugang zum Prinzen. Gleichzeitig war er aber von anderen gewarnt worden, nicht über sie zu schreiben, für Prinz Eugen sei dies »a sin that is never to be forgiven«.[67]

Im Sommer 1728 hielt der kaiserliche Hof sich mit allen anwesenden Diplomaten für die Huldigung Karls VI. durch die innerösterreichischen Stände unter anderem in Graz auf.[68] Karl VI. reiste dann in kleiner Begleitung weiter nach Triest. Grund der Reise war der Besuch der in Triest stationierten Marine, auf die Karl VI. große Hoffnungen setzte. Waldegrave konnte mit dem kaiserlichen »Admiral Deskman« sprechen, der ihm vom desolaten Zustand der Schiffe und Matrosen berichtete. Trotzdem sei »the Emperor […] bent upon making a figure at See.[69]« Nach den Berichten Waldgraves passierte währenddessen nicht viel politisch Relevantes.[70]

Die Aufmerksamkeit der kaiserlichen Minister war schon bald auf den Friedenskongress in Frankreich gerichtet; Waldegrave führte trotz täglicher Treffen kaum inhaltliche Gespräche mit Prinz Eugen, da die entscheidenden Verhandlungen in Soissons stattfinden sollten.[71] Nur der Reichshofratsbeschluss zu Mecklenburg, der Georg II. als Kurfürsten betraf, wurde kurz nach seiner Ankunft veröffentlicht.[72] Bei einer ersten Einschätzung kam Walde-

---

den französischen Diplomaten verwendet wurde; ein entsprechendes Zitat findet sich u.a. bei Max BRAUBACH, Die Geheimdiplomatie des Prinzen Eugen von Savoyen, Köln 1962, S. 49, Fn. 63.

67 Waldegrave an Townshend, »very private«, Wien, 13.05.1728, TNA, SP 80, 62, f. 188v–189. Dieser Brief wurde durch einen Kurier direkt nach London gebracht.

68 Franz-Stefan SEITSCHEK, Der Herrschaftsantritt, in: Ders. u.a., 300 Jahre Karl VI., S. 94–103, hier S. 97. Waldegrave reiste aus zeremoniellen Gründen erst später an und war bei der Huldigung Karls VI. in Graz nicht anwesend (Waldegrave an Townshend, Wien, 03.07.1728, TNA, SP 80, 63, f. 18v–19), siehe Kapitel 4.2.1, S. 259–260, für die Hintergründe.

69 Waldegrave an Townshend, chiffriert, Graz, 14.08.1728, TNA, SP 80, 63, f. 63v–64. Zur Identität des Vizeadmirals Deigham, der auch Deichmann oder Teichmann genannt wurde, siehe Karl LECHNER, Die Gründungsgeschichte der österreichischen Kriegsmarine, in: MIÖG 15 (1894), S. 614–656, hier S. 619.

70 Siehe zu einem geplanten Einfuhrverbot auf Textilwaren Kapitel 5.2, S. 340–341, sowie zur Bitte protestantische Adelige aus Transsilvanien in Ungarn um die Vermittlung des britischen Gesandten Kapitel 5.4, S. 393–394. Andere Themen in den Berichten Waldegraves aus diesem Zeitraum waren die Unstimmigkeiten mit Preußen über Jülich und Berg sowie der Tod des Bischofs von Osnabrück, des Herzogs von York, eines Onkels Georgs II., als dessen Nachfolger – im Bischofsamt – der Erzbischof von Köln vorgesehen war.

71 Die Aussagen über seine nicht stattfindenden Gespräche waren jeweils chiffriert, siehe Waldegrave an Townshend, chiffriert, Wien, 05.06.1728, TNA, SP 80, 63, f. 2. Er fand sowieso, dass von den kaiserlichen Ministern nur Sinzendorff zugänglich sei, der aber zunächst krank war und dann nach Soissons abreiste. Waldegrave an Townshend, »very private«, Wien, 13.05.1728, TNA, SP 80, 62, f. 189–189v.

72 Bericht in Waldegrave an Townshend, Wien, 29.05.1728, TNA, SP 80, 62, f. 233v–234, Dekret f. 236–245. 1719 hatte Kaiser Karl VI. die beiden Welfenherzöge, den Kurfürsten von Braunschweig-Lüneburg und den Herzog von Braunschweig-Wolfenbüttel, mit einer Reichsexekution gegen den Herzog Karl Leopold von Mecklenburg beauf-

grave zum Schluss, dass der kaiserliche Hof die Freundschaft und das Bündnis mit dem König mehr brauche als umgekehrt. Man dürfe, besonders bei den Verhandlungen in Soissons, den Kaiserlichen nicht nachgeben: »[…] stooping to them will but heighten their Pride and lessen their Complaisance for the King.«[73] Außer dem Marqués de Rialp,[74] der sich von Anfang an aufgeschlossen gegenüber dem britischen Diplomaten zeigte,[75] war von den kaiserlichen Ministern nur Graf Schönborn[76] gesprächsbereit. Karl VI. und die kaiserliche Familie traf Waldegrave selten und nie für inhaltliche Gespräche.[77]

---

tragt, der sich den Entscheidungen des Reichshofrates widersetzt hatte. Hintergrund war zum einen der lange währende Streit zwischen Fürst und Ständen in Mecklenburg und zum anderen ein Bündnis des Mecklenburgers mit dem Zaren, welcher – mit dem norddeutschen Territorium als Stützpunkt für seine Truppen – versuchte, seine Macht im Ostseeraum auszubauen. Die Einnahme und Besatzung Mecklenburgs seit 1719 geschah durch welfische Truppen und die Verwaltung des Landes durch abgeordnete Kommissäre der Braunschweiger. Christof Römer, Niedersachsen im 18. Jahrhundert (1714–1803), in: Christine van den Heuvel/Manfred von Boetticher (Hg.), Geschichte Niedersachsens. Bd. 3.1: Politik, Wirtschaft und Gesellschaft von der Reformation bis zum Beginn des 19. Jahrhunderts, Hannover 1998, S. 221–346, hier S. 231–232. Mit dem oben genannten Reichshofratsbeschluss wurde die Kommission in Mecklenburg zunächst aufgelöst, da der Kommissär, König Georg I. als Kurfürst, gestorben war. Stattdessen sollte der Bruder Karl Leopolds, Herzog Christian Ludwig von Mecklenburg, als kaiserlicher Kommissär regieren und die Braunschweiger und Brandenburg-Preußen sollten gemeinsam den Schutz der mecklenburgischen Stände übernehmen. Werner Trossbach, Power and Good Governance. The Removal of Ruling Princes in the Holy Roman Empire, 1680–1794, in: Jason Philip Coy u.a. (Hg.), The Holy Roman Empire Reconsidered, New York, S. 191–209, hier S. 196–197. Georg II. legte dagegen erfolgreich Widerspruch ein und wollte zuerst seine finanziellen Forderungen erfüllt wissen. Michael Hughes, Law and Politics in Eighteenth Century Germany. The Imperial Aulic Council in the Reign of Charles VI, Woodbridge 1988, S. 228–230. Die publizistische Kontroverse über Mecklenburg findet sich bei Arndt, Herrschaftskontrolle durch Öffentlichkeit, S. 448–499.

73 Waldegrave an Townshend, »private«, Wien, 13.05.1728, TNA, SP 80, 62, f. 172. Townshend stimmte dieser Meinung zu, außerdem könne der Kaiser aus dem Bündnis mit Spanien nichts gewinnen, sobald er die Pläne einer dynastischen Verbindung fallen ließe, und müsse dann seine Feindseligkeit gegen England und Holland aufgeben. Townshend an Waldegrave, chiffriert, Hampton Court, 20.07.1728, TNA, SP 80, 63, f. 23.

74 Zum Marqués de Rialp siehe Kapitel 3.1.2.

75 Waldegrave an Townshend, chiffriert, Wien, 19.05.1728, TNA, SP 80, 62, f. 200–200v; Waldegrave an Tilson, chiffriert, Wien, 29.10.1728, TNA, SP 80, 63, f. 179. Waldegrave berichtete von einem anderthalbstündigen Gespräch mit dem Marqués am 24.10.1728, welches das erste tiefergehende Gespräch mit einem kaiserlichen Minister seit seiner Ankunft in Wien gewesen sei, Waldegrave an Townshend, Wien, 30.10.1728, TNA, SP 80, 63, f. 185–191.

76 Siehe zu Graf Schönborn Kapitel 3.1.2.

77 Erst im März 1729 sprach Karl VI. Waldegrave nach einer sogenannten Wirtschaft (festliche Gesellschaft) an, bei der der Kaiser mit seinem Hof »a Country Vilage« darstellte, wollte aber nur wissen, ob es solche Festivitäten auch am britischen Hof gebe, Waldegrave an Tilson, Wien, 04.03.1729, TNA, SP 80, 64, f. 132–132v. Zu den soge-

Nach Unterzeichnung der Präliminarien, die die gefährlichen Folgen der »irrungen« zwischen den europäischen Mächten vermindern sollten, und der Entsendung Waldegraves durch Georg II. wollte auch Karl VI. nichts auslassen, »was zu widerherstellung des ehemaligen guten Vernehmens mit billichkeit anverlangt werden könte [...].«[78] Dementsprechend wurden im Juni 1728 die Instruktionen für Philipp Graf Kinsky als »Unser an den Königl. Groß Britannischen Hoff Gnädigst benandte[n] Abgesandten und Gevollmächtigten Minister«[79] verfasst. Nach einer ausführlichen Zeremonialinstruktion sollte sich sein Verhalten an dem Vorbild der früheren kaiserlichen Diplomaten am britischen Hof orientieren.[80] Er wurde zur Vorsicht bei Gesprächen über die englische Erbfolge ermahnt;[81] ansonsten solle Kinsky die Katholiken in Irland[82] unterstützen. Grundsätzlich, so eine weitere Instruktion, sei jede Diskussion über die vorangegangenen Unstimmigkeiten zwischen den Höfen zu vermeiden; schuld daran sei jedenfalls nicht der kaiserliche Hof:

Dan gleichwie Wir zu denen entstandenen Verdrüßlichen weiterungen Unsers orths keinen anlaß gegeben, auch fürohin, da man es Englischer seits auffrichtig und ernstlich meynen würde von erneuerung des ehemaligen Vertrauens Uns eben nicht zuentfernen gedächte [...].[83]

Nicht durchdachte Äußerungen des Gesandten könnten aber dazu führen, dass »die [...] Englische Nation in ihrem angemaßten hochmuth nur noch mehrers bestärket, und anderen theils wohl gar von dem gegen Uns übel gesinnten Englischen Ministerio ein wiedriger gebrauch [...]« davon gemacht werden könnte.[84] Kinsky solle vermitteln, dass der Kaiser »mit dem König in freundschafft und gutem Vernehmen« sein und den »ruhestand Europæ« erhalten wolle.[85] Der Kongress in Soissons betreffe den Kaiser nur im Punkt

---

nannten Wirtschaften siehe Christina SCHMÜCKER, Im Wirtshaus »Zum Schwarzen Adler«. Die Wirtschaften in den Zeremonialprotokollen (1652–1800), in: PANGERL u.a., Der Wiener Hof im Spiegel der Zeremonialprotokolle, S. 435–462.

78 Karl VI. an Kinsky, Instruktion, Neustadt, 20.06.1728, HHStA, StA England 66, f. 15v.
79 Ebd., f. 15.
80 Karl VI. an Kinsky, Instruktion, Laxenburg, 12.06.1728, HHStA, StA England 66, f. 3–14.
81 Ebd., f. 6v–7, ebenso Karl VI. an Kinsky, Instruktion, Neustadt, 20.06.1728, HHStA, StA England 66, f. 18–18v; siehe Kapitel 5.1, S. 315–316.
82 Karl VI. an Kinsky, Instruktion, Laxenburg, 12.06.1728, HHStA, StA England 66, f. 13, siehe Kapitel 5.4, S. 405.
83 Karl VI. an Kinsky, Instruktion, Neustadt, 20.06.1728, HHStA, StA England 66, f. 16v.
84 Ebd., f. 17.
85 Ebd., f. 17–17v. Dies sollte er bei jeder sich bietenden Gelegenheit dem König, der Königin und dem »Ministerio« erläutern, ebd., f. 18.

der Ostende-Kompanie, welcher aber in bilateralen Verhandlungen mit den Generalstaaten der Niederlande abgehandelt werden solle.[86]

Ansonsten bekam Kinsky die entsprechenden Verträge und Instruktionen zu den europäischen Beziehungen zugeschickt. Verschiedene Reichsangelegenheiten wurden in der Instruktion der Hofkanzlei ausführlich erläutert, ohne dass direkte Verhandlungen in London erwartet wurden – das meiste sei in Wien durch den hannoverschen Gesandten zu klären.[87] Die Anweisungen zu »Reichssachen« wurden außerdem in einer eigenen Instruktion der Reichskanzlei ausgeführt, die sich inhaltlich aber nicht unterschied.[88] Eine weitere Instruktion der böhmischen Hofkanzlei erläuterte dem neuen kaiserlichen Gesandten am britischen Hof, »wie er sich daselbst in puncto commerciorum respectu deren Königlich-Böhmischen Erblanden zu verhalten habe.«[89] Kinsky solle vor allem über die neuen Manufakturmethoden der britischen Woll- und Leinenproduktion berichten, Absatzmärkte erschließen und – soweit möglich – Fachpersonal abwerben.[90]

Besondere Anweisungen erhielt Kinsky zur Garantie der Erbfolge Karls VI.; der Kaiser könne nicht weiter andere Sukzessionsordnungen garantieren, wenn es keine wechselseitige Anerkennung der Nachfolgeregelungen gebe.[91] In allen Angelegenheiten, bei denen aus privaten Gesprächen Verhandlungen erwachsen könnten, solle Kinsky zuerst neue Befehle erbitten. Grundsätzlich galt es, mit allen anderen fremden Ministern in London ein höfliches Verhältnis zu haben, da der Kaiser mit niemandem im Krieg stehe.[92]

Im Juli 1728 reiste der neue kaiserliche Gesandte mit seiner Familie, dem Personal und seinen Pferden nach Großbritannien ab.[93] Kinsky machte dabei in Paris Station, um sich mit Hofkanzler Sinzendorff zu besprechen, der sich dort wegen des Friedenskongresses von Soissons aufhielt. Deswegen traf er

---

86 Ebd., f. 18v–19.
87 Dazu gehörten die Religionsbeschwerden im Reich, die Kommission für Mecklenburg, die Belehnung mit Bremen und Verden, der Erzschatzmeistertitel bzw. ein neues Erzamt für den Kurfürsten von Braunschweig-Lüneburg sowie die Behandlung der Zwingenbergischen Restitution auf dem Reichstag, ebd., f. 20v–25v, 35–43. Das Land Hadeln, auf welches Waldegrave hingewiesen wurde, fand keine Erwähnung.
88 Karl VI. an Kinsky, Instruktion, Laxenburg [Reichskanzlei], 17.06.1728, FA Kinsky, 4 b), o.f.
89 Karl VI. an Kinsky, Instruktion, Prag [Böhmische Hofkanzlei], 15.08.1728, FA Kinsky, 4 d), o.f.
90 Siehe Kapitel 5.2, S. 341–342.
91 Karl VI. an Kinsky, Instruktion, Neustadt, 20.06.1728, HHStA, StA England 66, f. 43–44v.
92 Ebd., f. 45, 46.
93 Waldegrave an Townshend, Wien, 19.05.1728, TNA, SP 80, 62, f. 199; Waldegrave an Townshend, eigenhändig, Graz, 21.07.1728, TNA, SP 80, 63, f. 37. Siehe zu Kinskys mehrköpfiger Familie Kapitel 3.2.4, S. 184–185, Fn. 560, zum Personal Kapitel 4.1.4, S. 225–228.

erst am 1. September 1728 in London ein.[94] Wie üblich sollte sich der kaiserliche Gesandte in einer öffentlichen Audienz am Hof vorstellen. Die Audienz, die am 16. September stattfand, wurde von Kinsky gut vorbereitet; tatsächlich erreichte er nach Gesprächen mit den beiden Secretaries of State Townshend und Newcastle[95] eine Angleichung des Zeremoniells der Antrittsaudienz an die eines Botschafters, obwohl er sich nur als außerordentlicher Gesandter ausweisen konnte.[96] Die Audienz war nicht nur sprachlich schwierig – Kinsky sprach, wie durch seine Instruktion angewiesen, Deutsch, König Georg II., Königin Caroline[97] und ihre Kinder antworteten auf Englisch, das Kinsky nicht verstand, sondern löste wegen der Ranganmaßungen des kaiserlichen Gesandten auch Unmut bei anderen Diplomaten[98] und am britischen Hof[99] aus.

Schon drei Tage später lud Sir Robert Walpole, dessen »freundtschafft und Compagnie in verschiedenen Gelegenheiten gahr dienlich«[100] sein könnten, Graf Kinsky das erste Mal zur Jagd ein. Inhaltliche Gespräche fanden nicht statt;[101] der Hof zog an diesem Tag nämlich nach Windsor Castle um.[102] Die öffentliche Aufmerksamkeit in London war auf den Kongress in Soissons gerichtet; sogar die Eröffnung des Parlaments wurde auf Dezember verschoben.[103] Bis Ende des Jahres 1728 hatte Kinsky nur über die Ostfriesland-Frage[104]

---

94 Kinsky an Karl VI., Bericht, London, 18.09.1728, HHStA, StA England 65, f. 1. Aus den vorhandenen Berichten geht nicht hervor, wie die Ankunft sich gestaltete oder ab wann Kinsky sein Haus am Hanover Square (siehe zu seiner Unterkunft Kapitel 4.1.1, S. 200) bezog.

95 Zum Duke of Newcastle siehe Kapitel 3.2.2.

96 Kinsky an Karl VI., Bericht, London, 18.09.1728, HHStA, StA England 65, f. 2; zum Zeremoniell der Antrittsaudienz siehe ausführlich Kapitel 4.2.1, S. 263–264.

97 Zu Königin Caroline siehe Kapitel 3.2.1.

98 Der französische Botschafter meinte, so führte Kinsky aus, er habe sich »bey dieser Audientz in groß Prætensiones gesetzt, wunderte ihm, daß es mir eingegangen worden seye.« Kinsky an Karl VI., London, 18.09.1728, HHStA, StA England 65, f. 3.

99 Waldegrave an Tilson, Wien, 16.10.1728, TNA, SP 80, 63, f. 162.

100 Kinsky an Karl VI., London, 18.09.1728, HHStA, StA England 65, f. 3v.

101 Ebd. Eindruck machte auf Kinsky aber wohl die organisierte (Zeitungs-)öffentlichkeit: zwischen verschiedenen Anmerkungen stand der Halbsatz: »[…] daß Volk verlangt sehr eine baldige Reconsiliation, […]« ebd. Am Anfang seiner Gesandtschaft machte sich Graf Kinskys Unerfahrenheit in diplomatischen Angelegenheiten bemerkbar, siehe Kapitel 3.2.4, S. 180.

102 Zu den Residenzen des Königshofes siehe Kapitel 4.1.1, S. 201–202.

103 Kinsky an Karl VI., London, 29.10.1728, HHStA, StA England 65, f. 5–6v. Der Einfluss von Außenbeziehungen auf das Parlament zeigte sich immer wieder, siehe Kapitel 4.1.3, S. 221–223. Der Kongress von Soissons schien gut anzufangen; aus Wiener Sicht konnte nur die Gibraltar-Frage eine Einigung mit Großbritannien erschweren, Waldegrave an Townshend, Wien, 03.07.1728, TNA, SP 80, 63, f. 17–17v.

104 Die Probleme in Ostfriesland hatten mehrere Ursachen. Die sehr frei agierenden Stände, die sich traditionell auf eine vom Fürsten unabhängige Stellung beriefen, hatten hohe Schulden, u.a. für preußische Schutztruppen im Land, angehäuft, die nicht

mit dem Secretary of State Townshend geredet. Ansonsten berichtete er, die Admiralität habe eine Blockade befohlen, damit keine Schiffe der kaiserlichen Ostindien-Handelskompanie aus den Österreichischen Niederlanden abfahren könnten.[105] In Soissons wurde eine Einigung auf der Grundlage der im Frühsommer unterzeichneten Präliminarartikel in den Verhandlungen erst dann erreicht, als Hofkanzler Sinzendorff daran teilnahm.[106]

In Wien führte Waldegrave zur selben Zeit mit Reichsvizekanzler Schönborn Gespräche über die Investitur Georgs II. als Kurfürst mit Bremen und Verden. Es stellte sich heraus, dass die gefundene zeremonielle Lösung genauso von Georg II. gefordert, aber vom Kaiserhof zuvor abgelehnt worden war.[107] Gleichzeitig erreichten die Verhandlungen in Soissons aber einen Tiefpunkt. Hofkanzler Sinzendorff unterzeichnete den ausgehandelten Vorvertrag nicht, um das kaiserlich-spanische Bündnis und besonders ausstehende spanische Subsidienzahlungen[108] nicht zu gefährden.[109] Georg II. kam deshalb Ende des Jahres 1728 zum Schluss, »[…] as there is no likelihood of an accommodation with the emperor, I think it right to be in as great a friendship and intimacy with France as possible […].«[110]

---

bedient werden konnten. Fürst Georg Albert nutzte dies, um seine eigene Stellung durch Klagen beim Reichshofrat in Wien gegen die Stände zu verbessern. Von 1724 bis 1727 kam es zum Krieg. Gleichzeitig mischten sich die Generalstaaten der Niederlande, die sich als Schutzmacht Ostfrieslands verstanden und einen Großteil der Kredite gestellt hatten, in den Konflikt ein. Letztlich konnte der Fürst seine Macht im Sommer 1727 sichern, nur die Stadt Emden widersetzte sich weiterhin. Siehe ausführlich HUGHES, Law and Politics, S. 67–76, 123–155. In der Folge zielten vor allem die Generalstaaten auf eine Amnestie für die renitenten Stände und die Stadt Emden ab (ebd., S. 240).

105 Kinsky an Karl VI., London, 22.11.1728, HHStA, StA England 65, f. 15. Dass zwei zum Auslaufen bereite Schiffe letztlich nicht abfuhren, geschah wohl auf kaiserlichen Befehl. Als Gerüchte über die Abfahrt von Schiffen der Ostende-Kompanie unter spanischer Flagge in London bekannt wurden, verursachte dies Aufregung unter den britischen Handelskompanien. Kinsky an Karl VI., London, 07.12.1728, HHStA, StA England 65, f. 19v–20.

106 Townshend an Waldegrave, London (Whitehall), 08.02.1729, TNA, SP 80, 64, f. 35–36.

107 Townshend an Waldegrave, chiffriert, London (Whitehall), 14.01.1729, TNA, SP 80, 64, f. 1–2. Georg II. wollte die Investitur exakt nach dem Zeremoniell, nach dem sie auch der König von Schweden erhalten hatte. Dies war von Sinzendorff gegenüber dem vorherigen britischen Gesandten St. Saphorin abgelehnt worden, wurde Waldegrave nun von Schönborn aber genauso angeboten. Waldegrave an Townshend, chiffriert, Wien, 18.12.1728, NA, SP, 80, 63, f. 253–254.

108 Waldegrave an Townshend, chiffriert, Wien, 29.01.1729, TNA, SP 80, 64, f. 47–48v.

109 Waldegrave an Townshend, chiffriert, Wien, 04.12.1728, TNA, SP 80, 63, f. 242. Sinzendorff selbst vertröstete Waldegrave aber nach seiner Rückkehr nach Wien wenige Tage vor Weihnachten und nach intensiven Gesprächen mit Karl VI. und Prinz Eugen: »[…] a little Patience, MyLord, and all will go well«. Waldegrave an Townshend, chiffriert, Wien, 25.12.1728, TNA, SP 80, 63, f. 263.

110 Georg II. an Townshend, 17.11.1728, in: COXE, Walpole 2, S. 523.

2.2 Verhandlungen (1729–1730)

Da die Verhandlungen in Soissons zu keinem Ergebnis zu führen schienen, stellte Baron Waldegrave sich darauf ein, die kaiserlichen Minister in Wien von einer gesamteuropäischen Einigung zu überzeugen. Grundlage waren die expliziten Äußerungen Karls VI., er wolle gute Beziehungen zum britischen König halten.[111] Allerdings wollten weder der Kaiser noch seine Minister die Beziehungen zum spanischen Hof gefährden, der die Zahlung noch ausstehender Subsidien versprochen hatte. So wartete man am Kaiserhof immer wieder auf Antworten aus Spanien, ohne dass die kaiserlich-spanischen Verhandlungen erfolgreich waren.[112] Dies lag auch daran, dass Karl VI. es ablehnte, sich auf eine Heirat zwischen seiner Erbtochter Maria Theresia und dem spanischen Prinzen Don Carlos festzulegen.[113] Stattdessen sprachen Reichsvizekanzler Schönborn gegenüber Waldegrave in Wien[114] und Graf Kinsky als kaiserlicher Gesandter in London gegenüber den britischen Ministern Townshend und Stanhope,[115] dem späteren Baron Harrington, von einem neuen Bündnis zwischen Kaiser und König sowie einer Heiratsverbindung zwischen Maria Theresia und dem Erbprinzen von Lothringen.[116] Georg II. sicherte zu, dass eine solche Verbindung seine Unterstützung finden würde.[117] Und nach dem Tod des Herzogs von Lothringen im Frühjahr 1729 mehrten sich die Zeichen, dass in Zukunft mit einer Verlobung des neuen Herzogs Franz Stephan und der Erzherzogin Maria Theresia zu rechnen war.[118] Verhandlungen für einen

---

111 Waldegrave an Townshend, »very private«, Wien, 19.03.1729, TNA, SP 80, 64, f. 168v.
112 Waldegrave an Townshend, Wien, 23.02.1729, TNA, SP 80, 64, f. 111v–112. Es wurde im Laufe des Jahres immer deutlicher, dass der spanische Hof die Subsidien ohne ein definitives Heiratsversprechen Karls VI. für eine seiner Töchter nicht auszahlen würde.
113 Karl VI. lehnte zunächst wegen des kindlichen Alters der Erzherzoginnen ab, weiter mit der spanischen Königin über die Heirat zu verhandeln. Waldegrave fand ebenfalls, dass »the eldest arch-Dutchesses seem backward and low of their age, but are very genteel pretty Children,« ebd., f. 114. Maria Theresia war zu diesem Zeitpunkt elf, ihre jüngere Schwester zehn Jahre alt. Siehe zu dynastischen Fragen insgesamt Kapitel 5.1.
114 Schon im Februar 1729 bezeichnete Schönborn das spanisch-kaiserliche Bündnis als gescheitert, da die bourbonischen Dynastien in Frankreich und Spanien weiter zusammenrückten. Waldegrave an Townshend, Wien, 05.02.1729, TNA, SP 80, 64, f. 53v–54.
115 Zu Stanhope siehe Kapitel 3.2.2.
116 Townshend an Waldegrave, London (Whitehall), 27.02.1729, TNA, SP 80, 64, f. 90–92. Das Verhalten Franz Stephans von Lothringen in Wien sowie das des lothringischen Gesandten wurde von den auswärtigen Gesandten am Kaiserhof als sicheres Zeichen einer festen Übereinkunft zwischen Karl VI. und dem Herzog von Lothringen über eine Ehe der beiden Erben gesehen, Waldegrave an Townshend, Wien, 23.02.1729, TNA, SP 80, 64, f. 114–114v.
117 Townshend an Waldegrave, London (Whitehall), 27.02.1729, TNA, SP 80, 64, f. 90v.
118 Siehe Kapitel 5.1, S. 318–319.

Bündnisvertrag fanden aber in Wien nicht statt, da die kaiserlichen Minister darauf warteten, dass Waldegrave mit neuen Angeboten auf sie zukomme.[119] Waldegrave verlor darüber fast die Geduld:

[...] these People [= the imperial ministers] from what out of the Way Spirits I cannot guess at, talk still of Advances and first Steps, as if after near a twelve Months' Negotiation, and having Ministers at each Courts respectively, that was as yet to be done.[120]

Georg II. jedoch wollte durchsetzen, dass der Kaiserhof dem beim Kongress von Soissons ausgehandelten Vorvertrag zustimme und entsprechend den ersten Schritt für neue Verhandlungen mache.[121] Deshalb kam es auch in London zu keinen neuen Ergebnissen. Dem kaiserlichen Gesandten Kinsky wurde sogar Untätigkeit vorgeworfen.[122] Noch mehr aber, Waldegrave meinte – und vertrat dabei einen unter den britischen Ministern in London akzeptierten Standpunkt –,

this Silence on their part is an evident proof that the declarations so frequently made of their good Intentions, are but words, and that nothing but the hopes of some sort of an immediate distress will bring them to an explanation.[123]

Andererseits war es klar, dass weder Karl VI. noch einer seiner Minister Krieg wollten. Waldegrave schrieb, der Kaiser sei grundsätzlich nicht kriegsbegeistert, habe zudem kein Geld und zu wenig Truppen. Prinz Eugen sei seine Reputation genug, außerdem habe er nicht mehr die Kondition, einen Feldzug zu überstehen, und Starhemberg sei ebenfalls zu alt.[124] Georg II. befürchtete, sollten die Probleme zwischen dem Kaiser und ihm nicht geklärt werden, würde das dem König von Preußen nutzen; mit diesem lag er wegen

119 Waldegrave an Townshend, chiffriert, Wien, 26.03.1729, TNA, SP 80, 64, f. 181–181v; Waldegrave an Townshend, Wien, 14.05.1729, TNA, SP 80, 64, f. 244v.
120 Waldegrave an Townshend, »very private«, Wien, 19.03.1729, TNA, SP 80, 64, f. 170v.
121 Townshend an Waldegrave, Hannover, 16.06.1729, TNA, SP 80, 64, f. 266. In London erhielt Georg II. große Zustimmung für seine Rede zur Eröffnung des Parlaments. Townshend an Waldegrave, London (Whitehall), 01.02.1729, TNA, SP 80, 64, f. 16–16v.
122 Unter anderem äußerte diesen Vorwurf Seckendorff, der kaiserliche Gesandte am preußischen Hof, siehe weiter unten S. 69.
123 Waldegrave an Townshend, chiffriert, Wien, 24.04.1729, TNA, SP 80, 64, f. 210. Siehe auch Waldegrave an Townshend, p.s., chiffriert, Wien, 30.04.1729, TNA, SP 80, 64, f. 221; Townshend an Waldegrave, chiffriert, London (Whitehall), 10.05.1729, TNA, SP 80, 64, f. 213v. Auch Sinzendorff war aber wohl »quite out of patience with Kinsky,« Waldegrave an Tilson, Kinskys Name chiffriert, Wien, 18.06.1729, TNA, SP 80, 64, f. 279v; siehe ebenso Harris an Townshend, Wien, 27.08.1729, TNA, SP 80, 65, f. 79v.
124 Waldegrave an Townshend, chiffriert, Wien, 01.01.1729, TNA, SP 80, 64, f. 7v–9. Prinz Eugen zeigte sich demensprechend besorgt über die Aufrüstung der britischen Flotte. Waldegrave an Townshend, Wien, 14.05.1729, TNA, SP 80, 64, f. 244v–245.

der Abwerbung von Untertanen für die preußische Armee, der Exekution in Mecklenburg und der Frage der Erbfolge in Jülich und Berg im Streit.[125] Obwohl Waldegrave als britischer Gesandter gegenüber Vizekanzler Schönborn Fragen, die Georg II. als Kurfürsten betrafen, als »out of my Province« bezeichnete, berichtete und sprach er regelmäßig auch über kurfürstliche Angelegenheiten.[126]

Der Besuch Georgs II. in seinem Kurfürstentum im Sommer 1729[127] sollte die Möglichkeit zu intensiven Verhandlungen und damit eine baldige Lösung bringen. Die Reisepläne Georgs II. wurden 1729 als sicheres Zeichen gesehen, dass es in diesem Jahr nicht zum Krieg in Europa kommen werde.[128] Neben Georg II., dem Secretary of State Townshend und Johann Philipp von Hattorf,[129] dem hannoverschen Minister in London, waren auch Graf Kinsky[130] und Baron Waldegrave in Hannover anwesend. Sinzendorff selbst hatte Waldegrave gebeten, nach Hannover zu reisen, um die Verhandlungen dort mit dem König direkt zu besprechen. Außerdem wollte der Brite die Möglichkeit nutzen, sein Verhältnis zum König und dessen Ministern zu intensivieren.[131] Waldegrave bekam tatsächlich sehr direkten und intensiven Kontakt zu Georg II., da Townshend früher als der König abreiste und Wal-

---

125 Townshend an Waldegrave, London (Whitehall), 08.02.1729, TNA, SP 80, 64, f. 38. In Mecklenburg wollte Karl VI. die Truppen des Braunschweigers stark reduzieren und dafür zusätzlich den Kurfürsten von Brandenburg als Kommissär beauftragen. Römer, Niedersachsen, S. 237–238. Graf Kinsky schätzte die Lage sicher richtig ein, wenn er davon sprach, man sei bei Hofe in Bezug auf die mecklenburgische Angelegenheit »sehr mal content [= sehr unzufrieden]«; seiner Ansicht nach seien es »pure unnützliche hannoversche inventiones […], die Engeländs. nation aber hirmit vermischt werden wolle, so vielen nicht gefallet.« Kinsky an Karl VI., London, 08.02.1729, HHStA, StA England 65, f. 78. Siehe Kapitel 5.3, S. 383–387.

126 Waldegrave an Townshend, Wien, 05.02.1729, TNA, SP 80, 64, f. 52v. Waldegrave schickte z.B. Gutachten des Reichshofrates zu Angelegenheiten, die das Kurfürstentum Braunschweig-Lüneburg betrafen – meist auf Deutsch, da sie zu umfangreich waren, um übersetzt zu werden, ebd., f. 54v; Gutachten f. 55–84v. Übersetzungen solcher Gutachten und Berichte gehörten üblicherweise zu den Aufgaben einer Gesandtschaft, siehe Kapitel 4.2.2, S. 273–274.

127 Die erste Reise Georgs II. in sein Kurfürstentum folgte den auch später üblichen Regeln, siehe Kapitel 1.2, S. 36–37. Maßgeblich ist zu diesem Thema die Studie von Richter-Uhlig, Hof und Politik. In diesem Fall reiste Townshend als Secretary of State mit dem König nach Deutschland, während Königin Caroline als Regentin in London blieb. Townshend an Waldegrave, London (Whitehall), 24.05.1729, TNA, SP 80, 64, f. 230. Siehe Kapitel 4.1.3, S. 219–220, für die Folgen, die diese Regelung für die britischen Diplomaten hatte.

128 Waldegrave an Townshend, Wien, 21.05.1729, TNA, SP 80, 64, f. 259.

129 Zu Hattorf siehe Kapitel 3.2.3.

130 Er erreichte Hannover am 18. Juni. Kinsky an Karl VI., Hannover, 18.06.1729, HHStA, StA England 65, f. 63.

131 Waldegrave an Tilson, Wien, 18.06.1729, TNA, SP 80, 64, f. 279–280. Die Erlaubnis des Königs wurde schon aus Hannover geschickt, Townshend an Waldegrave, Hannover, 26.06.1729, TNA, SP 80, 64, f. 283v; Waldegrave reiste am 16. Juli aus Wien ab, Harris an Tilson, Wien, 16.07.1729, TNA, SP 80, 65, f. 29.

degrave ihn in dieser Situation beim König vertrat.[132] In Wien wurden die britischen Interessen währenddessen von Waldegraves Sekretär Harris vertreten.[133] Gleichzeitig wurde der am preußischen Hof akkreditierte kaiserliche Gesandte Graf Seckendorff nach Hannover geschickt, um dort mehr zu erreichen als Kinsky.[134]

Die Verhandlungen verliefen recht stockend. Zunächst erreichte eine Vollmacht für mögliche Vertragsabschlüsse Graf Kinsky erst sehr spät.[135] Zudem fühlte er sich durch das Hinzuziehen Seckendorffs in seiner Ehre gekränkt und die schon vorher bestehenden persönlichen Animositäten zwischen den beiden kaiserlichen Gesandten Kinsky und Seckendorff taten ein Übriges. Vor allem hatte Seckendorff die Verhandlungen für eine Erneuerung des britisch-kaiserlichen Bündnisses als »einfach« bezeichnet und damit Kinsky, der eben bis dahin nichts erreicht hatte, als unfähig hingestellt.[136] Kinsky hatte dagegen den Eindruck, »daß sie [die Briten] aber herzu [zu den Verhandlungen] keine lust haben«.[137] Darüber hinaus wollte Georg II. den spanischen Hof und die Generalstaaten von einer Einigung nicht ausnehmen.[138] Anderseits sollte Graf Kinsky über die Sukzession Don Carlos' in Parma, Piacenza und der Tos-

132 Waldegrave an Townshend, Hannover, 16.09.1729, TNA, SP 80, 65, f. 103. Ob die Erhebung Waldegraves zum Earl Waldegrave und Viscount Chewton darauf zurückgeht, war der untersuchten Korrespondenz nicht zu entnehmen.

133 Den ersten Bericht erstattete Harris Ende Juli 1729, Harris an Townshend, Wien, 23.07.1729, TNA, SP 80, 65, f. 31. Im September kam es zu einer »Vacation« in Wien, da der Kaiser und seine Minister sich aufs Land zurückzogen, Harris an Townshend, Wien, 10.09.1729, TNA, SP 80, 65, f. 98v. Entsprechend oft hieß es in seinen Berichten dann auch: »Nothing new has hapned here since my last«, Harris an Townshend, Wien, 20.08.1729, TNA, SP 80, 65, f. 72. Nicht ersichtlich ist, wer Graf Kinsky in London vertrat. Zur Position der Legationssekretäre siehe Kapitel 4.1.4, S. 226–227.

134 Waldegrave an Townshend, Wien, 02.07.1729, TNA, SP 80, 65, f. 12v. Dahinter stand die Auseinandersetzung zwischen Prinz Eugen und Sinzendorff. Der Prinz setzte sich für Kinsky und der Hofkanzler für Seckendorff ein, obwohl »the Count [Sinzendorff] does not care for Seckendorff, whom he looks upon as a Creature of P. Eugene's, and that nothing but putting a slight on Count Kinsky would have made him give in so readily as I heard he did to charge Seckendorff with a Commission to his Maty.« Waldegrave an Tilson, Wien, 09.07.1729, TNA, SP 80, 65, f. 25v–26.

135 Siehe auch Walpole an Georg II., The substance of Count Kinsky's conversation with Sir Robert Walpole, London, 31.05.1729, TNA, SP 43, 77, o.f. Townshend verweigerte deshalb im Juni ernsthafte Verhandlungen, Kinsky an Karl VI., chiffriert, Hannover, 26.06.1729, HHStA, StA England 65, f. 67–71. Erst Mitte August lag die Vollmacht der Königin als Regentin in London vor, sie war aber noch nicht ins Kurfürstentum weitergeleitet worden, Kinsky an Karl VI., Hannover, 11.08.1729, HHStA, StA England 65, f. 16–17.

136 Harris an Townshend, 08.09.1729, TNA, SP 80, 65, f. 88v.

137 Kinsky an Karl VI., Hannover, 09.07.1729, HHStA, StA England 65, f. 4v. Seckendorff galt außerdem als »author of so many irregularities [...] imputed to the King of Prussia« gegen den Kurfürsten von Hannover – so sah man es zumindest am britischen Hof, Robinson an Harrington, »most private«, Wien, 09., 10., 11.02.1732, TNA, SP 80, 85, o.f.

138 Townshend an Waldegrave, Hannover, 26.06.1729, TNA, SP 80, 64, f. 285–286v.

kana verhandeln, Punkte, die man britischerseits seit der Quadrupelallianz als gelöst ansah.[139] Mit Blick auf die Anliegen an den Kaiser, die ihn als Kurfürsten betrafen, machte Georg II. deutlich, dass es für ihn keine Unterscheidung zwischen britischen und braunschweig-lüneburgischen Angelegenheiten gebe. Getrennte Gespräche über sie zu einem späteren Zeitpunkt, wie vom Kaiserhof befürwortet, lehnte er ab.[140] Konkrete Verhandlungen fanden bis zur Rückreise des Königs Ende September nicht statt.[141]

Während die Wiener Minister immer noch an eine »General Pacification«[142] glaubten und als einzige Bedingung die Garantie der Sukzession Karls VI. stellten,[143] einigten sich im November 1729 die westeuropäischen Mächte ohne den Kaiser im Vertrag von Sevilla.[144] Im Unterschied zu vorigen Verträgen sollten in der Toskana, in Parma und Piacenza, die dem spanischen Prinzen Don Carlos als Eventualerbe zugesprochen worden waren, bei dessen Amtsantritt statt Schweizer spanische Truppen einquartiert werden. Diesen Vertragsaspekt hatte Karl VI. grundsätzlich abgelehnt, da es sich um kaiserliche Lehen handelte und er einen wachsenden Einfluss Spaniens in Norditalien befürchtete. Also wollte man den Kaiser notfalls mit militärischen Mitteln zum Beitritt zwingen.[145] Die Nachricht vom Vertragsabschluss traf in Wien ein, als Karl VI., Kaiserin Elisabeth Christine sowie alle Minister und auch ein Großteil der Wiener Bevölkerung an einem grippalen Infekt

139 Kinsky an Karl VI., Hannover, 11.08.1729, HHStA, StA England 65, f. 19v–21. Townshend an Waldegrave, Hannover, 26.06.1729, TNA, SP 80, 64, f. 286. Gleichzeitig vermutete der Kaiser, dass in Spanien und am französischen Hof geheime Gespräche zwischen französischen, spanischen und britischen Unterhändlern stattfanden und wollte mit Zugeständnissen bis zur Negierung dieser Annahme warten, Waldegrave an Newcastle, chiffriert, Wien, 16.07.1729, TNA, SP 80, 65, f. 47; Harris an Townshend, Wien, 06.08.1729, TNA, SP 80, 65, f. 55.
140 Waldegrave an Townshend, Wien, 11.10.1729, TNA, SP 80, 65, f. 183v; Kinsky an Karl VI., chiffriert, Hannover, 22.08.1729, HHStA, StA England 65, f. 25–28.
141 Allerdings schienen Townshend, Waldegrave und Kinsky abseits der politischen Gespräche ein engeres Verhältnis entwickelt zu haben, zumindest legen das die entsprechenden Berichte nahe, Waldegrave an [Tilson], »private«, Hannover, 18.09.1729, TNA, SP 80, 65, f. 111v; Waldegrave an Townshend, chiffriert, Wien, 19.11.1729, TNA, SP 80, 65, f. 258.
142 Ebd., f. 259.
143 Waldegrave an Tilson, Wien, 11.10.1729, TNA, SP 80, 65, f. 198v; Waldgrave an Townshend, chiffriert, Wien, 22.10.1729, TNA, SP 80, 65, f. 210v–211. Georg II. stimmte grundsätzlich der geplanten Erbfolge zu, allerdings wollte er nichts gegen den französischen Verbündeten zusichern. Townshend an Waldegrave, London (Whitehall), 11.11.1729, TNA, SP 80, 65, f. 216–219v.
144 Townshend an Waldegrave, London (Whitehall), 29.11.1729, TNA, SP 80, 65, f. 234; die Vertragspartner hofften auf den Beitritt des Kaisers; Townshend an Waldegrave, Wien, 06.12.1729, TNA, SP 80, 65, f. 264–264v.
145 Waldegrave an Townshend, Wien, 14.12.1729, TNA, SP 80, 65, f. 291–291v. Am Wiener Hof hatte man sich schon im Herbst darauf vorbereitet, die Truppen in Italien in diesem Fall in Bereitschaft zu versetzen, Waldegrave an Townshend, chiffriert, Wien, 19.11.1729, TNA, SP 80, 65, f. 259v–260.

erkrankt waren.[146] Als Folge gab es in Wien »[...] no Conference, and consequently no resolution [...].«[147] Nach ihrer Genesung sahen Karl VI. und seine Minister den Vertrag als Bündnisbruch und Gefahr für den Frieden.[148] Der Sekretär des Spanischen Rates, Rialp, befürchtete zum Beispiel, mit der in Sevilla festgelegten Stationierung spanischer Truppen in den kaiserlichen Lehen in Norditalien könnte der spanische König wieder Ansprüche auf diese Gebiete erheben, die erst nach dem Spanischen Erbfolgekrieg Karl VI. zugesprochen worden waren.[149] Neben Waldegrave sprachen auch der französische und niederländische Gesandte in Wien mit den kaiserlichen Ministern über den Vertrag und versuchten, dessen Vorzüge herauszustellen.[150] Karl VI. blieb aber bei seiner Ablehnung, er wolle sich an bestehende Verträge halten.[151] Jegliche Gespräche in Wien wurden abgebrochen.[152] Waldegrave stürzte sich daraufhin in Unkosten: »I must manage the people here, and keep them as much as I can in temper [...] the best way of keeping well here is by entertaining and feasting [...].«[153]

---

146 Waldegrave an Townshend, Wien, 26.11.1729, TNA, SP 80, 65, f. 276v–277; Waldegrave an Townshend, Wien, 30.11.1729, TNA, SP 80, 65, f. 282–282v. Die Krankheit ging auch in London um und traf dort Graf Kinsky (Kinsky an Karl VI., London, 10.11.1729, HHStA, StA England 65, f. 19) sowie Minister Townshend (Townshend an Waldegrave, London (Whitehall), 01.11.1729, TNA, SP 80, 65, f. 208). Früher im Sommer waren schon die Königin (Newcastle an Townshend, Kensington, 05.07.1729, TNA, SP 43, 78, o.f.) sowie der Unterstaatssekretär Tilson erkrankt (Waldegrave an Tilson, Wien, 02.07.1729, TNA, SP 80, 65, f. 15). Die Erkrankten litten an Erkältung, Husten, Fieber und Abgeschlagenheit; man fürchtete sogar um das Leben Prinz Eugens (Waldegrave an Townshend, Wien, 30.11.1729, TNA, SP 80, 65, f. 282–282v). Waldegrave war überzeugt, nur durch seine britische Medizin verschont worden zu sein. Waldegrave an Tilson, Wien, 30.11.1729, TNA, SP 80, 65, f. 285.
147 Waldegrave an Townshend, Wien, 03.12.1729, TNA, SP 80, 65, f. 284v; da der kaiserliche General Guido Graf Starhemberg, der Onkel Gundakers, zum selben Zeitpunkt wegen eines Schlaganfalls ausfiel, konnte der Wiener Hof aber auch keine militärischen Maßnahmen ergreifen.
148 Waldegrave an Townshend, chiffriert, Wien, 17.12.1729, TNA, SP 80, 65, f. 295v. Sinzendorff wurde zunächst die Schuld zugeschoben, da er die Verhandlungen in Soissons befürwortet hatte. Waldegrave an Townshend, Wien, 14.12.1729, TNA, SP 80, 65, f. 291–291v. Er wiederum fand es ungeheuerlich, dass, ohne Bündnispartner zu informieren, bestehende Verträge aufgelöst wurden. Waldegrave an Townshend, Wien, 24.12.1729, TNA, SP 80, 65, f. 306v.
149 Ebd., f. 307–307v.
150 Waldegrave an Townshend, Wien, 01.01.1730, TNA, SP 80, 66, f. 5v–12v.
151 Waldegrave an Townshend, Wien, 13.01.1730, TNA, SP 80, 66, f. 47; Karl VI. an Kinsky, Wien, 16.03.1730, HHStA, StA England 68, f. 10v.
152 Waldegrave an Townshend, chiffriert, Wien, 17.12.1729, TNA, SP 80, 65, f. 295v. Andererseits äußerte Prinz Eugen gegenüber Waldegrave, »[...] let what will come of our present Broils, I shall ever have a particular Regard for the English.« Waldegrave an Townshend, Wien, 21.12.1729, TNA, SP 80, 65, f. 302v. Siehe zur Wahrnehmung einer Trennung von britischem Ministerium und britischer Nation Kapitel 4.2.4, S. 275–276.
153 Waldegrave an Tilson, Wien, 13.01.1730, TNA, SP 80, 66, f. 60.

Auch in London teilte Graf Kinsky mit, der Kaiser wolle sich weiterhin an bestehende Verträge halten, sich aber keinen neuen vorschreiben lassen.[154] Da die Ehre des Kaisers getroffen war, konnte Karl VI. nicht anders handeln. Wegen des Ultimatums der Alliierten, den Vertrag und insbesondere die Stationierung spanischer Truppen in der Toskana auch mit Waffengewalt umzusetzen, traf der Kaiserhof Kriegsvorbereitungen.[155] Schönborn bot aus seinem Fürstbistum allein 6.000 Mann auf und versuchte, den Vertrag von Sevilla als Verstoß gegen Reichsgesetz vor den Reichstag zu bringen.[156] Die unterschiedlichen Meinungen der kaiserlichen Minister zeigten sich hier grundlegend. Prinz Eugen und Sinzendorff waren aufgrund der schlechten Finanzlage gegen einen Krieg und deshalb zu einer Einigung auf Grundlage des Vertrags von Sevilla bereit. Der Marqués de Rialp und die anderen Spanier am Kaiserhof lehnten dieses Abkommen ab, da sie einen gestärkten Einfluss des spanischen Königs in Italien durch dessen Bestimmungen des Vertrags befürchteten.[157] Letztlich kam es nicht zu Gefechten.[158]

Der Earl of Waldegrave konnte der unsicheren Lage am Kaiserhof bald entkommen. Im Zusammenhang mit dem Rücktritt Townshends, dessen Differenzen mit Sir Robert Walpole vor allem über die britische Außenpolitik seit dem Aufenthalt in Hannover zugenommen hatten,[159] wurde Waldegrave zum Nachfolger Horatio Walpoles[160] als Botschafter am französischen Hof ausgewählt.[161] Zudem starb im April 1730 seine Mut-

---

154 Zunächst hatte der Kaiser noch die Verhandlungen aufrechterhalten wollen (Karl VI. an Kinsky, Wien, 28.12.1729, HHStA, StA England 66, f. 57), ohne jedoch neue Verpflichtungen einzugehen, Karl VI. an Kinsky, Wien, 30.01.1730, HHStA, StA England 68, f. 2–3v; Townshend an Waldegrave, London (Whitehall), 17.02.1730, TNA, SP 80, 66, f. 79.

155 Karl VI. an Kinsky, Wien, 28.12.1729, HHStA, StA England 66, f. 57–57v. Waldegrave an Townshend, Wien, 01.02.1730, TNA, SP 80, 66, f. 82v–84.

156 Ebd., f. 85v–86.

157 Waldegrave an Townshend, Wien, 05.01.1730, TNA, SP 80, 66, f. 26.

158 Die Kriegsvorbereitungen gingen mit Truppenaushebungen und -verschiebungen aber weiter, Waldegrave an Townshend, Wien, 08.03.1730, TNA, SP 80, 67, f. 1; Waldegrave an Townshend, Wien, 18.03.1730, TNA, SP 80, 67, f. 18–18v; Waldegrave an Townshend, Wien, 03.05.1730, TNA, SP 80, 67, f. 124.

159 Siehe Kapitel 3.2.2, S. 171–172.

160 Horatio Walpole sollte auf Wunsch seines Bruder Townshends Amt übernehmen, deshalb musste der Botschafterposten am französischen Hof neu besetzt werden. Georg II. entschied sich jedoch, Townshend durch William Stanhope, Baron Harrington, der den Vertrag in Sevilla unterschriftsreif gemacht hatte, zu ersetzen (siehe zu Harrington Kapitel 3.2.2).

161 Townshend an Waldegrave, chiffriert, London (Whitehall), 02.05.1730, TNA, SP 80, 67, f. 71–71v. Waldegrave bedankte sich bei seinem Gönner und dem König und verwies selbst auf seine Unfähigkeit, am Kaiserhof etwas zu bewirken: »for besides Disadvantage, the State of affairs has laid me under, the little hopes I had of gaining any credit in this Post, or of serving my Master in the manner I wished to do make the News of my Speedy Removal more welcome.« Waldegrave an Townshend, Wien, 20.05.1730, TNA, SP 80, 67, f. 145–145v.

ter,[162] so dass der britische König ihn anwies, eine Reise nach England aus privaten Gründen zum Anlass zu nehmen, aus Wien abzureisen, ohne jedoch seinen formellen Abschied zu nehmen.[163] Dies sollte per Brief geschehen, sobald Waldegrave in Paris etabliert war. Die Abreise wurde trotz der vorgeblich privaten Gründe von den kaiserlichen Ministern als Zeichen eine nahenden Krieges gedeutet.[164] Waldegraves Nachfolger wurde der frühere Legationssekretär des Botschafters in Frankreich, Sir Thomas Robinson.[165]

2.3 Abschluss in Wien (1730–1731)

Im Sommer 1730 mussten Georg II. und seine Minister sich endgültig eingestehen, dass das Bündnis mit Frankreich durch die französische Politik gescheitert war. Trotzdem versuchte man, die Bedingungen des Vertrags von Sevilla zu erfüllen. Hauptstreitpunkte waren weiter die Einquartierung spanischer Truppen in den Festungen der Toskana, Parmas und Piacenzas sowie aus Sicht des Kurfürstentums Braunschweig-Lüneburg die Abwicklung der mecklenburgischen Exekution. Secretary of State Harrington signalisierte Graf Kinsky in London den Wunsch nach geheimen Verhandlungen, auf die dieser allerdings meinte, nicht eingehen zu können.[166] Am 25. September 1730 erhielt Sir Thomas Robinson deshalb von Harrington die Instruktionen des Königs, in Wien direkt geheime Verhandlungen mit dem Kaiser und

---

162 Da Waldegraves Mutter seine Besitzungen in England verwaltet hatte, bat er sofort um Heimaturlaub. Waldegrave an Townshend, »private«, Wien, 28.04.1730, TNA, SP 80, 67, f. 99–99v.

163 Townshend an Waldegrave, London (Whitehall), 12.05.1730, TNA, SP 80, 67, f. 97–97v; Townshend an Waldegrave, »private«, chiffriert, London (Whitehall), 12.05.1730, TNA, SP 80, 67, f. 121–121v.

164 Waldegrave an Townshend, Wien, 03.06.1730, TNA, SP 80, 67, f. 168. Bei seiner Abreise wurde Waldegrave von einem seiner Privatgeistlichen und -sekretäre begleitet, während der andere, Anthony Thompson, die Übergabe an den Nachfolger vorbereitete, Waldegrave an Tilson, Wien, 07.06.1730, TNA, SP 80, 67, f. 174. Waldegrave und Robinson trafen sich in dieser Zeit nicht und konnten deswegen keine Informationen austauschen; siehe zu Fragen der Informationsweitergabe Kapitel 4.2.3, S. 278–279.

165 Townshend an Waldegrave, London (Whitehall), 12.05.1730, TNA, SP 80, 67, f. 97v. Zu Sir Thomas Robinson siehe Kapitel 3.1.3.

166 Kinsky war der Ansicht, dass im Gegenzug für die genannten Forderungen die kaiserliche Sukzession »in omnibus et per omnia« garantiert und auch mit den Niederlanden eine Regelung bezüglich der Ostende-Kompanie gefunden werden würde: »Da ich aber die Beytrettung des Rußisch-Holstenischen Interesses und Preußischen Hoffes pro conditione sine qua non in Ewr. Kays. Mayst. letzten an uns ertheilten intention ersehen, so finde nicht Wie aus der sache so leicht zu kommen wäre […].« Kinsky an Karl VI., London, 01.08.1730, HHStA, StA England 67, f. 1v. Schon vorher hatte Kinsky eine Vollmacht für weitere Verhandlungen geschickt bekommen, Karl VI. an Kinsky, Vollmacht, Wien, 16.03.1730, FA Kinsky, 55.1 b), o.f.

den kaiserlichen Ministern zu beginnen.[167] Da die aktive britische Presse die Geheimhaltung erschwerte, wurde nicht in London verhandelt; damit war auch Graf Kinsky nicht involviert.

Von den bisherigen britischen Bündnispartnern wurden nur die General-staaten informiert. Frankreich und Spanien, die Vertragspartner von Sevilla, sowie die Verbündeten im Reich, die Kurfürsten von Bayern und Sachsen, wurden nicht in Kenntnis gesetzt, da der Erfolg der kaiserlich-britischen Verhandlungen unsicher war. Wesentliches Ziel war, dass »the Empr. should consent to the Introduction of the Spanish Garrisons according to the Treaty of Seville.«[168] Handelsfragen sowie deutsche Angelegenheiten

[…] with all other matters now in dispute, that regard the King & and his Allies, should be adjusted to his satisfaction, & likewise that such farther particulars as may be neces-sary to his Maty's security in Germany, should be settled.[169]

Sollten die Vorschläge akzeptiert werden, war Georg II. bereit,

[…] to give his Guaranty to the Pragmatick Sanction, for maintaining the Succession to the Dominions of the House of Austria, according to what has been established by his Impl. Maty. therein; Provided the Empr. will at the same time give such security to the Allies of Seville, & to Europe in general, concerning the Marriage of the Arch-Duchesses his Daughters, as may quiet the apprehensions, that have arisen on that account as to the breaking of the ballance of power in Christendom.[170]

Bei deutschen Angelegenheiten sollte der hannoversche Gesandte in Regens-burg, Baron Dieden,[171] Robinson unterstützen, der nach Wien gesandt wurde, um dort ebenfalls mit den kaiserlichen Ministern zu verhandeln. Im Ver-lauf der nächsten sechs Monate wurde Robinson immer wichtiger, da er für Georg II. sowohl als König als auch als Kurfürst aktiv verhandelte.[172]

Die Umsetzung des Vorschlags Georgs II. und seiner Erwartungen gestal-tete sich schwierig.[173] Während der Verhandlungen wollten die kaiserlichen Minister die Anliegen Georgs II. als König und als Kurfürst strikt trennen.

167 Harrington an Robinson, Windsor Castle, 25.09.1730, TNA, SP 80, 68, o.f.
168 Ebd.
169 Ebd.
170 Ebd.
171 Zu Diede(n) siehe Kapitel 3.1.4.
172 Siehe einen geplanten Artikel, der den König als Kurfürsten betreffen sollte, Anlage zu Robinson an Harrington, Wien, 16.01.1731, TNA, SP 80, 70, f. 41–41v.
173 Für den genauen Ablauf der Verhandlungen sowie die verschiedenen Vertragsent-würfe, die zwischen Wien und London hin- und hergeschickt wurden, siehe PRIBRAM, Österreichische Staatsverträge, S. 476–487, sowie aus britischer Sicht STEUER, Eng-lands Österreichpolitik, S. 40–61.

Sie weigerten sich, mit Robinson als britischem Diplomaten über Reichsangelegenheiten zu verhandeln, insbesondere, nachdem Dieden in Wien
angekommen war.[174] Nur die konstanten Absprachen zwischen Robinson
und Dieden,[175] die jeweils auch die Instruktionen des anderen kannten und
zur Sprache brachten, führten zu einer koordinierten Verhandlung, wobei
Robinson als der ortsansässige Diplomat die führende Rolle übernahm. Die
größten Schwierigkeiten bereitete der Status Georgs II. einerseits als König
und andererseits als Kurfürst innerhalb der Vertragsverhandlungen. Kaiser
Karl VI. und die kaiserlichen Minister waren bereit, mit Georg II. als König
von Großbritannien einen Vertrag über europäische Anliegen zu schließen. Als Kurfürst war Georg II. aber Vasall des Kaisers. Einem Vasallen
wollte Karl VI. zwar Rechte, Titel und Belehnungen zugestehen, Voraussetzung für einen Vertragsabschluss waren jedoch gleichberechtigte Souveräne
als Partner.

Auch sprachlich bewegte man sich bei den Verhandlungen auf verschiedenen Ebenen: Robinson sprach kein Deutsch, sondern verwendete Französisch
als Umgangssprache. Die Vertragssprache war Latein, der britische Vertrags-
entwurf musste aber in den verschiedenen Sprachen vorliegen: »Tho' the
Latin Project is what Mr. Robinson must sign, yet he should have a Copy of ye
French Project, which was the original, that he may see better by comparing
them what the King's true sense is [...].«[176] Die Unterlagen und Vorschläge
zu hannoverschen Angelegenheiten waren in deutscher Sprache und mussten
entsprechend übersetzt werden (ins Französische). Die Verhandlungsergebnisse wurden außerdem ins Englische übertragen oder zumindest mit
englischen Zusammenfassungen versehen.[177]

Weitere Schwierigkeiten ergaben sich aus den Verhältnissen am Wiener
Hof. Karl VI. wollte beide Bereiche der Verhandlungen in der Geheimen
Konferenz besprochen wissen. Damit sollten sich die kaiserlichen Minister
gegenseitig kontrollieren, »[...] dann in so häcklichen Dingen sicherer, daß
alle hören, was man redet, als sich auf einen allein, absonderlich Reichsvizek.
(den E. LBd. kennen), zu verlassen [...].«[178] Gleichzeitig konnte so der beson-

---

174 Trotzdem ging Robinson davon aus, dass die Schwierigkeiten nicht vorsätzlich
     gemacht wurden: »Our poor treaty has had sad stocks within a twelve month, more I
     am persuaded from want of mutual confidence than out of any ill design [from?] this
     Court.« Robinson an Weston, Wien, 03.05.1732, TNA, SP 80, 88, o.f.
175 Zu Instruktionen Diedens siehe Drögereit, Das Testament König Georgs I.,
     S. 141–143.
176 Observations upon the Project of the Treaty and Separate Articles; Anlagen zu Har-
     rington an Robinson, London (Whitehall), 15.12.1730, TNA, SP 80, 69, o.f. Siehe
     insgesamt Robinsons Berichte in TNA, SP 80, 69 bis 72.
177 Siehe die Beilagen zu Robinson an Harrington, »most private and particular«, Wien,
     16.01.1731, TNA, SP 80, 70, f. 108–115, sowie Beispiele für die Verhandlungsergeb-
     nisse mit englischen Übersetzungen in TNA, SP 103, 113.
178 Karl VI. an Prinz Eugen, Wien, 06.01.1731, HHStA, Gr. Korr. 90b, hier zitiert nach

dere Vertraute des Kaisers Johann Christoph Bartenstein[179] als Sekretär der Geheimen Konferenz an den Beratungen teilnehmen.[180]

Die Verhandlungen ließen sich nicht allzu lange geheim halten. Bei der Parlamentseröffnung im Januar 1731 bestätigte Georg II. ganz allgemein, es gebe »Transactions [...] in the several Courts of Europe.«[181] Graf Kinsky in London wurde im Februar durch Prinz Eugen über die bisher streng geheimen Gespräche in Wien informiert.[182] Dann scheiterten die Verhandlungen aber fast an der Bedingung des britischen Königs, gleichzeitig über europäische und hannoversche Angelegenheiten zu beraten. Erst als bekannt wurde, dass ein französisches Angebot an den Kaiser vorlag,[183] stimmte Georg II. getrennten Verhandlungen und damit auch der Unterzeichnung des britisch-kaiserlichen Friedensvertrages zu.[184] In Italien starb unterdessen der Herzog von Parma und Piacenza, woraufhin Karl VI. das Herzogtum als Reichslehen für erledigt erklärte und kaiserliche Truppen zur Sicherung einmarschieren ließ.[185]

Nachdem die Verhandlungsführer in Wien sich auf einen Vertragstext mit Kompromissen auf allen Seiten geeinigt hatten, fand die Unterzeichnung am 16. März 1731 in Wien statt. Zur selben Zeit war aber für Hannover noch keine Einigung in Sicht. Am Morgen erklärte Robinson deshalb vor Prinz Eugen, Sinzendorff und Starhemberg mit Verweis darauf, dass die Ehre Georgs II. als König und Kurfürst nicht voneinander zu trennen sei:[186]

HANTSCH, Reichsvizekanzler, S. 431, Anm. 20. Karl VI. war insbesondere darüber aufgebracht, dass Sinzendorff und Schönborn in der Konferenz anders abstimmten, als sie es ihm angekündigt hatten.

179 Zu Bartenstein siehe Kapitel 3.1.1 und 3.1.2.

180 Schönborn nur in Anwesenheit Bartensteins verhandeln lassen wollte der Kaiser nicht, da Schönborn dies »nicht angenehm« finden würde und es außerdem nichts helfe, da Bartenstein einem Minister nichts sagen könne. Karl VI. an Prinz Eugen, Wien, 06.01.1731, HHStA, Gr. Korr. 90b, hier zitiert nach HANTSCH, Reichsvizekanzler, S. 431, Fn. 20.

181 Georg II., The King's Speech at Opening the Forth Session (1731), in: CHANDLER, The History and Proceedings, Bd. 7:1727–1733, London 1742, S. 70.

182 Siehe hierzu das Konferenzprotokoll sowie den Vortrag Bartensteins, Wien, 25.01.1731, HHStA, StK Vorträge 32, f. 57–57v.

183 Zum französischen Vertragsangebot siehe BRAUBACH, Versailles und Wien, S. 175–180.

184 Harrington an Robinson, London (Whitehall), 08.02.1731, TNA, SP 80, 71, f. 10v–11. Nach Bekanntwerden der Verhandlungen, besonders am französischen und spanischen Hof, war es für Georg II. – um weiterhin Verbündete zu haben – absolut notwendig, »to have this Negociation immediately finished one way or other [...];« ebd., f. 11.

185 Robinson sollte daraufhin nur dafür sorgen, dass die Nachfolge Don Carlos' durch den kaiserlichen Hof anerkannt werde. Harrington an Robinson, »secret«, London (Whitehall), 08.02.1731, TNA, SP 80, 71, f. 50v–51.

186 Siehe auch Kapitel 5.1, S. 307–308.

[…] I speak and act now, as the minister of a Great King who, this moment, gives the most distinguishing mark of his friendship for the Emperor your master, I demand the same friendship, and the same marks of it from his Imperial Majesty on behalf of the Elector of Hanover […].[187]

Die Verhandlungen über die Wünsche des Kurfürsten an den Kaiser wurden zwischen Dieden und Schönborn als zuständigem kaiserlichen Minister weiter ergebnislos geführt, als die Ratifikationsurkunden aus London zurückkamen. Ohne dafür Anweisungen erhalten zu haben, hielt Robinson diese Dokumente vier Tage zurück, um die kaiserlichen Minister weiter unter Druck zu setzen. Es sei »a point of Honour […] to procure his Majesty a Compleat Satisfaction.«[188] Erst eine Erklärung Diedens, Georg II. wolle den Vertrag vom 16. März auch als Kurfürst von Braunschweig und Lüneburg erfüllen, die Pragmatische Sanktion garantieren und für ihre Anerkennung durch das Reich sorgen, führte zur Lösung. Nachdem Dieden dies schriftlich vorgelegt hatte, unterzeichnete Karl VI. die kaiserlichen Deklarationen am 21. und 24. April 1731; Dieden erhielt sie am 4. Mai 1731.[189]

2.3.1 Verhandlungsergebnisse

Der Vertrag,[190] auf den sich die Verhandlungsführer letztlich einigen konnten, besteht aus dem lateinischen Hauptvertrag mit Präambel und neun Artikeln sowie dem deutschen Text der Pragmatischen Sanktion vom 19. April 1713.[191]

Neben der Invocatio enthält die Präambel die Intitulatio, in der neben Karl VI. und Georg II. die Generalstaaten der Vereinigten Niederlande als Vertragspartner genannt werden. Die Partner hätten den unsicheren und

---

187 Robinson an Harrington, »most secret«, Wien, 18.03.1731, TNA, SP 80, 73, f. 15v.
188 Ebd., f. 17.
189 Dieden an Georg II., Wien, 05.05.1731, zitiert nach Naumann, Österreich, England und das Reich, S. 172, Fn. 16.
190 Die folgenden Ausführungen über den Aufbau des Vertrags vom 16. März 1731 stützen sich auf die Publikation des Exemplars im Haus-, Hof- und Staatsarchivs, Pribram, Österreichische Staatsverträge, S. 491–514, sowie die kaiserliche Ratifikationsurkunde in den National Archives, TNA, SP 108, 155, o.f.; da das Exemplar in den National Archives nicht foliert ist, sind die Zitate nach Pribram angegeben. Auf die Ergänzungen zu diesem Vertrag in den dazugehörigen weiteren Verträgen – vom 22. Juli 1731 mit Philipp V. von Spanien, vom 21. September 1731 mit Gian Gastone de' Medici, Großherzog der Toskana, sowie den in Den Haag abgeschlossenen vom 20. Februar 1732 mit den Generalstaaten – wird in Kapitel 2.4, S. 90, kurz eingegangen.
191 Zum allgemeinen Aufbau und Inhalten von Allianzverträgen in der Zeit von 1714 bis 1740 siehe Frehland-Wildeboer, Treue Freunde, hierzu S. 53–60 bzw. S. 64–82.

turbulenten gegenwärtigen Stand der Dinge in Europa[192] zum Anlass genommen, um eine Möglichkeit zu finden, die »öffentliche Ruhe [...] fest und dauerhaft«[193] herzustellen. Dafür sollen die Probleme, die diese öffentliche Ruhe zur Zeit bedrohten, gelöst werden.[194] Als bevollmächtigte Unterhändler werden auf kaiserlicher Seite Prinz Eugen, Philipp Ludwig Graf Sinzendorff und Gundaker Graf Starhemberg, auf britischer Seite Sir Thomas Robinson genannt.

Neben einem Bekenntnis zu Freundschaft zwischen den Vertragspartnern und wechselseitigen Versprechen zu Schutz, Interessensvertretung und Garantie für Territorien und Untertanen enthält der erste Artikel die Grundlagen eines Verteidigungsbündnisses. All dies solle sowohl für die Vertragsschließenden als auch für ihre Erben und Nachfolger gelten.[195] Der zweite Artikel legt die Hauptforderung Karls VI. dar, die Anerkennung der Pragmatischen Sanktion durch die vertragsschließenden Mächte. Grund für die Notwendigkeit dieser Erbfolgeregelung sei sowohl die Stärkung und Sicherung der öffentlichen Ruhe als auch die Gewährleistung des Erhalts eines andauernden Mächtegleichgewichts in Europa. Der erste streng geheime Zusatzartikel setzt allerdings diese Bestimmung für jede Heirat der Erzherzoginnen außer Kraft, die das Gleichgewicht in Europa stören könnte.[196]

Die friedliche Einquartierung der sechstausend spanischen Soldaten in die Herzogtümer von Toskana, Parma und Piacenza wird im dritten Artikel vom Kaiser zugestanden. Dies werde sowohl vom britischen König als auch von den Generalstaaten als unerlässlich für das Zustandekommen der so lange ersehnten öffentlichen Ruhe angesehen und entspreche den von diesen beiden gemachten Bürgschaften.[197] Damit war der Vertrag von Sevilla gemeint, der aber auf kaiserlichen Wunsch nicht ausdrücklich genannt wurde. Da die

---

192 PRIBRAM, Österreichische Staatsverträge, S. 492: »considerato incerto turbidoque rerum, qui nunc est in Europa«.
193 Ebd.: »publica tranquillitas [...] stabili ac perennaturo«.
194 Ebd.: »animi conciliandi et controversiae, quae inter eosdem non absque publicae tranquillitatis periculo quam maxime iam vigent [...]«.
195 Ebd., S. 493–494.
196 Ebd., S. 494: »publicam tranquillitatem vigere ac constare nec securam pro conservando duraturo in Europa aequilibrio rationem excogitari posse«. Duchhardt schreibt: »One could have expected that the British-Austrian alliance treaty of 1731 [...] might have used the formula of balance in order to legitimate the fact that London was now also involved with Vienna, beside the Bourbon crown – but again nothing like this happened [...]« (Heinz DUCHHARDT, The Missing Balance, in: Journal of the History of International Law 2 (2000), S. 67–72, hier S. 71). Dies gilt nur für die von ihm zitierte Präambel. Schon in den Verhandlungen tauchte der Gleichgewichtsgedanke, wie oben (siehe Kapitel 2.3, S. 74) gezeigt, auf, im Vertrag wird die Balance of Power im zweiten Artikel als Begründung für die Pragmatische Sanktion angeführt. Siehe zur Einordnung der Balance of Power Kapitel 5.3, S. 363–366.
197 Für das lateinische »sponsiones«, PRIBRAM, Österreichische Staatsverträge, S. 496, steht im englischen Exemplar »Engagements«, also Verbindlichkeiten.

Einwilligung des Reiches hierfür notwendig erschien, sicherte der Kaiser zu, sein Einverständnis nach der Ratifizierung publik zu machen sowie innerhalb von zwei Monaten für die Zustimmung des Reiches und die Beseitigung eventuell entstehender Hindernisse zu sorgen.[198] Der in der Präambel genannte Wunsch nach einer dauerhaften Einigung wird im vierten Artikel bekräftigt, da die Bestimmungen des vorhergehenden Artikels für alle Zeit unverrückbar bleiben sollen.[199]

Mit dem fünften Artikel akzeptierte der Kaiser das Verbot des Ostindienhandels von den zur Regierungszeit Karls II. zu Spanien gehörenden Territorien aus.[200] Im Gegenzug erhielten zwei Schiffe aus Ostende eine einmalige Ausnahmegenehmigung zum Auslaufen, und die Seemächte stimmten der Eröffnung von Verhandlungen in Antwerpen zu, die in einem neuen Handelsvertrag für die Österreichischen Niederlande enden sollten.[201] Der zweite Artikel, der sich mit Handelsfragen befasst, ist Artikel 7. Er bestimmt für den britischen und niederländischen Handel im Königreich Sizilien die Meistbegünstigtenklausel.[202]

198 Ebd., S. 496, Fn. 4, weist darauf hin, dass die kaiserlichen Minister eigentlich den Beitritt Spaniens zum Friedensvertrag gefordert hatten, bevor der Einführung der spanischen Soldaten zugestimmt würde, dann aber davon absahen.

199 Diese Bestimmungen seien »de quibus irrevocabili partium contrahentium consensu« geschlossen worden und damit »decisi, […] in iis quae in omne aevum inconcussa permanere debent […]«, ebd., S. 497. Eine solche Ewigkeitsbestimmung ist laut Frehland-Wildeboer Usus für Friedensverträge des 18. Jahrhunderts, dies., Treue Freunde, S. 55, mit Fn. 128. Zur Frage des Bündnisverständnisses und der Dauer von Bündnisverträgen siehe ebd., S. 84–95.

200 Karl VI. hatte sich zunächst geweigert, dass außerhalb der Österreichischen Niederlande liegende ehemalige spanische Territorien in diese Bestimmungen eingeschlossen wurden, stimmte aber im Gegenzug für die Ausnahmegenehmigungen zu. Pribram, Österreichische Staatsverträge, S. 497, Fn. 1 und 2.

201 Der explizite Hinweis auf frühere Bestimmungen – Art. 6 des sogenannten Barrierevertrags von 4./11. November 1715 sowie der Haager Konvention vom 11./22. Dezember 1718 – steckte den Umfang eines solchen Handelsvertrags ab, der zumindest den Handel sowie Zölle für die Österreichischen Niederlande enthalten sollte. 1732 benannte Georg II. Kommissäre, da der Kaiser sie gefordert hatte, bestand selbst jedoch nicht explizit auf der Einberufung einer solchen Handelskonferenz, Harrington an Robinson, London (Whitehall), 16.05.1732, TNA, SP 80, 87, o.f. Durch den Polnischen Thronfolgekrieg verzögert fand erst sechs Jahre später, ab dem 27. August 1737, die Konferenz von Antwerpen statt; zum Zeitpunkt des Todes Karls VI. lag noch kein Vertrag vor. Siehe Franz Pichorner, Wiener Quellen zu den Österreichischen Niederlanden. Die Statthalter Erzherzogin Maria Elisabeth und Graf Friedrich Harrach (1725–1743), Wien 1990, S. 70, 72–74, sowie Elisabeth Kovács (Hg.), Instruktionen und Patente Karls (III.) VI. und Maria Theresias für die Statthalter, Interimsstatthalter, bevollmächtigten Minister und Obersthofmeister der Österreichischen Niederlande (1703–1744), Wien 1993, S. 309, Fn. 259.

202 Durch eine Meistbegünstigtenklausel erhält der entsprechende Vertragspartner die bestmöglichen Handelsbedingungen im Vergleich mit anderen Handelspartnern, insbesondere in Zoll- und Abgabefragen; alle bestehenden handelspolitischen Vergünstigungen mit anderen Mächten gelten auch für den Meistbegünstigten. Der

Artikel 6 legt fest, dass alle Bündnisse und Verträge, die die Vertragspartner mit anderen Mächten haben, weiterhin gelten sollen, sofern sie nicht gegen Bestimmungen des vorliegenden Vertrags verstoßen.[203] Die vertragsschließenden Parteien wollen sich für eine generelle Bereinigung der bestehenden Streitfälle einsetzen. Mit dem achten Artikel wird deshalb geregelt, dass innerhalb von sechs Monaten nach der Ratifizierung auch alle anderen Mächte, die von einem der Vertragspartner dazu eingeladen worden sind, dem Vertrag beitreten können.[204] Die Ratifikationsurkunden sollen, so Artikel 9,[205] im Verlauf von sechs Wochen in Wien übergeben werden.

Der Anhang des Vertrags enthält, neben der deutschen Fassung der Pragmatischen Sanktion,[206] Separat- und Geheimartikel sowie gesonderte Deklarationen der Vertragspartner. Der erste Separatartikel[207] erklärt, der Verteidigungsfall gelte nicht im Falle eines türkischen Angriffs auf den Kaiser.[208] Im zweiten wird ausgeführt, dass aufgrund des politischen Systems der Generalstaaten die Vollmacht für ihren Vertreter am Kaiserhof nicht rechtzeitig für die Unterzeichnung und Ratifikation ausgestellt werden könne. Trotzdem solle die Republik als vollwertiger Vertragspartner gelten. Der Kaiser und der König wollten sich bemühen, dass der Vertrag innerhalb von drei Monaten nach der Ratifikation in Wien auch in Den Haag unterzeichnet werden würde.[209]

Artikel führt aus, dies seien die Rechte, die die Seemächte unter König Karl II. von Spanien (1665–1700) »gehabt hatten oder hätten haben sollen«: »habiti sunt aut haberi debuerant«. Ebd., S. 499.

203 Dies wurde weder von Frankreich noch von Spanien als realistisch eingeschätzt, weswegen es zur sogenannten »Panik von 1731« kam. Siehe Kapitel 2.4.

204 Art. 8 folgte damit wieder dem üblichen Raster eines solchen Vertrages, bei dem die Einladung an Dritte und die Regelung der Ratifikationen normalerweise die letzten Artikel einnahmen.

205 PRIBRAM, Österreichische Staatsverträge, S. 499, bringt hier eine falsche Zählung: »Articulus IX.« beziffert er mit »XI«. Dies und die damit verbundene Annahme, es handelte sich um elf, statt neun Artikel, wurde später u.a. von Parry in der Consolidated Treaty Series übernommen, Clive PARRY (Hg.), The Consolidated Treaty Series. Bd. 33: 1727–1732, New York 1969, S. 323. In der von letzterem abgedruckten englischen Übersetzung nach Charles JENKINSON (Hg.), A Collection of Treaties of Peace, Commerce, and Alliance, between Great-Britain and other Powers […]. Bd. 2: From 1713 to 1748, London 1785, bringt er auch »A Declaration concerning East Friesland«, die eigentlich zum Vertrag vom 20. Februar 1732 gehörte (ebd., S. 350–353). Falsch ist deshalb auch die Aufführung der Inhalte des Vertrages bei Ronny KERN, Der Friedenskongress von Soissons 1728–1731, Göttingen 2009, S. 111.

206 PRIBRAM, Österreichische Staatsverträge, S. 499–502.

207 Bei Pribram stehen die zwei Separatartikel allerdings nicht nacheinander wie im Exemplar in den National Archives, sondern thematisch sortiert mit den entsprechenden Deklarationen. Ebd., S. 502–503, 510–511.

208 Ebd., S. 502–503.

209 Ebd., S. 510–511.

Im Anschluss an die Separatartikel folgen zwei Erklärungen über die Spanischen Garnisonen für die Festungen in der Toskana, Parma und Piacenza[210] sowie über die Erbfolge in Parma.[211] Der Einsatz spanischer Soldaten in den Festungen der Toskana, Parmas und Piacenzas, wie er im Vertrag von Sevilla am 9. und 21. November 1729 festgelegt worden sei und mit diesem Vertrag auch vom Kaiser bestätigt werde, ändere nichts an den bestehenden Rechten des Kaisers und des Reiches in Italien.[212] Für die Erbfolge in den Herzogtümern Parma und Piacenza wird einmal mehr der spanische Infant Don Carlos als Eventualerbe bestätigt. Der Tod des Herzogs Antonio Farnese und die vermutete Schwangerschaft der Herzogin hatten die Situation komplizierter gemacht, ebenso die kaiserlichen Truppen, die nach dem Tod Farneses in die Herzogtümer einmarschiert waren.[213] Bei der Geburt eines Sohnes sollte Don Carlos als Eventualerbe bestätigt werden, und die spanischen Truppen, wie in Artikel 3 erklärt, einrücken; sollte die Herzogin hingegen kein Kind oder eine Tochter zur Welt bringen, würde Don Carlos nach den bestehenden Abkommen mit dem Herzogtum belehnt. In einer hierzu gehörenden geheimen Erklärung, die Robinson für den britischen König und die Generalstaaten unterschrieb, wird für diesen Fall von beiden Mächten gefordert, dass die spanischen Truppen die Herzogtümer der Toskana, Parmas und Piacenzas sofort zu verlassen hätten.[214]

Den letzten Abschnitt des Vertrages bilden die geheimen und streng geheimen Artikel.[215] In einer der geheimen Zusatzklauseln stimmt der Kaiser zu, noch vor der Unterzeichnung des Vertrages durch die Vereinigten

---

210 Ebd., S. 503–504, mit wiederholten bzw. ergänzten Deklarationen des Vertrags von Sevilla, ebd., S. 504–507.

211 Ebd., S. 507–509.

212 Dies ist der Hinweis auf die schon in der Quadrupelallianz gegebenen Garantien für die von Kaiser und Reich in Italien ausgeübten Rechte. Ebd., S. 504. Pribram bringt (ebd., S. 504–507) die Erklärung zu den spanischen Truppen, wie sie im Vertrag von Sevilla gegeben wurde, allerdings ergänzt um die geheime Erklärung Robinsons in diesem Zusammenhang.

213 Karl VI. bestand in dieser Erklärung darauf, dass der Einsatz kaiserlicher Truppen in Parma und Piacenza als Schutzmaßnahme für die Erbfolge Don Carlos' und die Ruhe in Italien erfolgt sei. Ebd., S. 508.

214 PRIBRAM, Österreichische Staatsverträge, S. 509–510; die geheime Erklärung ist im britischen Exemplar erst nach den geheimen Artikeln eingeordnet.

215 Geheimartikel dienten dazu, Inhalte gegenüber Dritten nicht oder erst nach einiger Zeit preiszugeben, vor allem solche Bestimmungen, die bei Veröffentlichung nicht umzusetzen waren oder aus sonstigen Gründen gefährdet schienen. Gleichzeitig wurde die Geheimhaltung sowie die gleichzeitige Gültigkeit der Artikel mit dem Rest des Vertrages erklärt. Zur Funktion von Geheimverträgen und -artikeln siehe Martin ESPENHORST, Geheimhaltung als Instrument vormoderner Friedenssicherung, in: ROUS/MULSOW, Geheime Post, S. 73–85, hier S. 79–81. Der Grad der Geheimhaltung (geheim – streng geheim) kann als Zeichen dafür angesehen werden, wie hoch die Vertragsparteien die Gefahr negativer Folgen bei der Veröffentlichung einer Bestimmung einschätzten.

Generalstaaten seinen Untertanen in den Österreichischen Niederlanden jeden Handel mit Ostindien zu verbieten.[216] Im ersten »streng geheimen« Artikel erklären der König von Großbritannien und die Generalstaaten wie oben schon angeführt, dass die im zweiten Artikel des Vertrags beschlossene Garantie für die Erbfolge nach der Pragmatischen Sanktion, also für die Erzherzoginnen, nicht gelten solle, falls diese einen Prinzen aus dem Haus Bourbon heirateten.[217] Der zweite streng geheime Artikel erweitert dies auf jede Heirat, die die Ruhe und das Gleichgewicht in Europa stören könnte. Die Garantie solle aber gelten, wenn der Bräutigam auf sein Erbe verzichte, wie Franz Stephan von Lothringen es im Friedensvertrag zum Ende des Polnischen Thronfolgekrieges schließlich tat. [218]

Wie oben dargestellt, führten die Verhandlungen zwischen den kaiserlichen Ministern und dem hannoverschen Gesandten Dieden einen Monat nach Abschluss des förmlichen Vertrages zu Ergebnissen.[219] Die kaiserliche Deklaration vom 21. April 1731 beruhte auf der Versicherungserklärung Georgs II., als Kurfürst ebenfalls den Vertrag vom 16. März einhalten zu wollen.[220] Karl VI. erklärte deshalb zunächst als Erzherzog von Österreich und »Herrscher Unserer Erbkönigreichen und Landen«, dass die Verbindlichkeiten des Vertrags, insbesondere die in Artikel 1 genannte gegenseitige Beistands- und Garantieklausel, auch für den König als Kurfürsten und »dero samentlicher in Teutschland gelegener Reichs Landen« gelten solle.[221]

Drei Tage später bestätigte Karl VI. dem Kurfürsten von Braunschweig-Lüneburg die strittigen Punkte in Anerkennung seiner »wahren Freundschafft,

---

216 PRIBRAM, Österreichische Staatsverträge, S. 511–512.
217 Ebd., S. 512. Dies bezog sich auf die lange existierenden Gerüchte, Karl VI. könnte eine Heirat Maria Theresias mit Don Carlos anstreben. Obwohl diese Idee in den kaiserlich-spanischen Verhandlungen immer wieder am Leben erhalten wurde, stand für Karl VI. schon früher Franz Stephan von Lothringen als Ehemann für seine Erbtochter fest. Siehe Kapitel 5.1, S. 318.
218 PRIBRAM, Österreichische Staatsverträge, S. 513–514. Siehe Kapitel 2.5 und 5.1.
219 Siehe Kapitel 2.3, S. 77.
220 Der Text ist transkribiert bei PRIBRAM, Österreichische Staatsverträge, S. 487. Kinsky wurde der Text ebenfalls mitgeteilt, Karl VI. an Kinsky, Wien, 23.07.1731, HHStA StA England 68, f. 31–34. Siehe auch NAUMANN, Österreich, England und das Reich, S. 172.
221 Die Garantie galt allerdings mit Einschränkung, da sie »dem juri eines dritten in petitorio und dem Kayserl. Oberrichterlichen Ambt ohnnachtheilig« erteilt wurde. Karl VI., Kaiserliche Deklaration, Wien, 21.04.1731, HStA H, Hann. 10, Nr. 170.4, o.f. Diese Erklärung trägt die eigenhändige Unterschrift Karls VI. und ist mit dem kaiserlichen Sekretsiegel, einem Papieroblatensiegel, versehen. Gegengezeichnet wurde sie von Sinzendorff und Bartenstein. Irreführend ist hierzu die Darstellung Aretins: »Diede erhielt ein Dekret des Kaisers, in dem die Zusagen an den Kurfürsten aufgelistet waren, und Diede übergab eine Deklaration Georgs II., in dem er die Garantie der Pragmatischen Sanktion aussprach.« ARETIN, Das Alte Reich 2, S. 327. Erst musste die Erklärung Georgs II. als Kurfürst erfolgen, bevor Karl VI. seine Zugeständnisse machte.

und patriotische[n] Ergebenheit zu dem geliebten Vatterland, dem heiligen Römischen Reich« in einem kaiserlichen Versicherungsdekret.[222] Ausgestellt auf kaiserlichen Befehl, wurde es von Reichsvizekanzler Schönborn sowie dem Sekretär der Reichshofkanzlei von Glandorff unterschrieben und mit dem Sekretsiegel Karls VI. versehen. Die Belehnung mit den Herzogtümern Bremen und Verden sollte vollzogen werden.[223] Karl VI. versprach weiterhin, innerhalb von vier Monaten nach dem 19. März die Sequestration des Landes Hadeln aufzuheben und es dem Kurfürsten als Herzog von Lauenburg mit allen zugehörigen Rechten als Besitz zu übergeben. In dem zu erteilenden Lehnbrief für das Herzogtum Lauenburg sollte es mitbenannt werden, allerdings hatte Georg II. sich zu verpflichten, über eventuelle Ansprüche auf das Land Hadeln weiter Rechenschaft abzulegen.[224]

Als dritter Punkt wurde vom Kaiser die Prüfung der Rechnungen der »Mecklenburgischen Executions-Cassa« zugesichert, ebenso die von Georg II. und dem Herzog von Wolfenbüttel am 17. Februar 1729 geforderte Prüfung der Rückstände aus den Exekutionskosten.[225] Zur Deckung der Unkosten der mecklenburgischen Exekution war den beiden Fürsten eine Hypothek auf die Einkünfte des Fürstentums Schwerin erteilt worden, die ebenfalls erneu-

---

222 Karl VI., Versicherungsdekret zugunsten König Georgs II. von Großbritannien, Kurfürsten von Hannover, Wien, 24.04.1731, HStA H, Hann. 10, Nr. 170.1, o.f. Dieses und die anderen beigefügten Dokumente sollten nach einem Postscriptum Georgs II. an die Räte in Hannover dort ins Archiv kommen, »daß man nicht allein ihrer unbeschädigten conservation, sondern auch zugleich ihrer nötigen Secretirung versichert seyn könne.« Georg II. an die Geheimen Räte in Hannover, Postscriptum, Richmond, 12.06.1731, HStA H, Hann. 10, Nr. 170.5, o.f.; mit eigenhändiger Unterschrift Georgs II., gegengezeichnet von Hattorf.

223 Die Territorien sollten als Teil der Kurwürde verliehen werden. Für den Fall der weiblichen Erbfolge sollten sie an die erbende Nebenlinie übergehen. Ein Zusammenschluss mit Großbritannien wurde damit ausgeschlossen, siehe hierzu das Gutachten der Reichskanzlei [mit eigenhändigen Anmerkungen Schönborns], Wien, 12.03.1731, HHStA, RK Friedensakten 183, o.f. Die Mitbelehnung der welfischen Linien Wolfenbüttel-Blankenburg und Wolfenbüttel-Bevern für den Fall des Aussterbens der braunschweig-lüneburgischen Linie im Mannesstamme sei durch Hausgesetze geregelt, solle aber nicht zu Lasten der Braunschweig-Lüneburger gehen; deshalb sollten Geldzahlungen, Sicherheiten und Zahlungsfristen für diesen Fall vorab geklärt werden.

224 Es handelte sich hierbei um den lange schwelenden Erbfolgestreit um das Herzogtum Sachsen-Lauenburg, auf das nach dem Tod des letzten Herzogs 1689 verschiedenste Erben Anspruch erhoben. Die Ansprüche der – wie es im Text heißt – »lauenburgischen Allodialerbinnen« wurden teilweise finanziell ausgeglichen. Siehe Anne-Simone KNÖFEL, Dynastie und Prestige. Die Heiratspolitik der Wettiner, Weimar 2009, S. 129–130; Walter JUNGE, Leibniz und der Sachsen-Lauenburgische Erbfolgestreit, Hildesheim 1965.

225 Die Forderungen, die die beiden Welfenherzöge gegenüber dem Kaiser für die Ausgaben im Zusammenhang mit der Reichsexekution gegen den Herzog von Mecklenburg erhoben, beliefen sich im Februar 1729 für Kurhannover auf 756.856 Taler, 23 Gulden und 21 Kreuzer. Wolfenbüttel forderte 258.755 Taler, 23 Gulden und 6²/₅ Kreuzer. Karl VI. an Dieden, Bestätigung der Richtigkeit der Rückstände aus der Mecklenbur-

ert wurde. Dafür sollten die braunschweigischen und Wolfenbüttler Truppen »zur Erhaltung des daselbstigen Ruhestands« weiter in Mecklenburg stationiert bleiben.[226] Nach der dauerhaften Sicherung dieses »Ruhestandes« und nach Abzug der Truppen würde den beiden Fürsten dann eine Spezialhypothek auf die Einkünfte aus Schwerin eingeräumt werden, als Sicherheit bis zur Rückzahlung der aufgewendeten Gelder samt Zinsen. Zuletzt sicherte der Kaiser, »was dero obristen Richter-Ambt gemäs ist,«[227] die Anhörung und gütliche Einigung über die Beschwerden der Stadt Hildesheim zu.

Diesem Versicherungsdekret wurden zwei weitere Dokumenten beigefügt. In einem eigenhändig unterschriebenen Schreiben erklärte Karl VI., die darin enthaltenen Punkte seinerseits wie einen Vertrag einhalten zu wollen,

[…] obwohlen sich nicht geziemen wollen über denen puncten, worüber dero Chur Braunschweigischen Abgesandten Dieden zum Fürstenstein ein Versicherungs-Decret […] zugestellet worden einen förmlichen Tractat zu errichten […].[228]

Gleichzeitig wurde der Lehensbrief für Bremen und Verden, der von Georg II. erbeten worden war, mit kaiserlichem Siegel von Sekretär Glandorff ausgestellt.[229]

2.3.2 Publikationen

Der am 16. März unterzeichnete Vertrag sollte zunächst, bis zur Ratifikation der Generalstaaten, nicht veröffentlicht werden. Damit sollte wohl verhindert werden, dass bis zum Abschluss aller Nachverhandlungen Verhandlungsergebnisse öffentlich bekannt wurden und dadurch Unruhe unter

gischen Exkutionskasse mit Zinsen, Wien, 01.05.1731, HHStA, Brunsvicensia 9, f. 94. Die Geldfragen waren bei Ausbruch des Polnischen Thronfolgekrieges noch nicht geklärt, siehe Kapitel 2.5 und 5.2.

226 Karl VI., Versicherungsdekret zugunsten König Georgs II. von Großbritannien, Kurfürsten von Hannover, Wien, 24.04.1731, HStA H, Hann. 10, Nr. 170.1, o.f.

227 Ebd.

228 Karl VI. an Georg II. als Kurfürst von Braunschweig-Lüneburg, Handschreiben, Wien, 24.04.1731, HStA H, Hann. 10, Nr. 170.2, o.f.

229 Lehen-Muthschein für Bremen und Verden, Wien, 24.04.1731, HStA H, Hann. 10, Nr. 170.3, o.f. [mit kaiserlichem Sekretsiegel und der Unterschrift Glandorffs]. Georg II. bestand »wegen einiger Vorfallenheiten, solche Lehens-Ansuchung noch einigen Anstand leiden dürffte […],« auf der Ausstellung des förmlichen Lehenbriefes. Dies war nur der erste Schritt, mit dem reichsrechtlich die faktische Zugehörigkeit der Herzogtümer zum Kurfürstentum Braunschweig-Lüneburg seit 1719 besiegelt wurde. Georg II. bestätigte am 14. Dezember 1731 die Reichsstandschaft der Reichsstadt Bremen mit der Zulassung zu Reichs- und Kreistagen. Die formale Investitur erfolgte im Februar 1733. Siehe u.a. RÖMER, Niedersachsen, S. 263.

den möglichen weiteren Vertragspartnern gestiftet wurde. Allerdings brachten der schwedische und der brandenburgische Gesandte am Reichstag eine gedruckte Fälschung des Vertrags von 1731 in Regensburg an die Öffentlichkeit, die insbesondere den Sinn der Erklärung über die Sukzession in Parma veränderte.[230] Karl VI. ordnete daraufhin den Druck des Zweiten Wiener Vertrags an.[231]

Neben der Präambel und den neun Artikeln des Hauptvertrages enthält die erste Veröffentlichung die *Declaratio super Parmensi Successione* sowie die zweite *Declaratio super præsidiis Hispanis in munita Hetruriæ, Parmæ et Placentiæ loca introducendis*.[232] In deutscher Übersetzung druckte der Wiener Hofdrucker Johann Peter van Ghelen die beiden Vertragsfassungen vom 16. März und 22. Juli 1731.[233]

---

230 GESTRICH, Absolutismus und Öffentlichkeit, S. 98–99, 275–276, Anm. 123; Steuer spricht die Veröffentlichung des Vertrags nicht an, siehe STEUER, Englands Österreichpolitik.

231 GESTRICH, Absolutismus und Öffentlichkeit, S. 99, 276, Anm. 126. Karl VI. an Kinsky, Laxenburg, 16.06.1731, HHStA, StA England 68, f. 16v. Im Vorwort des amtlichen Drucks wurde diese Vorgeschichte genannt, ohne allerdings auf Einzelheiten einzugehen. [KARL VI.], Tractatus inter Sacram Cæsaream Majestatem, et Magnæ Britanniæ Regem Viennæ Austriæ die. 16. Martij Anno 1731. Conclusus. Ad Decretum Commissionis Cæsareæ de 19.na Maij Anni currentis, Regensburg 1731, S. 2. Für den Wiener Markt druckte der kaiserliche Hofdrucker von Ghelen eine identische Ausgabe. Die wissenschaftliche Ausgabe von Pribram Anfang des 20. Jahrhunderts, die auf den Originaldokumenten des Haus-, Hof- und Staatsarchivs in Wien beruht, weist nur wenige Unterschiede in der Groß- und Kleinschreibung und bei den Satzzeichen auf. In der Druckfassung von 1731 enthielt der lateinische Text wie zeitgenössisch üblich Akzente und anders als bei Pribram waren Titel jeweils ausgeschrieben wiedergegeben. PRIBRAM, Österreichische Staatsverträge, S. 491–499, 503–504, 507–509. Anderseits führt Pribram auch den deutschen Text der Pragmatischen Sanktion sowie alle geheimen, separierten und streng geheimen Artikel und Erklärungen auf, ebd., S. 499–502, 502–503, 504–507, 510–514. Das Online-Portal für *Friedensverträge der Vormoderne* beim Leibniz-Institut für Europäische Geschichte enthält den Vertrag von 1731 nicht, obwohl er eindeutig als Friedensvertrag bezeichnet worden ist.

232 [KARL VI.], Tractatus inter Sacram Cæsaream Majestatem, et Magnæ Britanniæ Regem, S. 3–11, 12–13, 14–15. Vertragsveröffentlichungen dienten generell dazu, Verhandlungserfolge und gültige Versionen der Texte festzuhalten; da die Nachfrage an den europäischen Höfen und der weiteren Öffentlichkeit groß war, wurden die Drucke auch kommerziell vermarktet. Vertragsveröffentlichungen lagen, je nach Inhalt und Reichweite des Vertrages, sowohl in der Originalsprache als auch in diversen Übersetzungen vor. Sprachen von Friedensverträgen waren Teil des Projektes »Übersetzungsleistungen von Diplomatie und Medien im vormodernen Friedensprozess. Europa 1450–1789«, dessen Ergebnisse von 2009 bis 2012 u.a. in mehreren Sammelbänden publiziert worden sind: Heinz DUCHHARDT/Martin ESPENHORST (Hg.), Frieden übersetzen in der Vormoderne. Translationsleistungen in Diplomatie, Medien und Wissenschaft, Göttingen 2012; dies., Utrecht – Rastatt – Baden.

233 [KARL VI.], Tractat, So zwischen Ihrer Kaiserl. Cathol. Majestät/Und Ihrer Kön. Groß-Britannischen Majestät/Zu Wien in Oesterreich den 16. Martii Annô 1731. geschlossen worden, Wien o. J. [nach 16.03.1731]; [KARL VI.], Tractat, So zwischen

Verschiedene deutschsprachige staatsrechtliche Zeitschriften griffen den Vertrag auf.[234] Neben der Friedenswahrung in Europa[235] betonten sie oft durch Erläuterungen die Lösung der – reichsrechtlich relevanten – italienischen Fragen.[236] Die wichtigste französische Übersetzung erschien im *Recueil Historique* von Rousset de Missy,[237] welcher von den britischen Amtsinhabern als Nachschlagewerk verwendet wurde.[238] Interessanterweise veröffentlichte Rousset den Vertrag im lateinischen Original nicht nach der kaiserlichen Druckfassung.[239] Die folgende französische Übersetzung enthielt den Haupt-

Ihrer Kaiserl. Cathol./Königl. Cathol./Und Kön. Groß-Britannischen Majestäten: So geschlossen worden zu Wien in Oesterreich den 22sten Julii 1731, Wien o. J. [nach 22.07.1731]. Johann Peter van Ghelen (1673–1754) war seit 1720 kaiserlicher Hofdrucker als Nachfolger seines Vaters; er hatte u. a. das alleinige Privileg zum Drucken der Wappen- und Staatskalender inne. Seit Ende 1721 erreichte er mit einem Exklusivvertrag für die Herausgabe des »Wienerischen Diariums«, das er zur Wiener Tageszeitung und zum »offiziösen Blatt der kaiserlichen Erblande« machte, ein Pressemonopol für Wien. Franz GALL, Ghelen, Johann Peter van, in: NDB 6 (1964), S. 365–366. Siehe auch Ernst Victor ZENKER, Die Geschichte der Wiener Zeitung in ihrem Verhältnisse zur Staatsverwaltung auf Grund archivarischer Forschungen dargestellt, in: Zur Geschichte der kaiserlichen Wiener Zeitung, 8. August 1703–1903, Wien 1903, S. 1–44, hier S. 7–12 sowie Kapitel 4.1.6, S. 251.

234 MOSER, Reichs-Fama 8, S. 461–479; MOSER, Reichs-Fama 9, S. 598–623. Antonius FABER [Christian Leonhard LEUCHT] (Hg.), Europäischer Staats-Canzley […]. Bd. 26, Frankfurt a.M. 1716; Bd. 58, Regensburg 1731, S. 534–553. Johann Christian LÜNIG (1662–1740) druckte das kaiserliche Kommissionsdekret vom Mai 1731, ders. (Hg.), Codex Germaniæ Diplomaticus […]. Bd. 1, Frankfurt a.M. 1732, S. 287–290, die Einwilligung des Reiches vom Juli, S. 290–292, sowie die Verträge vom 16. März, S. 934–942, und vom 22. Juli 1731, S. 942–952 [mit Zusatz- und geheimen Artikeln]. Vertragssammlungen dieser Art erschienen seit der zweiten Hälfte des 17. Jahrhunderts in verschiedenen Sprachen und Territorien. Zu Vertragssammlungen siehe insgesamt Benjamin DURST, Archive des Völkerrechts. Gedruckte Sammlungen europäischer Mächteverträge in der Frühen Neuzeit, Berlin 2016.

235 Der Vertrag sei ein »Vergleich […] die Herstellung des Ruhestandes in Europa betreffend«, so der von Lünig gewählte Titel, LÜNIG, Codex Germaniæ Diplomaticus 1, S. 934.

236 MOSER, Reichs-Fama 9, S. 645–663; FABER, Europäischer Staats-Cantzley 58, S. 567–570, 589–593.

237 Jean ROUSSET DE MISSY (Hg.), Recueil Historique d'Actes, Negotiations, Memoires et Traitez Depuis la Paix d'Utrecht jusqu'à présent. Bd. 6, Den Haag 1732, S. 34–53; das Werk wurde wohl im Sommer 1732 gedruckt, zumindest legt die Auswahl der Dokumente dies nahe.

238 Siehe Anonymus, Short Extract of the Treaties from 1713–1734, BL, Add. Mss. 33006, f. 497. Als Referenzwerk hatte er auch großen Einfluss auf die im deutschen und englischen Sprachraum erschienenen Ausgaben, siehe z.B. Johann Jacob SCHMAUSS, Einleitung zu der Staats-Wissenschafft […]. Bd. 1: Die Historie der Balance von Europa, der Barriere der Niederlande, der Oesterreichischen Sanctionis pragmaticae, und anderer dahin gehörigen Sachen und Tractaten in sich haltend, Leipzig 1741, S. 567.

239 Siehe die Präambel und die neun Hauptartikel bei ROUSSET DE MISSY, Recueil Historique, S. 13–23, die Erklärungen zu Norditalien S. 24–27. Er ergänzte zusätzlich

vertrag, die beiden Erklärungen zu Norditalien sowie die Separatartikel über die Nicht-Anwendung des Bündnisfalls beim Angriff der Türken und die volle Partnerschaft der Generalstaaten.[240] Außerdem druckte er die geheime britische und niederländische Erklärung, dass die spanischen Truppen sich nach der Sicherung der Toskana, Parmas und Piacenzas bis auf das Don Carlos zugewiesene Gebiet zurückziehen sollten.[241]

Im englischen *Gentleman's Magazine*[242] erschien schon Ende März 1731 eine Nachricht über den Abschluss des Vertrags in Wien. Der Inhalt wurde, kurz zusammengefasst, teilweise korrekt wiedergegeben: So hieß es, es handele sich um die Erneuerung der Quadrupelallianz, England garantiere die weibliche Erbfolge des Kaisers und 6.000 spanische Soldaten würden für Don Carlos nach Italien gebracht. Teilweise entsprach die Darstellung eher der Wunschvorstellung des englischen Publikums, etwa die endgültige Widerrufung der Charter der Ostende-Kompanie »without as much as permitting Ships to go to such Places of the East Indies, where the English and Dutch have no Trade«. Andere beschriebene Punkte, wie die Affäre um Schleswig, standen nicht im Vertrag, waren aber während der Verhandlungen besprochen worden.[243] Im

---

die Separatartikel bezüglich eines türkischen Angriffs und des Einschlusses der Vereinigten Niederlande als vollwertige Vertragspartei sowie der geheimen Deklarationen über den Abzug der spanischen Truppen und über Ostfriesland. Ebd., S. 23–24, 29–30; S. 28–29; S. 13–33. Die Erklärung zu Ostfriesland, S. 30–33, war auch im Original französisch, deshalb wurde auf sie bei der Übersetzung nur verwiesen.

240 Ebd., S. 47–51; S. 46–47; S. 52–53.

241 Ebd., S. 51–52. Da das Werk nicht lange nach der Erstveröffentlichung des Vertrags gesetzt worden sein kann, könnte der Druck der geheimen Erklärungen bedeuten, dass der Herausgeber Informationen aus erster Hand hatte. Den Vertragstexten wurden die Texte von Flugschriften beigefügt, die in der Zeit im Umlauf waren (ebd., S. 54–193), z.B. *Courtes Observations sur le nouveau Traité conclu à Vienne entre l'Empereur & le Roi d'Angleterre*, ebd., S. 54–64, oder *Conversation entre deux Anglois*, ebd., S. 101–113.

242 Siehe zum *Gentleman's Magazine* und seinem Herausgeber Edward Cave Karl Tilman WINKLER, Die Zeitung und die Anfänge der Informationsgesellschaft. Wirtschaft, Technologie und publizistischer Markt in London 1665–1740, in: Martin WELKE/Jürgen WILKE (Hg.), 400 Jahre Zeitung. Die Entwicklung der Tagespresse im internationalen Kontext, Bremen 2008, S. 139–174, hier S. 169. Die monatlich erscheinende Zeitschrift brachte einen Pressespiegel in kondensierter Form: »Very proper to be sent into the Country, and to all Places abroad where the English reside, being a compendious View of all our Publick Papers.« The Daily Journal Nr. 3327, 04.09.1731, Anzeige für Nr. VIII, zitiert nach WINKLER, Wörterkrieg, S. 227. Das Magazin erreichte Auflagen von 7.000 bis 8.000 Stück, ders, Die Zeitung und die Anfänge der Informationsgesellschaft, S. 141.

243 Foreign Advices for March, 1731: Vienna, March 16, in: The Gentleman's Magazine, 1731, S. 132.

folgenden Monat druckte die Zeitung einen längeren Auszug,[244] der die inhaltlichen Bezüge aber teilweise falsch darstellt. So wurde der Zusammenhang
zwischen den Bestimmungen zur Ostende-Kompanie und dem neu auszu-
handelnden Zolltarifvertrag aufgelöst. Mit »[the] Guaranty of the Pragmatic
Sanction does not comprehend any Obligation against the Emperor of the
Turks [...]«[245] bezog der Autor den Separatartikel über einen Türkenkrieg auf
die Pragmatische Sanktion statt auf die allgemeine Territorialgarantie.[246] Als
Nebenbemerkung wurde allerdings ein getrennter Vertrag zur Klärung des
Missverständnisses zwischen dem kaiserlichen Hof und dem Kurfürsten von
Hannover um die »Affairs of Mecklemburg« erwähnt.[247] Diese Übereinkunft
tauchte in keiner der deutschen Publikationen auf. Wahrscheinlich handelte
es sich also um eine bewusste Veröffentlichung der Vertragsergebnisse durch
die britische Regierung.[248]

Vom Folgevertrag am 22. Juli 1731 über den Beitritt des spanischen Königs,
der die Bestimmungen zu den italienischen Fragen konkretisierte, erschienen
mindestens zwei Druckfassungen in Italien.[249] Neben gedruckten Veröffentlichungen wurde der Vertragsabschluss auch durch Medaillen verbreitet.[250]

---

244 »Extract from the Treaty of Peace between the Emperor, and King of Great Britain,
    concluded and sign'd at Vienna the 16th of March last, N.S.« Foreign Affairs for April,
    in: The Gentleman's Magazine, 1731, S. 178. Der Auszug gab den Vertrag ohne die
    Präambel wieder. Das Königreich Sizilien wurde darin, für das englische Publikum
    wohl bekannter, als Neapel und Sizilien genannt.
245 Ebd.
246 Weiter sei erklärt worden, »[...] that the Imperial Troops shall quit the Dutchies of
    Parma and Piacenza, whether the Dutchess-Dowager be with child or not, as soon as
    the Spanish Troops shall enter the same, in order to take Possession thereof.« Ebd.
247 »N.B. For what regards the Misunderstanding between the Imperial Court and the
    Electorate of Hanover about the Affairs of Mecklemburg, that is adjusted in a separate
    Treaty.« Ebd.
248 Eine vollständige englische Übersetzung, die 1732 erschien, beruhte dagegen eindeu-
    tig auf dem französischen Recueil Historique, James KNAPTON u.a. (Hg.), A General
    Collection of Treatys of Peace and Commerce, Manifestos, Declarations of War, and
    other Publick Papers, from the End of the Reign of Queen Anne to the Year 1731.
    Bd. 4, London 1732, S. 217–231.
249 Eine Ausgabe wurde in Wien und Mailand vom mailändischen Hofdrucker Gius-
    eppe Malatesta verlegt, [KARL VI./GEORG II./PHILIPP V.], Trattato tra la Sacra maestà
    cesarea cattolica e la Sacra maestà reale cattolica e la Sacra maestà reale britannica con-
    chiuso in Vienna d'Austria il dì 22 di luglio 1731. Diese Vertragsübersetzung ist nur
    noch in der Kommunalbibliothek von Trient recherchierbar. Der Druck der Brüder
    Carlo Alessio und Clemente Maria Sassi in italienischer Übersetzung hatte die Druck-
    orte Wien, Mantua und Bologna. [KARL VI./GEORG II./PHILIPP V.], Trattato tra la S.
    M. Cesarea Cattolica, la S. M. reale Cattolica, e la S. M. Reale Britannica, Conchiuso
    in Vienna d'Austria il di 22 Luglio 1731. Dieser Druck liegt heute nur noch in der
    Universitätsbibliothek von Modena. Leider war es nicht möglich, diese italienischen
    Übersetzungen einzusehen.
250 Medaillen wurden häufig als Propagandamittel europäischer Fürsten eingesetzt
    (Jeremy BLACK, The Medal as Political Propaganda. A Provincial Example of 1739, in:

Anders als zu den großen frühneuzeitlichen Friedenskongressen und -verträgen ließen sich bisher zum Frieden von 1731 aber keine Flugschriften oder Abbildungen sonstiger Art finden.[251]

2.4 Zwischen »Panik« und Erfolgen (1731–1732)

Der Vertragsabschluss im März 1731 und die Übergabe der ratifizierten Exemplare wurden sowohl am Wiener als auch am Londoner Hof mit Erleichterung aufgenommen. Die Vertragspartner – Karl VI., Georg II. und ihre Minister – waren sich sicher, dass die Generalstaaten der Niederlande, die zwar über den Vertrag informiert und als Partner aufgeführt waren, aber an den Verhandlungen nur indirekt teilgenommen hatten, problemlos einbezogen werden würden.[252] Ebenso schienen auch Lösungen gefunden worden zu sein, die den spanischen Hof zufrieden stellen und den französischen Hof nicht beunruhigen würden.[253]

Tatsächlich waren die Vertragspartner des zwei Jahre zuvor abgeschlossenen Vertrags von Sevilla aber alles andere als beruhigt. Zum einen befürchteten die bourbonischen Höfe in Paris und Madrid eine neue antifranzösische und damit eben auch antibourbonische Allianz. Andererseits war unklar, unter welchen Bedingungen die Pragmatische Sanktion von Georg II. garantiert worden war.[254] Der dritte und wichtigste Aspekt war aber wohl, dass das Prestige aller anderen europäischen Mächte durch die geheimen Verhandlungen, an denen sie nicht beteiligt worden waren, gelitten hatte.[255] Bald wurde das »mißvergnügen des französischen Hofes über den Vertrag«[256] allgemein bekannt. Die Ambitionen des spanischen Hofes andererseits hatten sich nicht auf die Besatzung in den italienischen Gebieten beschränkt, sondern bezogen

---

The Medal 10 (1986), S. 8–10). Die Medaillen zum Vertrag von 1731 werden in einem Aufsatz der Verfasserin, der für die Veröffentlichung vorbereitet ist, ausführlich analysiert.

251 Grundsätzlich zu Bildern von und über Friedensverträge siehe Hans-Martin KAULBACH, Friedensbilder in Europa 1450–1815. Kunst der Diplomatie – Diplomatie der Kunst, Berlin 2013.

252 Siehe zur grundlegenden Frage der Verhandlungen zwischen Großbritannien und den Niederlanden DUNTHORNE, The Maritime Powers, S. 201–211.

253 Newcastle an Waldegrave, »private«, 01.04.1731 (a.S.), zitiert nach Jeremy BLACK/Armin REESE, Die Panik von 1731, in: Johannes KUNISCH (Hg.), Expansion und Gleichgewicht. Studien zur europäischen Mächtepolitik des Ancien Régime, Berlin 1986, S. 69–95, hier S. 72. Am Kaiserhof sah man aber sehr schnell, dass eine spanische Zustimmung zum gesamten Vertrag kaum zu erreichen sein werde, Karl VI. an Kinsky, Laxenburg, 16.06.1731, HHStA, StA England 68, f. 19–20.

254 Robinson an Harrington, Wien, 15.06.1731, TNA, SP 80, 75, o.f.

255 BLACK/REESE, Die Panik von 1731, S. 74, 78–79.

256 Kinsky an Karl VI., Isleworth, 01.06.1731, HHStA, StA England 67, f. 17.

sich weiterhin auf eine mögliche Eheverbindung der kaiserlichen und der spanischen Dynastie. Dementsprechend verhandelte der spanische Gesandte in Wien, um einen separaten Vertrag mit dem Kaiser zu erreichen.[257]

In den britischen Medien wurde ausführlich über die Differenzen der europäischen Höfe berichtet und die Möglichkeit einer kriegerischen Auseinandersetzung nicht ausgeschlossen.[258] Im Juni war der Unmut in der britischen Öffentlichkeit so groß geworden, dass Minister Harrington dringend den Abschluss der weiteren Verhandlungen in Wien forderte, damit endlich Ruhe in Europa einkehren könne.[259] Ein britisches Geschwader wurde vorgeblich zur Überführung der spanischen Garnisonen nach Italien ausgerüstet, sollte aber auch möglichen spanischen oder französischen Angriffen zuvorkommen.[260] Französische Truppenbewegungen hatten dann eine regelrechte Panik in Großbritannien zur Folge. Im Juni wurde Robinson angewiesen, den

257 Robinson an Harrington, Wien, 27.05.1731, TNA, SP 80, 74, o.f. Robinson an Harrington, Wien, 15.06.1731, TNA, SP 80, 75, o.f. mit Beilagen; Robinson an Harrington, »private«, 16.06.1731, TNA, SP 80, 75 o.f. Robinson an Harrington, Wien, 25.06.1731, TNA, SP 80, 76, o.f. Robinson an Harrington, Wien, 07.07.1731, TNA, SP 80, 76, o.f. Karl VI. an Kinsky, Laxenburg, 16.06.1731, HHStA, StA England 68, f. 19–21. Gleichzeitig rüstete Spanien bei Gibraltar weiter auf; Gerüchte über mögliche spanische Handelsblockaden gegenüber britischem Handel heizten die unsichere Lage weiter auf. Karl VI. an Kinsky, Wien, 18.07.1731, HHStA, StA England 68, f. 24v; BLACK/REESE, Die Panik von 1731, S. 75–76.

258 Ebd., S. 76–77, 82–83. Dabei wurde auch vermutet, die französische Regierung plane, die Jakobiten und den Prätendenten James Edward Stuart bei einem erneuten Versuch zu unterstützen, den britischen Thron mit französischen Landungstruppen zurückzuerobern, ebd., S. 85. In Wien teilten Prinz Eugen und Kanzler Sinzendorff diese Ansicht zunächst nicht, Robinson an Harrington, »most private«, Wien, 25.07.1731, TNA, SP 80, 77, o.f. Sinzendorff vermutete aber, der französische Hof könne die Jakobiten dazu nutzen, »for the sake of creating trouble«, Robinson an Harrington, »most private«, chiffriert, 28.07.1731, TNA, SP 80, 78, o.f. Graf Kinsky berichtete dagegen, Georg II. und der britische Hof seien Ende Mai aufs Land gegangen: »In politicis fallet dermahlen nichts sonderliches vor.« Kinsky an Karl VI., Isleworth, 01.06.1731, HHStA, StA England 67, f. 17.

259 Harrington an Robinson, Hampton Court, 15./18.06.1731, TNA, SP 80, 75, o.f. (Bei BLACK/REESE, Die Panik von 1731, S. 82, Fn. 56, fälschlich als »st. vet.«, also »very private«, bezeichnet.).

260 Kinsky an Karl VI., Isleworth, 12.06.1731, HHStA, StA England 67, f. 19v. BLACK, The Collapse of the Anglo French Alliance, S. 205, weist darauf hin, dass der Diplomat Zamboni, der unter anderem für den französischen und den sächsischen Hof vom britischen Hof berichtete, für die Truppenbewegungen den kaiserlichen Gesandten verantwortlich machte. Zamboni schrieb nämlich im Juli 1731 aus London: »Le Comte Kinsky qui asiste à la plupart des conferences de ces Ministres a principalement contribué qué la Cour d'Angleterre se determine à prendre les mesures qu' elle vient de prendre par raport à la marche des Troupes, & à faire equiper d'autres Vaisseaux.« Zamboni an Kardinal Fleury, [chiffriert], London, 13.07.1731 [a.S.], Bodleian, Mss. Rawl. Lett. 120, f. 237v. Kinsky berichtete seinerseits, es handle sich um Maßnahmen des »Ministeriums«, Kinsky an Karl VI., Isselworth [!], 10.07.1731, HHStA, StA England 67, f. 36. BLACK/REESE, Die Panik von 1731, S. 86–87, vermutet dagegen einen direkten Einfluss Georgs II. auf diese Entscheidung.

Kaiser und seine Minister an das im Vertrag enthaltene Verteidigungsbündnis zu erinnern.[261] Anfang August waren durch verlässlichere Informationen an allen Höfen die Befürchtungen vor gegenseitigen Angriffsplänen zurückgegangen, die Lage entspannte sich.[262]

In Wien liefen währenddessen die Verhandlungen weiter, um die Zusagen der intendierten Vertragspartner zu erreichen. Am 22. Juli 1731 unterschrieb der spanische Botschafter in Wien den Beitrittsvertrag.[263] Der Vertrag konzentrierte sich ganz auf die Regelungen, die die Sukzession Don Carlos' in Parma, Piacenza und der Toskana betrafen, sowie die Stationierung spanischer Truppen in diesen Territorien.[264] Einer der Mitunterzeichner war der neuernannte Konferenzminister Graf Königsegg,[265] der zuvor unter anderem in den 1720er Jahren Botschafter am spanischen Hof gewesen war. Knapp zwei Monate später, am 21. September 1731, trat der Großherzog der Toskana diesem zweiten Vertrag und damit dem Bündnis bei.[266] Die Verhandlungen mit den Generalstaaten der Niederlande zogen sich noch bis Februar 1732 hin, bevor auch sie ihr Einverständnis mit dem Vertragswerk erklärten.[267] Der

---

261 Gleichzeitig wurde Robinson über die Stationierung von Truppen an der englischen Küste zu Frankreich informiert. Harrington an Robinson, »very private«, chiffriert, Hampton Court, 10.07.1731, TNA, SP 80, 75, o.f. Ausführlich, u.a. zu den Diskussionen des Privy Council in dieser Frage, siehe BLACK/REESE, Die Panik von 1731, S. 90–92. Anfang August vermutete auch Robinson in Wien, dass Frankreich mit den Jakobiten Großbritannien angreifen könnte, Robinson an Tilson, Wien, 01.08.1731, TNA, SP 80, 78, o.f.

262 Die grundsätzlichen Gegensätze zwischen Großbritannien und Frankreich wurden aber in dieser Krise deutlich und sollten sich in den folgenden Jahrzehnten weiter verschärfen, BLACK/REESE, Die Panik von 1731, S. 94–95.

263 Robinson an Harrington, Wien, 22.07.1731, TNA, SP 80, 77, o.f. Bei diesen Beitrittsverhandlungen trat der Sekretär der Geheimen Konferenz, Johann Christoph Bartenstein, als Ideengeber auf, siehe z.B. Robinson an Harrington, Wien, 25.06.1731, TNA, SP 80, 76, o.f.

264 Dies geschah durch die ausdrückliche Annahme des dritten Artikels sowie der entsprechenden weiteren Erklärungen des Vertrags vom 16. März. Siehe zum Vertragstext PRIBRAM, Österreichische Staatsverträge, S. 517–526.

265 Zu Königsegg-Rothenfels siehe Kapitel 3.1.2.

266 Der Vertragstext findet sich bei PRIBRAM, Österreichische Staatsverträge, S. 527–530.

267 Harrington an Robinson, London (Whitehall), 29.02.1732, TNA, SP 80, 85, o.f. PRIBRAM, Österreichische Staatsverträge, S. 541–548. Dem Vertrag wurde eine Erklärung bezüglich Ostfriesland beigefügt, die einerseits den Schutz der Generalstaaten für die ostfriesischen Stände rechtfertigte, andererseits die reichsrechtliche Oberhoheit Karls VI. über Ostfriesland anerkannte. Siehe genauer zum Inhalt HUGHES, Law and Politics, S. 256–257, sowie zu den Verhandlungen darüber DUNTHORNE, The Maritime Powers, S. 216–225. Gestört wurden die Verhandlungen mit den Generalstaaten u.a. durch die Affäre um das Schiff Apollo, das das Verbot des Indienhandels aus Ostende unterlief, Robinson an Harrington, Wien, 21.11.1731, TNA, SP 80, 82, o.f. Um das grundlegende Problem der Ostende-Kompanie zu entschärfen, einigten sich Sinzendorff sowie die Verhandlungsführer der Generalstaaten darauf, dem Einverständnisvertrag eine britisch-niederländische Klausel bezüglich der gemeinsam zu vertretenden Handelsinteressen beizugeben. DUNTHORNE, The Maritime Powers,

wesentliche Unterschied zum Vertrag mit dem spanischen König lag darin, dass die Generalstaaten schon als Vertragspartner galten und somit nicht erst der Allianz beitreten mussten.[268]

Der Reichstag stimmte am 13. Juli 1731 den reichsrechtlich wichtigsten Bestimmungen des Vertrages vom 16. März zu, der spanischen Besatzung mit 6.000 Mann sowie der Sukzession Don Carlos' in Parma, der Toskana und Piacenza.[269] Karl VI. versuchte in diesem Zusammenhang, Georg II. davon zu überzeugen, Verträge mit weiteren Fürsten abzuschließen.[270]

Die kaiserliche Geheime Konferenz traf sich davor schon im Mai 1731, um das Vorgehen für die Reichsgarantie der Pragmatischen Sanktion zu besprechen.[271] Schönborn betonte in den Instruktionen an die kaiserlichen Gesandten im Reich die notwendige Zustimmung der Reichsstände zur Pragmatischen Garantie, da Deutschland, die italienischen Reichslehen sowie die ungarische Krone nur durch die »unzertheilte Zusammenhaltung der österreichischen Macht« als Bollwerk gegen die Türken »sicher und geschützt« seien.[272] Die Garantie der Pragmatischen Sanktion durch das Reich unterstützte auch der preußische König als Kurfürst von Brandenburg.[273] Nach entsprechenden Diskussionen, die vertragsgemäß von Georg II. als Kurfürs-

S. 225–232. Der kaiserliche Gesandte in Den Haag, Franz Wenzel Graf Sinzendorff, ein Schwager Philipp Kinskys, bedankte sich bei diesem ausdrücklich dafür, dass er sich am britischen Hof für den Vertragsabschluss mit den Niederlanden eingesetzt habe. Franz Wenzel von Sinzendorf an Kinsky, Den Haag, 15.02.1732, FA Kinsky, 2 c), 3, o.f.

268 Siehe zu dieser zeitgenössisch wichtigen Unterscheidung DUNTHORNE, The Maritime Powers, S. 206–207.

269 Johann Georg GRITSCH (Hg.), Der Auserlesenen Sammlung des Heil: Römischen Reichs Grund-Gesetze, Friedens-Schlüße, und Satzungen. Bd. 2 [...], Regensburg 1738, S. 736–737. Mit dem kaiserlichen Kommissionsdekret vom 19. Mai 1731 wurde der Vertrag dem Reichstag verkündet, und Karl VI. suchte gleichzeitig die Einwilligung des Reiches in die spanische Besatzung der norditalienischen Territorien.

270 Robinson an Harrington, Wien, 14.07.1731, TNA, SP 80, 76, o.f. Da sich der hannoversche Gesandte in Regensburg bei der Abstimmung nicht den Absprachen entsprechend verhalten hatte, konnte der kaiserliche Hof Druck ausüben. Harrington an Robinson, Hampton Court, 31.07.1731, TNA, SP 80, 76, o.f. Die britische Presse äußerte sich ironisch zu neuen Vertragsgerüchten an den europäischen Höfen: »[...] this being a very fertile Year for Treaties, we may have two or three more new ones, before all Affairs are made easy.« London, 04.09.1731 (a.S.), in: Fog's Weekly Journal Nr. 148. 1732 wurden diese Überlegungen zugunsten der Gewährung der Pragmatischen Sanktion durch Russland, Preußen und Dänemark fortgeführt, Karl VI. an Kinsky, Wien, 05.01.1732, HHStA, StA England 68, f. 9v; Robinson an Harrington, Wien, 11., 15., 17.03.1732, TNA, SP 80, 86, o.f.

271 Siehe den Text des dazugehörigen Konferenzvortrags von Bartenstein vom 05.06.1731 bei Hans von ZWIEDINECK-SÜDENHORST, Die Anerkennung der pragmatischen Sanction Karls VI. durch das deutsche Reich, in: MIÖG 16 (1895), S. 276–341, hier S. 322–330.

272 Zitiert nach ebd., S. 311. Siehe BRAUBACH, Prinz Eugen 4, S. 355–383.

273 Erklärung zwischen Friedrich Wilhelm I. und Karl VI., Berlin und Wien, 26.06.1731, 07.08.1731, in: PARRY, The Consolidated Treaty Series 33, S. 359.

ten von Hannover vorangetrieben wurden,[274] fiel das Reichsgutachten zur Pragmatischen Sanktion im Januar 1732 ebenfalls positiv aus,[275] wenn sich auch die beiden wittelsbachischen Kurfürsten von der Pfalz und Bayern sowie der Kurfürst von Sachsen dagegen aussprachen.[276] Aus Sicht Karls VI.[277] war damit, nachdem die Erbfolge von allen Reichsständen sowie von den wichtigsten europäischen Mächten – außer dem französischen König – anerkannt worden war, die Zukunft des Hauses Österreich gesichert. Franz Stephan, seit 1729 der neue Herzog von Lothringen, war als Ehemann Maria Theresias ausersehen. Sein Besuch am britischen Hof im Herbst 1731 zeigte die Zustimmung Georgs II. zur dynastischen Absicherung des Hauses Österreich.[278] Die Reise war aufgrund der Kriegsgefahr notwendig geworden, da unter anderem Prinz Eugen in Wien befürchtete, Frankreich könne in Lothringen einmarschieren und den zukünftigen Schwiegersohn Kaiser Karls VI. als Geisel

---

274 Allerdings gab es Schwierigkeiten, da die Reichskanzlei das kaiserliche Dekret an den Reichstag nicht über Graf Kinsky an Georg II. geschickt hatte und außerdem, anders als abgesprochen, der Vertrag vom März 1731 nicht angesprochen wurde, Robinson an Harrington, Wien, 27.10.1731, TNA, SP 80, 81, o.f., das Dekret als Anhang zu Robinson an Harrington, Wien, 31.10.1731, TNA, SP 80, 81, o.f. Georg II. ließ dann aber seine Gesandten anweisen, die Verabschiedung der Pragmatischen Sanktion im Reichstag unterstützend zu begleiten, Harrington an Robinson, London (Whitehall), 16.11.1731, TNA, SP 80, 81, o.f.; Harrington an Robinson, London (Whitehall), 08.01.1732, TNA, SP 80, 83, o.f. So überredete er den König von Schweden, seine Reichstagsstimmen als Landgraf von Hessen-Kassel und Herzog von Pommern zugunsten des kaiserlichen Antrags abzugeben. NAUMANN, Österreich, England und das Reich, S. 178; Harrington an Robinson, London (Whitehall) 12.02.1732, TNA, SP 80, 84, o.f. Siehe den Dank des Kaisers an Georg II. als Kurfürsten Karl VI. an Georg II., Wien, 23.02.1732, HHStA, StA England Hofkorr. 3, f. 11–11v.
275 GRITSCH, Der Auserlesenen Sammlung, S. 749–752.
276 Zu den drei »dissentierenden« Kurfürsten, die der Reichsgarantie der Pragmatischen Sanktion nicht zustimmten, und den dadurch ausgelösten hektischen Briefwechseln, wie mit ihnen umzugehen sei, siehe Karl VI. an Kinsky, Wien, 13.02.1732, FA Kinsky, 5 b), 11, o.f.; Karl VI. an Kinsky, Kopie, Wien, 25.03.1732, HStA H, Cal. Br. 11, Nr. 1798, f. 45 (nicht erhalten in HHStA, StA England, oder FA Kinsky); Georg II. an Gesandte in Regensburg, London (St. James), 15.04.1732, HStA H, Cal. Br. 11, Nr. 1798, f. 53. Mit Bezug auf das kaiserliche Reskript an Kinsky vom 25. März 1732 erklärte Georg II., man versuche, über den Widerspruch der drei Kurfürsten hinwegzugehen, und ihnen nicht auch noch eine öffentliche Plattform zu bieten; sollten sie den Widerspruch aber dennoch zu Protokoll geben, ändere dies nichts an der Gültigkeit des Reichsschlusses, die Aufnahme des Protestes in die [gedruckten] Reichsakten müsse jedoch abgelehnt werden.
277 Siehe das kaiserliche Ratifikationskommissionsdekret bei GRITSCH, Der Auserlesenen Sammlung, S. 753–754.
278 London, 26. October, in: Wienerisches Diarium Nr. 91, 14.11.1731 [S. 2]; Renate ZEDINGER, Flucht oder adelige Kavalierstour? Zur Reise des Herzogs Franz III. (Anton) Stephan von Lothringen in den Jahren 1731/32, in: Das achtzehnte Jahrhundert und Österreich 7/8 (1992/93), S. 51–69, hier S. 59–60. Der Herzog hatte vorher über Robinson bei Georg II. anfragen lassen, ob ein Besuch möglich sei, Robinson an Harrington, Wien, 04.07.1731, TNA, SP 80, 76, o.f.

nehmen. Philipp Kinsky warnte aus London ebenfalls davor.[279] Zur Stärkung seiner Stellung wurde Franz Stephan zudem nach dem Tod des Palatins, des Stellvertreters des ungarischen Königs, mit einem Rückgriff auf ein altes Amt mit Sitz in Preßburg zum Vertreter des Kaisers als König von Ungarn bestimmt.[280]

Ende des Jahres 1731 wurden im Reichstag Verhandlungen über die Pragmatische Sanktion mit Forderungen der protestantischen Reichsstände, darunter auch Kurhannovers,[281] nach der Anerkennung des *ius emigrandi* für die Salzburger Protestanten verknüpft. Dies geschah als Antwort auf die Unruhen der evanglischen Bewohner des salzburgischen Pongau im Sommer 1731 und die daraus resultierenden öffentlichen Reaktionen im Reich. Den Konflikt entschärften die – auch durch kaiserlichen Druck[282] – ermöglichte Ausreise vieler Salzburger und ihre Aufnahme in Preußen 1732[283] sowie die der Berchtesgadener Protestanten in Hannover im Jahr 1733.[284]

Im Sommer 1732 hielt sich Georg II. wieder in Hannover auf.[285] Karl VI. reiste zur selben Zeit zur Kur nach Karlsbad, weswegen der gesamte kaiser-

---

279 ZEDINGER, Flucht oder adelige Kavalierstour?, S. 55–56.

280 Man erwartete allgemein, dass er sich dort erfolgreich durchsetzen würde. Robinson an Harrington, »secret«, chiffriert, Wien, 26.03.1732, TNA, SP 80, 86, o.f.

281 Da sich Georg II. immer für die evangelische Sache eingesetzt habe, wurde Dieden von der kurfürstlichen Regierung beauftragt, die Salzburger in jeder Angelegenheit zu unterstützen, Geheime Räte an Georg II. bzw. an Dieden, Hannover, 09.11.1731, HStA H, Cal. Br. 11, Nr. 1791, f. 13–14, 15–16; Georg II. an Dieden, London (St. James), 14.11.1731, HStA H, Cal. Br. 11, Nr. 1791, f. 25. Im Februar 1733 übergab Dieden den kaiserlichen Ministern im Auftrag des Kurfürsten ein Memorandum zum »Saltzburgis. und Ungaris. Gravaminum«. [GEORG II.]/Johann Wilhelm von DIEDEN ZUM FÜRSTENSTEIN, Pro Memoria So auf Befehl Sr. Königl. Groß-Brittanis. Majestät Durch Dero teutschen Ministro Hn. Joh. Wilhelm von Dieden zum Fürstenstein, Wegen deß Religions-Wesen in General-, Specialiter Aber der Saltzburgis. und Ungaris. Gravaminum Halber dem Kayserlichen Ministerio in Wien den 19. Febr. übergeben worden, Wien 1732.

282 Karl VI. an Kinsky, Laxenburg, 14.05.1732, HHStA, StA England 68, f. 48–50v.

283 Mack WALKER, The Salzburg Transaction. Expulsion and Redemption in Eighteenth-Century Germany, Ithaca, NY 1992, S. 124–127, beschreibt die Verknüpfung der preußischen Zustimmung zur Annahme der Pragmatischen Sanktion im Reichstag und die von Karl VI. unterstützte preußische Einladung an die Salzburger Emigranten, nach Preußen zu kommen.

284 Siehe zu diesem Thema auch Kapitel 5.4, S. 405–409.

285 Schon im Vorfeld der Reise ließ Georg II. erklären, dass er den kaiserlichen Gesandten am preußischen Hof, Graf Seckendorff, wegen dessen Verhaltens in Berlin, welches eindeutige Beweise für Seckendorffs »fixed & rooted aversion to every thing that had any appearance of being servicable to Him and his Family« geliefert habe, als neuen kaiserlichen Gesandten für den niedersächsischen Kreis für etwaige Verhandlungen nicht empfangen werde. Harrington an Robinson, »secret«, teilweise chiffriert, London (Whitehall), 08.04.1732, TNA, SP 80, 86, o.f. Von Hannover aus erreichte Georg II. die juristische Klärung der Mecklenburgfrage: Herzog Christian Ludwig sollte von nun an anstatt seines abgesetzten Bruders ohne kaiserliche Aufsicht regieren. TROSSBACH, Power and Good Governance, S. 197.

liche Hofstaat nach Prag übersiedelte. Während des Kuraufenthaltes nahmen er und seine Minister nicht an Verhandlungen teil,[286] nur ausgewählte Hofangehörige durften den Kaiser begleiten, und »the Marshall of the Court has by order declared to the foreign ministers, that the Emperor desiring to be private is pleased to dispense with their following him[…].«[287]

Nur im äußersten Notfall sollten Treffen mit kaiserlichen Ministern möglich sein.[288] Gleichzeitig wollte der Kaiser die Anwesenheit Georgs II. in Deutschland nutzen, um einen Ausgleich zwischen seinen Verbündeten Georg II. und König Friedrich Wilhelm von Preußen zu erreichen. Robinson meinte in den Vorbereitungen der kaiserlichen Minister für diesen Sommer ein klares Ziel zu erkennen: »[…] they hope by one means or other to fix the Tranquillity of the North this Summer […].«[289] Georg II. hingegen wollte nun endlich seine kurfürstlichen Anliegen, die er im Vertrag nicht hatte durchsetzen können, einfordern. Teilweise, wie in der Angelegenheit der mecklenburgischen Kommission, gelang dies.[290] In anderen Fragen, die auch das kaiserlich-preußische

---

286 Robinson bezeichnete den Kuraufenthalt des Kaisers als »vacation from all Business«, Robinson an Harrington, Wien, 30.05.1732, TNA, SP 80, 88, o.f.

287 Robinson an Weston, Wien, 10.05.1732, TNA, SP 80, 88, o.f.

288 Nach einem Jagdunfall 1732, bei dem Karl VI. den Grafen Schwarzenberg erschoss, war allerdings unklar, inwieweit der Kaiser das Unglück verkraften und sich tatsächlich erholen könne. Robinson an Weston, Prag, 11.06.1732, TNA, SP 80, 88, o.f.

289 Robinson an Harrington, chiffriert, Wien, 10.05.1732, TNA, SP 80, 88, o.f. Im Jahr zuvor hatte Georg II. noch – sehr diplomatisch – erklären lassen, er habe »no disputes, or differences with the King of Prussia«, nehme aber gerne jede Hilfe des Kaisers in Anspruch, um das Verhältnis gut zu halten, Harrington an Robinson, Hampton Court, 14.08.1731, TNA, SP 80, 78, o.f. Die Gesundheit des preußischen Königs galt zu dieser Zeit als schlecht, die Verlobung des preußischen Kronprinzen mit einer Prinzessin von Bevern sah man als letzten Versuch einer dynastischen Sicherung für dieses im Norden des Reiches so wichtige Territorium, Robinson an Harrington, »most secret«, chiffriert, Wien, 19.03.1732, TNA, SP 80, 86, o.f. In diesem Sommer fand auch ein persönliches Treffen zwischen dem Kaiser und dem preußischen König statt, wobei Letzterer zur Vermeidung zeremonieller Schwierigkeiten *incognito* blieb. Siehe Robinson an Harrington, Prag, 02.08.1732, TNA, SP 80, 89, o.f. Gleichzeitig spekulierte man über das Verhältnis des Kaisers zu Russland, da Georg II. und die britischen Minister alles daran setzten, eine Heiratsverbindung zwischen Verwandten der russischen Zarin und dem Haus Braunschweig, z.B. zwischen einem Sohn des Herzogs von Braunschweig-Bevern und der Nichte der Zarin aus dem Haus Mecklenburg, zu verhindern, siehe Harrington an Robinson, chiffriert, London (Whitehall), 28.03.1732, TNA, SP 80, 86, o.f.

290 Die entsprechenden Summen aus der Kasse der Mecklenburg-Exekution wurden vom hannoverschen Gesandten Dieden zugunsten des Kurfürsten ausgerechnet und zügig ausgezahlt. Robinson an Weston, copy, Prag, 11.06.1732, TNA, SP 80, 88, o.f.; Robinson an Delafaye, Hannover, 27.06.1732, TNA, SP 80, 88, o.f. Siehe auch Kapitel 5.2, S. 343–344. Der Streit zwischen den Welfen in Braunschweig-Lüneburg und Wolfenbüttel, welche Linie das Seniorat auf welche Weise für sich beanspruchen könne, sah man in Wien hingegen als hausinterne Angelegenheit an, Karl VI. an Kinsky, Wien, 24.04.1732, HHStA, StA England 68, f. 36–38v.

Bündnis betrafen, wie zum Beispiel die Anrechte auf Jülich und Berg, wurden keine Lösungen gefunden.[291]

Sir Thomas Robinson erhielt nach mehrjähriger Abwesenheit aus Großbritannien und zum ersten Mal seit seiner Ernennung zum britischen Gesandten am kaiserlichen Hof die Erlaubnis, während des Aufenthaltes Georgs II. nach Hannover zu kommen[292] und wurde vom König für seine Erfolge in Wien belobigt.[293] Graf Kinsky, der dem britischen Monarchen wieder gefolgt war, durfte im Sommer 1732 nach fast vier Jahren am Londoner Hof zur mündlichen Berichterstattung von Hannover aus an den Kaiserhof, der sich zu dieser Zeit in Karlsbad und Prag aufhielt, kommen.[294] Nach einem ausgedehnten Aufenthalt auf seinen böhmischen Gütern und in Wien kehrte er erst Ende Februar 1733 nach London zurück.[295]

2.5 Der Polnische Thronfolgekrieg (1733–1735)

Zu Beginn des Jahres 1733 war das Verhältnis zwischen Karl VI. und Georg II. recht gut. Zunächst erhielt der hannoversche Gesandte Dieden am 13. Januar 1733 das Privileg Karls VI. für die Gründung einer Universität in Göttingen.[296] Am 7. Februar 1733 wurde Georg II. als Kurfürst von Braunschweig und Lüneburg, vertreten durch den Gesandten Dieden, mit den Fürstentümern Bremen und Verden belehnt.[297]

---

291 Karl VI. an Kinsky, Handschreiben, Wien, 16.01.1733, HHStA, StA England 69, f. 25.
292 Harrington an Robinson, London (Whitehall), 13.05.1732, TNA, SP 80, 87, o.f.; weitere Instruktionen wurden deshalb auf Befehl Georgs II. bis zum persönlichen Treffen aufgeschoben, Harrington an Robinson, London (Whitehall), 30.05.1732, TNA, SP 80, 88, o.f.
293 Robinson an Delafaye, Hannover, 27.06.1732, TNA, SP 80, 88, o.f.
294 Karl VI. an Kinsky, Karlsbad, 28.06.1732, HHStA, StA England 68, f. 57.
295 London, 17.02.1733 (a.S.), in: Fog's Weekly Journal Nr. 224.
296 Privileg Kaiser Karls VI. für eine in Göttingen neu zu gründende Universität, in: Emil Franz RÖSSLER, Die Gründung der Universität Göttingen. Entwürfe, Berichte und Briefe der Zeitgenossen, herausgegeben und mit einer geschichtlichen Einleitung versehen, Aalen 1987, S. 41–49; siehe allgemein zur Gründungsgeschichte ebd., S. 1–54. Für neuere Forschungen siehe Steffen HÖLSCHER, Chef – Director – Canzler. Universitätsverwaltung als Organisationsproblem (Göttingen 1734–1747), in: Ders./SCHLITTE, Kommunikation im Zeitalter der Personalunion, S. 259–280.
297 Der Lehensbrief trägt das Datum vom 21. Januar (Konzept des Lehensbriefes, Wien, 21.01.1733, HHStA, RHR, Gratialia et Feudalia, Reichslehensakten, Deutsche Expedition, K. 18, zitiert nach Tobias SCHENK, Reichsjustiz im Spannungsfeld von oberstrichterlichem Amt und österreichischen Hausmachtinteressen. Der Reichshofrat und der Konflikt um die Allodifikation der Lehen in Brandenburg-Preußen (1717–1728), in: Anja AMEND-TRAUT u.a. (Hg.), Geld, Handel Wirtschaft. Höchste Gerichte im Alten Reich als Spruchkörper und Institution, Göttingen 2013, S. 103–219, hier S. 158, Fn. 240), die förmliche Belehnung erfolgte aber am 5. Februar 1733; siehe die Beschreibung der Belehnung bei Georg Ludwig BÖHMER, Principia Iuris

In Großbritannien selber bahnte sich jedoch eine innenpolitische Krise an, die auch das Verhältnis zwischen London und Wien beeinflussen sollte. Der Finanzminister Sir Robert Walpole versuchte ab März 1733 im Londoner Unterhaus ein Gesetz durchzusetzen, durch welches auf Importwaren, die für den Verkauf im Inland bestimmt waren, Einfuhrzölle erhoben werden sollten. Waren für den Reexport sollten hingegen von Abgaben frei sein.[298] Die Mitglieder der Opposition schürten eine heftige öffentliche Kampagne in den Medien gegen Walpole. Sie warfen Walpole vor, den Beamten der Zollbehörde – ihr englischer Name »excise« stand Pate für die gesamte Krise – mit diesem Gesetz übermäßige Rechte unter anderem zur Durchsuchung privaten Eigentums zur Einziehung dieser Steuern übertragen zu wollen.[299] Am 21. April 1733 brachte die City of London eine Petition gegen den Gesetzesentwurf ein.[300] Walpoles Mehrheit war zu diesem Zeitpunkt im Unterhaus auf 17 Stimmen zusammengeschrumpft. Selbst die mehrheitlich den Whigs angehörenden Lords im Oberhaus sprachen sich gegen das Gesetz aus.[301] Am folgenden Tag zog Walpole den Gesetzesentwurf zurück.[302] Während dieser sogenannten Excise-Krise wurde Walpole weiterhin von König Georg II. und Königin Caroline unterstützt.[303] Allerdings blieb die innenpolitische Lage unruhig. Auch die Parlamentswahlen im folgenden Jahr waren stark davon beeinflusst. Im Wahlkampf 1734 wurden hohe Summen sogenannten »secret service«-Geldes für die Unterstützung von regierungstreuen Kandidaten ausgegeben. Beim Wahlkampf 1734 waren nämlich von den 558 Sitzen im Unterhaus 136 heftig umkämpft, das waren mehr als bei anderen Wahlen im

---

Feudalis praesertim Longobardi quod per Germaniam obtinet, Göttingen ⁵1789, S. 407–416. Allgemein zum Zeremoniell der Belehnung siehe STOLLBERG-RILINGER, Des Kaisers alte Kleider, S. 287–293.

298 Dies hatte er seit 1724 schon für Tee, Schokolade und Kaffee ohne größere Widerstände umsetzen können. Paul LANGFORD, The Excise Crisis. Society and Politics in the Age of Walpole, Oxford 1975, S. 32–33.

299 Ebd., S. 44–61.

300 10. April 1733 (n. S.); LANGFORD, The Excise Crisis, S. 78.

301 Laut LANGFORD bestand das Problem nicht in der wachsenden Mehrheit für die Opposition, sondern den Enthaltungen früherer Anhänger der Walpole-Regierung (ders., The Excise Crisis, S. 79–86).

302 Walpole erläuterte dazu, drei Gründe hätten ihn zur Aufgabe des Gesetzentwurfes bewogen: die geschwundene Mehrheit, der – seiner Ansicht nach künstlich produzierte – Aufruhr dagegen, »[…] yet it was not prudent to press a thing which the nation expressed so general a dislike to, however they were deceived […],« und drittens und vor allem, die vielfach geäußerten Befürchtungen »of danger to ›his Majesty's person and Government from the disaffection which they supposed this Bill, however mistaken, might create in the abused people's minds […]‹.« Historical Manuscript Commission (Hg.), Diary of Viscount Percival Afterwards the First Earl of Egmont. Bd. 1: 1730–1733, London 1920, S. 360.

303 BLACK, British Politics and Foreign Policy, S. 130–131.

18. Jahrhundert.[304] Trotzdem schmolz bei umstrittenen Fragen die Regierungsmehrheit auf ca. 80 Stimmen.[305] In der Folge strebte Sir Robert Walpole auch in äußeren Angelegenheiten eine innenpolitisch möglichst unumstrittene Politik an. Graf Kinsky berichtete mehrfach über den Wahlkampf, insbesondere der Einfluss publizistischer Schriften überraschte ihn:

La Reponse aux motifs hat allhier einen Trefflichen ingress gefunden, einen noch mehreren aber werde die […] Remarques allhier behaubten. Es ist nicht zu glauben, was solche schrifften vor eine influens in das Englische Guverno sonderlich bey dermahligen electionen haben.[306]

Fast gleichzeitig mit dem Beginn der Excise-Krise in London starb im Februar 1733 der polnische König August II. (als sächsischer Kurfürst Friedrich August I.). Im Wahlkönigtum Polen traten für die Nachfolge mehrere Kandidaten an, die jeweils die Unterstützung verschiedener europäischer Mächte hatten. Stanislaus Leszczyńskis[307] Tochter war mit dem französichen König Ludwig XV. verheiratet, weswegen er der Wunschkandidat des französischen Hofes war. Zwischen dem Wiener und dem Londoner Hof war zuvor schon deutlich geworden, dass weder Karl VI. noch Georg II. als König oder als Kurfürst ein Interesse an Stanislaus als polnischem König hatten.[308] Stanislaus wurden gute Kontakte zur Hohen Pforte bescheinigt: in Wien befürchtete man deshalb, er werde für einen türkischen Angriff sorgen, sollte er gewählt werden.[309] Der Kaiserhof verständigte sich mit seinen Verbündeten[310] darauf,[311]

304　Insgesamt zum Einfluss der Excise-Krise auf die Wahlen und die Situation im Parlament 1733/34 siehe LANGFORD, The Excise Crisis, S. 101–150.

305　Im Vergleich zu vorherigen Zahlen galt dies nicht als stabile Mehrheit, was ingesamt zu einer sehr unsicheren Regierungsarbeit führte. Ebd., S. 132–133.

306　Kinsky an Karl VI., London, 25.12.1733, HHStA, StA England 70, f. 58v–59.

307　Stanislaus Leszczyński (1677–1766) war nach einer Karriere im Dienst der polnischen Krone im Großen Nordischen Krieg 1704–1709 König von Polen, ging danach aber ins Exil nach Frankreich. Siehe zu seiner Biographie insgesamt Jacques LEVRON, Stanislas Leszczynski, Roi de Pologne, Duc de Lorraine. Un roi philosophe au siècle des Lumières, Paris 1984.

308　Siehe z.B. Karl VI. an Kinsky, Wien, 15.01.1733, HHStA, StA England 69, f. 19v–20v.

309　Karl VI. an Kinsky, Wien, 11.02.1733, HHStA, StA England 69, f. 68–69; diese Befürchtungen schienen sich im ersten Kriegsjahr zu bestätigen, Karl VI. an Kinsky, Wien, 23.12.1733, HHStA, StA England 69, f. 49.

310　An dem »polnischen Wahlgeschäft« (Karl VI. an Kinsky, Wien, 02.04.1733, HHStA, StA England 69, f. 12), wie es in den kaiserlichen Quellen u.a. genannt wird, hatten besonders der russische und der preußische Hof ein Interesse. Siehe zur russischen Seite Jan KUSBER, Vorfeldkontrolle durch militärische Intervention. Rußland und der polnische Thronfolgekrieg 1733–1736, in: Christine KLECKER (Hg.), Sachsen und Polen zwischen 1697 und 1765. Beiträge der wissenschaftlichen Konferenz vom 26. bis 28. Juni 1997 in Dresden, Dresden 1998, S. 144–155.

311　Zunächst hatten sie die Kandidatur des portugiesischen Infanten präferiert (Elisabeth GARMS-CORNIDES, Agostino da Lugano – eine graue Eminenz am Hof Karls VI., in:

als Thronkandidaten Kurfürst Friedrich August II. von Sachsen,[312] den Sohn Augusts II., zu unterstützen,[313] trotz oder gerade wegen eines erwarteten französischen Eingreifens mit militärischen Mitteln.[314] Robinson legte eine entsprechende Erklärung seines Hofes vor:

Und kan mann sich darmit allerdings begnügen, wann nur in dem fall, da Franckreich wegen derer von hieraus, und abseiten Unserer allyrten beschender passuum etwas feindseliges solte unternehmen wollen, Engelland seiner Tractaten mäßiger obligenheit ein genüge leistet. So bald Englischer seits deme, was von hieraus beschiehet, beygestimmt wird, wie mann sich hierzu in obgedachtem pro memoriâ positive erkläret; So ist der überrest eine natürliche folge der in denen Tractaten enthaltenen zusag.[315]

Bei einer umstrittenen Wahlversammlung Anfang September 1733 wählte eine Mehrheit der Anwesenden Stanislaus zum König.[316] Als kurz darauf russische Truppen in Polen einmarschierten, um im Sinne des Zarenhofes Einfluss auf die Wahl zu nehmen, wurde Friedrich August am 8. Oktober als August III. proklamiert.[317] Am 10. Oktober 1733 begann mit der Kriegserklärung des französischen Königs Ludwigs XV. an den Kaiser der Polnische Thronfolgekrieg, gegen den Kaiser traten auch die spanische Krone und König Karl Emmanuel von Sardinien(-Piemont) an.[318] Die Kriegserklärung richtete

MÖStA 55, 2 (2011), S. 815–831, hier S. 824–826). Nach dem Tod des Kurfürsten und Königs 1733 war eine Kandidatur des Portugiesen in Polen aber nicht durchzusetzen (Walter STROBL, Österreich und der polnische Thron 1733, Wien 1950, S. 76, 80).

312 Friedrich August II. (1696–1763), seit 1733 Kurfürst von Sachsen, war mit Erzherzogin Maria Josefa, der Tochter Josephs I., verheiratet. Thomas NICKLAS, Friedrich August II. (1733–1763) und Friedrich Christian (1763), in: Frank-Lothar KROLL (Hg.), Die Herrscher Sachsens. Markgrafen, Kurfürsten, Könige 1089–1918, München 2004, S. 192–202, 334–335, hier S. 192–199.

313 Dieser musste gegenüber dem Kaiserhof seinen Widerstand gegen die Anerkennung der Pragmatische Sanktion aufgeben. STROBL, Österreich und der polnische Thron, S. 80–93, 119–122.

314 Volker PRESS, Karl VI., in: Brigitte HAMANN (Hg.), Die Habsburger. Ein biographisches Lexikon, München 1988, S. 215–219, hier S. 217, findet die kaiserliche Beteiligung am Polnischen Thronfolgekrieg »um so erstaunlicher«; allerdings konnte der Wiener Hof – wie oben angeführt – kein Interesse an Stanislaus als polnischem König, noch dazu mit französischer Unterstützung, haben. Zur russischen Einstellung gegen Kandidaten mit französischer, osmanischer oder schwedischer Unterstützung siehe KUSBER, Vorfeldkontrolle, S. 153–155.

315 Karl VI. an Kinsky, Wien, 14.04.1733, HHStA, StA England 69, f. 13.

316 Siehe ausführlich zu den Umständen der polnischen Wahl 1733 STROBL, Österreich und der polnische Thron, hier S. 100–109, 150–153.

317 KUSBER, Vorfeldkontrolle, S. 151; Jacek STASZEWSKI, Begründung und Fortsetzung der Personalunion Sachsen-Polen 1697 und 1733, in: Quellen und Studien DHI Warschau 18 (2005), S. 37–50, hier S. 48–50.

318 Die wissenschaftliche Literatur zum Polnischen Thronfolgekrieg ist überschaubar. Gründe dafür sind die schwierig abzugrenzende Thematik und die Sprachenvielfalt, die sich in den Quellen zum Konflikt zeigt (KUSBER, Vorfeldkontrolle, S. 144–145).

sich ausdrücklich gegen Karl VI.; weil aber französische Truppen über den Rhein ins Reich einmarschierten, setzte ein Assoziationskongress der kreisausschreibenden Fürsten unter Vorsitz des Reichserzkanzlers und Kurfürsten von Mainz, Philipp Karl Freiherr von Eltz, Maßnahmen zur Reichsverteidigung in Kraft.[319]

Nur ein geringer Teil der folgenden Kampfhandlungen fand 1733 in Polen zwischen Leszczyńskis Einheiten und russischen Truppen statt.[320] Hauptsächlich wurde von Ende 1733 bis 1735 am Rhein und in Italien gekämpft. Am Rhein eroberten die Franzosen die zwei wichtigen Reichsfestungen Kehl und Philippsburg.[321] Schwierigkeiten bereiteten die fehlenden beziehungsweise uneinheitlichen Truppen des kaiserlichen und des Reichsheeres sowie Prinz Eugens deswegen unentschlossene strategische Kriegsführung und sein schlechter Gesundheitszustand.[322] Nur durch den besonders von Karl VI. und Bartenstein befürworteten Einmarsch russischer Truppen ins Reich[323] – und

---

Aus habsburgischer Sicht erschienen 1891 zwei Bände in der Reihe *Feldzüge des Prinzen Eugen von Savoyen: Geschichte der Kämpfe Österreichs* (Raimund GERBA, Polnischer Thronfolge-Krieg. Nach den Feld-Acten und anderen authentischen Quellen, 2 Bde., Wien 1891). Die Abschlussarbeit des späteren Königs von Siam, die dieser 1901 in Oxford verfasst hatte (Maha VAJIRAVUDH, The War of the Polish Succession, Oxford 1901), ist inhaltlich umfassender als manche neuere Literatur: John SUTTON blendet die Rolle der Seemächte und Russlands fast völlig aus (ders., The King's Honor & the King's Cardinal. The War of the Polish Succession, Lexington, KY 1980), ähnlich auch Wilhelm BRINGMANN (ders., »Kabinettspolitik«. Konfliktlösung im Zeitgeist des 18. Jahrhunderts; dargestellt am Beispiel des Polnischen Thronfolgekriegs (1733–1735/38); mit einem Blick auf Friedrich den Großen und den Beginn der Kriege um Schlesien, Stuttgart 2013). Maren KÖSTER (dies., Russische Truppen für Prinz Eugen. Politik mit militärischen Mitteln im frühen 18. Jahrhundert, Wien 1986) analysiert dagegen den Einmarsch der russischen Truppen ins Reich und seine Folgen. Überblickswerke zur polnischen Geschichte streifen den Krieg nur (Jerzy LUKOWSKI/Hubert ZAWADZKI, A Concise History of Poland, Cambridge 2001, S. 86–87) oder erwähnen ihn nicht (Jürgen HEYDE, Geschichte Polens, München [2]2008, S. 45). Polnische und russische Literatur konnte aus sprachlichen Gründen nicht berücksichtigt werden.

319 ARETIN, Das Alte Reich 2, S. 338–339.
320 KUSBER, Vorfeldkontrolle, S. 150–152.
321 Siehe zu den militärischen Maßnahmen im Reich BRAUBACH, Prinz Eugen 5, S. 265–266, 273–280, 286–287, 304–309.
322 Zeitweilig hielt sich der preußische Kronprinz im kaiserlichen Feldlager auf; er kommentierte den Feldzug sehr ironisch: »Wir sind hier in der größtmöglichen Untätigkeit« (ebd., S. 279–284, Zitat S. 280). Siehe zur Führung des Reichsheeres Helmut NEUHAUS, Das Problem der militärischen Exekutive in der Spätphase des Alten Reiches, in: Johannes KUNISCH/Barbara STOLLBERG-RILINGER (Hg.), Staatsverfassung und Heeresverfassung in der europäischen Geschichte der frühen Neuzeit, Berlin 1986, S. 297–346.
323 Prinz Eugen hatte sich deutlich gegen den Einsatz der russischen Truppen ausgesprochen, da ihr Unterhalt aus den vorhandenen Mitteln nicht bezahlt werden konnte. Außerdem befürchtete er, dass ihr Einsatz die Einheit des Reiches gefährden würde. KÖSTER, Russische Truppen für Prinz Eugen, S. 116–119. Dagegen sahen Karl VI.

den darauf folgenden Rückzug der französischen Truppen – entging Prinz
Eugen als dort verantwortlicher Feldherr einer deutlicheren Niederlage.[324]
    In Italien agierten vor allem sardinische und spanische Truppen gegen
die Kaiserlichen und waren 1734 an mehreren Fronten siegreich. Nach der
Eroberung Mailands, Parmas und Mantuas zog eine spanische Armee mit
Don Carlos nach Süden; mit weiterer Unterstützung aus Spanien, unter ande-
rem durch eine Flotte, wurden bis Jahresende 1734 die Königreiche Neapel
und Sizilien vollständig besetzt.[325] Der schnelle Erfolg erklärte sich vor allem
mit der unzureichenden Truppenstärke der kaiserlichen Truppen in Italien.
Den über Robinson in Wien und Kinsky in London übermittelten Bitten des
Kaisers an Georg II. und die britische Regierung, zumindest die spanischen
Flottenoperationen durch britische Schiffe zu behindern, wurde nicht statt-
gegeben.[326] Graf Königsegg übernahm den Oberbefehl über die Armeen in
Italien, nachdem Feldmarschall Mercy im Juni 1734 bei Parma gefallen war. Im
September erlitt Königsegg in Norditalien nach einer erfolgreichen Schlacht
eine deutliche Niederlage, woraufhin ihn Karl VI. fast abberufen hätte.[327]
    Karl VI. konnte am 20. März 1734 erreichen, dass das Reich Frankreich
den Krieg erklärte.[328] Ein kaiserliches Dekret stellte den Geld-, Handels- und
Postverkehr mit Frankreich ein und verbot die Ausfuhr sowie den Handel

---

und Braubach die russischen Truppen als Möglichkeit, eine große Offensive gegen
Frankreich trotz sonst begrenzter Mittel zu bewerkstelligen (ebd., S. 115–116, und
insbesondere S. 119–124 mit ausführlicher Darstellung der Auseinandersetzung).

324 Köster schreibt den Erfolg der Hilfstruppen insbesondere ihrer psychologischen
Wirkung zu, da 1735 zum ersten Mal russische Soldaten – und dazu noch gut diszip-
linierte – so weit im Westen standen. Ebd., S. 137–146, 151–170.

325 Heinrich BENEDIKT, Das Königreich Neapel unter Kaiser Karl VI. Eine Darstellung
auf Grund bisher unbekannter Dokumente aus den österreichischen Archiven, Wien
1927, S. 478–528.

326 Kinsky an Karl VI., p.s., London, 23.04.1734, HHStA, StA England 70, f. 29; Kinsky an
Karl VI., London, 28.05.1734, HHStA, StA England 70, f. 41–42. Sinzendorff forderte
die Unterstützung solcher Schiffe aber immer wieder an. Robinson an Weston, Wien,
07.08.1734, TNA, SP 80, 109, o.f.

327 Es handelte sich um die Schlachten von Quistello (15.09.1734) und Guastalla
(19.09.1734); Horst BOXLER, Die Geschichte der Reichsgrafen zu Königsegg seit dem
15. Jahrhundert, Bannholz 2005, S. 528. In der nächsten Kampagne ab dem Frühjahr
1735 zog Königsegg die Truppen aufgrund der desolaten Lage allerdings aus den italienischen Gebieten nach Tirol ab. BRAUBACH, Prinz Eugen 5, S. 303–304.

328 Mit Enthaltung der mit Frankreich verbündeten Kurfürsten von Köln, Bayern und
der Pfalz sowie des Bischofs von Regensburg einigten sich die Stände am 26. Februar
darauf, im Namen von Kaiser und Reich dem französischen und dem sardinischen
König samt ihren Unterstützern den Krieg zu erklären. Dies hatte auch zur Folge, dass
zumindest ein Teil der Kriegskosten von den Reichsständen getragen wurden, siehe
z.B. Extractus Statt Regensburgschen Cassabuchs über fernerweitero zu behuff der
Reichs Kriegsoperations=Cassa allhier eingegangene gelder, Regensburg, 29.08.1735,
KA, FA, AFA, HR Akten 417, f. 505. Siehe allgemein Klaus MÜLLER, Die Reichskriegserklärung im 17. und 18. Jahrhundert, in: Zeitschrift der Savigny-Stiftung für
Rechtsgeschichte 90, 1 (1973), S. 246–259.

mit kriegswichtigen Gütern und Pferden.[329] Schon vorher drängten er und die kaiserlichen Minister, zu denen ab dem 28. August 1734 auch der frühere Vizekönig von Neapel, Alois Thomas Graf Harrach,[330] gehörte, gegenüber Sir Thomas Robinson und dem neuen hannoverschen Gesandten Freiherr von Erffa[331] in Wien sowie über Graf Kinsky in London[332] auf die Einhaltungen der Bündnisverspflichtungen durch Georg II. als König und Kurfürst. Für den Kaiser war der Krieg nichts, was alleine ausgefochten werden konnte:[333] »[…] die begebenheit an sich ist also beschaffen, daß in wahrheit sammtliche Europäischen Mächten, will geschweigen jene, welche sogenau mit niemandem verknüpfet seind, causam communem hierüber zu machen haben […].«[334]

Georg II. ließ sich allerdings zuerst die ausstehenden Zahlungen aus der Exekution in Mecklenburg auszahlen[335] sowie für das Kurfürstentum weitere Außenstände aus der Zeit des Spanischen Erbfolgekrieg bestätigen.[336] Erst danach erteilte er die Anweisung, die hannoverschen Truppen in die kaiserlichen Verbände einzugliedern.[337] Anlass war die drohende französische Eroberung der Festung Rheinfels, die eine Einnahme Hessen-Kassels und im Weiteren einen direkten französischen Angriff auf die kurfürstlichen Territo-

329 [Karl VI.], Kayserliches Commissions-Decretum, Sambt beygelegter Kriegs-Verkündigung Wider Die Könige von Franckreich und Sardinien/auch Hertzogen von Savoyen/ihre Anhängere/Helffer und Helffers-Helffer/Nebst denen darzu gehörigen Mandatis, Avocatoriis, & Inhibitoriis, Kayserlich-Verordnungen und In das Reich erlassenen Patenten. dd. Ratisbonae 8. April 1734, Frankfurt a.M. 1734.

330 Siehe Kapitel 3.1.2.

331 Zu Erffa siehe Kapitel 3.1.4.

332 Karl VI. an Kinsky, Laxenburg, 10.06.1733, HHStA, StA England 69, f. 3v; Karl VI. an Kinsky, Wien, 13.07.1733, HHStA, StA England 69, f. 26–28v; Karl VI. an Kinsky, Wien, 21.07.1733, HHStA, StA England 69, f. 33; Karl VI. an Kinsky, Wien, 25.10.1733, HHStA, StA England 69, f. 77v; siehe auch die sehr ausführliche Begründung in einem von Bartenstein geschriebenen Brief, Karl VI. an Kinsky, Handschreiben, Wien, 12.11.1733, HHStA, StA England 69, f. 11–15.

333 Prinz Eugen und die anderen Konferenzminister forderten sofort nach Bekanntwerden des französischen Angriffs im Namen des Kaisers die Einhaltung der Bündnisverpflichtungen. Robinson an Harrington, Wien, 22.10.1733, TNA, SP 80, 100, o.f.

334 Karl VI. an Kinsky, Wien, 14.10.1733, HHStA, StA England 69, f. 65.

335 Kinsky an Karl VI., London, 09.02.1734, HHStA, StA England 70, f. 5; Robinson an Weston, copy, Prag, 11.06.1732, TNA, SP 80, 88, o.f.

336 Siehe hierzu insgesamt HStA H, Cal. Br. 11, Nr. 1840, sowie darin das kaiserliche Kommissionsdekret, mit dem die Schulden aus dem Jahr 1712 als passive Schulden anerkannt wurden. [Karl VI.], Kayserliches Commissions Decret: sub dato Wienn den 13. Nov. & dictato 18. eiusd. 1734. Die von Sr. Königl. Groß-Britannischen Majestät, als Churfürsten zu Braunschweig und Lüneburg beym Heil. Röm. Reich von Anno 1712. machende Forderung betreffend; Mit Beylagen Lit. A. & B., Regensburg 1734.

337 Kinsky an Karl VI., London, 09.03.1734, HHStA, StA England 70, f. 23, 42–50, sowie Kinsky an Prinz Eugen, London, 23.04.1734, HHStA, Gr. Korr. 94b, 1, f. 246; ebd., f. 268–271 die von Kinsky und Hattorf unterzeichnete Konvention für die hannoverschen Truppen, 09./20.04.1734; f. 273 die Geheim- und Separatartikel; f. 275–276

rien hätte bedeuten können.[338] Gleichzeitig hatte Georg II. Bedenken, seine kurfürstlichen Truppen einzusetzen, da er nach der Besetzung Mecklenburgs durch die Truppen des Königs von Preußen einen preußischen Überfall auf Kurbraunschweig befürchtete.[339] Das ließ Karl VI. allerdings nicht als Grund gelten, die braunschweigschen Truppen nicht der Reichsarmee einzugliedern:

Mit einem wort dieses incidens berechtiget Chur-Braunschweig keines wegs, mit der allianzmäßigen hülffe nur einen augenblick zu verzögern. Du hast also unausgesetzt darauff zu dringen, daß die ChurBraunschweigischen 10 m mann den marche anzutreten, und mit der unter des Herzogs von Bevern commando stehenden armée sich zu conjugiren beordert werden möchten.[340]

Als britischer König berief sich Georg II. darauf, dass der Vertrag vom 16. März 1731 zusammen mit den Generalstaaten der Niederlande abgeschlossen worden sei. Walpole formulierte dazu, es müsse überlegt werden, zu welcher Zeit und auf welche Art und Weise Großbritannien in den Krieg eintreten werde, sollte es unvermeidlich sein. »Great Britain can neither with safety nor prudence enter into this war but in conjunction with the States.« Da sie stärker betroffen seien, werde eine gemeinsame Handlungsweise erwartet. Einen alleinigen Kriegseintritt Großbritanniens sei das, »what this nation cannot, will not bear.«[341]

Die Niederlande hatten jedoch schon zu Beginn des Kriegs ihre Neutralität gegenüber Frankreich bestätigt[342] und griffen nicht in den militärischen Konflikt ein.[343] Die Heirat der ältesten britischen Prinzessin Anne mit Wilhelm IV. von Oranien, Statthalter in Friesland, Groningen und Gelderland, war von den holländischen Ständen nicht gut aufgenommen worden und ver-

---

die Auflistung der vereinbarten Truppen; f. 277–278 die Vollmacht für Geheimen Rat Johann Philipp von Hattorf, unterschrieben von George II., gegengezeichnet von Reiche.

338 Jeremy BLACK, Parliament and Foreign Policy in the Age of Walpole. The Case of the Hessians, in: Ders., Knights Errant and True Englishmen. British Foreign Policy, 1660–1800, Edinburgh 2007, S. 41–54, hier S. 49–50.

339 Kinsky an Karl VI., London, 25.12.1733, HHStA, StA England 70, f. 60; Kinsky an Karl VI., London, 21.01.1735, HHStA, StA England 71, f. 23–24; siehe auch Kapitel 5.3, S. 383–384. Georg II. reiste schließlich sogar ins Kurfürstentum – gegen den Willen seiner britischen Minister (Kinsky an Karl VI., London, 10.05.1735, HHStA, StA England 71, f. 32) –, um preußischen Übergriffen vorzubeugen. Kinsky an Karl VI., London, 31.05.1735, HHStA, StA England 71, f. 51.

340 Karl VI. an Kinsky, Wien, 31.10.1733, HHStA, StA England 69, f. 85v, 83.

341 Walpole, Remarks, 04.01.1734, in: COXE, Walpole 3, S. 147–148.

342 Karl VI. an Kinsky, Halbthurn, 28.09.1733, HHStA, StA England 69, f. 35–35v.

343 Siehe zur niederländischen Außenpolitik DUNTHORNE, The Maritime Powers, S. 262–276.

stärkte deren Absicht, nicht in den Krieg einzugreifen.[344] Georg II. nahm die Neutralität der Generalstaaten zum Anlass, gefördert und unterstützt von Sir Robert Walpole und den Secretaries of State,[345] sich als britischer König auf eine Vermittlerrolle zwischen den Konfliktparteien zurückzuziehen,[346] bis die Generalstaaten ebenfalls in den Krieg einträten.[347] Am Kaiserhof war man, nachdem der niederländische Gesandte die Neutralität der Generalstaaten in diesem Konflikt öffentlich verkündet hatte, vor allem darüber verärgert, dass

[…] Walpole die neutralität gedancken nicht zu mißbilligen geschienen. Wäre demn [!] also, So würde andurch jenes bestättiget, was Uns von verschiedenen orthen zugekommen, als ob die gebrüder Walpole aus ganz besonderen ihnen beywohnenden betrachtungen zu verhindern suchten, daß Engelland an dem ausgebrochenen krieg keinen theil nehme.[348]

Im Winter 1734 sagte Georg II. zum kaiserlichen Sondergesandten Baron Wasner in Anwesenheit Graf Kinskys, er wolle den Kaiser schon unterstützen, nur hätten die schnellen kaiserlichen Verluste, die Excise-Krise sowie die Parlamentswahlen verhindert, dass er wie gewollt hätte handeln können.[349] Bis zum Sommer 1734 wollten die britischen Minister während des Wahlkampfes die – wie oben beschrieben – innenpolitisch schwierige Lage durch öffentliche Versprechen eines Kriegseintrittes nicht verkomplizieren.[350] Nach

---

344 Eigentlich hätte die Heirat aus britischer Sicht die Position Wilhelms stärken und ihm die Möglichkeit geben sollen, die Statthalterschaft über Holland zu erringen und damit die Allianz der Seemächte zu festigen. Pieter GEYL, William IV of Orange and his English Marriage, in: Transactions of the Royal Historical Society 8 (1925), S. 14–37, hier S. 18–21.

345 Kinsky an Karl VI., London, 31.05.1735, HHStA, StA England 71, f. 49v.

346 Kinsky an Karl VI., London, 22.06.1734, HHStA, StA England 70, f. 11v. Kinsky an Karl VI., London, 25.09.1733, HHStA, StA England 70, f. 53; Kinsky an Karl VI., Hammersmith, 20.07.1734, HHStA, StA England 70, f. 13v–14. Die britische Zurückhaltung und der Wunsch nach einer Mediation zeichnete sich schon vor dem tatsächlichen Kriegsausbruch ab, siehe Kinsky an Karl VI., eigenhändig, London, 29.06.1733, HHStA, StA England 70, f. 49–54.

347 Kinsky an Karl VI., Hannover, 15.06.1735, HHStA, StA England 71, f. 3–3v; Kinsky an Karl VI., Hannover, 07.07.1735, HHStA, StA England 71, f. 27–28.

348 Karl VI. an Kinsky, Wien, 28.11.1733, HHStA, StA England 69, f. 20. Kinsky schien es zu diesem Zeitpunkt noch so, »daß sowohl der König alß viele vornehme der Nation nicht der meynung seynd den Krieg zu evitiren und Frankreich ein gewonnenes spiel zu geben;« Kinsky an Karl VI., London, 18.05.1734, HHStA, StA England 70, f. 18.

349 Wasner an Karl VI., London, 03.10.1734, HHStA, StA England 70, f. 16. Allerdings ist fraglich, ob Georg II. zu diesem Zeitpunkt hätte handeln wollen, siehe Kapitel 3.2.1 und 5.3. Auch Walpole erklärte, bei der ersten Anfrage sei es nicht möglich gewesen, zu helfen, u.a. wegen der Excise-Krise. Wasner an Karl VI., London, 03.10.1734, HHStA, StA England 70, f. 20v–21; 22. Die Flottenunterstützung hätte frühestens im Sommer 1734 erfolgen können, da sei es aber für das Königreich Neapel schon zu spät gewesen. Ebd., f. 21v–22v.

350 Kinsky an Harrach [in Brüssel], London, 28.05.1734, FA Kinsky, 3 c), 57, o.f.

den Wahlen fand Sir Robert Walpole, die Mehrheit im Parlament sei nicht stabil. Deswegen verwies er auf die notwendige Teilnahme der Generalstaaten, von denen er sicher sein konnte, dass sie ihre Neutralität nicht aufgeben würden.[351] Darüber hinaus gab er dem Kaiser eine Mitschuld am Kriegsausbruch, da dieser »verschidene gute gelegenheiten nicht behertziget [habe], entweder die zusammensetzung deren anjetzo vereinigten feindlichen Mächten zu verhindern, oder nach deren schon erfolgter zusammensetzung dieselbe zu trennen […].«[352]

Die britische Argumentation war, der Wiener Hof habe in der polnischen Angelegenheit die Einwände aus London nicht beachtet und sei deshalb selbst für den Kriegsausbruch verantwortlich, weswegen es sich nicht um den Bündnisfall gemäß Artikel 1 des Vertrags von 1731 handele.[353] Dies wurde von kaiserlicher Seite entschieden abgelehnt: »Ohne daß Wir viel geschrey darvon machen, ist der ganzen Welt bewußt, daß von Unß in dem Pohlnischen Wahlwesen kein schritt geschehen, so nicht an Engelland mitgetheilet, und wo nicht dessen rath gefolget worden wäre.«[354] Intern gab es über die Entscheidung in der britischen Regierung aber Differenzen: die Königin, Horatio Walpole[355] und der Duke of Newcastle wollten dem Kaiser helfen, hatten aber über die Art und Weise unterschiedliche Meinungen.[356] Währenddessen versuchten die britischen Akteure, ihre Uneinigkeit nicht nach außen dringen zu lassen: »Can one be sure Kinsky will know nothing of this?«[357] In Wien unterstützte Robinson von Anfang an gegenüber seinen Londoner Vorgesetzten den Kaiserhof.

[…] they [Vienna] are in earnest to exert themselves, and as their Dispositions are both great & effective, so, if well seconded at first, they may have great Success, but should the Emperor be left to oppose the whole House of Bourbon singly one year, these very Efforts will have exhausted him so much, that instead of being a Principal, He will hardly

---

351 Wasner an Karl VI., London, 03.10.1734, HHStA, StA England 70, f. 24v.
352 Ebd., f. 23–23v.
353 Harrington an Robinson, London (Whitehall), 27.11.1733, TNA, SP 80, 101, o.f.; Harrington an Kinsky, o.O., 24.11.1733, TNA, SP 80, 101, o.f.
354 Karl VI. an Kinsky, Wien, 15.08.1734, FA Kinsky, 9 a), 10, o.f.
355 Horatio Walpole nannte die Lage gegenüber der Königin eine »embarassing situation«, aus der man nur herauskommen könne, indem man dem Kaiser insgeheim zu verstehen gebe, er solle sich mit seinen Gegnern irgendwie einigen. Horatio Walpole an Caroline, Den Haag, 04.05.1734, BL, Add. Mss. 73770, f. 44v.
356 Newcastle an Robert Walpole, Newcastle House, 30.11.1734, in: COXE, Walpole 3, S. 228–232.
357 Ebd., S. 230.

in another Year be able to second others. [...] it will be hardly possible [...] for such an occasion to happen again, for ye rest of Europe to joyn with him in giving such Bounds to the House of Bourbon [...].[358]

Versuche Graf Kinskys, in London Rückhalt für die Forderungen des Kaisers zu erhalten, der darauf bestand, die Bündnisverpflichtung sei eindeutig und müsse eingehalten werden, liefen ins Leere.[359] Aber Kinsky unterstützte auf die ihm mögliche Weise den Krieg: am Namenstag des Kaisers, zugleich natürlich auch der Don Carlos', luden er und der spanische Botschafter ein – und Kinsky konnte sich damit rühmen, dass die wichtigsten Minister (darunter Walpole, Newcastle und Harrington, Hattorf und die Haushofmeister des Königs und der Königin) sowie wichtige diplomatische Vertreter, nämlich alle nicht mit Frankreich verbündeten, bei ihm seien.[360]

Die Bemühungen des Barons Strickland, Bischof von Namur,[361] der sich selbst als Vermittler aufgedrängt hatte, bereiteten Graf Kinsky in London im Weiteren Schwierigkeiten, unter anderem weil Strickland sich mit dem französischen Botschafter traf.[362] Auch die Sondermission des zusätzlichen kaiserlichen Gesandten, Baron Wasners,[363] fruchtete im Winter 1734/35 nicht.[364] Stattdessen stellte Graf Kinsky auf Anweisung Karls VI. den britischen König vor die Alternative, entweder sofort militärische Unterstützung zu leisten oder einer Heirat zwischen der jüngeren Erzherzogin und Don

358 Robinson an Harrington, »most secret«, chiffriert, Wien, 28.11.1733, TNA, SP 80, 101, o.f. Er verteidigte auch die kaiserliche Politik in Polen, Robinson an Weston, Wien, 06.01.1734 TNA, SP 80, 103, f. 62–64v, bes. f. 63v–64.

359 Kinsky versuchte sogar, einen Keil zwischen den König und seine Minister zu treiben, indem er Georg II. geheime Informationen weitergab. Kinsky an Karl VI., Hammersmith, 05.10.1734, HHStA, StA England 70, f. 13v. Georg II. verwies immer wieder darauf, dass er noch mehr Geld – dazu war die Eröffnung des Parlaments abzuwarten – und Zeit benötige, um die »Gemüter« vorzubereiten. Kinsky an Karl VI., London, 22.10.1734, HHStA, StA England 70, f. 13–16.

360 Kinsky an Karl VI., London, 02.11.1734, HHStA, StA England 70, f. 3v–4. Die Anwesenden konnten auf diese Weise ihre grundsätzliche Unterstützung für den Kaiser zum Ausdruck bringen.

361 Zur Person des Bischofs und seiner Rolle siehe u.a. Gernot Oswald GÜRTLER, Ein Diplomat im Spannungsfeld von Politik und Kirche. Studien zu Thomas John Francis Strickland (1682–1740), Innsbruck 1981.

362 Kinsky an Prinz Eugen, London, 17.12.1734, HHStA, Gr. Korr. 94b, f. 320–321. Die negative Meinung über Strickland wurde von Horatio Walpole geteilt, siehe Horatio Walpole an Robert Walpole, Den Haag, 22.10.1734, in: COXE, Walpole 3, S. 185–186.

363 Ignaz Johann Baron Wasner (1688–1767) wurde ab 1736 Kinskys Nachfolger in London.

364 Wasner traf sich mit Horatio Walpole, dem Duke of Newcastle und Sir Robert Walpole und hatte sogar eine Audienz beim König und der Königin (Wasner an Karl VI., London, 03.10.1734, HHStA, StA England 70, f. 1–30). Allerdings sei es Walpole, der zurzeit den Kurs der Regierung vorgebe, die beiden Staatssekretäre folgten ihm (ebd., f. 18; Wasner an Karl VI., London, 08.10.1734, HHStA, StA England 70, f. 33–36).

Carlos zuzustimmen.[365] Da die britischen Minister und Georg II. weiterhin keine Möglichkeit sahen, sich gefahrlos am Krieg zu beteiligen, stimmte der britische König trotz Vorbehalten nun einer spanischen Heirat zu.[366] Das widersprach dem ersten streng geheimen Artikel des Vertrags von 1731, in dem ja vor allem von britischer Seite durchgesetzt worden war, dass die Garantie für die zukünftige Erbfolge nur für den Fall gelten sollte, dass die Erzherzoginnen keinen bourbonischen Prinzen heirateten.[367] Kinsky zeigte sich dementsprechend überrascht.[368] Robinson meinte danach, dass Bartenstein – und damit der Kaiser – ihm nicht mehr vertraue, »for every tendency to the Spanish match is a blow to Bartenstein, and you may be equaly sure that he has the sole credit in a manner with the Emperor.«[369] Sir Thomas Robinson hatte deswegen und nach den wiederholten abschlägigen Bescheiden, die er in Wien übergeben musste, einen sehr schweren Stand am Kaiserhof.[370]

Karl VI. sah sich sehr bald nach Kriegsbeginn mit großen Geldschwierigkeiten konfrontiert, da hohe finanzielle Mittel für Truppen, Material und Versorgung aufgebracht werden mussten.[371] Deshalb wurde der Versuch wieder aufgegriffen, am Londoner Finanzmarkt Kredite aufzunehmen.[372] Graf Kinsky konnte, mit Unterstützung des Secretary of State Harrington, und wohl auch Walpoles, bei der Bank of England tatsächlich bis zum Frühjahr 1735 einen erheblichen Kredit aushandeln.[373] Gleichzeitig drängten aufgrund

---

365 Kinsky an Karl VI., London, 01.03.1735, HHStA, StA England 71, f. 13–13v, der Vorschlag Kinskys f. 14–22.

366 Harrington an Robinson, chiffriert, London (Whitehall), 27.11.1733, TNA, SP 80, 101, o.f.

367 Siehe Kapitel 2.3.1, S. 82. Außerdem war eine solche Verbindung von britischer Seite mehrfach strikt abgelehnt worden (siehe z.B. Robinson an Harrington, »most secret«, Wien, 21.10.1733, TNA, SP 80, 100, o.f.).

368 »Ich hätte mir niemals einfallen laßen, das mann den König zu einer solchen resolution bringen werde, darzu dem vernehmen hatt mann ihm durch den Prætendenten in die forcht gebracht, weßentwegen da auch vor allem auff die Verstärkung der Flotta, und der national trouppen bedacht gewesen.« Kinsky an Karl VI., eigenhändig, London, 01.03.1735, HHStA, StA England 71, f. 30.

369 Robinson an Tilson, Wien, 06.10.1735, TNA, SP 80, 118, o.f.; siehe ebenso Weston an Robinson, 27.12.1735, BL, Add. Mss. 23796, f. 255, zitiert nach BLACK, When »Natural Allies« Fall Out, S. 140.

370 Robinson an Harrington, »most secret«, Wien, 26.08.1735, TNA, SP 80, 118, o.f.; Robinson an Weston, 19.11.1735, TNA, SP 80, 119, f. 113; Robinson an Horatio Walpole, »most secret«, Wien, 05.07.1736, TNA, SP 80, 122, o.f. Vor allem Bartenstein zeigte das deutlich, siehe Kapitel 4.2.5, S. 296. Robinson bat deshalb um seine Abberufung, auch aufgrund körperlicher Schwäche, siehe Robinson an Tilson, 06.10.1735, TNA, SP 80, 118, o.f.; Robinson an Newcastle, Wien, 23.11.1735, TNA, SP 80, 119, f. 127v.

371 Zur ungenügenden militärischen Vorbereitung der kaiserlichen Truppen und insbesondere der Geldschwierigkeiten siehe Kapitel 5.2 und 5.3.

372 Karl VI. an Kinsky, Handschreiben, Wien, 28.10.1733, HHStA, StA England 69, f. 79–80.

373 Siehe Kapitel 5.2, S. 356–360.

der schlechten strategischen, militärischen und finanziellen Lage Prinz Eugen und Graf Königsegg im Februar 1735 auf einen schnellen Friedenschluss.[374]

Seit 1734 setzten sich die Seemächte als Mediatoren für einen Friedensschluss ein, was aufgrund der ausweglosen militärischen Lage vom Kaiserhof auch angenommen wurde.[375] Vermittlungsversuche der britischen Akteure, besonders ein Vorschlag, der Anfang 1735 vorgelegt wurde,[376] deuteten schon die späteren territorialen und völkerrechtlichen Lösungen an, führten aber nicht zum Frieden. Im Sommer 1735 musste Robinson vielmehr in Wien erklären, dass nicht mit der militärischen Unterstützung der Seemächte zu rechnen sei und der Kaiser deshalb einem Waffenstillstand zustimmen solle.[377]

Tatsächlich fanden stattdessen im Sommer geheime Friedensverhandlungen mit Frankreich statt, an denen von kaiserlicher Seite hauptsächlich Karl VI., Hofkanzler Sinzendorff und Bartenstein beteiligt waren.[378] Außerdem waren bei den Beratungen der Geheimen Konferenz in Wien im Sommer 1735 noch Graf Starhemberg und der 1734 zum Konferenzminister ernannte Graf Harrach[379] anwesend.[380] Letztlich einigten sich am 3. Oktober 1735 in Wien Sinzendorff, Bartenstein und der französische Botschafter auf vorläufige Präliminarfriedensartikel.[381] Erst drei Tage später wurde Robinson von

---

374 Bei einer dringlichen Konferenz am 5. November 1734 in Wien, an der alle Minister bis auf Königsegg – er war noch in Italien – teilnahmen, einigte man sich auf die Erstellung schriftlicher Gutachten zur aktuellen Lage (siehe die ausführliche Wiedergabe bei BRAUBACH, Prinz Eugen 5, S. 297–301). Prinz Eugen – und Königsegg – waren sich einig, dass »jeder Friede besser [sei] als der gegenwärtige Krieg«, Eugen, Denkschrift, 05.02.1735, HHStA, StK Konferenzprotokolle und Referate 76, zitiert nach BRAUBACH, Prinz Eugen 5, S. 300.

375 DUNTHORNE, The Maritime Powers, S. 286–294; STEUER, Englands Österreichpolitik, S. 121–150.

376 Harrington an Robinson, »most secret«, London (Whitehall), 26.01.1735, TNA, SP 80, 113, o.f.; Harrington an Robinson, chiffriert, London (Whitehall), 11.02.1735, TNA, SP 80, 113, o.f.; Harrington an Robinson, London (Whitehall), 14.02.1735, TNA, SP 80, 113, o.f.

377 Robinson an Harrington, »most secret«, chiffriert, Wien, 22.06.1735, TNA, SP 80, 115, o.f.; Robinson an Harrington, »secret«, Wien, 05.07.1735, TNA, SP 80, 116, o.f.

378 Der französische erste Minister Kardinal Fleury hatte mit einem eigenhändigen Glückwunsch zum Jahreswechsel zu erkennen gegeben, dass eine Verständigung möglich wäre. Karl VI. an Kinsky, Wien, 16.02.1735, FA Kinsky, 10 a), 4, o.f. Nach einigem Zögern auf beiden Seiten begannen im August die Verhandlungen in Wien. BRAUBACH, Versailles und Wien, S. 202–237. Prinz Eugen war über die Verhandlungen informiert (BRAUBACH, Prinz Eugen 5, S. 309–310, 312–314). In der Geheimen Konferenz und gegenüber Robinson zeigte er aber seinen Unmut darüber, dass der Abschluss ohne seine Beteiligung und Unterschrift erfolgt war (ebd., S. 314; STEUER, Englands Österreichpolitik, S. 176–177). Zugleich blieb damit ein Ausweg offen, falls das noch nicht ratifizierte Abkommen scheitern sollte und die britische Seite benötigt würde.

379 Siehe zu Graf Harrach Kapitel 3.1.2.

380 Max BRAUBACH, Geschichte und Abenteuer. Gestalten um den Prinzen Eugen, München 1950, S. 418, Fn. 41.

381 BRAUBACH, Versailles und Wien, S. 261–263.

Bartenstein darüber informiert. Bartenstein entschuldigte das gegenüber Robinson damit, dass noch nicht alle Punkte besprochen seien und die Vereinbarung erst nach der Zustimmung aller Beteiligten – er nannte die Seemächte – endgültig sei.[382] Nach weiteren Beratungen galten die Verhandlungen am 16. November 1735 als beendet,[383] am 22. November 1735 wurden die Präliminarartikel dem britischen Gesandten übergeben.[384] Die Seemächte erklärten sich bereit, die Bestimmungen zu akzeptieren. Nachdem der sardinische König und – nach einigen Schwierigkeiten – auch die spanische Krone zugestimmt hatten, wurde bis Ende 1736 weiter verhandelt.[385] Im Mai 1737 fand die Unterzeichnung des Definitivfriedens statt.[386]

Darin wurde festgelegt, dass Kurfürst Friedrich August von Sachsen König von Polen bleiben solle.[387] Der Gegenkandidat Leszczyński blieb Titularkönig; für den Verlust der polnischen Krone wurde er mit den Herzogtümern Lothringen und Bar entschädigt, auf die die Lothringer verzichten mussten.[388] Herzog Franz Stephan von Lothringen wurde die Nachfolge im Großherzogtum Toskana zugesichert.[389] Dem spanischen König sprach der Vertrag den Großteil der italienischen Besitzungen Karls VI. – Neapel, Sizilien und den Stato dei Presidi – zu, die als Sekundogenitur von Don Carlos regiert wurden. Der König von Sardinien erhielt Gebiete in der Lombardei. Mantua, Mailand,

---

382 Robinson an Harrington, Wien, 06.10.1735, TNA, SP 80, 118, o.f. Eine vollständige Fassung der Verhandlungsergebnisse erhielt Robinson nicht (Robinson an Harrington, chiffriert, Wien, 12.10.1735, TNA, SP 80, 119, f. 4; Robinson an Harrington, Wien, 15.10.1735, TNA, SP 80, 119, f. 12–12v), und meinte aufgrund des französischen Textes, es handele sich nur um einen Entwurf (Robinson an Harrington, »secret«, Wien, 19.10.1735, TNA, SP 80, 119, f. 32v). Eine geforderte schriftliche Anfrage hatte zur Folge, dass sich Graf Kinsky über Robinsons Tonfall beschwerte (Harrington an Robinson, London (Whitehall), 18.11.1735, TNA, SP 80, 119, f. 60–60v); Kinskys Ansicht nach wollte die britische Regierung einen schriftlichen Beleg auch nur, um bei der Parlamentseröffnung nach außen ihre Beteiligung an den Verhandlungen zeigen zu können (Kinsky an Karl VI., Hannover, 29.09.1735, HHStA, StA England 71, f. 70–72).
383 BRAUBACH, Versailles und Wien, S. 271.
384 Robinson an Harrington, Wien, 22.11.1735, TNA, SP 80, 119, f. 115–117v, Präliminarartikel f. 120–123. Auch die Generalstaaten wurden informiert.
385 BRAUBACH, Versailles und Wien, S. 286–288.
386 STEUER, Englands Österreichspolitik, S. 181.
387 MATZKE, Gesandtschaftswesen, S. 58–59.
388 Nach dem Tod Leszczyńskis fiel Lothringen an die französische Krone.
389 Da Franz Stephan diese Nachfolge aber erst nach dem Tod des toskanischen Großherzogs Gian Gastone de' Medici würde antreten können, wollte Karl VI. ihm die Statthalterschaft in den Österreichischen Niederlanden übertragen. Renate ZEDINGER, Franz Stephan von Lothringen (1708–1765). Monarch – Manager – Mäzen, Wien 2008, S. 66. Der Tod des letzten Medici am 9. Juli 1737 machte diese Versorgung des kaiserlichen Schwiegersohns, der Maria Theresia am 12. Februar 1736 heiratete (siehe Kapitel 5.1, S. 321–322), unnötig. ZEDINGER, Franz Stephan von Lothringen, S. 114.

Parma und Piacenza gingen in habsburgischen Besitz über. Zusätzlich erhielt Karl VI. die französische, spanische und sardinische Anerkennung der Pragmatischen Sanktion.[390]

Bei allen Verhandlungen waren Philipp Graf Kinsky in London und Sir Thomas Robinson in Wien nur noch Zuschauer,[391] die kaiserlich-britischen Beziehungen waren gescheitert. Dabei hätte sich Franz Stephan von Lothringen dringend die Hilfe des britischen Königs gewünscht, um einen Ausweg aus dem Ländertausch zu finden.[392] Wegen seines Verhaltens in diesem Krieg wurde Großbritannien in der Folge von den anderen europäischen Mächten ignoriert.[393] Die Beziehungen zwischen Wien und London waren auf einem neuen Tiefpunkt seit 1727 angekommen und sollten sich erst durch die neuerlichen europäischen Konflikte nach dem Tod Karls VI. und im Österreichischen Erbfolgekrieg wieder deutlich verbessern.

---

390 Braubach vertritt sicher nicht zu Unrecht die These, für das Kaiserhaus sei dieses Ergebnis in Anbetracht des Kriegsverlaufs sehr günstig gewesen, BRAUBACH, Prinz Eugen 5, S. 313.

391 Siehe z.B. Karl VI. an Kinsky, Wien, 27.01.1731, HHStA, StA England 68, f. 1; Harrington an Robinson, London (Whitehall), 06.01.1736, TNA, SP 80, 119, f. 186–187; Robinson an Harrington, Wien, 18.01.1736, TNA, SP 80, 120, o.f.

392 Walpole an Robinson, Hannover, 17.06.1736, BL, Add. Mss. 23798, zitiert nach STEUER, Englands Österreichpolitik, S. 180, Fn. 102. Letztlich musste Franz Stephan den gefundenen Lösungen zustimmen. Siehe ausführlich zu den Anstrengungen, die am Kaiserhof unternommen worden, ihn zu überzeugen, sowie zu den aus dem Ländertausch resultierenden Problemen ZEDINGER, Franz Stephan von Lothringen, S. 63–75.

393 Siehe zur problematischen Lage der britischen auswärtigen Beziehungen in den Jahren 1736 bis 1742 die Ausführungen von Jeremy BLACK, Recovering Lost Years. British Foreign Policy after the War of the Polish Succession, in: Diplomacy and Statecraft 15, 3 (2004), S. 465–487; ders., British Politics and Foreign Policy, S. 143–148 und besonders S. 163–183.

3. Akteure

Mitglieder von Dynastien waren wesentliche Akteure[1] der internationalen Beziehungen in der Frühen Neuzeit, besonders bei Beziehungen zwischen monarchisch regierten Territorien.[2]

Die im hier behandelten Zeitabschnitt regierenden Monarchen der österreichischen und britischen Territorien waren Kaiser Karl VI. sowie König und Kurfürst Georg II. Sie waren Oberhäupter einer Dynastie, Herrscher über Territorien, sie bestimmten die Richtlinien der Politik und ihre Umsetzung. Über offene Kanäle und nicht-öffentliche »Secrets du Roi/de l'Empereur«[3], durch ihre Charakterzüge sowie im Umgang mit Ehefrauen und Kindern beeinflussten sie dabei immer die kaiserlich-habsburgisch-britisch-hannoverschen Beziehungen. Im Folgenden werden verschiedene Rollen und Funktionen der regierenden Herrscher betrachtet. Beide waren Monarchen: Karl VI. regierte als König erblicher Reiche und als gewählter Kaiser des Heiligen Römischen Reiches, während Georg II. sowohl als König als auch als Kurfürst das Erbe seines Vaters antrat. Beide wurden zu ihren höchsten Würden gekrönt und gesalbt, was den Anspruch des sakralen Herrschertums, der Regierung von Gottes Gnaden, unterstrich.[4]

Auf unterschiedliche Art und Weise brachten sich auch ihre Ehefrauen, Kaiserin Elisabeth Christine beziehungsweise Königin Caroline, in die internationale Politik ein.[5] Als komplementärer Teil des monarchischen

---

1   Zur Bedeutung des Begriffs »Akteur« in dieser Arbeit siehe Kapitel 1.1, S. 21.

2   Die Einschätzung, inwieweit Akteure internationale Beziehungen bestimmten oder beeinflussten, änderte sich in der Historiographie der letzten Jahrzehnte. Für eine grundlegende Einordnung dieser Entwicklung siehe u.a. Thiessen/Windler, Einleitung. Nachdem sowohl das Konzept des hauptsächlichen Einflusses von »großen« Männern – oder seltener Frauen – als auch der strukturelle Ansatz nicht weiterführend erschienen, eröffneten sich mit der Patronage- und der Netzwerkforschung neue Wege. Zu Netzwerken siehe Kapitel 4.1.5. Es wurde deutlich, dass familiäre Hintergründe, Klientelverhältnisse und kulturelle Prägung einzelner Handelnder auch in größeren Zusammenhängen Folgen haben konnten. Entscheidungen wurden auf Grundlage der persönlichen Verflechtungen getroffen. Sympathie und Antipathie zwischen Akteuren konnten in einem Bereich, der auf Kommunikation basierte, weitreichende Folgen haben. Zum Einfluss von Persönlichkeiten und Charakteren siehe Kapitel 4.2.5.

3   Gemeint sind hiermit die Organisationen und Netzwerke für Geheimdiplomatie und Spionage, siehe Kapitel 4.1.2 und 4.1.5.

4   Siehe zum Thema »Monarchie« Ronald G. Asch/Jörn Leonhard, Monarchie, in: EdN 8 (2008), Sp. 675–696, sowie die Literaturhinweise Sp. 694–696.

5   Zur Rolle von regierenden Frauen in der Dynastie siehe z.B. die Sammelbände Heide Wunder (Hg.), Dynastie und Herrschaftssicherung in der Frühen Neuzeit. Geschlechter und Geschlecht, Berlin 2002, oder Clarissa Campbell Orr (Hg.), Queenship in

Arbeitspaares[6] waren sie zunächst für die Sicherung der Dynastie durch das Gebären von Kindern, deren Erziehung und Verheiratung zuständig. Sie wirkten zudem durch die Erfüllung von Repräsentationsaufgaben, beispielsweise gegenüber fremden Diplomaten, auf die Politik ein, aber auch durch künstlerische und sonstige Patronage,[7] Korrespondenzen[8] und Beratung ihrer Ehemänner oder der Minister. Darüber hinaus konnten sie, wie es bei beiden Frauen der Fall war, als Regentinnen auch direkt an den internationalen Beziehungen Anteil haben.[9] Die Kinder der Paare waren im behandelten zeitlichen Rahmen meist Objekte der internationalen Beziehungen – insbesondere in dynastischer Hinsicht –, traten aber nicht selbst als Akteure auf, weswegen ihre Biographien im Folgenden nicht untersucht werden.

Auf der Ebene unterhalb der regierenden Familien agierten die jeweiligen Regierungen, nach Kollegialprinzip oder einer Mischung aus Ressort- und Kollegialprinzip.[10] Auf der Ebene der Minister hing es von den Strukturen und Institutionen sowie der jeweiligen politischen Kultur ab, wie einzelne Akteure – und in welchem Ausmaß – in den internationalen Beziehungen wirkten, ob Hofämter notwendige Voraussetzung dafür waren und in welcher Form ihre Amtsausübung geschah. Sowohl in der kaiserlichen als auch der britischen Regierung gab es ein herrschernahes Entscheidungsgremium, welches über Angelegenheiten der Beziehungen zu fremden Höfen und Monarchen beriet, allerdings in unterschiedlicher Zusammensetzung und mit

---

Europe, 1660–1815, Cambridge 2004. Zu den verschiedenen möglichen Rollen und Aufgaben einer regierenden Fürstin siehe die wegweisende Arbeit zu Aemilia Juliana von Schwarzburg-Rudolstadt, Judith P. AIKIN, A Ruler's Consort in Early Modern Germany. Aemilia Juliana of Schwarzburg-Rudolstadt, Farnham 2014. Während in den englischsprachigen Sammelbänden Königin Caroline mit Vorbildcharakter für ihre Nachfolgerinnen im 18. Jahrhundert erwähnt wird, erhielten die Kaiserinnen der Frühen Neuzeit mit Erscheinen eines entsprechenden Sammelbandes 2016 die entsprechende Aufmerksamkeit (Bettina BRAUN u.a. (Hg.), Nur die Frau des Kaisers? Kaiserinnen in der Frühen Neuzeit, Wien 2016).

6 Die Zusammenarbeit des kaiserlichen bzw. königlichen Ehepaares als »Arbeitspaar« ist hier im Sinne Heide Wunders gemeint, Heide WUNDER, »Er ist die Sonn', sie ist der Mond«. Frauen in der Frühen Neuzeit, München 1992, S. 94.

7 Zum Mäzenatentum von Fürstinnen siehe Susanne RODE-BREYMANN/Antje TUMAT (Hg.), Der Hof. Ort kulturellen Handels von Frauen in der Frühen Neuzeit, Köln 2013.

8 Siehe allgemein Corina BASTIAN, Verhandeln in Briefen. Frauen in der höfischen Diplomatie des frühen 18. Jahrhunderts, Köln 2013.

9 Die entsprechenden Aufsätze finden sich in Corina BASTIAN u.a. (Hg.), Das Geschlecht der Diplomatie. Geschlechterrollen in den Außenbeziehungen vom Spätmittelalter bis zum 20. Jahrhundert, Köln 2014. Weitere Frauenrollen in der dynastischen Herrschaft untersuchte z.B. Katrin KELLER, Hofdamen, Fürstinnen, Mätressen. Frauen und Politik in der höfischen Gesellschaft, in: Kathleen BIERCAMP u.a. (Hg.), Mächtig verlockend. Frauen der Welfen. Katalog zur Ausstellung im Residenzschloss Celle vom 16. Februar bis 15. August 2010, Berlin 2010, S. 91–105.

10 Siehe Kapitel 1.2 sowie Kapitel 4.1.3 und 4.1.4 zu den Institutionen und Strukturen, die in Wien und London für auswärtige Politik zuständig waren.

unterschiedlichen Befugnissen. Die Geheime Konferenz in Wien und der Privy Council als Kronrat sowie das engere Kabinett in London unterstützten die Monarchen bei ihrer Entscheidungsfindung.[11] Nicht alle Mitglieder waren dabei gleich wichtig für die internationalen Beziehungen.

Hauptakteure waren im hier behandelten Zeitraum die kaiserlichen Minister Prinz Eugen, Hofkanzler Sinzendorff, der Vorsitzende der Finanzkonferenz Starhemberg, die Konferenzminister Königsegg und Harrach, Reichsvizekanzler Schönborn, der Vorsitzende des Spanischen Rates Perlas Rialp und – in späteren Jahren – der Sekretär der Geheimen Konferenz Bartenstein.[12] Wichtige britische Minister – allesamt Angehörige der Whigs[13] – waren die Secretaries of State Townshend, Newcastle und Harrington sowie der Finanzminister Walpole, der von seinem Bruder unterstützt wurde. Hattorf als der hannoversche Minister in London vertrat sehr eindrücklich die Position des Kurfürstentums und gewann durch seine persönliche Beziehung zu Georg II. großen Einfluss.

Als Repräsentanten ihres Monarchen traten die Residenten, Gesandten und Botschafter auf, die am Wiener Kaiserhof oder am britischen Hof in London akkreditiert waren. Von kaiserlicher Seite waren dies seit 1727 der Gesandte und spätere Botschafter Philipp Kinsky und mit einer Sondermission 1734 der Pariser Resident Wasner. Britische Vertreter beim Kaiser waren die außerordentlichen Gesandten Waldegrave von 1727 bis 1730 und seit 1730 Robinson. Als hannoversche Vertreter befanden sich Huldenberg, Dieden und Erffa in Wien.

---

11 Siehe Kapitel 1.2.
12 Siehe dazu auch die Auflistung der anwesenden kaiserlichen Minister bei den Sitzungen der Geheimen Konferenz, Marcello VERGA, Il »sogno spagnolo« di Carlo VI. Alcune considerazioni sulla monarchia asburgica e i domini italiani nella prima metà del Settecento, in: Cesare MOZZARELLI/Giuseppe OLMI (Hg.), Il Trentino nel Settecento fra Sacro Romano Impero e antichi stati italiani, Bologna 1985, S. 203–261, hier Tab. 1 und Tab. 2 (o.S.).
13 Im späten 17. Jahrhundert entstanden in England zwei politische Richtungen, deren Vertreter als Whigs bzw. Tories bezeichnet wurden. Sie entwickelten sich im 18. Jahrhundert zu politischen Parteien außerhalb und innerhalb der beiden Häuser des britischen Parlaments, allerdings ohne feste Mitgliedschaften oder Fraktionszwang. Nach dem Dynastiewechsel 1714 verließen sich Georg I. und Georg II. auf Whig-Minister, da sie als Unterstützer der Glorious Revolution – also der Entfernung des katholischen Königs Jakobs II. 1688/89 – und der hannoverschen Thronfolge, Tories dagegen als eher jakobitisch, also als Anhänger des katholischen Thronprätendenten, galten. Die Whigs bildeten im politischen Alltagsgeschäft Untergruppen, so dass die verschiedenen Regierungen je nach ihren Hauptverantwortlichen benannt wurden. Grundlegende Darstellungen für die Parteien bieten Patricia J. KULISHEK, Whigs and Whiggism, in: Gerald NEWMAN/Leslie Ellen BROWN (Hg.), Britain in the Hanoverian Age, 1714–1837. An Encyclopedia, New York 1997, S. 766–767, und James J. SACK, Tories and Toryism, in: NEWMAN/BROWN, Britain in the Hanoverian Age, S. 710–711.

Im frühen 18. Jahrhundert gab es keine formale Ausbildung für Diplomaten. Ein professionelles Verhalten im heutigen Sinne konnte also nur bedingt
eingefordert werden. Prinz Eugen hatte bloß den Anspruch an Philipp Kinsky,
er solle sich so verhalten, dass ein mögliches Scheitern der kaiserlich-britischen Beziehungen nicht ihm angelastet werden könne: »[...] qu'on ne puisse
vous reprocher un jour que l'occasion de traiter avec l'Angleterre se soit perdue
par vôtre faute.«[14] Diplomaten konnten auf niedrigeren Verwaltungsposten
oder auf untergeordnetem Posten im Dienst eines Gesandten ihre Laufbahn
beginnen. Die Akteure sahen ihren Einsatz im diplomatischen Dienst als Teil
ihrer weiteren Karriere. Aufbauend auf schon vorhandene familiäre Beziehungen oder Patronagenetzwerke und ihre ökonomischen Ressourcen steigerten
sie mit der erfolgreichen Tätigkeit als Repräsentant des Herrschers ihre eigene
Ehre und ihren Status.[15] Erhoffte zukünftige, lukrative Posten in der Verwaltung oder bei Hof galten als Entschädigung für den teils auch kostenintensiven
Einsatz an entfernten Orten.[16] Neben Verhandlungen, Informationsbeschaffung und -verbreitung zählte zu ihren Aufgaben, Untertanen ihres Herrschers
im fremden Territorium zu unterstützen. So hatten die britischen Gesandten
die Anweisung, britische Untertanen, die sich in den österreichischen Territorien aufhielten und darum baten, »in their lawfull & justifiable concerns«[17] zu
unterstützen sowie »speedy Justice, and all reasonable Favour, in their rightful
Demands«[18] zu erwirken.

---

14 Prinz Prinz Eugen an Kinsky, Wien, 20.08.1729, FA Kinsky, 2 b), 13, o.f.
15 Dies bezieht sich auf das Konzept des »sozialen Kapitals« nach Bourdieu. »Das Sozi-
    alkapital ist die Gesamtheit der aktuellen und potentiellen Ressourcen, die mit dem
    Besitz eines dauerhaften Netzes von mehr oder weniger institutionalisierten Bezie-
    hungen gegenseitigen Kennens oder Anerkennens verbunden sind; oder, anders
    ausgedrückt, es handelt sich dabei um Ressourcen, die auf der Zugehörigkeit zu
    einer Gruppe beruhen. [...] Der Umfang des Sozialkapitals, das der einzelne besitzt,
    hängt demnach sowohl von der Ausdehnung des Netzes von Beziehungen ab, die er
    tatsächlich mobilisieren kann, als auch von dem Umfang des (ökonomischen, kultu-
    rellen oder symbolischen) Kapitals, das diejenigen besitzen, mit denen er in Beziehung
    steht.« Pierre BOURDIEU, Ökonomisches Kapital, kulturelles Kapital, soziales Kapital,
    in: Reinhard KRECKEL (Hg.), Soziale Ungleichheiten, Göttingen 1983, S. 183–198, hier
    S. 190–191. Dieses Konzept ist von Andreas PEČAR auf den Kaiserhof unter Karl VI.
    angewandt worden (ders., Ökonomie der Ehre).
16 Dem Earl of Waldegrave wurde so zeitweilig der Gouverneursposten von Barbados
    versprochen, Townshend an Waldegrave, To your self, London (Whitehall), 06.11.1727,
    TNA, SP 80, 62, f. 83; der Dank Waldegraves in seiner Antwort, Waldegrave an Towns-
    hend, Fountainebleau, 19.11.1727, TNA, SP 80, 62, f. 92–93. Sowohl bei Philipp Graf
    Kinsky als auch bei Sir Thomas Robinson wurde diese Erwartung eingelöst: der erste
    stieg bis zum Oberstkanzler von Böhmen auf, der zweite wurde Secretary of State.
17 Georg I. an Waldegrave, Instruktionen, London (St. James), 06.06.1727, NA SP 80, 62,
    f. 15/ Georg II. an Waldegrave, Instruktionen, London (Kensington), 18.08.1727, TNA,
    SP 80, 62, f. 43v.
18 Georg II. an Robinson, Instruktionen, London (St. James), 13.05.1730, TNA, FO 90, 3,
    o.f. Robinson erhielt allerdings gleichzeitig die Warnung, den Namen des Königs nur
    in wichtigen Fällen zu nutzen.

Das Umfeld aller Akteure waren die jeweiligen Residenzen und Residenzstädte.[19] Die Verbindungen der Personen unter- und zueinander entstanden
und wirkten in diesem Rahmen. Im Folgenden werden einige der in die gegenseitigen Beziehungen involvierten Personen genauer beleuchtet. Die Auswahl
richtet sich dabei nach der Beteiligung an Verhandlungen und Entscheidungen, die die Beziehungen zwischen den Höfen betrafen. Für die Zuordnung
der Akteure werden zunächst ihre hauptsächlichen Bestätigungsfelder in
Wien oder London, danach ihre Zugehörigkeit zum Umfeld des Monarchen
oder zu auswärtigen Gesandtschaften zugrunde gelegt.

3.1 Wien

3.1.1 Karl VI. und Elisabeth Christine

Kaiser Karl VI. (1685–1740)[20] war seit 1711 Kaiser des Heiligen Römischen
Reiches, zugleich auch König von Böhmen und Ungarn sowie Erzherzog von
Österreich. Mit den Österreichischen Niederlanden, dem Königreich Nea-
pel und Sizilien, den Herzogtümern Mantua und Mailand, dem Königreich
Serbien und dem Banat herrschte er über ein größeres Territorium als viele

19 Siehe zur Bedeutung der Orte Kapitel 4.1.1.
20 Trotz seiner neunundzwanzigjährigen Regierungszeit von 1711 bis 1740 wurde die
Person Kaiser Karls VI. von der Forschung im Vergleich zu seiner Tochter Maria
Theresia und seinem wichtigsten Minister Prinz Eugen lange Zeit wenig beachtet. Bis
heute liegt keine wissenschaftliche Biographie zu seiner Person vor. Die für ein breites
Publikum leider ohne Belege geschriebene populäre Biographie von Bernd RILL kann
dies nicht ausgleichen (ders., Karl VI. Habsburg als barocke Großmacht, Graz 1992).
Da die darin enthaltenen Analysen nicht nachzuvollziehen sind, wird sie hier nur in
Ausnahmen verwendet (ganz abgesehen von vermeidbaren Fehlern, wie der Datierung
Maria Theresias Hochzeit auf 1737, ebd., S. 312). Zwei knappe Artikel in den biogra-
phischen Sammelbänden zu den Habsburgern (PRESS, Karl VI.) und den Kaisern der
Neuzeit (Hans SCHMIDT, Karl VI. 1711–1740, in: Anton SCHINDLING/Walter ZIEG-
LER (Hg.), Die Kaiser der Neuzeit. 1519–1918. Heiliges Römisches Reich, Österreich,
Deutschland, München 1990, S. 200–214, 485–487) berufen sich deshalb größtenteils
auf Literatur, die bis zur Mitte des 20. Jahrhunderts verfasst wurde. Stand bei frühe-
ren Forschungen seine Bündnis- und Wirtschaftspolitik im Vordergrund – siehe z.B.
Grete MECENSEFFY, Karls VI. spanische Bündnispolitik 1725–1729. Ein Beitrag zur
österreichischen Außenpolitik des 18. Jahrhunderts, Innsbruck 1934; REDLICH, Das
Werden einer Großmacht –, wurden seit den 1980er Jahren vor allem Repräsentation und Kunstpolitik Karls VI. untersucht, siehe z.B. Franz MATSCHE, Die Kunst im
Dienst der Staatsidee Kaiser Karls VI. Ikonographie, Ikonologie und Programmatik
des »Kaiserstils«, Berlin 1981. Studien in den letzten Jahren beschäftigen sich darüber
hinaus mit verschiedenen Aspekten des Wiener Hofes in seiner Regierungszeit (z.B.
PEČAR, Ökonomie der Ehre). Den Versuch einer Zusammenstellung der bisherigen
Forschungsergebnisse macht der Ausstellungskatalog zur gleichnamigen Ausstellung
des Österreichischen Staatsarchivs 2011 (SEITSCHEK u.a., 300 Jahre Karl VI.).

seiner Vorgänger.[21] Die Sprachen der Habsburger Erblande – Deutsch, Italienisch, Spanisch, Katalanisch, Ungarisch und Tschechisch sowie Latein und Französisch[22] – beherrschte Karl VI. nicht nur, er setzte sie auch in seiner Regierungspraxis ein.[23] Im öffentlichen Umgang fiel allerdings eher seine – eventuell sogar bewusste – undeutliche Aussprache auf:[24]

His Imp.le Majesty's Answer was near as long by comparing the Time and the quickness with which he spoke: The latter was so great that I shall not presume to have gather'd enough to be able to give any thing like a just Account of the Substance of it; but may be bold, from some Words which I heard destinctly, to say, it was in general to thank the King, and to assure his Majesty of his Friendship and Esteem.[25]

Seine Ansprüche auf den spanischen Thron, um die er zwischen 1704 und 1711 in Spanien gekämpft hatte, gab Karl VI. zwar mit dem Wiener Frieden von 1725 auf.[26] Allerdings blieb durch den »Spanischen Rat«, die Einführung des Andreasfestes als Ordensfest des Ordens vom Goldenen Vlies[27] und die

---

21 BRAUBACH, Eugen Prinz von Savoyen, in: NDB 4 (1959), S. 673–678. Teil seiner Erziehung war die Beschäftigung mit der Geschichte der habsburgischen Kaiser und Erzherzöge, an deren Vorbild die Herrschertugenden behandelt wurden (János KALMÁR, Ahnen als Vorbilder. Der vom späteren Kaiser Karl VI. in seinen Jugendjahren verfasste Kanon der Herrschertugenden, in: Gabriele HAUG-MORITZ u.a. (Hg.), Adel im »langen« 18. Jahrhundert, Wien 2009, S. 43–60, hier S. 44–60).
22 RILL, Karl VI., S. 25. Tschechisch wird normalerweise nicht erwähnt, Šimeček stellt aber heraus, dass 1723 anlässlich der Krönungszeremonie in Prag in der tschechischsprachigen Zeitung »Český Postilion neboližto Noviny české« besonders betont wurde, »dass nicht nur die obersten Würdenträger des Landes, sondern auch der König, Kaiser Karl VI., selbst tschechisch gesprochen hatten.« Zdeněk ŠIMEČEK, Zur Reform der Prager tschechischen und deutschen Zeitungen in der josephinischen Ära, in: Mitteilungen der Gesellschaft für Buchforschung in Österreich 1 (2007), S. 7–24, hier S. 8.
23 Siehe Kapitel 4.2.2.
24 Matthias SCHNETTGER, Auf dem Weg zur Bedeutungslosigkeit? Die Rolle der Italiener und des Italienischen in der frühneuzeitlichen Diplomatie, in: Martin ESPENHORST (Hg.), Frieden durch Sprache? Studien zum kommunikativen Umgang mit Konflikten und Konfliktlösungen, Göttingen 2012, S. 25–60, hier S. 42. Die Gesandten nahmen dann an, der Kaiser antworte so undeutlich, weil er sich nicht auf eine Aussage festlegen wollte oder konnte.
25 Robinsons Bericht über die Antrittsaudienz bei Karl VI. 1730, Robinson an Newcastle, Wien, 24.06.1730, TNA, SP 80, 68, o.f. Robinsons Vorgänger Waldegrave schrieb darüber nichts.
26 Siehe insgesamt VERGA, Il »sogno spagnolo«. Wie William O'Reilly zurecht betont, reklamierte Karl VI. den spanischen Thron bis zu seinem Tod »informally« für sich, lebte nach dieser Lesart also ab 1711 als Exilant. William O'REILLY, A Life in Exile: Charles VI (1685–1740) between Spain and Austria, in: Philip MANSEL/Torsten RIOTTE (Hg.), Monarchy and Exile. The Politics of Legitimacy from Marie de Médicis to Wilhelm II, Basingstoke 2011, S. 66–90, Zitat S. 66.
27 Anna-Katharina STACHER-GFALL, Das Andreasfest des Ordens vom Goldenen Vlies

Anwesenheit spanischer Adeliger in Wien[28] die Erinnerung an das spanische Erbe erhalten. Oberster Vertreter dieser »Spanier« war der Marqués de Rialp, von dem es hieß, er sei »certainly in great favour with the Emperor and consulted on most occasions.«[29]

»Constantia« und »Fortitudo« waren Leitmotive Karls VI., die auf seinen Namenspatron Karl Borromäus zurückgingen. Zugleich bezog er sich auf antike römische Kaiser als Vorbilder und ließ sich als neuer »Salomon« zeigen.[30] Dazu passten auch die Instruktionen an seine Mutter Kaiserin Eleonora Magdalena, die ihn 1711 bis zu seiner Ankunft in Wien als Regentin vertrat. Darin betonte Karl VI. vor allem einen Ausgleich zwischen den verschiedenen Nationen der Habsburgischen Erblande. Ähnliche Anweisungen gab er seiner Frau Kaiserin Elisabeth Christine (1691–1750)[31] von Braunschweig-Wolfenbüttel für die gleichzeitige Regentschaft in Spanien in seiner Abwesenheit.[32] Nach seinem Regierungsantritt verfolgte Karl VI. für die Erblande eine Infrastruktur- und Wirtschaftspolitik, die nach kameralistischen Prinzipien die selbstständige Versorgung der Territorien ermöglichen sollte.[33]

---

im Spiegel der Zeremonialprotokolle des Wiener Hofes der Jahre 1712 bis 1800, in: PANGERL u.a., Der Wiener Hof im Spiegel der Zeremonialprotokolle, S. 309–336, bes. S. 313–317. Der Orden als Netzwerk wird in Kapitel 4.1.5, S. 232, kurz vorgestellt.

28 Siehe zum Einfluss der Spanier am Wiener Hof Peter GASSER, Das spanische Königtum Karls VI. in Wien, in: MÖStA 6 (1953), S. 184–196.

29 Waldegrave an Townshend, 30.10.1728, TNA, SP 80, 63, f. 192.

30 Vergleiche hierzu die Säulen am Eingang der Karlskirche, siehe MATSCHE, Die Kunst im Dienst der Staatsidee, S. 45, 49, 64 sowie zur symbolischen Verbindung von Trajan, Herkules und Spanien S. 346–347. Mit dem Bezug auf die Antike sowie auf Kaiser Karl V. und dessen weltumspannendes Reich unterstrich Karl VI. gleichzeitig den Anspruch auf ein universales Kaisertum.

31 Veröffentlichungen zu Elisabeth Christine konzentrierten sich hauptsächlich auf ihre Konversion vor der Heirat bzw. auf ihre Regentschaft in Spanien (z.B. Wilhelm HOECK, Anton Ulrich und Elisabeth Christine von Braunschweig-Lüneburg-Wolfenbüttel. Eine durch archivalische Dokumente begründete Darstellung ihres Übertritts zur römischen Kirche, Wolfenbüttel 1845; Ferdinand SPEHR, Elisabeth Christine, in: ADB 6 (1877), S. 11–12). Eine ältere Biographie widmet diesen Themen ca. 320 Seiten, nur circa 50 behandeln ihren Einfluss in Wien in politischen und dynastischen Fragen (Gerlinde KÖRPER, Studien zur Biographie Elisabeth Christines von Braunschweig-Lüneburg-Wolfenbüttel (Gemahlin Kaiser Karls VI. und Mutter Maria Theresias), Wien 1975). Siehe hierzu jetzt Charlotte BACKERRA, For Empire or Dynasty? Empress Elisabeth Christine and the Brunswicks, in: Caroline DUNN/Elizabeth CARNEY (Hg.), Royal Women and Dynastic Loyalty, Cham 2018, S. 165–180.

32 János KALMÁR, Regierungsnormen Karl Habsburgs vor seiner Kaiserwahl im Jahr 1711, in: MÖStA 44 (1996), S. 138–144. Volker PRESS, Elisabeth Christine, in: HAMANN, Die Habsburger, S. 88–90.

33 Siehe Kapitel 5.2, S. 329–335.

Am Kaiserhof sollte das »spanischen« Hofzeremoniell[34] durch bewusste Erzeugung von Distanz den kaiserlichen Rang hervorheben,[35] auch bei Hoffesten und Jagden, die eine besondere Leidenschaft des kaiserlichen Paares waren.[36] Als Ehefrau des regierenden Kaisers stand Elisabeth Christine dabei zeremoniell an der Seite ihres Mannes im Vordergrund.[37] Trotz ihres schlechten Gesundheitszustands,[38] der auf vermeintlich fertilitätsfördernde Maßnahmen[39] zurückzuführen war, agierte Elisabeth Christine neben ihrem Ehemann an der Spitze des Wiener Hofes und hatte sich bis in die 1720er Jahre auch gegen eine gewisse Konkurrenz zu den beiden anderen, verwitweten Kaiserinnen, ihrer Schwiegermutter und ihrer Schwägerin, durchgesetzt.[40]

Musik, Kunst und Architektur sollten die kaiserliche Repräsentation unterstützen.[41] Dazu gehörten die Prachtbauten, allen voran der Ausbau

34 Franz-Stefan SEITSCHEK, Hof, Hofgesellschaft, Zeremoniell, in: Ders. u.a., 300 Jahre Karl VI., S. 58–62, hier S. 61–62; grundsätzlich zum spanischen Hofzeremoniell Christina HOFMANN, Das Spanische Hofzeremoniell von 1500–1700, Frankfurt a.M. 1985.

35 Franz-Stefan SEITSCHEK, Person und Familie, in: Ders. u.a., 300 Jahre Karl VI., S. 14–34, hier S. 25; ders., Hof, Hofgesellschaft, Zeremoniell, S. 61. Das Zeremoniell ist Thema des Kapitels 4.2.1. Obwohl die Vorliebe Karls VI. für diesen Aspekt des Hoflebens immer wieder betont wird, schien er für Einzelfragen wenig Interesse zu haben. Die von Karl VI. eingesetzten Hofkonferenzen zu zeremoniellen Fragen legten ihm Empfehlungen vor, die er meist mit »placet in toto« genehmigte. DUINDAM, Vienna and Versailles, S. 196.

36 Charles W. INGRAO/Andrew L. THOMAS, Piety and Power. The Empresses-Consort of the High Baroque, in: ORR, Queenship in Europe, S. 107–130, hier S. 118; Waldegrave an Townshend, Wien, 19.05.1728, TNA, SP 80, 62, f. 199v. Für die Bedeutung der Jagd am Wiener Hof siehe Franz-Stefan SEITSCHEK, Höfische Belustigungen, in: Ders. u.a., 300 Jahre Karl VI., S. 74–79, hier S. 74–75.

37 Die britische Diplomatengattin Lady Mary Wortley Montagu berichtete 1716 sehr anschaulich über ihren Empfang durch die Kaiserin, deren Hofstaat und Tagesablauf (Lady Montagu an Lady Mar, Wien, 25.09.1716, in: Robert HALSBAND (Hg.), The Complete Letters of Lady Mary Wortley Montagu. 3 Bde., Oxford 1965–1967, hier Bd. 1, S. 265–269).

38 Elisabeth Christine litt an Depressionen, Rheuma und Gürtelrose sowie geschwollenen Beinen, KÖRPER, Studien zur Biographie Elisabeth Christines, S. 345.

39 Die kaiserlichen Ärzte verordneten der Kaiserin unter anderem, erhebliche Mengen Alkohol zu trinken bzw. viele reichhaltige Speisen zu essen, was zu Fettleibigkeit, Leber- und Gallenproblemen und anderen Begleiterscheinungen führte, INGRAO/ THOMAS, Piety and Power, S. 114–115.

40 Hildegard LEITGEB, Frauen am Kaiserhof zur Zeit des Prinzen Eugen. Einfluß und Bedeutung der Kaiserinnen Eleonora Magdalena Theresia, Amalie Wilhelmine und Elisabeth Christine, in: Karl GUTKAS (Hg.), Prinz Eugen und das barocke Österreich. Ausstellung der Republik Österreich und des Landes Niederösterreich, Marchfeldschlösser Schloßhof und Niederweiden, 22. April bis 26. Oktober 1986, Wien 1986, S. 65–72, hier S. 70–71.

41 Maßgebliche Forschung zum symbolischen Gehalt der Kunst leistete MATSCHE, Die Kunst im Dienst der Staatsidee. Siehe auch Theophil ANTONICEK, 1711–1740: »Constantia et fortitudine«. Höhenflug von Kunst und Wissenschaft unter Karl VI., in: Günter BROSCHE (Hg.), Musica Imperialis. 500 Jahre Hofmusikkapelle in Wien, 1498–1998. Ausstellung der Musiksammlung der Österreichischen Nationalbiblio-

der Hofburg, die Karlskirche und spanische Hofreitschule in Wien[42] sowie Schloss Klosterneuburg als Klosterresidenz in Anlehnung an den spanischen Escorial.[43]

Karl VI. beschäftigte sich regelmäßig und intensiv mit Regierungsgeschäften. Morgens nach der Frühmesse und dem Frühstück sowie nachmittags nach dem Mittagessen fanden meist Besprechungen mit den Ministern statt oder die Geheime Konferenz tagte bei Anwesenheit des Herrschers.[44] Abends gab er Audienzen, unter anderem für auswärtige Gesandte.[45] Er las regelmäßig Akten, Gutachten, Memoranden, Berichte von Gesandten, Entwürfe für Instruktionen und Weisungen und die schriftlich ausgearbeiteten Protokolle der Geheimen Konferenz, die sogenannten Vorträge. Informationen erhielt

thek, Prunksaal, Wien, 11. Mai bis 10. November 1998, Tutzing 1998, S. 91–98; Maria Theresia RATH, Kaiser Karl VI. in der Medaille (1685–1740), Leuven 1980, und auch Christian BENEDIKT, Die Architektur als Sinnbild der reichsstaatlichen Stellung, in: Harm KLUETING/Wolfgang SCHMALE (Hg.), Das Reich und seine Territorialstaaten im 17. und 18. Jahrhundert. Aspekte des Mit-, Neben- und Gegeneinander, Münster 2004, S. 97–112.

42 Die Hauptarchitekten der kaiserlichen Projekte waren Johann Bernhard Fischer von Erlach und sein Sohn Josef Emmanuel für den Ausbau der Hofburg, während Bauprojekte des Adels, wie Prinz Eugens Belvedere, u.a. von Johann Lucas von Hildebrandt geplant wurden. Zusammenfassend zur Architektur unter Karl VI. siehe Friedrich POLLEROSS, Augusta Carolinae Virtutis Monumenta. Zur Architekturpolitik Kaiser Karls VI. und ihrer Programmatik, in: SEITSCHEK u.a., 300 Jahre Karl VI., S. 218–234.

43 Elisabeth OLLINGER (Hg.), Der Traum vom Weltreich. Österreichs unvollendeter Escorial. Ausstellungskatalog, Klosterneuburg 1999; MATSCHE, Die Kunst im Dienst der Staatsidee. S. 13–14.

44 Die vielfältigen Regierungsaufgaben lassen sich auch in den Tagebüchern Karls VI. nachweisen. Die Einträge sind allerdings nur schwer zu entziffern, da der Kaiser viele Abkürzungen benutzte und eher Stichworte als ganze Zusammenhänge niederschrieb. Ein typischer Eintrag ist der zum 31. Dezember 1730, der vom Aufstehen, den Andachten bzw. Messbesuchen, dem Essen und der Verdauung sowie Konferenzen und Verhandlungen zu bestimmten Themen und Besprechungen mit Ministern handelt: »31. Dezember: 6 ½ auf richt morg And [Morgenandacht] ernst ney Jahr denk auf Todt »Leben ernstlich enderen« absonderlich »Weiber Aplication« depech [depechieren] Perl [Perlas] weg [wegen] heunt conf [Conferenz] Eng [England] nb [notabene]10 ½ Prambt [Predigtamt] Ess Nachmit rast spil 6 Grossvesper Inf Port [Portugal] da unverhoft nb artlich baklich Moscau Pohl [Polen] acht Perl redt Schönbohrn Ess und nichts.« Karl VI., 31.12.1730, HHStA, HausA, Sammelbände 2, Tagebuch 15 [f. nicht erkennbar] (transkribiert mit Hilfe von Pachner von Zobor, Abschriften und Auszüge aus den Tagebüchern Karls VI., Wien 1946, HHStA, HausA, Abschriften Tagebücher Kaiser Karls VI., Heft 5, S. 12, wobei dort Textteile fehlen). Eine erste Einordnung der Tagebücher versuchte 1938 Oswald REDLICH (ders., Die Tagebücher Kaiser Karls VI., in: Wilhelm BAUER (Hg.), Gesamtdeutsche Vergangenheit. Festgabe für Heinrich Ritter von Srbik zum 60. Geburtstag am 10. November 1938, München 1938, S. 141–151); zu den Tagebüchern bis 1725 siehe jetzt aber die Dissertation von SEITSCHEK, Die Tagebücher.

45 Zusammenfassend siehe SEITSCHEK, Person und Familie, S. 26–27. Der Tagesrhythmus des Kaisers wurde im Wienerischen Diarium, der einzigen regelmäßig erscheinenden Zeitung Wiens, veröffentlicht.

er auch über die geheimen Netzwerke, welche Prinz Eugen und Bartenstein in seinem Namen aufgebaut hatte.[46] Manchmal arbeitete er bis spätabends oder sogar nachts.[47] Der Kaiser vermerkte seine Entscheidungen und Fragen am Rand der Dokumente und übergab sie dann zur Weiterbearbeitung an Bartenstein, der sie am nächsten Morgen in abgeänderter Fassung wieder vorzulegen hatte.[48] Diese schriftlichen Anmerkungen und Anordnungen und die Korrespondenz mit Bartenstein bezeugen, dass Karl VI. sich in seinen Entscheidungen nicht an seine Minister gebunden fühlte.[49]

Als Grundlage für seine Entscheidungsfindung ließ er sich von seinen Vertrauten oder von Ministern, wie vom Staatssekretär und Vorsitzenden des Spanischen Rates, dem Marqués de Rialp,[50] Vorschläge unterbreiten.[51] Nach dem Tod zweier Favoriten in den 1720er Jahren[52] fand Karl VI. erst Anfang der 1730er Jahre mit Johann Christoph Bartenstein, dem bürgerlichen Sekretär der Geheimen Konferenz, einen neuen Vertrauten, der ihn auch inhaltlich bei der Regierung beriet.[53]

Im Gegensatz dazu durften die am Hof lebenden zwei verwitweten[54] Kaiserinnen und die regierende Kaiserin Elisabeth Christine sich nicht sichtbar an den Regierungsgeschäften am Wiener Hof beteiligen.[55] Als Regentin war

---

46 Siehe Kapitel 4.1.5, S. 237.

47 Joseph HRAZKY, Johann Christoph Bartenstein. Der Staatsmann und Erzieher, in: MÖStA 11 (1958), S. 221–251, hier S. 234, spricht von mindestens 22 Uhr. Siehe auch Sinzendorff an Kinsky, Wien, 07.08.1729, HHStA, StA England 66, f. 31, der von 23.30 Uhr schreibt.

48 HRAZKY, Johann Christoph Bartenstein, S. 234–235. Da die Schrift des Kaisers sehr unleserlich war, wurden die eigenhändigen Bemerkungen von Bartenstein transkribiert, damit die Kanzlisten die kaiserlichen Anweisungen umsetzen konnten. Siehe z.B. Bartenstein, Konferenzvortrag, Konferenz vom 17.03.1729, HHStA, StK Vorträge 29, o.f.

49 HRAZKY, Johann Christoph Bartenstein, S. 235–236, Fn. 33.

50 Siehe zu Rialp Kapitel 3.1.2.

51 BRAUBACH, Prinz Eugen 4, S. 68–69, meint deshalb, Karl VI. sei zwar intelligent gewesen, habe sich aber stets auf die Meinung anderer verlassen, da er unsicher in Bezug auf die eigene Meinung gewesen sei. Berücksichtigt man jedoch, dass die Konferenzminister trotz sicher enger Absprache immer mit dem Veto des Kaisers rechneten und rechnen mussten – beispielsweise erkennbar an seinem Zögern, bei den Verhandlungen über einen neuen Vertrag mit dem britischen König Kompromisse einzugehen (PRIBRAM, Österreichische Staatsverträge, S. 476–477) –, ergibt sich, wie angedeutet, ein anderes Bild.

52 Dies waren Michael Joseph Graf Althann (1679–1722) und Rocco Conte Stella (1662–1720). Franz-Stefan SEITSCHEK, Der Adel, in: Ders. u.a., 300 Jahre Karl VI., S. 63–73, hier S. 67.

53 Siehe zu Bartenstein Kapitel 3.1.2.

54 Das waren die Mutter Karls VI., Eleonore Magdalena (1655–1720), und seine Schwägerin Amalia Wilhelmine von Braunschweig-Lüneburg (1673–1742), eine Großcousine Georgs II.

55 MÜLLER, Das kaiserliche Gesandtschaftswesen, S. 232, Fn. 303. Gleichwohl setzte er – u.a. aus dynastischen Gründen (Kapitel 5.1, S. 304–305) – für die Österreichi-

Elisabeth Christine in Spanien nach der Abreise Karls VI. erfolgreich gewesen.[56] In Wien übte sie jedoch zumindest in den ersten Jahren keinen offenen Einfluss aus,[57] da Karl VI. dies nicht wünschte.[58] Elisabeth Christine hielt sich daran – auch bei Abwesenheit des Kaisers. So wurde der britische Gesandte Waldegrave von ihr 1728 angewiesen, mit der Übergabe von Briefen Georgs II. an den Kaiser und die Kaiserin auf die Rückkehr des Kaisers zu warten, um sie in der zeremoniellen Reihenfolge erst dem Kaiser und danach der Kaiserin zu übergeben.[59] Trotzdem ist davon auszugehen, dass Karl VI. mit der Kaiserin bestimmte Angelegenheiten besprach, vielleicht bei ihren gemeinsamen Mittagessen, bei denen keine Besucher zugelassen waren.[60] Anzeichen dafür sind beispielsweise Versuche des Reichsvizekanzlers Schönborn, über Elisabeth Christine Einfluss auf Personalentscheidungen zu nehmen.[61] Erst mehrere Jahre nach dem Tod Althanns, des engen Vertrauten Karls VI., also ab den 1730er Jahren, scheint die Kaiserin sichtbar an den »affaires« – politischen Geschäften – beteiligt gewesen zu sein.[62] In dynastischen Angelegenheit

schen Niederlande seine Schwester Maria Elisabeth 1725 als Statthalterin ein (Sandra HERTEL, Maria Elisabeth. Österreichische Erzherzogin und Statthalterin in Brüssel (1725–1741), Wien 2014).

56 Dabei halfen ihr ihre Sprachkenntnisse, denn sie sprach neben Deutsch auch fließend Französisch, Italienisch und Spanisch. Carlo MORANDI (Hg.), Relazioni di ambasciatori sabaudi, genovesi e veneti (1693–1711). Bd. 1, Bologna 1935, S. 116; siehe bei SCHNETTGER, Auf dem Weg zur Bedeutungslosigkeit?, S. 42, Fn. 75.

57 LEITGEB, Frauen am Kaiserhof, S. 71, spricht davon, die Kaiserinnen – sowohl Elisabeth Christine als auch ihre Schwägerin Amalia Wilhelmine – hätten sich, um Einfluss auf Entscheidungen zu nehmen, an die Gräfinnen Batthyány und Strattmann wenden müssen, die beiden Vertrauten des Prinzen Eugen.

58 KÖRPER, Studien zur Biographie Elisabeth Christines, S. 354–357, 361. Siehe auch MORANDI, Relazioni di ambasciatori sabaudi, genovesi e veneti, S. 117.

59 Die Briefe beinhalteten die Benachrichtigungen über den Tod des Herzogs von York. Waldegrave an Newcastle, Graz, 25.09.1728, TNA, SP 80, 63, f. 136. Dessen Ableben war zu diesem Zeitpunkt in Graz schon allgemein bekannt, Waldegrave an Tilson, Graz, 18.09.1728, TNA, SP 80, 63, f. 132v [p.s.], weswegen die Kaiserin die Schreiben wohl nicht als dringend erachtet haben dürfte.

60 Karl VI. und Elisabeth Christine aßen gegen 13 Uhr in der Ratsstube, ohne dass Besucher anwesend waren, Karl Ludwig von PÖLLNITZ, Mémoires de Charles-Louis Baron de Pöllnitz […]. Bd. 1, Lüttich 1734, S. 290; siehe auch SEITSCHEK, Person und Familie, S. 27. Dies widersprach den früheren Empfehlungen des Kaisers an seine Gattin, der er in Spanien geraten hatte, als Regentin öffentlich zu speisen, um von der Bevölkerung gesehen zu werden. KALMÁR, Regierungsnormen Karl Habsburgs, S. 142.

61 Siehe MÜLLER, Das kaiserliche Gesandtschaftswesen, S. 232, Fn. 303.

62 Max BRAUBACH, Eine Satire auf den Wiener Hof aus den letzten Jahren Kaiser Karls VI., in: Ders., Diplomatie und geistiges Leben im 17. und 18. Jahrhundert. Gesammelte Abhandlungen, Bonn 1969, S. 385–436, hier S. 400–401. Genauere Untersuchungen fehlen noch immer.

übte Elisabeth Christine den ihr als Kaiserin zustehenden Einfluss innerhalb der kaiserlichen Familie und für Verwandte aus ihrer welfischen Herkunftsdynastie aus.[63]

In ihrer Zeit in Wien baute Elisabeth Christine ein Netzwerk von Vertrauten auf,[64] zu denen Feldmarschall Friedrich Heinrich Graf Seckendorff,[65] Feldmarschall Prinz Joseph Friedrich Wilhelm von Hildburghausen,[66] die Gräfin Castell[67] und Reichshofrat Georg Christian von Knorr[68] gehörten. Nach außen zurückhaltend, versuchte sie, über ihr Netzwerk sowie den Kontakt zu den kaiserlichen Ministern und zum Sekretär des Geheimen Rates Bartenstein auf die Entscheidungen Karls VI. einzuwirken.[69]

Bis Karl VI. Entscheidungen traf, dauerte es teilweise lange; laut Aussage des britischen Gesandten Robinson lag das an der Persönlichkeit des Kaisers:

The reason is, the Emperor will work himself, and will have something to do; but as his Genius is not very extensive, he stops at trifles, and there is no removing his prejudices. from hence arose these delays, these forms, these conferences, and by this his ministers amuse him. Your Lordship will see these truths through the whole tenor of my letters.

---

63 Zum dynastischen Einfluss Elisabeth Christines siehe KÖRPER, Studien zur Biographie Elisabeth Christines, S. 324–354, sowie BACKERRA, For Empire or Dynasty.

64 Zur Bedeutung solcher Netzwerke für den Einfluss von Fürstinnen siehe Katrin KELLER, Mit den Mitteln einer Frau. Handlungsspielräume adliger Frauen in Politik und Diplomatie, in: THIESSEN/WINDLER, Akteure der Außenbeziehungen, S. 219–244, hier S. 230–239. Elisabeth Christine dürfte nach ihrem Aufenthalt in Spanien zunächst Schwierigkeiten gehabt haben, neben ihrer Schwiegermutter und der Schwägerin eigene Beziehungen am Hof aufzubauen. In Spanien gründete sie 1708 den »Orden der Nächstenliebe«, der vergleichbar war mit ähnlichen Gründungen zu Netzwerkzwecken (ebd., S. 238).

65 Seckendorff unterstützte sie besonders nach dessen Niederlage im Türkenkrieg. KÖRPER, Studien zur Biographie Elisabeth Christines, S. 362–365.

66 Joseph Friedrich Wilhelm Prinz von Sachsen-Hildburghausen (1702–1787) stieg als kaiserlicher Offizier bis zum Feldmarschall und Befehlshaber der Reichsarmee auf; mindestens seit den 1730er Jahren hatte er enge Verbindungen zum Kaiserhof und zur kaiserlichen Familie. Rainer EGGER, Joseph Friedrich, in: NDB 10 (1974), S. 624–625.

67 Catharina Hedwig Gräfin zu Castell-Rüdenhausen, geborene Gräfin zu Rantzau/ Ranzow (1683–1743), war die dritte Frau des kaiserlichen Geheimen Rates Johann Friedrich Graf zu Castell-Rüdenhausen. Regest zur Leichenpredigt auf Johann Friedrich zu Castell-Rüdenhausen, LA BW, GA 90, Nr. 178*.

68 Georg Christian Knorr (1691–1762), ein protestantischer Theologe und Lehrer, war ab 1723 im Dienst des Herzog Ludwig Rudolf von Wolfenbüttel als Legationsrat am Kaiserhof, ab 1730 Reichshofrat, und heiratete Bartensteins Tochter (Ines PEPER, Konversionen im Umkreis des Wiener Hofes um 1700, Wien 2010, S. 99). Angeblich waren 1736 Sinzendorff, Bartenstein und Knorr in der Lage, Kaiser und Kaiserin zu beeinflussen. Siehe BRAUBACH, Eine Satire auf den Wiener Hof, S. 412–413, Fn. 83, der ein Schreiben des Grafen Wied an seinen Vater mit diesem Inhalt zitiert.

69 So erhielt sie vom Kaiser Berichte aus Triest und Fiume, die sie dann mit Minister Starhemberg besprach. Waldegrave an Tilson, Graz, 04.09.1728, TNA, SP 80, 63, f. 105.

and therefore we delayed, he had his forms; we held our conferences and he was amused into the treaty. He thinks he made it himself, and in the very Ultimatum, he would still have had something to make, to object, to revise, and these must still have been the same delays, the same forms, the same conferences, and the same amusements.[70]

Grundsätzlich galt er nicht als Kriegstreiber, seine einzige Sorge sei es, die Garantie für die Pragmatische Sanktion zu erhalten und damit seine Nachfolge zu sichern, so sah es der britische Gesandte Waldegrave:

[…] the life he leads, which is sporting and praying, the year throughout shews no very warlike Dispostion, it is said that he desires nothing but to enjoy what he already has, and to see his Succession secured as he woud [!] have it and it is certain War seems to be a Contradiction […].[71]

Karl hatte feste Vorstellungen von den europäischen Monarchien, Monarchen und ihren Eigenarten und übertrug diese auf seine politischen Entscheidungen.[72] Er trennte bei den Aussagen über Georg II. dessen verschiedene Rollen in der Personalunion meist eindeutig.[73] Die Einstellung Karls VI. zu Großbritannien war dabei Anfang der 1730er Jahre zwiespältig. Einerseits war er für die Wiederherstellung guter Beziehungen zum ehemaligen Verbündeten;[74] andererseits zweifelte er an dessen Aufrichtigkeit[75] und wollte vor allem nicht

---

70 Robinson an Harrington, »private and particular«, Wien, 20.03.1731, TNA, SP 80, 73, f. 18v–19. Siehe auch Schönborn an Christian VI., Wien, 15.11.1730, TKuAK 74 R, zitiert nach MÜLLER, Das kaiserliche Gesandtschaftswesen, S. 339, Fn. 7: »es ist dem Hause Österreich angeboren, daß sie sich langsam resolvieren.« Dies greift u.a. ARETIN auf, der Karl VI. vor allem Unfähigkeit und Unentschlossenheit vorwirft und damit seine gesamte Regierungszeit negativ sieht. Ders., Das Alte Reich 2, S. 83–84.
71 Waldegrave an Townshend, chiffriert, Wien, 01.01.1729, TNA, SP 80, 64, f. 7v–8.
72 HRAZKY, Johann Christoph Bartenstein, S. 235.
73 In der Weisung an Graf Kinsky, Karl VI. an Kinsky, mit eigenhändigen Anmerkungen Karls VI., Wien, 25.07.1733, HHStA, StA England 69, f. 42, heißt es dann auch: »[…] weßfalls es theils auff jenes ankombt, was der König als König, und theils was er als Churfürst zu leisten hat […]«; f. 42v: »So ist jedoch leyder zu besorgen, daß bey jezmaliger disposition derer gemüther in Engelland der König als König sich schwerlich in das impegno gegen Franckreich in so lang tieff dörfte einlaßen wollen, als nicht die Republic Holland mit theil daran zu nehmen zu vermögen ist. Welches bedencken aber bey ihme quà Churfürsten nicht fürwalltet […]«.
74 Grundlage war die »Große Allianz« von Kaiser, England bzw. Großbritannien und den Niederlanden gegen Frankreich, siehe Andrew THOMPSON, The Grand Alliances, in: Europäische Geschichte Online (EGO), hg. v. Leibniz-Institut für Europäische Geschichte (IEG), URL: <http://www.ieg-ego.eu/thompsona-2013-en> (08.01.2015), sowie Kapitel 5.3, S. 377–378.
75 Marginalnote Karls VI. zum Protokoll der Geheimen Konferenz, 21.08.1730, zitiert nach PRIBRAM, Österreichische Staatsverträge, S. 474, Fn. 2: »Auf solche Weis vergibt man nichts in voraus, halt die Handlung offen und probirt die Engeländer, ob sie aufrichtig meinen oder nicht […]«.

den Forderungen nachgeben, die Reichsitalien und seine Dynastie tangierten.[76] Im Polnischen Thronfolgekrieg beklagte Karl VI. entsprechend die Treulosigkeit der britischen Regierung, die ihn trotz regelmäßiger Absprachen im Stich gelassen habe.[77]

Nach dem Abschluss des Wiener Vertrages von 1731 hoffte er aber zunächst auf eine gute Zusammenarbeit.[78] Elisabeth Christine unterstützte dieses neue Verhältnis zwischen den Welfen und dem Kaiserhaus, in dem sie einen persönlichen Austausch mit Königin Caroline initiierte.[79] Sir Thomas Robinson berichtete im Bezug auf ihr Verhältnis zu Georg II. ausdrücklich: »She thanks his Majesty for his care and Intentions to preserve the best Intelligence between two Courts that were equally dear to her; that the Subsistance of the strictest Alliance between them was her greatest Happiness.«[80] Zu den britischen Diplomaten hatte sie allerdings nur bedingt Kontakt, da beide unverheiratet und dementsprechend nicht über ihre Ehefrauen am Hof der Kaiserin präsent waren.[81]

3.1.2 Kaiserliche Minister und Berater

Vorsitzender der Geheimen Konferenz war Prinz Eugen von Savoyen-Carignan (1663–1736).[82] Ende der 1720er Jahre gehörten diesem Gremium als

---

76 Ebd, S. 485.
77 Karl VI. an Kinsky, Wien, 15.08.1734, FA Kinsky, 9 a), 10, o.f. Siehe Kapitel 2.5.
78 Karl VI. an Georg II., Wien, 23.07.1731, HHStA, StA England Hofkorr. 3, f. 9.
79 Zu dem persönlichen Briefwechsel und Austausch von Geschenken zwischen den beiden Monarchinnen siehe Kapitel 5.1, S. 308–309.
80 Robinson an Newcastle, Wien, 24.06.1730, TNA, SP 80, 68, o.f.
81 Der Earl of Waldegrave sah die Kaiserin nur bei formellen Audienzen, z.B. beim Amtsantritt am Wiener Hof, Waldegrave an Townshend, Wien, 02.05.1728, TNA, SP 80, 62, f. 149. Anders sah die Situation nach Robinsons Heirat 1737 aus, wie die Briefe seiner Ehefrau Fanny zeigen. Fanny Robinson an [Schwägerin], [Wien], 25.03.[1739], WYAS, WYL 5013, Newby Hall Mss. 2824, 22; Fanny Robinson an [Schwägerin?], [Wien], 07.11.1742, WYAS, WYL 5013, Newby Hall Mss. 2828.
82 Die bis heute erschienene glorifizierende und wissenschaftliche Literatur zu Prinz Eugen füllt Bibliotheken. Die wichtigste Biographie war zunächst die dreibändige von Alfred von ARNETH aus der Mitte des 19. Jahrhunderts, Prinz Eugen von Savoyen. Nach den handschriftlichen Quellen der kaiserlichen Archive, 3 Bde., Wien 1858, hier vor allem Bd. 3, bis die fünfbändige, noch immer maßgebliche Biographie von Max BRAUBACH erschien (ders., Prinz Eugen). Lag der Fokus der Forschung zunächst meist auf den militärischen Erfolgen des Prinzen (siehe z.B. GERBA, Polnischer Thronfolge-Krieg), wechselte der Schwerpunkt mit der Biographie von Braubach auf die politischen Leistungen Prinz Eugens. Seit den 1980er Jahren trat immer mehr der schon von Max Braubach vorgestellte Kunstmäzen und Bauherr Prinz Eugen in den Vordergrund (BRAUBACH, Prinz Eugen 5, S. 28–115), wie im Sammelband herausgegeben von Karl GUTKAS, Prinz Eugen und das barocke Österreich. Ausstellung der Republik Österreich und des Landes Niederösterreich, Marchfeldschlösser Schloßhof und Niederweiden, 22. April bis 26. Oktober 1986, Wien 1986. Häufig werden die ersten Jahrzehnte des

weitere, für die kaiserlichen Außenbeziehungen wichtige Mitglieder Oberst-
hofkanzler Graf Philipp Ludwig Wenzel von Sinzendorff (1671–1742),[83]
Reichsvizekanzler Graf Friedrich Karl von Schönborn (1674–1746)[84] und
Graf Gundaker Thomas Starhemberg (1663–1745),[85] der Vorsitzende der
Finanzkonferenz,[86] an. Aufgrund seiner Position war Prinz Eugen zumindest
Ende der 1720er Jahre der wichtigste Ansprechpartner ankommender Diplomaten noch vor den anderen Ministern der Geheimen Konferenz, wie für den
britischen Gesandten Waldegrave bei dessen Ankunft in Wien 1727.[87] Sekre-
tär der Konferenz war seit 1727 Johann Christoph Bartenstein (1690–1767),[88]
den der Kaiser 1733 in den Reichsritterstand erhob und zum Geheimen
Staatssekretär machte.[89]

---

18. Jahrhunderts als Ära Prinz Eugens gekennzeichnet, wodurch Kaiser Karl VI. in den
Hintergrund tritt, siehe Erich ZÖLLNER/Karl GUTKAS (Hg.), Österreich und die Osmanen. Prinz Eugen und seine Zeit, Wien 1988. Die Rezeptionsgeschichte, insbesondere
anhand von Literatur und Theater des 19. und 20. Jahrhunderts, betrachtet zuletzt Elisabeth GROSSEGGER, Mythos Prinz Eugen. Inszenierung und Gedächtnis, Wien 2014.

83 Leider gibt es noch keine wissenschaftliche Biographie Sinzendorffs. Die Schreibweise
des Namens als »Sinzendorff« oder »Sinzendorf« war zeitgenössisch nicht festgelegt.
Da Graf Philipp Ludwig seinen Namen »Sinzendorff« schrieb (siehe z.B. Sinzendorff
an Kinsky, Wien, 07.08.1729, HHStA, StA England 66, f. 32), wird diese Fassung hier
verwendet.

84 Mangels einer neueren Biographie Schönborns ist immer noch grundlegend HANTSCH,
Reichsvizekanzler.

85 Die Literatur zu Gundaker Graf Starhemberg ist sehr überschaubar, eine ältere
Arbeit beschäftigt sich mit seiner Amtszeit als Hofkammerpräsident mit allerdings
aus heutiger Sicht schwierigen Urteilen über die Rolle der Stände (Brigitte HOLL,
Hofkammerpräsident Gundaker Thomas Graf Starhemberg und die österreichische
Finanzpolitik der Barockzeit (1703–1715), Wien 1976).

86 Franz von MENSI, Die Finanzen Österreichs von 1701 bis 1740, Wien 1890, S. 463–464,
708. Bei Starhembergs Tod 1745 war die allgemeine Verschuldung des Kaiserhauses
im Vergleich zum Beginn des 18. Jahrhunderts drastisch gesenkt und entsprechende
Reformmaßnahmen waren umgesetzt bzw. geplant worden, so dass sie in den folgenden Jahren durchgeführt werden konnten. Ebd., S. 720.

87 Waldegrave an Townshend, Wien, 05.05.1728, TNA, SP 80, 62, f. 159–161.

88 Die maßgeblichen biographischen Skizzen stammen von Alfred von ARNETH, Johann
Christoph Bartenstein und seine Zeit, Wien 1871, und Max BRAUBACH, Johann Christoph Bartensteins Herkunft und Anfänge, in: Ders., Diplomatie und geistiges Leben,
S. 337–386. Ihr Urteil mündet in Braubachs Aussage, Bartenstein sei »doch kein wirklich bedeutender Staatsmann [gewesen], sondern nur ein allzusehr in der Detailarbeit
an seinem Schreibtisch aufgehender politischer Taktiker, der zu großen durchdachten
Konzeptionen und zu ihrer Durchführung nicht fähig war.« Max BRAUBACH, Bartenstein, Johann Christoph Freiherr von, in: NDB 1 (1953), S. 599–600. Zum Teil zu völlig
anderen Schlüssen kommt HRAZKY, Johann Christoph Bartenstein, S. 231–241 mit
maßgeblicher Beurteilung der Beziehung Bartensteins zu Karl VI. und Auszügen aus
ihrer Korrespondenz sowie seiner weiteren Karriere unter Maria Theresia als Prinzen-
erzieher für Joseph (II.).

89 SEITSCHEK, Der Adel, S. 70, führt die archivalischen Dokumente der Standeserhöhung
an.

Innerhalb der Konferenz konkurrierten vor allem Prinz Eugen und Sinzendorff um den Vorrang unter den Ministern sowie Patronagemöglichkeiten
und den Einfluss beim Kaiser.[90] Mehrere Familien, darunter die Harrachs[91]
und die Kinskys,[92] verließen sich auf die Patronage Prinz Eugens, der nicht
nur militärische Posten und Stellen beim Hofkriegsrat, sondern auch Schlüs-
selpositionen im diplomatischen Dienst mit seinen Klienten besetzte konnte.[93]
Beeinflussen konnte ihn dabei Gräfin Batthyány,[94] die zusammen mit Eleonore Gräfin Strattmann – sie waren Schwägerinnen, deren Ehemänner jeweils
mit und unter dem Prinzen gekämpft hatten –[95], als die Gastgeberin des Prinzen auftrat.[96] 1731 beziehungsweise 1734 ernannte Karl VI. mit Graf Joseph
Lothar von Königsegg-Rothenburg (1673–1751)[97] und Graf Alois (Aloys)
Thomas Raimund Harrach (1669–1742)[98] zwei weitere Konferenzminister,
die Klienten Prinz Eugens waren.[99] Vor allem Harrach, der aufgrund seiner
Leistungen zum Vizekönig in Neapel und Sizilien ernannt wurde,[100] war nicht
sonderlich einflussreich, zumindest im Kontext des kaiserlich-britischen

90 BRAUBACH, Prinz Eugen 4, S. 220–239.
91 Prinz Eugen sei der »unique et très puissant protecteur« der Familie Harrach, schrieb
    Friedrich August Harrach an seinen Bruder Ferdinand Bonaventura Harrach 1733,
    Elisabeth GARMS-CORNIDES, On n'a qu'a vouloir, et tout est possible oder: i bin halt
    wer i bin. Eine Gebrauchsanweisung für den Wiener Hof, geschrieben von Fried-
    rich August Harrach für seinen Bruder Ferdinand Bonaventura. Anhang: Friedrich
    August Harrach an seinen Bruder Ferdinand Bonaventura Harrach, in: Gabriele
    HAUG-MORITZ u.a. (Hg.), Adel im »langen« 18. Jahrhundert, Wien 2009, S. 89–111,
    hier S. 96, 104.
92 Siehe z.B. Kinsky an Prinz Eugen, London, 01.03.1729, HHStA, Gr. Korr. 94b,
    1, f. 37–38; Kinsky an Prinz Eugen, London, 31.05.1729, HHStA, Gr. Korr. 94b, 1,
    f. 57v–58; Kinsky an Prinz Eugen, London, 22.07.1730, HHStA, Gr. Korr. 94b, 1, f. 118.
93 MÜLLER, Das kaiserliche Gesandtschaftswesen, S. 224–226.
94 BRAUBACH, Prinz Eugen 5, S. 151–154. Philipp Kinskys Ernennung zum Gesandten
    führte man auf Batthyánys Fürsprache zurück, da sie die Schwiegermutter seiner
    Schwester war. Siehe hierzu den Abschnitt zu Graf Kinsky weiter unten, Kapitel 3.2.4,
    S. 182. Waldegrave meinte aber, dass »P. Eugene never lets her meddle in foreign
    affairs. Her power consists chiefly in military preferments […].« Waldegrave an
    Townshend, privat, chiffriert, Wien, 26.02.1729, TNA, SP 80, 64, f. 126v.
95 BRAUBACH, Prinz Eugen 5, S. 147–151.
96 Das gesellschaftliche Leben des unverheirateten Prinzen bestand in regelmäßigen
    abendlichen Spielpartien, zu denen neben kaiserlichen Ministern und Angehörigen
    der Wiener Elite auch die ausländischen Gesandten eingeladen wurden. Siehe Kapi-
    tel 4.1.1, S. 198.
97 Königsegg wurde von der Forschung bisher kaum beachtet, Verwendung findet des-
    halb im Folgenden auch eine eher populäre Geschichte seiner Familie von Horst
    BOXLER, Königsegg.
98 Trotz seiner langen Karriere in kaiserlichen Diensten gibt es auch zu Graf Harrach
    keine eigenständige Biographie; die folgenden Aussagen beruhen auf den angegebe-
    nen biographischen Skizzen in Nachschlagewerken.
99 Zur doppelten, militärischen und diplomatischen Karriere Graf Königseggs siehe
    BOXLER, Königsegg, S. 517–520; BRAUBACH, Eine Satire auf den Wiener Hof, S. 407.
100 Wien, 04.09.1734, in: Wienerisches Diarium Nr. 71, 04.09.1734, [S. 6].

Verhältnisses.[101] Der designierte Nachfolger Prinz Eugens Königsegg litt an
Gicht, was ihn zeitweilig daran hinderte, an Sitzungen der Geheimen Konferenz teilzunehmen.[102]

Hofkanzler Sinzendorff setzte seine Stellung genauso wie Prinz Eugen ein,
um wichtige diplomatische Gesandtschaften vergeben zu können, Klientel zu
bekommen und zu halten.[103] Seine Familienmitglieder, allen voran seine vier
Söhne und seine Tochter,[104] profitierten von seiner Protektion. Häufig verlor
er jedoch bei Personalentscheidungen gegen Prinz Eugen, später auch gegen
Bartenstein.[105] Ein Beispiel dafür ist die Auswahl des kaiserlichen Gesandten für den Hof von St. James, wohin er 1728 seinen Schwiegersohn hatte
schicken wollen.

[…] the Reason why it [die Ernennung eines kaiserlichen Gesandten für St. James] was
not allready done was, that the Emperor had made a sort of a Promise to Count Kinsky,
but that now he was more inclined to name Count Sinzendorf, (a Son in Law of the
Chancelor of that name), and that the Emperor's Difficulty on that head was the chief
motive of this Delay; But that as soon as the Chancelour was set out for Paris, Mr. Kinsky
would be nam'd; For that the Emperor was unwilling to give Count Sinzendorf the Mor-
tification, of seeing any Person prefer'd to his Son in Law […].[106]

Starhembergs später wichtigster Klient war Bartenstein, der für ihn seit 1717
Empfehlungen in reichsrechtlichen[107] und außenpolitische Angelegenhei-

---

101 Er wurde vom britischen Gesandten Robinson nur äußerst selten und nie an ent-
     scheidender Stelle erwähnt.
102 Siehe u.a. Robinson an Harrington, Wien, 08.04.1732, TNA, SP 80, 87, o.f.
103 Müller, Das kaiserliche Gesandtschaftswesen, S. 222–223. Einer seiner Klienten war
     Konrad Graf Starhemberg, ein Neffe Gundaker Starhembergs, der u.a. 1720–1725
     kaiserlicher Gesandter in London war. Friedrich Hausmann (Hg.), Repertorium der
     diplomatischen Vertreter aller Länder seit dem Westfälischen Frieden (1648). Bd. 2:
     1716–1763, Zürich 1950, S. 65.
104 Wurzbach, Biographisches Lexikon 35, S. 22.
105 Müller, Das kaiserliche Gesandtschaftswesen, S. 227–228. Seinen Sohn Philipp Lud-
     wig wollte er als Botschafter an den französischen Hof schicken, konnte sich aber
     gegen Prinz Eugen nicht behaupten. Ebd., S. 224; Müller bezeichnet Philipp Ludwig
     im Übrigen falsch als »älteste[n] Sohn« des Hofkanzlers. Stattdessen setzte Sinzen-
     dorff die Wahl dieses Sohnes zum Bischof von Raab (Ungarn) durch, drei Jahre
     später erwirkte er die Kardinalswürde für seinen Sohn, und 1732 war der Einfluss
     des Obersthofkanzlers treibende Kraft hinter dessen Wahl zum Bischof von Bres-
     lau (Colmar Grünhagen, Sinzendorff, Graf Philipp Ludwig, in: ADB 34 (1892),
     S. 412–416). Sein Schwiegersohn und Neffe Franz Wenzel Sinzendorff war seit 1725
     in Regensburg kurböhmischer Gesandter am Reichstag und wurde dann ab 1728 kai-
     serlicher Gesandter bei den Generalstaaten der Niederlande, Müller, Das kaiserliche
     Gesandtschaftswesen, S. 222–223, Fn. 248.
106 Waldegrave an Townshend, Wien, 05.05.1728, TNA, SP 80, 62, f. 158.
107 Hrazky, Johann Christoph Bartenstein, S. 230, bes. Fn. 24.

ten entworfen hatte.[108] In auswärtigen Angelegenheiten vertrat Starhemberg meist eine Meinung mit Prinz Eugen und stellte sich damit gegen Sinzendorff. Aufgrund der unterschiedlichen Meinungen Starhembergs und Prinz Eugens in der Polnischen Thronfolgefrage und wegen des Aufstiegs Bartensteins kühlte sich ihr bis dahin gutes Verhältnis Anfang der 1730er Jahre ab.[109]

Der für die Reichsangelegenheiten zuständige Reichsvizekanzler Schönborn versuchte, Posten im Reich mit von ihm oder seiner Familie protegierten Personen zu besetzen.[110] 1729 erreichte er mit seiner Wahl zum Fürstbischof von Bamberg sowie zum Bischof von Würzburg und der seines jüngeren Bruders zum Erzbischof von Trier im selben Jahr[111] eine Stärkung seiner Position, gleichzeitig konnte er damit als Reichsfürst stärker für die Interessen des Kaisers eintreten.[112] In den meisten Fragen war Schönborn mit Prinz Eugen einer Meinung, mit dem ihn auch eine enge Freundschaft verband.[113] Graf Harrach nutzte seine Position in ähnlicher Weise, um sich energisch für die Karrieren seiner Kinder einzusetzen.[114]

Keiner dieser Minister hatte ein enges Verhältnis zu Karl VI., obwohl der Kaiser ihre Loyalität zum Kaiserhaus[115] und zumindest bei Starhemberg und Prinz Eugen auch ihre Verschwiegenheit[116] kaum bezweifelte. Karl VI. und

---

108 BRAUBACH, Johann Christoph Bartensteins Herkunft und Anfänge, S. 375–376.
109 Ders., Prinz Eugen 5, S. 208–209.
110 MÜLLER, Das kaiserliche Gesandtschaftswesen, S. 220–222, zu den mit Prinz Eugen geteilten Protegés S. 225.
111 Zur Ausnahmeerscheinung der Familie Schönborn, die sich immer wieder bei Bischofswahlen durchsetzen konnte, siehe Bettina BRAUN, Princeps et Episcopus. Studien zur Funktion und zum Selbstverständnis der nordwestdeutschen Fürstbischöfe nach dem Westfälischen Frieden, Göttingen 2013, S. 120–121.
112 HANTSCH, Reichsvizekanzler, S. 316. Siehe hierzu seine Ansichten zu den Pflichten eines Bischofs, BRAUN, Princeps et Episcopus, S. 92.
113 Zur Entwicklung dieser Freundschaft siehe ausführlich Max BRAUBACH, Friedrich Karl von Schönborn und Prinz Eugen, in: Ders., Diplomatie und geistiges Leben, S. 301–320; sie beruhte u.a. auf der Jagdleidenschaft der beiden (ebd., S. 308, 310–311, 316–317, sowie das »Jagditinerar« des Prinzen bei BRAUBACH, Prinz Eugen 5, S. 132–135).
114 MÜLLER, Das kaiserliche Gesandtschaftswesen, S. 193. Aus drei Ehen hatte Graf Alois sieben Kinder, die das Erwachsenenalter erreichten. WURZBACH, Biographisches Lexikon 7, S. 371–372. Der älteste Sohn Friedrich August (1696–1749) machte z.B. eine diplomatische Karriere und war von 1733 bis 1744 Statthalter sowie Gouverneur der Österreichischen Niederlande und später Oberstkanzler von Böhmen (siehe PICHORNER, Wiener Quellen zu den Österreichischen Niederlanden, und auch den Briefwechsel mit Philipp Graf Kinsky, FA Kinsky, 2).
115 Siehe für Prinz Eugen Karl VI., 21.04.1736, HHStA, HausA, Sammelbände 2, Tagebuch 17 [f. nicht zu erkennen].
116 Der britische Diplomat Waldegrave sprach von »natural reservedness«, die dazu beitrage, dass von den Angelegenheiten, die sie behandelten, nichts bekannt würde. Waldegrave an Townshend, Graz, 14.08.1728, TNA, SP 80, 63, f. 62–62v, direktes Zitat chiffriert.

der Prinz trafen sich zum Beispiel regelmäßig, um politische und militärische Angelegenheiten zu besprechen.[117] Das distanzierte Verhältnis war sicher auf den Altersunterschied zurückzuführen, fast alle Konferenzminister waren wesentlich älter als der Kaiser. Zum anderen verdankten sie ihren Aufstieg nur zum Teil dem Kaiser, strebten aber – zum Beispiel durch Patronage – nach Erweiterung ihrer eigenen Macht.[118] Hinzu kam bei einigen noch der Antagonismus zu Favoriten Karls VI.[119] Prinz Eugens Einfluss am Kaiserhof ließ mit dem Aufstieg Bartensteins sowie durch seine wohl altersbedingten Demenzanfälle seit dem Sommer 1732 nach. Sein wichtigster Vertrauter und persönlicher Sekretär Ignaz Koch konnte die Ausfälle des Prinzen zwar so kompensieren, dass sich bei vielen Mitteilungen, auch an den Kaiser und Bartenstein, nicht feststellen ließ, ob Prinz Eugen oder Koch Antwort gab.[120] Koch bereitete schon früher Eingaben und Memoranden des Prinzen vor und führte dessen gesamte militärische und diplomatische Korrespondenz,[121] auch im Rahmen eines Netzwerkes für Geheimdiplomatie, welches Prinz Eugen seit Mitte der 1720er Jahre im Auftrag Karls VI. aufbaute.[122] Die Schwächung des Einflusses beim Kaiser war teilweise auf die Abwesenheit Prinz Eugens von Wien in den Sommerfeldzügen 1734 und 1735 zurückzuführen, während der er aber über regelmäßige Berichte informiert wurde.[123]

---

117 Prinz Eugen hielt sich aber kaum bei Hof auf (BRAUBACH, Prinz Eugen 5, S. 126). Nur bei Zeremonien des Ordens vom Goldenen Vließ und bei militärischen Paraden traten der Kaiser und der Prinz gemeinsam auf (ebd., S. 126–127, 262–263). Dabei hätte der Prinz als Angehöriger des Hochadels am Hof sehr wohl eine Rolle spielen können: Sein Vater Eugène Maurice stammte aus einer Nebenlinie des Hauses Savoyen und war über seine Mutter, eine Condé, mit dem französischen Königshaus verwandt. Die Mutter Prinz Eugens, Olympia Mancini, war die Nichte des Kardinal Mazarin und zeitweise Favoritin Ludwigs XIV. Darüber hinaus war er mit weiteren europäischen Dynastien verwandt. BRAUBACH, Prinz Eugen 1, S. 21–71.
118 Zu Königsegg siehe ders., Eine Satire auf den Wiener Hof, S. 408.
119 So war es bei Prinz Eugen, ders., Prinz Eugen 4, S. 70.
120 Ebd. 5, S. 201, 310. Zur Person Kochs siehe insgesamt Maximilian HUBER, Ignaz Koch 1697–1673. Sekretär Prinz Eugens und Maria Theresias, Wien 1983, zur Frage der Autorenschaft von Briefen leider nicht im Detail ebd., S. 69–70.
121 Siehe die aufürliche Beschreibung der Tätigkeit Kochs im Rahmen des Spionagenetzwerkes des Prinzen ebd., S. 23–75.
122 Die Korrespondenz erstreckte sich auch auf militärische Themen, z.B. Kinsky an Prinz Eugen, London, 07.07.1730, FA Kinsky, 3 a), 4, o.f. Insgesamt zur Geheimkorrespondenz Prinz Eugens siehe u.a. BRAUBACH, Die Geheimdiplomatie; Hans Jochen PRETSCH, Graf Manteuffels Beitrag zur österreichischen Geheimdiplomatie von 1728 bis 1736. Ein kursächsischer Kabinettminister im Dienste des Prinzen Eugen von Savoyen und Kaiser Karls VI., Bonn 1970, und Kapitel 4.1.2 bzw. 4.1.3.
123 BRAUBACH, Prinz Eugen 5, S. 309–316. Vom Feldzug erhielt Kinsky einen Bericht, an dessen Ende versteckt ein Hinweis auf den Zustand des Prinzen gegeben wurde: »Le Prince se porte à merveille à son age prés.« Baron de Montoliu an Kinsky, Hauptquartier Heidelberg, 13.11.1734, FA Kinsky, 2 d), 68, o.f. Nach seiner Rückkehr nach

Auch Schönborns Einfluss ging zurück, als er ab Juni 1731 in seinen Bistümern blieb. Aufgrund seiner neuen Stellung hätte Schönborn 1729 als Reichsvizekanzler zurücktreten können, da die Aufgaben in Bamberg seine persönliche Anwesenheit erforderten, ein Reichsvizekanzler jedoch häufig in Wien sein musste. In der angespannten Lage Ende der 1720er Jahre befürchtete Schönborn aber, mit einem Rücktritt der Stellung des Kaisers, der Reichskanzlei und dem Einfluss seiner eigenen Familie zu schaden. Deshalb vertrat ihn in Wien Graf Metsch, der, zum Vizepräsidenten des Reichshofrates ernannt, qua Amt die Vertretung des Reichsvizekanzlers innehatte und gleichzeitig als Nachfolger bestätigt wurde.[124] Das Avancement der Österreichischen Hofkanzlei unter Sinzendorff und Bartenstein, wodurch der Einfluss und die Befugnisse der Reichskanzlei beschränkt wurden, konnte Schönborn nicht verhindern,[125] schon weil er seit Ende der 1720er Jahre nur wenige Male bei den Sitzungen der Geheimen Konferenz anwesend war, um Reichsangelegenheiten zu behandeln.[126] Auch sonst wurde er nicht regelmäßig informiert.[127] Er führte umfangreiche Korrespondenzen, um sich beispielsweise über die Lage in London zu informieren.[128] Nur von 1733 bis 1734 hielt er sich zur Lösung der internen Probleme der Reichskanzlei[129] noch einmal in Wien auf. Die Doppelbelastung, seine nachlassende Gesundheit sowie die zunehmende Unzufriedenheit Karls VI. mit seiner Amtsführung zwangen ihn im März 1734 jedoch zum Rücktritt.[130]

Wien nahm Prinz Eugen trotz gesundheitlicher Schwierigkeiten seine Tätigkeiten wieder auf und verstarb letztlich überraschend im April 1736 im Alter von 72 Jahren. BRAUBACH, Prinz Eugen 5, S. 317–321.

124 HANTSCH, Reichsvizekanzler, S. 319–320.
125 MÜLLER, Das kaiserliche Gesandtschaftswesen, S. 18–19, 27–30; von Sinzendorff ergingen auch Nebeninstruktionen an Gesandte, für die eigentlich Schönborn zuständig war (HANTSCH, Reichsvizekanzler, S. 205).
126 Siehe die Protokolle der Geheimen Konferenz, HHStA, StK Vorträge; HANTSCH, Reichsvizekanzler, S. 304–305. Aus den Akten geht allerdings hervor, dass Schönborn nicht, anders als Hantsch an anderer Stelle behauptet (ebd., S. 321–322), »an jeder geheimen Konferenz teil[nahm]«, siehe die Notizen zur Konferenz vom 12.01.1731, HHStA, StK Vorträge 32, f. 13–20.
127 Friedrich Karl von Schönborn an Lothar Franz von Schönborn, 01.08.1728, Archiv Wiesentheid, Korr. Lothar Franz, zitiert nach HANTSCH, Reichsvizekanzler, S. 312: »Ich muß zu E. chfstl. gn. nachricht repitiren, daß in ambtsachen es schlechter als vorhihn gehet. Ich habe nuhn in 3 wochen, da hier bin, nicht ein rescriptum von der gehaimen canzlei oder eine einzige expedition gehabt«.
128 MÜLLER, Das kaiserliche Gesandtschaftswesen, S. 58. Die Korrespondenz mit Philipp Kinsky lässt sich anhand von FA Kinsky, 2 und 3, belegen.
129 In den Jahren 1730 und 1731 gerieten verschiedene Dokumente der Reichskanzlei durch Geheimnisverrat von Amtsträgern der Reichskanzlei an die Öffentlichkeit. Eine Untersuchungskommission sah genau wie der Kaiser und die Geheime Konferenz die Verantwortung beim Reichsvizekanzler Schönborn, der daraufhin vom Kaiser über Prinz Eugen zum Rücktritt aufgefordert wurde. Nach langem Zögern bat er am 29. März 1734 um seine Entlassung. HANTSCH, Reichsvizekanzler, S. 336–342.
130 Ebd., S. 342–344.

Auch Sinzendorff vertraute Karl VI. nicht wirklich. »Sinzendorf schwazt vill«,[131] lautete die knappe Charakterisierung Sinzendorffs in den Konferenznotizen Karls VI. Grund für das eher reservierte Verhältnis war wohl, dass Sinzendorff seine Meinung je nach Laune des Kaisers änderte und nicht zu einmal getroffenen Entscheidungen stand. Waldegrave bemerkte dazu, Sinzendorff gebe dem Kaiser nie Empfehlungen, ohne sich eine Hintertür offenzuhalten. Der Hofkanzler versuche zunächst, an die kaiserliche Ehre zu appellieren, um Karl VI. von seiner Sicht der Dinge zu überzeugen. Sollte der Kaiser anderer Meinung sein,

ye Chancellor may be ruled by his Master's Inclination and steer by that Compass […] if he [Sinzendorff] finds him [the Emperor] wavering and irresolute, or even bent against it, he will fall in with him, and advise him to give it up, and think of other Measures without troubling his head with the Promises, he, the Count, may have made to […] any other Person.[132]

Jedoch konnte sich Sinzendorff 1728 im Konflikt mit Prinz Eugen um die Meinung des Kaisers durchsetzen, als es darum ging, das Bündnis mit Frankreich zu suchen, ohne die Verbindung zum spanischen Hof zu gefährden.[133] Deshalb reiste er sogar persönlich zur Eröffnung des Kongresses von Soissons,[134] freilich befürchtete er, die Abwesenheit vom Wiener Hof werde seinem Status schaden.[135] Tatsächlich erstarkten die Positionen Prinz Eugens und Rialps zunächst.[136] Doch obwohl er erfolglos war, nahm Karl VI. Sinzendorff nach der Rückkehr ohne Zurücksetzung wieder auf.[137] Später versuchte Sinzendorff, durch Baron Fonseca, den er als Gesandten zu diesem Kongress durchgesetzt

---

131 Zitiert nach ARNETH, Prinz Eugen 2, S. 190.
132 Waldegrave an Townshend, chiffriert, Wien, 01.01.1729, TNA, SP 80, 64, f. 6.
133 Waldegrave an Townshend, chiffriert, Wien, 08.01.1729, TNA, SP 80, 64, f. 19v. MÜLLER, Das kaiserliche Gesandtschaftswesen, S. 94.
134 Durch eine Erkrankung verschoben sich sowohl die Unterzeichnung der Präliminarien in Wien, Waldegrave an Townshend, Wien, 05.05.1728, TNA, SP 80, 62, f. 163–163v, als auch seine Abreise nach Soissons, Waldegrave an Townshend, privat, Wien, 13.05.1728, TNA, SP 80, 62, f. 179–179v.
135 MÜLLER, Das kaiserliche Gesandtschaftswesen, S. 185; BRAUBACH, Prinz Eugen 3, S. 32. Diese Einschätzung teilte Waldegrave, Waldegrave an Townshend, Wien, 03.07.1728, TNA, SP 80, 63, f. 17.
136 Prinz Eugens stärkere Stellung zeigte sich unter anderem in erhöhten Vertretungsbefugnissen, z.B. bei der Öffnung der kaiserlichen Korrespondenz, Waldegrave an Tilson, chiffriert, Graz, 21.08.1728, TNA, SP 80, 63, f. 76v. Rialp sah seine Stellung auch gestärkt, Waldegrave an Townshend, Wien, 04.12.1728, TNA, SP 80, 63, f. 241v.
137 Waldegrave berichtete ausführlich über die gnädige Aufnahme Sinzendorffs nach seiner Rückkehr aus Soissons, Waldegrave an Townshend, Wien, 25.12.1728, TNA, SP 80, 63, f. 263–265.

hatte, das französische Bündnis wiederherzustellen. Stellvertretend für die Meinungsverschiedenheiten zwischen Prinz Eugen und Sinzendorff traten damit in Soissons die gleichberechtigten kaiserlichen Gesandten Fonseca und Stephan Kinsky auf.[138] Für die Zukunft wichtiger war jedoch, dass nun der Sekretär der Geheimen Konferenz Bartenstein in Abwesenheit des Kanzlers direkten Zugang zum Kaiser erhalten hatte, denn zwischen Karl VI. und Bartenstein entwickelte sich ein enges Vertrauensverhältnis, welches Sinzendorff zu seinem Herrscher nie hatte aufbauen können.[139]

Anders sah das Verhältnis von Starhemberg – der regelmäßig am Wiener Hof war – zu Karl VI. aus. Persönlich galt der Minister als ehrlich und aufrichtig; er wagte es, dem Kaiser in manchen Angelegenheiten zu widersprechen.[140] Sein großes persönliches Vermögen[141] – zusätzlich zu einem vergleichbar hohen Gehalt[142] – machte ihn zudem in den Augen der Zeitgenossen weniger anfällig für Fehlverhalten.[143] Er war auch in zwei geheime Korrespondenznetzwerke eingeweiht, die von Prinz Eugen und von Bartenstein aufgebaut wurden.[144] Sinzendorff dagegen erfuhr nichts von diesen Netzwerken.[145] Das Alter Starhembergs, der 1733 70 Jahre alt wurde, führte allerdings dazu, dass er bei Karl VI. gegenüber seinem früheren Schützling Bartenstein zunehmend an Einfluss verlor.[146]

Eine völlig andere Beziehung hatte Karl VI. zu den beiden Beratern, die ihm ihren Aufstieg aus bürgerlichen Kreisen bis in die Spitze der kaiserlichen Verwaltung verdankten. Don Ramon de Vilana Perlas, Marqués de Rialp

---

138 BRAUBACH, Die Geheimdiplomatie, S. 49, Fn. 63.
139 Siehe weiter unten die Ausführungen zur Person Bartensteins.
140 Hanns SCHLITTER, Starhemberg, Gundakar Thomas Graf von, in: ADB 35 (1893), S. 480–482.
141 Aus seinem Privatvermögen gab er auch Kredite an die Hofkammer und andere Finanzinstitutionen der Habsburgermonarchie, MENSI, Die Finanzen Österreichs, S. 151–152.
142 Starhemberg erhielt als Hofkammerpräsident ein jährliches Gehalt von 30.000 fl. und nach seinem Rücktritt von Karl VI. eine Gnadengabe von 100.000 fl., die gestückelt ausgezahlt und mit 6 % verzinst wurde, sowie ab Ende 1715 zusätzlich 1.500 fl. aus Bankerträgen. Ebd., S. 273–274, 459.
143 Ebd., S. 151–152. Das negative Gegenbeispiel war der wegen Unterschlagung verurteilte Hofkammerpräsident vor Starhemberg, der Vater des Obersthofkanzlers Sinzendorff.
144 MÜLLER, Das kaiserliche Gesandtschaftswesen, S. 47–48, 50–51.
145 BRAUBACH, Die Geheimdiplomatie, S. 45, und MÜLLER, Das kaiserliche Gesandtschaftswesen, S. 47, 50. Ab 1736 war Sinzendorff wohl der Inhalt der Korrespondenz Bartensteins bekannt, ebd., S. 56.
146 Ebd., S. 52. Allerdings blieb er im Gegensatz zum geistig abbauenden Prinzen Eugen eingeweiht, ebd., S. 55–56.

(1663–1741),[147] der Staatssekretärs des »Höchsten Spanischen Rates«[148] und
des »Höchsten Rates der Niederlande«[149] galt zeitgenössisch als »ehrbarer
Mann«, der zwar nicht unbedingt fähig, aber gegenüber Karl VI. sehr treu
sei[150] und durch seinen Einsatz für den Kaiser von diesem hochgeschätzt werde.[151] Robinson führte über das Verhältnis zwischen Karl und dem Marqués
an, »[…] the Emperor regards him as the work of his own hand and moulded
to his fancy [...].«[152] In Verbindung mit Hofkanzler Sinzendorff, dem Schwie-
gervater seines Sohnes,[153] nahm Rialp als Repräsentant des Spanischen Rates
vor allem in den 1720er Jahren großen Einfluss auf die auswärtigen Angelegenheiten und korrespondierte mit kaiserlichen Gesandten.[154] Als die Macht
des Spanischen Rates mit der Verschlechterung der kaiserlich-spanischen

---

147 Zum Marqués de Rialp existiert eine Biographie, die leider bisher nur im katalanischen
Original erschienen ist und daher von der Verfasserin nicht für die Untersuchung
berücksichtigt werden konnte (Sebastià SARDINÉ I TORRENTALLÉ, Jo, Vilana-Perles. El
diplomàtic català que va moure els fils de la Guerra de Successió (1704–1734), Lleida
2013).

148 Oskar SCHMID, Marques Rialp und das spanische Staatssekretariat in Wien, in: Historische Blätter 7 (1937), S. 52–60, hier S. 54. Rialp setzte sich am Wiener Hof zudem
für die Angelegenheiten der exilierten Katalanen ein. Siehe Joaquim ALBAREDA I SAL-
VADÓ, Das Fortbestehen des Austrazismus in Wien nach dem Vertrag von Utrecht
(1713–1727). Der Schatten des Marqués de Rialp, in: Friedrich EDELMAYER u.a. (Hg.),
Hispania-Austria III. Der Spanische Erbfolgekrieg – La Guerra de Sucesión española,
Wien 2008, S. 319–339, hier S. 320–321, 337–338.

149 Siehe zur Einrichtung des »Höchsten Rates der Niederlande« Renate ZEDINGER,
Die Verwaltung der Österreichischen Niederlande in Wien (1714–1795). Studien
zu den Zentralisierungstendenzen des Wiener Hofes im Staatswerdungsprozeß der
Habsburgermonarchie, Wien 2000, S. 30–32, sowie S. 40–41 zu Rialps Stellung als
Verbindungsmann zwischen den Räten; somit war er u.a. in die Beratungen zur Ost-
ende-Kompagnie involviert.

150 Sein Aufstieg begann mit der Unterstützung Karls in Spanien. SCHMID, Marques
Rialp, S. 53–54, 58.

151 »L'empereur lui fait tous les jours de nouvelles graces [...] le M. de Perlas est un fort
bon homme, je le croy meme un fort honneste homme, et avec raison attaché a son
maistre. Son genie est mediocre [...]«, Du Bourg an den Pariser Hof, Wien 1725 Februar 23, MAE Paris, CP Autriche 147, f. 30v–34v, f. 35r–38v, zitiert nach ALBAREDA I
SALVADÓ, Das Fortbestehen des Austrazismus, S. 333.

152 Robinson an Harrington, »most private«, Wien, 09., 10., 11.02.1732, TNA, SP 80,
85, o.f.

153 Waldegrave an Tilson, Wien, 16.04.1729, TNA, SP 80, 64, f. 206v; SCHMID, Marques
Rialp, S. 57, Fn. 9. ZEDINGER, Die Verwaltung der Österreichischen Niederlande,
S. 41, beschreibt, wie Rialp diese Verbindungen außerhalb seiner spanischen Kreise
am Wiener Hof nutzte. Eventuell unterstützte er damit die Karriere seines Bruders,
der seit 1715 Erzbischof in Brindisi und von 1723 bis zu seinem Tod 1729 Erzbischof
von Salerno war. David M. CHENEY, Archbishop Pablo Vilana Perlas, in: Ders. (Hg.),
Catholic Hierarchy, Kansas City, KS 1996–2013.

154 Pia WALLNIG, Die Verwaltung der Länder. Das Beispiel Neapels und der Österreichischen Niederlande, in: SEITSCHEK u.a., 300 Jahre Karl VI., S. 106–111, hier S. 108. Die
Verbindung zu Sinzendorff bestand auch später (Waldegrave an Townshend, privat,
Wien, 26.02.1729, TNA, SP 80, 64, f. 127). SCHMID, Marques Rialp, S. 58, weist darauf
hin, dass Rialp mit den kaiserlichen Gesandten direkt korrespondierte, wobei er nicht

Beziehungen nachließ, war Marqués de Rialp – als alleiniger Repräsentant dieses Gremiums – der einzige Minister, der weiterhin vom Kaiser angehört wurde und dessen Meinung beim Kaiser noch etwas galt:[155] »[…] it is taken for granted that the Emperor lets him into, and takes his Advice upon the most Secret transactions […].«[156] Rialp unterstützte die wirtschaftlichen Pläne des Kaisers, von denen er zunächst profitierte.[157] Aus einfach Verhältnissen stammend konnte er den Unterhalt für seine große Familie trotz eines großzügigen Gehalts kaum aufbringen, weswegen ihm vielfach Korruption nachgesagt wurde.[158] Der britische Gesandte Waldegrave erlebte ihn als den höflichsten der kaiserlichen Minister,[159] er sei offener als die anderen und zeige auch »more Civility«.[160]

Ganz im Gegensatz dazu fiel Bartenstein gerade durch schroffe Art auf.[161] Er selbst nutzte seinen niedrigeren Rang, um deutliche Aussagen zu entschuldigen: »Ein Subaltern qui quamplurimis dominis deberet servire, ist in einem gantz anderen cahn als Ewer Excellenz […].«[162] Bartenstein hatte 1725 die zweifache Witwe Maria Cordula Holler von Doblhoff (1698–1768) aus einer

   als Vertreter des Spanischen Rates auftrat. Leider sind nur wenige Briefe an Kinsky als den kaiserlichen Gesandten in London erhalten (siehe FA Kinsky, 3), sie lassen aber auf eine zumindest zeitweise regelmäßige Korrespondenz schließen.

155 Mémoires pour servir d'instrument au Sr. duc de Richelieu, Marly, 28.03.1725, MAE Paris, CP Autriche 147, f. 145v–146r, zitiert nach ALBAREDA I SALVADÓ, Das Fortbestehen des Austrazismus, S. 334.

156 Waldegrave an Townshend, 04.12.1728, TNA, SP 80, 63, f. 241v. Rialp hielt sich jeweils in der Nähe des Herrschers auf. SCHMID, Marques Rialp, S. 57.

157 Im Austausch gegen Ländereien im Königreich Neapel, die ihm Karl VI. ursprünglich übertragen hatte, erhielt er Land an der Adria um Fiume, auf welchem ein neues Zentrum der Glasproduktion entstehen sollte. 1737 scheiterte das Projekt aus verschiedenen Gründen, u.a. wegen des Verlusts von Neapel als Absatzmarkt 1735. Miroslava DESPOT, Staklana »Perlasdorf« i njezin vlasnik markiz Perlas de Rialp, in: Starine 49 (1959), S. 321–348.

158 WALLNIG, Die Verwaltung der Länder, S. 108. Rialp erhielt als Staatssekretär jährlich 8.000 fl., konnte aber eben nicht auf Familienvermögen zurückgreifen. SCHMID, Marques Rialp, S. 55.

159 Auf dem Weg zur Antrittsaudienz empfing der Marqués Waldegrave »with all the Politeness imaginable«, Waldegrave an Townshend, chiffriert, Wien, 19.05.1728, TNA, SP 80, 62, f. 199, f. 200.

160 Ebd., f. 200. Siehe auch Waldegrave an Tilson, Wien, 29.10.1728, TNA, SP 80, 63, f. 179.

161 Grete KLINGENSTEIN, Kaunitz contra Bartenstein. Zur Geschichte der Staatskanzlei 1749–1753, in: Heinrich FICHTENAU/Erich ZÖLLNER (Hg.), Beiträge zur Neueren Geschichte Österreichs Adam Wandruszka zum 60. Geburtstag gewidmet, Wien 1974, S. 243–263, hier S. 248, führt das geringe diplomatische Taktgefühl und die fehlenden Umgangsformen Bartensteins auf seine Herkunft aus akademischen Kreisen zurück, wegen derer ihm als Jugendlichen der Zugang zu höfischen Kreisen verwehrt war und er die höfischen Sitten – also Höflichkeit – nicht lernte.

162 Bartenstein an Kinsky, Wien, 10.12.1733, FA Kinsky, 2 c), 64, o.f.

reichsritterlichen Tiroler Familie geheiratet,[163] die sehr reich war und ihm mit ihren guten Verbindungen in Wien und bei Hof half.[164] Die institutionellen Besonderheiten der auswärtigen Politik des Wiener Hofs unterstützten Bartenstein Aufstieg. Zu diesem Zeitpunkt gab es wenig klar definierte Zuständigkeiten, sondern es waren gemeinsame Sitzungen der Minister – von Bartenstein protokolliert – vorgesehen.[165] Durch die politischen Verwicklungen dieser Epoche erhöhte sich der Absprachebedarf[166] und damit auch die Zahl der von Bartenstein protokollierten Sitzungen.[167] Bartenstein war als Sekretär für die schriftliche Ausarbeitung der Konferenzentscheidungen, Instruktionen und Reskripte verantwortlich und bestimmte ihren Umfang und Ton. Die Instruktionen und Reskripte erhielten unter Bartenstein einen anderen Stellenwert, da er zur Information der Gesandten die Beziehungen zum jeweiligen Bestimmungsland ausführlich auswertete und aus Wiener Sicht darstellte.[168] Bei wichtigen Berichten der Gesandten las Bartenstein dem Kaiser »alles wort für wort« vor.[169] Die Information Karls VI. über die Beschlüsse der Konferenzen erfolgte über das Protokoll und den schriftlich ausgearbeiteten Vortrag Bartensteins, der somit eine Vermittlerposition zwischen Karl VI. und den Ministern einnahm[170] und eine »quasiministeriell[e] Stellung«[171] erreichte. In der Geheimen Konferenz beteiligte sich Bartenstein auch mit eigenen Wortmeldungen, obwohl das nicht seiner Stellung als Staatsreferendar und Protokollant entsprach.[172] Seine gründliche Arbeitsweise,[173]

163 Sie war die Tochter von Franz Holler von Doblhoff, Medizinprofessor und Leibarzt von Leopold I., Joseph I. und Karl VI. (Ignaz de LUCA, Journal der Literatur und Statistik, Bd. 1, Innsbruck 1792, S. 55). Ihr Bruder war Carl Hieronymus Holler von Doblhoff, Referendar der oberösterreichischen Hofkanzlei. Trauungsbuch St. Stephan, 1723–1725, Eintrag zum 02.04.1725, Matricula, AT-W (Wien Stadt), 9001M, 02-044, S. 673.

164 Siehe auch den Beitrag von Thomas Wallnig zum Beginn der Karriere Bartensteins in Ines PEPER/Thomas WALLNIG, Ex nihilo nihil fit. Johann Benedikt Gentilotti und Johann Christoph Bartenstein am Beginn ihrer Karrieren, in: Gabriele HAUG-MORITZ u.a. (Hg.), Adel im »langen« 18. Jahrhundert, Wien 2009, S. 167–185, hier S. 183.

165 KLINGENSTEIN, Institutionelle Aspekte, S. 79–80. Siehe insgesamt auch Kapitel 4.1.3.

166 Siehe hierzu Bericht Bartensteins, Wien, 21. Mai 1749, HHStA, StK Interiora 1, Kopie in StK Vorträge 61, 21. Juni 1749, zitiert nach KLINGENSTEIN, Institutionelle Aspekte, S. 84.

167 So protokollierte er auch Absprachen mit Diplomaten und brachte sich wohl schon 1731 auch inhaltlich ein, siehe z.B. Robinson an Harrington, Wien, 15.06.1731, SP 80, 75, o.f.

168 MÜLLER, Das kaiserliche Gesandtschaftswesen, S. 35–36.

169 Bartenstein an Kinsky, Wien, 20.04.1733, HHStA, StA England 69, f. 29v [siehe das Original FA Kinsky, 2 c), 25, o.f.].

170 Siehe den Bestand HHStA, StK Vorträge.

171 KLINGENSTEIN, Institutionelle Aspekte, S. 80.

172 MÜLLER, Das kaiserliche Gesandtschaftswesen, S. 51.

173 Ebd., S. 339, Fn. 7, zitiert einen Bericht Mirepoixs, Wien, 08.06.1739, Autriche 219 AE, nach dem Bartenstein eine Ausnahme sei, da alle anderen »in Wien nur halb soviel wie in Paris« arbeiteten.

die eingehenden Ausführungen zu historischen und rechtlichen Grundlagen und besonders seine Kenntnisse des Reichsrechts, die »Spitzfindigkeiten und juristischen Haarspaltereien«,[174] gefielen Karl VI., der bald auch eine enge persönliche Bindung zu Bartenstein empfand.[175] Im Unterschied zu früheren Favoriten hatte Bartenstein von Amts wegen direkten Zugang zum Kaiser und war täglich in dessen Nähe.[176] Ebenfalls aufgrund seiner formalen Funktion konnte Bartenstein direkten Einfluss auf die Politik nehmen.[177] Bartenstein baute im Auftrag Karls VI. parallel zur existierenden Geheimkorrespondenz Prinz Eugens ein weiteres geheimes Netzwerk mit den wichtigsten diplomatischen Vertretern auf,[178] die den neuen einflussreichen Mann in der kaiserlichen Politik akzeptieren mussten, was aufgrund seines niedrigen Rangs – im Vergleich zu den meisten Diplomaten – Schwierigkeiten bereitete.[179]

Bartensteins bürgerliche Herkunft[180] war die Grundlage für sein Verhältnis zum Kaiser. Da er, anders als die hochadeligen Minister, nicht eine »eigene«

---

174 ARNETH, Johann Christoph Bartenstein und seine Zeit, S. 17–18, Zitat S. 18. Bartenstein galt als Urheber der Idee, die Pragmatische Sanktion durch völkerrechtliche Verträge abzusichern. HRAZKY, Johann Christoph Bartenstein, S. 232–234.

175 Zu den persönlichen Briefen Karls VI. an Bartenstein siehe ARNETH, Johann Christoph Bartenstein und seine Zeit, S. 26–28, und besonders HRAZKY, Johann Christoph Bartenstein, S. 235–238, Auszüge in Fn. 33–35.

176 Schon seit Ende 1731 erstattete Bartenstein Karl VI. sehr häufig Bericht, ARNETH, Johann Christoph Bartenstein und seine Zeit, S. 26.

177 Siehe zu diesem Punkt Andreas PEČAR, Favorit ohne Geschäftsbereich. Johann Michael Graf von Althann (1679–1722) am Kaiserhof Karls VI., in: Michael KAISER/Andreas PEČAR (Hg.), Der zweite Mann im Staat. Oberste Amtsträger und Favoriten im Umkreis der Reichsfürsten in der Frühen Neuzeit, Berlin 2003, S. 331–344, hier S. 343–344.

178 Wie MÜLLER betont, war diese zweite geheime Korrespondenz zunächst Prinz Eugen und seinem Sekretär bekannt und sollte sie wohl entlasten, erst später unterhielten Karl VI. und Bartenstein geheime Briefwechsel, etwa mit Philipp Kinsky, ohne das Wissen Prinz Eugens (ders., Das kaiserliche Gesandtschaftswesen, S. 47–57). Bei dieser Korrespondenz lassen sich die Autorenschaft Karls VI. und Bartensteins nur schwer unterscheiden, wie schon MICHAEL, Englische Geschichte 4, S. 399–400, bemerkte. Die Handschreiben Karls VI. an Philipp Kinsky wurden von Bartenstein geschrieben, zum Beispiel Karl VI. an Kinsky, Handschreiben, Wien, 11.07.1733, HHStA, StA England 69, f. 13, 23 in der Handschrift Bartensteins mit der Unterschrift des Kaisers, die Ausdrucksweise entspricht der Bartensteins in seinen Schreiben an Philipp Kinsky. Neben dem schriftlichen Einfluss baute der Vertraute des Kaisers auch seine persönlichen Netzwerke aus, z.B. bei der Ernennung von Gesandten, MÜLLER, Das kaiserliche Gesandtschaftswesen, S. 227–228.

179 ARNETH, Johann Christoph Bartenstein und seine Zeit, S. 20–25. Arneth führt die negativen Berichte (ebd., S. 21–25) auf diese Ungleichheit von Rang und Einfluss zurück.

180 Aus einer Akademikerfamilie in Straßburg stammend, war er konvertiert, um in kaiserlichen Diensten erfolgreich sein zu können. BRAUBACH, Johann Christoph Bartensteins Herkunft und Anfänge, S. 338–354, 366–368, 370–375. Das genaue Datum der Konversion ist bisher unklar. Unstrittig ist sein dezidiert katholisches Auftreten ab 1717; die Autorin dankt für diesen Hinweis Herrn Dr. Thomas Wallnig, Wien, der

Politik machen konnte, brauchte er den Kaiser, um durch ihn und mit seiner Unterstützung Einfluss zu gewinnen. Andererseits konnte Karl VI. sich
deshalb der Loyalität Bartensteins sicher sein.[181] Bartensteins Vermögen
wuchs erst durch Geschenke Karls VI. und später Maria Theresias.[182] Er galt
als unbestechlich;[183] allerdings erhielt er nach Abschluss des Präliminarfrie-
dens 1735 vom französischen ersten Minister Kardinal Fleury 100.000 fl.,
dazuhin wurde seine Ehefrau beschenkt.[184] Bartensteins Einfluss auf die
inhaltliche Gestaltung der kaiserlichen Politik ist zumindest für den Anfang
der 1730er Jahre umstritten, manchmal wird er allein für den Polnischen
Thronfolgekrieg und dessen negativen Folgen für den Kaiser verantwortlich
gemacht.[185] Unstrittig ist hingegen seine bedingungslose Treue zum Kaiserhaus, die es ihm ermöglichte, seine Stellung auch nach dem Tod Karls VI.
unter Maria Theresia zu behalten.[186]

Die Ansichten der vorgestellten Minister und Berater hinsichtlich des Ver-
hältnisses zum Londoner Hof waren weder einheitlich noch gleichbleibend.
Prinz Eugen vertrat in der Geheimen Konferenz die »Alte Allianz«, also das
Bündnis zwischen dem Kaiser und den Seemächten gegen die französische
Krone.[187] Gegen alles, was das Bündnis mit Großbritannien gefährden könnte,
beispielsweise die Gründung der Ostende-Kompanie, hatte Prinz Eugen große
Bedenken.[188] Auch Ende der 1720er Jahre, als es danach aussah, als ob es zum

---

entsprechende Belege in der Korrespondenz der Brüder Pez nachweisen konnte. Laut
KLINGENSTEIN, Kaunitz contra Bartenstein, S. 247, blieb diese bürgerliche Herkunft
Bartensteins am Hof immer spürbar.

181 HRAZKY, Johann Christoph Bartenstein, S. 235.

182 ARNETH, Johann Christoph Bartenstein und seine Zeit, S. 69–70.

183 Ebd., S. 68.

184 ZEDINGER, Franz Stephan von Lothringen, S. 66–67.

185 Während ARNETH in seinem biographischen Abriss ambivalent bleibt (ders., Johann
Christoph Bartenstein und seine Zeit, S. 28–30), er vielmehr eher von einer gemeinsa-
men Verantwortung Karls VI. und Bartensteins ausgeht (ebd., S. 31), ist für Wolfgang
Michael der Einfluss Bartensteins überdeutlich: »Die beweglichen Klagen jener
Handschreiben, die oft leidenschaftlichen Ergüsse darin, es ist Bartensteins Geist, der
daraus spricht. Der Geist Karls VI. verschwimmt, erscheint unbedeutend, schwach,
so wie der leise Ton seiner Rede, der die Diplomaten zur Verzweiflung bringt.«
MICHAEL, Englische Geschichte 4, S. 400.

186 ARNETH, Johann Christoph Bartenstein und seine Zeit, S. 32–34, 71.

187 Siehe z.B. Waldegrave an Townshend, Wien, 05.05.1728, TNA, SP 80, 62, f. 169v,
oder den Vortrag zur Geheimen Konferenz am 9. März 1732, Bartenstein, Wien,
11.03.1732, HHStA, StK Vorträge 35, f. 9–9v.

188 Er ließ sich in diesem Fall jedoch von der wirtschaftlichen Notwendigkeit des orga-
nisierten Indienhandels überzeugen. Als Generalstatthalter der Österreichischen
Niederlande waren ihm die finanziellen Probleme dieses Territoriums gut vertraut.
Angriffe der Engländer und Niederländer gegen den kaiserlichen Handel betrachtete
er als Angriff auf die kaiserliche Ehre und verurteilte sie scharf. BRAUBACH, Prinz
Eugen 4, S. 154–155. In den 1720er Jahren unterstützte er in Bezug auf das Bünd-
nis mit Spanien die an den Ratschlägen Sinzendorffs und Rialps orientierte Politik
Karls VI., wohl auch, um sein Verhältnis zum Kaiser nicht zu gefährden. Ebd., S. 236.

Krieg zwischen den Bündnispartnern des Spanischen Erbfolgekrieges kommen könnte, war er immer noch von der grundsätzlichen Übereinstimmung mit Großbritannien und den Vorteilen dieses Bündnisses überzeugt. Die Einigung von 1731 gelang nur, so war der britische Gesandte Robinson überzeugt, weil Prinz Eugen sich dafür einsetzte.[189] Noch nach der Nicht-Erfüllung des Bündnisvertrags durch Großbritannien im Polnischen Thronfolgekrieg trat Prinz Eugen für den Vermittlungsversuch der Seemächte ein.[190]

Die Dynastie der Welfen auf dem britischen Thron sah er vor dem Hintergrund der Religions- und Territorialkonflikte mit den Kurfürsten von Hannover im Reich allerdings als schwierig an.[191] In den Krisenjahren Mitte der 1720er Jahre ereiferte sich der Prinz immer wieder

gegen den unerträglichen Hochmut der englischen Könige aus dem hannoverschen Hause, die von ihrem Kurfürstentum aus das ganze Reich ohne jede Rücksicht auf den Kaiser und seine oberstrichterlichen Rechte zu dirigieren suchten, gegen die Verblendung des britischen Ministeriums, das diese Politik unterstützte und in dem Wahn lebte, die eigenen Interessen auf den Meeren und auf dem Kontinent ausgerechnet in engem Bündnis mit Frankreich am besten fördern zu können [...].[192]

Bei Großbritannien machte Prinz Eugen einen Unterschied zwischen dem Land und seinen Regierenden, die englische Nation sah er positiv, die Regierung und besonders den König negativ.[193]

Sinzendorff unterstützte, da es der Wunsch des Kaisers zu sein schien, 1731 die Wiederherstellung eines guten Verhältnisses zwischen Karl VI. und dem britischen König. Sein Kommentar lautete, er hoffe sehr auf die Neubelebung und Einrichtung eines guten Verständnisses zwischen den zwei Höfen, da sie »very good Friends« gewesen seien, »[w]e might [...] be so again.«[194] Dem britischen Vertreter Waldegrave erschien er als einziger der kaiserlichen Minister zugänglich zu sein.[195] Auch zu dessen Nachfolger Robinson hatte Sinzendorff ein gutes Verhältnis, so lud er ihn regelmäßig zu abendlichen Kartenspielen oder auf sein Landgut ein.[196] Allerdings wollte er dafür, wie oben ausgeführt, die französischen Beziehungen nicht abbrechen.

189 Robinson an Harrington, »most secret«, Wien, 18.03.1731, TNA, SP 80, 73, f. 16, berichtete, dass Prinz Eugen nach Abschluss der Verhandlungen schon drei Besprechungen mit dem Kaiser hatte, um diesen von den erreichten Ergebnissen zu überzeugen.
190 BRAUBACH, Prinz Eugen 5, S. 299–303, 311–312.
191 Ebd. 4, S. 96.
192 Ebd., S. 335.
193 Waldegrave an Tilson, chiffriert, Graz, 28.08.1728, TNA, SP 80, 63, f. 82v.
194 Waldegrave an Townshend, Wien, 05.05.1728, TNA, SP 80, 62, f. 160–160v.
195 Waldegrave an Townshend, »very private«, Wien, 13.05.1728, TNA, SP 80, 62, f. 189.
196 Robinson an Newcastle, Wien, 28.06.1730, TNA, SP 80, 68, o.f.; Robinson an Tilson, Wien, 26.08.1731, TNA, SP 80, 78, o.f.

Harrach war grundsätzlich dem britischen Gesandten gegenüber aufgeschlossen und zugänglich[197] und äußerte seine Schlussfolgerungen gegenüber
dem britischen Gesandten Sir Thomas Robinson mit »an air of frankness
and ingenuousness«.[198] »[Better] disposed to a Reconciliation than any of the
other Ministers«[199] schien auch Rialp seit der Wiederaufnahme der Beziehungen zwischen dem Wiener und dem Londoner Hof zu sein. Diese positive
Einstellung gegenüber Großbritannien lässt sich vielleicht aus seiner Abneigung gegenüber Frankreich erklären, die auf seine katalanische Herkunft
zurückgeführt wurde.[200] Er wünschte

to see a perfect good Understanding between his Majesty and the Emperor; That it was
the natural Interest of both Powers to be well together; That We could never be jealous
of each other's Greatness; and that We could on occasion assist one another and make
the same Figure in the World that We formerly did.[201]

Allerdings vertrat Rialp im Bezug auf den Ostende-Handel und die Einsetzung
von Don Carlos in der Toskana Ansichten, die grundsätzlich einer Einigung
mit dem Londoner Hof entgegenstanden. Rialp sah den Handel mit Indien
nämlich als die einzige Möglichkeit an, wie die Österreichischen Niederlande wirtschaftlich überleben und so als Bollwerk gegen Frankreich dienen
könnten.[202] Auch Königsegg wollte die Handelsfreiheiten der Österreichischen Niederlande erhalten,[203] was wohl in seiner Ehe mit Maria Thérèse de
Lannoy, einer Gräfin aus den dann Österreichischen Niederlanden, begründet war.[204] Königsegg setzte sich deshalb auch als Konferenzminister für die
Ostende-Kompanie und eine neue Zolleinigung mit den Generalstaaten der
Niederlande ein.[205] Dabei war seine Ernennung zum Konferenzminister im
Juni 1731 von Georg II.[206] und dem Secretary of State Harrington begrüßt

197 Als Robinson einen Lösungsvorschlag im Polnischen Thronfolgekrieg direkt dem
     Kaiser übergab statt zuerst den Ministern, zeigten sich die anderen Konferenzminister
     verärgert – Harrach nicht. Robinson an Harrington, »most secret«, Wien, 26.08.1735,
     TNA, SP 80, 118, o.f.
198 Ebd.
199 Waldegrave an Townshend, Wien, 30.10.1728, TNA, SP 80, 63, f. 187–188v; Walde-
     grave an Townshend, Graz, 09.10.1728, TNA, SP 80, 63, f. 155–155v. Townshend an
     Waldegrave, London (Whitehall), 16.11.1728, TNA, SP 80, 63, f. 193–193v.
200 Mémoires pour servir d'instrument au Sr. duc de Richelieu, Marly, 28.03.1725, MAE
     Paris, CP Autriche 147, f. 143r–143v, zitiert nach ALBAREDA I SALVADÓ, Das Fortbe-
     stehen des Austrazismus, S. 334.
201 Waldegrave an Townshend, Wien, 30.10.1728, TNA, SP 80, 63, f. 187.
202 Siehe z.B. ebd., f. 188–188v.
203 Robinson an Harrington, »most secret«, Wien, 07.12.1731, TNA, SP 80, 82, o.f.
204 BOXLER, Königsegg, S. 525.
205 Siehe Kapitel 5.2, S. 350–351.
206 »The King was very glad to hear by yours of the 20th, that Ct. Königsegg was declared
     a Minister of the Conference: His Maty is so well persuaded of his Ability, & inte-

worden[207] und er hatte ein gutes Verhältnis zu Sir Thomas Robinson. Robinson betonte, Königsegg sei von der Notwendigkeit eines guten Verhältnisses
zwischen dem Haus Österreich und den Seemächten überzeugt.[208] Er zeige
ihm, Robinson, gegenüber auch ein besonderes Maß an Höflichkeit, das
sonst am kaiserlichen Hof selten sei: »[…] I mean his returning my Visits, & I
have the permission to make use of his house, as my own. This alone is an
advantage […].«[209]

Bei der Wiederherstellung der Beziehungen 1728 zeigte sich Reichsvizekanzler Schönborn aufgeschlossen, in Reichsangelegenheiten auf Georg II.
als Kurfürsten und seine Forderungen einzugehen. Der britische Gesandte
berichtete, Schönborn habe ihn empfangen, »[…] with a great deal of Civility,
and assured Me of the Readiness he would shew on all Occasions to serve his
Majesty whenever any thing with in his Province should come before him.«[210]
Auch später versicherte Schönborn seine Bereitschaft, Georg II. als Kurfürsten zu unterstützen: »[…] [The] King [!] should meet with no delay from
him [Schönborn] in any thing relating to the Empire […].«[211] Hauptsächlich
verhandelte er als Reichsvizekanzler mit den hannoverschen Gesandten in
Wien,[212] allerdings war es üblich, dass auch die britischen Gesandten bei ihm
vorstellig wurden.[213] Die Unterscheidung zwischen den Rollen Georgs II. als
Kurfürst und König in der Personalunion verfolgte Schönborn entschlossen
in seinen Verhandlungen mit Baron Dieden als hannoverschem Gesandten
am Wiener Hof.[214] Nach Schönborns Meinung sollten die internationalen
Beziehungen insgesamt zu einer Stärkung der kaiserlichen Stellung im Reich
führen oder zumindest keine weitere Schwächung zulassen, was unter anderem durch das Bestehen auf zeremonieller Höherrangigkeit des Kaisers
gegenüber anderen europäischen Herrschern erreicht werden sollte.[215]

Auf die Beziehungen zu Großbritannien wirkte sich schließlich Bartensteins immer größer werdender Einfluss negativ aus. Nur anfangs hatte der

---

grity, & of his good inclinations towards the present Union between him, & the
Emperor, that he could not have wished a better person to be placed in that important
station.« Harrington an Robinson, Hampton Court, 10.07.1731, TNA, SP 80, 75, o.f.

207   Harrington kannte ihn aus der gemeinsamen Zeit am spanischen Hof.
208   Robinson an Harrington, Wien, 20.06.1731, TNA, SP 80, 75, o.f.
209   Robinson an Harrington, »private«, chiffriert, Wien, 20.06.1731, TNA, SP 80, 75, o.f.
210   Waldegrave an Townshend, Graz, 14.08.1728, TNA, SP 80, 63, f. 65.
211   Waldegrave an Townshend, Wien, 18.12.1728, TNA, SP 80, 63, f. 254.
212   Zu den Verhandlungen über den Vertrag von 1731 siehe unter anderem Robinson an
      Harrington, »most secret«, Wien, 18.03.1731, TNA, SP 80, 73, f. 14.
213   Waldegrave an Townshend, Graz, 14.08.1728, TNA, SP 80, 63, f. 65: »I went to see him
      according to what Custom has establish'd […]«.
214   HANTSCH, Reichsvizekanzler, S. 330–331.
215   MÜLLER, Das kaiserliche Gesandtschaftswesen, S. 135, 161. Siehe Kapitel 4.2.1,
      S. 257–259. Dabei argumentierte er auf Grundlage des Reichsrechts, HANTSCH,
      Reichsvizekanzler, S. 355.

britische Gesandte Robinson ein so gutes Arbeitsverhältnis zu Bartenstein, wie er es mit Prinz Eugen und Starhemberg gehabt hatte. Das Verhältnis wurde wohl unter anderem durch Geldgaben beeinflusst:

I made Mons. Bartenstein a present yesterday in his Maty's Name of a thousand Ducats & executed it in the manner prescribed by your Lrds. Instructions. upon which I need only say that tho' something is wanting judge by the Sense which that Gentleman expressed of his Maty's Goodness, nothing could be better placed at this juncture.[216]

Im Polnischen Thronfolgekrieg verschlechterte sich ihr Verhältnis rapide.[217] Der schroffe Ton Bartensteins, der in den Instruktionen und kaiserlichen Handschreiben an Kinsky seit spätestens 1733 deutlich wurde, übertrug sich auch auf die Beziehungen insgesamt:[218]

So aber läßt man uns überall stehen. Wegen derer General-Staaten üblen betrug will Engelland nichts thun, [...] Unsere alliirten stehen still, und anstatt der consolation überhäuffen uns mit lauter ungegrundeten Vorwürfen, alldieweilen, einer die schuld auff den anderen schiebet, daß keiner nichts thut. Was am ende daraus werden wird, das weiß Tott [!].[219]

3.1.3 Briten in Wien

Die britischen Gesandten, die nacheinander ab 1728 am Wiener Hof die Beziehungen zum Kaiser wiederherstellen sollten, kamen beide über Paris in die Erblande. Ihre Hintergründe waren jedoch völlig verschieden und das von ihnen Erreichte hätte ungleicher nicht sein können. James Waldegrave, Earl

---

216 Robinson an Harrington, chiffriert, Wien, 23.06.1731, TNA, SP 80, 75, o.f.

217 Bartenstein übertrug im Polnischen Thronfolgekrieg seine Enttäuschung über die ausweichende Haltung Georgs II. und dessen Minister auf den britischen Gesandten (Bartenstein an Kinsky, Wien, 21.10.1734, FA Kinsky, 2 d), 82, o.f.). Siehe Kapitel 3.1.3 und 4.2.5 sowie die knappen Hinweise bei Jeremy BLACK (ders., Anglo-Austrian Relations 1725–1740. A Study in Failure, in: JECS 12, 1 (1989), S. 29–45, hier S. 34; ders., When »Natural Allies« Fall Out, S. 141–142).

218 Zum schärferen Ton der unter Bartenstein verfassten Instruktionen und Reskripte siehe Bartenstein an Kinsky, Wien, 15.11.1733, FA Kinsky, 2 c), 56, o.f., oder allgemein MÜLLER, Das kaiserliche Gesandtschaftswesen, S. 36.

219 Bartenstein an Kinsky, Wien, 10.12.1733, FA Kinsky, 2 c), 64, o.f. Genauso scharf schrieb er: »[...] allein wie sie [die Seemächte] derzeit zu werck gehen, so kan man ohnmöglich anderst glauben, als daß fast ganz Europa gegen sein eygenes interesse zum untergang des durchlauchtigsten Erbhauses conspirire.« Bartenstein an Kinsky, Wien, 21.10.1734, FA Kinsky, 2 d), 82, o.f.

of Waldegrave (1684–1741)[220] stammte aus einer katholischen, jakobitischen Familie und wurde entsprechend im Exil erzogen. Seine verwandtschaftlichen Beziehungen reichten in die höchsten Kreise: Seine Mutter Henriette Fitzjames Waldegrave war die uneheliche Tochter König Jakobs II., sein Onkel James Fitzjames Herzog von Berwick, ein illegitimer Sohn des englischen Königs und französischer Marschall.[221] Finanziell versorgt war Waldegrave durch die Ehe mit einer reichen, ebenfalls jakobitischen Erbin, die jedoch schon 1719 starb.[222] Seine Mutter verwaltete seitdem seine Güter und Finanzen, betreute die Kinder, lieferte, solange Waldegrave im Ausland war, Informationen über die gesellschaftlichen und politischen Vorgänge in England und setzte sich für ihn mit ihren Beziehungen ein.[223] Sir Thomas Robinson (1695–1770)[224] stammte dagegen aus einer politisch aktiven Seidenhändlerfamilie, die zur Gentry zu zählen ist. Sein Vater war Oberbürgermeister von York und lange Mitglied des Parlaments, seine Brüder waren in der Royal Navy, bei den Marines und in der East India Company tätig.[225] Thomas Robinson besuchte die Westminster School, wo er eine lebenslange Freundschaft mit den Pelham-Brüdern – dem älteren Thomas, dem späteren Duke of Newcastle, und dem jüngeren Henry – schloss, und studierte anschließend am Trinity College in

---

220 Auch wenn die korrekte Verwendung des Titels heute »Earl Waldegrave« lautet, wurde zeitgenössisch »Earl of Waldegrave« verwendet, welches auch im Folgenden verwendet wird. Rex A. BARRELL hat die französische Korrespondenz des Diplomaten mit einer Einleitung über dessen Leben herausgegeben, ders. (Hg.), The French Correspondence of James, 1st Earl Waldegrave (1684–1741), Lewiston, NY 1996, S. 1–14. Zu seiner Wiener Zeit findet sich in dieser Edition aber leider kaum etwas.

221 Sein Vater, ein englischer Baron aus altem katholischem Adel, stand seit 1685 im Dienst Jakobs II. Ebd., S. 1–2.

222 Mary Webb starb laut Zeitungsberichten 1719 nach einer Fehlgeburt und wurde, obwohl sie katholisch war, in Westminster Abbey beigesetzt. Neil JENKINS, John Beard. Handel and Garrick's Favourite Tenor, Hove 2006, S. 47. Ihre drei überlebenden Kinder wurden in Flandern geboren: James (1715–1763), Henrietta (1717–1753) und John (1718–1784). Philip WOODFINE, Waldegrave, James, first Earl Waldegrave (1684–1741), in: Oxford DNB (2008), und BARRELL, Waldegrave, S. 2–3, irren in den Daten, wenn sie meinen, Mary Webb sei bei der Geburt Henriettas gestorben.

223 Ebd., S. 7. Die Kinder wurden von Henriette FitzJames Waldegrave bis zu ihrem Tod 1730 in England betreut. Die protestantisch erzogenen Jungen gingen in Eton zur Schule, während Henrietta bei ihrer Großmutter auf dem Familiensitz Navestock in Essex katholisch aufwuchs.

224 Zu Robinsons diplomatischen Bemühungen in Wien in den Jahren 1730 bis 1735 gibt es die erwähnte Dissertation von 1957 (STEUER, Englands Österreichpolitik). Sie gibt allerdings über die Rahmenbedingungen und Umstände von Robinsons Mission nur wenig Aufschluss.

225 Arthur COLLINS (Hg.), The Peerage of England [...]. Bd. 2.2, London 1735; Bd. 3, London 1735; Bd. 5, London ⁵1779; Bd. 6, London ⁴1768, Bd. 7, London ⁴1768, hier Bd. 7, S. 500; Sir Tancred Robinson, Rear Admiral of the White. Commission for service at this rank in the Royal Navy, 1739, TNA, ADM, 6/15/200. Die Schwester heiratete 1733 den Bruder von Robinsons späterer Frau. Thomas Worsley an Thomas Robinson, York, 23.12.1733, WYAS, WYL 150, 6006, 13241, o.f.

Oxford Jura.[226] Damit nutzte er das britische Bildungssystem zum Aufbau von Kontakten.[227] Sein ältester Bruder Metcalfe unterstützte Thomas Karriere tatkräftig, indem er zum Beispiel in London mit dem kaiserlichen Gesandten Graf Kinsky sprach, damit Wien entsprechend positiv über Robinson informiert würde.[228]

Beide, Waldegrave und Robinson, gingen ihren Weg im Dienst der Krone relativ gezielt. Waldegrave konvertierte, um eine Karriere in Großbritannien verfolgen zu können. Seine jakobitischen Familienmitglieder akzeptierten diese Entscheidung.[229] Als Mitglied des Oberhauses in London stand er in Kontakt mit einflussreichen Politikern wie Lord Townshend und Sir Robert Walpole und erhielt 1723 ein Hofamt. Schon seine erste Mission für Georg I. erhielt Waldegrave aufgrund seiner Kontakte am französischen Hof, als er 1725 Ludwig XV. das Gratulationsschreiben zur Hochzeit mit Maria Leszczyńska überbrachte.[230] Zwei Jahre später nutzte er die durch den Tod Georgs I. 1727 verursachte Zwangspause auf seinem Weg nach Wien, um sich vom britischen Botschafter am französischen Hof, Horatio Walpole, ins diplomatische Geschäft einweisen zu lassen, seine Kontakte in Frankreich wieder aufzunehmen und das Leben in Paris zu genießen.[231]

Der Botschaftssekretär Horatio Walpoles in Paris war Thomas Robinson; Horatio Walpole und sein Mitarbeiter wurden dort Freunde.[232] Während Walpoles Abwesenheiten fungierte Robinson 1724 bis 1730 als *Chargé d'Affaires* und beim Kongress in Soissons als einer der Vertreter Georgs II.[233] Bei seiner Berufung zum außerordentlichen Gesandten an den Kaiserhof nach Wien war er damit umfassend über die Entwicklung der britischen Politik in Europa informiert.[234]

---

226 Philip Laurence WOODFINE, Robinson, Thomas, first Baron Grantham (1695–1770), in: Oxford DNB (2007).

227 Siehe hierzu Kapitel 4.1.5, S. 237–238.

228 Metcalfe Robinson an Thomas Robinson, Tunbridge, 07.05.1730, WYAS, WYL 150, 6006, 13171, 22, o.f.

229 WOODFINE, Waldegrave, spricht zwar davon, Berwicks Mißbilligung seiner Konversion sei Beweis für deren Glaubwürdigkeit; dies änderte aber wohl nichts an Berwicks Unterstützung für seinen Neffen während dessen Aufenthalten in Frankreich. Leopold George Wickham LEGG (Hg.), British Diplomatic Instructions, 1689–1789. Bd. 6: France, 1727–44, London 1930, S. 83.

230 BARRELL, Waldegrave, S. 3–4.

231 Ebd., S. 4–5.

232 Horatio Walpole schickte ihm Briefe, die mit »Dear Tom« begannen, siehe Horatio Walpole an Robinson, [London?], 19.01.1734, in: COXE, Walpole 3, S. 151.

233 David Bayne HORN (Hg.), British Diplomatic Representatives, 1689–1789, London 1932, S. 18.

234 Georg II. an Robinson, Instruktionen, London (St. James), 13.05.1730, TNA, FO 90, 3, o.f.

Am kaiserlichen Hof angekommen, erlebte Waldegrave 1728 aus mehreren Gründen eine denkbar schlechte Aufnahme. Zum einen waren die Verhältnisse seit der Palm-Affäre grundsätzlich schwierig und sein Vorgänger hatte keinen guten Eindruck hinterlassen. Die kaiserlichen Minister bereiteten ihm einen dementsprechend kühlen Empfang.[235] Das Kaiserpaar empfingen ihn zwar privat und sprachen französisch mit ihm, was als besonderes Ehrenzeichen gedeutet wurde, aber der sonstige Empfang war wenig einladend:

[...] They, none of them, enter'd into the least Conversation, but barely answered the Compliment I made them, and nothing further. This you may easily believe does not encourage me to go very often to Court.[236]

Gerade seine französischen Beziehungen, die für die britischen Könige so wertvoll waren und wegen derer er für den diplomatischen Dienst ausgesucht worden war, könnten Waldegrave in den Augen der Kaiserlichen kompromittiert haben. Ein gutes persönliches und politisches Verhältnis hatte er nämlich von Anfang an zum Duc de Richelieu, dem französischen Botschafter am Kaiserhof.[237] Waldegrave vertrat Richelieu sogar, als dieser nach Paris reisen musste.[238] Erschwerend kam dazu, dass es in Wien weder ein Botschaftshaus noch eine entsprechende Einrichtung gab, die er hätte übernehmen können.[239] Außerdem waren die Wiener Preise noch höher als die in Paris oder London,[240] und das Wetter unerträglich kalt.[241] Die Diener – darunter langjährige Angestellte wie sein persönlicher Sekretär Burnaby, sein Haushofmeister Underhill, sein Kaplan Anthony Thompson[242] sowie als weiterer Sekretär George Harris[243] – kamen aus England und Frankreich mit und der neue bri-

---

235 Siehe Kapitel 2.1, S. 58, Fn. 51.
236 Waldegrave an Tilson, chiffriert, Wien, 16.10.1728, TNA, SP 80, 63, f. 162, Zitat f. 162v; Waldegrave an Tilson, Wien, 04.03.1729, TNA, SP 80, 64, f. 132–132v.
237 Waldegrave an Townshend, »very private«, Wien, 13.05.1728, TNA, SP 80, 62, f. 188–188v. Der französische Gesandte Duc de Richelieu empfing ihn beim Eintreffen in Wien mit allen Ehren, Waldegrave an Townshend, Wien, 05.05.1728, TNA, SP 80, 62, f. 157.
238 Waldegrave an Townshend, privat, Wien, 13.05.1728, TNA, SP 80, 62, f. 184–185.
239 Waldegrave an Tilson, Wien, 13.05.1728, TNA, SP 80, 62, f. 195–196. Letztendlich fand er eine Unterkunft im Starhembergischen Freihaus, siehe Kapitel 4.1.1, S. 194–195
240 Waldegrave an Townshend, Graz, 28.07.1728, TNA, SP 80, 63, f. 43.
241 Waldegrave an Tilson, Wien, 27.11.1728, TNA, SP 80, 63, f. 237.
242 BARRELL, Waldegrave, S. 6; HORN, British Diplomatic Representatives, S. 36. Während Thompson in der politischen Korrespondenz mehrfach erwähnt wird, tauchen die anderen Namen nicht auf.
243 George Harris kann als Schreiber der meisten Briefe identifiziert werden; er war vorher der Sekretär eines anderen britischen Diplomaten auf dessen Mission u.a. in Regensburg, Berlin und Cambrai. HORN, British Diplomatic Representatives, S. 105.

tische Gesandte kannten sich dementsprechend in Wien ebenfalls nicht aus.[244] Das rege gesellschaftliche Leben, welches er pflegte, um Anschluss zu finden, verursachte hohe Kosten, die Waldegrave letztlich aus eigener Tasche zahlen musste.[245] Das verlangte diplomatische Zeremoniell sowie das bei Hofe waren ihm lästig.[246] Für Waldegrave sprach, dass er zumindest auf gesellschaftlicher Ebene mit Prinz Eugen sehr guten Kontakt hatte.[247] 1729 verbrachte er, obwohl er laut Befehl nur kurz dort bleiben sollte, den Sommer in Hannover. Er stärkte seine Verbindungen zu Georg II. und den britischen Ministern – und wurde dort als Belohnung für seine Leistungen zum Viscount Chewton und Earl of Waldegrave erhoben.[248] Im Laufe der Zeit wurde er sowohl von den Ministern als auch seinen Amtskollegen geschätzt,[249] vielleicht aufgrund seines ausgeglichenen und ruhigen Auftretens.

Insgesamt empfand Waldegrave den kaiserlichen Hof als langsam, zu sehr auf Äußerlichkeiten bedacht und wenig effizient: »[…] the Court of Vienna is remarkable for the Slowness of it's Deliberations, a month or two is nothing for the slightest Consideration […].«[250] Bitter-ironisch waren seine Anmerkungen zu den Verhältnissen in Wien in privaten Briefen.[251] So war es nicht verwunderlich, dass er die dramatisch verschlechterte Lage nach dem Abschluss des Vertrags von Sevilla im Dezember 1729,[252] dem Tod seiner Mutter im April 1730 und dem Rücktritt Townshends im darauffolgenden Monat nutzte, um sich anderweitig zu orientieren. Da durch den Ministerwechsel Horatio Walpole Paris verlassen hatte, konnte Waldegrave dessen Nachfolge und damit einen für ihn passenderen Posten antreten.[253]

---

244 Waldegrave an Tilson, Graz, 11.09.1728, TNA, SP 80, 63, f. 125v. Siehe auch Kapitel 4.1.4, S. 229.

245 Waldegrave an Tilson, Wien, 15.01.1729, TNA, SP 80, 64, f. 32. Versuche, die Kosten über die Gesandtschaftsgelder abzurechnen, wurden von Lord Townshend von Anfang an zurückgewiesen. Waldegrave an Townshend, Wien, 29.10.1728, TNA, SP 80, 63, f. 181–181v.

246 Siehe Kapitel 4.2.1, S. 258–259.

247 Er war von Anfang an regelmäßig bei Prinz Eugen zum Kartenspiel eingeladen, Waldegrave an Townshend, »very private«, Wien, 13.05.1728, TNA, SP 80, 62, f. 188v, 190–191v.

248 COLLINS, The Peerage of England 2.2, S. 768.

249 Zumindest bescheinigt das Montesquieu (BARRELL, Waldegrave, S. 6); siehe zur Freundschaft Waldegraves und Montesquieus ebd., S. 15–18, sowie einige ihrer Briefe S. 18–27.

250 Waldegrave an Townshend, chiffriert, Wien, 01.01.1729, TNA, SP 80, 64, f. 7v.

251 Solche Briefe schickte er zum Beispiel an den Unterstaatssekretär Tilson, Waldegrave an Tilson, Graz, 02.10.1728, TNA, SP 80, 63, f. 148v.

252 Prinz Eugen brach die Gespräche mit Waldegrave nach Bekanntwerden des Vertrags von Sevilla ab, Waldegrave an Townshend, chiffriert, Wien, 17.12.1729, TNA, SP 80, 65, f. 295v.

253 Siehe Kapitel 2.2, S. 72–73. In seiner zehnjährigen Amtszeit als Botschafter am französischen Hof war Waldegrave trotz schwieriger politischer Umstände erfolgreicher als in Wien. BARRELL, Waldegrave, S. 7–9. Da Waldegrave schon im Sommer 1729 in

Robinson konnte bei seinem Amtsantritt dagegen zunächst von den Umständen in Wien profitieren. Er übernahm von Waldegrave eine gut funktionierende Gesandtschaft und eine eingerichtete Unterkunft.[254] Wegen des Wechsels in der auswärtigen Politik, ausgelöst durch das nicht stabile Bündnis mit den Königen von Frankreich und Spanien, wünschten der Duke of Newcastle und Georg II. eine Annäherung an den Kaiser und waren bereit, dem Kaiser bezüglich der Pragmatischen Sanktion entgegenzukommen.[255] Mit dem ebenfalls neuen hannoverschen Gesandten Baron Dieden arbeitete Robinson gut zusammen.[256] Freunde und Verwandte versorgten Robinson mit Personal,[257] Gütern wie Literatur, Wein und Whiskey,[258] Informationen und Neuigkeiten und halfen ihm bei seinen Angelegenheiten in England.[259] Immer wieder suchte sein Bruder Metcalfe Robinson das Gespräch mit den verantwortlichen Ministern Newcastle, Harrington und Robert Walpole, um für Thomas nach dessen erfolgreichen Verhandlungen für den Abschluss des Vertrags von 1731 deutliche Zeichen ihrer Patronage, insbesondere die Erlaubnis für eine Reise nach England sowie eine Standeserhöhung, zu erhalten.[260] Mittels eines Empfehlungsschreiben Waldegraves[261] und einer Reise an den Hof nach Hannover im Jahr 1732 während des Aufenthaltes Georgs II.[262]

Hannover gegenüber Georg II. geäußert hatte, er würde gerne nach Paris wechseln, war er – auch aufgrund seiner familiären Verbindungen in Frankreich – der beste Kandidat, Townshend an Waldegrave, chiffriert, London (Whitehall), 02.05.1730, TNA, SP 80, 67, f. 71–71v.

254 Robinson zog in die von Waldegrave genutzten Räume im Starhembergischen Freihaus ein, siehe Wien, 21.06.1730, in: Wiener Zeitung 49, 21.06.1730, S. 6.

255 Harrington an Robinson, Windsor Castle, 25.09.1730, TNA, SP 80, 68, o.f.

256 Siehe Kapitel 2.3, S. 75, 76–77.

257 Mills an Robinson, London, 15.11.1731, WYAS, WYL150, 6023, o.f. Aus der überlieferten Korrespondenz lässt sich nicht ermitteln, wer John Mills war und in welchem Verhältnis er zu Robinson stand. Siehe zu einem Geistlichen, der zu Robinson geschickt wurde, Kapitel 5.4, S. 401.

258 Mills an Robinson, London, 04.08.1731/ 15.11.1731/ 22.11.1731/ 25.02.1735, WYAS, WYL 150, 6023, o.f.

259 Seine Familie und Freunde vermittelten unter anderem seine Ehe. Thomas Robinson heiratete 1737 Frances Worsley, mit deren Bruder er befreundet und verschwägert war. Fanny [Frances] Worsley an Thomas Worsley, o.O., 20.04.1729, WYAS, WYL 5013, Newby Hall Mss. 2822, 8, o.f.

260 Metcalfe Robinson an Thomas Robinson, Tunbridge, 06.04.1731, WYAS, WYL 150, 6006, 13175, 26, o.f.; Metcalfe Robinson an Thomas Robinson, Tunbridge, 07.05.1730, WYAS, WYL 150, 6006, 13171, 22, o.f.; Metcalfe Robinson an Thomas Robinson, Tunbridge, 24.05.1731, WYAS, WYL 150, 6006, 13180, 30, o.f. Robinson durfte schließlich 1737 Urlaub nehmen und nach England reisen.

261 Waldegrave an Newcastle, Paris, 27.10.1731, BL, Add. Mss. 32687, f. 431.

262 RICHTER-UHLIG, Hof und Politik, S. 54. Zu diesem Zeitpunkt befand sich auch Dieden in Hannover, siehe ebd., S. 54–55.

versuchte Robinson selbst, eine bessere Stellung zu erlangen.[263] Doch nach Abschluss des Vertrages mussten die wiederhergestellten Beziehungen zum Kaiser weiter gepflegt werden und Robinson galt als der beste Mann dafür.[264]

Seine diplomatischen Aufgaben erledigte Robinson immer wieder zur Zufriedenheit Georgs II.; er zeigte sich als geschickter Redner auch in schwierigen Situationen[265] und als genauer Beobachter des Hofes und der Minister. Allerdings warf ihm nicht nur Walpole wegen seiner positiven Grundhaltung gegenüber dem Wiener Hof vor, seine Berichte seien eher die eines »German Courtier [...] than of an English minister«;[266] Robinson sei, so Walpole, »as obstinate a German and as servile an Imperialist as Hatolf [Hattorf].«[267] Gleichzeitig war Robinsons Verhältnis zu Bartenstein, anders als das zu Prinz Eugen, nicht unproblematisch.[268]

Während des Polnischen Thronfolgekrieges geriet Robinson 1734 endgültig zwischen die politischen Fronten. Georg II. und seine Minister waren sich über den Kurs der Politik nicht einig und gaben unterschiedliche Anweisungen;[269] gleichzeitig sprach sich Robinson als Gesandter am Kaiserhof intern für die Unterstützung des Kaisers und damit gegen die öffentlich vertretene Linie aus. Durch die Patronage der Pelhams und sein gutes Ansehen bei Georg II. schadete ihm das langfristig aber nicht.[270] Eine sonst nicht nachvollziehbare Begebenheit wurde von Lord Hervey berichtet. Robinson habe auf Betreiben des Königs – so Sir Robert Walpoles Meinung – ein Friedensprojekt nicht angemessen am Kaiserhof präsentiert. Walpole habe sich deswegen gegenüber dem König folgendermaßen geäußert:

---

263 Mit Verweis auf die teure Lebenshaltung in Wien und die zeremoniellen Ansprüche forderte er u.a. eine Aufstockung seiner außerordentlichen Bezüge sowie entweder den Botschaftrang oder aber die Aufnahme in den Orden von Bath, Robinson an Harrington, »most private and particular«, Wien, 22.07.1731, TNA, SP 80, 77, o.f. Siehe auch Kapitel 4.1.4 und 4.2.1.

264 STEUER, Englands Österreichpolitik, S. 65.

265 Siehe Robinson an Harrington, »most secret«, Wien, 18.03.1731, TNA, SP 80, 73, f. 12–17.

266 SEDGWICK, Hervey 2, S. 393.

267 Ebd., S. 394. Durch seinen langen Aufenthalt in Wien wurde er bei seiner Rückkehr als »germanisiert« angesehen – »[...] he had German honour, loved German politics, and could explain himself as little as if he spoke only German.« George VERTUE (Hg.), Memoirs of the Last Ten Years of the Reign of George the Second, by Horace Walpole, Earl of Oxford. From the Original Mss. 2 Bde., London 1822, hier Bd. 1, S. 337.

268 Siehe Kapitel 4.2.5, S. 296.

269 Robinson an Harrington, »most secret«, Wien, 26.08.1735, TNA, SP 80, 118, o.f.

270 Siehe STEUER, Englands Österreichpolitik, S. 114, 183–185. Er blieb als diplomatischer Vertreter Großbritanniens bis 1748 am Wiener Hof, zuletzt sogar als Botschafter bei den Friedensverhandlungen in Aachen, und übernahm danach verschiedene hohe Ämter in Großbritannien, u.a. das des Secretary of State. WOODFINE, Robinson.

If Mr. Robinson had no orders but what the Duke of Newcastle conveyed to him, and I was consulted in, Mr. Robinson ought to be recalled [...] and disgraced. If he had other orders [by Your Majesty], those who are ignorant what those other orders were can never be proper judges how well or how ill they have been executed.[271]

3.1.4 Hannoveraner in Wien

Die hannoverischen Gesandten am kaiserlichen Hof standen im betrachteten Zeitraum im Schatten ihrer britischen Kollegen, entweder aufgrund ihrer fehlenden Verbindungen oder ihres Verhaltens, weswegen sie letztlich ihren Posten verlassen mussten. Graf Daniel Erasmus von Huldenberg (1660–1733)[272] war zwar schon seit Ende des 17. Jahrhunderts außerordentlicher Gesandter Braunschweig-Lüneburgs beim Kaiser und hatte durch seine lange Erfahrung und die genaue Kenntnis des Wiener Hofs beste Voraussetzungen, »[...] to render very agreable and usefull Services to the King.«[273] Aber erst James Waldegrave führte 1728 den schon 68jährigen Huldenberg in den Kreis um Prinz Eugen ein.[274] Der britische Gesandte Waldegrave erhielt darüber hinaus Instruktionen, auch in kurfürstlichen Angelegenheiten am Kaiserhof ohne das Wissen Huldenbergs zu verhandeln,[275] der Wien im August 1730 wohl aus Altersgründen verließ.[276] Nur bei Anfragen in braunschweig-lüneburgischen Dingen, denen der britische Gesandte ausweichen wollte, verwies Waldegrave regelmäßig auf Huldenberg.[277]

---

271 SEDGWICK, Hervey 2, S. 393–394; Zitat S. 394.
272 Über Huldenberg, auch Huldeberg genannt, ist außer seinen Lebensdaten kaum etwas bekannt. Er war schon zu Zeiten Kaiser Leopolds I. braunschweig-lüneburgischer Gesandter in Wien. Dies blieb er bis mindestens 1730 (Jürgen GRÖSCHL (Hg.), Huldenberg, Daniel Erasmus von, in: Datenbank zu den Einzelhandschriften in den historischen Archivabteilungen, hg. von Studienzentrum August Hermann Francke, Halle 1996–2014).
273 Harris an Tilson, Wien, 23.06.1728, TNA, SP 80, 63, f. 11v.
274 Waldegrave an Townshend, Wien, 26.06.1728, TNA, SP 80, 63, f. 14v.
275 Dazu gehörte die Wiederbeschaffung des Testaments von Georg I., Townshend an Waldegrave, privat, London (Whitehall), 06.11.1727, TNA, SP 80, 62, f. 80, siehe Kapitel 2.1, S. 56–57. Im Sommer 1728, als Waldegrave mit dem Hof nach Graz reiste, ging er davon aus, dass Huldenberg Anweisungen über die Trauerperiode für den Duke of York erhalten hatte, die ihm selbst nicht vorlagen. Waldegrave an Tilson, Graz, 18.09.1728, TNA, SP 80, 63, f. 132v.
276 Er zog sich auf sein Landgut in der Lausitz zurück. Georg PILK, Geschichte von Neukirch, Spitzkunnersdorf 2005, S. 62, gibt – unwahrscheinlich – 1731 an.
277 Waldegrave an Townshend, Wien, 23.02.1729, TNA, SP 80, 64, f. 117v–118.

Seine Nachfolger, bis 1733 Johann Wilhelm Dietrich Baron (von) Diede(n) zum Fürstenstein (1692–1737)[278] und bis 1736 Eberhard Hartmann Freiherr von Erffa (1695–1753),[279] hatten zunächst einen besseren Stand beim Kurfürsten beziehungsweise am Kaiserhof, wurden aber beide wegen Verfehlungen beruflicher und persönlicher Art abberufen. Dieden verspielte sein bis dahin wohl gutes Verhältnis zum Kaiser im April 1733, als während der Verhandlungen über das Senioratsrecht im Hause Braunschweig einer seiner Berichte nach Hannover abgefangen wurde. Dieser habe »von deme, was er zu thun versprochen, das gerade wiedertheil in sich enthalte[n].«[280] Karl VI. war über dieses Verhalten so erzürnt, dass er seinen Gesandten Kinsky in London beauftragte, den Unmut des Kaisers über das Verhalten Diedens beim hannoverschen Minister Hattorf deutlich zu machen.[281] Die Konsequenzen, die der Kaiser aus der Angelegenheit zunächst zog, waren schwerwiegend: »So ist unschwer zu ermeßen, daß in keiner Teutschen Reichsanliegenheit mit Engelland mehr fortzukommen möglich seye.«[282] Dementsprechend schnell war die Ablösung Diedens schon kurze Zeit später beschlossen.[283] Im Som-

---

278 1715 begann Dieden seine Karriere als Rat der kurfürstlichen Hofkanzlei in Hannover, 1719 wurde er Rat am Oberappellationsgericht in Celle. Seit 1724 war er Gesandter am Reichskammergericht in Wetzlar, 1728 bis 1730 beim Reichtag in Regensburg, 1730 bis 1733 am Kaiserhof in Wien (falsch bei Jürgen GRÖSCHL (Hg.), Diede zum Fürstenstein, Johann Wilhelm Dietrich, in: Datenbank zu den Einzelhandschriften in den historischen Archivabteilungen, hg. von Studienzentrum August Hermann Francke, Halle 1996–2014, der 1732–1733 angibt). Joachim LAMPE, Aristokratie, Hofadel und Staatspatriziat in Kurhannover. Die Lebenskreise der höheren Beamten an den kurhannoverschen Zentral- und Hofbehörden 1714–1760. 2 Bde., Göttingen 1963, hier Bd. 2, S. 26, 168.

279 Zu Erffa gibt es ebenfalls kaum biographische Angaben. Er studierte Jura in Leipzig und war Regierungsrat des Fürstentums Schwarzburg-Rudolstadt, bevor er 1729 zum Rat am Oberappellationsgericht Celle ernannt wurde. Von 1733 bis 1736 hielt er sich als braunschweig-lüneburgischer Gesandter in Wien auf und wechselte 1737 als Geheimer Rat in kursächsische Dienste, wo er seine Karriere als Präsident des Appellationsgerichts beendete. RICHTER-UHLIG, Hof und Politik, S. 122, 128, 136.

280 Karl VI. an Kinsky, Handschreiben, geheim, Wien, 20.04.1733, HHStA, StA England 69, f. 72. Dieden hatte versucht, die Garantie Georgs II. als Kurfürst für die Pragmatische Sanktion einzubringen und das wegen des Senioratsrechts beim Reichshofrat anhängige Verfahren abzubrechen.

281 Ebd., f. 70. Kinsky sollte aber verschweigen, woher er sein Wissen habe. Hattorf bezeichnete Kinsky gegenüber das Verhalten Diedens als unverzeihlich, sprach aber gleichzeitig davon, dass Ähnliches schon häufiger vorgekommen sei, Kinsky an Karl VI., Antwort auf Handschreiben, geheim, London, 19.03.1733, HHStA, StA England 70, f. 17–20. Siehe RICHTER-UHLIG, Hof und Politik, S. 136, 165, zu den Spannungen zwischen Hattorf und Dieden.

282 Karl VI. an Kinsky, Handschreiben, geheim, Wien, 20.04.1733, HHStA, StA England 69, f. 72v.

283 Er wurde zum hannoverschen Geheimen Rat befördert. Kinsky an Karl VI., chiffriert, London, 05.06.1733, HHStA, StA England 70, f. 2–2v. Siehe auch RICHTER-UHLIG, Hof und Politik, S. 56.

mer 1736 wurde auch sein Nachfolger Erffa abberufen, allerdings diesmal
aufgrund von Vorwürfen aus Hannover: »er habe eigenmächtig gehandelt,
sei in Ungnade gefallen, habe mit einem Übertritt zum Katholizismus gelieb-
äugelt und sehr enge Kontakte zu den kaiserlichen Ministern Bartenstein
und Reichshofrat Knörre gepflegt, vielleicht sogar in kaiserliche Dienste
treten wollen.«[284]

Dieden war aus seiner Zeit als Gesandter des Kurfürsten Georgs II. am
Reichstag zu Regensburg in die Angelegenheiten, die die kaiserlich-kurfürstlichen Beziehungen betrafen, eingeweiht. Georg II. beauftragte Dieden 1731
angeblich, »d'être dans une meilleure harmonie et correspondance avec les
Ministres Imperiaux à l'avenir.«[285] In den Verhandlungen 1730 und 1731 trat
Dieden zusammen mit dem britischen Gesandten Robinson auf, um die kurfürstlichen Ansprüche durchzusetzen.[286] Die schwierigen Verhandlungen
wären an diesen hannoverschen Forderungen fast gescheitert.[287] Robinson setzte mit einem geschickten Schachzug durch, dass die Ergebnisse der
kaiserlich-braunschweigischen Verhandlungen in einer eigenen Versicherungserklärung[288] an Dieden übergeben wurden.[289] Im Zusammenhang mit
den Bemühungen um die Salzburger Emigranten hatte Dieden ab Ende 1731
dann ausnahmsweise die führende Rolle bei den Verhandlungen in Wien,
obwohl auch Robinson sich weisungsgemäß einbrachte.[290] Dieden besuchte
im Sommer 1732 während des Aufenthaltes Georgs II. Hannover.[291] Zu diesem Zeitpunkt ging es sowohl um die Mecklenburg-Frage und eine neue
Universität für das Kurfürstentum als auch um die weiteren Verhandlungen als Folge des Vertrags von 1731.[292] Den Auftrag, das Gründungsprivileg
für die neu zu errichtende Universität in Göttingen zu beantragen, erteilte

---

284 Ebd., S. 136, Fn. 204, nach Berichten Tilsons aus Hannover an Robinson; Richter-
     Uhlig weist an dieser Stelle außerdem darauf hin, dass eine *damnatio memoriae*
     betrieben worden sei, da alle Relationen Erffas aus den entsprechenden hannover-
     schen Akten entfernt wurden.
285 So berichtete Kinsky nach einem Gespräch mit dem König, Kinsky an Prinz Eugen,
     Isleworth, 14.08.1731, HHStA, Gr. Korr. 94b, 1, f. 145.
286 RICHTER-UHLIG, Hof und Politik, S. 105.
287 Siehe Kapitel 2.3.
288 Karl VI. an Georg II. als Kurfürst, Versicherungsdekret, Wien, 24.04.1731, HStA H,
     Hann. 10, Nr. 170.1, o.f.
289 Karl VI. an Georg II. als Kurfürst, Handschreiben, Wien, 24.04.1731, HHStA,
     StA England Hofkorr. 3, f. 5–5a [–6]; Original HStA H, Hann. 10, Nr. 170.2,
     o.f.
290 Siehe Kapitel 2.4 und 5.4. Die Quellen hierzu in HStA H, Cal. Br. 11, Nr. 1791.
291 RICHTER-UHLIG, Hof und Politik, S. 54–55.
292 Ebd., S. 106–115.

Georg II. Dieden am 21. November 1732, schon im Januar 1733 konnte er die Gründungsurkunde entgegennehmen.[293]

Bei Ausbruch des Polnischen Thronfolgekriegs befand Dieden sich noch am Kaiserhof und handelte die Konvention zur hannoverschen Truppenhilfe aus.[294] Erffa übernahm es als sein Nachfolger, ab November 1733 mit den kaiserlichen Ministern die weitere Ausgestaltung der hannoverschen Truppenhilfe[295] und die Lage der Protestanten in Österreich zu erörtern.[296] Im Konflikt um Ostfriesland, den Georg II. als Kurfürst parallel klären wollte, sollte Erffa 1735 am Kaiserhof eine Lösung aushandeln, die den hannoverschen Einfluss sichern würde.[297] Nach Abschluss des Polnischen Thronfolgekrieges konnte er noch die auf einem französischen Vorschlag basierende hannoversche Kommission über Ostfriesland vorbereiten.[298]

---

293 Zur Gründungsgeschichte und der frühen Entwicklung mit Quellen ist immer noch maßgeblich RÖSSLER, Die Gründung der Universität Göttingen, hier S. 49.

294 Siehe Karl VI. an Kinsky, Weisung, Halbthurn, 22.09.1733, HHStA, StA England 69, f. 18, 19–25.

295 Karl VI. an Kinsky und Seckendorff, Wien, 03.11.1733, HHStA, StA England 69, f. 2–4; Karl VI. an Kinsky, Laxenburg, 13.05.1734, FA Kinsky, 8 b), 14, o.f.

296 Siehe die Korrespondenz zwischen Georg II., den Geheimen Räten in Hannover und Erffa mit dem Titel *Die Bedrückung der Evangelischen in Österreich 1734–1735*, HStA H, Cal. Br. 11, Nr. 1847.

297 RICHTER-UHLIG, Hof und Politik, S. 128.

298 Ebd., S. 128–129. Die Verhandlungen begannen schon 1734 auf Betreiben Georgs II., der zunächst eine Einigung zwischen Fürst und Ständen erreichen wollte (ebd., S. 121–122).

3.2 London

3.2.1 Georg II. und Caroline

Georg II. (1683–1760)[299] folgte 1727 seinem Vater nach dessen Tod als König
von Großbritannien und Irland – und nominell auch Frankreich[300] – und als
Herzog von Braunschweig-Lüneburg, Kurfürst von Hannover, nach.[301] Im
Sinne der protestantischen Thronfolge hatte seine Großmutter Sophie nach
der Bekanntgabe des Act of Settlement 1701 als dort benannte Thronfolge-
rin[302] eine geeignete protestantische Braut für ihren Enkel gesucht und 1705
die Ehe mit (Wilhelmine) Caroline von Brandenburg-Ansbach (1683–1737)[303]

299 Trotz seiner 33jährigen Regierungszeit existierten auch zu Georg II. lange Zeit keine
     biographischen Studien. Ein Grund war die Quellenlage; Georg II. vermied es,
     Schriftliches aufzubewahren, zudem gingen Akten im Zweiten Weltkrieg verloren
     (siehe Andrew THOMPSON, George II. King and Elector, New Haven, CT 2011, S. 2–3).
     Zweitens wurde die Zeit Georgs II. insbesondere von der Whig-Historiographie seit
     dem 19. Jahrhundert als Zeitalter Sir Robert Walpoles sowie der Pelham-Brüder und
     der Durchsetzung der parlamentarisch-konstitutionellen Monarchie gedeutet, mit
     kaum durchsetzungsfähigen Monarchen. Dies entsprach den Aussagen der zeitge-
     nössischen Quellen, vor allem den Berichten John Herveys (SEDGWICK, Hervey), der
     sich als ein Freund Walpoles sah, und Robert Walpoles Sohn Horace Walpole (John
     BROOKE (Hg.), Horace Walpole. Memoirs of King George II, New Haven, CT 1985),
     siehe BLACK, George II, S. 255–262. Erst seit den 1970er Jahren wurde dieses Bild
     ansatzweise in Aufsätzen revidiert (John OWEN, George II reconsidered, in: Anne
     WHITEMAN u.a. (Hg.), Statesmen, Scholars and Merchants. Essays in Eighteenth-Cen-
     tury History presented to Dame Lucy Sutherland, Oxford 1973, S. 113–134; Jeremy
     BLACK, George II Reconsidered. A Consideration of George's Influence in the Con-
     duct of Foreign Policy in the First Years of his Reign, in: MÖStA 35 (1982), S. 35–56;
     Aubrey NEWMAN, The World Turned Inside Out. New Views on George II. An Inau-
     gural Lecture delivered in the University of Leicester, 10 October 1987, Leicester
     1988). Wenig Interesse zeigte auch die deutschsprachige Forschung, mit einer Studie
     von 1992 zu den ersten Hannoverbesuchen (RICHTER-UHLIG, Hof und Politik), und
     einer Biographie von 2003 auf Grundlage publizierter Quellen (Mijndert BERTRAM,
     Georg II. König und Kurfürst, Göttingen ²2004). Erst 2007 und 2011 erschienen
     die grundlegenden englischsprachigen Biographien (BLACK, George II; THOMPSON,
     George II), die deutsche und britische Quellen und Forschung berücksichtigen und
     auf den neueren Forschungen zu Großbritannien und der Personalunion im 18. Jahr-
     hundert beruhen (siehe Kapitel 1).
300 Der Anspruch der britischen Könige auf Frankreich wurde erst mit den *Acts of Union*,
     mit deren Inkraftsetzung Großbritannien und Irland 1801 vereinigt wurden, aufge-
     geben.
301 Die Nachricht vom Tod Georgs I./Georg Ludwigs am 22. Juni 1727 in Osnabrück
     erreichte London drei Tage später am 14./25. Juni 1727 (BLACK, George II, S. 54).
302 [WILHELM III.], An Act for the further Limitation of the Crown and better securing
     the Rights and Liberties of the Subject, in: John RAITHBY (Hg.), Statutes of the Realm
     [...]. Bd. 7, 1695–1701, London 1820, S. 636–638, hier S. 637.
303 Bisher hat das neu erwachte Interesse an Georg II. und seiner Regierungszeit keine
     neue wissenschaftliche Biographie seiner Ehefrau zur Folge gehabt. Deshalb werden
     alte Werke auch heute noch zitiert, die im Wesentlichen auf den Aussagen John Her-
     veys nach der Edition von SEDGWICK, Hervey, basieren (z.B. William Henry WILKINS,

vermittelt. Caroline[304] hatte eine geplante Eheschließung mit dem späteren Karl VI. abgelehnt, da sie nicht zum Katholizismus konvertieren wollte und galt deshalb als protestantische Heldin und Symbol für die evangelische Thronfolge.[305] Das Paar hatte sieben Kinder, die zwischen 1707 und 1724 geboren wurden und das Erwachsenenalter erreichten.[306] Zum ersten Mal seit der Mitte des 17. Jahrhundert gab es eine königliche Familie in England und Großbritannien, die den Fortbestand der Dynastie garantierte.[307] Caroline trug aber nicht nur als »Royal Mother«[308] zur Sicherung dieser Dynastie auf dem britischen Thron bei.

Das Vertrauensverhältnis, welches Grundlage einer arbeitsteiligen Beziehung von Georg II. und Caroline als König und Königin war und bis zum Tod Carolines 1737 Bestand hatte, entstand schon in den ersten gemeinsamen Jahren in Deutschland. Georg II. sprach täglich mit seiner Frau über alle anstehenden Angelegenheiten[309] oder schrieb ihr, wenn sie getrennt waren, seitenlange Briefe.[310] Während seiner Auslandsaufenthalte setzte Georg II. Caroline jeweils als Regentin ein,[311] auch wenn sein Sohn und Kronprinz sich bei Hofe aufhielt. Sie führte dann zusammen mit dem Kronrat die Geschäfte in London.[312] Selbst in außenpolitischen und militärischen Angelegenheiten vertraute er seiner Frau voll und ganz: »[…] he [the king] leaves it entirely to

Caroline the Illustrious. Queen-Consort of George II and sometime Queen-Regent. Study of her Life and Time. 2 Bde., London 1901; Ruby William ARKELL, Caroline of Ansbach. George the Second's Queen, London 1939). Zu einzelnen Aspekten ihres Lebens und ihrer Rollen als Kronprinzessin und Königin existieren neuere Studien, auf diese wird im Folgenden hingewiesen.

304 Bei SEITSCHEK, Person und Familie, S. 17, wird ihr Name als Wilhelmine Charlotte angegeben, ihr Rufname war aber zeitlebens Caroline.

305 Siehe Kapitel 5.4, S. 396–397.

306 Siehe Kapitel 5.1, S. 324. Die Ehe war im Vergleich mit anderen dynastischen Verbindungen glücklich. Um 1720 malte Christian Friedrich Zincke eine barbusige Miniatur Carolines (heute Teil der Hessischen Hausstiftung Schloss Fasanerie, Fulda), die allein für ihren Ehemann bestimmt war, siehe das Titelbild zu Heinrich von HANNOVER (Hg.), Frauen der Welfen, Göttingen 2011, sowie die Beschreibung bei Anna E. RÖHRIG, Caroline von Brandenburg-Ansbach (1683–1737), in: HANNOVER, Frauen der Welfen, S. 119–131, hier S. 127.

307 Die gesicherte Nachfolge war eine Erleichterung nach Jahrzehnten dynastischer Unsicherheit unter den letzten Stuarts seit 1660. Siehe die Predigt des Bischofs von Oxford anlässlich der Krönung 1714, in: Abel BOYER, The Political State of Great Britain […]. 38 Bde., London 1711–1729, hier Bd. 8, London 1714, S. 357.

308 Siehe u.a. von George SEWELL, Verses to her Royal Highness the Princess of Wales. Occasion'd by the Death of the Young Prince, London 1718, S. 15.

309 Sie trafen sich häufig am Morgen und am Abend, siehe ARKELL, Caroline of Ansbach, S. 167, 192.

310 Ebd., S. 150, 167; SEDGWICK, Hervey 2, S. 458. Diese Briefe, die nicht erhalten sind, waren wohl meist in französischer Sprache geschrieben, siehe ebd., S. 603, während beide sowohl Deutsch als auch Französisch miteinander sprachen.

311 Siehe Kapitel 1.2, S. 36–37.

312 ARKELL, Caroline of Ansbach, S. 167–168.

the Queen to send such orders as Her Majesty shall find necessary [...]«.[313]
Caroline war zudem in der Lage, das aufbrausende Temperament Georgs II.
zu beruhigen.[314] Deshalb wurde sie von britischen Politikern, insbesondere
Walpole, und auswärtigen Diplomaten als Vermittlerin zum König genutzt.[315]
Im lange schwelenden Streit zwischen den leitenden Ministern Townshend
und Walpole, in dem Newcastle sich auf Walpoles Seite schlug, versuchte Walpole Ende 1729, Townshend zum Rücktritt zu zwingen. Dies wollte Georg II.
aber nicht, woraufhin Caroline schlichtend eingriff, damit die beiden Minister
zumindest wieder miteinander redeten.[316]

Aufgrund ihres Einflusses entstanden Gerüchte, nicht der König, sondern
die Königin regiere; angeblich bezeichnete Walpole die Königin als »the sole
mover of this court«.[317] Auf jeden Fall versuchten die führenden Politiker, insbesondere der einflussreichste britische Minister Sir Robert Walpole und der
hannoversche Minister Hattorf, über die Königin sowohl den König als auch
die Politik zu dirigieren.[318] Gerade Walpole und Newcastle mussten zudem
ihren Einfluss auf den König und die Königin besonders hervorheben, um die
eigene Stellung zu verteidigen.[319] Die außerehelichen Affären des Kronprinzen und Königs änderten übrigens am engen Vertrauensverhältnis zwischen

---

313 Harrington an Newcastle, Hannover, 07.08.1735, TNA, SP 43, 87, o.f.; Jeremy BLACK
    spricht von Georgs »fundamental trust« in Caroline (ders., George II, S. 120).
314 Siehe Kapitel 4.2.5, S. 294.
315 Siehe Walpole an Caroline, »most secret and particular«, [London?], 25.08.1735, BL,
    Add. Mss. 73770, f. 34–43; Horatio Walpole an Caroline, Den Haag, 04.05.1734, BL,
    Add. Mss. 73770, f. 44; Horatio Walpole an Caroline, Den Haag, 11./22.10.1734, BL,
    Add. Mss. 73770, f. 50. Während die zeitgenössische populistische Meinung und die
    ältere Forschung davon ausgingen, Caroline habe mit Walpole zusammen Großbri-
    tannien regiert, Georg II. sei dagegen nur eine Marionette gewesen, hat sich dieses
    Bild in den letzten Jahren gewandelt. Unbestritten bleibt aber der große Einfluss
    Carolines. Stephen TAYLOR, Caroline (1683–1737), in: Oxford DNB (2004).
316 Sie vermittelte schon im Juni 1729, siehe Newcastle an William Stanhope [Harring-
    ton], Whitehall, 22.05./02.06.1729, in: COXE, Walpole 2, S. 641–642; siehe auch Kinsky
    an Karl VI., London, 14.10.1729, chiffriert, HHStA, StA England 65, f. 7v. Auch bei
    anderen Streitereien zwischen den Whig-Politikern griff sie schlichtend ein, SEDG-
    WICK, Hervey 3, S. 720, 732.
317 Ebd. 2, S. 375. Häufig wird der Spottvers aus dem »Craftsman« mit dem Vergleich zu
    König Philipp von Spanien und seiner dominanten Ehefrau Elisabeth Farnese zitiert:
    »You may strut, dapper George, but 'twill all be in vain;/ We know 'tis Queen Caroline,
    not you, that reign –/ You govern no more than Don Philip of Spain.« Ebd. 1, S. 69.
318 Aus der Sicht des 19. Jahrhunderts war Georg II. ein schwacher König, der von seiner
    Ehefrau, seinen Mätressen und Ministern regiert wurde und selbst nur eine Spielfigur
    darstellte. Siehe auch ARKELL, Caroline of Ansbach, bes. S. 141–150, wobei er die
    Gegenseitigkeit der Beziehung betont, S. 150. Bezeichnenderweise nennt Arkell das
    Kapitel »Queen Caroline reigns«.
319 Darauf verweist zu Recht u.a. THOMPSON, George II, S. 71. Zur Partnerschaft zwi-
    schen Caroline und Walpole siehe ARKELL, Caroline of Ansbach, S. 171.

Georg und Caroline und der stabilen Machtposition der Königin nichts.[320]
Von 1719 bis 1734 war eine Hofdame Carolines, Lady Henrietta Howard,
Countess of Suffolk (1688–1767), die offizielle Mätresse, danach ab 1735/36
Amalie Sophie von Wallmoden, spätere Countess of Yarmouth (1704–1765),
die er 1735 in Hannover kennenlernte. 1736 erntete der ihretwegen lange
Aufenthalt des Königs in Hannover in der britischen Öffentlichkeit heftige
Kritik.[321]

Die wichtige Stellung Königin Carolines hatte allerdings zur Folge, dass
ihre schwache Gesundheit nicht öffentlich werden durfte.[322] Aus diesem
Grund ließ die Königin auch nicht zu, dass die Secretaries of State sich in
Regentschaftszeiten, wenn also der König mit einem der Minister in Hanno-
ver war, ohne ihre Erlaubnis über ihren Gesundheitszustand austauschten.[323]
Sie litt an schweren Gichtanfällen, so dass sie zeitweilig kaum gehen konnte.
Bei der letzten Schwangerschaft zog sie sich einen Leistenbruch zu, den sie
geheim hielt und der letztlich 1737 zu ihrem Tod führte.[324]

Auch im Londoner Hofleben agierten Georg II. und Caroline gemeinsam. Er führte am britischen Hof Teile des Hofzeremoniells wieder ein, die
sein Vater zuvor abgeschafft hatte, darunter die Levée[325] und das »dining in
public«.[326] Als Kronprinzessin belebte Caroline das Hofleben zunächst am
Hof Georgs I., dann – nach dem offenen Konflikt zwischen Georg I. und ihrem
Mann – in Leicester House, dem Exilwohnsitz des Kronprinzenpaares.[327] Als

---

320 Mätressen hatte Georg II. »[…] rather as a necessary appurtenance to his grandeur as
a prince than an addition to his pleasures as a man […].« SEDGWICK, Hervey 1, S. 42.
321 Sie hatten einen gemeinsamen Sohn, Johann Ludwig, Reichsgraf von Wallmoden-
Gimborn (1736–1811). Nach dem Tod Königin Carolines kam Amalie Sophie von
Wallmoden nach England und nahm auch deren Rolle als Vermittlerin zwischen
König und Ministern ein.
322 Siehe z.B. ebd. 2, S. 373–375.
323 Newcastle an Townshend, Kensington, 05.07.1729, TNA, SP 43, 78, o.f.
324 Siehe zum Zusammenhang zwischen der öffentlichen Darstellung der stabilen
Konstitution der Königin als Zeichen für die Sicherheit der Dynastie und der Ver-
heimlichung ihrer gesundheitlichen Probleme Emrys D. JONES, Royal Ruptures.
Caroline of Ansbach and the Politics of Illness in the 1730s, in: Medical Humanities 37, 1 (2011), S. 13–17.
325 Diese bestand am englischen Hof, wie an den deutschen Höfen, aus zwei Teilen: während der »private levee« waren nur Kammerherren (»members of the bedchamber«)
zugelassen, bei der folgenden »public levee« gab es keine Einschränkungen. SMITH,
Georgian Monarchy, S. 100–101.
326 Nach dem Tod Königin Carolines bestand der König zwar weiterhin auf der Einhaltung des sonstigen Zeremoniells, stand aber alleine auf, speiste alleine und zog sich
auch sonst eher aus der Öffentlichkeit zurück. Ebd., S. 101–102.
327 Christine GERRARD, Queens-in-waiting. Caroline of Anspach and Augusta of Saxe-
Gotha as Princesses of Wales, in: Clarissa Campbell ORR (Hg.), Queenship in Britain,
1660–1837. Royal Patronage, Court Culture and Dynastic Politics, Manchester, New
York 2002, S. 143–161, hier S. 146, betont, dass die königlichen Bälle und Empfänge
seit 1714 in den Räumen der Kronprinzessin abgehalten wurden. Dies lag natürlich
auch daran, dass die geschiedene Ehefrau Georgs I. nicht im Land war.

Königin schließlich setzte sie ihre Stellung als höchstes weibliches Mitglied der Dynastie auch bei Hof um, indem sie zum Beispiel bei ihrer Krönung auf dem Zeremoniell bestand, das dem der Krönung einer englischen regierenden Königin – also etwa Königin Annas – entsprach.[328] Ihr Hofstaat bestand aus Engländerinnen und Engländern.[329] Einen weiteren festen Bestandteil der Repräsentation bildeten die regelmäßigen Jagden.[330] Während in London die königliche Familie – wenn bei Hof keine Kartenspielrunden,[331] Empfänge oder Bälle stattfanden – die öffentlichen Konzerte, Theater, Feuerwerke und sonstige Veranstaltungen örtlicher Unternehmer besuchte, finanzierte Georg als Kurfürst in Hannover das Unterhaltungsangebot und unterhielt, wie frühere Kurfürsten, eine eigene französische Schauspieltruppe.[332]

Die verschiedenen Themenfelder teilten sich Georg II. und Caroline entsprechend der erwarteten Rollenmuster und ihren Vorlieben auf. Georg II. hatte als Prinz wenige, aber prägende militärische Erfahrungen gemacht.[333] Als König trat Georg II. als »brave warrior«[334] auf und schloss damit an den Topos des protestantischen Soldatenkönigs an.[335] Dieser kämpfte in der Sichtweise des 18. Jahrhunderts nach dem Vorbild des Nationalheiligen Englands, des Heiligen Georg, als militärischer Held im Kampf gegen das Böse – Frankreich, den Papismus und die Jakobiten.[336] Der König unterstützte ein stehendes Heer,[337] führte die von seinem Vater begonnene Armeereform fort und befand

328 ANONYMUS, An Account of the Ceremonies Observed in the Coronations of the Kings and Queens of England […], London 1760, S. 36–40.
329 Schotten oder Iren waren nur in Ausnahmen vertreten. Nach ihrem Tod übernahm Georg II. die Pensionen für alle Mitglieder ihres Hofstaates, ARKELL, Caroline of Ansbach, S. 295.
330 BLACK, George II, S. 128; SMITH, Georgian Monarchy, S. 117.
331 Hervey an Mrs. Clayton, Hampton Court, 31.07.1733 [a.S.], in: Katherine THOMPSON (Hg.), Memoirs of the Court and Times of King George the Second, and His Consort Queen Caroline […]. Bd. 2, London 1850, S. 231: »Walking, chaisses, levees, and audiences fill the morning; at night the King plays at commerce [Kartenspiel] and backgammon, and the Queen at quadrille [Kartenspiel]«.
332 SMITH, Georgian Monarchy, S. 71–72.
333 Nach der Beteiligung im Spanischen Erbfolgekrieg 1707/08 galt er als »Young Hanoverian Brave«, hatte damit aber sein Leben und damit die Thronfolge in Gefahr gebracht, was sich nicht wiederholen durfte. BERTRAM, Georg II., S. 47–48; THOMPSON, George II, S. 40.
334 SMITH, Georgian Monarchy, S. 108; SEDGWICK, Hervey 1, S. 278.
335 Als König war er 1743 der letzte britische Monarch, der als Kommandant seine Truppen anführte (THOMPSON, George II, S. 147–150).
336 Zum Bild des »protestant soldier-king« als einer »invented tradition« des 18. Jahrhunderts und seinen Implikationen für die britische Monarchie siehe grundlegend SMITH, Georgian Monarchy, S. 21–32.
337 Anders als in der Forschung bisher vertreten, hat die Befürwortung des stehenden Heeres durch das Königspaar wohl nicht zu Problemen geführt, siehe ausführlicher Kapitel 4.1.6, S. 248–249.

persönlich über Beförderungen und Entlassungen von Offizieren.[338] Diese militärische Patronage diente auch der Säuberung des Militärs von jakobitischen Tendenzen.[339] Georg II. nutzte sowohl in London als auch in Hannover Paraden als bewusstes Mittel der Repräsentation.[340] Entsprechend ausführlich berichteten Gesandte über die Truppenschauen, besonders in kritischen Phasen der internationalen Beziehungen.[341] Die britische Begeisterung für die Marine[342] war für Georg II., der keine Erfahrung auf See hatte und auf dem Kontinent gegen andere Landmächte gekämpft hatte, nur bedingt nachvollziehbar.

Bei Adelserhebungen ließ Georg II. sich ebenfalls wenig beeinflussen.[343] Weniger involviert war er dagegen bei Richterbesetzungen oder sonstigen Justizangelegenheiten. Die kirchliche Patronage übernahm bis zu ihrem Tod Königin Caroline zusammen mit Sir Robert Walpole.[344] Die »godly queen« Caroline zeigte sich nach der Thronfolge 1727 als überzeugte Anhängerin der anglikanischen Kirche.[345] Georg II. lehnte es ab, seine religiösen Ansichten öffentlich zur Schau zu stellen; er weigerte sich Skrofulosekranke zu berühren und nahm zum Beispiel zur Feier militärischer Siege an privaten Gottesdiensten in der Chapel Royal teil, statt große Feierlichkeiten in St. Paul's Cathedral

---

338 Georg II. war »determined to have nobody at the head of the army but himself,« SEDGWICK, Hervey 3, S. 707. Die britische Armee hatte bis zur Ankunft der Welfen noch den Verkauf von Offiziersstellen an den Meistbietenden erlaubt; unter Georg I. und Georg II. wurde ein Kompromiss erreicht, nach dem Offiziersstellen nur zu einem festen Preis und nach Zustimmung des Königs an bestimmte Offiziere verkauft werden durften.

339 Weitere Reformen betrafen die Militärverwaltung und die Uniformen. SMITH, Georgian Monarchy, S. 109–113. Für Hannover siehe Abb. 9, Depeschen der Deutschen Kanzlei mit Stoffmustern für Uniformen (Kat. Nr. 86), in: Benjamin BÜHRING, Die Deutsche Kanzlei in London, in: LEMBKE, Hannovers Herrscher auf Englands Thron, S. 106–115, hier S. 112.

340 SMITH, Georgian Monarchy, S. 113–115.

341 Siehe die Berichte zu den Truppenschauen in Hannover: Kinsky an Karl VI., chiffriert, Hannover, 30.06.1729, HHStA, StA England 65, f. 74; Kinsky an Karl VI., chiffriert, Hannover, 31.08.1729, HHStA, StA England 65, f. 30; Kinsky an Karl VI., chiffriert, Hannover, 22.09.1735, HHStA, StA England 71, f. 64–64v.

342 Siehe Kapitel 4.1.6, S. 249.

343 BLACK, George II, S. 121.

344 Siehe u.a. ebd., S. 121–122.

345 Genaue Glaubensgrundsätze lassen sich nur schwer rekonstruieren. Ihr Protestantismus wurde zeitgenössisch nie angezweifelt, auch wenn ihre Kenntnisse der theologischen Unterschiede verschiedener protestantischer Richtungen von Kritikern als gering eingeschätzt wurden. Stephen Taylor geht davon aus, dass diese Kritik auf persönliche Antipathien, sprachliche Schwierigkeiten am Beginn des Englandaufenthalts, ein geringes Maß an formaler Bildung und die männliche Ansicht, theologische Feinheiten könnten von Frauen nicht verstanden werden, zurückzuführen sei. Stephen TAYLOR, Queen Caroline and the Church of England, in: Ders. u.a. (Hg.), Hanoverian Britain and Empire. Essays in Memory of Philip Lawson, Woodbridge 1998, S. 82–101, hier bes. S. 89–90.

zu besuchen.[346] Er war ein »dynastic Protestant«[347] in dem Sinne, dass er zur Sicherung seiner Dynastie den starken protestantischen Impetus des Act of Settlement umsetzte.

Carolines geistige Interessen waren seit ihrer Jugend ausgeprägt.

The Queen [...] loved reading and the conversation of men of wit and learning. [...] She understood good writing too in English, the harmony of numbers in verse, the beauty of style in prose, and the force and propriety of terms [...]. She had a most incredible memory and was learned both in ancient and modern history as the most learned men.[348]

Da sich Georg II. nach außen nur wenig für solche Belange interessierte, übte sie als Kronprinzessin und Königin die federführende Patronage von Wissenschaften[349] und Künsten aus und intensivierte gleichzeitig den Einfluss der Krone auf diesem Gebiet.[350] Laut Hervey bezeichnete Georg II. die Wissenschaften als »lettered nonsense«, und sagte über seine Frau, sie verbringe ihre Zeit mehr als »schoolmistress than a queen«.[351] Insgesamt galt sie als intellektuell fähiger als ihr Mann.[352] Bei ihren Aktivitäten fungierte als informelle Sekretärin der Königin Charlotte Clayton, die spätere Lady Sundon, die zusammen mit Lady Mary Cowper die wichtigste Hofdame Carolines war.[353]

---

346 SMITH, Georgian Monarchy, S. 96–97.
347 THOMPSON, George II, S. 229.
348 SEDGWICK, Hervey 1, S. 261–262. Laut Sedgwick (ebd., S. xlviii–xlix) war die enge Beziehung der Königin zu Hervey unter anderem auf dessen überragende intellektuelle Fähigkeiten im Vergleich zu allen anderen bei Hofe zurückzuführen; Caroline sah in ihm einen ebenbürtigen Gesprächspartner, der sie zudem politisch unterstützte, ebd., S. xlvii.
349 So initiierte sie die Korrespondenz zwischen Leibniz und Samuel Clarke als Vertrautem von Sir Isaac Newton. Clarkes Einführung zu der Veröffentlichung der Briefe begann mit den Worten: »Madam, As the following letters were at first written by your command [...]«, in: Roger ARIEW (Hg.), Correspondence. G.W. Leibniz and Samuel Clarke, Indianapolis, IN 2000, S. 1.
350 Siehe zu Carolines Patronage auf dem Gebiet der Kunst die Arbeiten von Joanna MARSCHNER, u.a. Caroline of Ansbach. The Queen, Collecting and Connoisseurship at the Early Georgian Court, London 2007, sowie die veränderte und erweiterte Druckausgabe Queen Caroline. Cultural Politics at the Early Eighteenth-Century Court, New Haven, CT 2014. SMITH sieht die Patronage der Wissenschaften (dies., Georgian Monarchy, S. 83–92), insbesondere die Pockenimpfung, deren Einführung von Caroline unterstützt wurde (ebd., S. 92–95), als Zeichen der Frühaufklärung.
351 SEDGWICK, Hervey 1, S. 261. Andererseits ließ sich der König wohl regelmäßig neue Experimente vorführen, die in der Royal Society diskutiert wurden, siehe Richmond an Tellier, London, 29.11.1731, The Royal Society, EL/R1/73.
352 SEDGWICK, Hervey 1, S. 261–262.
353 ARKELL, Caroline of Ansbach, S. 71.

Das geschlossene Auftreten des Königspaares[354] zeigte sich unter anderem bei Audienzen mit auswärtigen Diplomaten, wenn Themen von beiden bei verschiedenen Gelegenheiten, aber eindeutig in Absprache miteinander, angesprochen wurden.[355] Bei getrennten Empfängen der auswärtigen Gesandten und ihrer Ehefrauen beim König und der Königin setzte Caroline die beschlossene politische Linie mit durch.[356] Die Königin drückte dabei im Umgang mit auswärtigen Gesandten ihre Meinung deutlich aus. So maßregelte sie den kaiserlichen Gesandten Kinsky, als dieser Anfang 1729 Kontakt mit den oppositionellen Whigs Pulteney und Bolingbroke, den Gründern der regierungskritischen Zeitschrift »The Craftsman«, aufnahm.[357]

Als König hatte Georg II. ein sehr großes Arbeitspensum zu bewältigen.[358] Er ließ sich von seinen Ministern über die innenpolitischen Diskussionen, Wahlkämpfe, Parlamentsmitglieder und ihre Einstellungen, politische Patronage oder Propaganda informieren, gab aber meist seinen britischen Ministern freie Hand bei der Ausführung.[359] In den Jahren vor und seit 1714, als der Kurfürst und spätere König seinen Sohn und Erben nicht an der Regierung beteiligen wollte und es 1717 sogar zum offenen Konflikt kam,[360] hatten Georg II. und Caroline allerdings das politische System, die königlichen Befugnisse und Beschränkungen studiert und ebenso die Hofangehörigen und Politiker kennengelernt.[361] Auf Basis dieser Kenntnisse zeigte Georg II. den Mitgliedern der Regierung, insbesondere Robert Walpole, ihre Gren-

---

354 Siehe ebd., S. 184–206, das Kapitel »Partners at Work«; eine Medaille aus dem Jahr 1731 stellt das Arbeitspaar bildlich dar: Auf der Vorderseite ist das Herrscherpaar gemeinsam zu sehen; die Rückseite weist auf die »unbegrenzte Herrschaft« über das »glückliche Großbritannien« hin. Peter Paul WERNER, State of Britain 1731.

355 Philipp Kinsky wurde 1728 nach seiner Ankunft zunächst von Minister Stanhope auf die Notwendigkeit der Versöhnung zwischen dem Wiener und Londoner Hof angesprochen; die Königin wiederholte diese Aussage einige Tage später, mit der Frage, ob der Kaiser der gleichen Meinung sei, und zuletzt sprach Georg II. mit Kinsky darüber. Kinsky an Karl VI., London, 25.02.1729, HHStA, StA England 65, f. 83–84v.

356 Wichtige Informationen wurden auch bei den Audienzen der Diplomatengattinnen weitergeben. Kinskys Ehefrau erhielt so die Nachricht, dass die nächste Generation der Dynastie gesichert sei: »[…] hat die Königin meinem weib vertrauet, daß [Prinzessin Anne] seithero zwey Monath in der hoffnung seye […].« Kinsky an Karl VI., Hammersmith, 16.07.1734, HHStA, StA England 70, f. 12v.

357 Der Kaiser befand aber genau dieses Vorgehen als richtig, siehe Karl VI. an Kinsky, Laxenburg, 11.05.1729, HHStA, StA England 66, f. 37–37v. Siehe zu Carolines Meinung zur Opposition SEDGWICK, Hervey 1, S. 292.

358 Als Kurfürst galt dies ebenso, siehe weiter unten S. 161–162.

359 THOMPSON, George II, S. 72; BLACK, George II, S. 120–121.

360 Der Generationenkonflikt wiederholte sich 1736 nach der Heirat des Kronprinzen, der von 1714 bis 1728 in Hannover geblieben war, um die Dynastie zu repräsentieren (ARKELL, Caroline of Ansbach, S. 266–286, 289).

361 THOMPSON, George II, S. 40–41. Siehe zu Carolines Bedeutung für die »Anglisierung« der hannoverschen Dynastie in der britischen Öffentlichkeit nach 1714 Andrew HANHAM, Caroline of Brandenburg-Ansbach and the »Anglicisation« of the House

zen – die Bindung an den Monarchen – auf.[362] Antworten und Kommentare
zu Berichten und Briefen verfasste Georg II. meist auf den an ihn geschickten
Schriftstücken, so dass sie sich nur als Marginalien oder Endbemerkungen
mit der Signatur »GR« erhalten haben.[363] Die durch die sehr gut organisierte
Postüberwachung abgefangenen Briefe wurden alle dem König vorgelegt,
genauso wie alle Informationen des geheimen Nachrichtennetzwerkes der
Secretaries of State.[364]

Mit seinem Hintergrundwissen fiel es Georg II. im Vergleich zu seinen britischen Ministern leichter, den Kontext der europäischen Beziehungen und vor
allem der Beziehungen zum Kaiser bei Entscheidungen mit einzubeziehen.[365]
Durch die Erziehung im Reich, seine Reisen als Kurprinz und als Kurfürst
nach Braunschweig-Lüneburg, seine Sprachkenntnisse[366] und Kontakte
über die Deutsche Kanzlei und zu anderen Fürsten sowie die britisch-han-
noversche Postüberwachung hatte er einen Wissensvorsprung, den er in den
Beziehungen zu anderen Höfen einsetzte.[367] Sein breites genealogisches Wissen war für Georg II. im Zeitalter dynastischer Politik ebenso notwendiges
Hintergrundwissen.[368] Zum Aufgabengebiet der Königin gehörte in diesem
Zusammenhang, die dynastischen Verbindungen durch Briefwechsel zum
Beispiel mit der Kaiserin und der preußischen Königin, ihrer Schwägerin,
aufrechtzuerhalten[369] und Ehepartner für die Kinder zu suchen.[370]

---

of Hanover, in: Orr, Queenship in Europe, S. 276–299. Seit 1720 wurde der damalige
Kronprinz aber zumindest über die Vorgänge im Privy Council informiert. Black,
George II, S. 53.

362 Sedgwick, Hervey 1, S. 22–35, 46–47, kolportierte die Geschichte, nach der insbesondere Walpole selbst nicht mit seiner Weiterverpflichtung rechnete, da Georg II.
den Sprecher des Parlaments Compton vorzog; Königin Caroline habe ihren Mann
vom Wert Walpoles überzeugen müssen und können. Wie Thompson herausstellt, ist
eher (im oben beschriebenen Sinne) anzunehmen, dass Georg II. von vornherein die
Machtverhältnisse zwischen König und Ministern klären wollte, aber letztlich davon
überzeugt war, dass Walpoles Erfolg auf »hard work« und Erfahrung beruhe, Thompson, George II, S. 70–72.

363 Siehe die Korrespondenz mit Townshend, BL, Add. Mss. 78908–78909, z.T. gedruckt
bei Coxe, Walpole 3, S. 520–543.

364 Siehe Kapitel 1.2 und 4.1.2, S. 214.

365 Er änderte auch regelmäßig die Entwürfe für Instruktionen, die an die britischen Diplomaten gehen sollten, Black, George II Reconsidered, S. 45–46, 48.

366 Georg August wuchs mit Französisch und Plattdeutsch auf und lernte neben Englisch
auch Latein, Italienisch und Deutsch (Bertram, Georg II., S. 25–26).

367 Dies äußerte sich in den wenigen erhaltenen persönlichen Anweisungen Georgs II.
auf Instruktionen und Weisungen an Gesandte, siehe Newcastle, Minutes of Orders
of the King for discours with Kinsky, 11.09.1731, BL, Add. Mss. 33006, f. 368–370.

368 Siehe Sedgwick, Hervey 1, S. 253; ebd. 3, S. 813–814.

369 Die britische und die preußische Königin versuchten, zwischen ihren Ehemännern zu
vermitteln. Kinsky an Karl VI., chiffriert, London, 27.02.1730, HHStA, StA England
67, f. 106–106v. Zum gescheiterten Doppelheiratsprojekt, welches die Dynastien verbinden sollte, siehe Arkell, Caroline of Ansbach, S. 176–179.

370 Siehe Kapitel 5.1, S. 324–326.

In London sprach Georg II. normalerweise Englisch, höchstens noch Französisch, Deutsch dagegen nur im engsten Familienkreis[371] und als Kurfürst, so in Besprechungen mit dem hannoverschen Minister von Hattorf oder dem kaiserlichen Botschafter Kinsky, wenn es um Reichsangelegenheiten ging.[372] Dies kann als Beweis für die strikte äußerliche Trennung seiner Rollen als König und Kurfürst gelten.[373] Von den vielen Hannoveranern am Hof seines Vaters mussten die meisten das Land verlassen, von den Ministern blieb 1730 nur noch von Hattorf als Vorsteher der Deutschen Kanzlei in London.[374]

Seiner Verantwortung als Kurfürst wurde Georg August gerecht, indem er Hannover über die Deutsche Kanzlei in London regierte[375] und regelmäßig, wenn auch nicht so oft wie sein Vater, nach Hannover reiste.[376] Dies waren Hofreisen, zu denen ihn einer der Secretaries of State begleitete und bei denen ohne Zugriff der Londoner Presse und quasi unter Ausschluss der Öffentlichkeit Angelegenheiten der europäischen Beziehungen, auch solche, die das Königreich betrafen, verhandelt werden konnten.[377]

Als Herrscher vertrat Georg II. sowohl britische als auch hannoversche Anliegen, die nicht immer gleichgerichtet waren. Seine britischen Minister hatten deshalb das Kurfürstentum in ihre Politik mit einzubeziehen.[378] Als König von Großbritannien und Kurfürst von Braunschweig-Lüneburg hatte Georg II. ein besonderes Verhältnis zum Kaiser. Nach Abschluss des Vertrags von 1731 versprach er, Karl VI. habe:

---

371 Er sprach mit der Königin Deutsch bei Abendgesprächen »for the Queen's private benefit«, ARKELL, Caroline of Ansbach, S. 192.
372 SEDGWICK, Hervey 2, S. 348. In den Berichten des kaiserlichen Gesandten Kinsky finden sich zur Verwendung der deutschen Sprache in diesem Zusammenhang leider keine Bemerkungen.
373 Die Trennung betraf auch den beweglichen Besitz des Monarchen in Hannover und Großbritannien. THOMPSON, George II, S. 87.
374 Es gab einige deutsche Bedienstete, die in der lutherischen Hofkapelle als Gemeindemitglieder aufgeführt werden. Benjamin Bühring hat in seinen Forschungen zur Deutschen Kanzlei nachweisen können, dass sie aus der Civil List des Königs bezahlt wurden, BÜHRING, Die Deutsche Kanzlei in London, S. 108–109. Siehe zu Hattorf Kapitel 3.2.3.
375 Siehe Kapitel 1.2, S. 35–36.
376 Zu Organisation, Durchführung und Inhalten dieser Hofreisen zwischen 1729 und 1741 siehe RICHTER-UHLIG, Hof und Politik.
377 THOMPSON, George II, S. 89–90.
378 In den internationalen Beziehungen fiel das nicht immer leicht; zunächst trat Townshend für Hannover ein. Nach seinem Rücktritt mussten Newcastle und Harrington die Folgen der Personalunion immer im Blick haben. Newcastle an Harrington, Newcastle House, 04.05.1730, in: COXE, Walpole 2, S. 689. Siehe zu den Ministern insgesamt Kapitel 3.2.2.

[…] an mir als Könige einen auffrichtigen und rechtschaffenden Bunds Verwandten, und als Churfürsten einen Reichs Stand […], der an beeyferung des Kayserlichen höchsten ansuchens und Wollhergebrachter Vorrechte, des Ertzhauses Österreich hoheit und lustre, und an begierde zu stütz= und beforderung unzertrennlicher einig Zeit zwischen haupt und gliedern im Reich, und dieser unter sich, Worauff deßen grundfeste beruhet, keinem nachgiebt […].[379]

Georg nutzte als Kurfürst den Polnischen Thronfolgekrieg, um seine hannoverschen Ansprüche an den Kaiser durchzusetzen, und stellte erst danach die kurfürstlichen Hilfstruppen zur Verfügung.[380] Als König von Großbritannien verweigerte Georg II. hingegen die Anerkennung des Bündnisfalls und griff nicht militärisch in den Polnischen Thronfolgekrieg ein.[381] Stattdessen versuchte Georg II., zwischen den Kriegsparteien vermitteln zu lassen,[382] und ließ die Gewährung eines Großkredits[383] der Bank of England an Karl VI. zu.

Die Einstellung Carolines zum Kaiserhof wurde sehr unterschiedlich eingeschätzt. Der erste Eindruck des kaiserlichen Gesandten war zunächst positiv: »La Reine m'a proposé d'allez avec eux à la Chasse, Ils se montrent tous les deux très gracieux envers moy.«[384] Lord Hervey schrieb von ihr, sie habe eine »natural propensity to the interest of Germany«.[385] Während des Polnischen Thronfolgekrieges unterstützte sie ein Einschreiten Großbritanniens auf Seiten des Kaisers, da sie die Gefahr für das Gleichgewicht in Europa sah.[386] Am Kaiserhof hatte man aber den Eindruck, die Königin und Walpole verhinderten gemeinsam den Kriegseintritt Georgs II. als König und als Kurfürst. In den Weisungen an Graf Kinsky war die Rede von »[…] der Königin […] wiedriger gesinnung […]«.[387]

---

379 Georg II. an Karl VI., Antwort auf das Schreiben vom 24.04., Richmond, 14/25.05.1731, HHStA, Brunsvicensia 10, f. 22–22v.

380 Natürlich spielte hier auch die Angst vor preußischen Übergriffen eine Rolle. Siehe Kapitel 2.5 und 5.3.

381 Diese Neutralität ist immer wieder als Schwäche Georgs II. gegenüber Sir Robert Walpole ausgelegt worden. Dieser wollte aufgrund der innenpolitisch angespannten Lage wegen der Excise-Krise und aus wirtschaftspolitischen Überlegungen keine britische Kriegsbeteiligung (siehe Kapitel 2.5, S. 104–105). Walpole habe Caroline und Georg überreden können, den Kaiser nicht zu unterstützen. Wie Jeremy Black überzeugend darlegen konnte, ist es allerdings unwahrscheinlich, dass sich Georg, wenn er echtes Interesse an einer britischen Intervention mit militärischen Mitteln gehabt hätte, davon hätte abbringen lassen (in Ansätzen schon in BLACK, George II Reconsidered, S. 53–56; ausführlich BLACK, George II, S. 145–152).

382 Siehe Kapitel 2.5, S. 108.

383 Siehe Kapitel 5.2, S. 357–358.

384 Kinsky an Prinz Eugen, London, 25.09.1728, HHStA, Gr. Korr. 94b, 1, f. 1v. Mit »ils« waren im Zusammenhang Caroline und Walpole gemeint.

385 SEDGWICK, Hervey 2, S. 342.

386 MICHAEL, Englische Geschichte 4, S. 412–416, SEDGWICK, Hervey 2, S. 355–356.

387 Karl VI. an Kinsky, chiffriert, Wien, 25.02.1734, HHStA, StA England 73, f. 31v.

3.2.2 Britische Minister und Berater

Zum inneren Kreis der für auswärtige Beziehungen zuständigen britischen Minister und Berater gehörten Ende der 1720er Jahren die Secretaries of State Charles Townshend, Viscount Townshend (1674–1738),[388] und Thomas Pelham-Holles, Duke of Newcastle (1693–1768),[389] die seit 1721 beziehungsweise 1724 im Amt waren, sowie Sir Robert Walpole (1676–1745),[390] der ebenfalls seit 1721 als First Lord of the Treasury und Chancellor of the Exchequer für die Finanz- und Wirtschaftspolitik verantwortlich war. Während Townshend und Newcastle als Angehörige des Adels Sitze im Oberhaus hatten, vertrat Walpole die Politik der Regierung als Mitglied des Unterhauses. Nach dem Rücktritt Townshends 1730 trat an seine Stelle William Stanhope, Baron Harrington (1683–1756).[391] Dieser enge Zirkel beriet mit dem König und der Königin über die Richtungsentscheidungen und Maßnahmen der Regierung. Erst danach wurden sie allen Mitgliedern des Privy Council zum Beschluss vorgelegt, welche damit mitverantwortlich wurden.[392] Robert Walpole kümmerte sich dabei eher um die Durchsetzung der Politik im Inneren, Townshend, Newcastle und später Harrington befassten sich mit den Verbindungen zu den europäischen Höfen.

---

388 Eine Biographie von Charles Townshend, die seine politische Laufbahn in den Blick nimmt, gibt es nicht. Eine Studie zu den ersten beiden Viscounts Townshend – dem hier genannten sowie seinem Vater – analysiert vielmehr ihre Verwurzlung im County Norfolk (James M. Rosenheim, The Townshends of Raynham. Nobility in Transition in Restoration and Early Hanoverian England, Middletown 1989).

389 Die Biograpie von Browning, The Duke of Newcastle, stammt aus dem Jahr 1975. Eindrucksvoll ist die Studie zu den Finanzen des Herzogs von Ray A. Kelch, Newcastle: A Duke without Money. Thomas Pelham-Holles, 1693–1768, London 1974.

390 Häufig wird die erste Hälfte des 18. Jahrhunderts in England und Großbritannien als Ära Walpoles verstanden, eine im 19. Jahrhundert verfestigte Auffassung (siehe u.a. Coxe, Walpole). Die Literatur zu Robert Walpole und seiner Zeit als leitender britischer Minister ist dementsprechend umfangreich. Eine Analyse zu den außenpolitischen Ansichten Walpoles lenkte den Blick zunächst vor allem auf seine Friedenspolitik und das Verhältnis zu Kardinal Fleury (Basil Williams, The Foreign Policy of England under Walpole. Part I, in: EHR 15, 58 (1900), S. 251–276; Part II, in: EHR 15, 59 (1900), S. 479–494; Part III, in: EHR 15, 60 (1900), S. 665–698; Part IV, in: EHR 16, 61 (1901), S. 67–83; Part V, in: EHR 16, 62 (1901), S. 308–327; Part VI, in: EHR 16, 63 (1901), S. 439–451), zumeist wird aber Walpoles innenpolitischer Einsatz ins Zentrum gestellt. Eine Mitte des 20. Jahrhunderts erschienene Biographie betrachtet so die Jahre bis 1734 (John Harold Plumb, Sir Robert Walpole. 2 Bde., London 1956–1960); siehe ähnlich Brian W. Hill, Sir Robert Walpole. »Sole and Prime Minister«, Harmondsworth, Middlesex 1989. Neuere Überlegungen erschienen in den letzten Jahrzehnten hauptsächlich aus der Feder Jeremy Blacks, z.B. ders., An »Ignoramus« of European Affairs?, in: JECS 6, 1 (1983), S. 55–65.

391 Trotz seiner langen Dienstzeit gibt es keine umfassenden Studien zur Biographie Harringtons, dessen Einfluss deshalb auch nur teilweise eingeschätzt werden kann.

392 Siehe z.B. Sedgwick, Hervey 3, S. 777–778.

Die Umsetzung von politischen Ideen war zunächst abhängig von einem guten Verhältnis zum Monarchen und – im Fall von Georg II. – zur Königin, erst im Weiteren musste in London die parlamentarische Mehrheit überzeugt werden. Nach der Thronbesteigung Georgs II. 1727 war Königin Caroline von der Notwendigkeit, für eine stabile Regierung Walpole und Townshend als Minister zu behalten, überzeugt. Ein Regierungswechsel sei bei der angespannten Lage in Europa ein ungünstiges Zeichen gegenüber Frankreich als einzigem verbliebenen Verbündeten Großbritanniens.[393] Allerdings standen Townshend, Walpole und Newcastle in den Auseinandersetzungen zwischen König und Kronprinz zuletzt auf Seiten des Königs, wodurch eine Bestätigung ihrer Regierung unwahrscheinlich erschien.[394] Die Begrüßung der Ehefrau Walpoles durch die neue Königin bei Hof wurde 1727 als Zeichen dafür angesehen, dass Walpole und mit ihm seine Kollegen im Amt bleiben würden.[395] Königin Caroline unterstützte Walpole auch später in der Excise-Krise.[396] Nicht unwesentlich für Walpoles schlussendliche Bestätigung war, dass er mit seinem Einfluss im Parlament eine großzügige Aufstockung der Civil List, des königlichen Budgets, erwirkte. Hervey gibt die im Vergleich zu anderen Kandidaten überragenden Fähigkeiten Walpoles, welche sich in den ersten notwendigen Gesprächen des Ministers nach dem Thronwechsel gezeigt hätten, als Grund für seine Ernennung zum Minister an.[397]

Der kaiserliche Gesandte Kinsky beschrieb zu Beginn seines Aufenthalts in London 1728, Robert Walpole als »connoissant plus les affaires internes qu' externes«.[398] Walpole war jedoch gut informiert, zum Beispiel erhielt er Berichte von Diplomaten und abgefangene Briefe ausländischer Gesandter vorgelegt[399] und musste als Minister die außerordentlichen Ausgaben der Diplomaten genehmigen.[400] Auf eine weiterreichende Rolle in den auswär-

---

393 Ebd. 1, S. 49.
394 Siehe BROWNING, The Duke of Newcastle, S. 13, 18–27; Linda FREY/Marsha FREY, Townshend, Charles, second Viscount Townshend (1674–1738), in: Oxford DNB (2004).
395 WILKINS, Caroline the Illustrious 2, S. 16. Dabei lebte das Ehepaar Walpole zu diesem Zeitpunkt schon lange getrennt. Bei Hof unterstützte John Hervey Walpole und seine Kollegen, z.B. SEDGWICK, Hervey 1, S. 294; ebd. 2, S. 420.
396 ARKELL, Caroline of Ansbach, S. 197–205. Sie konnte es nur nicht leiden, wenn Sir Robert sich ihr gegenüber über Georg II. lustig machte, ebd., S. 264–265.
397 SEDGWICK, Hervey 1, S. 47–48.
398 Kinsky an Karl VI., London, 25.09.1728, HHStA, StA England 65, f. 1v.
399 Siehe die Übersetzungen von Briefen zwischen Kinsky und Prinz Eugen in seinen Akten, z.B. Prinz Eugen an Kinsky, Kopie/ Übersetzung, 31.12.1729, CUL, Ch(H), Correspondence, 1, 1660; Kinsky an Prinz Eugen, Kopie/ Übersetzung, 27.01.1731, CUL, Ch(H), Correspondence, 1, 1817; Prinz Prinz Eugen an Kinsky, Auszug/ Übersetzung, 29.06.1734, CUL, Ch(H), Correspondence, 1, 2228; Prinz Prinz Eugen an Kinsky, Kopie/ Übersetzung, 15.12.1734, CUL, Ch(H), Correspondence, 1, 2375.
400 Dodington an Walpole, Misc. ambassadorial extraordinary expense accounts for

tigen Beziehungen war er aber nur bedingt vorbereitet, da er die britischen Inseln nie verlassen hatte und nur Englisch und Latein sprach. Grundsätzlich gestaltet sich das Verhältnis zu Gesandten deshalb schwierig:

Walpole n'entre pas directement dans les affaires, mais il ne laisse pas dans de certaines circumstances etre necessaire et quoqu'il soit d'un accès difficile pour les étrangers, si bien par rapport à sa seule langue angloise, comme aussi qu'il ne veut pas entrer directement dans les affaires étrangeres [...].[401]

Mit fremden Gesandten, die kein Englisch sprachen, unterhielt er sich entweder auf Latein oder brachte seinen Bruder als Dolmetscher mit.[402]

Unterstützt wurden die Minister Walpole, Townshend und Newcastle nämlich von ihren Brüdern. Nur der jüngere Bruder von Harrington wandte sich als Mitglied der Opposition im Unterhaus ab 1734 gegen die Regierung.[403] Henry Pelham (1694–1754),[404] der im betrachteten Zeitraum zusätzlich zu einem Parlamentssitz im House of Commons Regierungsämter als Secretary at War und Paymaster of the Forces inne hatte, arbeitete zusammen mit seinem älteren Bruder, dem Duke of Newcastle. Von Townshends Brüdern war vor allem Horatio Townshend (1683–1751)[405] wichtig, der seit 1722 im Direktorium der Bank of England saß. Horatio Walpole (1678–1757),[406] der jüngere Bruder Robert Walpoles, wechselte je nach Bedarf zwischen seinem Sitz im Unterhaus, diplomatischen Posten und solchen im Finanzministerium. Zeitweilig fungierte er als ranghöchster britischer Diplomat als Kontaktperson für britische Gesandte an den europäischen Höfen. Sie erstatteten häufig auch ihm Bericht und waren sich sicher, dass Informationen, die sie an Horatio schickten, bei Robert Walpole ankamen: »If I did not know, sir, that writing to you is the same thing as writing to your brother, I would have troubled him directly

---

English ministers and others in the Empire, Lower Saxony etc. 1712–1768, 1739, Bodleian, John Johnson Mss., b. 1, o.f.

401 Kinsky an Prinz Eugen, chiffriert, London, 01.03.1729, HHStA, Gr. Korr. 94b, 1, f. 36v.

402 Kinsky an Karl VI., London, 25.09.1728, HHStA, StA England 65, f. 1v.

403 Siehe Philip Laurence WOODFINE, Stanhope, William, first earl of Harrington (1683?–1756), in: Oxford DNB (2008). Charles Stanhope war nach der Thronbesteigung Georgs II. aufgrund früherer Äußerungen gegen den Kronprinzen nicht wie erwartet bei der Ämtervergabe berücksichtigt worden.

404 Zum Verhältnis der beiden Brüder siehe Donald Grove BARNES, Henry Pelham and the Duke of Newcastle, in: Journal of British Studies 1, 2 (1962), S. 62–77. Barnes stellt ausgehend von einer sehr negativen Einschätzung Newcastles den jüngeren Pelham ins Zentrums seiner Analyse und meint, allerdings nicht ganz nachvollziehbar, dieser sei dem älteren Bruder immer überlegen gewesen.

405 R. S. LEA, Townshend, Hon. Horatio (c. 1683–1751), of New Ormond St., London, in: Romney SEDGWICK (Hg.), The History of Parliament. The House of Commons, 1715–1754, London 1970.

406 Monographien nur zu seiner Person gibt es, anders als zu seinem Bruder, nicht.

with this account [...].«[407] Im Gegenzug gab er Anweisungen im Namen seines Bruders.[408] Wie Horatio an seinen Bruder die Briefe der Gesandten weiterleitete, so schickte auch Robert seinem Bruder wichtige Schriftstücke an seinen jeweiligen Aufenthaltsort.[409] Sie schrieben sich immer, wenn sie nicht zusammen in London oder zu Strategiesitzungen, Jagden und Familienfesten in Richmond oder auf Houghton waren. Auch während seiner Aufenthalte auf dem Kontinent reiste Horatio Walpole nämlich regelmäßig nach London, wo er während der Sitzungsperiode des Unterhauses die Politik seines Bruders unterstützte.[410] Dann gingen die Brüder häufig zusammen zu Empfängen auswärtiger Gesandten.[411] Nach dem Rücktritt Townshends, dessen Nachfolger Horatio zu werden hoffte, war er bis zum Polnischen Thronfolgekrieg in London, bevor er ab 1734 wieder als Diplomat unterwegs war.

Robert Walpole war in den 1720er und 1730er Jahren der einzige leitende Minister im Unterhaus und deshalb dort für die Durchsetzung der Regierungspolitik zuständig. Er galt als sehr fähiger Redner, der aufgrund seiner langen Regierungserfahrung[412] ein Gefühl für die Stimmung des Unterhauses hatte und danach handelte. Es war Walpole, der vor der Parlamentssaison von verschiedenen regierungsnahen Schriftstellern Pamphlete veröffentlichen ließ, die die Politik der Regierung bezüglich die internationalen Beziehungen vermitteln sollten.[413] Die führende Rolle in außenpolitischen Diskussionen übernahm allerdings sein Bruder Horatio, obwohl seine Art zu reden wohl nicht sehr mitreißend war.[414] Hervey bezeichnete den jüngeren Walpole abschätzig als ein

very good treaty dictionary, to which his brother often referred for facts necessary for him to be informed of [...], no genius, no method, and a most inconclusive manner of reasoning, he was absolutely useless to his brother [...].[415]

---

407 Robinson an Horatio Walpole, Wien, 03.02.1731, in: Coxe, Walpole 3, S. 82.
408 Horatio Walpole an Robinson, Cookpit, 20.02.1731, in: Ebd., S. 93.
409 Siehe z.B. die Notiz von Robert Walpole: »send to my brother the Emperor's & Kinsky's letters.«, o.D., o.O., CUL, Ch(H), Political Papers, 90, 16, o.f.
410 Romney R. Sedgwick, Walpole, Horatio (1678–1757), of Wolterton, Norf., in: Ders. (Hg.), The History of Parliament. The House of Commons, 1715–1754, London 1970.
411 Siehe z.B. Kinsky an Karl VI., London, 25.09.1728, HHStA, StA England 65, f. 1v.
412 Seine lange politische Karriere begann 1705 unter Königin Anna und endete als Regierungsmitglied 1742. Nach seiner Erhebung zum Earl of Orford durch Georg II. im Jahr 1742 saß Walpole im Oberhaus und war weiterhin politischer Berater des Königs. Stephen Taylor, Walpole, Robert, first earl of Orford (1676–1745), in: Oxford DNB (2008).
413 In manchen Jahren verfasste Walpole diese Flugschriften selbst, etwa 1730, siehe Nick Harding, Sir Robert Walpole and Hanover, in: HR 76, 192 (2003), S. 164–188, hier S. 172–173.
414 Graham C. Gibbs, Parliament and Foreign Policy in the Age of Stanhope and Walpole, in: EHR 77, 302 (1962), S. 18–37, hier S. 26.
415 Sedgwick, Hervey 1, S. 285.

In politischen Beziehungen trat Robert Walpole als gradliniger und integerer Mann auf, als »un homme droit«,[416] der aber sehr auf das Zeremoniell achtete und dem Luxus nicht abgeneigt war. Regelmäßig im Frühjahr lud Walpole für drei Wochen die führenden Mitglieder des Kabinetts und weitere Unterstützer auf seinen Familiensitz Houghton Hall ein, um die Regierungsgeschäfte zu planen.[417] Walpole hatte sogar die königliche Erlaubnis, im November in Houghton einen Monat »Ferien« zu machen.[418] In einer 1728 veröffentlichten Satire wird eine solche Hausparty nach dem Kongress von Soissons als »Norfolk Congress« verspottet, bei dem es hauptsächlich um Unterhaltung, Essen und Trinken gegangen sei.[419] Mit dem punkvollen Ausbau seines Schlosses wollte Walpole gegenüber den adeligen Kollegen, die ihre angestammten Familiensitze hatten, seine Stellung als königlicher Minister unterstreichen.[420]

Der Duke of Newcastle zeichnete sich vor allem durch penibles Arbeiten aus.[421] Er verfasste Protokolle von Treffen der Minister, verschickte ausführliche Berichte zu entscheidenden Fragen insbesondere der auswärtigen Beziehungen an entsprechende Empfänger und unterhielt regelmäßige Korrespondenzen mit Mitgliedern seiner Familie, den Whigs, seinen Klienten und britischen Diplomaten.[422] Sein Unterstaatssekretär und Assistent war bis 1734 Charles Delafaye, der wie er Freimaurer war.[423] Delafaye organisierte das Spionagenetzwerk des Secretary of State, welches sich vor allem gegen jakobitische Aktivitäten richtete.[424] Newcastle zeigte auch persönlichen Einsatz,

---

416 Kinsky an Karl VI., London, 25.09.1728, HHStA, StA England 65, f. 1v.

417 COXE, Walpole 1, S. 758. Dazu zählten John Scrope (HANHAM, Scrope), der Kronanwalt der Earl of Hardwicke (Philip Laurence WOODFINE, Ideas of Naval Power and the Conflict with Spain, 1737–1742, in: Jeremy BLACK / Philip Laurence WOODFINE (Hg.), The British Navy and the Use of Naval Power in the Eighteenth Century, Leicester 1988, S. 71–90, hier S. 84–85), der Privatbankier Walpoles Robert Jacombe, und Sir John Eyles, ein früherer Direktor der Bank of England und der South Sea Company, der als Alderman für Walpole in der City of London agierte (J. G. CUMMINGS, Eyles, Sir John (1683–1745), in: NEWMAN / BROWN, Britain in the Hanoverian Age, S. 242).

418 SEDGWICK, Hervey 2, S. 493.

419 ANONYMUS, The Norfolk Congress. Or, A Full and True Account of the Hunting, Feasting, and Merry-Making, London 1728, S. 4.

420 Siehe zum Schloss allgemein David CHOLMONDELEY u.a., Houghton Hall. Portrait of an English Country House, New York 2014. Houghton war nicht der einzige Grundbesitz Sir Robert Walpoles; 1720 kaufte er ein umfangreich Land, hauptsächlich in Norfolk, um seinen politischen Rückhalt in dieser Gegend zu stärken; zum andern könnte er, wie PLUMB vermutet (ders., Sir Robert Walpole 1, S. 311–312), auf eine Nobilitierung gehofft haben, für die angemessener Landbesitz die Voraussetzung war.

421 Newcastles gesamte Karriere, die von 1717 bis in die 1770er Jahre reichte, bezeichnet BROWNING als »an exercise in political mediocrity« (ders., Holles); dieser Einschätzung kann aber für die ersten Jahrzehnte als Außenminister nicht gefolgt werden.

422 Ders., The Duke of Newcastle, S. 45.

423 Bruce HOGG / Diane CLEMENTS, Freemasons and the Royal Society. Alphabetical List of Fellows of the Royal Society who were Freemasons, London 2012, S. 235.

424 Richard Andrew BERMAN, The Architects of Eighteenth Century English Freemasonry, 1720–1740, Exeter 2010, S. 134–135.

zum Beispiel in den für die Regierung so wichtigen Parlamentswahlkämpfen.[425] Anders als seine Ministerkollegen bereicherte er sich nicht, sondern gab mehr aus, als seine verschiedenen Ämter ihm einbrachten.[426] Dabei stand er Zeit seines Lebens in der Mitte des britischen gesellschaftlichen Lebens, egal ob bei Hof, wo seine wichtigste Verbindungsperson Prinzessin Amelia war,[427] in der Regierung oder bei großen Gesellschaften auf Claremont House, dem Landsitz Newcastles in der Nähe Londons.[428]

An Harrington schätzten vor allem Diplomaten die sehr umgängliche Art und seine Verschwiegenheit. Kinsky sprach davon, Harrington habe eine »angebohren[e] Vergessenheit« – seinen Beschreibungen zufolge handelte es sich aber wohl eher um »diplomatische« Amnesie.[429] Kinsky kritisierte nur Harringtons Trägheit und die »Gewohnheit«, Entscheidungen aufzuschieben.[430] Britischerseits hieß es, der Minister verstehe »both foreign affairs and the court; little of the constitution [...] He was very ambitious, civil, ceremonious, and a lover of pleasure. Never offended any party [...] was well with most. [...]«[431] Genau diese höfliche Art führte dazu, dass Harrington im Vergleich mit seinem Ministerkollegen Newcastle unterschätzt wurde.[432] John Hervey formulierte zu Harringtons Auftreten dagegen sehr viel drastischer:

[...] he had reduced himself to a state of annihilation; he was absolutely nothing, nobody's friend, nobody's foe, of use to nobody, and of prejudice to nobody [...] He was forgotten in his eminence, seen every day, and never mentioned.[433]

Patronage spielte eine wichtige Rolle, um die Ziele der Regierung zu fördern. Die genannten Akteure konnten dabei zumeist auf familiäre Netzwerke sowie ererbtes oder erheiratetes Vermögen zurückgreifen. Besonders umfangreich waren die Mittel des Duke of Newcastle. Er erbte neben Jahreseinkünften von

---

425 Siehe BROWNING, The Duke of Newcastle, S. 30–31, sowie vor allem Basil WILLIAMS, The Duke of Newcastle and the Election of 1734, in: EHR 12, 47 (1897), S. 448–488, hier S. 455–488.

426 Siehe KELCH, Newcastle, S. 190–193, sowie BROWNING, The Duke of Newcastle, S. 42–43, 83–84. Schon während des Jakobitenaufstands 1715 finanzierte er pro-hannoversche Aufstände. Die Beteiligten bezeichneten sich selber als »Newcastle mobs«, ebd., S. 9–10.

427 Ebd., S. 62–63.

428 Ebd., S. 36–37. Claremont war der Rückzugsort des Herzogspaares. Die Herzogin beteiligte sich nicht am gesellschaftlichen oder politischen Leben, stand ihrem Mann aber beratend zur Seite (ebd., S. 35).

429 Kinsky an Karl VI., London, 18.05.1734, HHStA, StA England 70, f. 13.

430 Kinsky an Karl VI., London, 22.06.1734, HHStA, StA England 70, f. 11v.

431 VERTUE, Memoirs [...] Horace Walpole 1, S. 151.

432 SEDGWICK, Hervey 2, S. 346. Darin dürfte auch der Grund liegen, weswegen seine Biographie bzw. seine Amtszeit von der Forschung nicht im gleichen Maße berücksichtigt wurde.

433 Ebd. 1, S. 174.

ca. £ 32.000[434] Landbesitz in London sowie elf Grafschaften[435] und die Verbindungen seiner Familie, die sich durch seine Ehe mit der Enkelin des Duke of Marlborough noch ausweiteten. Sein Vermögen setzte er ein, um seine Familienangehörigen – er hatte keine eigenen Kinder[436] – und Kandidaten der Regierung im Parlament zu unterstützen.[437] Als Mitglied des Hochadels hatte Newcastle Zugang zu Hofämtern für die Patronage. Über das »Board of Plantations«, das für die Kolonien zuständige Ministerialkollegium, konnte er zudem bei der kolonialen Ämtervergabe mitwirken.[438] Seit den 1720er Jahren übten in Absprache mit der Königin Newcastle und Walpole zusammen mit Edward Gibson, dem Bischof von London und gemeinsamen Klienten, Einfluss auf Ernennungen und Besetzungen von kirchlichen Posten in der Church of England aus.[439] Townshend und Walpole hatten beide Beziehungen zur City of London. Wie oben ausgeführt, liefen die Verbindungen Townshends über seinen Bruder; zusätzlich heiratete 1723 sein Enkel die Tochter eines Direktors der East India Company.[440] Walpole war zunächst durch Heirat mit der Handelselite Londons vernetzt.[441] Zusätzlich vermittelten die Minister vor allem Stellen in Ministerien,[442] teilweise aber auch Gesandtschaften. Robinson berief sich auf die Pelhams und Walpoles als seine Patrone.[443] Ihre eigenen Kinder konnten sie dabei auch fördern. So wurde der älteste Sohn Robert Walpoles 1723 als Belohnung für die Dienste seines Vaters zum Baron Walpole erhoben.[444] Im Gegensatz dazu verhinderte die angespannte finanzielle Lage Harringtons, dessen Familie nicht vermögend gewesen war und

---

434 BROWNING, The Duke of Newcastle, S. 4.

435 Ebd., S. 5.

436 Ebd., S. 37–38; der Herzog unterstützte deshalb seine zahlreichen Geschwister und ihre Kinder, ebd., S. 38–40.

437 Ausführlich analysierte 1897 Basil WILLIAMS den Einsatz Newcastle bei den Unterhauswahlen 1734, wenn er auch den Einsatz der Patronage anachronistisch als »korrupt« versteht (ders., The Duke of Newcastle and the Election of 1734).

438 Bei den meisten Besetzungen gaben die Fähigkeiten der Bewerber neben der Patronage den entscheidenden Ausschlag. Siehe Philip HAFFENDEN, Colonial Appointments and Patronage under the Duke of Newcastle, 1724–1739, in: EHR 78, 308 (1963), S. 417–435.

439 Siehe Thomas Frank James KENDRICK, Sir Robert Walpole, the Old Whigs and the Bishops, 1733–1736. A Study in Eighteenth-Century Parliamentary Politics, in: The Historical Journal 11, 3 (1968), S. 421–445, sowie BROWNING, The Duke of Newcastle, S. 26, 78–79.

440 COLLINS, The Peerage of England 6, S. 252.

441 PLUMB, Sir Robert Walpole 1, S. 89.

442 KRAUS, Englische Verfassung, S. 53.

443 Siehe Kapitel 3.1.3, S. 142–143.

444 COXE, Walpole 1, S. 176. Eine uneheliche Tochter konnte Walpole legitimieren lassen. Romney R. SEDGWICK, Walpole, Robert (1676–1745), of Houghton, Norf., in: Ders. (Hg.), The History of Parliament. The House of Commons, 1715–1754, London 1970.

dem deshalb auch das Erbe seiner Frau[445] keine finanzielle Sicherheit brachte, dass er seine Position für den Aufbau eines Patronagenetzwerkes hätte nutzen können.[446]

Alle Minister waren durch langjährige persönliche Kontakte untereinander und mit weiteren Akteuren verbunden. Townshend und Walpole stammten beide aus einflussreichen Familien in Norfolk und gingen in Eton zur Schule.[447] Die ältere Halbschwester der Pelham-Brüder war die erste Frau Townshends, seine zweite Ehefrau Dorothy Walpole, die 1726 starb, war eine Schwester Walpoles.[448] Die wesentlich jüngeren Pelhams kannten Sir Thomas Robinson, den späteren britischen Gesandten in Wien, aus ihrer Schulzeit in Westminster und unterstützten seine Karriere.[449] Harrington, der aus der Gentry stammend nach der Schulzeit in Eton zunächst im Militär Karriere machte, trat danach als Klient des Duke of Newcastle eine diplomatische Laufbahn an, um in den Adelsrang aufsteigen zu können.[450] Außer Townshend traten alle den Freimaurern bei und unterstützten deren Etablierung als Netzwerk der britischen Elite.[451]

Das enge Beziehungsgeflecht verhinderte Konflikte nicht. Seit Mitte der 1720er Jahre belasteten zunehmend politische Unterschiede das Verhältnis zwischen Townshend und Robert Walpole, die bis dahin gemeinsam die Norfolk-Whigs in beiden Häusern des Parlaments kontrollierten.[452] Townshend war davon überzeugt, dass das Erzhaus Österreich und das Interesse des Kaisers, den Überseehandel zu fördern, im Vergleich zu Spanien die größere Gefahr für die britische Wirtschaft und Politik seien.[453] Ende der 1720er Jahre trat er dann für eine neue Einigung mit Karl VI. und eine bedingte britische Garantie der Pragmatischen Sanktion ein, falls Karl VI. im Gegenzug garantierte, nur bestimmte Ehepartner für seine Erbtochter Maria Theresia

---

445 David John BACKHOUSE, The Crown, the Peerage and High Politics, 1689–1760, London 1990, S. 65, 70.

446 »[…] the very indifferent Prospect I have, whenever the Income I enjoy [as Secretary] shall cease, of being able to support Myself & Family in any tolerable manner […]«, Harrington an Walpole, 12.07.1740, Lewis Walpole Library, Yale University, Weston Mss. 3, zitiert nach WOODFINE, Stanhope. Siehe auch HAFFENDEN, Colonial Appointments and Patronage under the Duke of Newcastle, S. 420.

447 FREY/FREY, Townshend. Siehe Kapitel 4.1.4, S. 237–238 zu den Schulen und Universitäten als Ursprung vieler persönlicher Netzwerke britischer Politiker.

448 FREY/FREY, Townshend.

449 Siehe Kapitel 3.1.3, S. 142.

450 Stanhope an Newcastle, [o. O.] 03.06.1730, BL, Add. Mss. 32767, f. 326, und Stanhope an Newcastle, Madrid, 15.11.1724, BL, Add. Mss. 9152, f. 161–163, beide zitiert nach WOODFINE, Stanhope. Newcastle bezeichnete ihn als »my brother Harrington«, Newcastle an Horatio Walpole, Claremont, 24.05.1734, in: COXE, Walpole 3, S. 168.

451 Siehe Kapitel 4.1.5, S. 239–240.

452 FREY/FREY, Townshend.

453 BLACK, British Politics and Foreign Policy, S. 69–70.

vorzusehen.[454] Allerdings war dies eher ein langfristiger Plan,[455] während Robert Walpole eine möglichst schnelle Regelung aller europäischen Beziehungsprobleme wollte.

Zudem erkrankte Townshend 1727 und 1728 schwer und war monatelang nicht in der Lage, zu Treffen mit dem neuen König Georg II. zu kommen, an gesellschaftlichen Ereignissen am Hof teilzunehmen oder sein Amt auszuüben.[456] Erst als er als Secretary of State den König im Sommer 1729 auf seiner Reise nach Hannover begleitete, verbesserte sich das Verhältnis zu Georg II.[457] Trotzdem dachte Townshend schon dort über einen möglichen Rücktritt nach. Er tauschte sich mit dem Earl of Waldegrave darüber aus, der ihn – wie andere auch – umzustimmen versuchte:

I protest more for the Sake of the publick than my own, I told you so much of my mind on that Subject when I was at Hanover, that I fear it woud be but labour lost to say more upon it now, [...] I am not in a condition to hope that any arguments of mine woud prevail when yr. other friends have not succeeded.[458]

Die Zusammenarbeit von Walpole und Newcastle, besonders die von ihnen befürworteten Verhandlungen von William Stanhope – dem späteren Harrington – in Spanien[459] und der Abschluss des Vertrags von Sevilla 1729, isolierte den Minister weiter. Die langjährige Freundschaft und familiäre Verbindungen traten in den Hintergrund. Nach mehreren Monaten kontinuierlicher, offener Streitereien mit Robert Walpole trat Townshend am 26. Mai 1730 von seinem Amt zurück.[460] Townshends Rückzug hatte sich lange vor-

---

454 Siehe ders., The Collapse of the Anglo-British Alliance, S. 149–150, sowie zur Umsetzung im Vertrag von 1731 Kapitel 2.3.1, S. 78, 82.

455 Townshend an Waldegrave, London (Whitehall), 11.11.1729, TNA, SP 80, 65, f. 216–219, besonders f. 219.

456 BLACK, George II Reconsidered, S. 42–43; den Symptomen nach könnte es sich um eine Nieren-, Leber- oder Gallenentzündung gehandelt haben.

457 RICHTER-UHLIG, Hof und Personalunion, S. 35, 58.

458 Waldegrave an Townshend, privat, Wien, 28.04.1730, TNA, SP 80, 67, f. 99v.

459 Siehe weiter unten S. 172–173.

460 In der Forschung wird der Rücktritt vielfach zurückgeführt auf unterschiedliche Vorstellungen Walpoles und Townshends allgemein in außenpolitischen Fragen, auf Verhandlungen über einen Vertrag zwischen dem französischen König, Georg II. und den Wittelsbachern oder auf die unterschiedlichen Ansichten über die Beziehungen zu Karl VI., siehe BLACK, The Collapse of the Anglo-French Alliance, S. 146–158. Die meisten dieser Fragen führten aber erst im Herbst 1729 bzw. Winter 1729/1730 zum Konflikt zwischen beiden Ministern, also nachdem Townshend mit Waldegrave in Hannover über einen möglichen Rücktritt gesprochen hatte. Townshend zog sich nach Norfolk zurück, wo er bis zu seinem Tod 1738 vor allem Verbesserungen in der Landwirtschaft entwickelte (daher sein Spitzname »Turnip Townshend«). FREY/FREY, Townshend.

her angekündigt, wie die regelmäßigen Berichte des kaiserlichen Gesandten Kinsky seit Oktober 1729 zeigen.[461]

Ab dem Sommer 1730 koordinierte Walpole die Politik der Regierung. In Treffen zwischen Georg II., Königin Caroline und Walpole wurden Berichte und Strategien beraten. Waren Georg II. und der Minister unterschiedlicher Meinung, vermittelte Caroline; ohne ihre Hilfe war es Walpole nicht möglich »to persuade the King into any measure he did not like.«[462] Vom Verhältnis zwischen Königin und Minister wusste man nicht,

> [...] si c'est Le Chevalier Robert Walpole qui est absolument devoüé aux interêts et aux volontés de la Reine, ou si c'est ce Ministre lui-meme qui influe seul dans les sentimens et La conduite de cette Princesse. Mais ce qui est certain, c'est qu'ils sont toujours d'accord, dans les mêmes vües, tant pour les affaires du dehors, que pour Celles du dedans du Roÿaume.[463]

Sir Robert Walpole wurde spätestens in den 1730er Jahren von den Zeitgenossen als der »erste Minister« angesehen.[464]

Hielt Newcastle sich als Secretary of State zunächst mit Eigeninitiativen sehr zurück, rückte er durch die krankheitsbedingten Abwesenheiten Townshends 1728 und 1729 und den Konflikt zwischen Walpole und Townshend mehr in den Vordergrund.[465] So war er es, der immer häufiger den König über die auswärtigen Beziehungen informierte.[466] Mit Townshends Nachfolger Harrington verband Newcastle eine Klientelverbindung seit dessen Zeit am spanischen Hof.

Nach den erfolglosen Verhandlungen beim Kongress von Soissons 1727 führte eine neue Mission William Stanhope nach Spanien,[467] wo er den Ver-

---

461 Kinsky an Karl VI., chiffriert, London, 14.10.1729, HHStA, StA England 65, f. 7v; Kinsky an Karl VI., chiffriert, London, 18.10.1729, HHStA, StA England 67, f. 13–13v; Kinsky an Karl VI., London, 31.03.1730, HHStA, StA England 67, f. 41v; Kinsky an Karl VI., London, 12.04.1730, HHStA, StA England 67, f. 50; Kinsky an Karl VI., chiffriert, London, 09.05.1730, HHStA, StA England 67, f. 32v.

462 SEDGWICK, Hervey 2, S. 375, siehe auch ebd., S. 360–361, und ebd. 1, S. 242.

463 Strickland an Karl VI., Abregé de quelques Reflexions sur les dispositions presentés de la cour de La Grande Bretagne et ce qu'on peut en attendre dans la situation où s'ont les choses, London, 16.11.1734, HHStA, StA England Varia 8, S. [!] 1–2.

464 »[...] le Chevalier Walpole agit ouvertement en premier Ministre [...]«, Strickland an Karl VI., Abregé [...], London, 16.11.1734, HHStA, StA England Varia 8, S. 2. Siehe zu den Auswirkungen Kapitel 4.1.6, S. 253.

465 Er schickte in Abwesenheit Townshends Anweisungen an Waldegrave und empfing von diesem entsprechende Berichte, siehe Newcastle an Waldegrave, Hampton Court, 07.09.1728, TNA, SP 80, 63, f. 71–72.

466 Siehe den kurzen schriftlichen Bericht von Newcastle an Georg II., 16.02.1730, TNA, SP 36, 17, f. 77–78.

467 Newcastle an Stanhope, London (Kensington), 28.07.1729, in: COXE, Walpole 2, S. 651.

trag von Sevilla zum Abschluss brachte. Als Belohnung dafür wurde er 1730 zum Baron Harrington erhoben.[468] Georg II. hatte demjenigen den Peersrang versprochen – explizit wurde auch Stanhope genannt –, der die Verhandlungen in Spanien zu einem guten Ende führen würde.[469] Der König, der sehr zufrieden mit dem Ergebnis der Verhandlungen war, hielt sein Versprechen.[470] Ab Februar 1730 war Harrington wiederum in Soissons, wurde jedoch im Mai von Georg II. zum Nachfolger Townshends auserkoren.[471] Im Ausgleich zu Newcastles Unterstützung sollte Harrington ihm nun als nachgeordneter Secretary of State zuarbeiten. Allerdings hatte Harrington gesundheitliche Probleme – eine Gichterkrankung erschwerte es ihm immer wieder, sein Amt auszuüben[472] – und konnte Newcastle deswegen nicht entlasten. Mehrfach berichtete der kaiserliche Gesandte Kinsky, ein Treffen mit den Secretaries of State sei nicht möglich, da Harrington krank und Newcastle überbeschäftigt sei.[473]

Mit Horatio Walpole hatte Harrington zwar in Soissons gut zusammengearbeitet, vertrat aber in den folgenden Jahren nicht immer die Linie der Walpole-Brüder. Aufgrund der ambivalenten Haltung Harringtons zu den Walpoles sah Georg II. Harrington als »seinen Mann« an und machte ihn nicht nur zum Secretary of State, sondern auch zum Privy Councillor und Vice-Chamberlain of the Household.[474] Königin Caroline hielt dagegen angeblich weniger von Harrington, da sie seine »bleierne charakterlose Trägheit« nicht aushielt.[475]

Robert Walpole trat als Befürworter der hannoverschen Thronfolge auf,[476] allerdings nur soweit, wie die Personalunion weder Großbritannien noch dem Kurfürstentum schade. Mit dieser Auffassung konnte Walpole für den Monarchen als Kurfürsten eintreten und so sein gutes Verhältnis zum König, das

---

468 Die Mission nach Spanien fehlt bei Woodfine, Stanhope. Nur sie erklärt aber die Erhebung in den Adelsstand.
469 Townshend an R. und H. Walpole und Poyntz, »very private«, Gohrde, 12.08.1729, in: Coxe, Walpole 2, S. 655–656.
470 Newcastle an Stanhope, London (Whitehall), 29.11.1729, in: Coxe, Walpole 2, S. 665.
471 Der kaiserliche Gesandte Kinsky erfuhr davon Anfang Mai, Kinsky an Sinzendorff, London, 09.05.1730, HHStA, StA England 67, f. 32v.
472 Er litt an »Podagra«, wie Kinsky wiederholt berichtete. Kinsky an Prinz Eugen, London, 08.04.1731, HHStA, Gr. Korr. 94b, 1, f. 133–133v; Kinsky an Karl VI., chiffriert, London, 11.03.1732, f. 6v; Kinsky an Sinzendorff, London, 09.06.1733, FA Kinsky, 3 b), 22, o.f. Auch sonst war seine Gesundheit häufig angeschlagen. Mitte Juli 1731 hatte Harrington einen mehrtägigen Fieberschub, der alle Geschäfte ruhen ließ, Kinsky an Karl VI., Isselworth [!], 17.07.1731, HHStA, StA England 67, f. 40v.
473 Siehe z.B. Kinsky an Sinzendorff, London, 09.06.1733, FA Kinsky, 3 b), 22, o.f.
474 Backhouse, The Crown, the Peerage and High Politics, S. 368, Anm. 235. Allerdings wandte sich Harrington 1746 gegen die Kriegspolitik seiner Ministerkollegen und damit gegen Georg II., was dieser ihm nie verzieh. Woodfine, Stanhope.
475 Sedgwick, Hervey 2, S. 346.
476 Siehe Kapitel 5.1.

auch den König als Kurfürsten miteinschließen musste, aufrecht erhalten.[477]
In den auswärtigen Beziehungen verfolgte Walpole den Ansatz, dass Krieg
in Europa, insbesondere unter Beteiligung Großbritanniens, die Stabilität der
protestantischen Monarchie,[478] die Regierungsmehrheit im Parlament[479] und
den Erfolg des britischen Handels gefährde.[480] Er sah die Beziehungen zu
europäischen Höfen, geschlossene Verträge und Wirtschafts- und Handelsbeziehungen untrennbar miteinander verbunden.[481] In diesem Sinne gehörten
innere und äußere Angelegenheiten für ihn zusammen.

1729 trat er deshalb für den Ausgleich mit Spanien ein, um den britisch-
spanischen Krieg zu beenden. Als diese Strategie nicht zum raschen Erfolg
führte, beschloss er, direkte Gespräche mit dem Kaiser zu suchen, und wandte
sich damit gegen die Arbeit und Empfehlungen seines Bruders Horatio.[482]
Horatio machte sein Entsetzen über diese Politik seinem Bruder gegenüber
sehr deutlich:

[…] I am very apprehensive that you are going on too fast upon a fixed principle as if
all was over with France, and, upon that notion, without having any certain scheme of
friendship or security with any other considerable power. Your measures, as far as I can
guess, are vague and inconclusive; and will, if care be not taken, bring us to a quarrell
with France, while at the same time we are destitute of any reall friend.[483]

Bezeichnend für Walpoles Einstellungen waren auch wirtschaftspolitische
Bestimmungen des Vertrags von 1731 wie die Auflösung der Ostende-Kompanie, durch die das Monopol der East India Company gestärkt wurde. Die
Anerkennung spanischer Truppen in Parma und Piacenza sowie der Pragmatischen Sanktion führten zu einer scheinbaren Beruhigung der europäischen
Beziehungen, störten aber das Verhältnis zu Frankreich in einem von Walpole
nicht erwarteten Ausmaß.[484] Das Bündnis mit dem Kaiser entsprach dage-

---

477 Gegen anderslautende Forschungsmeinungen vertritt Harding die Ansicht, dies sei
     weniger dem nationalen (britischen) Interesse, als dem Gerechtigkeitsdenken Walpo-
     les zuzuschreiben, HARDING, Sir Robert Walpole and Hanover, explizit ebd. S. 188.
478 Allgegenwärtig schien damals die Gefahr, dass im Kriegsfall Frankreich – oder der
     Kaiser – Jakob (III.) Stuart unterstützen könnte, um einen erneuten Aufstand in
     Großbritannien zu verursachen und somit die protestantischen Monarchen zu stür-
     zen. Siehe Kapitel 5.4, S. 395–396.
479 BLACK, An »Ignoramus« of European Affairs, S. 58.
480 »He [Walpole] hated war, muddle, loss. […] To seek peace and not empire, to look for
     prosperity without plunder, to yearn for stability and to shun glory […].« PLUMB, Sir
     Robert Walpole 2, S. 232.
481 Siehe insgesamt Walpole, An Explanation of the Accout of Imports and Exports from
     the Year 1696 to the Year 1729, o.O., 1730, CUL, Ch(H), Political Papers, 44, 29.
482 PLUMB, Sir Robert Walpole 2, S. 225–226.
483 Horatio an Robert Walpole, Paris, 10.09.1730, in: COXE, Walpole 3, S. 30–31.
484 Siehe Kapitel 2.4, S. 89–91.

gen der innenpolitischen Mehrheitsmeinung und war damit durchsetzbar.[485]
1734, nach der innenpolitischen Krise um die Veränderung der Steuerge-
setzgebung, wollte Sir Robert keinen weiteren Schaden für die Monarchie
riskieren und war deshalb im Polnischen Thronfolgekrieg auch gegen eine
militärische[486] Beteiligung Großbritanniens.[487] Walpole berief sich öffentlich
vor allem auf die britische Wirtschaft, die durch einen Krieg gestört würde,
unter anderem in der Thronrede Georgs II., geschrieben von Walpole, über die
Neutralität Großbritanniens im Polnischen Thronfolgekrieg.[488] Seine Versuche, alle Mächte hinzuhalten, ohne Großbritannien in den Krieg hineinziehen
zu lassen, können aus den Berichten der Gesandten in London entnommen
werden.[489] Ebenfalls in diesem Zusammenhang verschlechterte sich das Verhältnis zwischen Robert Walpole und Graf Kinsky deutlich. Kinsky machte
den Minister für die nicht gewährte Unterstützung verantwortlich und schrieb
das in seinen Berichten nach Wien, die wiederum regelmäßig abgefangen und
von Walpole – und dem König – gelesen wurden.[490]

Horatio Walpoe zeichnete sich dadurch aus, dass er wechselseitige Bezüge
von inneren und äußeren Angelegenheiten konsequent herstellte. Diese seien
»in a popular government as ours is«[491] unter dem Einfluss des Parlaments
und der Öffentlichkeit immer vorhanden. Als Diplomat befürwortete er eine
Allianzpolitik und eine enge Bindung an die Kontinentalmächte. Er vertrat
die Meinung, eine rein auf Marineinterventionen beruhende Politik könne
die Sicherheit des britischen Handels nicht gewährleisten; internationale Verträge hätten die Grundlage der Politik zu bilden.[492] Als außerordentlicher

---

485 PLUMB, Sir Robert Walpole 2, S. 225–232.
486 Anders sah es mit der finanziellen Unterstützung für den Kaiser aus, siehe Kapitel 5.2,
    S. 359–360.
487 BLACK, An »Ignoramus« of European Affairs, S. 59–60.
488 Georg II., The King's Speech at Opening the First Session (1735), in: CHANDLER, The
    History and Proceedings. Bd. 9: 1735–1737, London 1742, S. 2–4. Ebenfalls real war
    die Bedrohung durch eine im Kriegsfall mögliche jakobitische Invasion mit Unter-
    stützung Frankreichs, siehe Eveline CRUICKSHANKS, Lord Cornbury, Bolingbroke and
    a Plan to Restore the Stuarts, 1731–1735, London 1986, sowie Janette Inglis Keith
    GUITE, The Jacobite Cause, 1730–1740. The International Dimension, McMaster
    1987, S. 201–224, 270–353.
489 Siehe Kinsky an Prinz Eugen, London, 23. [22.?] 06.1734, FA Kinsky, 3 c), 68, o.f.
    BLACK, An »Ignoramus« of European Affairs, S. 60–61, zeigt ähnliche Einschätzun-
    gen anhand der französischen Quellen. Siehe auch Kapitel 2.5, S. 103–105. HILL, Sir
    Robert Walpole, S. 186, fasst es so zusammen:»Walpole's policy was not heroic, but it
    made good sense in that nothing in his conduct of office had prepared the nation for
    war.«
490 Siehe Kapitel 2.5 sowie 4.1.2.
491 Horatio Walpole an Newcastle, 04.08.1728, BL, Add. Mss. 32757, f. 147, zitiert nach
    Philip Laurence WOODFINE, Walpole, Horatio [Horace], first Baron Walpole of Wol-
    terton (1678–1757), in: Oxford DNB (2011).
492 WOODFINE, Ideas of Naval Power, S. 85.

Botschafter und Bevollmächtigter vermittelte er dementsprechend bis 1730 die Allianz mit Frankreich über seinen Kontakt zu Kardinal Fleury und nahm am Kongress von Soissons teil. Ab 1734 koordinierte er als Botschafter bei den Generalstaaten die gemeinsame Politik der Seemächte und die Friedensverhandlungen während des Polnischen Thronfolgekrieges.[493]

Newcastle sah das alte System der Allianz zwischen Großbritannien, den Vereinigten Generalstaaten und dem Kaiser als notwendige Grundlage für den Frieden in Europa an. Bei den Verhandlungen 1729 war Newcastle für einen Frieden mit dem Kaiser:

[...] it must be more advisable to make up singly with the Emperor than with Spain, since we may probably do it at a cheaper rate, and the consequences of a breach with Spain, I think not for many reasons so bad as they would be with the emperor.[494]

Der Abschluss des Vertrags von Sevilla mit dem spanischen Hof war deshalb für Newcastle nur ein erster Schritt. Den Rücktritt Townshends, unter anderem wegen dieser Frage, begrüßte Newcastle deshalb als Gelegenheit, nun zu einer Übereinkunft mit dem Kaiser zu kommen.[495] Die Geheimverhandlungen führten mit dem Abschluss des Zweiten Vertrags von Wien im April 1731 zum gewünschten Erfolg – Newcastle konnte einen Vertrag vorweisen, der »at once answered, all that our friends could wish, or our enemies [France] fear.«[496] Die Erhaltung des Friedens erschien Newcastle, wie Walpole, besonders wichtig. Nach der Kriegserklärung Frankreichs an den Kaiser 1733 war Newcastle im Gegensatz zu Walpole der Meinung, die vertraglichen Verpflichtungen müssten eingehalten werden; langfristig sah er die Gefahr bourbonischer Angriffe für Großbritannien.[497] Auf diesbezügliche Anfragen der kaiserlichen Gesandten reagierte er aber mit Hinweis auf die Neutralität Großbritanniens oder verwies auf Walpole.[498] Bei der schwierigen innenpolitischen Lage 1733 nach der Excise-Krise und den Parlamentswahlen 1734 wollte Newcastle keinen Bruch mit Walpole provozieren. Trotzdem sah er die Gefahr der französischen Haltung für Großbritannien und sollte im nächs-

---

493　Ders., Walpole.
494　Newcastle an Stanhope [Harrington], London (Whitehall), 02.06.1729, in: Coxe, Walpole 2, S. 641.
495　Newcastle an Harrington, »private«, Claremont, 05.06.1730, in: Coxe, Walpole 2, S. 696.
496　Browning, The Duke of Newcastle, S. 60. Newcastle an Robinson, [London], 10.04.1731, BL, Add. Mss. 32772, f. 179, zitiert nach Black, British Politics and Foreign Policy, S. 79.
497　Ebd., S. 153. Newcastle an Horatio Walpole, »private«, Claremont, 04.06.1734, in: Coxe, Walpole 3, S. 168.
498　Wasner an Karl VI., London, 08.10.1734, HHStA, StA England 70, f. 33–36.

ten Konflikt der beiden Mächte in den 1740er Jahren seine Haltung bestätigt finden.[499]

Harrington setzte sich intern besonders im Polnischen Thronfolgekrieg für einen britischen Einsatz zugunsten des Kaisers ein. So organisierte er die Mission des Bischofs Strickland in London, die aber von Horatio Walpole durchkreuzt wurde.[500] Nach außen und vor allem gegenüber den kaiserlichen Gesandten Kinsky und Wasner vertrat er aber sehr wohl, genau wie Newcastle, die zunächst abwartende Haltung, dann die Neutralitätspolitik im Polnischen Thronfolgekrieg.[501]

3.2.3 Hannoveraner in London

Johann Philipp von Hattorf (1683?–1737)[502] war der einflussreichste Hannoveraner am Hof Georgs II.[503] Hattorf übte seit 1728[504] mit Zustimmung Georgs II., der keinen zweiten deutschen Minister in London haben wollte,[505] alleine die Ämter »eines Ministers bei der Allerhöchsten Person und eines kurhannoverschen Gesandten am Hofe von St. James«[506] aus. Er war mit Georg I.

---

499 BROWNING, The Duke of Newcastle, S. 72–73, 68–69. Das Bündnis der Seemächte mit dem Erzhaus im Österreichischen Erbfolgekrieg ging auch auf Newcastle zurück.

500 Harrington sprach im Vorfeld von der angeblich positiven Einstellung des Monarchen gegenüber Strickland; tatsächlich misstrauten Georg II. und Caroline aber letzterem, Bartenstein an Kinsky, Wien, 21.10.1734, FA Kinsky, 2 c), 82, o.f. Siehe Kapitel 2.5, S. 106.

501 Extrait de la Lettre de Son Excellence Mylord Harrington à Monsieur Robinson, Hampton Court, 27.07./07.08.1733, HHStA, StA England Noten 2, o.f.; Wasner an Karl VI., London, 08.10.1734, HHStA, StA England 70, f. 33–36; Kinsky an Karl VI., London, 17.05.1735, HHStA, StA England 71, f. 33v–34.

502 Trotz seiner wichtigen Stellung ist die Biographie Hattorfs noch nicht näher untersucht worden; wichtig ist deshalb ein Artikel über die Entwicklung der Gartenanlagen seines Gutes Böhme in Niedersachsen, der einen kurzen Abriss seines Lebens bietet (PANNING, Gartenanlage). Hervey nannte ihn »Hatolf« (SEDGWICK, Hervey 2, S. 342); unklar ist, ob dies auf eine falsche Aussprache im Englischen hindeutet oder eine Verunglimpfung des Namens sein sollte.

503 Die Aussage Jeremy BLACKS, dass über die genaue Rolle und den Einfluss Hattorfs zu wenig bekannt sei, gilt noch immer, ders., Hanover and British Foreign Policy 1714–60, in: EHR CXX, 486 (2005), S. 303–339, hier S. 306. In seiner Dissertation hatte Black Hattorf noch wenig Einfluss auf die Politik zur Regierungszeit Georgs II. zugeschrieben, ders., British Foreign Policy, 1727–1731, Durham 1982, S. 169. Die Dissertation zur Deutschen Kanzlei von Benjamin Bühring, Göttingen, die den Einfluss Hattorfs behandelt, ist leider weder publiziert noch einsehbar (2018).

504 Allerdings wurde dies erst mit dem Tod seines Vorgängers 1732 auch offiziell.

505 GRIESER, Die Deutsche Kanzlei, S. 166.

506 LAMPE, Aristokratie 1, S. 236.

als dessen persönlicher Sekretär[507] nach London gekommen und schon von diesem mit den »expéditions Allemandes du cabinet«,[508] also der Leitung der Deutschen Kanzlei,[509] betraut worden.[510] Nach dem Tod Georgs I., den Hattorf nach Hannover begleitet hatte, beorderte Georg II. ihn umgehend zurück nach London und ernannte ihn im Januar 1728 zum Minister. Hans Caspar von Bothmer, der einzige hannoversche Minister, der schon vor der Personalunion als hannoverscher Gesandter am englischen Hof war, kehrte 1730 nach Hannover zurück. Bothmers Stellung wurde wohl zumindest vom König weiterhin eher als die eines hannoverschen Gesandten am Hof von St. James gesehen. So folgte er Georg II. 1729 nicht nach Hannover.[511] Auch Hattorf wurde allerdings in London unter die »Ministres Entrangers« gezählt.[512] Der Einfluss Hattorfs beruhte auf seiner Nähe zum Monarchen. Als persönlicher Sekretär öffnete er die eingehende Korrespondenz, trug die Inhalte dem König vor und erarbeitete einen Entwurf zur Beantwortung, ohne dass er sich dabei ab 1730 noch mit einem anderen Minister hätte absprechen müssen.[513] Als hannoverscher Minister in London begleitete er Georg II. bei dessen Reisen nach Hannover und blieb, als persönlicher Sekretär, auch dort an der Seite des Monarchen.[514] In besonders schwierigen Angelegenheiten berichtete Kinsky, die Königin und Hattorf seien in der Lage, auf den König mäßigend einwirken zu können.[515] Kinsky verschob die Besprechung wichtiger Angelegenheiten, wenn Hattorf, etwa aus Krankheitsgründen, nicht bei Hof war

---

507 Er erhielt den Posten eines Kriegskanzleirats, ab 1715 war er Wirklicher Geheimer Kriegsrat, also verantwortlicher Minister. PANNING, Gartenanlage, S. 194–195.

508 Hattorf an Georg II., Kondolenzschreiben [Hannover, 23.06.1727], KG Hann. Des. 92 Domestica 45b. o.D., zitiert nach GRIESER, Die Deutsche Kanzlei, S. 165, Fn. 35.

509 Ebd., S. 165.

510 Den Grundstein für Hattorfs Karriere legte sein Vater, der persönlicher Sekretär dreier hannoverscher Fürsten war, zum Wirklichen Geheimen Kriegsrat aufstieg und geadelt wurde (ebd., S. 185–193). Hattorfs Ehen verfestigten den Aufstieg der Familie in Hannover (LAMPE, Aristokratie 1, S. 248–249). Hattorfs Familie blieb in Hannover, seine erste Ehefrau besuchte ihren Mann nur ab und zu in London, während dieser bei den Aufenthalten des Königs in Hannover seine Familie sah (PANNING, Gartenanlage, S. 193, 196–197). Hattorf starb 1737 in London (RICHTER-UHLIG, Hof und Politik, S. 165–167).

511 Adolphus William WARD, Great Britain and Hanover. Some Aspects of the Personal Union; Being the Ford Lectures delivered in the University of Oxford Hilary Term, 1899, Oxford 1899, S. 60.

512 Siehe Kinsky an Karl VI., London, 02.11.1734, HHStA, StA England 70, f. 4, in einer Liste der britischen und auswärtigen Minister in London.

513 Diesen Punkt betont vor allem GRIESER, Die Deutsche Kanzlei, S. 166. Verschiedene Versuche der Minister in Hannover, gegen Hattorf zu intrigieren, blieben erfolglos, siehe hierzu ebd., S. 162–163, sowie RICHTER-UHLIG, Hof und Politik, S. 136.

514 Ebd., S. 36, 39. Fast alle Mitglieder der Deutschen Kanzlei reisten nach Hannover (ebd., S. 36).

515 Georg II. war über den König in Preußen zur Zeit des Polnischen Thronfolgekrieges so ungehalten, dass er nicht mehr ansprechbar war. Nach der Intervention Carolines

und begründete dies damit, dass »[…] ich hierbey in erwegung ziehe, daß der allerhöchste heren-dienst bey dem König durch Niemand anderen besser als den mündlichen ermelten v. Hattorffs befördert werden könne […].«[516]

Alle Angelegenheiten, die in der Deutschen Kanzlei eingingen, unterlagen Hattorfs Kontrolle. Der kaiserliche Gesandte Graf Kinsky traf sich deshalb regelmäßig mit Hattorf, um über alles zu sprechen, das Hannover betraf. Hattorfs Amtsausführung wurde nicht nur von Georg II., sondern auch von der Königin gutgeheißen. Es hieß, er habe »more weight with the Queen next to Sir Robert [Walpole] than any man that had access to her.«[517] Hattorf blieb auch bei Reisen nach Hannover in Kontakt mit der Königin.[518] Dies lag wohl daran, dass Hattorf das Interesse der Königin für deutsche Angelegenheiten teilte. Johann Philipp von Hattorf wurde von Lord Hervey beschrieben als

[…] a clear-sighted, artful fellow, who was devoted to the interest of Germany and the Court of Vienna […]. He was a man of great temper, and could reason with decency, and yet was full as hard to either convinced or persuaded as his master.[519]

Im Verhältnis zu Kaiser und Reich vertrat Hattorf die Ansicht, zur Wahrung des Mächtegleichgewichts in Europa sei die britische Unterstützung für den Kaiser zur Eindämmung Frankreichs unbedingt notwendig. Aus Sicht der britischen Minister, allen voran Robert Walpoles, sah er damit »England as a province to the Empire«.[520]

3.2.4 Kaiserliche in London

Zur Wiederaufnahme der Beziehungen zwischen dem kaiserlichen und dem britischen Hof wurde 1728 Philipp Graf Kinsky (1700–1749)[521] nach London

und Hattorfs wurde letzterer daraufhin von Georg II. bevollmächtigt, eine Konvention über die Entsendung von hannoverschen Truppen für das Reichskontingent zu unterzeichnen. Siehe Kapitel 2.5, S. 102–103.

516 Kinsky an Schönborn, London, 30.07.1734, FA Kinsky, 3 c), 84, o.f. Hattorfs Krankheit im Winter 1734/1735 war so schwer, dass er nicht bei Hof war. Laut Hervey konnte Hattorf deswegen »[…] not come to the Queen to blow that militant flame in Her Majesty […]« (Sedgwick, Hervey 2, S. 446), wodurch Robert Walpole seine Friedenspläne weiterhin durchsetzen konnte.

517 Ebd., S. 342.

518 Siehe z.B. Richter-Uhlig, Hof und Politik, S. 102.

519 Sedgwick, Hervey 2, S. 342.

520 Ebd., S. 343. Für Walpole war er laut Hervey sowieso ein »Imperialist«, ebd., S. 394.

521 Zu Graf Kinsky gibt es keine eigene Monographie, obwohl er einer der führenden Politiker während der Zeit des Österreichischen Erbfolgekrieges war und besonders in Böhmen vielfältige Reformen durchsetzte. Aleš Valenta hat allerdings in zwei Arbeiten einiges über die Biographie Kinskys zusammengetragen, Dějiny rodu Kins-

geschickt. Er hatte keinerlei Vorkenntnisse im diplomatischen Dienst, sondern bemühte sich bei Prinz Eugen um einen diplomatischen Posten, um in kaiserlichen Diensten weiter aufsteigen zu können.[522] Die Unerfahrenheit Kinskys in diplomatischen Angelegenheiten zeigte sich bald nach seiner Ankunft. Der Secretary of State Townshend meinte, Kinsky »seems not much versed in business, and therefore may be more susceptible of Jealousies, and Misapprehensions […].«[523] Nachdem sein erster Bericht über die Antrittsaudienz spät in Wien eintraf,[524] musste Prinz Eugen ihn auch danach ermahnen, regelmäßig an jedem Posttag Meldung zu machen.[525] Die Berichte waren zunächst sehr wirr, so dass er die dringende Anweisung bekam, strukturierter zu schreiben und insbesondere zwischen Ereignissen und Gerüchten zu trennen.[526] Er fand sich aber bald in seiner Rolle zurecht und gehörte zu den Diplomaten, die an der Geheimdiplomatie des Prinzen Eugen beteiligt waren.[527] Ab 1733 wurde Kinsky über Bartenstein zusätzlich in die Geheimkorrespondenz Karls VI. eingebunden.[528] Ende 1732 und 1735 hielt er sich zudem zur persönlichen Berichterstattung länger in Wien auf.[529]

Nach dem Scheitern der Verhandlungen in Hannover und Soissons sowie dem Abschluss des Vertrags von Sevilla 1729 versuchte Kinsky in London,

---

kých, Budweis 2004, S. 86–98, sowie ders., Z korespondence české šlechty v 18. století. Listy Štěpána Kinského bratru Františku Ferdinandovi z let 1719–1720, in: Sborník archivních prací 56, 2 (2006), S. 508–546.

522 Zuvor war er in der böhmischen Verwaltung tätig, zuletzt seit 1727 als Vizepräsident des Appellationsgerichts. Siehe Graf Schlick, Anstellungsurkunde für Philipp Kinsky, Wien, 30.10.1721, FA Kinsky, 51 d), 4, o.f., sowie Josef Erwin FOLKMANN, Die gefürstete Linie des uralten und edlen Geschlechtes Kinsky. Ein geschichtlicher Versuch, Prag 1861, S. 56.

523 Townshend an Waldegrave, chiffriert, London (Whitehall), 15.02.1729, TNA, SP 80, 64, f. 45v.

524 Kinsky erreichte London am 1. September, sein erster Bericht war aber vom 18. September, Kinsky an Karl VI., London, 18.09.1728, HHStA, StA England 65, f. 1–4.

525 Kinsky reagierte, indem er eine Liste seiner bisherigen Relationen schickte. Kinsky an Prinz Eugen, London, 14.12.1728, HHStA, Gr. Korr. 94b, 1, f. 13–14. Ab Januar 1729 schrieb er zweimal wöchentlich, Kinsky an Prinz Eugen, London, 11.01.1729, HHStA, Gr. Korr. 94b, 1, f. 17. Hinweise auf die Berichtspflicht erhielt er auch in späteren Jahren noch. Man befürchtete in Wien, Kinsky berichte eventuell nicht alle Antworten, welche er am britischen Hof erhalte, das sei aber die Pflicht eines Gesandten bei positiven wie negativen Antworten, denn »[…] in eines Ministri gewalt nicht stehet, dem hoff, wo er sich befindet, zu einer positiven antwort zu vermögen […].« Karl VI. an Kinsky, Wien, 27.04.1734, FA Kinsky, 8 b), 9, o.f.

526 Karl VI. an Kinsky, Laxenburg, 11.05.1729, HHStA, StA England 66, f. 50–50v. Andererseits ließ wohl sein Verhalten in London zu wünschen übrig und wurde einem »want of Jugdment« zugeschrieben, Waldegrave an Townshend, chiffriert, Wien, 08.01.1729, TNA, SP 80, 64, f. 18v.

527 Zur Geheimdiplomatie des Prinzen Eugen siehe ausführlich BRAUBACH, Die Geheimdiplomatie; HUBER, Ignaz Koch; sowie Kapitel 4.1.2 bzw. Kapitel 4.1.5.

528 MÜLLER, Das kaiserliche Gesandtschaftswesen, S. 53.

529 Siehe Kapitel 4.2.3, S. 282.

durch den Kontakt zur Opposition Walpoles Regierung in Schwierigkeiten zu bringen und, wenn möglich, über ein neues »ministerium« bessere Bedingungen für eine Einigung zwischen dem Kaiserhof und St. James herbeizuführen.[530] Trotzdem hielt er aber seine Kontakte bei Hof aufrecht. So konnte der kaiserliche Gesandte beim Aufenthalt des Herzogs von Lothringen im Herbst 1731 für die entsprechenden Kontakte zum britischen Hof und Adel sorgen.[531] Während dieses Besuches wurde Kinsky im November 1731 bei den Freimaurern und in die Royal Society aufgenommen und hatte damit Zugang zu den exklusivsten Netzwerken der britischen Gesellschaft. Die Initiation war wahrscheinlich auf den Einfluss Robert Walpoles zurückzuführen, der damit politische Ziele verfolgte. Den ersten Kontakt zu den englischen Freimaurern könnte Kinsky allerdings schon im Sommer 1729 gehabt haben, zumindest wurde er danach in den Briefen Waldegraves, ebenfalls Mitglied der Loge, als »our Friend« bezeichnet.[532]

Über die Verhandlungen in Wien 1730/31 war Kinsky, genau wie die kaiserlichen Gesandten in Frankreich und bei den Generalstaaten, zunächst nicht informiert.[533] Seit 1733 häuften sich Kinskys Klagen über nicht gezahltes Gehalt und Spesen.[534] Er versuchte zudem, weiter in kaiserlichen Diensten aufzusteigen. Aber erst sein Erfolg beim Aushandeln des Großkredits 1735 und die veränderte politische Lage nach dem vorläufigen Friedensschluss mit Frankreich nach dem Polnischen Thronfolgekrieg sowie schließlich der Rücktritt seines Bruders Franz Ferdinand vom böhmischen Oberstkanzleramt im Januar 1736 ermöglichten es Graf Kinsky, als böhmischer Hofkanzler nach Wien zurückzukehren. Schon im Sommer 1733 hatte er sich an seinen älteren Bruder gewandt und um eine Stelle in Böhmen gebeten.[535] Karl VI. entschied 1735, dass nicht zwei leibliche Brüder im Präsidium der Böhmischen Hofkanzlei sein sollten. Da der Gesundheitszustand Franz Ferdinands einen baldigen Rücktritt erwarten ließ, wurde Philipp Kinsky für diesen Fall im Juni 1735 die

530 Siehe zur Rolle der Opposition in der britischen Politik Kapitel 4.1.3, S. 223–224.
531 Siehe hierzu Charlotte BACKERRA, Count Philip Kinsky, the British Ministers, and Society. Social and Political Networks of an Imperial Diplomat in London, 1728–1735, in: Theatrum historiae 19, 2016, S. 275–292.
532 Siehe z.B. Waldegrave an [Tilson], »private«, Hannover, 18.09.1729, TNA, SP 80, 65, f. 111v, und allgemein zu den Freimaurern Kapitel 4.1.5, S. 239–240.
533 Karl VI. an Kinsky, Wien, 27.01.1731, HHStA, StA England 68, f. 1; siehe Kapitel 2.3, S. 73–74.
534 Er beklagte sich regelmäßig bei Prinz Eugen und Bartenstein, aber auch in seinen Relationen. Siehe u.a. Kinsky an Harrach, London, 18.08.1733, FA Kinsky, 3 b), 37, o.f.; Kinsky an Schönborn, London, 30.07.1734, FA Kinsky, 3 c), 84, o.f. Siehe allgemein zu seiner Bezahlung Kapitel 4.1.4, S. 228–229.
535 Philipp Kinsky an Franz Ferdinand Kinsky, London, 17.06.1733, FA Kinsky, 3 b), 13, o.f.

Ernennung zum Kanzler der Böhmischen Kanzlei zugesichert.[536] Robinson wusste deshalb im Oktober 1735, als Philipp Kinsky sich mit seiner Familie in Wien aufhielt, zu berichten: »The Kinskys talk of returning no more to England on account, as they say, of good œconomy.«[537] Sein Nachfolger am Hof von St. James wurde ab dem 6. September 1736 Baron Wasner, der zuvor als Nachfolger Stephan Kinskys Geschäftsträger in Versailles gewesen war und sich bereits Anfang 1735 kurz in London aufgehalten hatte.[538]

Seine anfänglich mäßigen Erfolge in London konnte Philipp Kinsky teilweise durch seine Herkunft sowie seinen Reichtum ausgleichen. Als Angehöriger einer der reichsten und mächtigsten Familien Böhmens[539] war er gut vernetzt[540] und mit Maria Carolina Gräfin Martinitz aus einer ebenso einflussreichen Familie verheiratet.[541] Auch zu Gräfin Batthyány, der Vertrauten Prinz Eugens, bestanden verwandtschaftliche Beziehungen, die eventuell dazu beitrugen, dass sich der Prinz seiner annahm.[542] Prinz Eugen führte die Ernennung Kinskys zum Gesandten am britischen Hof allein auf seinen Einfluss zurück. Aber auch Vizekanzler Schönborn sprach sich für Kinsky aus.[543]

---

536 Bartenstein an Kinsky, Wien, 30.04.1735, FA Kinsky, 2 e), 22, o.f.
537 Robinson an Weston, chiffriert, Wien, 29.10.1735, TNA, SP 80, 119, f. 59. Dieses Amt bekleideten vor Philipp Kinsky sein Onkel, sein Vater und sein Halbbruder (FOLK-MANN, Die gefürstete Linie, S. 52–54) und wie sie stieg er 1738 zum Oberstkanzler von Böhmen auf. VALENTA, Dějiny rodu Kinských, S. 86–98.
538 Siehe Kapitel 2.5, S. 106. Ignaz Johann Baron Wasner (1688–1767) war von 06.09.1736 bis 29.06.1740 sowie vom 18.07.1743 bis zum 31.10.1748 kaiserlicher Gesandter in London. Erwin MATSCH, Der Auswärtige Dienst von Österreich(-Ungarn) 1720–1920, Wien 1986, S. 113–114.
539 1861, 1878 und 1968 erschienen Familiengeschichten der Kinskys, wobei die von 1968 sich auf die beiden ersten berief: FOLKMANN, Die gefürstete Linie; Wilhelm Johann Albert Freiherr von TETTAU, Urkundliche Geschichte der Tettauschen Familie in den Zweigen Tettau und Kinsky, Berlin 1878; sowie Otto SEGER, Überblick über die Geschichte des Hauses Kinsky, o.O. 1968. VALENTA, Dějiny rodu Kinských (2004), ist ein neueres tschechisches biographisches Lexikon zu den Mitgliedern dieser Familie.
540 Über die Ehen seiner Geschwister gehörten zum Netzwerk die Familien Harrach, Dietrichstein, Colloredo sowie Batthyány. TETTAU, Urkundliche Geschichte, S. 456–457.
541 Philipp Kinsky an Maria Carolina von Martinitz, Verlobungsrevers, Prag, 22.05.1721, FA Kinsky, 51 d), 1, o.f.; Philipp Graf Kinsky und Maria Carolina Gräfin Martinitz, Ehevertrag, Prag, 25.11.1721, FA Kinsky, 51 d), 5, o.f.
542 Sie wurde verschiedentlich für die Ernennung Kinskys verantwortlich gemacht, z.B. Waldegrave an Townshend, Wien, 05.05.1728, TNA, SP 80, 62, f. 161. Braubach griff allein die Darstellung eines französischen Diplomaten auf, Philipp Graf Kinsky habe keine anderen Verdienste als die Gunst des Prinzen Eugen, und diese auch nur, da die Gräfin Batthyány die Schwiegermutter seiner Schwester sei. Siehe den Bericht des französischen Diplomaten Bussy aus Wien, 21.05.1729, Paris, AAE, Autriche 162, zitiert nach BRAUBACH, Die Geheimdiplomatie, S. 49, Anm. 63. Der älteste Sohn Batthyánys war seit 1717 mit Theresia Kinsky verheiratet, einer älterer Schwester Philipps. Theresia vermittelte wohl auch für ihren Bruder bei Prinz Eugen (Kinsky an Prinz Eugen, London, 31.05.1729, HHStA, Gr. Korr. 94b, 1, f. 57v–58).
543 Waldegrave an Townshend, Wien, 05.05.1728, TNA, SP 80, 62, f. 161.

Die Korrespondenz- und Patronagebeziehung Philipp Kinskys zu Prinz Eugen entstand wohl in den 1720er Jahren und bestand in sehr enger Form bis zum Polnischen Thronfolgekrieg. Prinz Eugen half schon Kinskys älterem Halbbruder Stephan Wilhelm, der 1726 bis 1732 Botschafter am französischen Hof und beim Kongress in Soissons war.[544] Trotz des Altersunterschiedes von 21 Jahren hatten Stephan und Philipp Kinsky eine sehr enge Beziehung.[545] Nach der Ernennung Philipp Kinskys tauschten sich die Brüder, die vier Jahre lang parallel Vertreter des Kaisers an zwei der wichtigsten europäischen Höfe waren, durch regelmäßige Briefwechsel aus und unterstützten sich.[546] Der Konflikt zwischen Prinz Eugen und Kanzler Sinzendorff beeinflusste die Ernennung Kinskys zum kaiserlichen Vertreter in London, so dass er zunächst nur »außerordentlicher Gesandter« war.[547] Er konnte aber schon 1729 eine erste Rangerhöhung zum Wirklichen Geheimen Rat erreichen,[548] seine Erhebung zum Botschafter am Hof von St. James erfolgte am 8. Dezember 1732.[549]

Als Angehöriger des europäischen Hochadels hatte Philipp Kinsky das notwenige Auftreten für einen hochrangigen kaiserlichen Diplomaten. Vor

544 Stephan Wilhelm Kinsky (1679–1749) begann seinen diplomatischen Dienst nach einer militärischen Karriere als kaiserlicher Gesandter 1721 in St. Petersburg, später wurde er u.a. Präsident des Kommerzkollegiums in Böhmen. FOLKMANN, Die gefürstete Linie, S. 54–55.

545 Stephan Kinsky war nach dem Tod des Vaters Vormund seines jüngeren Bruders geworden, hatte 1719 nach einem Zornausbruch Philipps mit einem Todesopfer dafür gesorgt, dass der Zwischenfall ihren zukünftigen Karrieren nicht schaden konnte, und Philipp auf eine Grand Tour u.a. nach Leiden geschickt. Siehe ausführlich VALENTA, Z korespondence české šlechty, S. 519–522, sowie zur Grand Tour Jiří KUBEŠ, Kavalírské cesty české a rakouské šlechty (1620–1750), Padubice 2011 (ungedruckte Habilitation Universität Padubice), S. 107, 343.

546 Siehe Kapitel 4.1.5, S. 235. Von der umfangreichen Korrespondenz zwischen beiden Brüdern sind leider nur wenige Briefe erhalten. Einen Hinweis auf die regelmäßige Korrespondenz bieten z.B. Stephan Kinsky an Philipp Kinsky, Paris, 29.06.1731, FA Kinsky, 2 b), 41, o.f.; Philipp Kinsky an Stephan Kinsky, London, 17.04.1733, FA Kinsky, 3 b), 12, o.f.; sowie abgefangene Briefe in britischen Archiven, siehe z.B. Philipp Kinsky an Stephan Kinsky, teilweise chiffriert und dechiffriert, London, 28.02.1733, TNA, SP 100, 11, o.f., mit französischer Übersetzung.

547 Siehe Kapitel 3.1.2, S. 127.

548 Prinz Eugen an Kinsky, Wien, 28.05.1729, FA Kinsky, 2 b), 7, o.f., schreibt von der Ernennung zum kaiserlichen »[...] Conseiller d'Etat acutel, avec le rang tel que Vous l'aviés demandé [...].« Karl VI., [Böhmische Kanzlei], Bestätigung als Geheimer Rat, Prag, 15.08.1732, FA Kinsky, 51 d), 19, o.f.; Karl VI., [Hofkanzlei], Bestätigung als Geheimer Rat, Wien, 18.01.1733, FA Kinsky, 51 d), 19, o.f.; Karl VI., Franz Ferdinand Graf Kinsky, Einladung zum böhmischen Landtag, Wien, 14.10.1732, FA Kinsky, 51 d), 20, o.f.

549 Karl VI. an Kinsky, 1. Anhang zur Hauptinstruktion, Wien, 30.11.1732, HHStA, StA England 68, f. 57–57v, 64. John Scrope an Customs Commissioners, »Concerning the letter from Ph. Comte de Kinski to Lord Harrington, as to the certificate of his new character of ambassador,« London, 11.04.1733 (a.S.), in: William A. SHAW (Hg.), Calendar of Treasury Books and Papers, 3 Bde., London 1897–1900, hier Bd. 2: 1731–1734, London 1898, S. 437.

seiner Abreise berichteten die Briten in Wien, er sei »a gentleman-like Sorts
of Man, [...] a very good Figure, [...]«[550] und insgesamt »[...] well disposed
for reestablishing a perfect good Understanding between the two Courts.«[551]
Seine Gastfreundschaft, besonders Fremden gegenüber, war weit bekannt.[552]
In London angekommen, wurde aber sein Beharren auf zeremonieller Anerkennung als hochnäsig und stur angesehen, sein aufbrausendes Temperament
wurde mehrfach erwähnt.[553] Es zeigte sich auch bei den Verhandlungen in
Hannover im Sommer 1729, als es zum erwähnten Eklat zwischen Kinsky und
dem kaiserlichen Gesandten am preußischen Hof, Seckendorff, kam,[554] bei
dem Prinz Eugen vermittelnd eingreifen musste.

Die Grundlage seines Reichtum hatte Philipp Kinsky in den 1720er Jahren
gelegt.[555] 1724 kam er während seiner Tätigkeit in Prag in Kontakt mit einem
Engländer, der in Böhmen ein Verlagswesen für Leinen aufbaute. Dem Beispiel
folgend ließ Kinsky auch auf seinen Besitzungen in Heimarbeit Leinen weben
und bleichen und verkaufte es – wahrscheinlich sehr gewinnbringend – über
seine Kontakte nach England.[556] Aus einem Quittungsbuch Kinsky für das
Jahr 1731 geht hervor, dass er rund 14.000 fl. Gewinn aus seinen Besitzungen
erwirtschaftete.[557] Diese Leinenherstellung baute er mit britischen Spezialisten in den 1730er Jahren weiter aus. 1732 und 1735 konnte Philipp Kinsky
jeweils seine böhmischen Besitzungen von Hannover aus besuchen, wenn
Georg II. sich im Kurfürstentum aufhielt.[558] Sein Vermögen ermöglichte ihm
und seiner großen Familie,[559] trotz der erheblichen Ausgaben des diplomati-

---

550 Waldegrave an Townshend, Wien, 19.05.1728, TNA, SP 80, 62, f. 199v.
551 Harris an Tilson, Wien, 23.06.1728, TNA, SP 80, 63, f. 12v.
552 »La Ville de Prague perd beaucoup par son [le Comte Philippe] absence; il y vivoit avec
      éclat; sa maison étoit ouverte à tout le monde, mais particulierement aux Etrangers. J'y
      ai reçu des politesses, dont je ne perdrai jamais le souvenir.« Pöllnitz, Mémoires 1,
      S. 281.
553 Siehe Kapitel 4.2.5, S. 295.
554 Siehe Kapitel 2.2, S. 69. Der Konflikt blieb den britischen Ministern nicht verbor-
      gen. Townshend an William Stanhope, Horace Walpole, Stephen Poyntz, A copy
      of Austrian instructions reveals an antagonism to France, [...] Kinsky's dislike of
      Seckendorff, Regest, Hannover, 15.07.1729, TNA, SP 78, 193, f. 265.
555 Ursprung seines wirtschaftlichen Erfolgs waren Ländereien, die er beim Tod seines
      Vaters 1719 geerbt hatte. Folkmann, Die gefürstete Linie, S. 50–52.
556 Arnost Klima, English Merchant Capital in Bohemia in the Eighteenth Century, in:
      The Economic History Review 12, 1 (1959), S. 34–48, hier S. 42–45.
557 Kinsky, Quittungsbuch 1731, FA Kinsky, 29.1, 2, o.f.: Einnahmen 113.322 Gul-
      den, 19 Kreuzer, 2,5 Pfennig; Ausgaben 99.148 Gulden, 23 Kreuzer, 4,5 Pfennig;
      Überschuß: 14.173 Gulden 55 Kreuzer 4 Pfennig. Ende der 1730er Jahre war er so
      vermögend, dass er 1739 mit 400.000 fl. Kreditgeber Karls VI. war. Peter George Muir
      Dickson, Finance and Government under Maria Theresia, 1740–1780. Bd. 1: Society
      and Government. Bd. 2: Finance and Credit, Oxford 1987, hier Bd. 2, S. 301.
558 Siehe Harrach, Wien, 07.11.1733, FHKA, Geheime Finanzkonferenz, 19, f. 234–235.
559 Zwischen 1722 und 1734 bekam das Paar acht Kinder, vier Söhne und vier Töchter.
      Beim Umzug nach London im Sommer 1728 gehörten drei Kleinkinder zur Familie,

schen Dienstes, einen gehobenen Lebensstil in London.[560] Sein Stadthaus am Hanover Square war zentral gelegen,[561] sein Landsitz lag in Isleworth in der Nähe von Hampton Court.[562] Zu besonderen Anlässen, wie dem Namenstag des Kaisers, fanden in seinem Stadthaus große Gesellschaften statt.[563]

Bei der Ernennung Philipp Graf Kinskys spielte für Prinz Eugen also nicht nur die Patronage eine Rolle; der (familiäre) Hintergrund Graf Kinskys in der böhmischen Verwaltung, seine persönlichen wirtschaftlichen Erfolge und Beziehungen nach England machten ihn zu einem geeigneten Kandidaten, um für den Kaiser am Finanzplatz London dringend benötigte Kredite auszuhandeln. Dafür spricht nicht nur die Instruktion Kinskys von der Böhmischen Kanzlei, die ihn mit dem Aufbau wirtschaftlicher Beziehungen beauftragte,[564] sondern auch seine Äußerung gegenüber Prinz Eugen, das 1730 in London verabschiedete Gesetz zum Verbot des Geldverleihs an ausländische Fürsten gefährde sein Projekt.[565] Und wirklich erreichte Philipp Kinsky den Abschluss eines der größten Anleihenkredite für Karl VI. mit der Bank of England.[566]

3.3 Fazit

Sowohl Karl VI. als auch Georg II. ließen sich regelmäßig und ausführlich über den Stand der internationalen Beziehungen informieren. Die Monarchen regierten aktiv, indem sie neben der Wahrnehmung zeremonieller und repräsentativer Aufgaben die Richtlinien der Politik vorgaben und Perso-

---

drei weitere wurden in London geboren. Zwei Kinder waren in Prag gestorben, nach der Ankunft in London hatte die Gräfin wohl eine Todgeburt. Kinsky an Karl VI., London, 29.10.1728, HHStA, StA England 65, f. 7v.

560 So führte er unter anderem – zollfrei – vom Kontinent Schokolade für seine Frau ein, »the said chocolate being of a particular composition for his lady's drinking.« John Scrope an Commissioners of Customs, London, 27.03.1729 (a.S.), in: SHAW, Calendar of Treasury Books and Papers 1, S. 44. Uhlfeld [ohne Unterschrift, mit Vermerk des Namens] an Kinsky, Den Haag, 05.09.1736, FA Kinsky, 2 e), 42, o.f.: »Il y a icy d'un chocolat pour Madame qui est tout pret e scrives moy si je d'ois envoyer a Hanover ou a Vienne«.

561 Hampton Court, 15.10.1731 (a.S.), in: London Gazette Nr. 7030, 16.10.1731 (a.S.), S. 5.

562 Siehe zum Haus und zu den weiteren Botschaftsangehörigen Kapitel 4.1.1 und Kapitel 4.1.4.

563 Siehe Kapitel 2.5, S. 106.

564 Kinsky Anteil an der Fortführung der Leinwandproduktion in Böhmen wurde in der Instruktion der Böhmischen Hofkanzlei ausdrücklich erwähnt, Karl VI. an Kinsky, Instruktion [»wie er sich daselbst in puncto commerciorum respectu deren Königlich-Böhmischen Erblanden zu verhalten habe«], Prag, 15.08.1728, FA Kinsky, 4 d), o.f. Siehe ausführlich Kapitel 5.2, S. 341–342.

565 Kinsky an Prinz Eugen, London, 13.02.1730, HHStA, Gr. Korr. 94b, 1, f. 98.

566 Siehe Kapitel 5.2, S. 357–358.

nal auf ministerieller und untergebener Ebene auswählten, aber auch nach Aktenlage Einzelentscheidungen trafen. Dabei ließen sich Kaiser und König von ihren Ministern und weiteren Personen beraten. Für Georg II. war Königin Caroline eine ständige Beraterin und Unterstützerin, die als solche auch wahrgenommen wurde und bekannt war. Das britische Monarchenpaar entsprach damit dem Muster des Arbeitspaares. Über den Einfluss der Kaiserin Elisabeth Christine lassen sich aufgrund der verwendeten Quellen nur bedingt Aussagen treffen; grundsätzlich ist ihre Rolle in der Regierungszeit Karls VI. (und auch darüber hinaus) ein Desiderat der Forschung.

Während am Anfang des untersuchten Zeitraums der Kaiser nach dem Tod seiner Favoriten keinen engeren Vertrauten mehr hatte, erlangte ab 1730 Bartenstein diesen Status. Sein Einfluss auf die politischen Entscheidungen wuchs im Laufe der Jahre über den direkten Kontakt mit dem Kaiser und parallel zum alters- und gesundheitsbedingt abnehmenden Einfluss Prinz Eugens. Bartensteins vergleichsweise geringer Stand, der ihn vom Kaiser finanziell und sozial abhängig machte, kann mit als Grund für das enge Vertrauensverhältnis gelten. Gleichzeitig konnte Bartenstein über seine juristische Ausbildung andere Ansätze zur Lösung politischer Probleme bieten und koordinierte die geheimen Korrespondenz- und Informationsnetzwerke des Kaisers – zunächst über eigene Korrespondenzen parallel zum von Prinz Eugen initiierten und von dessen Sekretär Ignaz Koch unterhaltenen Netzwerk, später nach dem Tod des Prinzen in Aufgabenteilung mit Koch, der stattdessen die Postüberwachung übernahm.

Im Gegensatz zu anderen europäischen Monarchien übten am Wiener und am Londoner Hof im 18. Jahrhundert Geistliche wie Graf Schönborn nur in Ausnahmen hohe politische Ämter aus.[567] Auch die Mätressen Georgs II. sowie – falls vorhanden – die Geliebten Karls VI. hatten keinen direkten Einfluss, weder auf Inhalte noch auf Personalentscheidungen. Bei Georg II. änderte sich dies erst nach dem Tod seiner Ehefrau, also nach dem hier betrachteten Zeitraum, als seine letzte Mätresse mit einem gewissen zeitlichen Abstand *de facto* deren Status einnahm.

Auf kaiserlicher Seite entstammten die hier vorgestellten Minister dem Hochadel und auf britischer Seite dem Hochadel sowie der Gentry. Grundsätzlich waren sie durch Landbesitz in den Territorien verankert und dadurch auch Teil lokaler oder regionaler politischer Strukturen. In Großbritannien hatten alle Minister des Hochadels über direkte oder angeheiratete Familienmitglieder auch Verbindungen zur Finanzelite des Landes, die sie für ihre Zwecke einsetzten. Ähnliches lässt sich für die kaiserlichen Minister teilweise

---

567 Karl VI. schickte 1734 seinen Hofprediger und Beichtvater, den Kapuzinermönch Agostino da Lugano, neben Baron Wasner als Sondergesandten an den portugiesischen Hof. GARMS-CORNIDES, Agostino da Lugano, S. 824–826.

vermuten, so für Sinzendorff und Königsegg, die wohl Anteile an der kaiserlichen Ostindienkompanie hielten. Allerdings ist hierzu die Forschungslage
nicht in gleicher Weise aussagekräftig wie für die britischen Minister.

Viel deutlicher ist die Beteiligung der britischen Minister an parlamentarischen Prozessen über ihre jeweiligen Parlamentssitze: für Adelige ihre eigenen
im Oberhaus und solche von Familienangehörigen im Unterhaus, für die
Minister aus der Gentry im Unterhaus. Damit verbunden war der Einsatz von
Medien für die Verbreitung von Regierungsmeinungen in eine weitere politische Öffentlichkeit. Die Bedeutung des Parlaments für die politische Kultur
Großbritanniens beeinflusste auch die Entscheidungsprozesse der Akteure
sowie die Personalauswahl.

Die Minister verfolgten neben den Interessen ihres Monarchen jeweils
auch eigene Ziele. Teilweise widersprachen sich die politischen Vorstellungen
oder vertrugen sich die Minister untereinander nicht. Bei unterschiedlichen
Meinungen über die grundlegende Richtung der Politik setzte sich derjenige durch, der den Monarch von der Richtigkeit des eigenen Standpunkts
überzeugen konnte. Streit zwischen den Ministern konnte sich über Personalentscheidungen direkt auf die internationalen Beziehungen auswirken, so im
Fall der Abberufung Waldegraves aus Wien oder der verzögerten Ernennung
Kinskys für den Posten in London.

Die hier aufgeführten Diplomaten stammten jeweils aus den Kernlanden
der betreffenden Monarchien; die britischen aus England, die kaiserlichen
aus den Habsburgischen Erblanden. Allein ein braunschweig-lüneburgischer
Gesandter begann seine Karriere in einem anderen Territorium. Konfessionell gehörten sie alle der Glaubensrichtung ihres Monarchen an; der Earl of
Waldegrave konvertierte sogar, um eine entsprechende Karriere machen zu
können.

Bestimmte Voraussetzungen, die sich aus der persönlichen Biographie der
Diplomaten ergaben, erleichterten oder erschwerten ihnen ihre Missionen.
Als Angehöriger des Hochadels fand der kaiserliche Diplomat Kinsky Zugang
zum hohen britischen Adel in der Londoner Politik und Gesellschaft. Er ver-
fügte über ein eigenes Vermögen aus Grundbesitz und Manufakturen, welches
zum einen Voraussetzung für seine Karriere war, durch diese aber auch vermehrt wurde. Außerdem hatte er wahrscheinlich schon vor seiner Ernennung
zum kaiserlichen Gesandten Verbindungen zur Londoner Finanzwelt. Insgesamt muss seine Ernennung zum Gesandten und Botschafter am Hof von
St. James damit im Zusammenhang mit der Finanz- und Wirtschaftspolitik
Karls VI. gesehen werden und beruhte – entgegen älterer Forschungsmeinungen – nur teilweise auf dem Einfluss und dem Vermögen seiner Familie. Der
britische Diplomat Waldegrave hatte über die Familie seiner Mutter direkte
Verbindungen zur abgesetzten Stuart-Monarchie und den Jakobitennetzwer-
ken; eine Standeserhebung im Zuge seiner Ernennung zum diplomatischen

Vertreter in Wien erleichterte ihm zusätzlich den Zugang zum Hochadel am Wiener Hof. Sein Nachfolger Robinson stammte dagegen aus der Gentry und erhielt den Posten aufgrund seiner Kenntnisse und Vorerfahrungen als Botschaftssekretär.

Anders als in früheren Jahrhunderten oder für andere Monarchien wurden Gelehrte oder Künstler nicht als Diplomaten eingesetzt; stattdessen handelte es sich um Adelige – und unter den Briten um Angehörige der Gentry – in einem bestimmten Stadium ihrer Karriere im Dienst des Monarchen. Während Kinsky mit dem Wechsel vom Gerichts- zum Gesandtschaftswesen seine Eignung für höchste Ministerämter zeigte, verstetigte der Earl of Waldegrave seine diplomatische Karriere, die er als Botschafter in Paris beendete. Im Fall von Robinson lässt sich über seine vorherige Station am französischen Hof eine beginnende Professionalisierung feststellen, die ihn über weitere Stationen bis auf den Posten des Secretary of State brachte.

Die Aufenthaltsdauer der Diplomaten an den Höfen unterschied sich erheblich. War der Earl of Waldegrave zwei Jahre in Wien, so blieb Graf Kinsky acht Jahre in London und Sir Thomas Robinson letztlich achtzehn Jahre in Wien. Wohl über dreißig Jahre war der braunschweig-lüneburgische Gesandte Graf Huldenberg am Kaiserhof. Seine Nachfolger Dieden und Erffa behielten ihre Posten jeweils nur drei Jahre, bevor sie entweder beim Kaiser oder beim Kurfürsten in Ungnade fielen und abgelöst wurden.

Unklar bleiben aufgrund der Quellenlage die Rollen der Ehefrauen und der Familien der Diplomaten. Die britischen Diplomaten reisten ohne Familie; Sir Robinson heiratete erst nach dem hier untersuchten Zeitraum. Über die Rolle der Gräfin Kinsky in London berichten die benutzten Quellen kaum etwas. Eine weitere Untersuchung dieser Fragen über den Zeitraum hinweg wäre wünschenswert.

4. Rahmenbedingungen

Der geographische Raum, in diesem Falle hauptsächlich Westeuropa, beeinflusste die Beziehungen zwischen Wien und London. Dazu gehörten auch die Wege beeinflusst, auf denen Akteure der internationalen Beziehungen bei weiten Entfernungen miteinander kommunizierten.[1] Der Briefkontakt war häufig die einzige Möglichkeit, Informationen auszutauschen. Daneben stand die Übermittlung mündlicher Botschaften durch Vertrauensleute. Geschriebene und ungeschriebene Regeln der Kommunikation wirkten auf die internationalen Beziehungen in großem Maße ein: bei mündlicher Kommunikation bei Verhandlungen, bei schriftlicher Kommunikation über den Austausch von Berichten, Denkschriften und Verträgen oder auch bei symbolischer Kommunikation im Auftreten der Akteure untereinander. Die schriftliche Kommunikation wurde von den Akteuren in bestimmten Situationen vorgezogen, um Missverständnissen vorzubeugen.[2] Waldegrave bezog die Notwendigkeit der schriftlichen Kommunikation explizit auf den Kaiserhof:

And here I cannot but say, that treating by Memorial or Letter is generally preferable, for else these Ministers who are captious and sharp enough, are very apt to make you say more or less to them, and they to you, as it serves their purpose.[3]

Andererseits waren schriftliche Äußerungen nicht weiter verhandelbar, weswegen internationale Beziehungen größtenteils auf mündlicher Kommunikation beruhten.[4]

---

1   Zu grundlegenden Überlegungen zur Verstärkung der Kommunikation im 17. und 18. Jahrhundert sowohl innerhalb von Herrschaftsgebieten als auch in der Entwicklung eines internationalen Kommunikationssystems aufgrund der intensivierten internationalen Beziehungen siehe GESTRICH, Absolutismus und Öffentlichkeit, S. 19–20.
2   Townshend, Account of a conversation with Count Kinski [!] at Hanover, Hannover, 19.06.1729, TNA, SP 43, 77, o.f.
3   Waldegrave an Townshend, Wien, 01.01.1730, TNA, SP 80, 66, f. 4v.
4   Die Rolle der Diplomaten als Verhandlungsführer unterstreicht Jean-Claude WAQUET (ders., Verhandeln in der Frühen Neuzeit. Vom Orator zum Diplomaten, in: THIESSEN/WINDLER, Akteure der Außenbeziehungen, S. 113–131).

Das persönliche Gespräch von Angesicht zu Angesicht war zumindest für die regierenden Souveräne im Europa der Frühen Neuzeit sehr selten.[5] So gab es keine Besuche Kaiser Karls VI. in London oder König Georgs II. in Wien nach ihrem jeweiligen Regierungsantritt. Nur der – zu diesem Zeitpunkt noch nicht formell dazu erklärte – zukünftige Schwiegersohns des Kaisers, Herzog Franz Stephan von Lothringen, besuchte London Ende 1731 persönlich.[6] Die Gesandten und Botschafter konnten so die alleinige Vertretungshoheit am Hof, an dem sie akkreditiert waren, für sich beanspruchen.

Auf Ministerebene konnte es geschehen, dass die für die Politik mit fremden Mächten verantwortlichen Minister bei Friedenskongressen auf-einandertrafen.[7] Meist jedoch wurde ein Monarch durch einen Vertreter repräsentiert, dessen Stellung an seinem Heimathof variierte, und der dann für einen speziellen diplomatischen Auftrag oder als ständiger Bevollmächtig-ter an einen fremden Hof delegiert wurde. In bestimmten Situationen vertrat ein Abgesandter auch mehrere Fürsten.[8] Neben Audienzen beim Monarchen und der regierenden Familie trafen diese Diplomaten sich mit Ministern, Ver-trauensleuten der Herrscher und weiteren einflussreichen Akteuren, um die Angelegenheiten des beauftragenden Monarchen und dessen Herrschaftsge-bietes zu besprechen.[9]

Befanden sich an einem Hof[10] mehrere Abgesandte fremder Mächte, so trafen sie sich zu geselligen Zusammenkünften, Abendessen, zur Jagd oder

---

5　Ein Treffen zwischen Kaiser Karl VI. und dem Kurfürsten von Brandenburg und König in Preußen Friedrich Wilhelm I. in der Nähe von Prag war 1730 eine Ausnahme, siehe Robinson an Harrington, Prag, 02.08.1732, TNA, SP 80, 89, o.f.; Hanns Leo MIKO-LETZKY, Hofreisen unter Kaiser Karl VI., in: MIÖG 60 (1952), S. 265–285, hier S. 273.

6　Siehe Kapitel 3.2.3 und 5.1.

7　Hofkanzler Sinzendorff reiste zum Kongress nach Soissons, wo er unter anderem mit Kardinal Fleury zusammentraf, siehe Kapitel 3.1.2, S. 131.

8　Ein gutes Beispiel ist Giovanni Giacomo Zamboni, der in den 1720er und 1730er Jahren Vertreter in London für den Herzog von Modena, den Landgrafen von Hessen-Kassel sowie den sächsischen Kurfürsten und polnischen König August II. war. Siehe Papers of Giovanni Giacomo Zamboni, 1707–1751, Bodleian, Ms. Rawlinson, letters 116–138.

9　Darüber hinaus verfolgten zumindest die adeligen Vertreter dieser Schicht häufig per-sönliche Ziele mit ihrer diplomatischen Arbeit, siehe die Ausführungen in Kapitel 3.

10　Die Forschung zu den europäischen Höfen hat sich mit den Ansätzen der Kulturge-schichte erheblich intensiviert. Dafür steht stellvertretend die Residenzen-Kommission bei der Göttinger Akademie der Wissenschaften mit zahlreichen Publikationen zu den Ergebnissen der kontinuierlichen Forschungen seit 1985. Für die europäische For-schung soll hier nur die seit 1996 erscheinende englischsprachige wissenschaftliche Zeitschrift The Court Historian erwähnt werden. Der Hof als Schwerpunkt des Zeremo-niells, als Kommunikationsraum oder als politisches Zentrum, die höfische materielle Kultur, die Rolle des Adels und vieles andere mehr sind Grundlage vielfältiger Publika-tionen, siehe z.B. DUINDAM, Vienna and Versailles oder Franz MAUELSHAGEN, Der Hof im Medienwandel der Frühen Neuzeit, in: Ulf Christian EWERT/Stephan SELZER (Hg.), Ordnungsformen des Hofes. Ergebnisse eines Forschungskolloquiums der Studienstif-tung des Deutschen Volkes, Kiel 1998, S. 98–108.

anderen Aktivitäten. Bei diesen Begegnungen spielten zeremonielle Unterschiede eine Rolle, die sich aus dem Rang des vertretenen Fürsten ergaben. Die entsprechende Ausstattung, also Pferde, Kutschen oder Kleidung, konnte im täglichen Umgang genauso entscheidend sein wie Charakter, Auftreten und persönliches Ansehen sowie Netzwerke. Die Netzwerke der Akteure strukturierten damit wesentlich die internationalen Beziehungen. Dynastische Verbindungen der Herrscherfamilien, familiäre Netzwerke oder Patronagenetzwerke beeinflussten die Verbindungen der Akteure untereinander. Die tägliche Praxis der Beziehungen stand zudem unter dem Einfluss des Informationshorizonts der Akteure und der politischen Kultur der Aktionsorte.

Im Folgenden werden zunächst die Rahmenbedingungen der internationalen Beziehungen analysiert, die strukturierend wirkten. Die Residenz- und Hauptstädte Wien und London markieren dabei die geographischen Zentren des betrachteten Raumes. Die Verbindung zwischen diesen Zentren geschah auf unterschiedlichen Kommunikationswegen, die ihrerseits durch die Geographie sowie Herrschaftsstrukturen und -institutionen vorgegeben waren. Verbunden waren die Akteure aber vor allem durch ihre familiären und persönlichen Netzwerke, ihre Bindung an Patrone oder Klienten sowie Beziehungen zu am selben Ort agierenden Akteuren. Die politische Kultur, in der die Akteure sozialisiert waren und handelten und die sie mitgestalteten, bildet hierbei den Übergang zu den Faktoren, die den direkten Kontakt der Akteure bestimmten.

Das Zeremoniell, in dem und mit dem die Akteure sich bewegten, erzeugte Regeln für die körperliche Annäherung. Sprachen bestimmten die Äußerungen der Akteure. Ein direkter Kontakt kam immer auf Grundlage des Informationshorizonts des einzelnen Akteurs vor Ort sowie des aussendenden Monarchen beziehungsweise der Minister und anderer Beteiligter zustande. Daraus erwuchsen unterschiedliche Wahrnehmungen und Erwartungen, die ihrerseits die Beziehungen beeinflussen konnten. Im direkten Aufeinandertreffen der Akteure spielten auch Charakter und Persönlichkeit des Einzelnen sowie Sympathien und Antipathien eine Rolle.

4.1 Strukturierende Faktoren

4.1.1 Orte und Räume

Allgemein gilt, dass historische Begebenheiten zu einer Zeit und an einem Ort stattfinden.[11] Wenn im Folgenden die wichtigsten Orte der Beziehungen zwischen Kaiser Karl VI. und König Georg II. vorgestellt werden, sind damit an den Orten Wien und London die Räume gemeint, in denen Akteure handelten, womit architektonisch feste, kurzfristige oder virtuelle – gedachte – Räume in Zentrum stehen, die sich auch überlagern konnten.[12] Die Städte Wien und London waren als Haupt- und Residenzstädte »Schauplätze historischer Ereignisse«.[13] Allerdings unterschieden sie sich sehr in ihrer Ausprägung.

Wien war Residenzstadt im eigentlichen Sinne – die Hofburg nahm also als ständige Residenz des Kaisers eine beherrschende Stellung in der Stadt ein – und war zugleich Hauptstadt für die österreichischen Lande.[14] Allerdings gilt Wien als Variante der Residenzstadt, bei der »[…] das fürstliche Schloß in ein lockeres Verhältnis zur Bürgerstadt trat […].«[15] Auffällig im Vergleich mit anderen Städten war die enge Verflechtung von adeligen, bürgerlichen

---

11 Orte als Referenz der historischen Forschung sind Grundlage der Arbeiten Karl SCHLÖGELS, siehe z.B. ders., Kartenlesen, Raumdenken. Von einer Erneuerung der Geschichtsschreibung, in: Merkur 56, 4 (2002), S. 308–318, und ders., Im Raume lesen wir die Zeit. Über Zivilisationsgeschichte und Geopolitik, München 2003. Er gilt als Auslöser einer neuen Diskussion um die Rolle des Raumes in der Geschichtswissenschaft; innerhalb des kulturwissenschaftlichen »spatial turn« sind seine Methoden allerdings umstritten, siehe Jörg DÖRING/Tristan THIELMANN, Einleitung. Was lesen wir im Raum? Der Spatial Turn und das geheime Wissen der Geographen, in: Dies. (Hg.), Spatial Turn. Das Raumparadigma in den Kultur- und Sozialwissenschaften, Bielefeld 2008, S. 7–45, hier S. 20–24. Siehe grundlegend zur Kategorie des Raums in der Geschichtswissenschaft die historische Einführung von Susanne RAU, Räume. Konzepte, Wahrnehmungen, Nutzungen, Frankfurt a.M. 2013. Für eine Zusammenfassung zum Spatial Turn in der Geschichtswissenschaft mit einer Einordnung des Einflusses von Fernand Braudel siehe Eric PILTZ, »Trägheit des Raums«. Fernand Braudel und die Spatial Stories der Geschichtswissenschaft, in: DÖRING/THIELMANN, Spatial Turn, S. 75–102.
12 Ebd., S. 80–81. Beispiele sind Räume in Palästen, die zu unterschiedlichen Zeiten verschieden genutzt wurden.
13 Aleida ASSMANN, Geschichte findet Stadt, in: Moritz CSÁKY/Christoph LEITGEB (Hg.), Kommunikation – Gedächtnis – Raum. Kulturwissenschaften nach dem »Spatial Turn«, Bielefeld 2009, S. 13–27, hier S. 16. Siehe zur frühneuzeitlichen Stadtforschung u.a. Susanne RAU, Räume der Stadt. Eine Geschichte Lyons 1300–1800, Frankfurt a.M. 2014, sowie Gerd SCHWERHOFF (Hg.), Stadt und Öffentlichkeit in der Frühen Neuzeit, Köln 2011. Siehe auch die Übersichtskarten beider Städte im Anhang.
14 Herbert KNITTLER, Die europäische Stadt in der frühen Neuzeit. Institutionen, Strukturen, Entwicklungen, München 2000, S. 67, 70.
15 Ebd., S. 68.

und kleinbürgerlichen Wohnungen und Häusern in Wien. Der Kaiserhof als Wohnort des Kaisers und Sitz der Institutionen stellte den Treffpunkt und Arbeitsort der Entscheidungsträger für das Reich und die Habsburgischen Erblande dar. Der Hof und seine unter Kaiser Karl VI. ca. 2.000 Angehörigen[16] bestimmten das soziale und wirtschaftliche Leben in der Stadt,[17] die mit den Vorstädten 1730 etwa 150.000 Einwohner hatte.[18] Regelmäßig waren Kaiser und Hof beim Besuch von Gottesdiensten in Kirchen im ganzen Stadtgebiet oder bei Prozessionen für alle Einwohner Wiens zu sehen.[19]

In der ersten Hälfte des 18. Jahrhunderts erlebte die Stadt einen wirtschaftlichen Aufschwung.[20] Er beruhte nicht unwesentlich auf der veränderten Stellung Wiens als Mittelpunkt der Habsburgerlande nach Zurückdrängung der Osmanen und der Ausweitung der habsburgischen Gebiete nach Osten. Es wurde dadurch noch mehr als vorher Zentrum der Kommunikations- und Wirtschaftswege von Ost nach West. Ganz Wien war auf den Kaiserhof ausgerichtet. Nach den großen Zerstörungen in der Stadt durch die Türkenbelagerung von 1683, speziell in den Vorstädten und im Schutz der Festung, erfolgte insbesondere in der Regierungszeit Karls VI. der barocke Ausbau der Stadt. Vor allem in der Nähe der Hofburg entstanden neue Adelspaläste.[21] 1730 machten Hofbeamte und Personal 20 % der Haushalte in der inneren Stadt aus, dazu kamen noch 40 % adelige, bürgerliche und Akademikerhaushalte.[22] Das Bedürfnis der adeligen Familien und Hofbeamten, möglichst nahe

---

16 Siehe u.a. Rosina TOPKA, Der Hofstaat Kaiser Karls VI., Wien 1954.
17 Karl VOCELKA, Die Stadt und die Herrscher, in: Ders./Anita TRANINGER (Hg.), Wien. Geschichte einer Stadt. Bd. 2: Die frühneuzeitliche Residenz (16. bis 18. Jahrhundert), Wien 2003, S. 13–45, hier S. 24. Gerhard TANZER (ders., Spectacle müssen seyn. Die Freizeit der Wiener im 18. Jahrhundert, Wien 1992, S. 15) schätzt, dass ungefähr ein Viertel der Wiener Bevölkerung vom Hof lebte.
18 Eigene Schätzung nach Andreas WEIGL, Frühneuzeitliches Bevölkerungswachstum, in: VOCELKA/TRANINGER, Wien. Bd. 2, S. 109–131, hier S. 110. Die Pestepidemie 1713 hatte wohl nur geringe Auswirkungen auf das Bevölkerungswachstum, ebd., S. 112–113. Bei der ersten Volkszählung 1754 wurden für Stadt und Vorstädte knapp 175.400 Einwohner gezählt, ebd., S. 110.
19 Auf diese im Vergleich zum französischen Hof in Versailles besonders auffällige und im wahrsten Sinnes des Wortes sichtbare Hofhaltung weist insbesondere DUINDAM (ders., Vienna and Versailles, S. 317) hin.
20 Aufgrund der Statistiken von Rita Klement, die Inserate des Wiener Diariums auswertete, lässt sich anhand der Zunahme und Spezifizierung der Berufe, Gewerbe und Gastronomien von einer gesteigerten Wirtschaftskraft der Bevölkerung in der ersten Hälfte des 18. Jahrhunderts ausgehen. Rita KLEMENT, Das Wiener Alltagsleben in der ersten Hälfte des 18. Jahrhunderts im Spiegel des Wienerischen Diariums, Wien 2012, S. 186–239.
21 VOCELKA, Die Stadt und die Herrscher, S. 24–26.
22 Andreas WEIGL, Die (bürgerliche) Mittelschicht, in: VOCELKA/TRANINGER, Wien, S. 255–263, hier S. 256.

an der Residenz zu wohnen,[23] hatte einen starken Wettbewerb um Wohnraum zur Folge, den auch die auswärtigen Gesandten zu spüren bekamen:

I coud [!] not have imagined that in such a Town as Vienna the habitation of the Emperor, where there is so constant a Resort there is not such a thing as a house to be hired ready furnishd and what is the worst there is no furniture to be haved.[24]

Der britische Gesandte Waldegrave fand schließlich im Starhembergischen Freihaus[25] eine Unterkunft. Dieser Gebäudekomplex, welcher der Familie Starhemberg gehörte,[26] stand in der Vorstadt Wieden unmittelbar außerhalb des inneren Rings der Festung Wien. Die Lage außerhalb der Stadttore bedeutete für Diplomaten keinen Nachteil, da sie von den Sperrgeldern befreit worden sein dürften.[27] Sie war sogar von Vorteil, da Kuriere so die Stadttore nicht passieren mussten – normalerweise standen deshalb deren Namen nicht in den Wachlisten und ihre Ankunft konnte geheim gehalten werden. Sir Robinson war sehr aufgebracht, als ein Kurier, der die Lage seiner Wohnung nicht kannte, sich trotzdem am Tor hatte absetzen lassen und dadurch seine Ankunft bekannt gab.[28] Während der Belagerung Wiens 1683 war das erste Freihaus geschleift worden, direkt im Anschluss an den Krieg wurde es zwei bis drei Stockwerke hoch neu erbaut.[29] Genau zwischen Hofburg und der kleineren Residenz Favorita[30] in der Wieden gelegen,[31] war diese Unterkunft für einen Diplomaten, der regelmäßig Zugang zum Kaiserhof und den

23 Susanne C. PILS, Adel, Zuzug, Adeliges Haushalten, Sozialtopographie, in: VOCELKA /
     TRANINGER, Wien, S. 242–255, hier S. 252, 254–255. Siehe zu den Problemen der
     Wohnungsknappheit für Hofangehörige den Aufsatz von Josef KALLBRUNNER, Das
     Wiener Hofquartierwesen und die Maßnahmen gegen die Quartiersnot im 17. und
     18. Jahrhundert, in: Mitteilungen des Vereines für Geschichte der Stadt Wien 5 (1925),
     S. 24–36.
24 Waldegrave an Tilson, Wien, 13.05.1728, TNA, SP 80, 62, f. 195–195v.
25 Siehe insgesamt zur Geschichte des Freihauses Else SPIESBERGER, Das Freihaus, Wien
     1980.
26 Tatsächlich war das Freihaus Teil des Majorats der Starhembergs (Felix CZEIKE (Hg.),
     Historisches Lexikon Wien, Bd. 2, Wien 1993, S. 390), stand also immer dem Fami-
     lienoberhaupt zu und konnte nicht ohne die Zustimmung der anderen männlichen
     Erbberechtigten verkauft werden. 1728 wurde der zwölf Jahre alte Graf Johann Ernst
     Inhaber des Majorats; verantworlich für die Vermietung war aber Gundaker Graf Star-
     hemberg, sein Großonkel und Vormund. SPIESBERGER, Das Freihaus, S. 21–22. Er
     konnte deshalb dem britischen Gesandten einen Ausweg aus der Wohnungsnot bieten.
27 Siehe TANZER, Spectacle müssen seyn, S. 56.
28 Robinson an Harrington, Wien, 16.01.1731, »private«, TNA, SP 80, 70, f. 47.
29 In der zweiten Hälfte des 18. Jahrhunderts galt es als das größte private Gebäude mit
     rund 1.000 Bewohnern in den Mietwohnungen. CZEIKE, Historisches Lexikon Wien 2,
     S. 390.
30 Siehe zu diesen Residenzen weiter unten S. 196.
31 Das Starhembergische Freihaus stand auf dem Gebiet südwestlich des heutigen
     Naschmarkts – jetzt Wiedner Hauptstraße, Schleifmühlgasse, Resselgasse und Mühl-

kaiserlichen Ministern suchen sollte, ideal. Zusätzlich konnten sich die Mieter auf die Freihausrechte[32] berufen, beispielsweise was die – in diesem Fall protestantische – Religionsausübung betraf.[33] Sir Thomas Robinson konnte das Quartier 1730 von seinem Vorgänger übernehmen,[34] da er zunächst ja explizit auch nur als Vertretung an den Wiener Hof kam.[35]

Waldegrave beschwerte sich, dass in Wien für Möbel, Kutschen, hochwertige Kleidung und andere Luxusgüter hohe Preise verlangt würden. Die Stadt war ein »exacting place«,[36] der Dienst dort galt als »une Ambassade Ruineuse«.[37] Preisverhandlungen, wie er sie aus Paris (und wahrscheinlich auch London) gewohnt war, trafen auf Unverständnis: »[...] they have a notin [!] that money grows in a My Lord D'Angleterre Strong Box, and they have told my servants that I am the first English man that ever thought of Bargaining«.[38] Zudem hatte die Zahlungsunfähigkeit anderer Diplomaten die Wiener Kaufleute vorsichtig werden lassen, so dass alle Rechnungen sofort bezahlt werden mussten.[39] Diese normalerweise schon hohen Lebenshaltungskosten stiegen mit den Ausgaben für die diplomatische Vertretung des britischen Königs.

Das Hofleben beschrieb Sir Thomas Robinson als »Pride, Faste, Ceremony, Great dinners, and greater assemblies«.[40] Allerdings war wohl der Wiener Hof eher geruhsam, nach den Empfängen mit allen Anwesenden »in prächtiger Kleydung und Equipage« sowie »unvergleichliche[r] Music« sei es immer

---

gasse – auf einer Insel des Wienflusses und den dazugehörigen Ufern, etwa einen Kilometer von der Hofburg entfernt. Dort befinden sich heute u.a. die Gebäude der TU Wien.

32 Freihäuser waren von Steuern befreit, hatten darüber hinaus gewisse niedere Gerichtsbarkeit und waren dem Zugriff der Stadt entzogen. Siehe PILS, Adel, S. 244.

33 Karl VOCELKA, Kirchengeschichte, in: Ders./TRANINGER, Wien, S. 311–363, hier S. 315; Martin SCHEUTZ, Legalität und unterdrückte Religionsausübung. Niederleger, Reichshofräte, Gesandte und Legationsprediger. Protestantisches Leben in der Haupt- und Residenzstadt Wien im 17. und 18. Jahrhundert, in: Rudolf LEEB u.a. (Hg.), Geheimprotestantismus und evangelische Kirchen in der Habsburgermonarchie und im Erzstift Salzburg (17./18. Jahrhundert), Wien 2009, S. 209–236, hier S. 212. Allerdings ist über die Kapelle der britischen Gesandten kaum etwas bekannt, siehe ausführlicher Kapitel 5.4, S. 399–400.

34 Wien, 21.06.1730, in: Wiener Zeitung Nr. 49, 21.06.1730, S. 6.

35 Waldegrave an Townshend, chiffriert, Wien, 03.06.1730, TNA, SP 80, 67, f. 168.

36 Waldegrave an Tilson, Wien, 13.05.1728, TNA, SP 80, 62, f. 195.

37 Waldegrave an Townshend, Fountainebleau, 19.11.1727, TNA, SP 80, 62, f. 92v. Robinson sagte dazu: »This is indisputably the most expensive court in Europe; there is keeping no Company but with the first persons of the Country, and to live with them, they must live with you.« Robinson an Harrington, »most private and particular«, Wien, 22.07.1731, TNA, SP 80, 77, o.f.

38 Waldegrave an Tilson, Wien, 13.05.1728, TNA, SP 80, 62, f. 195.

39 Ebd., f. 195v.

40 Robinson an Delafaye, Hannover, 11.06.1732, TNA, SP 80, 89, o.f.

wieder ruhig geworden.[41] Einladungen und Vergnügungen[42] sowie die dazu nötige Ausstattung – Kleidung, Kutsche, Bedienstete – waren zwar an jedem Hof hohe Kostenfaktoren für Diplomaten, doch gerade in Wien legte man besonderen Wert darauf. Waldegrave und Robinson mussten zudem vermeiden, wegen ihres Status als Vertreter eines protestantischen Königs und Kurfürsten sowie als bevollmächtigte Gesandte – und damit nicht Botschafter – zeremoniell zurückzustehen. Deswegen betonten sie mit ihrem Auftreten und ihren Einladungen, zum ersten Rang der diplomatischen Vertreter in Wien zu gehören.[43]

Zur Residenz in Wien gehörten neben der Hofburg die Favorita und Schloss Laxenburg sowie die Lustschlösser Neugebäude, Kaiserebersdorf und Schloss Hof.[44] Unter Karl VI. erfolgten der Ausbau und die Vereinheitlichung der Hofburg mit den Neubauten Reichskanzlei, Österreichische Hofkanzlei, Hofbibliothek, Michaelertrakt, Winterreitschule und Stallungen, wodurch die Nutz- und Wohnfläche erhöht wurde.[45] Besonders die Kanzleien profitierten von der Ausweitung der Fläche, als mit der Intensivierung der Verwaltung mehr Wohn-, Büro- und Archivfläche benötigt wurde.[46] In Wien waren so auf relativ engem Raum die wichtigsten Akteure und Institutionen für das Reich sowie die Habsburgischen Erblande versammelt.

Die Appartements der kaiserlichen Familie und des Kaisers befanden sich im mittelalterlichen Schweizerhof und im Leopoldinischen Trakt. Pläne zum Bau einer repräsentativen Treppe, eines Festsaals innerhalb der Hofburg oder für andere, äußerlich vereinheitlichende Umbauten wurden nicht umgesetzt. Die Hofburg blieb eine Mischung aus alt und neu.[47] Das Schloss Laxenburg

---

41 Johann Basilius KÜCHELBECKER, Allerneueste Nachricht vom Römisch-Kaeyserl. Hofe [...], Hannover ²1732, S. 252–253, Zitate S. 253, und DUINDAM, Vienna and Versailles, S. 165, allerdings mit falscher Seitenzahl für das Zitat.

42 Zu einigen Arten der Belustigung am Kaiserhof, an denen auch auswärtige Gesandte teilnahmen, siehe Franz-Stefan SEITSCHEK, Karussell und Schlittenfahrt im Spiegel der Zeremonialprotokolle – nicht mehr als höfische Belustigungen?, in: PANGERL u.a., Der Wiener Hof im Spiegel der Zeremonialprotokolle, S. 357–434.

43 Siehe hierzu Kapitel 4.2.1, S. 260–261.

44 VOCELKA, Die Stadt und die Herrscher, S. 26.

45 Polleroß betont, dass Karl VI. mit dem Bau und Ausbau von dem Allgemeinwohl dienenden Gebäuden wie der »Nationalbibliothek« oder dem »Nationalmuseum« im Sinne der Frühaufklärung ein »verstärkte[s] Augenmerk auf Wissenschaft, Wirtschaft, Verwaltung und Sozialwesen« legte, Friedrich POLLEROSS, Renaissance und Barock, in: VOCELKA / TRANINGER, Wien, S. 453–500, hier S. 480.

46 Franz-Stefan SEITSCHEK, Die Hofkanzleien, in: Ders. u.a., 300 Jahre Karl VI., S. 104–105, hier S. 105. DUINDAM, Vienna and Versailles, S. 81–82, listet die Anzahl der Amtsträger in der Verwaltung auf, die im Vergleich zu den Hofämtern aber wesentlich geringer war. Für die 1720er und 1730er Jahre kann von circa 450 Angehörigen von Hofkriegsrat, Hofkammer und Kanzleien ausgegangen werden, ebd., S. 82, Fn. 119 [eigene Schätzung].

47 Hellmut LORENZ, The Imperial Hofburg. The Theory and Practice of Architectural Representation in Baroque Vienna, in: Charles W. INGRAO (Hg.), State and Society

ließ Karl VI. hingegen erweitern und sanieren, damit es den Ansprüchen als Frühjahrsresidenz genügte.[48] Der Kaiserhof, das Kaiserpaar und die Erzherzoginnen wechselte die Schlösser während des Jahres regelmäßig,[49] wobei auch alle anwesenden Minister und Gesandten folgten. Die Residenzwechsel und Ausfahrten der kaiserlichen Familie und des Hofes waren durch Veröffentlichungen im Wiener Diarium allgemein bekannt und zogen so ein großes Publikum auf sich.[50] Während die Winter in der Wiener Hofburg[51] zugebracht wurden, fuhr man im Frühjahr Ende April nach Schloss Laxenburg.[52] Es wurde erwartet, dass die am Kaiserhof akkreditierten Diplomaten regelmäßig nach Laxenburg kamen: »[…] it being expected whilst the Empr. is there, that Minister shoud [!] go two or three times a week, and there being no seeing the Ministers without it […]«.[53] Von Juni bis August hielt sich der Hof in der Favorita auf der Wieden[54] auf, der in kurzer Entfernung zur Hofburg liegenden, seit Ende des 17. Jahrhunderts ausgebauten Sommerresidenz.[55] Das im Südosten der Stadt gelegene Jagdschloss Kaiserebersburg war Treffpunkt kaiserlicher Jagdgesellschaften.[56]

in Early Modern Austria, West Lafayette, IN 1994, S. 93–109, hier S. 101. Wichtig war u.a., dass durch das Beharren auf den Festungsring das zur Verfügung stehende Gelände für eine Residenzerweiterung begrenzt war, ders., Die Wiener Hofburg im 18. Jahrhundert. Legitimation durch Tradition, in: Christoph KAMPMANN u.a. (Hg.), Bourbon – Habsburg – Oranien. Konkurrierende Modelle im dynastischen Europa um 1700, Köln 2008, S. 96–106, hier S. 102–103. Vocelka weist darauf hin (ders., Die Stadt und die Herrscher, S. 25), dass die Hofburg als unmoderne, wenig prächtige Residenz damit »nicht im Sinne von Modernität, sondern Kontinuität des Hauses Habsburg« Repräsentationsbau war. In Dresden und Berlin wurden ähnliche Entscheidungen zum Schlosserhalt statt -neubau getroffen (LORENZ, Die Wiener Hofburg im 18. Jahrhundert, S. 103–106, siehe auch umfassend ders./Anna MADER-KRATKY (Hg.), Die Wiener Hofburg 1705–1835. Die kaiserliche Residenz vom Barock bis zum Klassizismus, Wien 2016).

48 Géza HAJÓS, Der malerische Landschaftspark in Laxenburg bei Wien, Wien 2006, S. 17–18; in dieser Studie wird allerdings kein Bezug zu Karl VI. hergestellt, er wird trotz eindeutiger zeitlicher Zuordnung nicht genannt.

49 Siehe für die folgenden Bemerkungen SEITSCHEK, Person und Familie, S. 32.

50 KLEMENT, Das Wiener Alltagsleben, S. 135.

51 VOCELKA, Die Stadt und die Herrscher, S. 17–18, 24–26.

52 Waldegrave an Townshend, Wien, 30.04.1729, TNA, SP 80, 64, f. 216. Laxenburg befindet sich im Süden Wiens, knapp 19 Kilometer von der Hofburg entfernt. Ab 1716 wurde die »Laxenburgstraße« als Straße mit befestigtem Untergrund ausgebaut. Roman Hans GRÖGER, Ausbau des Straßennetzes in der Habsburgermonarchie, in: SEITSCHEK u.a., 300 Jahre Karl VI., S. 163–168, hier S. 164.

53 Waldegrave an Tilson, Wien, 18.02.1730, TNA, SP 80, 66, f. 125.

54 Heute im 4. Bezirk innerhalb des Wiener Gürtels gelegen, trennen Hofburg und Favoritenbau – seit Maria Theresias Zeiten das Gymnasium Theresianum – nur zwei Kilometer oder eine halbe Stunde Fußweg.

55 VOCELKA, Die Stadt und die Herrscher, S. 26.

56 Kaiserebersburg liegt heute im 11. Wiener Bezirk (Simmering), etwa zehn Kilometer außerhalb des Stadtzentrums. Für die Jagd dienten auch die Aufenthalte in Laxenburg

Nicht nur das politische, auch das kulturelle Leben in Wien orientierte sich stark am Hof. So fanden Opern- oder Theateraufführungen sowie Konzerte in Wien in der Hofburg oder anderen Schlössern statt. Der Zugang zum höfischen Theater war stark begrenzt und umfasste im Wesentlichen die kaiserliche Familie, höhere Hofkreise und Diplomaten.[57] Musiker und andere Künstler mussten sich auf die Patronage des Kaiserhofes verlassen.[58] Interessant ist der Fall der Sängerin Cuzzoni, die – von Kinsky eingeladen – 1728 aus London nach Wien kam, dem Hof für ein längeres Engagement allerdings zu hohe Forderungen stellte.[59]

Neben den kaiserlichen Residenzen gehörten die Wohnsitze der kaiserlichen Minister – die Stadtpaläste und Schlösser auf dem Land – zu den Treffpunkten der Akteure der internationalen Beziehungen. Vor allem Prinz Eugens Haus diente immer wieder für Besprechungen.[60] Mit seinem großen Vermögen konnte Prinz Eugen[61] sogar mehrere Schlösser bauen und ausbauen, so sein Wiener Stadtpalais in der Nähe der Hofburg und seinen »Garten« – das heutige »Belvedere«[62] – sowie im Marchfeld das Schloss Hof.[63] Sowohl Hofkanzler Sinzendorff als auch Prinz Eugen luden die Diplomaten häufiger zum geselligen Beisammensein und zum Spielen ein.[64] Andere Zer-

von April bis Juni (SEITSCHEK, Person und Familie, S. 32) sowie in Halbthurn im Burgenland Ende September bis Anfang Oktober, an denen Prinz Eugen häufig teilnahm, BRAUBACH, Prinz Eugen 5, S. 121.

57   TANZER, Spectacle müssen seyn, S. 137. Anderes Theater, z.B. von fahrenden Gruppen (ebd., S. 136), wird in den untersuchten Briefwechseln nicht erwähnt.

58   Tim C. W. BLANNING, Das Alte Europa, 1660–1789. Kultur der Macht und Macht der Kultur. Darmstadt 2006, S. 168–169; zur Oper siehe ausführlich Frank HUSS, Die Oper am Wiener Kaiserhof unter den Kaisern Josef I. und Karl VI. Mit einem Spielplan von 1706 bis 1740, Wien 2003.

59   Waldegrave an Tilson, TNA, SP 80, 63, f. 237–237v. Siehe zur Sängerin Winton DEAN/Carlo VITALI, Cuzzoni, Francesca, in: Grove Music Online; Olive BALDWIN/Thelma WILSON, Cuzzoni (married name Sandoni), Francesca, in: Oxford DNB (2004).

60   Siehe z.B. Robinson an Harrington, Wien, 22.10.1733, TNA, SP 80, 100, o.f.

61   Zur ebenfalls umfangreiche Bibliothek siehe BRAUBACH, Prinz Eugen 5, S. 92–115, sowie zur Förderung von Künstlern ebd., S. 68–92.

62   Zu Prinz Eugens Garten mit seltenen oder exotischen Pflanzen siehe Ulrike SEEGER, Stadtpalais und Belvedere des Prinzen Eugen. Entstehung, Gestalt, Funktion und Bedeutung, Wien 2004, S. 170, 220–221.

63   Lieselotte HANZL-WACHTER (Hg.), Schloss Hof – Prinz Eugens tusculum rurale und Sommersitz der kaiserlichen Familie. Geschichte und Ausstattung eines barocken Gesamtkunstwerks, Wien 2005. Der Prinz empfing Waldegrave und Robinson mehrfach auf seinen Landgütern (Harris an Tilson, Wien, 23.06.1728, TNA, SP 80, 63, f. 11; Robinson an Tilson, Wien, 09.08.1731, TNA, SP 80, 78, o.f.).

64   Hofkanzler Sinzendorff lud die Diplomaten ein, bei ihm Billard zu spielen (Waldegrave an Townshend, Wien, 23.02.1729, TNA, SP 80, 64, f. 112). »[…] I waited upon Count Sinzendorf, one of his leisure Evenings, when fatigued with the Business of the Day, he is willing and desirous, that Company should assemble at his House. […]« Robinson an Newcastle, Wien, 28.06.1730, TNA, SP 80, 68, o.f. Bei Prinz Eugen wurde Karten gespielt. BRAUBACH, Prinz Eugen 5, S. 129. Das war der häufigste Zeitvertreib der

streuungsmöglichkeiten ließen sich aus der Korrespondenz der Diplomaten nicht ersehen – Empfänge sowie Theater- und Opernaufführungen bei Hof und bei den Ministern scheinen den Hauptteil des gesellschaftlichen Lebens im Umfeld der Diplomaten ausgemacht zu haben.[65] Als weitere Treffpunkte in der Öffentlichkeit standen um 1730 rund 30 Kaffeehäuser in Wien zur Verfügung.[66] Hier lagen gedruckte und geschriebene Zeitungen aus Europa aus und es wurde über das Gelesene diskutiert.[67] Allerdings dürften die Kaffeehäuser hauptsächlich für die Bediensteten der Diplomaten interessant gewesen sein, da die höheren Schichten dort nicht verkehrten.[68]

London[69] war als größte Stadt Europas[70] eher Hauptstadt und weniger Residenzstadt.[71] Die königlichen Paläste und Repräsentativbauten, die außerhalb der Londoner City, der eigentlichen Stadt mit Stadtrecht, auf ehemaligem Kirchengelände in Westminster, Whitehall, Kensington und St. James errichtet wurden, gingen in der Großstadt unter. Prägender für das Stadtbild waren die nach dem Stadtbrand 1666 von der Bürgerschaft errichtete St. Paul's Cathedral oder die Börse.[72] Die Population, die 1730 über 650.000 Menschen betrug[73] und somit circa ein Zehntel der englischen Bevölkerung ausmachte,

höheren Gesellschaft, siehe ebd., S. 125; TANZER, Spectacle müssen seyn, S. 243. Auch das Kaiserpaar spielte gern; Karl VI. vor allem Trictrac (siehe zu den Gewinnen und Verlusten für das Jahr 1732 Karl VI., HHStA, HausA, Sammelbände 2, Tagebuch 15, f. 91–91v) und Billard (SEITSCHEK, Person und Familie, S. 25). Die Kaiserin spielte dagegen das Kartenspiel Quinze (Lady Montagu an Lady Mar, Wien, 25.09.1716, in: HALSBAND, The complete letters 1, S. 266).

65 Siehe die Ausführungen zu Gesellschaften bei TANZER, Spectacle müssen seyn, S. 200–201.

66 Einen allgemeinen Überblick liefert Gerhard AMMERER, Das Kaffeehaus als öffentlicher Raum. Das Beispiel Salzburg, in: SCHWERHOFF, Stadt und Öffentlichkeit, S. 81–96.

67 Es gab »allerhand raisonement über die politische Welt-Händl«, Johann Valentin NEINER, Neu Ausgelegter Curioser Tändl-Marckt der jetzigen Welt In allerhand Waaren und Wahrheiten vorgestellet, Wien/Brünn 1734, S. 122–123, zitiert nach Kai KAUFFMANN, »Es ist nur ein Wien!« Stadtbeschreibungen von Wien 1700 bis 1873. Geschichte eines literarischen Genres der Wiener Publizistik, Wien 1994, S. 157.

68 TANZER, Spectacle müssen seyn, S. 218.

69 Im Folgenden ist – sofern nicht anders angegeben – mit London der Großraum London inklusive unter anderem der City of London und Westminster gemeint.

70 London überholte Paris in Bezug auf die Bevölkerung in der zweiten Hälfte des 17. Jahrhunderts; 1700 hatte Paris etwa ein Sechstel Einwohner weniger, im Verlauf des 18. Jahrhunderts wuchs der Abstand weiter auf rund ein Drittel. KNITTLER, Die europäische Stadt, S. 28, Tabelle 5.

71 Ebd., S. 67.

72 Ebd., S. 83, 87–88.

73 Eigene Schätzung nach ebd., S. 183, und Clive EMSLEY u.a., London History – A Population History of London, in: Tim HITCHCOCK u.a. (Hg.), The Old Bailey Proceedings Online, 1674–1913, Sheffield 2012. Die Bevölkerung Londons wuchs nur durch Zuwanderung; die Kindersterblichkeit lag bei ca. 40 %, Seuchen und Feuer waren an der Tagesordnung (Robert O. BUCHOLZ/Joseph P. WARD, London. A Social and Cultural History, 1550–1750, Cambridge 2012, S. 64–65).

verteilte sich durch die vergleichbar riesige Ausdehnung.[74] Die bis heute typischen Reihenhäuser wurden dabei auch vom Adel bevorzugt. In der Mitte des 18. Jahrhunderts gab es circa 2.200 solcher um kleine Gärten – »Squares« – angelegte, hochherrschaftliche Häuser.[75] Der kaiserliche Gesandte Kinsky und seine Familie wohnten in einem solchen Haus am Hanover Square.[76] Dieses seit 1713 erbaute Bauensemble gehörten den Earls of Scarbrough und wurde hauptsächlich von Anhängern der hannoverschen Thronfolge bewohnt.[77] Der zweite Earl of Scarbrough, von dem Graf Kinsky dort ein Haus mietete, war ab 1727 Mitglied des Privy Council.[78]

Die Stadt entwickelte sich über Jahrhunderte zum administrativen und politischen Zentrum des immer mehr zentralisierten England und dann Großbritanniens, mit dem Ober- und Unterhaus im Parlament, Gerichten, Behörden und eben auch königlichen Residenzen innerhalb der Stadt. Gleichzeitig war London aber auch eine Ausnahme, da es schon im 18. Jahrhundert eine sonst nicht erreichte Nachfrage nach Nahrungsmitteln, Rohstoffen, Arbeitskräften und Luxusgütern generierte und als Zentrum des internationalen Handels auch befriedigte.[79] Aufgrund der besonderen Stellung der Stadt war »London notorié ein kostbarer orth« – und damit vergleichbar mit Wien –, der besondere Zulagen für kaiserliche Gesandte rechtfertigte.[80]

Im London des frühen 18. Jahrhunderts war der Hof – trotz aller Konkurrenz wirtschaftlicher oder politischer Zentren – einflussreich als Ort der Repräsentation, als Treffpunkt von König, königlicher Familie, Hofbeamten und Ministern und als Tauschbörse für Informationen, Positionen und Ehren.[81] Der britische Hof hielt sich vorwiegend in London oder in der

---

74 Hierfür sorgten auch Baugesetzgebungen, die die Folgen der Überbevölkerung durch kleinräumige Wohnraumnutzung zu mindern suchten (KNITTLER, Die europäische Stadt, S. 87).

75 Ebd., S. 88.

76 Hampton Court, October 15, in: The London Gazette Nr. 7030, 16.10.1731, S. 5, sowie Henry Benjamin WHEATLEY, London. Past and Present. Its History, Associations, and Traditions. Bd. 2, Cambridge 2011, hier S. 186.

77 Edward WALFORD, Hanover Square and Neighbourhood, in: Walter THORNBURY / Edward WALDFORD (Hg.), Old and New London. Bd. 4, London 1878, S. 314–326. Die Kirche St. George am Hanover Square war die Gemeindekirche von Georg Friedrich Händel (Parochial Church Council St George's Hanover Square (Hg.), Händel and St George's, London 2013).

78 COLLINS, The Peerage of England 3, S. 463–464.

79 KNITTLER, Die europäische Stadt, S. 184.

80 Geheime Finanzkonferenz, 6. Sitzung 1733, Wien, 07.11.1733, FHKA, Geheime Finanzkonferenz 19, f. 237. 1733 wurde dem Legationssekretär Carame die Erhöhung seiner Bezüge auf mehr als das Doppelte gestattet, da »[…] nun London ein orth, allwo wissentlich theürer zu leben ist […],« ebd. Graf Kinsky hatte sich allerdings schon 1729 beschwert, dass die ständige Inflation, der Zoll und »auch der Hof durch die viellfältige galla-tage« die ihm zustehenden Bezüge nicht ausreichen ließen, Kinsky an Karl VI., London, 10.11.1729, HHStA, StA England 65, f. 20–20v, Zitat f. 20.

81 SMITH, Georgian Monarchy, S. 214–224.

Umgebung auf: »[…] to the Hanover family, England principally meant the metropolis of London.«[82] Von Ende Oktober bis zum Sitzungsende des Parlaments im Mai residierte der Hof im St. James's Palace.[83] Diese Zeit wurde bald als »Season« bekannt, also als die Jahreszeit, in der sich durch die Anwesenheit des Hofes, die Sitzungsperiode des Parlaments und die ebenfalls in diese Zeit fallenden Gerichtsperioden das gesellschaftliche Leben in der Stadt abspielte.[84] Außerhalb der Saison war niemand in der Stadt: »[…] il n'y a ni parlement ni autre Noblesse en ville jusqu' à Noel, par consequent on ne peut rien communiquer aux amis de la Cour, par le quel chemin on vient à savoir quelques fois l'un ou l'autre […].«[85]

Im Frühsommer verbrachte der Hof einen Monat in Richmond Lodge,[86] welche vor allem für Königin Caroline seit 1727 gebaut und ausgestattet wurde. Anschließend wurde in Hampton Court[87] und Windsor Castle[88] gejagt.[89] Das beliebteste Schloss war jedoch Kensington Palace, die modernste und geräumigste der königlichen Residenzen im 18. Jahrhundert.[90] Während ihrer Regentschaften diente dieser Palast Königin Caroline als Regierungssitz.[91] Im Winter war der Weg[92] durch den Hyde Park nach Whitehall und zum Stadtzentrum allerdings schwierig, da es noch keine befestigten Straßen gab. Es gab Pläne für den Neubau eines Palastes in London, die jedoch nicht umgesetzt wurden; nur absolut notwendige Bauten wurden von Georg II. genehmigt. Dazu gehörten die Neubauten der königlichen Ställe in London, Umbauten der englischen Schlösser St. James und Hampton Court sowie der Neubau des abgebrannten Leineschlosses in Hannover.[93] Die Nähe zu den königlichen

---

82 ARKELL, Caroline of Ansbach, S. 68.
83 Siehe zu St. James den umfangreichen Aufsatz von Wolf BURCHARD, St James's Palace. George II's and Queen Caroline's Principal London Residence, in: Court Historian 16, 2 (2011), S. 177–203.
84 BUCHOLZ/WARD, London, S. 66.
85 Kinsky an Prinz Eugen, chiffriert, London, 01.12.1728, HHStA, Gr. Korr. 94b, 1, f. 7.
86 Richmond liegt etwa 14 Kilometer westlich von Westminster und St. James.
87 Ca. 20 Kilometer südwestlich der Innenstadt gelegen, konnte Hampton Court – wie auch Richmond – auf dem Wasserweg über die Themse erreicht werden.
88 Der bedeutenste Ausbau von Windsor Castle, 35 Kilometer östlich des Stadtzentrums und ebenfalls an der Themse gelegen, erfolgte unter dem englischen König Karl II. nach der Restauration der Monarchie 1660 (John BOLD, May, Hugh, architect, in: Oxford DNB (2008)).
89 An diesen Jagden nahmen auch die am Hof akkreditierten Diplomaten wie Graf Kinsky teil, siehe z.B. SEDGWICK, Hervey 2, S. 347.
90 SMITH, Georgian Monarchy, S. 195–197.
91 Neben der Vorliebe der Königin für den moderneren Palast mit Gärten, in denen sie ungestört ihre Spaziergänge machen konnte (ARKELL, Caroline of Ansbach, S. 186–187), könnte es sich um eine bewusste räumliche Trennung der Regentschaftsregierung vom üblichen Regierungssitz St. James handeln.
92 Zwischen St. James und Kensington Palace liegen nur knapp vier Kilometer.
93 SMITH, Georgian Monarchy, S. 70–73. Im St. James's Palace machte die große königliche Familien einen neuen Küchentrakt unerlässlich und Königin Caroline ließ eine Biblio-

Residenzen war auch auf dem Land für die Diplomaten notwendig. Der kaiserliche Gesandte Kinsky hatte deshalb ein Landhaus in Isleworth,[94] unweit der königlichen Schlösser[95] in Richmond und Hampton Court auf der gegenüberliegenden Themseseite. Isleworth hatte seit dem frühen 18. Jahrhundert eine relativ offen praktizierende katholische Gemeinde, die von der Talbot-Familie, verwandt mit den Earls of Shrewsbury, unterstützt wurde.[96] Damit bot sich der Ort für den katholischen Gesandten des Kaisers als Wohnort auf dem Land an.

Neben der Parlamentssaison wurde das Jahr durch die Anwesenheit der königlichen Familie in London und die Feier ihrer Geburtstage mit Bällen und Empfängen geprägt. Bälle gaben auch die auswärtigen Gesandten, um die Geburtstage oder Hochzeiten ihrer Herrscherfamilie zu feiern. Anlässlich der Eheschließung Maria Theresias und Franz Stephans von Lothringen lud Graf Kinsky im Februar 1736 mehrere hundert Gäste zu einem großen Maskenball ins Somerset House in London ein.[97] Ab November und häufig bis zur Parlamentseröffnung im Januar zogen sich Minister und auswärtige Gesandte auf ihre Landsitze zurück.[98] Im ersten Jahrzehnt seiner Regierung reiste Georg II. 1729, 1732, 1735 und 1736 im Sommer nach Hannover, wo er sich hauptsächlich im Herrenhauser Schloss sowie im Leineschloss aufhielt. Während dieser Abwesenheiten vertrat Königin Caroline ihren Mann als Regentin in London.[99]

---

thek einbauen, BURCHARD, St James's Palace, S. 185–191. Während dies sicher zum Teil auf die hohen Kosten eines Neubaus zurückzuführen war, argumentiert Smith (dies., Georgian Monarchy, ab S. 81, bes. S. 119–120), Georg I. und vor allem Georg II. hätten nach den Maßstäben der Frühaufklärung einen bewusst frugalen Lebensstil gepflegt, zu dem ein Palastneubau nicht gepasst hätte. Stattdessen hinterließ Georg II. sowohl in der Civil List in Großbritannien als auch in Hannover ein großes Vermögen, ebd., S. 73.

94 Siehe einen Bericht über den Besuch des Herzogs von Lothringen inkognito in London, seinen Empfang bei Hof und durch die königliche Familie, nach dem er »[...] went and dined at count Kinsky's at Isleworth, and so back to London to count Kinsky's house there [...].« Delafaye an Waldegrave, Hampton Court, 26.10.1731, in: COXE, Walpole 3, S. 123.

95 Kinsky an Karl VI., London, 09.05.1731, HHStA, StA England 67, f. 10.

96 Susan REYNOLDS, Heston and Isleworth: Roman Catholicism, in: Dies. (Hg.), A History of the County of Middlesex. Bd. 3, London 1962, S. 129–131.

97 The Monthly Chronologer, London, 29.02.1736, in: The London Magazine Nr. 5, Februar 1736, S. 98.

98 Für Walpole war dies z.B. der Landsitz in Houghton, für Newcastle in Claremont, siehe Kapitel 3.2.2, S. 167–168.

99 Zu den Hofreisen von 1729 bis 1741 siehe ausführlich RICHTER-UHLIG, Hof und Politik.

In der ersten Hälfte des 18. Jahrhunderts wurden die Ministerien in London nach und nach in Whitehall angesiedelt. 1735 konnte Sir Robert Walpole ein Haus in der Downing Street als Dienstwohnung nehmen,[100] zuvor wohnte er am St. James's Square in direkter Nähe zum Königspalast. Sein Büro wurde zum permanenten Sitz des First Lord of the Treasury.[101] Im folgenden Jahr wurden die restlichen Gebäude nördlich der Downing Street saniert und bildeten dann die »Kent Treasury« – benannt nach dem Architekten – mit einem Gang zu Walpoles Haus in Nr. 10 Downing Street.[102] Die Minister kamen aber weiterhin in ihren Wohnhäusern für Sitzungen zusammen.[103] Als die Beziehungen zwischen London und Wien Anfang 1729 allerdings sehr schwierig wurden, traf sich der Secretary of State Townshend mit dem britischen Gesandten Kinsky in einem unbewohnten Haus, das als neutraler Ort diente.[104]

Tausende Gaststätten, Pubs und Kaffeehäuser waren in London Zentren gesellschaftlichen Lebens und eng verknüpft mit der Verbreitung von Tageszeitungen und der Existenz vieler Vereine.[105] London war bekannt für seine aktive Öffentlichkeit und die engen sozialen Bindungen, die zumindest die Akteure von Hof, Parlament, politischen und wirtschaftlichen Institutionen miteinander verbanden.[106] Treffpunkte der hier behandelten Akteure waren nicht zuletzt die für London typischen Versammlungsräume der männlichen Elite des Landes, darunter Clubs sowie die Royal Society, in die der kaiserliche Gesandte Kinsky 1731 aufgenommen wurde.[107] Vergnügungsparks,[108] Theater und Konzerthallen waren meist kommerzielle Einrichtungen, die durch Eintrittsgelder das Publikum selektierten und auch als Treffpunkt für die königliche Familie, Hofangehörige, Minister, Beamte und Diplomaten dienten. Im Gegensatz zum Leineschloss in Hannover hatte St. James

---

100 Das Haus ist als Nr. 10 Dowing Street bis heute Amtssitz des britischen Premierministers.
101 WHEATLEY, London 1, S. 519.
102 William Kent war auch Architekt der 1731 neu erbauten Royal Mews und einflussreicher Vertreter des palladianischen Stils (John HARRIS, Kent, William (bap. 1686, d. 1748), in: Oxford DNB (2007)). Walpoles Arbeitszimmer war schon vorher der Besprechungsraum der Minister und wurde 1735 der »Cabinet Room«, BUCHOLZ/WARD, London, S. 120.
103 Newcastle an Harrington, »private«, Claremont, 05.06.1730, in: COXE, Walpole 2, S. 696–697.
104 Kinsky an Karl VI., London, 28.02.1729, HHStA, StA England 65, f. 87–87v.
105 Peter CLARK (ders., British Clubs and Societies, 1580–1800. The Origins of an Associational World, Oxford 2000, S. 161–165) sieht Gaststätten – Gasthäuser, Bierstuben, Kneipen und Kaffeehäuser – ebenso wie die Ausbreitung der Presse, ebd., S. 172–175, als Grundlage der entstehenden Vereinskultur in Großbritannien.
106 Siehe Kapitel 4.1.5 und 4.1.6.
107 Siehe Kapitel 3.2.4, S. 181.
108 BUCHOLZ/WARD, London, S. 202.

weder Konzertsaal noch Theater.[109] Georg II. bediente sich der kommerziellen Angebote und sah sie als Hoftheater oder -konzertsaal an, in denen er
vom Publikum ein entsprechendes Auftreten erwartete. Allerdings diente die
Anwesenheit des Königs oder von Mitgliedern seiner Familie auch den Organisatoren, da dadurch mehr zahlendes Publikum erschien.[110] Ein exklusiver
Vergnügungspark mit Eintrittspreisen und -marken waren die Vauxhall Gar-
dens, für die auch Graf Kinsky ein Saisonabonnement hatte.[111] Damit waren
in London, anders als in Wien, breite Anschlussmöglichkeiten für die Diplomaten an das gesellschaftliche Leben gegeben, die über den Hof und die
politisch-diplomatischen Kreise hinausgingen.

Die räumliche Nähe der Einrichtungen sowie die aktive Londoner Presse
bedeuteten aber auf der anderen Seite, dass Geheimhaltung im Zentrum
Großbritanniens nur schwer zu erreichen war. Verhandlungen oder auch nur
Treffen zwischen König, Ministern und Diplomaten konnten nie lange im Ver-
borgenen bleiben, sondern gelangten schon bald durch die auch international
beachtete Presse an die Öffentlichkeit. Sollten wie bei den Annäherungsver-
suchen zwischen Wien und London seit 1729 Verhandlungen zunächst nicht
bekannt werden, fanden sie in Wien oder auch bei den Hofreisen Georgs II.
nach Hannover statt.[112]

4.1.2 Kommunikationswege

Bis sich die Akteure an einem Ort treffen konnten, mussten für die Herstellung von Beziehungen zwischen den Herrschaftsgebieten mit ihren Höfen in
Wien und London große Distanzen überbrückt werden. Der weite geographische Raum, in diesem Fall hauptsächlich West- und Mitteleuropa, bestimmte
so zu einem wesentlichen Teil die Kommunikation mit. Dabei stattfindende
»Grenzüberschreitungen«[113] von geographischen Grenzen wie dem Ärmelkanal und Gebirgen oder Flüssen, spielten in den diplomatischen Berichten – wie
unten ausgeführt – höchstens als Beschreibung von Reisehindernissen eine
Rolle. Auch der Wechsel vom bekannten zum unbekannten Umfeld wurde

---

109 BURCHARD, St James's Palace, S. 183.
110 SMITH, Georgian Monarchy, S. 234–238.
111 Siehe die auf »His Excellency Count Kinsky« ausgestellte entsprechende Plakette, die
    als Nachweis des Abonnements diente. Tomáš KLEISNER, Barokní londýnský token
    hraběte Kinského, in: Numismatické listy 54 (1999), S. 33–35, hier Abbildung S. 33,
    deutsche Zusammenfassung S. 35. Durch die Titulierung lässt sich vermuten, dass sie
    aus den Jahren 1733 bis 1736 stammte, als Kinsky als Botschafter akkreditiert war.
112 Hierauf verweist auch RICHTER-UHLIG, Hof und Politik, S. 45.
113 Siehe Wolfgang SCHMALE/Reinhard STAUBER, Einleitung. Mensch und Grenze in der
    Frühen Neuzeit, in: Dies. (Hg.), Menschen und Grenzen in der Frühen Neuzeit, Ber-
    lin 1998, S. 9–22.

nicht direkt thematisiert, die Irritation über fremde Verhaltensweisen aber artikuliert.[114] Den Wechsel vom eigenen in ein fremdes Territorium[115] markierten nur die Erhebung von Einfuhrsteuern[116] oder die Notwendigkeit, ausweisende Papiere als Identitätsnachweis mitzuführen.[117] Pässe wurden für das Gepäck von Diplomaten gebraucht[118] und die Ausfahrt von Schiffen der Ostende-Kompanie verzögerte sich, da die entsprechenden britischen Papiere fehlten.[119]

Das Reisen war auf den europäischen Wegen des frühen 18. Jahrhunderts schwierig und langwierig. Selbst bei vielbenutzten Verbindungswegen kam es bei schlechtem Wetter zu Verzögerungen.[120] Als der Earl of Waldegrave 1728 von Paris nach Wien reiste, waren die Straßen wegen des Regenwetters in einem schlechten Zustand,[121] so dass er mit seiner Begleitung bis Straßburg sechs Tage statt der geplanten fünf brauchte. Ein Achsenbruch und ein Glasbruch an Kutschfenstern verzögerten die Fahrt zusätzlich.[122] Auch Reiter waren vor Unfällen nicht gefeit.[123] Der Zustand der Straßen war manchmal

---

114 Siehe dazu z.B. Waldegraves private Berichte an Townshend und Tilson aus der Zeit direkt nach seiner Ankunft in Wien, TNA, SP 80, 62. Von Philipp Kinsky ließen sich aus den ersten Monaten seines Aufenthaltes keine privaten Mitteilungen finden, siehe FA Kinsky, 3, wo die Entwürfe für solche Briefe erst ab September 1729 enthalten sind. Die Anwesenheit seiner Familie bedeutete zudem, dass er direkte Gesprächspartner für den Austausch über Fremdheitserfahrungen hatte.

115 Als bedeutsamer wurde wohl das Durchqueren von Stadttoren wahrgenommen, so Daniel JÜTTE (ders., Entering a City. On a Lost Early Modern Practice, in: Urban History 41, 2 (2014), S. 204–227).

116 Besonders Großbritannien war dafür bekannt, dass Diplomaten Einfuhrzölle auf ihre Güter zu zahlen hatten, Karl VI. an Kinsky, Instruktion, Laxenburg, 12.06.1728, HHStA, StA England 66, f. 12v–13. Siehe zum Zusammenhang mit dem zeremoniellen Rang der Gesandten Kapitel 4.2.1, S. 260.

117 Dokumente, die als Pässe oder Freibriefe bezeichnet wurden, im Englischen »licenses«, existierten schon lange, zum Beispiel als Kontrollmaßnahme für Reisende (John TORPEY, The Invention of the Passport. Surveillance, Citizenship and the State, Cambridge 2000, S. 18–20).

118 Graf Visconti an Kinsky, Brüssel, 06.05.1732, FA Kinsky, 2 c), 12, o.f.

119 Kinsky an Karl VI., London, 25.01.1732, HHStA, StA England 67, f. 26; Graf Visconti an Kinsky, Brüssel, 08.03.1732, FA Kinsky, 2 c), 6, o.f. In heutigem Sinne handelte es sich eher um Frachtpapiere (»Kommerzpässe«), die gleichzeitig als Freibriefe für den Warentransport galten, siehe Hannelore BURGER, Paßwesen und Staatsbürgerschaft, in: Waltraud HEINDL/Edith SAURER (Hg.), Grenze und Staat. Paßwesen, Staatsbürgerschaft, Heimatrecht und Fremdengesetzgebung in der österreichischen Monarchie 1750–1867, Wien 2000, S. 1–172, hier S. 51.

120 Im Winter behinderten Schnee und Eis das Reisen und hungrige Wölfe wurden zur Gefahr, Waldegrave an Tilson, Wien, 15.01.1729, TNA, SP 80, 64, f. 32–32v.

121 Der Sekretär des britischen Gesandten berichtete 1728, an einer Stelle seien sogar 16 Pferde notwendig gewesen, um die Kutsche aus dem Schlamm zu ziehen. Harris an Tilson, Straßburg, 14.04.1728, TNA, SP 80, 62, f. 139.

122 Waldegrave an Tilson, Straßburg, 13.04.1728, TNA, SP 80, 62, f. 137.

123 So musste der Kurier Janssens nach einem Unfall eine Beinverletzung in Ostende auskurieren, Visconti an Kinsky, Brüssel, 21.02.1730, FA Kinsky, 2 b), 23, o.f.

so schlecht, dass das Reisen nur auf dem Wasserweg relativ schnell möglich war. Hierzu gehörte die Strecke zwischen Regensburg und Wien. Allerdings existierte keine kommerzielle Schifffahrt auf der Donau für diese lange Strecke, so dass der britische Gesandte Waldegrave eigens Boote kaufen musste, die aufgrund ihrer schlechten Bauweise in Wien nur noch Holzwert hatten.[124]

Reisten Herrscher von einer Residenz zum anderen, wie Georg II. 1729, 1732 sowie 1735 bis 1736,[125] so taten sie dies meist mit großem Gefolge und viel Bequemlichkeit, genau wie Kaiser Karl VI. auf seiner Huldigungsreise nach Graz und Triest 1728[126] oder den Reisen nach Prag und Karlsbad und durch Oberösterreich 1732.[127] Auch Minister oder Gesandte, die zu ihrem Einsatzort reisten, waren nicht allein unterwegs. Der britische Diplomat Waldegrave reiste in drei Wochen von Paris nach Wien mit zwei Pferdegespannen, sechs Reitpferden und drei Booten für die Fahrt auf der Donau. Seine 30 zusätzlichen Bediensteten brauchten ungefähr doppelt so lange.[128] Philipp Kinsky nahm 1728 von Wien nach London »his whole Family and his own Horses« mit;[129] da zur Familie kleine Kinder gehörten, nahm die Reise über Paris viel Zeit in Anspruch.[130]

Seit den 1720er Jahren wurde in vielen Regionen Westeuropas der Straßenausbau vorangetrieben, besonders intensiv in Frankreich, England und den Österreichischen Erblanden.[131] Während in Großbritannien von privat organisierten »trusts« auch gegen Widerstände der Landbevölkerung »highways« als Mautstraßen und zur Unterstützung ihrer eigenen kommerziellen Interessen ausbauten,[132] begann der Ausbau in der Habsburgermonarchie dagegen

---

124 Waldegrave an Tilson, Graz, 11.09.1728, TNA, SP 80, 63, f. 125v.
125 RICHTER-UHLIG, Hof und Politik, bes. S. 17–25. Allerdings waren auch Monarchen nicht vor Unwettern gefeit; 1736 befürchtete man sogar, der König könne bei einem Sturm ums Leben gekommen sein, RICHTER-UHLIG, Hof und Politik, S. 24–25.
126 Siehe Kapitel 2.1, S. 60.
127 MIKOLETZKY, Hofreisen unter Kaiser Karl VI., bes. S. 268–275.
128 Waldegrave an Tilson, Graz, 11.09.1728, TNA, SP 80, 63, f. 125v–126; Waldegrave an Townshend, Graz, 28.07.1728, TNA, SP 80, 63, f. 42v.
129 Die Familie Kinsky züchtete seit den 1720er Jahren Pferde für die kaiserliche Kavallerie, Equus Kinsky International, Historic Kinsky to Modern Times, Fairtrough 2011.
130 Waldegrave an Townshend, eigenhändig, Graz, 21.07.1728, TNA, SP 80, 63, f. 37. Die Reisen von Kinskys Frau mit Kindern und Bediensteten über Calais und Antwerpen nach Hannover in den Jahren 1735 und 1736 verliefen wohl erheblich schneller. Kinsky an Harrach, London, 16.05.1735, FA Kinsky, 3 d), 81, o.f.; für die Reise im Sommer 1736 siehe Uhlfeld [ohne Unterschrift, mit Vermerk des Namens] an Kinsky, Den Haag, 05.09.1736, FA Kinsky, 2 e), 42, o.f.
131 Siehe für die grundlegenden Vergleichsdaten für Großbritannien, Frankreich und die Habsburgermonarchie Andreas HELMEDACH, Infrastrukturpolitische Grundsatzentscheidungen des 18. Jahrhunderts am Beispiel des Landverkehrswesens. Großbritannien, Frankreich, Habsburgermonarchie, in: Comparativ (1996), S. 11–50.
132 Ebd. ebd. S. 17–18. Zumindest in England hatten allerdings weiterhin die Wasserstraßen einen bis zu achtmal höheren Anteil an den Transportwegen.

als integrative Maßnahme nach dem Spanischen Erbfolgekrieg.[133] Der Kaiser ließ die fünf von Wien ausgehenden »Hauptcommerzialstraßen« aus- sowie die »Via Carolina« von Karlstadt nach Fiume neu bauen; besonders anspruchsvoll war aber der Ausbau der Verbindung zwischen Wien und Triest.[134] Der kostspielige Ausbau der Wege zu – teilweise sogar gepflasterten – Straßen mit befestigtem Untergrund[135] erlaubte schnelleres und deutlich bequemeres Reisen. Der britische Gesandte Waldegrave berichtete von der sehr bergigen Strecke zwischen Wien und Graz: »[…] with great act and expence the Roads have been brought to such a perfection that you scarce knew you are going over some of the hightest mountains in Europe.«[136]

Neben den reisenden Herrschern, Ministern und Diplomaten waren aber vor allem Boten mit Briefen als Teil der schriftlichen Kommunikation zwischen den Höfen unterwegs.[137] Die kaiserlichen Kuriere galten als »Hof- und Kabinettskuriere«,[138] die britischen reisten als »Royal Messengers«.[139] Briefe

---

133 Helmedach führt als Ziele Karls VI., die »sowohl von handelspolitischen als auch strategischen und […] ideologisch-repräsentativen Motiven bestimmt […]« (ebd., S. 31) waren, das Ansehen der Erblande, ihren Ausbau und ihr Wirtschaftswachstum sowie Reiseerleichterungen an. Ders., Das Verkehrssystem als Modernisierungsfaktor. Straßen, Fuhrwesen, Post und Reisen nach Triest und Fiume vom Beginn des 18. Jahrhunderts bis zum Beginn des Eisenbahnzeitalters, München 2002, S. 69. Siehe diese Monographie insgesamt für die Infrastrukturpolitik in den Österreichischen Erblanden seit der Zeit Karls VI.

134 Nach einer Unterbrechung der Arbeiten ab 1733 wegen des Polnischen Thronfolgekrieges und des Türkenkrieges wurden die Arbeiten in den 1740er Jahren fortgesetzt. Ders., Infrastrukturpolitische Grundsatzentscheidungen, S. 32.

135 Allein der Ausbau zwischen Wien und Graz kostete ca. 500.000 fl., die Verbindung nach Triest war noch teurer. Waldegrave an Tilson, Graz, 14.07.1728, TNA, SP 80, 63, f. 24.

136 Ebd. Zum Ausbau der Verkehrswege in der Habsburgermonarchie HELMEDACH, Das Verkehrssystem als Modernisierungsfaktor.

137 Zur Bedeutung des Briefes im 18. Jahrhundert siehe Nadir WEBER, Zwischen Arkanum und Öffentlichkeit. Der Brief als Medium politischer Kommunikation im 18. Jahrhundert, in: Felix HEIDENREICH/Daniel Schönpflug (Hg.), Politische Kommunikation. Von der klassischen Rhetorik zur Mediendemokratie, Berlin 2012, S. 53–73.

138 Instruktion (Reglement) für die Hof- und Kabinettskuriere im Hofstaat Kaiser Karls VI., Wien, 10.12.1734, in: Jakob WÜHRER/Martin SCHEUTZ (Hg.), Zu Diensten Ihrer Majestät. Hofordnungen und Instruktionsbücher am frühneuzeitlichen Wiener Hof, Wien 2011, S. 758–760.

139 Priscilla Scott CADY/Henry L. CADY, The English Royal Messengers Service, 1685–1750. An Institutional Study, Lewiston, NY 1999. Neben dem Transport von schriftlichen und mündlichen Botschaften, die gerade bei den Besuchen des Königs in Hannover in großer Zahl verschickt wurden (ebd., S. 39), hatten diese Kuriere im 18. Jahrhundert noch andere Aufgabenbereiche im Inland. Sie waren ausführende Organe der Pressezensur (ebd., S. 58–61) und übernahmen Polizeiaufgaben wie die Verfolgung von Verbrechern, die die Untersuchungshaft meist im Haus eines Royal Messengers verbrachten (ebd., S. 86–96); sogar die Spionageabwehr gehörte zu ihrem Mandat (ebd., z.B. S. 80–82).

wurden von Dienern oder Kurieren, als Expresssendung oder normale Post von einem Ort zum anderen befördert. Die Ankunft von Kurieren und ganz besonders von Expresskurieren galt als sicheres Zeichen, dass wichtige Informationen eingegangen waren; in den diplomatischen Berichten wurde deshalb jeder Kurier mit seinem Ausgangsort vermerkt.[140] Bei der Post handelte es sich für den hier betrachteten Zeitraum im Reich um die von den Fürsten Thurn und Taxis organisierte Reichspost, die seit 1725 auch die Post der Österreichischen Niederlande gepachtet hatten.[141] Im Kurfürstentum Braunschweig-Lüneburg gab es ein eigenes Postwesen mit dichtem Liniennetz.[142] In Großbritannien war der königliche Postdienst seit dem späten 17. Jahrhundert als »General Post Office« institutionalisiert.[143]

Von Wien nach London mussten nicht nur 1.220 Kilometer über Land zurückgelegt, sondern auch der Ärmelkanal überquert werden. Navigationsschwierigkeiten durch das Wetter konnten im 18. Jahrhundert noch nicht durch Schiffstechnik ausgeglichen werden. Während der Herbst- und Frühjahrstürme wurden die Kuriere häufiger durch »contrary Winds and stormy Weather«[144] aufgehalten. Kinsky wartete im Februar 1733 acht Tage vergeblich auf das Ablegen eines Schiffes, dessen Auslaufen durch gegenläufige Winde und Stürme verhindert wurde.[145] Die Laufzeit der Briefe verdoppelte oder verdreifachte sich dadurch. Außerdem konnte die Post auch auf der Strecke überfallen werden – dann waren alle beförderten Briefe verloren.[146]

---

140 Waldegrave an Townshend, Wien, 04.06.1729, TNA, SP 80, 64, f. 269–269v.

141 Thomas WINKELBAUER, Postwesen und Staatsbildung in der Habsburgermonarchie im 17. und 18. Jahrhundert, in: Wiener Geschichtsblätter 68, 1 (2013), S. 69–86, hier S. 78–79. Zur Reichspost und den Kommunikationsnetzwerken siehe grundlegend Wolfgang BEHRINGER, Im Zeichen des Merkur. Reichspost und Kommunikationsrevolution in der frühen Neuzeit, Göttingen 2003.

142 Karl Heinrich KAUFHOLD, Die Wirtschaft in der frühen Neuzeit. Gewerbe, Handel und Verkehr, in: HEUVEL/BOETTICHER, Geschichte Niedersachsens. Bd. 3.1, S. 351–574, hier S. 515–521, sowie BEHRINGER, Im Zeichen des Merkur, S. 262–264. Das Postaufkommen nahm aufgrund der Personalunion zwischen Hannover und England zu, hierfür wurde über Land die Strecke Hannover – Bremen – Cuxhaven und ab dort der Schiffsverkehr genutzt; die Strecke ist seit 2009 unter dem Namen »Alter Postweg« als Radwanderweg ausgewiesen (Stadt Bremerhaven, Alter Postweg).

143 Immer noch maßgeblich ist Kenneth ELLIS, The Post Office in the Eighteenth Century. A Study in Administrative History, London 1958.

144 Waldegrave an Townshend, Fountainebleau, 19.11.1727, TNA, SP 80, 62, f. 87.

145 Kinsky an Prinz Eugen, Calais, 19.02.1733, FA Kinsky, 3 b), 8, o.f.; Kinsky an Sinzendorff, London, 27.02.1733, FA Kinsky, 3 b), 10, o.f. In den Österreichischen Erblanden richteten Unwetter mit Überschwemmungen schwere Schäden an; wenn Brücken über die Donau vom Hochwasser mitgerissen wurden, war die Post beeinträchtigt. Robinson an Tilson, Wien, 08.07.1730, TNA, SP 80, 68, o.f.

146 Ein solcher Postüberfall ereignete sich im Mai 1732 zwischen Regensburg und Nürnberg bei Neumark, wodurch Robinson mehrere Tage keine Informationen aus London erhielt und z.B. auch nicht wusste, wo sich der König auf seiner Reise nach Hannover befand, Robinson an Weston, Wien, 24.05.1732, TNA, SP 80, 88, o.f.

Ein Brief von Wien nach London brauchte üblicherweise bei Eilbeförderung durch einen direkten Kurier mindestens zehn,[147] meistens zwölf Tage.[148] Mit Kurieren, die jeweils alleine die ganze Strecke zurücklegten und die die Post nicht unterwegs als Staffette an andere Kuriere übergaben, scheint dies die normale Laufzeit gewesen zu sein.[149] Über Paris dauerte es zwei Wochen[150] und bei normaler Beförderung mit der Post im Schnitt 18 Tage.[151] Als ein Brief mit der normalen Post nur zwölf Tage brauchte, war das eine große Ausnahme: »The Day before Yesterday I received yrs. of the 14th past [...]. by what chance I had it so soon I cant [!] tell for it was not above 12 Days on the Road, and commonly the letters are 16 or 18.«[152] Von London aus ging die Korrespondenz des kaiserlichen Gesandten meist über Ostende oder Brüssel, von wo aus sie über Frankfurt nach Wien gebracht wurde. Insgesamt war die Post so lange wie möglich auf kaiserlichem Territorium unterwegs und damit weniger gefährdet, abgefangen zu werden.[153] Im Polnischen Thronfolgekrieg blieb die Post allerdings häufig in Brüssel liegen, weswegen der kaiserliche Botschafter in London dann darum bat, dass der Sekretär des Grafen Harrach, des Haushofmeisters der Erzherzogin, jeweils direkt als Kurier fungieren möge.[154] Die Strecke zwischen Hannover und Wien wurde normalerweise in fünf oder sechs Tagen bewältigt.[155] Die langen Überbringungswege der Briefe hatten zur Folge, dass die Diplomaten an ihren Einsatzorten eigenständig agieren mussten. Gleichzeitig mussten aber die Monarchen auf das selbständige Handeln ihrer Vertreter vertrauen. Die Instruktionen zu Beginn einer

---

147 Der im Folgenden genannte Beleg ist als Beispiel gedacht, die Laufzeiten können durch die Briefwechsel insgesamt belegt werden. Townshend an Waldegrave, London (Whitehall), 26.05.1728, TNA, SP 80, 62, f. 197.

148 Harrington an Robinson, London (Whitehall), 03.04.1731, TNA, SP 80, 73, f. 25. Aus der Korrespondenz geht hervor, dass der Kurier mit den unterzeichneten Vertragspapieren des Vertrags von 1731 Wien am 21. März 1731 morgens verließ und London am Abend des 1. April 1731 (beide Daten n.S.) erreichte.

149 Siehe z.B. Waldegrave an Townshend, Wien, 13.05.1728, TNA, SP 80, 62, f. 171.

150 Waldegrave an Townshend, Wien, 02.05.1728, TNA, SP 80, 62, f. 150v; Townshend an Waldegrave, London (Whitehall), 18.05.1728, TNA, SP 80, 62, f. 155.

151 Waldegrave an Tilson, Wien, 16.06.1728, TNA, SP 80, 63, f. 10v, Vermerk des Posteingangs auf dem Brief.

152 Waldegrave an Tilson, Wien, 10.05.1730, TNA, SP 80, 67, f. 137. Mit den Entfernungen nach Asien und zu den Vertretern der Handelsgesellschaften war das aber nicht zu vergleichen: Ein Brief von Indien nach Europa brauchte ca. ein halbes Jahr! Ein Brief von Sir Thomas Robinson aus Wien, den er am 18.07.1734 an seinen Bruder in Surat bei der East India Company geschickt hatte, erreichte diesen Mitte Januar 1735. John Robinson an Thomas Robinson, Surat, 13.01.1735, WYAS, WYL 150, 6024.

153 Überfälle auf Kuriere waren keine Seltenheit, siehe z.B. CADY/CADY, The English Royal Messengers, S. 43, über die beiden Kuriere, die die Urkunden des Vertrags von Sevilla transportierten und auf dem Weg von Spanien nach Paris auf unterschiedlichen Strecken beide überfallen wurden.

154 Kinsky an Harrach, London, 24.08.1734, FA Kinsky, 3 c), 100, o.f.

155 Siehe z.B. Philipp an Stephan Kinsky, Hannover, 31.08.1736, FA Kinsky, 3 e), 90, o.f.

Mission gaben eine Richtung vor, doch konnte sich niemand darauf verlassen, dass die weiteren Befehle regelmäßig ankamen und konkrete Informationen oder Anweisungen enthielten.

Sowohl durch die Entfernungen als auch die institutionellen Rahmenbedingungen konnten sich die Kommunikationswege und -laufzeiten verlängern. 1729 schickte die Wiener Hofkanzlei eine Vollmacht nach London, damit der kaiserliche Gesandte Kinsky mit dem britischen König und seinen Ministern über einen neuen Vertrag verhandeln konnte.[156] Der König befand sich zu dieser Zeit in Hannover und mit ihm der Gesandte. Formal übergab der König mit seiner Abreise Königin Caroline die britische Regentschaft und handelte bis zu seiner Rückkehr nur als Kurfürst.[157] Die Königin hielt sich in London auf, wohin die kaiserliche Vollmacht deshalb geschickt wurde. Bis die Vollmacht letztlich in Hannover bei Kinsky ankam und ihm für die Verhandlungen nützte, waren mehrere Wochen vergangen.[158] Nach der Abreise des Königs aus Hannover sollte Kinsky kurzfristig zur mündlichen Berichterstattung nach Wien kommen – allerdings erhielt er den Befehl dazu erst, als er schon wieder in London war. Kinsky war Georg II. direkt gefolgt, da er keine andere Weisung erhalten hatte.[159] Am Tag darauf wurde in Wien die entsprechende Instruktion losgeschickt:

[...] demnach Unser dienst erheischet, daß du über dem dermahligem standt der sachen am Englischen Hof ausführlichen und mündtlichen bericht erstattest, auch sodann von Unserer weiteren willens meynung gründlicher belehret werdest [...].[160]

Nachdem ihm diese Weisung in London zugestellt worden war, rechtfertigte sich Kinsky gegenüber Prinz Eugen:

[...] J'ai reçu les ordres d'aller à Vienne premierement aprés mon arrivée d'ici j'aurois souhaité de m'y rendre, si cela n'avoit eté même, que pour vingt quatre heures, mais comme je n'esperois pas de reçevoir une telle permission, je suivis le Roi le jour d'aprés d'autant plus [ab hier chiffriert] que nous ne voyons clair aux affaires presentes.[161]

---

156 Siehe Kapitel 2.2, S. 69.

157 Siehe Kapitel 1.2, S. 36, Fn. 125.

158 Mitte August war die Vollmacht endlich in Hannover, Kinsky an Karl VI., Hannover, 11.08.1729, HHStA, StA England 65, f. 15–22. Die Vollmacht stammte vom 11. Mai, Karl VI. an Kinsky, Vollmacht, Laxenburg, 11.05.1729, HHStA, StA England 66, f. 45–48.

159 Kinsky an Prinz Eugen, Hannover, 20.09.1729, HHStA, Gr. Korr. 94b, 1, f. 79.

160 Karl VI. an Kinsky, Wien, 21.09.1729, HHStA, StA England 66, f. 45. Siehe zur mündlichen Berichterstattung Kapitel 4.2.3, S. 283.

161 Kinsky an Prinz Eugen, chiffriert, London, 14.10.1729, HHStA, Gr. Korr. 94b, 1, f. 81.

Von Kaiser Karl VI. weiß man, dass er Anweisung gab, ihn auch nachts zu wecken, damit besonders wichtige Berichte so schnell wie möglich bearbeitet und so die Laufzeiten des Briefwechsels verkürzt werden konnten. Hofkanzler Sinzendorff schrieb an den kaiserlichen Gesandten Kinsky im Sommer 1729, ein Bericht, den er aus Hannover geschickt hatte, sei »umb halbzwölf uhr in der nacht« eingetroffen,

und weilen mir der einhallt, zumahlen bey gegenwärtiger zeit umbständten, von überaus großer wichtigkeit zuseyn geschienen hat, so habe nicht umbhin gekondt, Ihro Kayserl. und Königl. Cath. Mays. derselben alsogleich allerunterthänigst vorzutragen.[162]

Andererseits ließ Sinzendorff später den britischen Gesandten Robinson immer so spät abends zu sich rufen, »[…] till, as it is his custom, it shall be too late to write by the Post.«[163]

Zur Absicherung der Sendung nannten die Empfänger im Antwortschreiben die Kuriere, die die Post überbracht hatten.[164] Ob für die Beförderung der Briefe normale Postkuriere oder bei Eilsendungen Staffettenreiter, amtliche Kuriere oder eigene Bedienstete[165] eingesetzt wurden, hing unter anderem mit den Kosten zusammen. Diese hatte bei der Post der Empfänger zu zahlen. Die Reichskanzlei benutzte die normale Post. Mit den seitenlangen Beilagen kostete die nach Gewicht berechnete Beförderung in England dann zehn bis

162 Sinzendorff an Kinsky, Wien, 07.08.1729, HHStA, StA England 66, f. 31.
163 Robinson an Harrington, chiffriert, 19.03.1732, TNA, SP 80, 86, o.f.
164 Als kaiserliche Kuriere wurden zwischen 1728 und 1735 auf der Strecke Wien – London verschiedene namentlich genannte Personen (Lutz, Montagna, Reißmann, Kessler, Strain, Lochrer, Kyppher, Janssens) eingesetzt, zusätzlich gab es noch einen weiteren, als »Express Mohr« bezeichneten Boten. Da Philipp Kinsky regelmäßig Kontakt zu seinen Ländereien halten wollte, hatte er einen eigenen Kurier namens Matthias Zimmer angestellt, siehe entsprechende Bemerkungen in den Berichten in FA Kinsky, 2 und 3. An anderer Stelle wurde Zimmer als Kammerdiener Kinskys bezeichnet, Kinsky an Sinzendorff, chiffriert, London, 01.05.1733, HHStA, StA England 70, f. 38.
Von den britischen Kurieren sind sogar Abrechnungslisten erhalten (HORN, The British Diplomatic Service, S. 220). Auf dieser Strecke war es u.a. der Kurier Nathan(iel) Carrington: »[…] Nat Carington desires me to write to you that he may be sent back when occasion shoud acquire, for as he has been appointed for this service, he hopes he is to be first in it as long as I [Waldegrave] action here he speaks good Dutch [hier: Deutsch] and that makes him more useful than others that dont speek [!] it […]«, Waldegrave an Tilson, Wien, 13.05.1728, TNA, SP 80, 62, f. 196v. Bei CADY/CADY (dies., The English Royal Messengers, S. 128) wird kurz die lange Karriere dieses Kuriers referiert, der auch in der Verbrechensbekämpfung erfolgreich war.
165 Meist handelte es sich um Kammerdiener der Diplomaten, z.B. Kinsky an Prinz Eugen, London, 23.06.1733, HHStA, Gr. Korr. 94b, 1, f. 196. Freiherr von Wetzel an Kinsky, Frankfurt, 03.05.1734, FA Kinsky, 2 d), 22, o.f.

zwölf Gulden,[166] weshalb Philipp Kinsky 1734 darum bat, dass die Befehle der Reichshofkanzlei »[…] fürohin, so viel thunlich, mir jederzeit durch die von der Kaysl. geheimben Hoff-Cantzley bey dermahligen läuffigen ohne den häuffig-abfertigende Courriers überschicket werden möchten.«[167]

Ein anderer Grund für die Verwendung von Kurieren oder eigenen Bediensteten war die Postüberwachung.[168] Korrespondenzen fremder Diplomaten und Minister wurden regelmäßig in allen größeren Postämtern abgefangen, geöffnet, kopiert, wieder geschlossen und erst danach weitergeleitet. Sowohl die Ämter in Wien als auch in London waren für ihre schnelle und effiziente Postüberwachung bekannt. Für London zumindest galt dies aber nur für auswärtige Absender und Empfänger, die in Anordnungen der beiden Secretaries of State namentlich benannt waren.[169] So erhielt 1730 der Postmaster General in London den Befehl, »To open and detain all letters and packets addressed to the following persons […]«.[170] Es folgten die Namen oder Titel von 113 Personen und Korporationen, die überwacht werden sollten, darun-

---

166 Philipp Kinsky beschwerte sich darüber, dass »[…] die welt-bekant-englische theure post ein articul von großer consideration ist, welchen ich aus denen mir ausgewiessenen postgeldern die ohnehin das passirte quantum alljährlich um ein wirkliches übersteigen, bey gegenwärtig- geld-khurzen zeithen kaum bestreiten kan.« Er bat deshalb mehrfach um die Übersendung auf anderen Wegen, da der von der Hofkammer vorgesehene Betrag für Postgelder nicht ausreiche. Kinsky an Harrach, London, 20.10.1734, FA Kinsky, 3 c), 131, o.f.

167 Kinsky an Karl VI., London, 18.05.1734, HHStA, RK Dipl. Akten aus Braunschweig-Hannover, Berichte 3 c, o.f.: »[…] die depechen kommen mir solchergestalten nicht nur richtig- und geschwinder zu, sondern das allerhöchst-kaysl. interesse selbsten wird andurch desto besser beförderet, wo hingegen bey jetzigen gefährlichen zeithen dem ordinary Post weeg eines theils nicht allerdings vollkommen zu trauen, andern theils der allhießige Post-porto dergestalten kostbahr ist […].« Im Kontakt mit der Erzherzogin in den Österreichischen Niederlanden bat Kinsky schon früher aus Kostengründen, die Kuriere sollten in Brüssel bezahlt werden (Kinsky an Harrach, London, 18.08.1733, FA Kinsky, 3 b), 37, o.f.) bzw. es sollte direkt statt eines Kuriers ein Sekretär aus Brüssel nach London geschickt werden, Kinsky an Harrach, London, 24.08.1734, FA Kinsky, 3 c), 100, o.f.

168 MÜLLER, Das kaiserliche Gesandtschaftswesen, S. 40–41. Kaiserliche Kuriere galten allerdings auch nicht immer als zuverlässig; ihnen sei nicht zu trauen, so Kinsky an Prinz Eugen, London, 02.05.1730, HHStA, Gr. Korr. 94b, 1, f. 108.

169 Für die britische Postüberwachung, deren Ergebnisse wohl die meisten Kabinettsminister zu sehen bekamen, siehe einen kurzen Überblick bei Jeremy BLACK, Intelligence and the Emergence of the Information Society in Eighteenth-Century Britain, in: Karl DE LEEUW/Jan A. Bergstra (Hg.), The History of Information Security. A Comprehensive Handbook, Amsterdam u.a. 2007, S. 369–379, hier S. 370–375. Einheimische Post wurde überwacht, wenn bei den Betroffenen jakobitische Tendenzen vermutet wurden. Susan WHYMAN, Postal Censorship in England 1635–1844, Princeton, NJ 2003, S. 12–13. Auch in Wien fing man solche Briefe ab, unter anderem die Korrespondenz des »Bevollmächtigten des Prätendenten Jakob Stuart in Wien Graf Owen O'Rourcke«, HHStA, StA England Varia 8, f. 1–68.

170 Miscellaneous Warrants, an Postmaster General, London, 26.05.1730, TNA, SP 36, 18, f. 211–212.

ter alle europäischen Herrscher, ihre wichtigsten Minister und Diplomaten, die Direktoren der South Sea Company (aber nicht der East India Company!) und Buchhändler in den Niederlanden und London. Von den Kaiserlichen wurden unter anderem namentlich genannt »The Emperor«, Prinz Eugen, der Bischof von Würzburg, die zwei Grafen Sinzendorff, Monsieur de Rialp sowie die zwei Grafen »Kinski«. In Wien gab es 1730 keinen Brief an oder von einem auswärtigen Amtsinhaber, der nicht abgefangen wurde.[171] »[…] not a Letter comes or goes by the Post but it is lookt in to, and Copies taken of it, if its either in Cypher or any ways misterious […]«[172] Die von den Thurn und Taxis geleitete Reichspost hatte sogar den direkten Auftrag, die Überwachung interessanter Korrespondenz zu unterstützen.[173]

Auch die Verwendung von Verschlüsselungskodes half nur wenig. Das Kopieren interessanter Inhalte sowie die Entzifferung verschlüsselter Inhalte übernahmen gesonderte Institutionen, in Wien die direkt dem Kaiser unterstellte »Geheime Ziffernkanzlei«. Dort waren fünf bis zehn hauptamtliche Beamte damit beschäftigt, so schnell wie möglich abgehende und eingehende Post zu sortieren, bei Interesse die Siegel zu öffnen, den Inhalt zu kopieren und dann den Brief wieder zu verschließen, so dass er ohne Verzögerung wieder zum Postamt zurückgebracht werden konnte.[174] In London hatte das »Secret Office« Räume im selben Gebäude wie die Büros der Secretaries of State, unter deren formeller Aufsicht es stand.[175] Die Kosten für das »Secret Office«, die in der ersten Hälfte des 18. Jahrhunderts von £ 450 auf £ 5.000 stiegen, wurden ab den 1720er Jahren beim Postministerium als

---

171 Immer noch grundlegend zur Organisation der Wiener Briefüberwachung ist ein Aufsatz aus dem Jahr 1975 von Harald HUBATSCHKE, Die amtliche Organisation der geheimen Briefüberwachung und des diplomatischen Chiffrendienstes in Österreich (Von den Anfängen bis etwa 1870), in: MIÖG 83 (1975), S. 352–413, hier S. 354, 366.

172 Waldegrave an Tilson, Wien, 13.05.1728, TNA, SP 80, 62, f. 195v. Waldegrave befürchtete, dass die Wiener eine Kopie des britischen Chiffrierungsschlüssels von St. Saphorin hatten. Über manche Themen sollte gar nicht geschrieben werden, etwa über die Gräfin Batthyány: »[…] I have been cautioned against […] writing on her subject, and by the Post I would not venture, for its a sin that is never to be forgiven […]«, Waldegrave an Townshend, Wien, 13.05.1728, TNA, SP 80, 62, f. 189.

173 Siehe zusammenfassend Klaus BEYRER, Die Schwarzen Kabinette der Post. Zu einigen Beispielen der organisierten Briefüberwachung, in: Wilhelm HAEFS/York-Gothart MIX (Hg.), Zensur im Jahrhundert der Aufklärung. Geschichte – Theorie – Praxis, Göttingen 2007, S. 45–59, hier S. 53–54.

174 HUBATSCHKE, Die amtliche Organisation der geheimen Briefüberwachung, S. 367, zum besonderen Interesse Karls VI. an der Ziffernkanzlei ebd., S. 365–366. Siehe zur Arbeitsweise Franz STIX, Zur Geschichte und Organisation der Wiener Geheimen Ziffernkanzlei (Von ihren Anfängen bis zum Jahr 1848), in: MIÖG 51 (1937), S. 131–160, hier S. 132–133, 138–139, 149–150.

175 Extract from a further Report of the Committee of Secrecy […], in: House of Commons (Hg.), Report from the Secret Committee on the Post-Office together with the Appendix, London 1844, S. 112.

»Secret Service« verbucht.[176] Im Zweifelsfall entschied aber auch in Großbritannien der König. 1729 gab es Schwierigkeiten mit einem abgefangenen
Brief, der durch ein besonderes Siegel gesichert war. Entweder hätte der Brief
ungeöffnet oder – nach der Öffnung – mit einem Tag Verspätung ausgeliefert
werden können. Minister Townshend hielt den Brief aufgrund des Siegels für
eine Falle, mit der die britische Postüberwachung bewiesen werden sollte. Sir
Robert Walpole bestand aber auf dem potentiellen Nutzen des Inhaltes. Somit
lag die letzte Entscheidung bei Georg II.: »I am of opinion it should be open'd,
and send when ever it is copy'd, under pretence of a mistake.«[177] In kritischen Zeiten kam dann manchmal gar keine Post beim Empfänger an. Kinsky
schrieb in einem Fall 1734, man solle das Rescript bitte als Duplikat schicken,
»[…] weilen allem ansehen nach solches doch irgendwo hinterschlagen worden zu seyn scheinet [...].«[178] Durch die Personalunion vergrößerten sich
die Kapazitäten der britischen Postüberwachung, da die wichtigste »Cham-
bre noir« oder Ziffernkanzlei Norddeutschlands in Celle regelmäßig Personal
und Vorlagen zum Fälschen von Stempeln und Siegeln nach London schickte.[179] Seit 1732 war der Meisterfälscher für Siegel und Stempel in London der
Hannoveraner Johann Ernst Bode.[180]

Das große Interesse der Höfe an der Post auswärtiger Diplomaten war
bekannt. Entsprechend wurden Weisungen anders formuliert, wenn vermutet wurde, die Postüberwachung könnte intensiviert worden sein.[181]
Damit die Gegenseite von geheimen Inhalten nichts erfuhr, wurden diese
unter anderem auf Umwegen verschickt, da die Hoffnung bestand, dass
Briefe an unverfängliche Adressanten nicht überwacht würden.[182] Ein Teil

---

176 Es arbeiteten dort fünf bis sechs Chiffrierungsexperten, bis zu fünf Kanzleiangestellte,
     die Siegel lösten und fälschten sowie die Briefe abschrieben, ein Finanzbeamter und
     ein Türhüter, um Unbefugten den Zutritt zu verwehren. BLACK, Intelligence, S. 371.
177 Einige dieser kurzen Mitteilungen zwischen Georg II. und Townshend sind überlie-
     fert in BL, Mss. Add. 78908, 5, 33, 34.
178 Kinsky an Sinzendorff, London, 22.10.1734, FA Kinsky, 3 c), 135, o.f.; ebenso schon
     Kinsky an Sinzendorff, London, 31.07.1733, FA Kinsky, 3 b), 29, o.f.
179 SCHNATH, Geschichte Hannovers 2, S. 354–358. BLACK, Intelligence, S. 371.
180 ELLIS erwähnt den Namen (ders., The Post Office, S. 71, Fn. 6). Bode und sein von
     ihm später hinzugezogener Sohn gehörten zu den wenigen nachweisbaren hannover-
     schen Beamten, die langfristig in britischen Diensten eingesetzt wurden. Ebenfalls
     dazu zählten die Kryptographen Lampe und Zolman (House of Commons (Hg.),
     A Further Report from the Committee of Secrecy, Appointed to enquire into the
     Conduct of Robert Earl of Orford, During the last Ten Years of his being First Com-
     missioner of the Treasury, and Chancellor and Under-Treasurer of His Majesty's
     Exchequer, Dublin 1742, S. 131). Siehe insgesamt Stephen TWIGGE u.a., British Intel-
     ligence. Secrets, Spies and Sources, Kew, Richmond, VA 2008, S. 239–241.
181 Karl VI. an Kinsky, Wien, 13.04.1729, HHStA, StA England 66, f. 34–34v.
182 Man testete verschiedene Wege für die Laufzeit der Briefe und die Überwachungs-
     intensität aus: »The Design of this Letter is only to try, Whether it will come as soon
     to your hands as those of the same date that are sent directly to England, without
     recommending them to the Chevalier de Neuveville, or any other Person in Holland:

der geheimen Korrespondenz an Prinz Eugen wurde so an Baron Wetzel in Frankfurt geschickt, der die Briefe per Express nach Wien weiterleitete.[183] Die Korrespondenz zwischen Bartenstein und Kinsky hingegen erfolgte unter »strengster« Geheimhaltung per Kurier. Ob diese Umwege und Vorsichtsmaßnahmen tatsächlich funktionierten, ließ sich weder für die Beteiligten feststellen noch kann es durch heutige Forschungen zufriedenstellend nachvollzogen werden.[184] Wenn es nichts zu berichten gab, wurden die Berichte allerdings mit der »ordinari«, also der normalen Post, verschickt.[185] Abgefangene Briefe konnten dagegen deutliche Konsequenzen haben – vor allem, wenn ihr Inhalt zeigte, dass der Schreiber sich öffentlich anders äußerte als in Schreiben. Im äußersten Fall, wie beim hannoverschen Gesandten Dieden, wurde deshalb sogar die Abberufung eines Diplomaten verlangt.[186]

Da auswärtige Gesandte davon ausgehen konnten, dass (fast) alle ihre Briefe abgefangen wurden und offene, also unverschlüsselt geschriebene direkt von den Ministern des gastgebenden Hofes gelesen werden konnten, nutzten sie das aus:[187] »[…] I had the Honour to acquaint your Lordship the 2nd inst. out of Cypher, which is one method of conversing with the ministers here […]«,[188] schrieb Sir Thomas Robinson 1730 und meinte damit, er habe durch den von ihm unverschlüsselt geschickten Bericht indirekt den kaiserlichen Ministern seine Meinung darlegen können, ohne mit ihnen persönlich zu sprechen.

4.1.3 Institutionen

Die in der Einleitung erläuterte institutionelle Struktur der jeweils für auswärtige Angelegenheiten zuständigen Einrichtungen und Gremien[189] hatte Folgen für die Arbeit der Diplomaten am Wiener und Londoner Hof. Für die kaiserlichen Diplomaten bedeutete die Zuständigkeit diverser Räte und Kanzleien, dass sie jeweils mehrere, zum Teil sehr umfangreiche Instruktionen erhielten, und bei bestimmten Themen unterschiedlichen kaiserlichen Ministern

---

But should you be of opinion that they stand in need of assistance by the Way either at Leyden or at the Hague, to be safely forwarded on, you will oblige me Sir in acquainting me with it, that We may conform ourselves thereto.« Harris an Tilson, Wien, 29.05.1728, TNA, SP 80, 62, f. 246.

183 Kinsky an Prinz Eugen, London, 07.05.1734, HHStA, Gr. Korr. 94b, 1, f. 283.
184 Bartenstein an Kinsky, Wien, 17.01.1733, FA Kinsky, 2 c), 18, o.f.
185 Kinsky an Harrach, London, 11.12.1733, FA Kinsky, 3 b), 64, o.f.
186 Siehe Kapitel 3.1.4, S. 149.
187 Siehe auch WEBER, Zwischen Arkanum und Öffentlichkeit, S. 69.
188 Robinson an Harrington, chiffriert, Wien, 09.08.1730, TNA, SP 80, 68, o.f.; ebenso Robinson an Tilson, chiffriert, Wien, 12.12.1731, TNA, SP 80, 83, o.f.
189 Siehe Kapitel 1.2, S. 29–37.

Bericht erstatten mussten. Graf Kinsky schickte seine Berichte regelmäßig an den Kaiser. Je nach Thema gingen sie aber über den Hofkanzler Sinzendorff und damit die Hofkanzlei,[190] während sie bei Reichsangelegenheiten[191] in der Verantwortung des Reichsvizekanzlers Schönborn lagen. Die Belehnung des Kurfürsten von Hannover mit Bremen und Verden, die Reichsgarantie der Pragmatischen Sanktion oder auch der Reichskrieg ab 1733 gegen Frankreich waren Themen, über die Graf Kinsky mit Georg II. als Kurfürsten verhandelte und über die er mit dem Reichsvizekanzler korrespondierte. Gleichzeitig hatte er Abschriften der Berichte an die Österreichische Hofkanzlei zu senden.[192] Auf zeremoniell bedingten Umwegen erhielt Schönborn die böhmische und österreichische Korrespondenz – sie wurde über Starhemberg an den Reichshofratspräsidenten und von diesem an Bartenstein weitergeleitet, der sie wiederum dem Reichsvizekanzler vorzulegen hatte.[193]

Auch die Briefe nach London wurden unterschiedlich befördert: Die Reichskanzlei benutzte den normalen Postweg, während die Hofkanzlei ihre eigenen Kuriere einsetzte. Die Reichskanzlei schickte dem Gesandten auch regelmäßig die umfangreichen Berichte aus dem Reichstag, welche ihm allerdings schon von der Deutschen Kanzlei zur Verfügung gestellt wurden.[194] Dazuhin gab die Böhmische Hofkanzlei dem kaiserlichen Gesandten Anweisungen über wirtschaftliche Fragen.[195] Anordnungen der Statthalterin Maria Elisabeth und ihrer Obersthofmeister Visconti und Harrach beschäftigten sich hauptsächlich mit Fragen zur – aufgelösten – Ostende-Kompanie, während es in den Berichten Graf Kinskys an sie um die britischen Klagen über den vermu-

---

190 Dies betraf alle Themen der auswärtigen Beziehungen, einschließlich der Angelegenheiten von Kaiser und Reich, etwa den Streit um die Mecklenburgische Exekution (siehe zu Mecklenburg Kapitel 2.1 sowie Kapitel 5.2), Kinsky an Karl VI., London, 13.05.1732, HHStA, StA England 67, f. 9v.

191 Hierzu zählten unter anderem lehens- und reichsrechtliche sowie zeremonielle Fragen und die Beratungen und Beschlüsse des Reichstages; siehe MÜLLER, Das kaiserliche Gesandtschaftswesen, S. 27–30. Die Instruktion für Kinsky aus dem Jahr 1728 enthielt elf verschiedene Beilagen der Reichskanzlei, mit Berichten aus den Jahren 1722 bis 1728, die religiöse Differenzen im Reich, die Belehnung mit Bremen und Verden und den Erzschatzmeistertitel betrafen. Karl VI. an Kinsky, Instruktion mit Beilagen, Laxenburg, 17.06.1728, HHStA, RK Instruktionen 6, o.f.

192 Karl VI. an Kinsky, Instruktion, Neustadt, 20.06.1728, HHStA, StA England 66, f. 20. Siehe zu den Themen allgemein Kapitel 2.

193 HANTSCH, Reichsvizekanzler, S. 321–322.

194 Siehe z.B. Kinsky an Karl VI., London, 18.05.1734, HHStA, RK Dipl. Akten aus Braunschweig-Hannover, Berichte 3 c, o.f.

195 Karl VI. an Kinsky, Instruktion [»wie er sich daselbst in puncto commerciorum respectu deren Königlich-Böhmischen Erblanden zu verhalten habe«], Prag, 15.08.1728, FA Kinsky, 4 d), o.f. Siehe Kapitel 5.2, S. 341–342. Dies scheint insgesamt sehr üblich gewesen zu sein, MÜLLER, Das kaiserliche Gesandtschaftswesen, S. 31, Fn. 52, nennt ebenfalls Bespiele für dieses wirtschaftliche Engagement der Böhmischen Hofkanzlei.

teten fortgeführten Handel der entsprechenden Kaufleute mit Indien ging.[196] Gleichzeitig erteilte Prinz Eugen Instruktionen in weiteren, normalerweise chiffrierten Briefen im Rahmen der Geheimkorrespondenz. Besonders belastet wurde die Arbeit der Diplomaten durch die bekannt langsamen Aus- und Abfertigungen von Papieren durch die kaiserlichen Behörden:

[…] the delays of this Court in giving me […] the Emperor's resolution upon the point of the East-India Trade; But I am too well acquainted with the forms of the Chancery and of the Board of Conference here, to attribute this dilatoriness to any thing else […].[197]

Durch die verschiedenen Zuständigkeiten kam es auch zu widersprüchlichen Anweisungen bei Kompetenzstreitigkeiten der Minister: So gaben im Sommer 1729 Prinz Eugen und Hofkanzler Sinzendorff unterschiedliche Anweisungen, wie die Verhandlungen mit Georg II. in Hannover zu führen seien.[198] Für die britischen Gesandten bedeutete die förmliche gemeinsame Zuständigkeit der untereinander konkurrierenden Konferenzminister, dass sie für Gespräche zu einem Thema getrennte Termine mit jedem einzelnen Minister ausmachten. Nach dem Abschluss des Vertrags von Sevilla musste der Earl of Waldegrave im Januar 1730 die kaiserlichen Minister über die neue Situation informieren:

To demand my Audience, I went as I usually do in the Evening to Count Sinzendorfs and Prince Eugene's, and asked what time the next day I might wait on them to talk over some affairs of Consequence which I had Orders to communicate. I sent a like Message to Count Stharemberg [!], and by all three was appointed the next morning at different hours.[199]

Da die Gesandten aller Vertragsmächte vorstellig werden sollten, zogen sich die Gespräche über drei Tage, erst danach fanden eine gemeinsame Konferenz der Minister und anschließend Gespräche mit dem Kaiser statt. Die Antwort des Wiener Hofes brauchte fast zwei Wochen.[200] Die Konkurrenzsituation, in der sich die Minister untereinander und gegenüber dem Kaiser befanden, trat so deutlich offen nach außen und wurde regelmäßig in den Berichte der

---

196 Karl VI. an Kinsky, Instruktion, Neustadt, 20.06.1728, HHStA, StA England 66, f. 45–45v.
197 Robinson an Harrington, Wien, 15.03.1732, TNA, SP 80, 86, o.f.; ebenso Robinson an Tilson, 06.10.1731, TNA, SP 80, 80, o.f.
198 Kinsky an Prinz Eugen, Hannover, 11.08.1729, HHStA, Gr. Korr. 94b, 1, f. 73.
199 Waldegrave an Townshend, Wien, 01.01.1730, TNA, SP 80, 66, f. 5v–6. Die Minister erhielten von ihm jeweils eine Kopie des Vertrags, ebd., f. 6, 9, 10.
200 Waldegrave an Townshend, Wien, 13.01.1730, TNA, SP 80, 66, f. 47.

britischen Gesandten erwähnt.²⁰¹ Der kaiserliche Gesandte Kinsky nutzte
diese Situation aber auch für sich aus: Sinzendorff verlangte von ihm, Namen
von britischen Oppositionellen zu erfahren, mit denen Kinsky verhandelte.
Um diese geheimzuhalten, schrieb Kinsky eigenhändig an Prinz Eugen und
nannte ihm die Personen mit dem Hinweis, der Prinz solle die Informationen
wie nötig verwenden – gemeint war wohl als Wissensvorteil gegen den Hof-
kanzler.²⁰²

In Großbritannien teilten sich zum gleichen Zeitpunkt die beiden Secretaries of State die Amtsbefugnisse für auswärtige Beziehungen, so dass jeweils
nur von einem Minister die königlichen Instruktionen und Weisungen übermittelt wurden.²⁰³ Die Weisungen wurden normalerweise mit dem König
und im Kabinett abgesprochen. Teilweise kam es jedoch vor, dass der König
sich gegen seine Minister stellte, wenn er der Meinung war, ihre Ansichten
gefährdeten die auswärtigen Beziehungen.²⁰⁴ Andererseits war aber Georg II.
eben nicht nur König von Großbritannien und Irland, sondern auch Kurfürst
von Hannover. Kaiserliche Gesandte wurden entsprechend als Gesandte »in
Engelland«²⁰⁵ oder am »Königl. Groß Britannischen Hoff«²⁰⁶ bezeichnet,
erhielten gleichzeitig aber auch Instruktionen zu Reichsangelegenheiten.²⁰⁷

Nach außen existierte zu Zeiten der Personalunion eine klare Trennung
der Institutionen.²⁰⁸ Newcastle, der Secretary of State, äußerte gegenüber dem
kaiserlichen Botschafter in London 1732 im Bezug auf Reichsangelegenheiten
und die mögliche Wahl des römischen Königs, »[…] was aber den König als
Churfürsten anginge, ein solches were von seinem [Newcastles] departement

---

201 Siehe Kapitel 3.1.2, S. 126–127.
202 Kinsky an Prinz Eugen, London, 21.03.1729, HHStA, Gr. Korr. 94b, 1, f. 103.
203 Siehe Kapitel 4.1.5, S. 237, zu den Schwierigkeiten, die sich aus gegenläufigen Patro-
     nagebeziehungen ergaben.
204 Kinsky an Karl VI., London, 18.05.1734, HHStA, StA England 70, f. 9v–12v: Nach-
     dem Aussagen Kinskys falsch an Robinson übermittelt worden waren und dieser sich
     daraufhin nach Weisung beim Kaiser beschwert hatte, beklagte sich der kaiserliche
     Gesandte bei Georg II. darüber, »[…] welcher mir auf meine angebrachte beschwährde
     versetzte, daß Er sich zwar deren von mir beschehenen Vorstellungen gar wohl zu
     erinnern, jedoch von der beygemessener alternativa aus mir jemahlen etwas gehört
     zu haben nichts wüste; Er verlangte dahero die Expedition, so dem Robinson mitge-
     theilt worden einzusehen und gab denen Ministris hierüber einen Verweis, mir aber
     die Versicherung behörige satisfaction wiederfahren zu lassen.« Ebd., f. 11v–12. Siehe
     auch Weisungen Georgs II. an Robinson gegen Walpole, Kapitel 3.1.3, S. 147–148.
205 Karl VI. an Kinsky, Instruktion, Laxenburg, 12.06.1728, HHStA, StA England 66, f. 3.
206 Karl VI. an Kinsky, Instruktion, Neustadt, 20.06.1728, HHStA, StA England 66, f. 15.
207 Karl VI. an Kinsky, Instruktion [Reichskanzlei], Laxenburg, 17.06.1728, FA Kinsky,
     4 b), o.f.; Karl VI. an Kinsky, Instruktion [Hofkanzlei], Neustadt, 20.06.1728, HHStA,
     StA England 66, f. 20v–25v, 35–43.
208 Zum Problem der getrennten Verwaltung von Monarchien in Personalunion siehe
     Heinz DUCHHARDT, Einleitung, in: Ders. (Hg.), Der Herrscher in der Doppelpflicht.
     Europäische Fürsten und ihre beiden Throne, Mainz 1997, S. 3–7, hier S. 4–6.

nicht [...].«[209] Mit dieser Feststellung seiner Nicht-Zuständigkeit entzog er sich gegenüber Kinsky der Diskussion über die Meinung des Kurfürsten in dieser Sache.

Die britischen Diplomaten hatten den Auftrag, mit ihren Kollegen aus Hannover zusammenzuarbeiten.[210] Dies traf natürlich vor allem in den Situationen zu, in denen es um Fragen in den Beziehungen ging, die wie bei den Verhandlungen 1730/31 Georg II. als König und als Kurfürst betrafen. Robinson sollte sich entsprechend auf Dieden verlassen,

[...] and take your Informations from him, as to what he has to propose in the King's Name as Elector. and [!] you will support his Arguments and Reasonings with the Impl. Ministers, and endeavour to get his Maty all just Satisfaction on the Demands Monsr. Dieden is instructed to make.[211]

Das Verhältnis zwischen Robinson und Dieden war so, dass die Zusammenarbeit tatsächlich funktionierte: »[...] we act in one service, we act with one heart, and if it would not be needless not to refer to his Letters, what we should both write would be but one and the same thing.«[212] Teilweise konnte aber auch, wie bei den Verhandlungen in Wien im Winter 1730/31, der britische Gesandte über kurfürstliche Angelegenheiten im Auftrag des Königs und Kurfürsten verhandeln.[213] Wichtiger schien allerdings die personale Komponente zu sein, da es eben um Beziehungen zwischen dem Kaiser und dem König beziehungsweise Kurfürsten handelte und nicht zwischen ihren Regierungen ging. Trotz getrennter Territorien handelte es sich schließlich beim König von Großbritannien und dem Kurfürsten von Hannover um eine Person.[214]

Die Regentschaftsregierungen während der Aufenthalte des Königs im Kurfürstentum hatten zur Folge, dass die britischen Diplomaten an den europäischen Höfen ihre Berichten in Kopie nach Hannover oder London schicken

---

209 Kinsky an Karl VI., London, 23.05.1732, HHStA, StA England 67, f. 37v.
210 HORN, The British Diplomatic Service, S. 9–11.
211 Harrington an Robinson, Windsor Castle, 25.09.1730, TNA, SP 80, 68, o.f.
212 Robinson an Harrington, Wien, 28.11.1731, TNA, SP 80, 82, o.f.
213 Siehe hierzu Kapitel 2.3, S. 76–77. Problemlos war das nicht, wie die Schwierigkeiten Horatio Walpoles zeigten, der auf Anweisungen Georgs II. direkt mit von Hattorf über die Frage von Jülich und Berg korrespondieren sollte (BLACK, British Diplomats and Diplomacy, S. 28). Volker Press vermutete, das kaiserliche Selbstverständnis habe für wichtige Kontakte nur Beziehungen von Hof zu Hof gelten lassen, Hannover und die dortigen geheimen Räte seien damit nur peripher gewesen (PRESS, Kurhannover im System des alten Reiches, S. 60).
214 Robinson an Harrington, »most secret«, Wien, 18.03.1731, TNA, SP 80, 73, f. 15v–16. Im Polnischen Thronfolgekrieg lehnte Georg II. den Oberbefehl über die kaiserlichen Truppen am Rhein ab, da er »[...] could neither think of doing anything so wrong to himself as appearing at the head of the army, as King of England, in which no Englishman was to be exposed to fight under him [...].« SEDGWICK, Hervey 2, S. 468.

mussten, damit sie dem König in Hannover, der Königin in London und beiden Secretaries of State direkt vorlagen.[215] Da die Regentschaft juristisch nicht teilbar war, hatte Georg II., wenn er Großbritannien verließ, eigentlich keine Berechtigung, als britischer König zu handeln. Bei bestimmten Angelegenheiten – den Verhandlungen mit Diplomaten oder zur Unterzeichnung von Offizierspatenten – tat er es dennoch. Königin Caroline verbat den britischen Ministern, auf der formalen Trennung zu bestehen. Sie fürchtete den Zorn des Königs, sollte er erfahren, dass es eine Kontroverse über »any power he had a mind to claim or exercise« gebe.[216]

Grundsätzlich galten auswärtige Beziehungen als Prärogativ des Monarchen.[217] Der Einfluss ständischer oder – im britischen Fall – parlamentarischer Vertretungen war jeweils unterschiedlich. Die Stände der habsburgischen Erblande nahmen keinen direkten Anteil an den auswärtigen Beziehungen;[218] in britischen Berichten und Überlegungen spielten sie daher auch keine Rolle.[219] In den »Propositionen« genannten Eröffnungen an die Stände rechtfertigte sich Karl VI. allerdings mit äußeren Umständen als Begründung für die »Postulate«, also Steuer- und sonstige Finanzforderungen, so hätten 1730:

[…] solche ohnverhoffte- und Kriegs-betrohliche umstände sich hervor gethan […], daß in höchster eyl auf eine zahlreiche Verstärckung derer Trouppen, nicht weniger deren kostbare Mobil-mach-abschick- und unterhaltung in Italien habe besorget werden müssen […].[220]

---

215 »As I make no doubt but His Majesty's Ministers send regularly to your Grace Duplicates of their Dispatches to me, to be laid before the Queen, pursuant to His Majesty's Orders signified to them, I therefore don't trouble your Grace with Copys of them.« Townshend an Newcastle, P.S., Hannover, 10.06.1729, TNA, SP 43, 9, f. 16.
216 SEGDWICK, Hervey 2, S. 470.
217 DUCHHARDT, Balance of Power, S. 20.
218 Den Anteil der Stände durch die Übernahmen von Kriegskosten, Steuererhebungen und militärischen Aufgeboten betrachtet Charles W. INGRAO, Conflict or Consensus? Habsburg Absolutism and Foreign Policy 1700–1748, in: Austrian History Yearbook 19, 1 (1983/84), S. 33–41, für die Zeit Karls VI. insbesonders S. 38–40. Die Rolle des Reichstags in Regensburg wird im Folgenden nicht thematisiert, da die Konzentration auf den Entscheidungen in Wien und London liegt. Der Reichstag nutzte seine »weitreichende[n] Mitwirkungsrechte bei der Regelung der Außenbeziehungen, wie dem Abschluß von Bündnissen und Frieden oder der Erklärung des Reichskriegs«, im betrachteten Zeitraum nur nach kaiserlichen Vorgaben, wie es seit dem 17. Jahrhundert üblich war, Susanne FRIEDRICH, Drehscheibe Regensburg. Das Informations- und Kommunikationssystem des Immerwährenden Reichstags um 1700, Berlin 2007, S. 76–79, Zitat S. 77.
219 Lediglich über die Truppenaushebungen oder Finanzierungsfragen wurde teilweise berichtet, Waldegrave an Townshend, Wien, 27.11.1728, TNA, SP 80, 63, f. 228; Waldegrave an Townshend, Graz, 09.10.1728, NA, SP, 80, 63, f. 152v–154.
220 Landtagspostulata für 1731, Wien, 20.11.1730, NÖ LA St. Pölten, Landtagshandlungen 63, o.f.

Die Postulata nach den Friedensverträgen von 1731 und 1732 verknüpften die Hoffnung auf Ruhe in Europa durch diese Bündnisse mit einer erwarteten Reduzierung der benötigten Gelder.[221] Ab Kriegsbeginn 1733 wurde jeweils der Verlauf des Krieges aus kaiserlicher Sicht dargestellt, bevor die gestiegenen Militärkosten und Maßnahmen zur Sicherung der Erblande wegen der »allzeit feindseligen Cron Frankreich« postuliert wurden.[222] Neben den hohen Kriegskosten zur Sicherung der Erblande oder der Beseitigung der durch den Krieg entstandenen Schulden[223] wurden auch Kosten für die Hofhaltung und weitere Staatsausgaben genannt.[224] Außerdem wurde »[…] der gezimmende unterhalt deren sowohl bey entfernt- als benachbarten Potentien, Königl. Chur. und Fürstl. Höfen haltenden Bottschaftern, Gesandten, und Residenten […]« veranschlagt.[225] Der Verweis auf die diplomatischen Beziehungen war ein Topos, der in nahzu allen Landtagspostulaten stand.[226]

Im Gegensatz dazu spielte das britische Parlament in London eine wichtige Rolle, auch wenn offiziell Entscheidungen auf Ebene des Königs und seiner Minister getroffen wurden.[227] Die britischen Minister erwarteten grundsätzlich, dass das Parlament in äußeren Angelegenheiten alles tue, was der König sich wünsche.[228] Die politische Kultur, die den öffentlichen Diskussionen im Unter- und Oberhaus sowie dem Schlagabtausch zwischen Regierungsministern, Regierungs- und Oppositionsanhängern großes Gewicht gab,[229] legte aber eine ständige Rückversicherung auch bei auswärtigen Entscheidungen

---

221 Landtagspostulata für 1732, Wien, 26.11.1731, NÖ LA St. Pölten, Landtagshandlungen 64, o.f.
222 Landtagspostulata für 1734, Wien, 12.11.1733, NÖ LA St. Pölten, Landtagshandlungen 64, o.f.; Landtagspostulata für 1735, Wien, 17.11.1734, NÖ LA St. Pölten, Landtagshandlungen 64, o.f. (Zitat); Landtagspostulata für 1736, Wien, 28.11.1735, NÖ LA St. Pölten, Landtagshandlungen 65, o.f.
223 Landtagspostulata für 1737, Wien, 26.11.1736, NÖ LA St. Pölten, Landtagshandlungen 65, o.f.
224 Landtagspostulata für 1731, Wien, 20.11.1730, NÖ LA St. Pölten, Landtagshandlungen 63, o.f.
225 Ebd.
226 Siehe z.B. Landtagspostulata für 1733, Wien, 24.11.1732, NÖ LA St. Pölten, Landtagshandlungen 64, o.f.; Landtagspostulata für 1736, Wien, 28.11.1735, NÖ LA St. Pölten, Landtagshandlungen 65, o.f.
227 Dieses Recht der Krone, die auswärtige Politik zu bestimmen, wurde öffentlich nicht in Frage gestellt (Graham C. GIBBS, Laying Treaties before Parliament in the Eighteenth Century, in: Ragnhild Marie HATTON/Matthew Smith ANDERSON (Hg.), Studies in Diplomatic History. Essays in Memory of David Bayne Horn, London 1970, S. 116–137, hier S. 118), obgleich es in der Praxis durchaus Diskussionen zur Außenpolitik im Parlament gab und damit selbstverständlich versucht wurde, Entscheidungen zu beeinflussen, siehe z.B. Kapitel 5.3, S. 381–382.
228 Townshend an Waldegrave, London (Whitehall), 28.01.1729, TNA, SP 80, 64, f. 14v.
229 Siehe Kapitel 4.1.6, S. 252–254.

nahe.[230] Hofkanzler Sinzendorff zeigte sich darüber erstaunt, dass 1729 Gibraltar im Parlament diskutiert wurde, obwohl man beim Kongress in Soissons vereinbart habe, diese Angelegenheit nicht in der politischen Öffentlichkeit anzusprechen. Ihm war offensichtlich nicht bewusst, dass die britischen Minister die einzelnen Parlamentsmitglieder nicht von Äußerungen abhalten konnten.[231]

Auch wenn die Historiographie und teilweise die zeitgenössische Publizistik sich oft auf das Unterhaus konzentrierte, lag die verfassungsgemäße, entscheidende Rolle beim Oberhaus. Es konnte allerdings leichter von der Regierung kontrolliert werden. Dies lag unter anderem an den 26 Bischöfen, die qua Amt im Oberhaus saßen und sich grundsätzlich als königstreu zeigten.[232] Bei Verträgen, die Subsidienzahlungen oder sonstige finanzielle Belastungen Großbritanniens betrafen und nicht aus dem königlichen Budget allein bestritten werden konnten, mussten beide Häuser des Parlaments zustimmen.[233]

Schloss der König wie 1731 einen Vertrag außerhalb der Sitzungsperiode ab, wurden die Inhalte zumeist über die Presse öffentlich gemacht und in der nächsten Eröffnungsrede des Königs angesprochen.[234] Die Rolle des Parlaments in der Außenpolitik wurde für andere Höfe daran deutlich, dass Eröffnung und Schluss des Parlaments immer wieder von britischen Diplomaten als Zeitpunkte angegeben wurden, vor oder bis zu denen Entscheidungen getroffen sein sollten.[235] Nicht zu Unrecht vermutete man kaiserlicherseits,

230 »It was in fact obliged, if foreign policy was to be conducted effectively, [for the king] to engage in a continuous dialogue with parliament […].« GIBBS, Laying Treaties before Parliament, S. 137.
231 Waldegrave an Tilson, Wien, 07.05.1729, TNA, SP 80, 64, f. 237.
232 Siehe Jeremy BLACK, The House of Lords and British Foreign Policy, 1720–48, in: Clyve JONES (Hg.), A Pillar of the Constitution. The House of Lords in British Politics, 1640–1784, London 1989, S. 113–136, hier S. 117–118, sowie Stephen TAYLOR, The Bishops at Westminster in the Mid-Eighteenth Century, in: JONES, A Pillar of the Constitution, S. 137–163, hier S. 147.
233 Ebd., S. 120; 1735 protestierten Lords im Oberhaus, da ein Vertrag nicht direkt dem Unter- und Oberhaus vorgelegt worden war, ebd., S. 123. Insgesamt zur Rolle des Oberhauses in den außenpolitischen Diskussionen siehe BLACK, The House of Lords.
234 Siehe Kapitel 2.3.2, S. 87–88. Die meisten wichtigen Verträge wurden im 18. Jahrhundert in Sitzungspausen geschlossen, GIBBS, Laying Treaties before Parliament, S. 132, Fn. 73. Verhandlungen konnten so eher geheimgehalten werden, ebd., S. 134. Andererseits hatten die Kabinettsminister in Sitzungsperioden wahrscheinlich auch weniger Zeit für Verhandlungen.
235 Der Druck der britischen Gesandten, Angelegenheiten noch vor der Eröffnung des Parlaments zu entscheiden, wurde mehrfach erwähnt, Stephan Kinsky an Philipp Kinsky, Paris, 22.08.1729, FA Kinsky, 2 b), 15, o.f.; Karl VI. an Kinsky, Wien, 12.02.1732, HHStA, StA England 68, f. 31; Kinsky an Karl VI., Hannover, 29.09.1735, HHStA, StA England 71, f. 71v–72. Manchmal waren Entscheidungen grundsätzlich erst nach Eröffnung des Parlaments zu erwarten, Prinz Eugen an Kinsky, chiffriert, Wien, 02.01.1734, FA Kinsky, 2 d), 2, o.f.

dies geschehe, um den König und die Minister vor dem Parlament gut daste-
hen zu lassen. Kinsky schrieb 1735 während der kaiserlich-französischen
Friedensverhandlungen, die britische Regierung schere sich nicht um die
Sicherheit Europas oder den Erhalt des Erzhauses, sondern nur darum, an
den Verhandlungen teilzunehmen, um bei Eröffnung des Parlaments »durch
die Suppnirte mitwürkung der Nation einen blauen dunst vor die augen zu
machen.«[236] Außenpolitische Erfolge konnten so für die königlichen Adres-
sen an das Parlament genutzt werden.[237] Während der Parlamentspausen im
Sommer ruhte die politische Arbeit in London.[238] Die Minister waren in diesen Monaten nicht unbedingt bei Hofe und der König hielt sich dann häufig
mit einem Teil der Minister in Hannover auf, denn Georg II. reiste nur in
Parlamentspausen in sein Kurfürstentum.[239] Die Gegebenheiten des parlamentarischen Systems wirkten sich darüber hinaus insbesondere während der
Wahlkämpfe aus: In den Monaten vor den Unterhauswahlen 1734 war keiner
der britischen Minister bereit, irgendwelche Verhandlungen zu führen.[240]

Ein Alleinstellungsmerkmal der britischen Innenpolitik war die institutionalisierte politische Opposition, die öffentlich präsent und akzeptiert war, als
Gegenmacht zum regierungstreuen Teil des Parlaments.[241] Die Parteibildung
äußerte sich zwar noch nicht in formalisierten Mitgliedschaften, hatte aber
deutlichen Einfluss auf das Regierungshandeln.[242] Da es dafür kein Equiva-
lent im kaiserlichen Einflussbereich gab, benutzte Philipp Graf Kinsky das
französische »contre-partie«[243] oder »Contrepartie«,[244] während die Regie-
rungsseite die »Hof-partie«[245] war.[246] Kinskys Kontakte betrafen meist die
Mitglieder des Oberhauses, da sie als Angehörige des Adels ihm selber näher

---

236 Kinsky an Karl VI., Hannover, 29.09.1735, HHStA, StA England 71, f. 71v–72, Zitat
     f. 72.
237 Ein Beispiel ist die Rede Georgs II. im Mai 1731 ([GEORG II.], His Majesty's Speech to
     both Houses of Parliament, On Friday the Seventh Day of May, 1731, London 1731).
238 Kinsky an Prinz Eugen, Hannover, 11.08.1729, HHStA, Gr. Korr. 94b, 1, f. 73v.
239 RICHTER-UHLIG, Hof und Politik, S. 18–19.
240 Kinsky an Harrach [in Brüssel], London, 28.05.1734, FA Kinsky, 3 c), 57, o.f.
241 Der grundlegende Aufsatz hierzu ist Kurt KLUXEN, Die Idee der legalen Opposition
     im England des 18. Jahrhunderts, in: Franz-Lothar KROLL (Hg.), England in Europa.
     Studien zur britischen Geschichte und zur politischen Ideengeschichte der Neuzeit
     von Kurt Kluxen, Berlin 2003, S. 282–299.
242 Siehe grundlegend WINKLER, Wörterkrieg, S. 622–634. Umfasssend betrachtet
     Jonathan CLARK (ders., A General Theory of Party, Opposition and Government,
     1688–1832, in: Historical Journal 23, 2 (1980), S. 295–325) das Zusammenspiel der
     verschiedenen Kräfte in der britischen Innenpolitik.
243 Kinsky an Karl VI., London, 15.12.1733, HHStA, StA England 70, f. 51v.
244 Kinsky an Karl VI., London, 15.03.1735, HHStA, StA England 71, f. 47, 49 v, 50.
245 Kinsky an Karl VI., London, 06.04.1733, HHStA, StA England 70, f. 4.
246 Weitere Bespiele finden sich in einem Bericht Kinskys über die Verhältnisse im briti-
     schen Parlament nach der Akzise-Krise im Frühjahr 1733, Kinsky an [Sinzendorff?],

standen.[247] Die Opposition wurde von der kaiserlichen Seite als relevanter Teil des britischen politischen Systems wahrgenommen. Gleichzeitig wurde aber ihre Macht überbewertet. Zeitweilig erschien den Verantwortlichen in Wien eine Änderung der britischen auswärtigen Beziehungen nur dann möglich, wenn die Politiker, die sich in Opposition zur Walpole-Regierung befanden, die Regierung übernähmen.[248] Dabei unterschätzten aber Karl VI., seine Minister und sein Diplomat am Hof von St. James einerseits die Abhängigkeit der britischen Regierung vom König und andererseits dessen enge Bindung an die Whigs und an Sir Robert Walpole.

4.1.4 Strukturen

Für diplomatische Gesandtschaften lassen sich im frühen 18. Jahrhundert bestimmte Strukturen erkennen, die die tägliche Praxis der Akteure prägten. So gab es keine nominellen Botschaftsgebäude, sondern jeder Gesandte mietete sich – wie oben beschrieben – für die Dauer seiner Mission in einer passenden Unterkunft und Nachbarschaft ein.[249] Nach der Ankunft eines Diplomaten hatte dieser deshalb an seinem neuen Bestimmungsort zunächst ein geeignetes Haus für sich, seine Familie und sein Gefolge zu finden. Neben dem Hauspersonal, Dienern und Kutschern gehörten meist ein persönlicher Sekretär und mindestens ein Geistlicher zum Haushalt.[250] Besonders in Territorien anderer Konfession sollte das Haus des Gesandten eine Kapelle haben, um die geistlichen Bedürfnisse des Haushaltes und der in der Stadt lebenden Gläubigen derselben Konfession abzudecken.[251] Entsprechend geräumig mussten die Häuser jeweils sein. So war – wie oben angeführt – das Haus am Hanover Square, welches Philipp Kinsky für sich, seine Frau und mehrere Kinder in London mietete, ausreichend groß, um den – allerdings incognito reisenden – Franz Stephan von Lothringen 1731 dort mit seinem Gefolge standesgemäß unterbringen zu können.[252] Der Earl of Waldegrave

---

London, 23.06.1733, HHStA, StA England 70, f. 19–36. Da der Brief auf Französisch geschrieben ist, verwendete Kinsky hier die Ausdrücke »le parti opposé«, f. 19v, bzw. »le parti contraire«, f. 20. Siehe auch Winkler, Wörterkrieg, S. 622. Die von Winkler angeführte Version »Contrair Parthey« konnte allerdings nicht belegt werden.

247 Kinsky an Prinz Eugen, London, 21.03.1729, HHStA, Gr. Korr. 94b, 1, f. 103; Black, The House of Lords, S. 118–119.

248 Karl VI. an Kinsky, Wien, 16.3.1730, HHStA, StA England 68, f. 6v.

249 Siehe hierzu die Ausführungen in Kapitel 4.1.1, S. 194–195; 200.

250 Damit war der »Gesandtschafthaushalt« mit einem adeligen Haushalt zu vergleichen, Black, British Diplomats and Diplomacy, S. 100.

251 Siehe Kapitel 5.4, S. 399–402.

252 Siehe Kapitel 4.1.1, S. 202, Fn. 94.

und Sir Thomas Robinson wohnten im Starhembergischen Freihaus ebenfalls in einem repräsentativen Teil der Stadt Wien.[253]

Das Personal brachten die Gesandten teilweise mit. Der Earl of Waldegrave führte 1728 zu den dreißig Personen, die er dabei hatte, aus, sie seien für die bessere Bedienung nötig und »servants I should take here woud [!] be more likely to be Spys upon me than those I brought along with me.«[254] Er beschäftigte in Wien dann fast 40 Bedienstete, was sich unter anderem aus der Notwendigkeit ergab, zwei Pferdegespanne und sechs Reitpferde zu unterhalten.[255] Auch Graf Kinsky reiste mit großem Gefolge nach London, Anfang 1729 gab er 64 Personen als »his Domesticks« an.[256] Dieses Personal integrierte sich wohl in das Umfeld der anderen diplomatischen Haushalte.[257] Ein Teil der Bediensteten wurde aufgrund ihrer Sprachkenntnisse vor Ort angeworben, um Übersetzungen anzufertigen, Informationen über die lokalen Gegebenheiten zu beschaffen oder Kontakte zu vermitteln.[258] Sir Ralph Hare, Baronet Hare, den Kinsky Ende 1729 in seine Dienste nahm, könnte ihm eventuell als Dolmetscher oder Parlamentsbeobachter gedient haben.[259] Anders lag der

---

253 Waldegrave schickte 1728 einen Diener voraus, um in Wien eine Unterkunft zu finden. Waldegrave an Townshend, Wien, 05.05.1728, TNA, SP 80, 62, f. 157v. Wann genau Waldegrave im Starhembergischen Freihaus einzog, ließ sich nicht ermitteln. Auch die genauen Bedingungen der Unterkunft, wie groß oder teuer sie war, geht aus den Quellen nicht hervor.

254 Waldegrave an Tilson, Graz, 11.09.1728, TNA, SP 80, 63, f. 125v.

255 Ebd., f. 126. Kutschen waren Teil der zeremoniellen Repräsentation, siehe Kapitel 4.2.1, S. 260.

256 Townshend an die Sheriffs of London and Middlesex, London (Whitehall), 21.01.1729, TNA, SP 104, 265, S. 215–216. Weitere kamen im Laufe der Jahre hinzu bzw. wurden wieder entlassen, siehe die entsprechenden Schreiben in TNA, SP 104, 265, ab S. 215; 1731 waren es aber weiterhin ca. 60 Personen, Harrington an Sheriffs of London and Middlesex, London (Whitehall), 12.05.1731, TNA, SP 104, 265, S. 256–258, Liste der »Domestick Servants of […] Count Kinsky«, S. 257–258. Erst ab 1732 nahm die Zahl der Bediensteten deutlich ab, so dass es 1736 noch ca. 50 waren, Harrington an Sheriffs of London and Middlesex, London (Whitehall), 17.04.1736, TNA, SP 104, 265, S. 354–356.

257 Bei Kinsky diente Catherine Schwackheim, die im Taufregister der Lutherischen Hofkapelle von St. James als Patin erwähnt wurde; ihr Patenkind war der Sohn des Kutschers des holländischen Gesandten. German Lutheran Royal Chapel in the Friary of St James's Palace: Baptisms & Marriages, London, 17.04.1729, TNA, PRO, RG 4, 4568, f. 22v. Benjamin Bühring, Göttingen, gab dankenswerterweise den Hinweis auf diese Eintragung.

258 Siehe Kinsky an [Harrington?], London, 03.01.1731, TNA, SP 100, 68, o.f.; Kinsky an [Harrington?], London, 05.01.1731, TNA, SP 100, 68, o.f.

259 Townshend an die Sheriffs of London and Middlesex, London (Whitehall), 22.10.1729, TNA, SP 104, 265, S. 223. Hare war zu diesem Zeitpunkt wohl hochverschuldet.

Fall wohl bei Isaac de Paiba, den Kinsky Ende 1730 als Diener beim Secretary of State unter seine Protektion stellen ließ.[260] Paiba war ein Jude protugiesisch-niederländischer Abstammung aus einer Diamantenhändlerdynastie und könnte mit Gabriel Lopez Pinheiro/Pereira, der bei der Kreditvermittlung in London eine Rolle spielte, und Moses Lopes Pereira/Diego Pereira d'Aquilar, der als Hofjude Kaiser Karls VI. auftrat, verwandt gewesen sein.[261] Agenten, die geheime Informationen beschafften oder andere Gesandtschaften aus-spionierten, gehörten ebenfalls zum Personal. Über ihre Identität geben die Quellen keinen Aufschluss, auch wenn ihre Tätigkeit mehrfach erwählt wird. Als sich Anfang 1730 der französische Botschafter in London aus der Öffent-lichkeit zurückgezogen hatte, unternahm der kaiserliche Gesandte daraufhin alles, um die Gründe dafür zu erfahren: »[...] ich habe ihm einige Spiones nachgestellet, bis dato abens aber nicht mehrers erforschen können, als daß er zu einem gesaget, qu'il y avoit de facheuses traverses dans les affaires.«[262] Dieses Botschaftspersonal stand insgesamt unter besonderem Schutz; in Lon-don musste es aber beim zuständigen Secretary of State angemeldet werden. Die entsprechenden Listen wurden in den Verwaltungsämtern öffentlich ausgehängt, damit die »Domesticks [...] may enjoy the Benefit of the Act of Parliament for preserving ye Privileges of Ambassadors, and other publick Ministers from Foreign Princes and States.«[263]

In jedem Gesandtschaftshaushalt war üblicherweise mindestens ein Legationssekretär beschäftigt, der bei Abwesenheit des Gesandten die Resi-dentenpflichten wahrnehmen konnte. Allerdings konnten Legationssekretäre nur über die allgemeine Stimmung, Gerüchte und Kuriere berichten, denn »without approaching the Ministry at any Court, there is no Comming to the Bottom of Things, and much less knowing what their Sentiments are of them.«[264] Beim Earl of Waldegrave übernahm diese Aufgabe zunächst George

260 Kinsky an [Harrington?], London, 06.12.1730, TNA, SP 100, 68, o.f.
261 Paiba war in London in der jüdischen Gemeinde als Beschneider tätig (Richard David BARNETT/Miriam RODRIGUES-PEREIRA (Hg.), The circumsion register of Isaac and Abraham de Paiba (1715–1775) [...], London 1991. Siehe zu Gabriel Lopez Pereira Kapitel 5.2, S. 358–359.
262 Kinsky an Karl VI., London, 18.02.1730, HHStA, StA England 67, f. 84. Die lokalen Netzwerke der britischen Gesandten in Wien, Waldegrave und Robinson, ließen sich aus den Quellen nicht erschließen.
263 Townshend an die Sheriffs of London and Middlesex, London (Whitehall), 21.01.1729, TNA, SP 104, 265, S. 215. Dies war eine Standardformulierung, siehe insgesamt TNA, SP 104, 265.
264 Harris an Townshend, apart, Wien, 23.07.1729, TNA, SP 80, 65, f. 34.

Harris,[265] dann sein persönlicher Kaplan Anthony Thompson.[266] Thompson blieb deshalb 1730 in Wien, um bis zur Ankunft des neuen Gesandten Robinson die Geschäfte zu führen.[267] Da Robinson vorher selbst Gesandtschaftssekretär gewesen war, hatte er keinen Sekretär – der von ihm gewünschte reiste erst im September 1730 aus London ab.[268]

In der kaiserlichen Gesandtschaft in London befanden sich allerdings unter Graf Kinsky noch Ende 1732 »weder Resident, noch Legations-Secretarius, noch Kayserl. Secretarius, und ist nicht wenig bedencklich, daß die zu erstatten kommende bericht von einem unbeeidigten privat-Secretario geschrieben werden sollen.«[269] Problematisch war die Situation auch, weil die Handschrift Kinskys kaum zu entziffern war, was zum Beispiel im Austausch mit Prinz Eugen teilweise zu Schwierigkeiten führte, und er deshalb einen Schreiber brauchte.[270] Die Arkana des Kaiserhofes wurden in London also regelmäßig von einer unbefugten Person bearbeitet. Die Gefahr bestand, dass ein Privatsekretär geheime Informationen weitergeben, anschließend aber nicht dafür belangt werden könnte. Außerdem waren solche Personen nur von ihrem Auftraggeber, in diesem Fall dem Grafen Kinsky, abhängig, und hatten kein offensichtliches Interesse an einer Karriere in kaiserlichen Diensten, was sie für die Hofkanzlei berechenbar gemacht hätte. 1733 wurde deshalb der bisherige Resident der Botschaft am russischen Kaiserhof als Legationssekretär

---

265   Siehe z.B. Harris an Tilson, Wien, 23.06.1728, TNA, SP 80, 63, f. 11–12. Er gab aus gesundheitlichen Gründen den Dienst auf, aber auch deshalb, weil ihm der Aufstieg als Diplomat verwehrt blieb, Harris an Tilson, Wien, 16.02.1729, TNA, SP 80, 64, f. 102v–103. Im Herbst 1729 ging er mit Empfehlungen Waldegraves nach London, wo sich Sir Robert Walpole für ihn einsetzen wollte, Waldegrave an Townshend, Wien, 10.10.1729, TNA, SP 80, 65, f. 180.

266   Anthony Thompson war zuvor wohl Privatlehrer von Waldegraves Kindern, Waldegrave an Tilson, Wien, 06.11.1728, TNA, SP 80, 63, f. 214.

267   Waldegrave an Tilson, Wien, 07.06.1730, TNA, SP 80, 67, f. 174. Die Berichte Thompsons gingen dann an jedem Posttag an den Unterstaatssekretär Tilson, den ersten Brief schickte er kurz nach der Abreise Waldegraves (Thompson an Tilson, Wien, 10.06.1730, TNA, SP 80, 67, f. 176–177v). Thompson erledigte seine Aufgaben als Legationssekretär so gut, dass er 1740 nach der Abreise Waldegraves aus Paris längere Zeit als Resident am französischen Hof war. Danach stieg er im Kirchendienst auf (Ordination paper for Anthony Thompson, 1737, Cheshire Archives and Local Studies, EDA 5/31; Henry COTTON, Fasti Ecclesiæ Hibernicæ. The Succession of the Prelates and Members of the Cathedral Bodies of Ireland. Bd. 3: The Province of Ulster, Dublin 1859, S. 363).

268   Harrington an Robinson, Windsor Castle, 12.09.1730, TNA, SP 68, o.f. Es handelte sich dabei um den Sekretär Dunant, der Robinson auch vertreten konnte, Dunant an Tilson, Wien, 20.10.1731, TNA, SP 80, 80, o.f.

269   Vortrag 23.11.1732, HHStA, StK Vorträge 36, f. 257v–258. Der Privatsekretär hieß Anton Neuberg, Neuberg an Tilson, London, 28.01.1730, TNA, SP 104, 265, S. 230–231.

270   Robinson an Harrington, »very secret«, Wien, 04.10.1731, TNA, SP 80, 80, o.f.

nach London geschickt.[271] 1734 entschied Karl VI., dass auch Kinskys jüngerer Bruder Joseph Kinsky nach London gehen solle, um dort seinem Bruder
bei den Geschäften zu helfen und somit seine eigene diplomatische Karriere
zu beginnen.[272]

Die Bezüge, von denen Haus, Bedienstete und Ausstattung zu zahlen
waren, waren sowohl für den kaiserlichen Gesandten in London als auch
die britischen Gesandten in Wien im Vergleich relativ hoch, aber aufgrund
der erforderlichen Repräsentation meist nicht hoch genug.[273] Die möglichen
Folgen reichten von einer Vernachlässigung der Pflichten, um sich um die
eigenen Angelegenheiten zu kümmern, wie dies Graf Kinsky zumindest im
Herbst 1732 tat, bis zum Geheimnisverrat.[274] Kinsky erhielt zusätzlich zu seinem Gehalt von 12.000 fl. noch Gelder für die »capellen und extra-speesen«
von 6.000 fl.,[275] also jährlich etwa 18.000 fl. Dies entsprach damals ungefähr
£ 2.070.[276] Mit der Ernennung zum Botschafter verdoppelten sich Kinskys
Bezüge auf 24.000 fl.[277] Auf kaiserlicher Seite kam es allerdings mehrfach zur
Verzögerung der Auszahlung – und das schon vor Beginn des Polnischen

---

271 Lorenz von Caramé, der Geschäftsführer der russischen Gesandtschaft gewesen war,
     lässt sich ab 1733 als Legationssekretär nachweisen, Geheime Finanzkonferenz 1733,
     6. Sitzung, Wien, 07.11.1733, FHKA, Geheime Finanzkonferenz 19, f. 236–238, sowie
     Vortrag 23.11.1732, HHStA, StK Vorträge 36, f. 258v. Die Geheime Finanzkonferenz
     musste unter dem Vorsitz Starhembergs Ende 1733 aufgrund der hohen Lebens-
     haltungskosten in London einer Erhöhung von Caramés Bezügen von 1.800 fl. auf
     3.000 fl. sowie Reisekosten von 800 fl. zustimmen, da »er auch ein wenigeres quan-
     tum vermutlich nicht annehmen würde,« Geheime Finanzkonferenz 1733, 6. Sitzung,
     Wien, 07.11.1733, FHKA, Geheime Finanzkonferenz 19, f. 237–238, Zitat f. 237v.
272 Prinz Eugen an Kinsky, Wien, 02.01.1734, FA Kinsky, 2 d), 2, o.f.
273 Für die Lage der kaiserlichen Diplomaten siehe MÜLLER, Das kaiserliche Gesandt-
     schaftswesen, S. 172–178.
274 Der Aussage Müllers, über mögliche Fälle von Gemeinnisverrat durch Diplomaten
     zur Aufbesserung ihrer finanziellen Lage sei zu wenig bekannt, ist immer noch nichts
     hinzuzufügen. Siehe zu den bekannten Fällen ebd., S. 178–179. Im vorliegenden Fall
     wäre damit nur beim Earl of Waldegrave oder Sir Robinson zu rechnen.
275 Harrach, Wien, 07.11.1733, FHKA, Geheime Finanzkonferenz, 19, f. 234–235.
276 Zur Umrechnung siehe DICKSON, Finance and Government 2, S. 405. Im Vergleich
     bewegte sich das Gehalt wohl am unteren Ende der oberen Einkommen der briti-
     schen Gesellschaft (siehe Robert D. HUME, The Economics of Culture in London,
     1660–1740, in: Huntington Library Quarterly 69, 4 (2006), S. 487–533, hier S. 490–
     497). Laut MÜLLER betrugen die Regelsätze eigentlich seit 1719 in London für einen
     Gesandten im Botschafterrang 4.000 fl. jährlich und zusätzlich 1.600 fl. für die
     Gesandtschaftskapelle, ders., Das kaiserliche Gesandtschaftswesen, S. 170–171.
277 Karl VI. an Kinsky, 1. Anhang zur Hauptinstruktion, Wien, 30.11.1732, FA Kinsky,
     6 a), 11, o.f. Allerdings reichte diese Summe laut Kinsky in London nicht aus, 30.000 fl.
     wären angemessener, besonders, da keine zusätzlichen Kapellen- und Postkosten
     gezahlt werden sollten. Kinsky an Herrn Schmid, Prag, 20.12.1732, FA Kinsky, 3 b),
     2, o.f.

Thronfolgekrieges. Graf Kinsky verlangte deshalb immer wieder die Anweisung seiner Besoldung.[278] Dass Philipp Graf Kinsky überhaupt noch auf seinem Posten bleiben konnte, war seinen privaten Einnahmen zu verdanken.

Wie für die kaiserlichen Gesandten war auch für die britischen der finanzielle Anreiz einer Gesandtschaft gering, allerdings wurde die Besoldung zumindest in den 1730er Jahren regelmäßig ausgezahlt.[279] Robinson erhielt als bevollmächtigter Minister 5 £ am Tag, also 1.825 £ im Jahr, was etwas höher war als die Regelbesoldung.[280] Nach Abschluss des Vertrages setzte Harrington durch, dass der Tagessatz auf 8 £ erhöht wurde.[281] Zusätzlich erhielt Robinson einmalig 1.000 £ aus den privaten Mitteln Georgs II. als Belohnung für seinen Einsatz.[282] Hinzu kamen Sondervergütungen für die Auslagen für Büromaterial, Zeitschriften und Zeitungen sowie die Post. Diese bestanden jährlich zunächst aus 500 £, später aus 600 £ zusätzlich. Bekam er Sondervergütung für besondere Leistungen, steigerte sich die Besoldung auf bis zu 4.000 £ im Jahr.[283] Problematisch war, dass durch die notwendigen Transfergelder und Umrechnungen bis zu 13 % des Geldes verloren gehen konnten.[284] Die geregelte Bezahlung scheint diesen Nachteil aber zumindest für Sir Thomas Robinson wettgemacht zu haben, denn er beschwerte sich seit Anfang der 1730er Jahre nicht über seine Bezüge.

---

278 Erste Verzögerungen bei den Zahlungen gab es schon Ende 1732, ebd. 1733 mahnte Kinsky die Auszahlung der Reisespesen an, Kinsky an Starhemberg, London, 17.04.1733, FA Kinsky, 3 b), 14, o.f. Mitte 1733 hatte er seit einem Jahr kein Geld mehr bekommen, Kinsky an Harrach, London, 18.08.1733, FA Kinsky, 3 b), 37, o.f. Ende 1734 war immer noch nichts ausgezahlt worden, Kinsky an Harrach, London, 20.10.1734, FA Kinsky, 3 c), 131, o.f.
279 Beanstandet wurden aber zu hohe Reisekostenabrechnungen; eine des Earl of Waldegrave hatte einen viermonatigen Briefwechsel darüber zur Folge: Waldegrave an Townshend, Graz, 28.07.1728, TNA, SP 80, 63, f. 42–43; James Lord Waldegrave's Bill of Extraordinaries, Graz, 28.07.1728, TNA, SP 80, 63, f. 46–47; Waldegrave an Tilson, Graz, 11.09.1728, TNA, SP 80, 63, f. 125–126; Waldegrave an Townshend, Wien, 29.10.1728, TNA, SP 80, 63, f. 181–182.
280 Newcastle an Robinson, London (Whitehall), 09.06.1730, BL, Add. Mss. 23780, f. 31. Georg II. gewährt ihm £ 5 am Tag, obwohl »[…] His Majesty does not think fit that you should have any other Character at that Court, than That of His Minister […].« Gründe wurden nicht angegeben, doch dürfte diese höhere Bezahlung den größeren Ausgaben am Kaiserhof entsprochen haben. Siehe Kapitel 4.1.1 und 4.2.1.
281 Steuer, Englands Österreichpolitik, S. 64, Fn. 91.
282 Harrington an Robinson, London (Whitehall), 10.04.1731, NA, SP 80, 73, f. 47.
283 Dodington an Walpole, London (Whitehall), 31.12.1739, Bodleian, John Johnson Mss., b. 1, Misc. ambassadorial extraordinary expense accounts for English ministers and others in the Empire, Lower Saxony etc. 1712–1768.
284 Waldegrave an Townshend, Graz, 28.07.1728, TNA, SP 80, 63, f. 43. Das Problem war der fehlende direkte Geldverkehr zwischen Großbritannien und den Österreichischen Erblanden.

4.1.5 Netzwerke

Die Akteure der internationalen Beziehungen waren in unterschiedlichste Netzwerke eingebunden. Die Notwendigkeit von Netzwerken in der Frühen Neuzeit basierte darauf, dass dem Regieren und Herrschen selbst der persönliche Kontakt zum Monarchen zugrunde lag und nicht allein strukturelle oder institutionelle Verbundenheiten. Personale Netzwerke schafften Vertrauen und wurden für politische und administrative Zwecke instrumentalisiert.[285] Die folgenden Ausführungen beruhen aufgrund forschungspraktischer Entscheidungen auf qualitativen Überlegungen.[286]

Die Netzwerken der Akteure hatten grundsätzliche Folgen für die internationalen Beziehungen. Das strukturelle und institutionelle Umfeld sowie soziale, politische und wirtschaftliche Faktoren beeinflussten die Beziehungen, genauso kam es zu wechselseitigen Beeinflussungen von Akteuren und Umfeld.[287] Häufig waren familiäre Verbindungen die Grundlage von Netzwerken. Familiäre Netzwerke waren nicht nur Ausdruck der sozialen Pflicht gegenüber Angehörigen, sie erfüllten weitreichende Aufgaben, die sich in Unterstützung und Hilfe, Ratschlägen und Maßregeln ausdrücken konnten. Gleichzeitig dienten sie als Wege des kulturellen Transfers, wenn ein Familienmitglied längere Zeit in fremden Gebieten war.[288] Weitere Netzwerke beruhten auf politischen, diplomatischen oder gesellschaftlichen Beziehungen. Alle halfen bei der Informationsbeschaffung, ermöglichten den Aufstieg

---

285 Arne Karsten/Hillard von Thiessen, Einleitung, in: Dies. (Hg.), Nützliche Netzwerke und korrupte Seilschaften, Göttingen 2006, S. 7–17, hier S. 11. Karsten und von Thiessen betonen, dass die Loyalität der Amtsträger der ausschlaggebende Grund für ihre Ernennung war und als wichtiger als Kenntnisse und Kompetenzen galt, ebd. S. 12. Die Forschungen Wolfgang Reinhards und seiner Schüler haben die Praxis der Herrschaftsausübung in der Frühen Neuzeit auf Grundlage von »Verflechtungen« – so der ursprüngliche Ausdruck bei Reinhard – bzw. Netzwerken ausgehend von der römischen Patronage umfänglich belegt. Ein kurzer Literaturüberblick zur Patronageforschung findet sich bei Thiessen/Windler, Einleitung, S. 6–7, Fn. 14. Weitere Wirkungsbereiche sind inzwischen auf Basis der Netzwerkforschung erschlossen worden, so sind wirtschaftliche Akteure und ihre Netzwerke die Grundlage u.a. von Margrit Schulte Beerbühl (dies., Deutsche Kaufleute in London. Welthandel und Einbürgerung (1600–1818), München 2007).
286 In der Geschichtswissenschaft wird teilweise eine Netzwerkanalyse mit quantitativen Mitteln propagiert; siehe grundsätzlich Marten Düring/Linda Kayserlingk, Netzwerkanalyse in den Geschichtswissenschaften. Historische Netzwerkanalyse als Methode für die Erforschung von historischen Prozessen, in: Rainer Schützeichel/Stefan Jordan (Hg.), Prozesse – Formen, Dynamiken, Erklärungen, Wiesbaden 2014, S. 337–350.
287 Siehe ähnlich Schulte Beerbühl, Deutsche Kaufleute in London, S. 14–15.
288 Nolde/Opitz-Belakhal, Kulturtransfer als Familienbeziehungen, S. 7–8.

bei Hof und im diplomatischen Dienst oder belegten die Zugehörigkeit zu einer bestimmten sozialen Schicht.[289]

Zwischen monarchisch regierten Herrschaftsräumen beeinflussten dynastische Netzwerke, die Verbindungen der Dynastien, die Politik.[290] Heiratsanbahnung, Eheversprechen und Eheschließung[291] stärkten Verbindungen, bekräftigten geschlossene Verträge und unterstützten Bündniswechsel. Sie bildeten die klassischen Bestandteile der dynastischen Politik.[292] Die Heiratspläne für eine habsburgische Erzherzogin und einen spanischen Prinzen, die die habsburgisch-spanische Bündnispolitik der 1720er Jahre bekräftigen sollten, waren markante Beispiele einer solchen Politik. Der Bruch von dynastischen Eheversprechen konnte hingegen gravierende negative Auswirkungen haben, wie der Fall der letztlich von Karl VI. zurückgewiesenen spanischen Heiratsverbindung zeigte.[293] Dabei waren den dynastischen Netzwerken des frühen 18. Jahrhunderts meist räumliche[294] und konfessionelle[295] Grenzen gesetzt. Sowohl die Habsburger als auch die Welfen verfügten über weit ausgreifende Netzwerke, die auf verwandtschaftlichen Beziehungen beruhten. So waren auch Karl VI. und Georg II. über diese dynastischen Netzwerke miteinander verbunden. Die Ehefrau Karls VI., Elisabeth Christine, stammte aus der Wolfenbüttler Linie des Hauses Braunschweig und damit aus derselben Dynastie wie Georg II., während die Schwägerin des Kaisers, Kaiserin Amalia Wilhelmine, eine Großcousine Georgs II. war.[296] Das Verhältnis von Braunschweig-Lüneburg und Braunschweig-Wolfenbüttel war nicht immer

---

289 Zum letzten Punkt siehe im Folgenden insbesondere die Ausführungen zu britischen Netzwerken.

290 Zusammenfassend der Artikel von SCHÖNPFLUG, Dynastische Netzwerke.

291 Heinz DUCHHARDT, Die dynastische Heirat, in: Europäische Geschichte Online (EGO), hg. v. Leibniz-Institut für Europäische Geschichte (IEG).

292 Siehe hierzu insgesamt Martin PETERS, Heiraten für den Frieden. Europäische Heiratsverträge als dynastische Friedensinstrumente der Vormoderne, in: DUCHHARDT/PETERS, Instrumente des Friedens, S. 12–20, sowie Christoph KAMPMANN, Friedensschluss und dynastisches Prinzip. Kontinuität und Wandel im Zeitalter des Utrechter Friedens, in: DUCHHARDT/ESPENHORST, Utrecht – Rastatt – Baden, S. 35–51.

293 MECENSEFFY, Karls VI. spanische Bündnispolitik. Siehe auch Kapitel 5.1, S. 318.

294 Walter Demel wies die räumliche Begrenzung der dynastischen Netzwerke nach, nach denen Heiraten bis auf Ausnahmen zwischen »Nachbarn« im europäischen Sinne stattfanden, also zwischen Angehörigen von Dynastien mit räumlich angrenzenden oder nahen Territorien. Walter DEMEL, »European Nobility« oder »European Nobilities«? Betrachtungen anhand genealogischer Verflechtungen des europäischen Hochadels (1680–1800), in: Rostocker Beiträge zur deutschen und europäischen Geschichte 4 (1998), S. 81–105.

295 SCHÖNPFLUG, Dynastische Netzwerke, Abs. 17–18.

296 LEITGEB, Frauen am Kaiserhof, S. 65–66, 68.

problemlos;[297] Georg II. einigte sich aber durch Subsidienzahlungen nach der
Unterdrückung des Testaments Georgs I., durch welches Wolfenbüttel bedingt
erbberechtigt gewesen wäre.[298]

Elisabeth Christine trat vor ihrer Eheschließung zum Katholizismus über,
Amalia Wilhelmine war die Tochter eines Konvertiten; beide gehörten damit
zur Minderheit derjenigen, die im 18. Jahrhundert konfessionell verschiedene
Dynastien verbanden.[299] Nach dem Abschluss des Vertrags von 1731 nutzte
Kaiserin Elisabeth Christine die Verbindung zu ihrer Herkunftsdynastie, um
durch einen Briefwechsel mit der britischen Königin dieses Bündnis auch als
dynastisches Bündnis zu stärken.[300] Gegenüber dem britischen Gesandten
Robinson sprach Elisabeth Christine von

[…] two Courts that were equally dear to her; […] But it was not by the Rule of Publick
Friendship between great Princes, that she wou'd measure hers for his Majesty; She
presev'd the same Affection for the King, and did not doubt of the same Return from His
Majesty, as when they were personally known to each other formerly.[301]

Als besonderes Netzwerk kann der Orden vom Goldenen Vlies, der habsburgische Hausorden, in den 50 adelige, katholische Mitglieder aufgenommen
werden können, gelten.[302] Zunächst diente der Hausorden als Verbindungs-
glied zwischen den österreichischen und spanischen Zweigen des Hauses
Habsburgs sowie als Möglichkeit, verdiente Adelige an die Dynastie zu binden
und gleichzeitig die unbedingte Treue zur römisch-katholischen Kirche nach
außen zu demonstrieren. Die Zugehörigkeit zum Orden galt aber auch als
höchstmögliche Auszeichnung für Dienste für die Monarchie. So wurde 1744
Philipp Kinsky durch Franz Stephan von Lothringen als Souverän des Ordens
das Goldene Vlies als Anerkennung für seine »Vertus, qualités, merites,
louables comportemens« verliehen.[303]

---

297 Siehe Matthias SCHNETTGER, Dynastie, in: EdN 3 (2006), Sp. 1–11, hier Sp. 2, allge-
     mein zu den Beziehungen zwischen verschiedenen Linien einer Dynastie.
298 THOMPSON, George II, S. 77–78.
299 DUCHHARDT, Die dynastische Heirat, Abs. 5.
300 Siehe hierzu und zu weiteren Beispiele zum Kontakt der beiden Herrscherfamilien
     Kapitel 5.1, S. 308–309.
301 Robinson an Newcastle, Wien, 24.06.1730, TNA, SP 80, 68, o.f.
302 Siehe insgesamt Leopold AUER (Hg.), Das Haus Österreich und der Orden vom Gol-
     denen Vlies. Beiträge zum wissenschaftlichen Symposium am 30. November und
     1. Dezember 2006 in Stift Heiligenkreuz, Graz 2007.
303 Verleihung des Goldenen Vlieses an Philipp Kinsky durch Franz III. Herzog von
     Lothringen [!] und Großherzog der Toskana, Wien, 13.01.1744, französisches Origi-
     nal mit Siegeln [Nr. des Diploms: 726: Philipp Joseph Franz Graf Kinsky], FA Kinsky,
     55.2 d), o.f. Die Auszeichnung bezog sich auch auf seine Zeit als Botschafter am Lon-
     doner Hof.

Auch die meisten Netzwerke von Mitgliedern der Höfe, Regierungen und Gesandtschaften beruhten auf Familiennetzwerken. Da es sich fast ausschließlich um adelige oder begüterte Familien handelte, waren die Karrieren der einzelnen Mitglieder dynastischen[304] Ansprüchen untergeordnet. Die enge Verbindung zwischen Familienmitgliedern war für Informationsaustausch, Kontaktpflege und gegenseitige Unterstützung bei Patronen und Förderern der Familie wichtig, um den Status der Familie, ihre Ehren und Würden aufrechtzuerhalten beziehungsweise überhaupt erst zu bekommen. Dabei spielte es keine Rolle, in welchen Diensten oder Territorien eine Familie ihren Wirkungskreis hatte.[305] Die Eltern oder deren Geschwister übernahmen dabei, solange sie lebten, die Rolle der Koordinatoren und Organisatoren der Karrieren der nächsten Generation. Dies belegen die Briefe von Sir Robinsons Mutter genauso wie die seines Bruders,[306] die Unterstützung, die der Earl of Waldegrave durch seine Mutter erhielt, insbesondere bei der Verwaltung seiner Güter in England und der Erziehung seiner Kinder,[307] und die Fürsprache für Philipp Kinsky durch seinen wesentlich älteren Halbbruder.[308] Auch verwalteten sie die Besitzungen der normalerweise lange Jahre abwesenden Diplomaten. Waldegrave schrieb deshalb nach dem Tod seiner Mutter: »[…] besides the Loss of a most tender mother, I lose a friend who made it her only business to endeavour to retrive my affairs […].«[309]

Gezielte Eheschließungen spielten in diesen Familiennetzwerken eine ebenso wichtige Rolle wie in den dynastischen Netzwerken herrschender Familien. Die Ehe des späteren kaiserlichen Gesandten Philipp Graf Kinsky mit der Gräfin Martinitz unterstützte seine gute Ausgangsposition für eine Karriere in kaiserlichen Diensten. Durch die Verbindung seiner Schwester mit

---

304 Dynastisch meint hier die Zugehörigkeit zu »eine[r] optimierte[n] Erscheinungsform der Familie« nach Wolfgang E.J. Weber (ders., Dynastiesicherung und Staatsbildung. Die Entfaltung des frühmodernen Fürstenstaats, in: Ders. (Hg.), Der Fürst. Ideen und Wirklichkeiten in der europäischen Geschichte, Köln 1998, S. 91–136, hier S. 95) und ist damit nicht auf regierende Häuser beschränkt.

305 Beispiele sind für das ganze frühneuzeitlichen Westeuropa zu finden, siehe z.B. Thiessen, Diplomatie und Patronage, oder Arne Karsten, Familienbande im Außendienst. Die diplomatischen Aktivitäten des Kardinals Bernardino Spada (1594–1661) im Kontext der Familienpolitik, in: Thiessen/Windler, Akteure der Außenbeziehungen, S. 45–61. Nach einem zeitgenössischen Urteil seien verwandtschaftliche Bande in Wien genauso wichtig wie in Rom gewesen, Müller, Das kaiserliche Gesandtschaftswesen, S. 234.

306 Siehe insgesamt WYAS, WYL 150, 6006.

307 Barrell, Waldegrave, S. 5–6.

308 Siehe z.B. Franz Ferdinand Graf Kinsky an [Böhmische Kanzlei], Prag, 27.11.1723, FA Kinsky, 51 d), 7, o.f. Deutlich mehr Beispiele ließen sich hier anführen; sie sind teilweise in Kapitel 3 genannt.

309 Waldegrave an Townshend, »private«, Wien, 28.04.1730, TNA, SP 80, 67, f. 99.

dem Sohn der Gräfin Batthyány, einer der engsten Vertrauten Prinz Eugens, hatte er in ihr eine zusätzliche Fürsprecherin in Wien.[310] Johann Christoph Bartenstein nutzte seine Heirat mit der zweifachen Witwe Holler von Doblhoff, um durch ihr Vermögen und ihre Beziehungen zum Hof von seiner niederösterreichischen Ratsstelle auf die Referendarsstelle der Geheimen Konferenz aufzusteigen.[311] Und Robert Walpole und Townshend bekräftigten ihre politische Verbindung durch die Ehe Townshends mit Walpoles Schwester. Allerdings zeigte sich hier auch die Brüchigkeit solcher familiären Netzwerke: Nach Dorothy Walpoles Tod nahm ihr Bruder immer weniger Rücksicht auf seinen Ministerkollegen und konnte sich letztlich vier Jahre später als leitender Minister durchsetzen.[312] Townshend wiederum sicherte über die Verheiratung seines Enkels mit der Tochter eines Direktors der East India Company das Familienvermögen, verstärkte aber gleichzeitig auch die familiären Bande zu den einflussreichsten Finanzinstitutionen der Londoner City – sein Bruder war schließlich Direktor und Governeur der Bank of England.[313]

Wichtiger noch als Eheschließungen war in den hier behandelten Beziehungen das brüderliche Einvernehmen, in dem sich Akteure gegenseitig in ihrer Politik oder in der Ausübung ihrer Ämter unterstützten. Die enge Zusammenarbeit mehrerer Brüder sowohl im Dienste Karls VI. als auch Georgs II. belegt die Bedeutung guter familiärer Bindungen.[314] Auf der Ministerialebene waren es die Walpole- und die Pelham-Brüder, die ihre politischen Karrieren gegenseitig stützten, Informationen austauschten und zeitweilig als Einheit wahrgenommen wurden.[315] Aus Sicht des kaiserlichen Gesandten Wasner schien im Polnischen Thronfolgekrieg allerdings Robert Walpole neben der Regierung auch seinen Bruder zu dominieren: Das »Ministerio« bestehe »hauptsächlich und so zu sachen gäntzlich in dem Robert Walpole [...], alß welcher so wohl seinen brudern Horace alß die zwey Staats-Secretarios nach seinem willen [...]« leite.[316] Das Beispiel von Charles und Horatio Townshend, der eine Politiker, der andere Londoner Finanzfachmann, zeigt, dass die brü-

---

310 Siehe Kapitel 3.2.4, S. 182.
311 Siehe Kapitel 3.1.2, S. 134–135.
312 Siehe Kapitel 3.2.2, S. 170.
313 Siehe ebd., S. 165.
314 Dies bestätigt damit für das 18. Jahrhundert und auch unterhalb regierender Familien die Erkenntnisse Sophie RUPPELS zur besonderen Bedeutung von Geschwisterbeziehungen in der Vormoderne (dies., Verbündete Rivalen. Geschwisterbeziehungen im Hochadel des 17. Jahrhunderts, Köln 2006).
315 Zu den Walpoles und Pelhams siehe Kapitel 3.2.2, S. 165–166. Auch in den Berichten Kinskys tauchen die Walpole-Brüder meist zusammen auf, z.B. Kinsky an Karl VI., London, 25.02.1730, HHStA, StA England 67, f. 94v; Kinsky an Karl VI., London, 15.12.1733, HHStA, StA England 70, f. 51v.
316 Wasner an Karl VI., London, 03.10.1734, HHStA, StA England 70, f. 18.

derlichen Verbindungen auch in die Finanzwelt Londons hineinreichten. Die Halbbrüder Kinsky, der eine Botschafter am französischen, der andere am britischen Hof, profitierten beide von der Karriere des anderen: Sie konnten ein Fideikommis installieren und setzten sich und ihre Söhne gegenseitig in ihren Testamenten als Erben ein.[317] Philipp verzichtete auf die Erhebung in den Fürstenstand zugunsten seines Bruders, im Gegenzug bestimmte Stephan seinen Bruder und dessen männliche Nachfahren als Eventualerben, so dass tatsächlich die fürstliche Linie später auf den Sohn Philipps überging.[318] Diesen Fürstentitel schließlich erhielt der ältere Stephan Kinsky auch aufgrund der Leistungen des jüngeren Philipp Kinsky.[319]

Weibliche Netzwerke sind aus den verwendeten Quellen nicht nachweisbar, auch nicht für die Ehefrau Philipp Kinskys. Sowohl Waldegrave als auch Robinson waren im hier untersuchten Zeitraum nicht verheiratet. Bezugspunkte ihrer Netzwerke waren ihre Mütter, über deren weitere Verbindungen die Korrespondenzen allerdings keinen Aufschluss erlauben.

Teilweise parallel zu familiären Bindungen spielten Patronagenetzwerke eine Rolle.[320] In den internationalen Beziehungen zeigte sich die Zugehörigkeit zu einem Netzwerk, welches von einem einflussreichen Minister oder Hofbeamten organisiert wurde, meist schon zu Beginn der Karriere eines zukünftigen Diplomaten. Der Patron versuchte, seinen eigenen Einfluss auf die Politik und die Entscheidungsfindung durch die geschickte Platzierung geeigneter Kandidaten auf frei werdende Posten auszuweiten.[321] Prinz Eugen errichtete so neben seinem ursprünglichen Netzwerk aus Offizieren, die unter ihm und durch seine Förderung in kaiserlichen Militäreinheiten dienten, seit den 1720er Jahren ein weiteres, im diplomatischen Dienst agierendes Netzwerk, wobei beispielsweise Graf Königsegg sowohl Teil des militärischen als auch des diplomatischen Kreises war.[322] Das Ringen um Einfluss beim Kaiser

---

317 Stephan Kinsky an Maria Theresia, Antrag auf Standeserhöhung und Errichtung eines Fideicommis mit Auszug aus der königlichen Landtafel in Böhmen, 09.12.1746, FA Kinsky, 39 a), 9a, o.f.

318 FOLKMANN, Die gefürstete Linie, S. 56, 66.

319 Zur Genehmigung des Fideicommis durch Maria Theresia bzw. Kaiser Franz Stephan siehe Maria Theresia, Wien, 22.12.1746, FA Kinsky, 39 a), 15a, o.f.; Franz Stephan, Wien, 01.01.1747, FA Kinsky, 39 a), 22a, o.f. Zum Verhältnis der Brüder siehe auch Kapitel 3.2.4, S. 183.

320 Aspekte der Patronage in der Frühen Neuzeit in verschiedenen europäischen Territorien behandeln die Aufsätze in Antoni MĄCZAK/Elisabeth MÜLLER-LUCKNER (Hg.), Klientelsysteme im Europa der Frühen Neuzeit, München 1988. Die Patronagenetzwerke am Kaiserhof zur Zeit Karls VI. beschreibt PEČAR, Die Ökonomie der Ehre, S. 95–103.

321 MÜLLER, Das kaiserliche Gesandtschaftswesen, S. 225–228; BLACK, British Diplomats and Diplomacy, S. 21–22. Siehe allgemein auch THIESSEN/WINDLER, Einleitung, S. 6–7.

322 BOXLER, Königsegg, S. 525–526; BRAUBACH, Geheimdiplomatie, S. 17, 19–20.

und den Rang bei Hof machte sich bei den kaiserlichen Ministern auch an
der Auswahl der Kandidaten für diplomatische Missionen bemerkbar. Während Hofkanzler Sinzendorff seinen Schwiegersohn für die Gesandtschaft an
den britischen Hof vorgesehen hatte, konnte sich Prinz Eugen 1727 mit einem
weiteren Kinsky-Bruder als Kandidaten durchsetzen, nachdem er schon die
Karriere des älteren Stephan Kinsky mit dessen Installierung als Botschafter
in Frankreich etabliert hatte.[323] Ein Patron vermittelte wenn nötig zwischen
seinen Klienten, wie es Prinz Eugen 1728 zwischen Philipp Kinsky und
Seckendorff tat, die sich in Hannover einen Rangstreit lieferten, der Auswirkungen auf die Verhandlungen mit Georg II. hatte.[324] In seltenen Fällen trat
der Monarch selbst offensichtlich als Patron auf. Am deutlichsten wird das
unter den hier behandelten Akteuren bei Bartenstein, der nach anfänglicher
Unterstützung durch Starhemberg zum engsten Vertrauten Karls VI. aufstieg,
mit positiven Konsequenzen für seine Karriere und sein Vermögen.[325]

Angehörige eines solchen Netzwerkes leisteten ihren Teil, indem sie
regelmäßig mit dem Patron und anderen Klienten desselben Netzwerkes
korrespondierten.[326] Die Klienten trugen über Informationsbeschaffung,
Kontaktpflege und die Erhöhung des sozialen Kapitals des Patrons zum Netzwerk bei, im Gegenzug kümmerte sich der Patron um ihre Karrieren, erteilte
Anweisungen und Ratschläge. Deshalb wandte sich Philipp Kinsky mehrfach an seinen Patron Prinz Eugen, um zunächst eine Rangerhöhung, später
Gehaltszahlungen und schließlich den Aufstieg in die Böhmische Hofkanzlei
zu erreichen.[327] Erreichten sie ihr Ziel, gehörte der angemessene Dank ebenso
zur Patronagebeziehung, wie am Beispiel Waldegraves nach seiner Versetzung
nach Paris zu sehen ist:

[…] his grace [Duke of Newcastle] informs me, how much you [Horatio Walpole] and
sir Robert [Walpole] have contributed to it. As this is not the first mark of either your
friendship to me, and that I have often assured you both of the gratefull sence I shall
retain for all your favours, I will not enter into repetition of compliments; however, I beg
you will assure sir Robert from me, that nobody can be more sensible, than I am, of his
kindness on this occasion.[328]

323 Siehe hierzu vor allem Kapitel 3.1.2.
324 Siehe Kapitel 2.2, S. 69, sowie Kapitel 4.2.5, S. 295.
325 Siehe Kapitel 3.1.2, S. 135–137.
326 Siehe unter anderem die Korrespondenz Philipp Graf Kinsky mit Graf Uhlfeld,
     Gesandter in Den Haag, der ebenfalls zu Prinz Eugens Klienten zählte, in FA Kinsky,
     2 und 3.
327 Kinsky an Prinz Eugen, chiffriert, London, 01.03.1729, HHStA, Gr. Korr. 94b, 1,
     f. 37–37v; Kinsky an Prinz Eugen, London, 16.04.1729, HHStA, Gr. Korr. 94 b, f. 46;
     Kinsky an Prinz Eugen, London, 31.05.1729, HHStA, Gr. Korr. 94b, 1, f. 57v–58.
328 Waldegrave an Horatio Walpole, [Wien?] 21.05.1730, in: Coxe, Walpole 2, S. 697.

Teilweise lief die netzwerkinterne Korrespondenz konträr zur amtlich angeordneten Berichterstattung. Thomas Robinson schrieb anfangs nur an seinen Patron, den Duke of Newcastle.[329] Nach dem Rücktritt des eigentlich zuständigen Secretary of State Townshend wollte er dann auf Anordnungen warten: »I write still, as you will see, to his Grace the Duke of Newcastle, and shall continue that manner, till I receive notice from the office to do otherwise.«[330] Tatsächlich war die entsprechende Weisung des neuen Secretary of State Harrington da schon geschrieben: »[...] you will please to address your Letters to me, and send me constant Accounts of all that passes where you are [...].«[331]

Die Klientelnetzwerke der Minister wurden auch zur Spionage benutzt. Prinz Eugen führte die strukturierte »Datenbeschaffung« über Informanten ein, die den in seinem diplomatischen Netzwerk verpflichteten Gesandten berichteten.[332] Er initiierte den Unterhalt solcher Netzwerke im Ausland auch in Friedenszeiten und finanzierte sie mit zum Teil erheblichen Geldmitteln.[333] Berichte über militärische Angelegenheiten gehörten dazu ebenso wie politische oder wirtschaftliche Informationen. Das vom Kaiser befürwortete und ab spätestens 1732 von Bartenstein unter direkter Kontrolle des Kaisers ausgebaute zweite System diente insbesondere der politischen Spionage. Im Gegensatz dazu gehörten Spionage und Gegenspionage in Großbritannien und im Ausland zu den Aufgaben der Secretaries of State, waren also an das Amt und nicht an Personen gebunden.[334]

Zwei Besonderheiten im Bezug auf Netzwerke und ihre Entstehung wies die englische Oberschicht auf.[335] Zunächst einmal schickten viele Familien der Oberschicht ihre Söhne auf die – auch heute noch bekannten – Internatsschulen, zum Beispiel Eton oder Westminster.[336] Dort lernten die Pelham-Brüder Thomas Robinson kennen. Weiter waren die englischen Universitätsstädte

---

329 Ein Teil von Newcastles Patronagenetz wird bei Philip HAFFENDEN beschrieben (ders., Colonial Appointments and Patronage under the Duke of Newcastle, 1724–1739, in: EHR 78, 308 (1963), S. 417–435).

330 Robinson an Tilson, Wien, 08.07.1730, TNA, SP 80, 68, o.f.

331 Harrington an Robinson, Windsor Castle, 27.06.1730, TNA, SP 80, 68, o.f.

332 MÜLLER, Das kaiserliche Gesandtschaftswesen, S. 261–264.

333 Die Kosten können nach dem bisher vorliegenden Erkenntnissen nicht berechnet werden, Seckendorff in Berlin erhielt für das Jahr 1730 aber allein 3.000 Dukaten (4.980 fl.) zu solchen Zwecken (BRAUBACH, Geheimdiplomatie, S. 31).

334 Siehe Kapitel 1.2, S. 34.

335 Explizit beziehen sich die folgenden Ausführungen auf die englische, nicht ingesamt die britische Elite.

336 »Public schools constituted exclusive clubs where elite boys acquired shared cultural norms, ideas and tastes, and were socialized to assume their leader-ship roles in society. [...] Public schools bred the nation's leaders, the ministers and patriots of the rising generation by supplying boys with a shared education, similar habits and an exclusive network of friends for life.« Maura A. HENRY, The Making of Elite Culture, in: Harry Thomas DICKINSON (Hg.), A Companion to Eighteenth-Century Britain, Oxford 2002, S. 311–328, hier S. 316, 318.

Cambridge und Oxford, die viele der vorgestellten Akteure besuchten, mit ihren begrenzten räumlichen Gegebenheiten und dem College-System geeignet, enge Verbindungen zu anderen Angehörigen der Oberschicht aufzubauen.[337]

Eine spezielle Form der Netzwerke setzte sich in den englischen Städten des frühen 18. Jahrhunderts durch: Vereine[338] für männliche[339] Mitglieder, die über Mitgliederlisten, feste Regelwerke und häufig auch ständige Versammlungsorte verfügten.[340] Ziel der freiwilligen gesellschaftlichen Aktivität war häufig der kollektive Fortschritt der Mitglieder, gleichzeitig entstand ein mehr oder weniger festes Netzwerk.[341] Am Ende des 18. Jahrhunderts war durch die Ausbreitung von Vereinen und Gesellschaften Großbritannien zur vernetzten Nation mit einer »associational society« – einer verbundenen Gesellschaft – zur Verbreitung von Informationen, Ideen, Diskussionen und Meinungen geworden.[342] Die Aufnahme neuer Mitglieder erforderte meist die Befürwortung und Zustimmung aller Mitglieder.[343] Beispiele waren zunächst die gesellschaftlichen Vereine, die »Clubs«.[344] Prominent waren die Sitzungen des »Kit-Cat Clubs«, zu denen sich die Whig-Elite bis in die 1730er Jahre traf.[345] Bei »White's«, einem früheren Schokoladenhaus, trafen über Parteigrenzen hinweg Angehörige der sozialen Elite zusammen. Beim Brand des Hauses im Jahr 1733 waren sowohl der König als auch der Kronprinz anwesend.[346] White's war ein neutraler Ort, Mitglieder kamen aus den verschiedenen politischen Richtungen, hatten allerdings meist gemeinsam Schule oder Universität besucht und gehörten zur selben gesellschaftlichen Schicht. So waren sowohl Robert Walpole als auch seine Gegner Mitglieder.[347]

---

337 Der tatsächlich Grad an Bildung und Wissensvermittlung an diesen Universitäten wurde gerade im 18. Jahrhundert häufig als gering eingeschätzt. Ebd., S. 317–318.

338 Zur Entstehung von Clubs, Gesellschaften und Vereinen siehe das grundlegende Werk von CLARK, British Clubs and Societies. Clark bezeichnet einen Club – auch company, academy, fraternity oder society genannt – als »a voluntary association« mit regelmäßigen Treffen unter meist festgelegten Bedingungen, der sich trotzdem von früheren organisierte Gemeinschaften wie religiösen Bruderschaften oder Zünften unterschied (ebd., S. 10).

339 Es gab wenige die auch Frauen offenstanden, ebd., S. 198–204; sie spielten im Zusammenhang mit den Akteuren der internationalen Beziehungen keine Rolle.

340 Ebd., S. 234–273.

341 Ebd. S. 1–3, 10, 447–449.

342 Ebd., S. 469.

343 Ebd., S. 119–225.

344 Essen und Trinken gehörten zu den Hauptaktivitäten dieser Vereine, ebd., S. 61–62, 100–101, 451. Siehe zu Vereinen als Orten Kapitel 4.1.1, S. 203.

345 Ophelia FIELD, The Kit-Cat Club. Friends Who Imagined a Nation, London 2008, und dies., »In and Out«. An Analysis of Kit-Cat Club Membership (Web Appendix to The Kit-Cat Club by Ophelia Field, 2008), London 2008.

346 William Biggs BOULTON, The History of White's with the Betting Book from 1743 to 1878 and a List of Members from 1736 to 1892. Bd. 1, London 1892, S. 16.

347 Ebd., S. 38–59; ebd., Bd. 2, 2 (Liste der Mitglieder).

»The Royal Society of London for Improving Natural Knowledge« war ein weiterer organisierter Verbund; die Mitglieder waren wissenschaftlich tätig oder hatten zumindest wissenschaftliche Interessen. Die königlichen Gesellschaften – die den Akademien im deutschsprachigen Raum entsprechen – unterschieden sich von Vereinen, weil sie mit Unterstützung des Monarchen aufgebaut und unterhalten wurden; allerdings beeinflusste das Vorbild der englischen Vereine die verschiedenen Royal Societies in Großbritannien.[348] Bei den Treffen der Royal Society wurden neueste Erkenntnisse vorgetragen, diskutiert und bewertet.[349] Die Mitgliedschaft hoher Adeliger, darunter solche mit Hofämtern, sollte die Verbindungen der Society stärken und die Inhalte öffentlichkeitswirksam verbreiten.[350] Die Aufnahme neuer Mitglieder erfolgte deshalb oft aus politischen oder gesellschaftlichen Gründen und musste von einem Mitglied beantragt und weiteren unterstützt werden.[351] So wurden 1731 sowohl der Herzog von Lothringen als auch der kaiserliche Gesandte Kinsky aufgenommen, die zwar sicher beide Interesse an neuen wissenschaftlichen Erkenntnissen und Technik hatten, sich aber nicht vornehmlich damit beschäftigten.[352] Später erfolgte auch die Aufnahme des Vertrauten von Franz Stephan von Lothringen, Baron Pfütschner. Dieser Antrag könnte von Kinsky eigenhändig geschrieben sein.[353]

Eine dritte Form organisierter Netzwerke waren die Freimaurer, die sich 1717 in London zur ersten Großloge zusammenschlossen und damit den Grundstein für die moderne Freimaurerei legten.[354] Wie in den oben beschriebenen anderen organisierten Netzwerken gaben sich auch die Freimaurer feste Regeln, neue Mitglieder wurden durch Antrag und Wahl aufgenom-

348 Clark, British Clubs and Societies, S. 16, 19.
349 Sebastian Kühn, Wissen, Arbeit, Freundschaft. Ökonomien und soziale Beziehungen an den Akademien in London, Paris und Berlin um 1700, Göttingen 2011, S. 24–25.
350 Diese Praxis wurde seit Gründung der Gesellschaft verfolgt. Michael Hunter, The Royal Society and its Fellows, 1660–1700. The Morphology of an Early Scientific Institution, London ²1994, S. 12–13, zur bewussten Öffentlichkeitsarbeit S. 15.
351 Siehe zu den Regeln für die Aufnahme The Royal Society (Hg.), History of the Royal Society, London 2013.
352 Die Aufnahme Lothringens und Kinskys erfolgte Ende des Jahres 1731 auf Vorschlag des Duke of Richmond. Richmond, an Hans Sloane, Recommending the Duke of Lorraine and Count Kingski [!] to the Royal Society by the Duke of Richmond in his letter to Sir Hans Sloane, London, 29.11.1731, The Royal Society, RBO/16/24. Zu den wirtschaftlichen, technischen und wissenschaftlichen Interessen Franz Stephans von Lothringen siehe Zedinger, Franz Stephan von Lothringen, S. 224–227, 242–256.
353 Philipp Kinsky, The Royal Society, Certificate of Election and Candidature for Baron Pfutschner, London, 03.01.1732, The Royal Society, EC/1731/10. Neben Kinsky untrstützten die Mitgliedschaft der Duke of Montagu, Master of the Great Wardrobe, und Martin Folkes, ein Mathematiker, beide ebenfalls Freimaurer, Hogg/Clements, Freemasons and the Royal Society, S. 43–44 (Folkes), 80–81 (Montagu).
354 Clark, British Clubs and Societies, S. 309. Bemerkenswerk ist die integrative Wirkung der britischen Logen, die Mitglieder aus verschiedensten geographischen, sozialen, wirtschaftlichen und religiösen Kreisen zusammenbrachten, ebd., S. 330–332.

men. Die Mitgliederlisten verzeichneten vor allem hochadelige und adelige Mitglieder der sozialen Eliten in London,[355] viele waren sowohl Freimaurer als auch Mitglieder der Royal Society[356] und bei White's. Da es keine Verfolgung der Freimaurerei gab, existierten die Logen parallel zu den anderen Vereinen und Gesellschaften, operierten also nicht als Geheimgesellschaften. Dies unterschied die Freimaurer in Großbritannien von Freimaurern in anderen europäischen Ländern. Geheime Rituale kannten auch die britischen Logen, doch deren Existenz war nicht auf Freimaurer beschränkt, da andere Vereinigungen ebenfalls Zeremonien unter Ausschluss der Öffentlichkeit abhielten.[357] Neben den regulären Treffen meist in Gaststätten, mit offenen Prozessionen der Mitglieder auf den Straßen Londons, wurden Treffen auch auf den Gütern hochrangiger Mitglieder abgehalten.[358] Bei einer »extraordinary lodge« auf Houghton Hall, dem Landsitz Sir Robert Walpoles, wurden 1731 Franz Stephan von Lothringen und der Duke of Newcastle in den Meisterstand erhoben und Philipp Graf Kinsky initiiert.[359]

4.1.6 Politische Kultur

Prägend für Akteure der internationalen Beziehungen war die politische Kultur ihrer Herkunftsländer und ihrer Umgebung. Unter politischer Kultur wird im Folgenden das Zusammenspiel von »Werten und Einstellungen« verstanden, das die Regeln der Politik bestimmte und auf dem das Handeln der Akteure beruhte.[360] Die Öffentlichkeit ist kein Teil der politischen Kultur, wie sie hier verstanden wird, sondern dient als Resonanzboden für politische Kultur und vermittelt diese. Die gemachten Aussagen geben kein vollständiges Bild der politischen Kultur in Wien und London wieder, sofern ein solches

---

355 Ebd., S. 328.
356 Hogg/Clements, Freemasons and the Royal Society.
357 Clark, British Clubs and Societies, S. 312.
358 Ebd., S. 325–328.
359 Hogg/Clements, Freemasons and the Royal Society, S. 46, 70, 90. Franz Stephan war wohl auf Betreiben Stanhopes in den Niederlanden bei den Freimaurern aufgenommen worden, ebd. S. 46.
360 Die Definition von »politischer Kultur« folgt damit der von Birgit Emich (dies., Territoriale Integration in der Frühen Neuzeit. Ferrara und der Kirchenstaat, Köln 2005, S. 20). Für die Politik ist für sie ein Untersuchungsfeld, »auf dem die Spielregeln des Systems, die Werte seiner Akteure und damit die mentale Dimension […] anzusiedeln sind« (ebd., S. 21). Diese Definition ist eher in der angelsächsischen Forschung verbreitet, siehe auch ebd., S. 20, Fn. 57, und meint nicht eine Kulturgeschichte der Politik bzw. des Politischen, vergleichbar mit den Ansichten vertreten u.a. von Barbara Stollberg-Rilinger (dies., Was heißt Kulturgeschichte des Politischen? Einleitung, in: Dies. (Hg.), Was heißt Kulturgeschichte des Politischen?, Berlin 2005, S. 9–24).

überhaupt erstellt werden könnte, sondern sollen nur schlaglichtartig einflussreiche Merkmale beleuchten.

Im Europa der Frühen Neuzeit hieß dies zunächst, dass der Adel eine entscheidende Rolle bei der Herrschaft spielte.[361] Zugehörigkeit zum Adel definierte sich nach Legitimation – Herkunft, Landbesitz, sozialer sowie politischer Einfluss – und Privilegien – Wappen, Ausübung von Gerichtsbarkeit, Vertretung in Ständen, teilweise Steuerbefreiung sowie andere Sonderrechte.[362] Die Aushandlung von Herrschaft zwischen Fürsten und Untertanen sowie die Art und Reichweite der Teilhabe gesellschaftlicher Gruppen an der Herrschaft konnte dabei je nach politischer Kultur verschiedene Formen annehmen.[363] In den Habsburgischen Erblanden und in Großbritannien waren Adelige durch Landbesitz mit den Regionen und Territorien verbunden, aus denen sie stammten. Dies gilt besonders für den österreichischen Adel, der nicht im Reichstag vertreten war.[364] In den Habsburgischen Erblanden beruhte der Grundbesitz der großen Familien häufig auf teilweise steuerfreiem Eigenbesitz[365] und Fideikommissen, also unveräußerlichem Familienbesitz.[366] Der englische Landbesitz unterlag theoretisch anderen rechtlichen Bedingungen. So existierte formell im englischen Recht kein Eigenbesitz, da alles Land grund-

---

361 Siehe grundsätzlich Hamish M. Scott/Christopher Storrs, Introduction. The Consolidation of Noble Power in Europe, c. 1600–1800, in: Hamish M. Scott (Hg.), The European Nobilities in the Seventeenth and Eighteenth Centuries. 2 Bde., London 1995, hier Bd. 1, S. 1–52.

362 Grundsätzlich zum europäischen Adel in der Frühen Neuzeit siehe Scott, The European Nobilities, oder Ronald G. Asch (Hg.), Der europäische Adel im Ancien Régime. Von der Krise der ständischen Monarchien bis zur Revolution (1600–1789), Köln 2001.

363 Herrschaft meint hier die Machtausübung über Untergebene, eine »asymmetrische soziale Wechselbeziehung [...] in der eine Person, Gruppe oder Organisation anderen (zeitweilig) Unterordnung aufzwingen und Folgebereitschaft erwarten kann.« Horst Carl, Herrschaft, in: EdN 5 (2007), Sp. 399–416, hier Sp. 400. Die verschiedenen Formen von Herrschaft in der Frühen Neuzeit werden kontrovers diskutiert, siehe den Überblick bei Stefan Brakensiek, Akzeptanzorientierte Herrschaft. Überlegungen zur politischen Kultur der Frühen Neuzeit, in: Helmut Neuhaus (Hg.), Die Frühe Neuzeit als Epoche, München 2009, S. 395–406, hier S. 395–399. Grundlegend für alle Theorien ist als anthropologische Grundkonstante die Annahme, dass Herrschaft nur über Willige ausgeübt werden kann, also auf Kooperation oder – nach Brakensiek – zumindest auf Akzeptanz beruht.

364 Beatrix Bastl, Haus und Haushaltung des Adels in den österreichischen Erblanden im 17. und 18. Jahrhundert, in: Asch, Der europäische Adel im Ancien Régime, S. 263–285, hier S. 284.

365 Siehe Thomas Winkelbauer, Nervus rerum Austriacarum. Zur Finanzgeschichte der Habsburgermonarchie um 1700, in: Petr Mat'a/Thomas Winkelbauer (Hg.), Die Habsburgermonarchie 1620 bis 1740. Leistungen und Grenzen des Absolutismusparadigmas, Stuttgart 2006, S. 179–215, hier S. 208–212.

366 Karl Vocelka, Glanz und Untergang der höfischen Welt. Repräsentation, Reform und Reaktion im Habsburgischen Vielvölkerstaat (1699–1815), Wien 2001, S. 309–310.

sätzlich als Kronland verstanden wird, welches vom König als Lehen vergeben werden kann.[367] Tatsächlich existierten unterschiedlich ausgeprägte Lehnsabhängigkeit und frei verfügbares Land auch in England. Vergleichbares gilt für Irland. In Schottland gab es neben Land, welches als Lehen vergeben wurde, auch Eigenland, ohne dass daran ein Lehen oder Adelstitel geknüpft gewesen wäre, sowie freien, nichtadeligen Besitz vor allem im Norden Schottlands und auf den nördlichen schottischen Inseln.[368]

Als Zeichen der Adelszugehörigkeit zählte dazu in den Habsburgischen Erblanden die Mitgliedschaft in den Ständeversammlungen der Länder, in Großbritannien die Ausübung lokaler Ämter und von Patronage.[369] Wichtige Ministerämter waren in beiden Monarchien meist mit Angehörigen des Hochadels besetzt. Einen reinen »Hofadel« gab es an beiden Höfen nicht, aber sehr wohl Familien, die als hoffähig angesehen wurden.[370] In Großbritannien gab es durch die Wichtigkeit der Unterstützung des Unterhauses für die Regierungspolitik prominente Ausnahmen wie Sir Robert Walpole, der aus der Gentry[371] stammte.

In Wien waren die wichtigsten Hofämter seit dem 17. Jahrhundert von Angehörigen einiger weniger Familien besetzt. Sie waren gleichzeitig Teil der politischen Entscheidungsgremien, denn eine klare Trennung der allgemeinen Verwaltung und des Hofes erfolgte unter Kaiser Karl VI. noch nicht.[372] Diese Familien gehörten meist zum katholischen Adel der Österreichischen Erblande, zum böhmischen Adel und in wenigen Fällen zur ungarischen Hocharistokratie; Angehörige der hohen Reichsaristokratie und – wie Prinz Eugen – Hochadelige aus anderen europäischen Territorien waren Ausnahmen. Die Bevorzugung der erbländischen Adeligen fiel auch den britischen Gesandten auf und wurde als Teil des Problems angesehen, welches den Wie-

367 Frederick POLLOCK/Frederic William MAITLAND, The History of English Law before the Time of Edward I. Bd. 1, Cambridge ²1923., S. 232, 235.
368 Siehe zur Entstehung des schottischen Lehensrechts u.a. Hector L. McQUEEN, Common Law and Feudal Society in Medieval Scotland, Edinburgh 1993, sowie zur Gliederung des schottischen Adels Keith M. BROWN, The Scottish Nobility and the British Multiple Monarchy (1603–1714), in: ASCH, Der europäische Adel im Ancien Régime, hier S. 366–369.
369 Die Stände der Habsburgermonarchie analysiert grundlegend der Sammelband Gerhard AMMERER u.a. (Hg.), Bündnispartner und Konkurrenten der Landesfürsten? Die Stände in der Habsburgermonarchie, Wien 2007. Für Großbritannien hat das Verhältnis von britischem Hochadel, Dynastie und Patronage David John BACKHOUSE herausgearbeitet (ders., The Crown, the Peerage and High Politics).
370 Siehe zum Begriff u.a. Václav BŮŽEK/Petr MAŤA, Wandlungen des Adels in Böhmen und Mähren im Zeitalter des »Absolutismus« (1620–1740), in: ASCH, Der europäische Adel im Ancien Régime, S. 287–321, hier S. 302.
371 Zur Gentry siehe weiter unten S. 244.
372 Jeroen DUINDAM, The Bourbon and Austrian Habsburg Courts. Numbers, Ordinances, Ceremony – and Nobles, in: ASCH, Der europäische Adel im Ancien Régime, S. 181–206, hier S. 204–205.

ner Hof an einer ordentlichen Umsetzung seiner Ziele hinderte: »[…] this Court as much as they are at a Loss for Ministers, have a great Contempt for any one, that is not a Subject of this Part of the Emperor's Dominions.«[373] Dazu gehörten unter anderem die Familien, die schon in den Netzwerken der diplomatischen Akteure auftauchten: Sinzendorf(f), Starhemberg, Althan, Harrach, Kinsky, Martinitz, Kaunitz, Batthyány und Schönborn.[374] Während die Söhne wie Philipp Kinsky häufig als Kämmerer ihre Karrieren begannen, konnten die Töchter vor ihrer Verheiratung als Hofdamen bei einem der weiblichen Mitglieder der Kaiserfamilie eine Karriere beginnen.[375] Für die nachgeborenen Söhne standen Karrieren bei Hof, in Behörden oder dem diplomatischen Dienst, beim Militär und in der Kirche offen.[376] Grundsätzlich basierte die Stellung des erbländischen Adels auf Grundbesitz[377] und auf den Einkünften aus der Landwirtschaft.[378] Besonders in Böhmen und Schlesien aber gehörten große Bergwerke und Hütten meist ebenfalls zum Besitz der hochadeligen Familien.[379] Dazu kam in denselben Gebieten das Engagement der Adeligen in der Texilbranche und im dazugehörigen Handel. Unter Karl VI., für dessen Politik wirtschafts- und finanzpolitische Erwägungen eine große Rolle spielten, waren deshalb an den entsprechenden Stellen Diplomaten wie Kinsky besonders wichtig, die durch ihren Hintergrund einen Einblick in wirtschaftliches Denken hatten.[380] Durch den vergleichsweise großen Reichtum der hochadeligen Familien – auch dank der weitgehenden Steuerbefreiung – wurden sie als Kreditgeber für den Wiener Hof wichtig.[381]

In Großbritannien, insbesondere in England und bei den in Schottland oder Irland ansässigen englischen Adelsfamilien, bestand ein anderes Verständnis vom Adel als auf dem Kontinent. Rechtlich galt nur der jeweilige

---

373 Waldegrave an Townshend, Wien, 23.02.1729, TNA, SP 80, 64, f. 119. Siehe auch PEČAR, Ökonomie der Ehre, S. 33–41.
374 VOCELKA, Glanz und Untergang, S. 308.
375 Siehe insgesamt die Monographie von KELLER, Hofdamen.
376 VOCELKA, Glanz und Untergang, S. 309.
377 Herbert KNITTLER, Entrepreneurship and Management on the Estates of the Austrian Nobility, 1550–1780, in: Paul JANSSENS/Bartolomé YUN-CASALILLA (Hg.), European Aristocracies and Colonial Elites. Patrimonial Management Strategies and Economic Development, 15th–18th Centuries, Aldershot 2005, S. 155–167, hier S. 164–165. Daran knüpfte auch die Teilhabe an den Ständen an, Silvia PETRIN, Die Stände des Landes Niederösterreich, St. Pölten 1982, S. 12.
378 Müller spricht deshalb am Ende des 17. Jahrhunderts von der »Fremdheit des einer vornehmlich agrarischen Welt entstammenden Aristokraten gegenüber der so anders gestalteten Sphäre der […] Kaufleute.« MÜLLER, Das kaiserliche Gesandtschaftswesen, S. 278.
379 Walter DEMEL, Der europäische Adel vor der Revolution. Sieben Thesen, in: ASCH, Der europäische Adel im Ancien Régime, S. 409–433, hier S. 424.
380 Siehe ausführlicher Kapitel 5.2, S. 342.
381 James Van Horn MELTON, The Nobility in the Bohemian and Austrian Lands, 1620–1780, in: SCOTT, The European Nobilities 2, S. 110–143, hier S. 135–136, 123–124.

Titelträger als adelig, die Familienangehörigen aber waren Gemeine; alle von ihnen beanspruchten Titel waren Höflichkeitstitel.[382] Der Personenkreis, den man in diesem Sinne als (Hoch-)Adel bezeichnen kann, ist allerdings wesentlich größer, da grundsätzlich von einer starken generationenübergreifenden Bindung der männlichen und weiblichen Mitglieder der gesellschaftlichen Elite an den jeweiligen Titelinhaber und damit die Peerswürde auszugehen ist.[383] Im europäischen Vergleich war er trotzdem sehr klein.[384] Die englischen und später britischen Peers definierten sich rechtlich eindeutig über den Sitz im House of Lords sowie über ihr hohes, auf Grundbesitz basierendes Vermögen, unterschieden sich dadurch aber auch von den schottischen und irischen Peers.[385] Neben dieser kleinen Gruppe des Hochadels gab es darunter die Gentry als konstante Oberschicht, häufig verglichen mit dem kontinentalen niederen Adel, aber mit deutlichen Unterschieden zu diesem.[386] Hierzu zählten Baron/Baronet, Knight beziehungsweise Dame sowie Esquire und Gentleman als titellose Angehörige der Gentry, die mit der Höflichkeitsformel »Sir« angeredet wurden. Die Gentry war sozial wie wirtschaftlich nach oben und unten offen.[387] Erkennungsmerkmale der Gentry waren der elitäre Lebenswandel, eine standesgemäße Erziehung der Söhne an einer der bekannten Schulen und Universitäten des Landes, die Übernahme lokaler Ämter wie Sheriff, Justice of Peace oder Commissioner for Taxes und/oder ein Sitz im Unterhaus des Parlaments.[388] Die Gentry war über das Unterhaus an der Politik des Königreichs beteiligt.[389] Wurde für Regierungspolitik die Zustimmung

---

382 Der englische Ausdruck ist »courtesy title«; John Ashton CANNON, Aristocratic Century. The Peerage of Eighteenth-Century England, Cambridge 1984, S. 10.
383 Cannon legt dar, dass Anfang des Jahres 1730 genau 189 englische Peers lebten, ebd., S. 15, Tab. 1. Die gesamte Gruppe der englischen, schottischen (106) und irischen (103) Peers umfasste 398 Personen. Dazu kamen noch 735 Baronets und ca. 150 Knights – als Titel der Gentry –, die insgesamt mit 1.283 Personen die gesellschaftliche Elite und ca. 0,0001 % der Gesamtbevölkerung der britischen Inseln ausmachten, ebd., S. 32, Tab. 3, S. 33, Fn. 102. Problematisch sind die Forschungen von Cannon, weil er durch seinen Grundgedanken einer rechtlichen Fixierung der Peerage die Familien der Peers, insbesondere Frauen und Töchter, aus seinen Betrachtungen ausnimmt.
384 John Ashton CANNON, The British Nobility, 1660–1800, in: SCOTT, The European Nobilities 1, S. 53–81, hier S. 54.
385 Zur Zusammensetzung der Peerage auf den britischen Inseln ebd., S. 57–59.
386 Eine genaue Definition der Gentry ist schwierig, denn »[…] the early modern English landed gentry was not a legally defined ›estate‹«, James ROSENHEIM, The Political Culture of the Early Eighteenth-Century English Gentry, in: ASCH, Der europäische Adel im Ancien Régime, S. 323–342, hier S. 323.
387 CANNON, The British Nobility, S. 57.
388 Zu den Charakteristika der Gentry siehe Lawrence STONE/Jeanne C. Fawtier STONE, An Open Elite? England 1540–1880, Oxford 1995, S. 168–179.
389 Grundsätzlich zum Anteil des Gentry an der englischen politischen Kultur siehe ROSENHEIM, English Gentry.

des Oberhauses benötigt, kam es in Ausnahmefällen zu sogenannten »Peers-schüben«, bei denen durch die Erhebung von Peers die Mehrheitsverhältnisse im Oberhaus beeinflusst wurden.[390]

Es existierten vielfältige Verbindungen zwischen Peerage, Gentry und dem Besitzbürgertum. Zu einem höheren Teil als anderswo in Europa zogen die britischen Landbesitzer ihr Einkommen aus der Verpachtung und Bewirtschaftung von landwirtschaftlicher Fläche und steigerten deshalb mit innovativen Methoden den Ertrag. Das erwirtschaftete Kapital wiederum wurde in Finanz- und Handelsgeschäfte investiert.[391] Weder die Peers noch die Angehörigen der Gentry waren in Großbritannien von Steuern befreit. Darunter fielen Steuern auf Landbesitz sowie Konsum- und Luxusgüter, die teilweise im 18. Jahrhundert vom Parlament, also den Betroffenen selbst, erheblich angehoben wurden.[392] Dies hatte einen großen Einfluss auf die wirtschaftliche Betätigung dieser Oberschicht. Die Übernahme von »familieneigenen« Sitzen im Unterhaus durch die Patronage und finanzielle Unterstützung des Familienoberhauptes waren für nachgeborene Söhne von Peers und Angehörige der Gentry ebenso üblich wie Karrieren in Verwaltung, Armee oder Marine, in der Anglikanischen Kirche sowie bei Wirtschaftsinstitutionen wie der Bank of England oder in Handelskompanien.[393] Diese Verbindung zeigt sich auch am großen Anteil der Debatten im Parlament und in dazugehörigen politischen Veröffentlichungen, die sich mit dem Thema Handel befassten.[394]

Dieser große Einfluss von Handel und Finanzen bildete eine Besonderheit der britischen politischen Kultur. Die Gründung der »Company of Merchants trading to the East Indies«[395] als erster aktienbasierten Handelsgesellschaft legte den Grundstein für die Verbindung von Regierung, landbesitzendem

---

390 Wie aus den Berichten des kaiserlichen Botschafters Kinsky hervorgeht, dachte man auch während der Excise-Krise 1733 über diese Möglichkeit nach, Kinsky an Sinzendorff, London, 09.06.1733, FA Kinsky, 3 b), 22, o.f.

391 Siehe den Überblick von Robert C. ALLEN, Landlords and Economic Development in England, 1450–1800, in: JANSSENS/YUN-CASALILLA, European Aristocracies and Colonial Elites, S. 25–36.

392 STONE/STONE, An Open Elite?, S. 295–296.

393 CANNON, The British Nobility, S. 70–75. Zu Karrieren in der Verwaltung und dem wachsenden Einfluss wirtschaftlicher Verbindungen siehe ROSENHEIM, English Gentry, S. 327, 333–335, zum wachsenden Einfluss der Peerage auf das Unterhaus durch die Patronage von Familienangehörigen DEMEL, Der europäische Adel vor der Revolution, S. 411.

394 Siehe Doohwan AHN, European Great Power Politics in British Public Discourse, 1714–1763, in: William MULLIGAN/Brendan SIMMS (Hg.), The Primacy of Foreign Policy in British History, 1660–2000, Basingstoke 2010, S. 79–101.

395 Der Sitz der East India Company im Stadtteil Cornhill in der Leadenhall Street war umgeben von Kaffeehäusern und Gasthäusern, in denen sich die Angehörigen dieser verschiedenen gesellschaftlichen Gruppen vermischten. BUCHOLZ/WARD, London, S. 85–86.

Adel, Hofangehörigen und Großkaufleuten. Zusammen mit zwei weiteren »Monied Companies«, der Bank of England und der South Sea Company, lieferte die East India Company die Grundlage für die britische Finanzrevolution.[396]

Staatsschulden basierend auf Anleihen mit festen Zinssätzen als Liquiditätsmittel für die Regierung gilt als größte britische Errungenschaft des 18. Jahrhunderts.[397] Im Gegenzug für die Übernahme fester Anleihen verlängerte die Regierung regelmäßig die Charter oder bewahrte die Gesellschaften vor Konkurrenz oder Auflösung.[398] Staatskredite galten als besonders vorteilhaft, da die Rückzahlung garantiert war, weswegen großzügige finanzielle Unterstützung von Seiten der Finanzinstitute für die verantwortlichen Politiker im Vorfeld von Wahlen und bei politischen Kampagnen gegeben wurde. Im Gegenzug brauchte die Regierung häufig kurzfristige Kredite, die mit sehr viel höheren Zinssätzen profitable Geschäfte boten.[399] Die Verbindung zu den Finanziers in den Gesellschaften, die aus der Londoner City[400] heraus operierten, musste deshalb von der Regierung stets aufrecht erhalten werden.[401] Von den 24 Direktoren der East India Company zum Beispiel waren im hier betrachteten Zeitraum immer einige auch Mitglieder des Unterhauses auf Seiten der regierungstreuen Whigs, während andere Parlamentarier teilweise große Aktienpakete entsprechender Gesellschaften hielten. Posten bei der EIC in Großbritannien oder Indien waren auch bei Patronagebeziehungen von Bedeutung.[402]

Religion spielte in der politischen Kultur sowohl um den Wiener als auch den Londoner Hof eine große Rolle. Die Habsburgischen Erblande und der Wiener Hof waren in der ersten Hälfte des 18. Jahrhunderts noch stark

---

396 Lucy Stuart SUTHERLAND, The East India Company in Eighteenth-Century Politics, in: Dies., Politics and Finance in the Eighteenth Century, London 1984, S. 153–164, hier S. 156.

397 David STASAVAGE, Public Debt and the Birth of the Democratic State. France and Great Britain, 1688–1789, Cambridge 2003, bes. S. 99–129.

398 Lucy Stuart SUTHERLAND, The East India Company in Eighteenth-Century Politics, Oxford ²1962, S. 26–31.

399 Lucy Stuart SUTHERLAND, Samson Gideon. Eighteenth Century Jewish Financier, in: Dies., Politics and Finance, S. 387–398, hier S. 389–390.

400 Zur City of London zunächst als Sitz der »monied companies« und später als Synonym für den Finanzplatz London siehe den Überblick von Lucy Stuart SUTHERLAND, The City of London in Eighteenth-Century Politics, in: Dies., Politics and Finance, S. 41–66.

401 Der Einfluss vor allem der East India Company auf die lokale Politik war sehr hoch. Wie SUTHERLAND (dies., The East India Company, S. 161–162) herausarbeitet, wurde erwartet, dass die Direktoren der Company die sogenannten »household troops« aus Angestellten, Zulieferern, Schiffsbesatzungen, Handwerkern und Anteilseignern bei Wahlen der Regierung für die Stimmungsmache in der Stadt zur Verfügung stellten.

402 Siehe ebd., S. 161.

geprägt von der Rekatholisierung und der katholischen Reform,[403] mit der besonderen Ausprägung in der »Pietas Austriaca« der Habsburgerdynastie.[404] Ämter waren zwar nicht zwangsläufig von der Konfession abhängig,[405] Protestanten rechneten aber bei einer Konversion damit, höhere Chancen für den Aufstieg im kaiserlichen Dienst zu haben. Eine Häufung von Konversionen am Kaiserhof um 1700, die sogenannten Konversionskassen zur Unterstützung Konversionswilliger und das Vorbild prominenter Adeliger förderten diesen Weg.[406] Insbesondere für protestantische bürgerliche Kandidaten war die Konversion unbedingte Voraussetzung des Aufstiegs, wie es bei Bartenstein der Fall war.[407]

Protestantismus war dagegen das prägende Merkmal der britischen politischen Kultur im 18. Jahrhundert.[408] Der wirtschaftliche Erfolg Großbritanniens wurde als Zeichen Gottes für die auserwählte Nation gesehen.[409] Das katholische Frankreich, welches bis auf die Zeit des anglo-französischen Bündnisses der 1720er Jahre die Jakobiten als katholische britische Dynastie unterstützte,[410] galt bis in den Siebenjährigen Krieg als Bedrohung für die hannoversche Sukzession.[411] Als genauso große Gefahr schätzte man den katholischen Handelsrivalen Spanien ein.[412] Die Sicherung der protestantischen Thronfolge[413] wurde durch den Ausschluss von Katholiken von der

---

403 Zur Lage der Protestanten in den Österreichischen Erblanden PEPER, Konversionen im Umkreis des Wiener Hofes, S. 49–63.

404 Siehe Kapitel 5.1, S. 391–392.

405 Dies betraf insbesondere den Dienst im Reichshofrat. Matthias SCHNETTGER zeigt aber, dass auch dort ein starker Konversionsdruck bestehen konnte (ders., Ist Wien eine Messe wert? Protestantische Funktionseliten am Kaiserhof im 17. und 18. Jahrhundert, in: Christine ROLL u.a. (Hg.), Grenzen und Grenzüberschreitungen. Bilanz und Perspektiven der Frühneuzeitforschung, Köln 2010, S. 599–633, hier S. 627–632).

406 Grundlegend hierzu PEPER, Konversionen im Umkreis des Wiener Hofes.

407 Ebd., S. 111. Siehe Kapitel 3.1.2, S. 136–137, Fn. 180.

408 Zusammenfassend Andrew THOMPSON, Early Eighteenth-Century Britain as a Confessional State, in: SCOTT/SIMMS, Cultures of Power in Europe, S. 86–109.

409 Siehe insgesamt zu Großbritannien und den Briten als »Gottes auserwähltes Volk«, COLLEY, Britons, S. 30–43.

410 Siehe u.a. Daniel SZECHI, Britain's Lost Revolution? Jacobite Scotland and French Grand Strategy, 1701–8, Manchester 2015, und Doron ZIMMERMANN, The Jacobite Movement in Scotland and in Exile, 1749–1759, Basingstoke 2003.

411 Zur anti-französischen Haltung als Ausdruck einer nationalen, zunächst englischen Identität siehe James LEE, Preaching and the Politics of Hatred. Catholics, the French and the Development of Englishness in Late Seventeenth-Century England, in: Joachim EIBACH/Horst CARL (Hg.), Europäische Wahrnehmungen, 1650–1850. Interkulturelle Kommunikation und Medienereignisse, Hannover 2008, S. 161–284.

412 COLLEY, Britons, S. 30–32.

413 Zur Frage der protestantischen Thronfolge – im Gegensatz vor allem zum Ausdruck »Hanoverian Succession« – hat Andrew THOMPSON umfangreiche Forschungsergebnisse vorgelegt, zuerst grundlegend in ders., Britain, Hanover and the Protestant Interest, 1688–1756, Woodbridge 2006; später u.a. in ders., Early Eighteenth-Century Britain as a Confessional State.

Thronfolge schon in der Bill of Rights 1689, erneut bestätigt durch den Act of Settlement 1700/1701, gewährleistet.[414] Auch für alle öffentlichen Ämter musste ein Eid geleistet werden, der »Oath of allegiance«, der die Zugehörigkeit zur Church of England bestätigte. Jeder sogenannte »Nonjuror« riskierte den Einzug des Vermögens, Geld- und Haftstrafen.[415] Dementsprechend war die Konversion, wie beim Earl of Waldegrave, für den sicheren Aufstieg auch im britischen Staatsdienst notwendig.[416] Die britische Monarchie der Hannoveraner sah sich als Gegenmodell zu den katholischen Stuarts und stellte sich damit gegen »France and Popery«.[417] Georg II. und vor allem Königin Caroline betonten deshalb für sich und ihre Familie die Zugehörigkeit zur Anglikanischen Kirche. Als die Ehefrau des Kronprinzen, die in Sachsen-Gotha lutherisch erzogen worden war, sich 1736 weigerte, das Abendmahl nach den Regeln der Anglikanischen Kirche zu empfangen, wurde sie von ihrem Mann und Caroline zurechtgewiesen.[418]

Militär und Krieg prägten die politische Kultur der ersten Hälfte des 18. Jahrhunderts in ganz Europa.[419] Das 18. Jahrhundert gilt wie das 17. als ein Jahrhundert des Krieges, kein Jahrzehnt verging ohne einen Krieg zwischen europäischen Mächten oder auf europäischem Boden. Karl VI. und Georg II. als Monarchen sowie viele führende Politiker und Diplomaten hatten militärische Erfahrung. Truppenschauen waren in Wien und London regelmäßige Ereignisse.[420] In Friedenszeiten waren die Armeen bei der Bevölkerung einquartiert.[421] Sie entwickelten sich, wenn auch in unterschiedlichem Maße, zu regulären stehenden Truppen. Zeitgenössische Quellen geben den Anschein, als hätte die Mehrheit der Briten eine »standing army« abgelehnt.[422]

---

414 [WILHELM III.], An Act for the further Limitation of the Crown, S. 636.
415 Diskussionen nach der Thronbesteigung Georgs I. über einen eigenen Eid für Katholiken endeten nach einer gescheiterten Verschwörung in den 1720er Jahren. Siehe Gabriel GLICKMAN, The English Catholic Community, 1688–1745. Politics, Culture and Ideology, Woodbridge 2009, S. 129–146, und Colin HAYDON, Anti-Catholicism in Eighteenth-Century England, c. 1714–80. A Political and Social Study, Manchester 1993, S. 47, 104–106, 124. Trotzdem gab es auch im Hochadel Katholiken, die allerdings von allen politischen Ämtern ausgeschlossen waren, siehe hierzu Kapitel 5.4, S. 403–404.
416 WOODFINE, Waldegrave.
417 Dies kam auch in den entsprechenden Krönungsmedaillen zum Ausdruck, siehe John CROKER, Medal for the Coronation of King George II, 1727.
418 SEDGWICK, Hervey 2, S. 129–130.
419 Siehe auch Peter H. WILSON, Military Culture in the Reich, c. 1680–1806, in: SCOTT/SIMMS, Cultures of Power in Europe, S. 36–57.
420 BRAUBACH, Prinz Eugen 5, S. 262–263; THOMPSON, George II, S. 106; Georg inspizierte auch seine kurfürstlichen Truppen regelmäßig, ebd., S. 89.
421 In Kriegszeiten gab es, vor allem während der Kampfpausen in den Wintermonaten, immer wieder Konflikte mit der Zivilbevölkerung, so auch mit den kurbraunschweigischen Truppen, siehe z.B. zu deren Exzessen im Winterquartier 1734/35 Karl VI. an Kinsky, Wien, 16.02.1735, FA Kinsky, 10 a), 5, o.f.
422 Siehe SEDGWICK, Hervey 2, S. 525; SMITH, Georgian Monarchy, S. 104–106.

Mit dem Vorbild des protestantischen Soldatenkönigs und der Tatsache, dass nachgeborene Söhne der Oberschicht und somit Verwandte von Parlamentsmitgliedern oder diese selbst häufig in der Armee dienten, entsprach eine solche strikte Ablehnung nicht den Tatsachen des 18. Jahrhunderts.[423] Für Großbritannien spielte darüberhinaus aber die Marine eine zentrale Rolle.[424] Zum einen sicherte sie die britischen Inseln gegen mögliche feindliche Überfälle, insbesondere an der Küste zu Frankreich am Ärmelkanal.[425] Zum anderen schützte die Marine die britischen Handelsrouten, wehrte Angriffe auf britische Schiffe ab oder blockerte auch präventiv alle Seeverbindungen, die britischen Handelsinteressen zuwiderliefen.[426] Die Admiralität gab zum Beispiel 1728 – während der Blockade Ostendes und der Ostende-Kompanie – den Befehl an alle Schiffe aus, falls »[...] einige Ostendische Schiffe über die Linie anzutreffen sein möchten alßobald freundtlich [!] anzugreifen [...].«[427] Damit bewahrte die Royal Navy Großbritanniens Stellung als Seemacht, die ihren Einflussbereich in der ersten Hälfte des 18. Jahrhunderts durch Kolonien und Handelsstützpunkte auf alle Weltmeere der nördlichen Erdhalbkugel ausdehnte.[428]

Ein zentrales Medium der politischen Kultur waren auch im frühen 18. Jahrhundert die Öffentlichkeit[429] und damit Presse und Publizistik und ihre Erzeugnisse; im Folgenden ist mit Öffentlichkeit die Vermittlung von »Öffentlich-Gemachtem« und die Reaktionen darauf gemeint. Das »publicum«[430] oder »the publick«[431] wurde von den Akteuren der interna-

---

423 SMITH, Georgian Monarchy, S. 107–108.

424 Siehe hierzu den Sammelband Jeremy BLACK/Philip Laurence WOODFINE (Hg.), The British Navy and the Use of Naval Power in the Eighteenth Century, Leicester 1988. Zum vermuteten Gegensatz zwischen der Ablehnung eines stehenden Heeres und der Befürwortung der Marine schreibt Jeremy Black: »In political debate the Navy was seen as an integral and historical facet of the British identity, while the Army was regarded as alien, a product of Stuart, Cromwellian, Williamite and Hanoverian innovation.« Jeremy BLACK, Introduction, in: Ders./WOODFINE, The British Navy and the Use of Naval Power, S. 1–31, hier S. 3.

425 James Rees JONES, Limitations of British Sea Power in the French Wars, 1689–1815, in: BLACK/WOODFINE, The British Navy and the Use of Naval Power, S. 33–49, hier S. 42–43, 45–46.

426 Ebd., S. 45–46, zu den Blockaden gegen Frankreich.

427 Kinsky an Karl VI., London, 22.11.1728, HHStA, StA England 65, f. 15.

428 COLLEY, Britons, S. 68–71.

429 Karl Tilman WINKLER versteht Öffentlichkeit als »Öffentlich-Gemachtes« sowie als »soziale Praxis«, ders., Wörterkrieg, S. 119. Als Reaktion auf Habermas und die Anwendung seiner Theorie der Öffentlichkeit auf die Frühe Neuzeit haben für den deutschsprachigen Raum und für den hier behandelten räumlichen und zeitlichen Zusammenhang Winkler (ebd.) und GESTRICH (ders., Absolutismus und Öffentlichkeit) die wichtigsten Ergebnisse vorgelegt.

430 Siehe z.B. Kinsky an Uhlfeld, London, 25.12.1733, FA Kinsky, 3 b), 67, o.f.; Kinsky an Karl VI., London, 16.12.1729, HHStA, StA England 65, f. 40v.

431 Genannt wurden auch »the publick news«, Waldegrave an Townshend, chiffriert,

tionalen Beziehungen immer wieder als Rezipient von Verlautbarungen genannt. Dabei wurde meist nicht zwischen der Öffentlichkeit der Höfe untereinander,[432] der Öffentlichkeit der Akteure bei Hof, am eigenen oder einem fremden, einer gelehrten Öffentlichkeit oder der Bevölkerung als Publikum unterschieden.[433] »The attention here of the Publick is wholly turn'd to the opening of the Congress and its future operations [...],«[434] hieß es in einem Bericht 1728 nach London. Nur aus dem Zusammenhang lässt sich schließen, dass wohl die Öffentlichkeit des Hofes gemeint war.

An den Höfen informierten sich vernetzte Akteure hauptsächlich gegenseitig über Denkschriften und Briefe, die nur selten für eine breitere Öffentlichkeit bestimmt waren. Daneben waren aber die öffentlichen Medien, insbesondere gedruckte Zeitungen, schon Teil der wichtigsten Informationsmittel aller Akteure der internationalen Beziehungen. Dementsprechend gehörte es zur alltäglichen Arbeit der Diplomaten, Zeitungsberichte und Flugschriften, sofern sie für den eigenen Hof relevant schienen, mit den regelmäßigen Berichten mitzuschicken oder sie für diese Berichte zu exzerpieren.[435] Insbesondere die britischen Diplomaten mussten Neuigkeiten nach London schicken, die dann an die britischen Medien weitergegeben werden konnten:

[...] But as the Writer [of the Gazette] is not directly supplyed with Materials from his Majesty's Ministers abroad, he is not enabled to keep up the Reputation of that Paper as it ought to be, where fore I am to desire your Lords. would pleased to give strict Orders to your Secretary to be careful and exact in collecting all publick Occurrences in the Place where you are, and in the Neighbourhood, & to send every Post the most authen-

---

Graz, 14.08.1728, NA, SP, 80, 63, f. 63. In einem völlig anderen Zusammenhang stand die Verwendung von »publick« in der Kombination mit »tranquillity«, z.B. Townshend an Waldegrave, Wien, 06.12.1729, TNA, SP 80, 65, f. 264v. Die öffentliche Ruhe wurde als Ziel der internationalen Beziehungen formuliert, siehe Kapitel 2.3.1 und Kapitel 5.3.

432 Gestrich spricht davon, die »europäischen Höfe [seien] zu einer ständigen Kommunikationsgemeinschaft vernetzt« gewesen. GESTRICH, Absolutismus und Öffentlichkeit, S. 90.

433 Diese Dimensionen von Öffentlichkeiten unterstreicht Gestrich, ebd., S. 75–134.

434 Harris an Tilson, Wien, 19.05.1728, TNA, SP 80, 62, f. 201; ebenso z.B. Waldegrave an Townshend, »very private«, Wien, 18.03.1729, TNA, SP 80, 64, f. 172.

435 Bis auf wenige Ausnahmen sind die in den Berichten erwähnten Zeitungen nicht erhalten; eine Ausnahme ist z.B. bei Waldegrave an Tilson, Wien, 12.03.1729, TNA, SP 80, 64, f. 146v, »the inclosed gazette«: Il corriere di Vienna, N. 19, Wien, 05.03.1729, ebd., f. 148–151v. Gelegentlich schickte ein Diplomat auch Abschriften (Kinsky an Karl VI., London, 18.01.1731, HHStA, StA England 67, Auszug aus »Craftsman«, London, 13.01.1731, f. 7–8). Im Gegenzug erhielten die Diplomaten Zeitungen von zuhause, Harris an Delafaye, p.s., Wien, 09.07.1729, TNA, SP 80, 65, f. 27v.

tick accounts he can procure, directed to Mr. Buckley at my Office, who is employed by Order of the Principal Secretarys of State to extract and digest what is proper for the Gazette.[436]

Manchmal fragte der Wiener Hof direkt an, Übersetzungen der in Wien gedruckten Zeitungen in britischen Zeitungen zu veröffentlichen.[437] Der Hof übte direkten Einfluss auf die Wiener Presse aus, so dass durch Privilegienvergabe, Zeitungsverbote und Zensur nur noch das »Wiener Diarium« als einzige deutschsprachige gedruckte Zeitung Wiens erschien.[438] Das »Wiener Diarium« enthielt die Meldungen im Sinne einer Hofberichterstattung über die kaiserliche Familie, Gäste und Gesandte am kaiserlichen Hof, Feste, Jagden sowie Audienzen und Gottesdienstbesuche des Kaisers.[439] Zusätzlich verzeichnete es durch die Zusammenarbeit mit dem »Kaiserl. Universal-Kundschaft- und Schriftlichen Niederlags-Amt« auch Nachrichten über Geldwechselkurse, Inserate zu Gütern und Stellenanzeigen sowie allgemeine Personenanfragen.[440] Der Schwerpunkt der politischen Meldungen lag auf den Nachrichten aus fremden Städten und Territorien. Über politische Ereignisse am Wiener Hof, die über die aktive Pressepolitik des Hofes hinausgingen, wurde nicht berichtet.[441] Die auswärtige Politik des Kaisers war geheim: Diskretion galt Karl VI. als Bedingung für eine gute Regierung, ein

---

436 Townshend an Waldegrave, London (Whitehall), 15.06.1728, TNA, SP 80, 62, f. 207v–208.

437 Robinson an Harrington, Wien, 02.10.1734, TNA, SP 80, 110, o.f. Bei der Beilage handelte es sich um das »Extra-Blatt zu Num. 79«, Wiener Diarium, 02.10.1734.

438 MAUELSHAGEN, Der Hof im Medienwandel, S. 101. Zur Geschichte des *Wiener Diarums* und dem Verbot anderer Zeitungen, wodurch die von Johann Peter van Ghelen gedruckte Zeitung über fünf Jahrzehnte ein Pressemonopol halten konnte, siehe ZENKER, Die Geschichte der Wiener Zeitung, S. 7–12; und auch Helmut W. LANG, Die österreichische Tagespublizistik im Barockzeitalter, in: Erich ZÖLLNER (Hg.), Öffentliche Meinung in der Geschichte Österreichs, Wien 1979, S. 39–52, hier S. 49–50. Zu einer anderen Einschätzung kommt Martin WELKE, der in einem Aufsatz 1985 ein eher gleichgültiges Verhältnis des Wiener Hofes zur Presse konstatierte (ders., »... zu Österreichs Gloria durch Publizität mitzuwürcken.« Zur Pressepolitik des Kaiserhofes im Reich im 18. Jahrhundert, in: Wolfgang DUCHKOWITSCH (Hg.), Mediengeschichte. Forschung und Praxis. Festgabe für Marianne Lunzer-Lindhausen zum 65. Geburtstag, Wien 1985, S. 173–193, hier S. 173–186).

439 GESTRICH, Absolutismus und Öffentlichkeit, S. 93–94, geht davon aus, dass solche Informationen nur für adelige Kreise, die mit dem Hofzeremoniell vertraut waren, verständlich und von Interesse waren. KLEMENT, Das Wiener Alltagsleben, S. 133, nimmt dagegen ein der heutigen Yellow-Press vergleichbares Interesse der »einfachen« Bevölkerung an den Vorgängen am Kaiserhof an und kann dies durch ihre eingehende Analyse der Leserschaft belegen, ebd., S. 53–55.

440 Anton TANTNER, Adressbüros im Europa der Frühen Neuzeit, Wien 2011 (inzwischen gekürzt erschienen als *Die ersten Suchmaschinen. Adressbüros, Fragämter, Intelligenz-Comptoirs*, Berlin 2015), S. 101–104.

441 KLEMENT, Das Wiener Alltagsleben, S. 49–50. Lokalnachrichten wurden über geschriebene Zeitungen verbreitet, ebd., S. 50.

Bruch des Arkanums sollte deshalb bestraft werden.[442] Die Geheimhaltung war selbst für anwesende fremde Diplomaten nur schwer zu durchschauen: »All Business being transacted here with so much Secrecy, tis hardly possible to learn any thing but what the Ministers are desirous should be known [...].«[443] Geheimhaltung ließ sich damit am Wiener Hof länger als in London durchsetzen. In der britischen politischen Öffentlichkeit galt nämlich im Gegenteil jede Geheimverhandlung oder -politik als negativ konnotierte »Arkanpolitik«.[444] Verträge wie der von 1731 wurden in Wien nicht selbstverständlich veröffentlicht – wie gesehen, brauchte es eine Falschmeldung, damit auf kaiserlichen Befehl hin die nicht geheimen Artikel des Vertrags publiziert wurden.[445]

In London bot sich ein völlig anderes Bild der Öffentlichkeit und der Presse. Die Abhängigkeit der Minister nicht nur vom König, sondern auch von den Unter- und Oberhausmehrheiten hatte einen großen Einfluss auf die Parlamentsdebatten und auf die durch sie ausgelösten öffentlichen Debatten sowie auf die britische politische Kultur zur Folge. Parlamentsdebatten wurden von einem wechselnden Publikum besucht und begleitet, welches auf der Galerie saß und die grundlegenden Diskussionen und Reden in privaten Briefen, Berichten für Publikationsmedien wie Zeitungen oder auch in Gesandtschaftsrelationen verbreitete.[446] Britische Minister waren, anders als ihre Kollegen in anderen Herrschaftsgebieten, stärker durch die Öffentlichkeit kontrolliert.[447] Seit 1695 existierte keine Vorzensur mehr, allerdings konnten bestimmte Schriften durch das Postamt auf Anweisung der Secretaries of State zurückgehalten werden.[448] Der Schwerpunkt der britischen Presseberichterstattung lag auf dem Inland. Höhepunkt in dieser Zeit bildete die Publizistik zur Excise-Krise, die von Oktober 1732 bis April 1733 von Walpoles Gegnern

---

442 KALMÁR, Regierungsnormen Karl Habsburgs, S. 142.

443 Waldegrave an Townshend, Graz, 14.08.1728, TNA, SP 80, 63, f. 62–62v.

444 Zu diesem Begriff siehe Wolfgang E. J. WEBER, Arkanpolitik, in: EdN 1 (2005), Sp. 650–652; ders., Zwischen Arkanpolitik und Aufklärung. Bemerkungen zur normativen Freigabe der politischen Informationslenkung im 17./18. Jahrhundert, in: DUCHHARDT/ESPENHORST, Utrecht – Rastatt – Baden, S. 129–140.

445 Siehe den Bericht zum Vertragsabschluss 1725 bei GESTRICH, Absolutismus und Öffentlichkeit, S. 86–87, bzw. für die Maßnahmen zur Geheimhaltung 1730/31 Kapitel 2.3 sowie 2.3.2, S. 84–85.

446 WINKLER, Wörterkrieg, S. 269. Berichte in den Zeitungen stützten sich auf Gedächtnisprotokolle und konnten Fehler enthalten.

447 Jeremy BLACK, Parliament, the Press and Foreign Policy, in: Parliamentary History 25, 1 (2006), S. 9–16, hier S. 14. Grundsätzlich galt: »During the eighteenth century there was no escaping politics.« Tone Sundt URSTAD, Sir Robert Walpole's Poets. The Use of Literature as Pro-Government Propaganda, 1721–1742, Newark, DE 1999, S. 231.

448 KRAUS, Englische Verfassung, S. 66, sowie URSTAD, Sir Robert Walpole's Poets, S. 32–35.

befördert wurde.[449] Durch die große Bandbreite der gedruckten Zeitungen und Flugschriften wurden aber ebenso Ereignisse im Ausland und die auswärtigen Beziehungen des britischen Hofes regelmäßig kommentiert.[450] Auch Lieder und Balladen gehörten zum Repertoire der Publizistik. 1731 erschien die Ballade *The Town being full of Confusion, / And filling our Ears with Alarms*, in der der Parlamentsmehrheit vorgeworfen wurde, auf Druck Walpoles jeden Vertrag unabhängig von seinen Bestimmungen zu genehmigen.[451] Mit dem Aufstieg Walpoles zum »ersten Minister« wurde das politische Geschehen auch durch Karikaturen kommentiert.[452]

Die Verbreitung von Zeitungen und anderen Publikationen über institutionelle[453] und private Abnehmer[454] war groß.[455] Walpole griff deshalb aktiv in die politische Publizistik ein, indem er Autoren bezahlte, die in Zeitungen und Flugschriften seine Meinung – und die Meinung des Ministeriums – wiedergaben und der Öffentlichkeit präsentierten. Er verstand die Auseinandersetzungen in der Presse als Teil der Politik, in der auch negative Äußerungen gegen die Regierung, solange sie den Gesetzen nicht zuwiderliefen, ihren Platz hatten.[456] Dies wurde natürlich von den Diplomaten registriert: »[…] Man hat in Zeitungen ausstreuen lassen […]«.[457] Auswärtige Höfe und ihre Diplomaten versuchten im Gegenzug, durch geschicktes Platzieren von Nachrichten in Zeitungen und die Verbreitung von Flugschriften

---

449 WINKLER, Wörterkrieg, S. 590–613, 703–717. Zu den Flugschriften in diesem Zusammenhang immer noch beachtenswert der ältere Aufsatz von Edward Raymond TURNER, The Excise Scheme of 1733, in: EHR 42, 165 (1927), S. 34–57.

450 Jeremy BLACK, The English Press in the Eighteenth Century, Beckenham, Kent 1987, S. 197–212, 234–238. Siehe z.B. Knight an Robinson, Paris, 26.08.1730, WYAS, WYL 150, 6018, 13468, über einen Bericht im Craftsman zur angespannten Situation in Wien 1730.

451 Milton Oswin PERCIVAL (Hg.), Political Ballads Illustrating the Administration of Sir Robert Walpole, Oxford 1916, hier S. 189.

452 Paul LANGFORD, Walpole and the Robinocracy, Cambridge 1986, S. 22–24. Hauptsächlich handelten Karikaturen von inneren Angelegenheiten Großbritanniens, siehe ebd., S. 76–77, Karikatur 21, S. 78–105, Karikaturen 22–35, S. 110–115, Karikaturen 38–40. Erst ab Ende der 1730er Jahre nahmen die Karikaturen zur auswärtigen Politik zu, ebd. ab S. 128, Karikatur 47. Käufer für Karikaturen fanden sich in der Londoner Mittel- und Oberschicht, durch Aushänge in Geschäften war die Verbreitung aber viel weiter, ebd., 29–30.

453 Siehe WINKLER, Wörterkrieg, S. 819–841 zu Kaffeehäusern, Gaststätten und Vereinen als Orten der (gemeinsamen) Lektüre sowie zum Verleih von Zeitungen.

454 Grundsätzlich und grundlegend ders., Wörterkrieg, S. 126–208.

455 Für London existieren Berechnungen, nach denen über 90 % der Männer und 60 % der Frauen lesen konnten, ebd., S. 812.

456 Ebd., S. 479–491, 645–659, S. 661. Die entsprechenden Zeitungsausgaben und Pamphlete mit Auflagen von bis zu 10.000 Stück wurden an alle Parlamentsmitglieder, Hofangehörige, höhere Beamte in Verwaltung, Kirche und Militär, Londoner Großkaufleute und Diplomaten sowie andere Mitglieder der Netzwerke der Minister ins In- und Ausland verschickt. URSTAD, Sir Robert Walpole's Poets, S. 50–55.

457 Kinsky an Karl VI., chiffriert, London, 14.12.1728, HHStA, StA England 65, f. 27v.

die öffentliche Meinung in London und Großbritannien zu ihren Gunsten zu beeinflussen. Graf Kinsky reagierte auch auf Meldungen, die das Ministerium verlauten ließ. So habe das Ministerium 1730 in Zeitungen veröffentlicht, dass dem Kaiserhof nichts gelinge, woraufhin Kinsky »unter der hand« eine Gegendarstellung veröffentlichen ließ.[458] Auch im Polnischen Thronfolgekrieg erbat er bei Sinzendorff für den Kaiser positive Nachrichten, die er gegen die aus Paris kommenden, in London veröffentlichten Meldungen »dem Publico« zukommen lassen wollte.[459] Durch die besondere Rolle der englischen Publizistik wurde Philipp Kinsky immer wieder aufgefordert, kaiserliche Kommissionsdekrete, Antworten des Kaisers auf Manifeste von fremden Höfen oder Pamphlete ins Englische übersetzen zu lassen und an die Öffentlichkeit zu geben:

> Du hast inzwischen die hiesige beantwortung in England nachdrucken, und durch eine geschickte feder in das Englische übersetzen zu laßen, auch nicht nur häuffige Exemplaria davon in beederley sprachen auszutheilen, sondern auch besorgt zu seyn, daß sie in denen wochentlich zum vorschein kommenden schrifften, und bevorab jenen, welche nicht für den Hoff geschrieben werden, einverleitet werde.[460]

Bei umstrittenen Inhalten konnte es vorkommen, dass englische Drucker keine Übersetzung anfertigen wollten oder konnten. Dann versuchte der kaiserliche Gesandte mit dem Druck und der Verbreitung einer eigenen Übersetzung die Meinungen zu beeinflussen.[461] Die Kosten, die dadurch entstanden, waren erheblich: Kinsky bekam im Jahr 1735 die Extrakosten aus dem Vorjahr erstattet, für 500 Drucke mit Übersetzung hatte er 398 fl. 41 Kr. ausgegeben. Eine Druckkampagne entsprach damit mehr als 6 % der jährlichen Extraspesen.[462] Dies zeugt von der Wichtigkeit, die man einer solchen

---

458 Kinsky an Karl VI., chiffriert, London, 13.02.1730, HHStA, StA England 67, f. 35. Einen generellen Überblick gibt BLACK, The English Press, S. 221–234.

459 Kinsky an Sinzendorff, London, 06.07.1734, FA Kinsky, 3 c), 73, o.f.

460 Diese Anweisung betrifft die kaiserliche Antwort auf das französische Manifest zum Polnischen Thronfolgekrieg Ende 1733. Karl VI. an Philipp Kinsky, Wien, 11.11.1733, HHStA, StA England 69, f. 9v–10, sowie das Kommissionsdekret Karls VI. zum französischen Friedensbruch (KARL VI. Kaiserliches Commissions-Decret (um, Sambt beygelegter Kriegs-Verkündigung [...]?)). Kinsky berichtete sechs Wochen später über die Durchführung dieser Anweisung, Kinsky an Sinzendorff, London, 05.01.1734, FA Kinsky, 3 a), 68, o.f. Die Kurzfassung erschien u.a. im London Magazine (Foreign Advices in December 1733, in: The London Magazine 1733, S. 645).

461 Kinsky schrieb Anfang 1730, den englischen Buchdruckern sei die Übersetzung des kaiserlichen Kommissionsdekrets als Reaktion auf den Vertrag von Sevilla verboten worden, obwohl es in den holländischen Zeitungen ausführlich abgedruckt wurde. Er versuchte deshalb, die Übersetzung zu verbreiten. Kinsky an Karl VI., London, 01.05.1730, HHStA, StA England 67, f. 4.

462 Ordinari und extraordinari Gehalt als Subsistenz, Extraspesen, Ausstaffierung und

gezielten Beeinflussung der Öffentlichkeit von Seiten des Kaiserhofes beimaß.
Allerdings platzierte Graf Kinsky bestimmte Nachrichten gerade nicht, damit
er »allhiesigen zeitung-schreibern, welchen bekannter massen eine allzu freye
schreib-arth gestattet wird, keinen anlaß gebe, ihre feder dargegen zu spit-
zen [...].«[463]
Die politischen Kulturen in Wien und London ähnelten sich im Bezug
auf die Beteiligung des Adels an der Herrschaft, auf das Militär und auf die
wesentliche Rolle der Konfession. Mit der unterschiedlichen rechtlichen Situation des britischen Adels und der Gentry als weiterer Elitengruppe gab es eine
teilweise institutionalisierte, aber auf jeden Fall sehr wirksame Verflechtung
von Adel, Gentry sowie Wirtschafts- und Finanzinstitutionen und -netzwer-
ken und damit ein hohes Bewußtsein für finanzpolitische und wirtschaftliche
Fragen. Das ist so ausgeprägt für die Habsburgischen Erblande nicht zu konstatieren. Die starke Stellung des gewählten Parlaments und der Öffentlichkeit
in Großbritannien führte darüber hinaus zu einer direkten Mitwirkung brei-
terer Schichten am politischen System, die sich auch auf die internationalen
Beziehungen auswirkte.

4.2 Faktoren des direkten Kontakts

4.2.1 Zeremoniell

Bei allen Kontakten am Hof und vor allem in diplomatischen Kontexten
war die Behandlung zeremonieller Fragen unabdingbar. Das Zeremoniell
machte die soziale Ordnung sichtbar, indem es ein Normensystem vorgab.
Regeln für den Zugang zum Herrscher, das Auftreten bei Audienzen und in
anderen Situationen bei Hof symbolisierten den Rang der Beteiligten und
dienten so der Statusfestlegung und -aufrechterhaltung.[464] Innerhalb der

---

dergleichen Subsistenz: 15. July 1734, 1735, FHKA, Bot- und Gesandtschaften, Kontobücher, Hs. 719, f. 76. Für eine einzige Übersetzung wurden 400 fl. ausgegeben.

463 Es handelte sich um die Nachricht, dass die kaiserlichen Truppen eine Schlacht
gewonnen hätten. Da in London aber schon die Information vorlag, dass wenige Tage
später eine Schlacht für den Kaiser verloren gegangen war, hätte die Siegesmeldung
keine gute Aufnahme gefunden. Kinsky an Karl VI., London, 02.11.1734, HHStA, StA
England 70, f. 7–7v, Zitat f. 7v.

464 Siehe zu dieser Definition zunächst Barbara STOLLBERG-RILINGER, Zeremoniell
als politisches Verfahren. Rangordnung und Rangstreit als Strukturmerkmale des
frühneuzeitlichen Reichstags, in: Johannes KUNISCH (Hg.), Neue Studien zur frühneuzeitlichen Reichsgeschichte, Berlin 1997, S. 91–132; dies., Des Kaisers alte Kleider;
aber auch Andreas PEČAR, Das Hofzeremoniell als Herrschaftstechnik? Kritische
Einwände und methodische Überlegungen am Beispiel des Kaiserhofes in Wien
(1660–1740), in: ASCH/FREIST, Staatsbildung als kultureller Prozess, S. 381–404. Die
Bedeutung des Zeremoniells als symbolische Kommunikation haben die Arbeiten

internationalen Beziehungen symbolisierten die zeremoniellen Handlungen den Rang eines Monarchen unter den europäischen Herrschern sowohl an seinem eigenen Hof als auch bei der Vertretung durch Gesandte an fremden Höfen.[465] Das diplomatische Zeremoniell verdeutlichte damit das Verhältnis zwischen den Fürsten.[466] Selbstverständlich bestimmten Fragen von Zeremoniell, Ehre und Status auch die Beziehung zwischen Monarchen und ihren eigenen Ministern,[467] und der Minister eines Hofes untereinander. Schönborn bestand ab 1729 darauf, dass er aufgrund seines eigenen, nun höheren Rangs als Fürstbischof für Sitzungen nur zu Prinz Eugen, dem er in Anerkennung seiner Verdienste und aus Freundschaft den Vorsitz nicht streitig machte, kommen würde, jedoch nicht zu anderen Ministern.[468]

Die Relevanz zeremonieller Fragen und Beschreibungen variiert in den betrachteten Quellen allerdings erheblich. Während gerade am Anfang einer Gesandtschaft noch sehr ausführlich Zeremonialfragen behandelt wurden, nahmen sie im Laufe des Aufenthaltes eines Diplomaten am auswärtigen Hof immer weniger Raum ein – Konflikte ausgenommen. Tendenziell waren die Berichte der britischen Gesandten im Vergleich zu denen der kaiserlichen Gesandten weniger häufig mit zeremoniellen Fragen befasst. Im Folgenden werden die zeremoniellen Fragen im Verhältnis von Kaiser Karl VI. und Georg II. als König betrachtet. Zur Konzentration der Analyse auf das Verhältnis zwischen dem Wiener und dem Londoner Hof werden Aussagen zu anderen Aspekten des Zeremoniells, die in den diplomatischen Berichten der Zeit wiedergeben wurden, nicht analysiert.[469]

des SFB 496 »Symbolische Kommunikation und gesellschaftliche Wertesysteme vom Mittelalter bis zur Französischen Revolution« hinreichend belegt. Sie erklären die zentrale Rolle des Zeremoniells mit der Verknüpfung des politischen Status und der sozialen Ehre eines Akteurs, die zur Anerkennung durch andere öffentlich inszeniert werden müssen. André KRISCHER, Souveränität als sozialer Status. Zur Funktion des diplomatischen Zeremoniells in der Frühen Neuzeit, in: KAUZ u.a., Diplomatisches Zeremoniell, S. 1–32, hier S. 6.

465 Auf die Ehre der Gesandten selbst wurde ebenfalls immer wieder angespielt, Probleme konnten aus der kaiserlichen oder königlichen Stellung des aussendenden Monarchen oder dem persönlichen Rang des Diplomaten erwachsen, siehe später in diesem Abschnitt, S. 261.

466 Damit war es vergleichbar zum Hofzeremoniell, siehe KRISCHER, Souveränität als sozialer Status, S. 11. Die Berichte der Gesandten spiegelten dies wieder, Krischer nennt sie deshalb auch »Konten symbolischen Kapitals«, ebd., S. 30.

467 Siehe z.B. ARKELL, Caroline of Ansbach, S. 171.

468 HANTSCH, Reichsvizekanzler, S. 322.

469 Das zeremonielle Verhältnis des Kaisers zum Kurfürsten Georg August (Georg II.) wird deshalb nur am Rande betrachtet; siehe dazu die Ausführungen von Andreas PEČAR, Gab es eine höfische Gesellschaft des Reiches? Rang- und Statuskonkurrenz innerhalb des Reichsadels in der ersten Hälfte des 18. Jahrhunderts, in: Harm KLUETING/Wolfgang SCHMALE (Hg.), Das Reich und seine Territorialstaaten im 17. und 18. Jahrhundert. Aspekte des Mit-, Neben- und Gegeneinander, Münster 2004, S. 183–206, hier S. 188–197.

Für den Wiener Hof hatte das Zeremoniell aufgrund der kaiserlichen Stellung des Herrschers eine entscheidende Rolle.[470] Das Zeremoniell diente aber nicht allein dem Herrscher. Es ermöglichte durch die dadurch gegebene Hierarchie der Angehörigen des Hofes das geordnete Zusammenleben bei Hofe. Mit den Hofkonferenzen zu Zeremonialfragen war der höfische Adel direkt an der Ausgestaltung und Umsetzung des Zeremoniells beteiligt, während der Kaiser – hier Karl VI. – kaum eingriff.[471] An der Spitze stand der Kaiser, der durch die Vergabe der Ämter an Hochadelige deren Rang bestätigte.[472]

Der Vorrang des Kaisers musste immer gewahrt bleiben, auch eine Zurücksetzung gegenüber anderen Herrschern durfte nicht erfolgen.[473] Besonders wichtig war es deshalb für kaiserliche Diplomaten, die in ihrer Person den Kaiser repräsentierten,[474] dass ihnen an einem auswärtigen Hof von den anderen Botschaftern und Gesandten die erste förmliche Visite gemacht wurde. Durch informelle Besuche bei den Botschaftern königlicher Häuser sollte Graf Kinsky deshalb 1729 in London erreichen, »daß eines theils Meiner [Karls VI.] hoheit und præeminenz nicht vorgeben, und anderen theils all-ohnöthiges impegno gleichwohlen vermieden werde.«[475] Dabei war er aufgrund des Konflikts zwischen Prinz Eugen und Hofkanzler Sinzendorff um

---

470 Höhepunkt der umfangreichen Forschung zum Zeremoniell am Kaiserhof in der Frühen Neuzeit ist die 2011 erschienene Edition der Hofordnungen und Zeremonialbücher (Wührer/Scheutz, Zu Diensten Ihrer Majestät). Verschiedene Einzelstudien beschäftigen sich mit unterschiedlichsten Gegebenheiten des kaiserlichen Zeremoniells, so der Sammelband Pangerl u.a., Der Wiener Hof im Spiegel der Zeremonialprotokolle, sowie Franz-Stefan Seitschek, »Einige caeremonialpuncten bet(reffend)«. Kommunizierende Gefäße. Zeremonialprotokoll und Wiener Diarium als Quelle für den Wiener Hof (18. Jh.), Wien 2011; zum diplomatischen Zeremoniell siehe Leopold Auer, Diplomatisches Zeremoniell am Kaiserhof der Frühen Neuzeit. Perspektiven eines Forschungsthemas, in: Kauz u.a., Diplomatisches Zeremoniell, S. 33–53.

471 Pečar, Das Hofzeremoniell als Herrschaftstechnik?, S. 394–397.

472 Ebd., S. 401. Dadurch erklärt sich auch die von Fremden beobachtete Leidenschaft für das Zeremoniell: »[…] they are never lively, but upon points of ceremony. There, I own, they shew [!] all their passions […].« Lady Montagu an Mrs. T., Wien, 06.10.1716, in: Halsband, The complete letters 1, S. 273.

473 In diesem Zusammenhang ist auch die Diskussion um den Kaisertitel in Friedensverträgen zu sehen, siehe Regina Dauser, »Dann ob Uns gleich die Kayserliche Würde anklebet«. Der kaiserliche Vorrang in Friedensverträgen des 17. und 18. Jahrhunderts, in: Schmidt-Voges u.a., Pax perpetua, S. 305–327.

474 Zur Vorstellung, dass Gesandte ihren Herren als Person repräsentierten, siehe Johannes Paulmann, Pomp und Politik. Monarchenbegegnungen in Europa zwischen Ancien Régime und Erstem Weltkrieg, Paderborn 2000, S. 44; Für transkulturelle Audienzen, bei denen man sich nicht grundsätzlich über die *repraesentatio maiestatis* einig war, bedeutete dies, dass unterschiedliche Grundvoraussetzungen auch verschiedene Deutungen des Verhaltens bei Audienzen zur Folge hatten, siehe Peter Burschel, Einleitung, in: Ders./Christine Vogel (Hg.), Die Audienz. Ritualisierter Kulturkontakt in der Frühen Neuzeit, Köln 2014, S. 7–15, hier S. 14.

475 Karl VI. an Kinsky, Wien, 24.10.1729, HHStA, StA England 66, f. 49.

die Besetzung des Postens zunächst nicht als Botschafter entsandt worden.[476] Kinsky bestand in der Folge trotzdem auf seinem höheren Rang als kaiserlicher Repräsentant.[477] Allerdings wurde ihm dieses Verhalten in der britischen Gesellschaft teilweise negativ ausgelegt: »[...] Count Kinsky is arrived and is already on his high horse and says that the Emp.r's Envoy is as good as other Princes Amb.rs.«[478] Auch Kinskys Ehefrau setzte in ihren Kontakten zu Botschaftersgattinnen den Anspruch auf Gleichrangigkeit durch,[479] denn der Rang Kinskys sollte sich genauso auf die Behandlung seiner Gemahlin auswirken, die zum Zeitpunkt der Antrittsaudienz allerdings schwanger und deshalb noch nicht bei Hof war. 1732 stellte sich das Problem, dass mit dem Conde de Montijo ein neuer spanischer Diplomat im Botschafterrang an den Hof von St. James geschickt worden war. Der kaiserliche Gesandte Philipp Graf Kinsky wäre dem spanischen Grafen damit nachgestellt gewesen. In diesem Zusammenhang beschloss die Geheime Konferenz mit Genehmigung Karls VI., Graf Kinsky in den 1728 noch verweigerten Botschafterrang zu erheben.[480] Die Erhebung hatte nicht nur im Kontakt mit anderen Diplomaten die gewünschten Folgen: Im Zusammenhang mit der Heirat der britischen Prinzessin Anne mit dem Prinzen von Oranien hatte Kinsky nach der Ankunft des Prinzen in London eine Audienz bei ihm, wobei Kinsky aufgrund seines Botschafterstatus im letzten, dritten Zimmer empfangen wurde. Wilhelm IV. von Oranien redete ihn mit »Excellenz« [!] an und nahm selbst auf einem niedrigeren Sessel als der Botschafter Platz.[481]

Insgesamt erwuchs aus der kaiserlichen Stellung eine besondere Bedeutung des Zeremoniells. Sie zeigte sich einerseits in umfangreichen Zeremonialinstruktionen für Gesandte des Kaisers;[482] andererseits hatte sie deutliche Auswirkungen auf die Abläufe am Kaiserhof: »the formalitys of this Court

---

476 Waldegrave an Townshend, chiffriert, Wien, 05.06.1728, TNA, SP 80, 63, f. 2–2v: »He is tye'd down to the Character of Envoy, whereas the Other [= Sinzendorffs Schwiegersohn] would have been appointed Ambassador«.

477 Kinsky an Karl VI., London, 29.10.1728, HHStA, StA England 65, f. 7v.

478 Waldegrave an Tilson, chiffriert, Graz, 02.10.1728, NA, SP 80, 63, f. 148v.

479 Kinsky an Karl VI., London 22.11.1728, HHStA, StA England 65, f. 14v.

480 Bartenstein, Vortrag 23.11.1732, HHStA, StK Vorträge 36, f. 255v–256v, sowie der erste Anhang zur Hauptinstruktion 1732, Wien, 20.11.1732, FA Kinsky, 6 a), 11, o.f. Auch nach seiner Ernennung zum Botschafter hob er sein der *repraesentatio maiestatis* angemessenes Verhalten hervor; Kinsky an Karl VI., London, 26.04.1735, HHStA, StA England 71, f. 19–19v; Kinsky an Karl VI., chiffriert, Hannover, 30.06.1729, HHStA, StA England 65, f. 74v–75. Insbesondere gegenüber den spanischen Botschaftern bestand ein direktes Konkurrenzverhältnis, Kinsky an Karl VI., London, 02.11.1734, HHStA, StA England 70, f. 3v.

481 Kinsky an Karl VI., London 24.11.1733, HHStA, StA England 70, f. 7–8.

482 Allein die Zeremonialanweisungen für Kinsky umfassten schon mehrere Folioseiten, siehe Karl VI. an Kinsky, Instruktion, Laxenburg, 12.06.1728, HHStA, StA England 66, f. 3v–12v.

made all Business go on slower than any where else [...].«[483] In Ausnahmefällen konnte es allerdings vorkommen, dass sich selbst der kaiserliche Gesandte über das Hofzeremoniell beschwerte, welches die Minister bei Hof band – wenn wichtige »auswärtige Verrichtungen« dadurch nicht vorankommen konnten.[484]

Das Zeremoniell am Kaiserhof war für Gesandte anderer Höfe teilweise schwer zu durchschauen. So kamen bei der Ernennung des Grafen Kinsky zum kaiserlichen Gesandten am Hof von St. James Zweifel an der Korrektheit des Zeremoniells auf. Es ging darum, ob der Kaiser seinen Obersthofmeister die Ernennung im Salon hätte verkünden lassen müssen, um sie rechtsgültig zu machen. Prinz Eugen bestätigte dem zweifelnden britischen Gesandten, dass nur Vizekönige und Vertrauensposten immer öffentlich verkündet würden, Gesandte oder Minister selten oder nie. Die erfolgte öffentliche Erklärung durch den Prinzen Eugen war damit ausreichend.[485] Prinz Eugen spielte zeremonielle Fragen in diesem Fall herunter:

He begg'd of Me not to listen to any little Stories, that could only tend to raise Difficulties between the Courts; That when I had been here some time I would find there is a Set of People who make it their Business to raise and disperse idle Reports and even write them for Truths where there is not the least Foundation.[486]

Die britische Herangehensweise an das Zeremoniell erschien pragmatischer, ohne dass Fragen des Zeremoniells gering eingestuft worden wären.[487] Der Earl of Waldegrave hatte bei seiner Ankunft in Wien 1728 sowohl Papiere als Sonderbotschafter als auch als bevollmächtigter Gesandter bei sich, sollte zur Vermeidung des vollen Zeremoniells und ohne die Zusicherung der Ernennung eines kaiserlichen Gesandten für St. James aber nur als »Plenipotentiary« – also bevollmächtigter Gesandter – auftreten.[488] Er nahm daraufhin an Hofveranstaltungen nur teil, wenn er dadurch nicht einen niedrigeren Rang

---

483 Waldegrave an Townshend, Wien, 01.01.1730, TNA, SP 80, 66, f. 5.
484 Kinsky an Karl VI., London, 17.11.1733, HHStA, StA England 70, f. 6.
485 Waldegrave an Townshend, Wien, 05.05.1728, TNA, SP 80, 62, f. 168v.
486 Ebd., f. 169–169v.
487 So mussten Trauerzeiten, wie für Georg I. (1727) oder den 1728 verstorbenen Herzog von York, unbedingt eingehalten werden. Waldegrave an Townshend, Graz, 28.07.1728, TNA, SP 80, 63, f. 42v; Waldegrave an Tilson, Graz, 18.09.1728, TNA, SP 80, 63, f. 132v; Waldegrave an Newcastle, Graz, 25.09.1728, TNA, SP 80, 63, f. 136.
488 Georg II. an Waldegrave, Instruktionen, Kensington, 18.08.1727, TNA, SP 80, 62, f. 39v. Waldegrave wies später darauf hin, dass auch der portugiesische und der spanische Gesandte so verführen; man behandelte letzteren allerdings mit »more Distinction than they commonly do others in that Character«, was Waldegrave auf die Freundschaft zwischen den beiden Höfen zurückführte. Waldegrave an Townshend, »private«, Wien, 13.05.1728, TNA, SP 80, 62, f. 184v.

als den eines Botschafters akzeptieren musste.[489] Zur Huldigungszeremonie in Graz 1728 reiste er deshalb nicht, um der zeremoniellen Zurücksetzung zu entgehen:

> For as I have not taken the Character of Ambassador, I could not be with those that had, and it would not be proper for Me to be with the Ministers of the 2nd Class; For the Difference made here between those of the first and second rank is too great.[490]

Waldegrave wurde in der Folge mit »Lord« oder »Ambassador« angeredet. Seine doppelten Beglaubigungsschreiben ermöglichten es ihm, »all his Goods and Plate« zollfrei einzuführen, was nur Botschaftern vorbehalten war, während Gesandte und andere Minister teilweise sehr hohe Gebühren zahlen mussten.[491] Diese Sonderbehandlung spricht dafür, dass der Oberstkämmerer über das Beglaubigungsschreiben als Sonderbotschafter informiert war.[492] Seine Zwischenstellung unterstrich Waldegrave, indem er nach außen durch seine Kutsche, Kleidung und Einladungen als Botschafter auftrat, »for the honour of my King and Country«.[493] Waldegrave hielt sich dabei an das Auftreten von Botschaftern, das er in Paris beobachtet hatte, und an die Hinweise zum Zeremoniell, die er von Gesandten in Wien darüber hinaus erhielt. »If I did not, I should be as little regarded as the Envoys, who are treated here with the most insolent impertinence.«[494] Auch Sir Thomas Robinson verfuhr zwei Jahre später nach diesem Vorbild, insbesondere aber, um sich den Kontakt mit den anderen Diplomaten in Wien zu erleichtern:

> [...] I gave out that the Character, with which His Majesty had been pleas'd to honour me, obliging me to no Ceremony, I shou'd not, on my part, expect any, but endeavour to see every body, and cultivate their Acquaintance, as it laid in my Way. [...].[495]

Dies gelang ihm auch erfolgreich, nach wenigen Wochen konnte er berichten:

---

489 Während bei öffentlichen Mahlzeiten z.B. der Nuntius und der venetianische Botschafter mit Kopfbedeckung teilnehmen durften, mussten alle anderen ihre Kopfbedeckung in der Hand halten. Waldegrave an Tilson, chiffriert, Wien, 16.10.1728, TNA, SP 80, 63, f. 162v–163. Siehe hierzu auch Thomas WELLER, Ordnen – Gemeinschaft stiften – Ins Recht setzen. Die Funktion von Ritualen und ihr Wandel, in: Barbara STOLLBERG-RILINGER u.a. (Hg.), Spektakel der Macht. Rituale im Alten Europa, 800–1800, Darmstadt 2008, S. 199–203, hier S. 202.

490 Waldegrave an Townshend, Wien, 03.07.1728, TNA, SP 80, 63, f. 19.

491 Waldegrave an Townshend, »private«, Wien, 13.05.1728, TNA, SP 80, 62, f. 185.

492 Siehe allgemein AUER, Diplomatisches Zeremoniell am Kaiserhof, S. 45.

493 Waldegrave an Townshend, [Bill of Extraordinaries], Graz, 11.09.1728, TNA, SP 80, 63, f. 123v.

494 Waldegrave an Townshend, Graz, 28.07.1728, TNA, SP 80, 63, f. 43.

495 Robinson an Newcastle, Wien, 24.06.1730, TNA, SP 80, 68, o.f.

[…] there are no Foreigners of any Distinction, whom I have not already seen either at their Houses, or my own; and indeed, except the Ambassadors, most of the others of what Character soever prevented my visiting them first.[496]

Robinson konnte zu diesem Zeitpunkt nicht Botschafter sein, da er selbst nicht adelig war. Allerdings zeigte sich im Laufe der Zeit, dass er als »Minister Plenipotentiary« zwar in der Rangliste über einem einfachen Gesandten stand und auch so auftreten konnte. Ohne den Botschafterrang oder persönlichen Adel hatte Robinson aber als Protestant einen schweren Stand am Wiener Hof: »[…] it is not a proper post for a Protestant in this Court.«[497] Als Alternative schlug er, allerdings zunächst vergeblich, seine Aufnahme in einen der Orden des Königreichs vor.[498] Erst später konnte er diese mehrfache Benachteiligung durch Wissen und Erfahrung wirksam ausgleichen, wie sein Einsatz im Österreichischen Erbfolgekrieg zeigen sollte.

Audienzen von Diplomaten beim Herrscher und seiner Familie waren ein wesentlicher Teil des diplomatischen Geschäfts. Sichtbar wurden hier Ehre und Status sowohl des residierenden als auch des durch den Gesandten repräsentierten Monarchen vertreten.[499] Ein ankommender Diplomat konnte eine Antrittsaudienz beim Kaiser und der kaiserlichen Familie verlangen.[500] Die Audienz beim Kaiser fand normalerweise ein bis zwei Tage nach der Ankunft statt. Es war jedoch üblich, zunächst die wichtigsten kaiserlichen Minister zu besuchen.[501] Robinson sprach explizit davon, der Hofkanzler Sinzendorff habe ihm dabei erklärt, er solle sich an den Oberstkämmerer für die Anberaumung der Zeremonie wenden.[502] Der britische Gesandte Waldegrave musste bei seiner ersten Audienz 1728 dann das Problem seines unklaren Status umgehen. Die Anerkennung als Botschafter verlangte am Kaiserhof nämlich nicht nur das Vorhandensein der entsprechenden Papiere, sondern auch den angemessenen zeremoniellen Einzug nach Wien.[503] Die private Audienz fand

---

496 Robinson an Newcastle, Wien, 24.6.1730, TNA, SP 80, 68, o.f.
497 Robinson an Harrington, »most private and particular«, Wien, 22.07.1731, TNA, SP 80, 77, o.f.
498 Ebd.
499 Teilweise entstanden nach diesen feierlichen Audienzen auch Bilder, siehe Susan Tipton, Diplomatie und Zeremoniell in Botschafterbildern von Carlevarijs und Canaletto, in: RIHA Journal 8 (2010). Weder für Philipp Graf Kinsky noch für den Earl of Waldegrave oder Sir Thomas Robinson ließen sich aber irgendwelche bildliche Darstellungen aus den 1720er und 1730er Jahren finden.
500 Waldegrave an Townshend, Wien, 02.05.1728, TNA, SP 80, 62, f. 147v.
501 Waldegrave an Townshend, Wien, 05.05.1728, TNA, SP 80, 62, f. 159. Nur der Marqués de Rialp machte jedoch einen Gegenbesuch. Waldegrave an Townshend, Graz, 28.07.1728, TNA, SP 80, 63, f. 43v. Robinson an Newcastle, Wien, 21.06.1730, TNA, SP 80, 68, o.f.
502 Robinson an Newcastle, Wien, 24.06.1730, TNA, SP 80, 68, o.f.
503 Waldegrave an Townshend, »private«, Wien, 13.05.1728, TNA, SP 80, 62, f. 185.

deshalb in Laxenburg statt.[504] Das Zeremoniell wurde außerhalb der Wiener
Hofburg nicht so streng gehandhabt, so dass dem britischen Wunsch nach
weniger »form & Ceremony«[505] nachgegeben werden konnte, ohne die zeremoniellen Regeln des kaiserlichen Protokolls zu verletzen.[506]

[…] without much Formality I deliver'd his Majesty's Letter as Plenipo.ry, accompanying
the same with a Compliment suitable to the Occasion – keeping myself very close to the
Terms of his Majesty's Letter: The Emperor return'd the Compliment in French and in
an obliging Manner.[507]

Zwei Tage später fand wohl in Wien die Audienz bei der Kaiserin statt, ohne
dass Waldegrave sich in seinem Bericht näher über das Zeremoniell ausließ.[508]
Sir Thomas Robinson, sein Nachfolger, hatte an zwei aufeinanderfolgenden
Abenden seine Audienzen bei Karl VI. und Elisabeth Christine in der Hofburg.[509] Auf die genaue Form der Audienzen ging Robinson nicht ein. Vor
seiner Audienz musste er sich allerdings zunächst mit dem Zeremoniell vertraut machen, welches er so aus Paris nicht kannte:

I conform'd myself, as Mr. Birkentein [Christian August von Berkentin, dänischer
Gesandter], and others, who have long resided in this Court, advis'd me, to the Spanish
manner of saluting and appointing his Imple. Majesty, as what was usual, and not at all
derogatory […].[510]

---

504 Da sich Karl VI. im Mai wie üblich in Laxenburg aufhielt, hätte Waldegrave auf eine
     Audienz in Wien bis zum nächsten Besuch des Kaisers warten müssen.
505 Georg II. an Waldegrave, Instruktionen, Kensington, 18.08.1727, TNA, SP 80, 62,
     f. 39v. Leider ist in den Quellen keine weitere Reaktion des Wiener Hofes auf diese
     britische Einstellung gegenüber dem Zeremoniell erkennbar.
506 AUER, Diplomatisches Zeremoniell am Kaiserhof, S. 46.
507 Waldegrave an Townshend, Wien, 02.05.1728, TNA, SP 80, 62, f. 147v.
508 Ebd., f. 149: »[…] I deliver'd this afternoon his Majesty's Letter to the Empress with
     a suitable Compliment likewise on the Occasion. Her Impl. Majesty express'd herself
     with a great Deal of good Manner towards the King in very obliging Terms«.
509 Robinson an Newcastle, Wien, 24.06.1730, TNA, SP 80, 68, o.f. Den Zugang zu den
     Räumen der Hofburg regelte die Kammerzutrittsordnung (Reglement) für die Reprä-
     sentationsräume Kaiser Karls VI., Wien, 08.10.1715, in: WÜHRER/SCHEUTZ, Zu
     Diensten Ihrer Majestät, II.8, S. 752–754. Siehe entsprechend Irmgard PANGERL, »Höfi-
     sche Öffentlichkeit«. Fragen des Kammerzutritts und der räumlichen Repräsentation
     am Wiener Hof, in: Dies. u.a., Der Wiener Hof im Spiegel der Zeremonialprotokolle,
     S. 255–285, hier S. 263–268, und Herbert KARNER, Raum und Zeremoniell in der
     Wiener Hofburg des 17. Jahrhunderts, in: KAUZ u.a., Diplomatisches Zeremoniell,
     S. 55–78. DUINDAM (ders., Vienna and Versailles, S. 210–211) betont die Schwierig-
     keiten, die mit einer solchen Festlegung einhergingen. Wenn die Diener die Besucher
     nicht unbedingt kannten, konnten sie sie nicht einordnen – einem hohen Gast aber
     den Zutritt zu verwehren, wäre problematisch gewesen.
510 Robinson an Newcastle, Wien, 24.06.1730, TNA, SP 80, 68, o.f. In seinen Instrukti-

Solche Nachhilfe im Zeremoniell durch am selben Hof akkreditierte Diploma-ten war übliches kollegiales Verhalten. Nachdem Graf Kinsky selbst bei seiner Ankunft keine Hilfe bekommen konnte, erläuterte er 1732 einem neuen Kollegen das Zeremoniell am britischen Hof.[511]

Auch der kaiserliche Gesandte Kinsky war 1728 wegen des genauen Zeremoniells an seinem Bestimmungsort unsicher.[512] Obwohl er nur als außerordentlicher Gesandter nach London gekommen war, sollte er schließlich eine »öffentliche Audientz«[513] verlangen. Nachdem er Viscount Townshend und dem Duke of Newcastle als Secretaries of State sowie dem Master of Ceremony seine Ankunft mitgeteilt hatte, übernahm letzterer die Verhandlungen über das Zeremoniell der Antrittsaudienz. Schwierigkeiten bereitete unter anderem, dass Kinsky auf einer persönlichen Antwort des Königs und der Verwendung des Deutschen oder Lateinischen bestehen musste.[514] Das Ergebnis war für Kinsky zufriedenstellend. Das ausgehandelte Zeremoniell entsprach dem der Antrittsaudienzen von Botschaftern. Das Verlangen Kinskys, bei der Audienz als Botschafter behandelt zu werden, obwohl er nur Gesandter war, irritierte aber wohl am britischen Hof, weswegen Waldegrave aus Wien dazu Stellung nehmen sollte. Waldegrave schrieb dem Unterstaatssekretär Tilson, es sei ihm schon von Kinskys Verhalten berichtet worden. Er vermutete allerdings richtig, dass Kinskys Verhalten »[…] was according to his instructions […].«[515]

Zwei Meilen vor Hampton Court, wo sich der Hof im September 1728 aufhielt, wurde Kinsky von der königlichen Kutsche abgeholt.[516] Am Schloss wurde er vom Master of Ceremonies im Audienzzimmer empfangen, der mit dem »ObrystCämmerer« – dem Keeper of the Privy Purse – den kaiserlichen Repräsentanten zum König geleitete.[517] Bei der Übergabe des Creditivs nahm der König, Georg II., den Hut ab, was ebenfalls nur bei Antrittsaudienzen von

onen hatte es nur geheißen, er solle eine Audienz beim Kaiser, der Kaiserin und der Kaiserinwitwe in üblicher Form erbitten, Georg II. an Robinson, Instruktionen, London (St. James), 13.05.1730, TNA, FO 90, 3, o.f.

511 Der Earl of Waldegrave konnte 1728 vom französischen Botschafter die Feinheiten des Zeremoniells am Kaiserhof erfragen. Waldegrave an Townshend, Wien, 05.05.1728, TNA, SP 80, 62, f. 159.
512 Kinsky an Karl VI., London, 18.09.1728, HHStA, StA England 65, f. 1–4; Kinsky an Karl VI., London, 11.04.1732, HHStA, StA England 67, f. 48v.
513 Karl VI. an Kinsky, Instruktion, Laxenburg, 12.06.1728, HHStA, StA England 66, f. 5.
514 Kinsky an Karl VI., London, 18.09.1728, HHStA, StA England 65, f. 1v. Siehe auch Kapitel 2.1 und 4.2.2.
515 Waldegrave an Tilson, Wien, 16.10.1728, TNA, SP 80, 63, f. 162–162v. Weitere Folgen scheint es aber nicht gegeben zu haben.
516 Die Abholung durch die königliche Kutsche an der Wohnung war, anders als in Wien, nicht üblich und konnte von ihm deshalb auch nicht eingefordert werden.
517 Die Audienz fand wohl in der Privy Chamber statt.

Botschaftern üblich war.[518] Der König antwortete persönlich, und nicht »by the Master of Ceremonies«, auf die Übergabe der kaiserlichen Briefe und die entsprechenden Komplimente des neuen Gesandten.[519] Im Anschluss an die Antrittsaudienz fand ein Essen mit dem Oberstkämmerer[520] statt. Das Zeremoniell für die erste Audienz, die Graf Kinsky 1733 als Botschafter am Hof von St. James hatte, war wohl ähnlich.[521] Reisten Diplomaten mit ihren Ehefrauen, so war es üblich, dass auch diese sich bei Hof zeigten. Graf Kinskys Ehefrau war allerdings bei der Ankunft des Paares in London 1728 so hochschwanger, dass zunächst die Fahrt vom Hanover Square zum Palast zu viel erschien.[522]

Beim Abschied eines Diplomaten nach erfolgreicher Mission oder Rückkehr an seinen Heimathof fand gewöhnlich eine ähnlich umfangreiche Audienz statt. Hierbei erhielt der Gesandte Briefe für seinen Monarchen und dessen Familie, die als Referenzschreiben für das Auftreten des Repräsentanten dienten,[523] sowie reiche Geschenke.[524] Während in Wien diamantenbestückte Porträts des Kaisers als Geschenk üblich waren – Robinson schickte per Kurier Waldegrave seines nach Paris nach[525] –, wurden in London hohe Geldsummen ausgezahlt: 1736 erhielt Kinsky 1.000 £ als Abschiedsgeschenk von

518 Allerdings stand Georg II. nicht auf: »In other points the Ceremonial is the same as it was at the Venetian Resident's, only His Maty. when he pulls off his Hat takes it more off of his head, & bows to him lower, but never rises off of his Chair.« Audience of Count Kinsky, September 1728, TNA, SP 100, 12, o.f. Kinsky an Karl VI., London, 18.09.1728, HHStA, StA England 65, f. 1–4.

519 Audience of Count Kinsky, September 1728, TNA, SP 100, 12, o.f. Die Verständigung war jedoch einseitig – der König und seine Familie verstanden die deutschen Ausführungen Kinskys, dieser die englischen Antworten nicht; siehe hierzu weiter unten, S. 266–267.

520 Es handelte sich um Augustus Schutz (c. 1693–1757), dessen Vater 1693 braunschweig-lüneburgischer Gesandter in London war. Weil Augustus deswegen in London geboren wurde, konnte er nach 1714 britische Hofämter übernehmen. Er wurde Kammerherr des Kronprinzen und 1727 bis 1757 Master of the Robes and Keeper of the Privy Purse. John M. BEATTIE, The English Court in the Reign of George I, Cambridge 1967, S. 64, Fn. 2.

521 Siehe den Bericht in der Londoner Zeitung, St. James's, February 15, in: The London Gazette Nr. 7170, 28.02.1733, S. 1. Allerdings hat sich kein Bericht Kinskys darüber erhalten.

522 Kinsky an Karl VI., London, 29.10.1728, HHStA, StA England 65, f. 7v.

523 Sinzendorff an Waldegrave, Begleitschreiben für Referenzschreiben des Kaisers an Georg II. über das Verhalten Waldegraves, Kopie, Wien, 21.03.1731, TNA, SP 80, 67, f. 202.

524 Siehe zur materiellen Kultur der Diplomatie insgesamt Mark HÄBERLEIN/Christof JEGGLE (Hg.), Materielle Grundlagen der Diplomatie. Schenken, Sammeln und Verhandeln in Spätmittelalter und Früher Neuzeit, Konstanz 2003.

525 Robinson an Graf Sinzendorff, Wien, 19.05.1731, HHStA, StA England Noten 2, o.f.; Michael YONAN, Portable Dynasties. Imperial Gift-Giving at the Court of Vienna in the Eighteenth Century, in: Court Historian 14, 2 (2009), S. 177–188, hier S. 183.

Georg II.[526] Konnte keine letzte Audienz erfolgen, wie es durch die überraschende Abreise des Earl of Waldegrave 1730 aus Wien der Fall war, nahm der entsprechende Diplomat seinen Abschied von den Ministern.[527] Die Entlassung durch den Monarchen und seine Familie erfolgte dann nach der Abreise per Brief.[528]

Die verwendete Sprache hatte im Zeremoniell der internationalen Beziehungen ebenfalls besondere Bedeutung und war formalisiert.[529] Der britische Gesandte Waldegrave, der als erster nach der Wiederaufnahme der Beziehungen zum Kaiserhof nach Wien geschickt wurde, erhielt seine Beglaubigungsschreiben auf Französisch und Latein. Er wurde aber zunächst von Georg I., später auch von Georg II., ausdrücklich instruiert, nur die französische Version zu verwenden. Denn unter allen Umständen wollte der britische Hof »[…] insensibly avoid receiving any Latin Letters from the Court of Vienna.«[530] Andererseits war Latein immer noch die formal notwendige Sprache im diplomatischen Verkehr mit dem Wiener Hof.[531] Zugrunde lag die Frage, ob der Kaiser den König in einem Schreiben als »serenitas« oder »maiestas« oder »Majesté« bezeichnen würde.[532] Dieser Titelstreit verknüpfte zeremonielle und sprachliche Fragen. Das Problem betraf alle gekrönten Monarchen, mit denen der Kaiserhof zu tun hatte. Um den kaiserlichen Vorrang zu betonen, verweigerte der Wiener Hof den anderen Höfen die zeremonielle

---

526 »1736/37 Mar. 23 […] Sir Clement Cotterell, Master of the Ceremony: [£] 1,000-0-0, [£] 83-13-0: Royal present to Count Kinski, […] and fees thereon.« King's Warrant Book XXXII, S. 312, Warrants for the Payment of Money, in: SHAW, Calendar of Treasury Books and Papers 3, S. 407.

527 Waldegrave an Townshend, Wien, 03.06.1730, TNA, SP 80, 67, f. 168. Waldegrave reiste innerhalb von acht Tagen nach Erhalt der Erlaubnis ab, eine Audienz beim Kaiser war da nicht mehr zu organisieren. Waldegrave an Townshend, Wien, 31.05.1730, TNA, SP 80, 67, f. 161v; Waldegrave an Tilson, Augsburg, 13.06.1730, TNA, SP 80, 67, f. 178.

528 Townshend an Waldegrave, Entwurf, London, 04.12.1730, Whitehall, TNA, SP 80, 67, f. 198.

529 Andrea SCHMIDT-RÖSLER, »Uneinigkeit der Zungen« und »Zwietracht der Gemüther«. Aspekte von Sprache, Sprachwahl und Kommunikation frühneuzeitlicher Diplomatie, in: Martin ESPENHORST (Hg.), Unwissen und Missverständnisse im vormodernen Friedensprozess, Göttingen 2013, S. 167–201, hier S. 199: »Die Verwendung der jeweils eigenen Sprache drückte hier Souveränität und dignité aus und war dementsprechend geregelt und kaum flexibel.« Siehe zur Rolle von Sprache insgesamt Kapitel 4.2.2.

530 Georg I. an Waldegrave, Instruktionen, »private and additional«, London (St. James), 06.06.1727, TNA, SP 80, 62, f. 45–45v. Diese Anweisungen wurden von Georg II. unverändert wiederholt, siehe Georg II. an Waldegrave, Instruktionen, London (Kensington), 18.08.1727, TNA, SP 80, 62, f. 48v.

531 Siehe Kapitel 4.2.2, S. 268–269.

532 Einen kurzen Überblick zu dieser Frage für das 18. Jahrhundert gibt HORN, The British Diplomatic Service, S. 208. Französisch war schließlich im Unterschied zu Deutsch und Latein keine Reichssprache.

Gleichsetzung als »Majestät«, also als gleichberechtigte Souveräne:[533] »The Imperial Chancellerie in writing to Crowned Heads treats them only with Serenitas.«[534] Deshalb fand sich eine pragmatische Lösung:

> But as the Impl. Chancery in answer to the former [Latin] makes use of the Stile of Serenitas, and in answer to the latter [French] gives us the Title of Majesty, we would insensibly avoid receiving any Latin Letters from the Court of Vienna, & rather keep to the Correspondence as settled for some time past by Letters of Cachet, wherein the Title of Majesty is mutually given [...].[535]

Die Verwendung des Französischen brachte in den Augen des Londoner Hofes deutliche Vorteile, da der Rangunterschied in dieser Sprache nivelliert wurde. Die Antrittsaudienz bei Karl VI. fand auf Französisch statt, wobei der Kaiser in derselben Sprache antwortete.[536] Auch in den privaten Audienzen Walde-graves bei den kaiserlichen Majestäten sprach das Kaiserpaar französisch. Dies wurde als Indiz für eine Sonderbehandlung des britischen Gesandten gesehen, da Karl VI. und seine Familie normalerweise auf Italienisch antworteten.[537] Sein Nachfolger Robinson verwendete bei den Audienzen und Empfängen mit den kaiserlichen Majestäten ebenfalls die französische Sprache.[538]

Graf Kinsky hatte es in London schwieriger. Seine Instruktionen verboten es ihm, in seiner Funktion als Repräsentant des Kaisers eine andere Sprache als Deutsch oder Latein zu verwenden.[539] Der Zeremonienmeister, der Duke of Grafton, verwies bei der Aushandlung des Zeremoniells der Antrittsaudienz auf das Beispiel des Grafen Gallas, der als kaiserlicher Gesandter bei Köni-gin Anna französisch gesprochen hatte. Das Problem war, dass der König bei dieser Audienz Kinsky als dem kaiserlichen Gesandten laut seiner Instrukti-onen persönlich, und nicht über einen Dolmetscher, antworten sollte. Kinsky musste darauf und auf der lateinischen oder deutschen Sprache für die eigene

533 Betont hat den Zusammenhang von souveräner Herrschaft und dem zeremoniellen Status eines Monarchen KRISCHER, Souveränität als sozialer Status.
534 Audience of Count Kinsky, o.O. [London], o.d. [1728], TNA, SP 100, 12, o.f.
535 Georg I. an Waldegrave, »private and additional«, Instruktionen, London (St. James), 06.06.1727, TNA, SP 80, 62, f. 45–45v; dieser Teil der hierin unveränderten Instruk-tion Georgs II. TNA, SP 80, 62, f. 48v [Hervorhebung i. O.].
536 Waldegrave an Townshend, Wien, 02.05.1728, TNA, SP 80, 62, f. 147v.
537 Waldegrave an Tilson, Wien, 16.10.1728, TNA, SP 80, 63, f. 162v. Siehe Kapitel 3.1.3, S. 144. Andererseits scheint es die einzige wertschätzende Geste Waldegrave gegen-über gewesen zu sein; kein Mitglied der kaiserlichen Familie ließ sich auf seine formellen Komplimente ein, weswegen er nach seiner Ankunft schrieb, »[...] except-ing the Audiences I have neither been spoken to, nor bowed to by any of the Imperial Family.« Waldegrave an Tilson, chiffriert, Wien, 16.10.1728, TNA, SP 80, 63, f. 162v.
538 Robinson an Newcastle, Wien, 24.06.1730, TNA, SP 80, 68, o.f. Siehe Kapitel 4.2.2, S. 271.
539 Karl VI. an Kinsky, Instruktion, Laxenburg, 12.06.1728, HHStA, StA England 66, f. 6v.

Ansprache bestehen, worauf ihm der Duke of Grafton als Lord Chamberlain mitteilte, dass der König als Fremdsprache nur Französisch verwenden könne. Deshalb kam es zu der sprachlich komplizierten Antrittsaudienz am 16. September 1728, bei der Kinsky »in Teutscher die anrede gethan, König, undt Königin aber, wie auch der Königl. Printzen, und Printzessinnen in Englischer Sprach [...]« antworteten.[540] Den Inhalt erfuhr er erst, als »[...] von dem Ceremonimeister nach gehabter Audientz in Privato des Königs antwort in folgenden mir expliciret worden [...].«[541]

Der Titelstreit kam auch in dieser Situation zum Tragen. Nachdem unter Königin Anna längere Zeit versucht worden war, den Kaiser und die Kanzlei in Wien dazu zu bringen, der Königin den Majestas-Titel zuzugestehen, fand man eine andere, nun auch für Kinsky praktizierte Lösung. Zunächst erhielten kaiserliche Gesandte ein lateinisches Beglaubigungsschreiben, in dem der König als »Serenitas« betitelt wurde. Daneben brachten sie aber noch ein »decachet« in italienischer Sprache mit, in dem der König »Majestas« genannt wurde.[542]

Insgesamt wurde auf zeremonieller Ebene der Vorrang des Kaisers gegenüber dem König von Großbritannien deutlich herausgestellt. Formal nahmen aber der kaiserliche und der britische Gesandte den gleichen Rang ein. Das Auftreten und die zeremoniellen Erfolge Graf Kinskys und des Earl of Waldegrave legen nahe, dass der persönliche adelige Status für Gesandte besonders dann wichtig war, wenn – wie nach der Wiederherstellung der Beziehungen notwendig – der zeremonielle Konnex geklärt werden musste. Die Ernennung Graf Kinskys zum Botschafter ließ sich auf die befürchtete Erniedrigung des kaiserlichen Repräsentanten anderen Diplomaten gegenüber zurückführen, zeugte aber auch von der Hartnäckigkeit des Grafen und seines Netzwerkes, den schon von Beginn an angestrebten Rang zu erhalten.

4.2.2 Sprache

Sprache ist das wichtigste Mittel der direkten Kommunikation. Deshalb spielen Sprachen und Sprachkenntnisse innerhalb der internationalen Beziehungen auch eine wesentliche Rolle.[543] Hierbei ist zwischen den formal genutz-

---

540 Kinsky an Karl VI., London, 18.09.1728, HHStA, StA England 65, f. 1v.
541 Ebd., f. 3.
542 Audience of Count Kinsky, o.O. [London], o.d. [1728], TNA, SP 100, 12, o.f.
543 Grundlegende Aufsätze zur politischen Sprache im Allgemeinen und zu politischen Sprachen im Europa der Frühen Neuzeit sind in einem entsprechenden Sammelband zu finden (Thomas Nicklas/Matthias Schnettger (Hg.), Politik und Sprache im Frühneuzeitlichen Europa, Mainz 2007). Mit der Rolle von Sprachen in der Diplomatie der Frühen Neuzeit beschäftigte sich auch das von 2009 bis 2012 vom BMBF geförderte Forschungsprojekt »Übersetzungsleistungen von Diplomatie und Medien

ten Sprachen der Herrschaftsgebiete und Hofsprachen zu unterscheiden.
Während formale traditionell besonders für Verträge und Bündnisse sowie
im Umgang mit fremden Mächten gebraucht wurden, wechselten die Hofsprachen je nach Dynastie und Herrscher.[544] Für persönliche Begegnungen
konnten verschiedene Umgangssprachen genutzt werden. Bei Verhandlungen
zwischen Diplomaten und Monarchen oder Ministern einigte man sich auf
eine für alle Beteiligten verständliche Sprache.[545] Seit dem 18. Jahrhundert
verwendeten die Akteure meist Französisch, während davor das Italienische
die wichtigste Sprache der internationalen Beziehungen gewesen war.[546] Im
Laufe des 17. Jahrhundert entwickelte sich das Französisch zur allgemeinen Umgangssprache zunächst des europäischen (Hoch-)Adels und ersetzte
bis zum Ende des 18. Jahrhunderts Latein als Vertragssprache.[547] Auch im
Zeremoniell spielte Sprache eine wichtige Rolle innerhalb der Beziehungen
zwischen Höfen. Dies zeigte sich bei Antrittsaudienzen, den Beglaubigungsschreiben und im Titelstreit zwischen den Höfen in Wien und London.[548]

In den internationalen Beziehungen waren für die Repräsentanten des
Reiches Latein oder Deutsch als Sprachen bei bestimmten Anlässen, wie
Antrittsaudienzen, verpflichtend.[549] Als europaweite »neutrale« Sprache

im vormodernen Friedensprozess. Europa 1450–1789«. Die daraus entstandenen
Sammelbände sind: DUCHHARDT/ESPENHORST, Frieden übersetzen; Martin ESPEN-
HORST (Hg.), Frieden durch Sprache? Studien zum kommunikativen Umgang mit
Konflikten und Konfliktlösungen, Göttingen 2012; und ders. (Hg.), Unwissen und
Missverständnisse im vormodernen Friedensprozess, Göttingen 2013. Einen Über-
blick über die theoretische diplomatische Literatur des 17. und 18. Jahrhunderts
findet sich bei Andrea SCHMIDT-RÖSLER, Die »Sprachen des Friedens«. Theoretischer
Diskurs und statistische Wirklichkeit, in: DUCHHARDT/ESPENHORST, Utrecht –
Rastatt – Baden, S. 235–259, hier S. 236–239; siehe ebd., S. 236, Fn. 6, den Überblick
über die Forschungsliteratur zur Rolle der Sprachen vor allem beim Westfälischen
Friedenskongress.

544 Siehe zu dieser Unterscheidung, die auf Johann Jakob Mosers *Abhandlung von den
Europaeischen Hof= und Staats=Sprachen* beruht, Guido BRAUN, Das Italienische
in der diplomatischen Mehrsprachigkeit des 17. und 18. Jahrhunderts, in: DUCH-
HARDT/ESPENHORST, Utrecht – Rastatt – Baden, S. 207–234, hier S. 216.

545 Allerdings war »für die europäische Diplomatie die Mehrsprachigkeit charakteristisch«, BRAUN, Das Italienische in der diplomatischen Mehrsprachigkeit, S. 209.
SCHMIDT-RÖSLER (dies., »Uneinigkeit der Zungen«, S. 173) weist darauf hin, dass in
den Quellen »nur wenige Zeugnisse für sprachliche und kulturelle Fremdwahrneh-
mungen [zu finden seien].« Die folgenden Ausführungen zeigen den Umgang mit
Sprache innerhalb der Beziehungen zwischen Wien und London entsprechend der
genutzten Quellen.

546 Siehe grundlegend SCHNETTGER, Auf dem Weg zur Bedeutungslosigkeit?, S. 32–53,
und BRAUN, Das Italienische in der diplomatischen Mehrsprachigkeit, bes.
S. 214–218.

547 Für statistische Auswertungen zu europäischen Vertragssprachen siehe SCHMIDT-
RÖSLER, Die »Sprachen des Friedens«, S. 240–258.

548 Siehe hierzu das vorherige Kapitel 4.2.1.

549 Karl VI. an Kinsky, Instruktion, Laxenburg, 12.06.1728, HHStA, StA England 66, f. 6v.

wurde Latein in der schriftlichen, aber auch in der mündlichen Kommunikation teilweise bis ins 19. Jahrhundert gebraucht. Für juristische Fragen und als Vertragssprache war Latein bis zum Ende des 18. Jahrhunderts gebräuchlich, da Begriffe und Zusammenhänge aus dem römischen Recht in dieser Sprache definiert waren.[550] Der Zweite Wiener Vertrag wurde in der gültigen Fassung deshalb auch auf Latein geschlossen; die Vollmachten und Erklärungen galten in der lateinischen Fassung. Robinson fügte allerdings während der Vertragsverhandlungen den lateinischen Vorschlägen für Artikel und Zusatzerklärungen, die er nach London schickte, immer noch eine englische Übersetzung oder Kurzfassung hinzu.[551] Der Kaiserhof selbst war grundsätzlich mehrsprachig. Neben Deutsch und Latein waren Italienisch, Französisch und Spanisch üblich und wurden von kaiserlichen Diplomaten ebenfalls verstanden.[552] Bei den Sitzungen der Geheimen Konferenz wurde Deutsch gesprochen.[553]

Die erhaltene diplomatische Korrespondenz des kaiserlichen Gesandten in London, Philipp Graf Kinsky, umfasst 171 Schreiben, davon 132 deutsche, 34 italienische und 5 französische. Als Angehöriger des – böhmischen – Hochadels mit entsprechender Bildung beherrschte Kinsky außerdem Latein und Tschechisch.[554] Nur des Englischen war er nicht mächtig, als er in London ankam: »[…] j'espere qu'en peu de temps je parleray anglois […].«[555] Aus zeremoniellen und sprachlichen Gründen war deshalb seine Antrittsaudienz

550 Andrea SCHMIDT-RÖSLER, Von »Viel-Zünglern« und vom »fremden Reden-Kwäckern«. Die Sicht auf die diplomatischen Verständigungssprachen in nachwestfälischen Diplomatenspiegeln, in: DUCHHARDT/ESPENHORST, Frieden übersetzen, S. 207–244, hier S. 221–226.

551 TNA, SP 103, 113, o.f. FREHLAND-WILDEBOER (dies., Treue Freunde) spricht übrigens in ihrer Untersuchung frühneuzeitlicher Friedensverträge die Sprachenwahl bei Verträgen nicht an, eventuell deshalb, weil sie von der Vertragssammlung von Parry und den dort enthaltenden englischen Vertragstexten ausgeht (ebd., S. 27).

552 MÜLLER, Das kaiserliche Gesandtschaftswesen, S. 246–248. Zum Gebrauch des Italienischen in den Reichsinstitutionen siehe Matthias SCHNETTGER, Norm und Pragmatismus. Die sprachliche Situation der Italiener im Alten Reich, in: NICKLAS/SCHNETTGER, Politik und Sprache, S. 73–88; die Instruktionen des Spanischen Rates für Neapel-Sizilien waren dagegen auf Spanisch abgefasst, siehe Francesca GALLO (Hg.), Sicilia Austriaca. Le istruzioni ai Vicere' (1719–1734), Neapel 1994. Karl VI. sprach mindestens noch Tschechisch, wahrscheinlich sogar Ungarisch, siehe Kapitel 3.1.1, S. 116.

553 Das geht aus den Notizen der Konferenz hervor (siehe z.B. HHStA, StK Vorträge 35), auch wenn der Vorsitzende der Konferenz, Prinz Eugen, sonst Französisch bevorzugte. BRAUBACH, Prinz Eugen 5, S. 420, Anm. 218.

554 Josef PEKAŘ, Naše šlechta a jazyk český v 18. stol, in: CCH 20, 1 (1914), S. 80–82, hier bes. S. 81.

555 Kinsky an Prinz Eugen, London, 25.09.1728, HHStA, Gr. Korr. 94b, 1, f. 1v. Kinsky war zwar schon in seiner vorherigen Stellung in Böhmen mit Engländern in Kontakt gekommen (KLIMA, English Merchant Capital, S. 42), hatte die Sprache aber nicht vor seiner Abreise gelernt.

im Herbst 1728 schwierig.[556] Während er mit den meisten adligen Ministern und Hofbeamten Französisch sprechen konnte, waren die Gespräche mit Sir Robert Walpole zunächst kompliziert, da dieser nur Englisch fließend sprach.[557] Bei den ersten Gesprächen mit Kinsky sprach Walpole Latein, während Kinsky auf Französisch antwortete.[558] Bei wichtigen Themen reichte dies jedoch nicht mehr aus.

I told him I was afraid, that upon a Subject of this Importance there might possibly happen some Mistake, from a Misapprehension on either Side of the Languages, we spoke in, and desired I might have an Interpreter, which was agreed to [...],[559]

so Walpole in seinem anschließenden Bericht für den König. Der gewählte Dolmetscher war der Duke of Grafton, ein Enkel Karls II., der Lord Chamberlain war und als solcher schon bei der Antrittsaudienz Kinskys anschließend gedolmetscht hatte.[560] In der zitierten Situation handelt es sich eher um eine Ad-hoc-Lösung.[561] Es spricht jedoch einiges dafür, dass Kinsky die Sprache seines Gastlandes in den folgenden Jahren zumindest für den allgemeinen Gebrauch erlernte.[562] Ende 1731 stellte er mit anderen den Antrag auf Aufnahme in die Royal Society für Baron Pfütschner, den lothringischen Geheimen Rat und Obersthofmeister des Herzogs von Lothringen. Dieser Antrag in englischer Sprache könnte eigenhändig von Kinsky geschrieben sein.[563]

---

556 Siehe oben, Kapitel 4.2.1, S. 266–267.
557 Kinsky an Prinz Eugen, chiffriert, London, 01.03.1729, HHStA, Gr. Korr. 94b, 1, f. 36v.
558 Kinsky an Karl VI., London, 31.05.1729, HHStA, StA England 65, f. 53v–54.
559 Walpole an Georg II., The substance of Count Kinsky's conversation with Sir Robert Walpole, London, 31.05.1729, TNA, SP 43, 77, o.f.
560 Zum Problem des Missverständnisses siehe grundsätzlich den Sammelband von ESPENHORST (ders, Unwissen und Missverständnisse) sowie darin den Aufsatz von SCHMIDT-RÖSLER, »Uneinigkeit der Zungen«, die umfassend Differenzen aufgrund der Sprachwahl innerhalb der internationalen Beziehungen (ebd., S. 175–198) und die Rolle von Dolmetschern und Übersetzern (ebd., S. 185–198) analysiert, wobei sie nur professionelle Übersetzer und Dolmetscher betrachtet.
561 Schmidt-Röslers zusammenfassende Aussage wird durch die vorliegenden Beispiele ebenfalls belegt: »Grundsätzlich kann man wohl annehmen, dass das sprachliche Missverstehen im (westlichen) Europa der Frühen Neuzeit [jenseits des Zeremoniells und der Titulatur] kein Anlass für tiefergreifende Missverständnisse war.« Ebd., S. 198.
562 1735 benutzte er in einem Privatschreiben das Wort »Mail« statt Post, Kinsky an Harrach, London, 20.05.1735, FA Kinsky, 3 d), 83, o.f.
563 Kinsky, Certificate of Election and Candidature for Baron Pfutschner, London, 03.01.1732 (23.12.1731), The Royal Society, EC/1731/10.

Da Englisch im Europa des 18. Jahrhunderts keine weit verbreitete Sprache war, waren die Instruktionen für britische Diplomaten im Bezug auf den Sprachengebrauch pragmatisch.[564] Einzig Französisch sollten mögliche Kandidaten für den diplomatischen Dienst können, denn es galt als die Sprache, die an jedem europäischen Hof verstanden wurde.[565] Der Earl of Waldegrave verständigte sich am Kaiserhof auf Französisch, und auch bei seinen Audienzen sprach er Französisch. Die kaiserlichen Majestäten antworteten in derselben Sprache, was, wie oben gesehen, in diesem Fall allerdings auch als wohlwollendes Zeichen angesehen wurde.[566] Deutsch verstand Waldegrave wahrscheinlich kaum, was er gelegentlich ausnutzte, indem er Unverständnis vorgab; so wies er zum Beispiel zwei jüdische Händler ab, die ihn auf Deutsch um Hilfe bei einer Rechtsangelegenheit in England baten.[567] Sir Thomas Robinson, dem britischen Gesandten in Wien, wurde in einem Empfehlungsschreiben seines ehemaligen Vorgesetzten, des Earl of Waldegrave, bescheinigt:

Sir Thomas during his travills [!] having applyed him self to Languages is perfect in the french and Italian tongues, which your Grace is sensible is a necessary qualification for such as think of being employd abroad, and is Sir Thomas's present aim, on that sense I could not refuse doing him the justice to say that in my humble opinion he is very well qualified for any Station his Majesty may think fit to employ him in.[568]

Sir Thomas Robinson konnte sich mit Französisch und Italienisch als Fremdsprachen ohne Probleme am Kaiserhof bewegen; Latein hatte er während des Studiums in Cambridge gelernt. Die Gespräche mit den kaiserlichen Majestäten und Ministern fanden auf Französisch statt. Robinson gab seine Gespräche häufig als Gedächtnisprotokoll wieder, weswegen diese Sprachenwahl klar belegt ist.[569] Wahrscheinlich lernte er Deutsch während seines achtzehnjäh-

---

564 SCHMIDT-RÖSLER, Von »Viel-Zünglern«, S. 243.
565 Ebd., S. 137. Weitere Sprachen waren von Vorteil, denn »it will give you [an advantage] in negotiations to possess Italian, German, and French, perfectly, so as to understand all the force and *finesse* of those three languages. [...] The significance and force of one single word is often of great consequence in a treaty, and even in a letter.« Bradshaw, Letters of Philip Dormer Stanhope, Earl of Chesterfield 1, S. 341, zitiert nach: HORN, The British Diplomatic Service, S. 138.
566 Anderen Gesandten hatte der Kaiser wohl auf Italienisch geantwortet. Waldegrave an Tilson, chiffriert, Wien, 16.10.1728, NA, SP, 80 63, f. 162v.
567 Waldegrave an Tilson, Wien, 15.10.1729, TNA, SP 80, 65, f. 204v.
568 Waldegrave an Newcastle, Paris, 27.10.1731, BL, Add. Mss. 32687, f. 431. Das Empfehlungsschreiben stellte Waldegrave, wie er schrieb, auf den Wunsch Robinsons aus, der sich damit nach Abschluss des spanischen Beitritts zum *Zweiten Wiener Vertrag* auf einen anderen Posten bewerben wollte. Siehe auch STEUER, Englands Österreichpolitik, S. 65.
569 Siehe insgesamt seine Berichte in den National Archives ab TNA, SP 80, 68.

rigen Aufenthaltes; bei seiner Ankunft hatte er jedoch keine Kenntnisse in dieser Sprache vorzuweisen. 1731, als er über eine Diskussion mit Sinzendorff und Prinz Eugen berichtete, schrieb er aber schon: »[…] and Count Sinzendorf, as well as I could guess by the German language in which he spoke to the Prince, animated His Highness to enter into that debate with me […].«[570] Für notwendige Übersetzungen aus dem Deutschen, zum Beispiel von Zeitungsberichten, gab es entsprechende Angehörige der Botschaft, die beide Sprachen beherrschten.[571]

Da die Ehefrauen der Diplomaten sich ebenfalls in der höfischen Gesellschaft bewegten, benötigten auch sie die entsprechenden Sprachkenntnisse, also zumindest Grundkenntnisse des Französischen. Die spätere Ehefrau Robinsons schrieb vor ihrer Heirat, sie sei nicht abgeneigt, ihn bei seinen Auslandsaufenthalten zu begleiten, aber »I should not dislike it if I coud [!] speak freanch [!] and I hope that may be learnt.«[572] Adelige oder Angehörige der Oberschichten waren also schon allein wegen der notwendigen Sprachenkenntnisse durch ihre im Allgemeinen breitere Bildung im diplomatischen Dienst begünstigt.

Am britischen Hof wurde im Untersuchungszeitraum grundsätzlich Englisch gesprochen.[573] In der juristischen Sprache erhielten sich französisch-normannische und lateinische Ausdrücke, Englisch wurde erst in den 1730er Jahren als amtliche Rechtssprache durchgesetzt.[574] Französisch war unter der Oberschicht eine weit verbreitete Fremdsprache, andere Sprachen waren selten. Latein war unter denen üblich, die entweder an einer der Privatschulen und Universitäten des Landes studiert hatten oder theologisch gebildet waren. Deshalb konnte, wie oben angesprochen, Walpole sich auch auf Lateinisch unterhalten. Georg II. und seine Frau Caroline hatten schon vor der Reise nach London Englisch gelernt, ihre Kinder wuchsen mindestens dreisprachig mit Deutsch, Französisch und Englisch auf.[575] Deutsch blieb für Georg II. und Caroline die Sprache, in der sie über deutsche Angelegenheiten mit Deutschen oder mit den engsten – deutschsprachigen – Dienern spra-

---

570 Robinson an Harrington, Wien, 15.06.1731, SP 80, 75, o.f.
571 Kinsky an Karl VI., London, 23.02.1734, HHStA, StA England 70, f. 11.
572 Francis an Thomas Worsley, [Hovingham?], 20.04.1729, WYAS, WYL 5013, NH 2822, 8.
573 In England wurde seit dem 14. Jahrhundert von der Führungsschicht Englisch gesprochen; nach der Union von 1707 setzte es sich auch in Schottland endgültig als Hauptsprache durch. Ute LOTZ-HEUMANN, Sprachliche Übersetzung – kulturelle Übersetzung – politische Übersetzung? Sprache als Element des politischen Prozesses auf den frühneuzeitlichen Britischen Inseln, in: NICKLAS/SCHNETTGER, Politik und Sprache, S. 51–70, hier bes. S. 55–62.
574 POLLOCK/MAITLAND, The History of English Law 1, S. 80–87.
575 Unter Georg I. sprach man am Hof Französisch, welches zu dieser Zeit die Umgangssprache auch an deutschen Höfen war.

chen.[576] Der König unterhielt sich mit dem kaiserlichen Botschafter Kinsky bei Empfängen dann auf Deutsch, wenn es wie im Polnischen Thronfolgekrieg 1734 um das Verhalten des Reichsoberhaupts ging: »[…] the King […] used to talk of the Emperor's absurd conduct to Kinski in the drawing-room in German […].«[577]

Die Korrespondenz zwischen der kaiserlichen und der königlich-kurfürstlichen Familie spiegelte dieses Verhältnis zur Sprache ebenfalls wieder. Verträge und Vollmachten für die Gesandten am anderen Hof wurden, wie am Beispiel des Zweiten Wiener Vertrags gezeigt, auf Latein verfasst. Für persönliche Schreiben, die Georg II. als König von Großbritannien an den Kaiser richtete, nutzte er die französische Sprache.[578] Für die Kommunikation mit dem König verwendeten Karl VI., Elisabeth Christine und die Kaiserinwitwe Amalia Wilhelmine im Gegenzug die italienische Sprache.[579] Schreiben des Kurfürsten an seinen Kaiser waren auf Deutsch[580] und wurden von Karl VI. ebenfalls auf Deutsch beantwortet.[581] Damit ließ sich schon anhand der Sprache die Art der Beziehung ablesen: Kommunizierten Kaiser und Kurfürst miteinander, geschah dies in der Reichssprache Deutsch; in den Beziehungen der Souveräne Kaiser und König waren es die europäischen *linguae francae* Französisch und Italienisch.

Übersetzungen machten einen beträchtlichen Teil der diplomatischen Arbeit aus. Wichtige Dokumente, Verlautbarungen und Reden wurden von den Gesandten gesammelt und, wenn die Sprache an ihrem Heimathof nicht gebräuchlich war, zusammen mit einer Übersetzung übersandt. Waldegrave entschuldigte sich bei Townshend, als er ein kaiserliches Dekret zu Mecklenburg in der Originalsprache übersandte, er habe keine Zeit gehabt, »to get it

576 Zur Zeit der Thronbesteigung Georgs II. gab es Gerüchte, der Gebrauch aller Sprachen außer Englisch solle bei Hof verboten werden. BL, Add. Mss. 47080, f. 149–151, 154: newsletters 17–22 June 1727, zitiert nach: HANHAM, Caroline of Brandenburg-Ansbach, S. 291, 298, Anm. 41.

577 SEDGWICK, Hervey 2, S. 348.

578 Georg II. an Karl VI., Todesanzeige für Georg I. an den Kaiser, Kensington, 04.07.1727, TNA, FO 90, 3, f. 219. Georg II. an Karl VI., Abschluss des Vertrags 1731, Richmond, 24.05.1731, a.a.O, o.f. [!].

579 Karl VI. an Georg II., Kondolenzschreiben Karls VI. an Georg II., Wien, 19.08.1727, TNA, FO 90, 3, f. 219v; die Schreiben der Kaiserin und Kaiserinwitwe f. 220v, 221v; siehe auch die Schreiben im Bezug auf die Heirat Maria Theresias und Franz Stephan von Lothringens, Karl VI. an Georg II., Wien, 15.02.1736, TNA, FO 90, 4A, S. 22–23; Georg II. an Karl VI., London (St. James), 06.04.1736, TNA, FO 90, 4A, S. 23–24; Elisabeth Christine an Georg II., Wien, 17.02.1736, TNA, FO 90, 4A, S. 24; Georg II. an Elisabeth Christine, London (St. James), 06.04.1736, TNA, FO 90, 4A, S. 25.

580 Siehe Georg II. an Karl VI., Richmond, 25.05.1731, HHStA, Brunsvicensia 10, f. 22–23.

581 In diesem Zusammenhang siehe z.B. das kaiserliche Handschreiben zum Versicherungsdekret für Georg II. als Kurfürsten vom 24. April 1731; Karl VI. an Georg II., Wien, 24.04.1731, HHStA, StA England Hofkorr. 3, f. 5.

put into any other.«[582] Genauso wurden sie beauftragt, relevante Informationen an ihrem Einsatzort in der Landessprache zu verbreiten. Die Berichte mussten dabei nicht vom Hof kommen, sondern konnten auch von Korrespondenzpartnern, die an anderen Höfen eingesetzt waren, stammen. 1731 schickte Stephan Kinsky, der in Paris als Botschafter war, seinem Bruder die Nachricht, es gebe Gerüchte über eine Unterstützung Frankreichs und Spaniens für den Prätendenten James Edward Stuart; Philipp sollte die entsprechende Übersetzung an geeignetem Ort in England verbreiten.[583]

4.2.3 Informationshorizonte

Das Wissen um bestimmte Verhaltensweisen oder Voraussetzungen war bei allen Akteuren unterschiedlich. Der Informationshorizont der Akteure unterschied sich je nach ihren früheren Erfahrungen, ihrer Position innerhalb des jeweiligen politischen Systems und ihrer Umgebung. Er wurde zudem beeinflusst von den schon zuvor angesprochenen Rahmenbedingungen wie der Länge des Kommunkationsweges. Informationshorizont soll im Folgenden die zu einem gegebenen Zeitpunkt verfügbaren Informationen meinen. Dabei ist inhaltlich zu differenzieren in allgemeines Wissen über den anderen und in situatives Wissen; negative Einflüssen auf den Informationshorizont, also nicht mehr beschaffbare Informationen zu einem gegebenen Zeitpunkt, gehören aber ebenfalls dazu.[584]

Erfahrungen aus erster Hand mit dem jeweils anderen Hof hatten nur wenige Akteure. Weder Wien noch London gehörten im frühen 18. Jahrhundert zu den selbstverständlichen Zielen von Kavalierstouren oder

---

582 Waldegrave an Townshend, 2. P.S. Wien, 29.05.1728, TNA, SP 80, 62, f. 234, die deutsche Fassung des Dekrets f. 236–245. Siehe auch die französische Übersetzung der Adresse des Oberhauses an den König, Kinsky an Karl VI., London, 16.04.1729, HHStA, StA England 65, f. 18–19.

583 Stephan Kinsky an Philipp Kinsky, Paris, 05.10.1731, FA Kinsky, 2 a), 51, o.f.

584 Der Begriff des Informationshorizonts – mit anderer Definition – wird vor allem in den Wirtschaftswissenschaften verwendet, siehe Wolfgang J. KOSCHNICK, Management. Enzyklopädisches Lexikon, Berlin 1995, S. 269. In der historischen Forschung wird der Begriff teilweise adaptiert. Arnd Reitemeier versteht im Zusammenhang mit den mittelalterlichen englisch-deutschen Beziehungen unter Informationshorizont drei Formen von Wissen: »Informationen über den anderen Herrscher, seinen Hof und sein Land«, »Kenntnisse von der Diplomatie« und »Wissen um die aktuelle Lage im anderen Land und in Europa«. Der Informationshorizont zeige »die Schwankungen von Qualität und Quantität der zur Verfügung stehenden aktuellen Informationen in Abhängigkeit von den jeweiligen Personen, ihrer Umgebung und Situation.« Arnd REITEMEIER, Außenpolitik im Spätmittelalter. Die diplomatischen Beziehungen zwischen dem Reich und England, 1377–1422, Paderborn 1999, S. 25. Diese Definition wird wie oben ausgeführt übernommen und auf die kaiserlich-britischen Beziehungen angewandt.

Bildungsreisen, falls die Akteure solche kostspieligen Reisen überhaupt unternehmen konnten.[585] Der Besuch Karls (als König Karl III. von Spanien) im Dezember 1703 (a.S.)/Januar 1704 (n.S.) fand im Rahmen der Verhandlungen um englische Militärhilfe statt – außer den öffentlichen Empfängen am Hof Königin Annas erlebte er kaum etwas von England oder von der dortigen Politik.[586] Prinz Eugen hielt sich Anfang des Jahres 1712 zwar am Hof in London auf, allerdings während einer politischen Krise. Die Veränderungen durch den Dynastiewechsel 1714 und die kontinuierliche Whig-Regierung nahm auch er nur durch Berichte der wechselnden kaiserlichen Diplomaten wahr. Sowohl Karl VI. als auch Prinz Eugen hatten im Spanischen Erbfolgekrieg häufig mit der Militärführung der englischen Alliierten zu tun, dies hieß aber nicht, dass sie ein tieferes Verständnis für deren politische Kultur oder die politischen Verfahren und ihre Auswirkungen hatten. Bekannt waren die Grundstrukturen des politischen Systems und der politischen Kultur Großbritanniens: die beiden Häuser des Parlaments, die regelmäßig stattfindenden Wahlen, die aktive britische Presse und der große Einfluss von Handels- und Wirtschaftsfragen. So hieß es, die englische Nation könne gelenkt werden, wenn als Folge einer verfehlten britischen Politik negative Einflüsse auf den britischen Handel angeführt würden.[587] In diesem Zusammenhang sei daran erinnert, dass Philipp Graf Kinsky vermutlich unter anderem aufgrund seiner Bekanntschaften mit Engländern, die ihn in Prag besuchten, und seiner Geschäftsbeziehungen zu Großbritannien als Gesandter für den Hof von St. James ausgesucht worden war.[588]

Klar sah man am Wiener Hof die Trennung von Hof und politischer Verwaltung in Großbritannien: Kinsky wurde schon in seiner Anfangsinstruktion erklärt, er werde mehr mit »Conferentz- weniger aber mit dortigen Hoff-Ministern« zu tun haben.[589] Die Auswirkungen der parlamentarischen Monarchie, insbesondere das enge Verhältnis von Monarch, Ministern und Parlamentsmehrheit, befanden sich aber außerhalb des Informationshorizonts des Kaisers und seiner Minister. Das grundsätzliche Unverständnis

---

585 Siehe grundsätzlich Katrin KELLER, Zwischen Zeremoniell und »desbauche«. Die adelige Kavalierstour um 1700, in: SCHMALE/STAUBER, Menschen und Grenzen, S. 259–282; zum Nutzen des Reisens zur Netzwerkbildung und für zukünftige diplomatische Karrieren siehe Mathis LEIBETSEDER, Kavalierstour – Bildungsreise – Grand Tour. Reisen, Bildung und Wissenserwerb in der Frühen Neuzeit, in: Europäische Geschichte Online (EGO), hg. v. Leibniz-Institut für Europäische Geschichte (IEG), Abs. 10 und 14.

586 Edward GREGG, Queen Anne, New Haven, CT 2001, S. 178.

587 Karl VI. an Kinsky, Wien, 28.01.1734, FA Kinsky, 8 a), 10, o.f. Siehe zur publizistischen Grundlage dieses Wissens KRAUS, Englische Verfassung, S. 319–394.

588 Siehe Kapitel 3.2.4, S. 184.

589 Karl VI. an Kinsky, Instruktion, Laxenburg, 12.06.1728, HHStA, StA England 66, f. 9v.

verdeutlichen Weisungen an kaiserliche Diplomaten, die immer wieder nur zwischen der »englischen Nation« und dem »ministerium« unterschieden.[590] Dabei wurde weder die königliche noch die parlamentarische Unterstützung für die regierenden Whigs beachtet, noch die geringe Chance der Opposition, gegen den König an die Regierung zu kommen.[591] Genauso tauchten diese Annahmen in Aussagen der kaiserlichen Minister auf, wie sie die britischen Diplomaten in ihren Berichten übermittelten: »[Prince Eugene said] he loved the English Nation (a distinction you know has now and then of late been most impertinently made) but for those that governed it meaning the King he did not.«[592] Graf Kinsky entsprach diesem Muster, wenn er sich mit der britischen Opposition einließ, um das Kabinett, welches nach Meinung der Wiener dem Kaiser gegenüber negativ eingestellt war, zu Fall zu bringen. Kinsky sprach 1734 mitten in der Excise-Krise davon, die Abreise des jakobitischen Prätendenten James Edward Stuart aus Rom sei wünschenswert, da »solches die Nation bald in mehrere activitæt« bringen und die Walpole-Regierung dadurch gestürzt werden würde.[593] Die zentrale Stellung Walpoles und seines Bruders und ihr Einfluss auf die britische Politik wurden in Wien zwar gesehen, die kaiserlichen Minister waren aber der Meinung, man könne ihre Stellung von außen, zum Beispiel durch Einflussnahme auf den König und die Königin oder andere britische Minister, beschränken. So wurde Graf Kinsky 1735 angewiesen, mit dem König über kaiserliche Vermittlungsversuche zwischen Preußen und »England« [!] zu sprechen, und damit dafür zu sorgen, dass Walpole die Verhandlungen nicht stören könne.[594]

Die Rolle des Kurfürsten von Braunschweig-Lüneburg im Reich und seine Ansprüche gegenüber dem Kaiser waren dagegen in Wien hinreichend bekannt. So wurde der König – ohne dass der Zusatz »als Kurfürst« verwendet wurde – immer wieder um Rat gefragt, wie der Kaiser auf das Verhalten der Kurfürsten der Pfalz, Bayerns und Kölns oder Sachsens »Reichs Constitutionsmäßig« reagieren könne.[595] Die durch die Personalunion entstandenen Bedingungen, etwa die zeitweilige gleichzeitige Vertretung der britischen und hannoverschen Interessen durch einen britischen Gesandten, führten jedoch zu Unsicherheiten in der Einschätzung der Politik Georgs II. als König und Kurfürst. So sah man am Kaiserhof »the King of England and the Elector of

---

590　Beispiele finden sich im gesamten Untersuchungszeitraum, z.B. Karl VI. an Kinsky, Instruktion, Neustadt, 20.06.1728, HHStA, StA England 66, f. 17.

591　Karl VI. an Kinsky, Wien, 31.01.1730, FA Kinsky, 4 i), 2, o.f. [nicht erhalten in HHStA].

592　Waldegrave an Tilson, Graz, 28.08.1728, TNA, SP 80, 63, f. 82v.

593　Kinsky an Sinzendorff, London, 19.02.1734, FA Kinsky, 3 c), 16. o.f.

594　Karl VI. an Kinsky, Wien, 10.08.1735, FA Kinsky, 11 a), 5, o.f.

595　Karl VI. an Kinsky, Wien, 13.02.1732, FA Kinsky, 5 b), 11. o.f.; Sinzendorff an Kinsky, Wien, 01.09.1734, FA Kinsky, 2 d), 65, o.f.

Hanover as two distinct Persons«, was wiederum von britischer Seite zurückgewiesen wurde.[596]

Georg II., Königin Caroline und der hannoversche Minister von Hattorf
waren »reichserfahren«. Das Wissen um Geschichte, Verfassung und Recht
des Alten Reiches gehörte zum Lernstoff Georgs als Kurprinz von Hannover.[597] Die regelmäßigen Besuche in Hannover und der ständige Kontakt zu
hannoverschen Ministern im Kurfürstentum, am Reichstag und bei anderen
Reichsständen brachten dem Monarchen weitere Informationsmöglichkeiten
über die Zustände im Reich. Der hannoversche diplomatische Apparat wurde
unter Georg II. zwar deutlich reduziert, in Wien, Regensburg, Augsburg,
Bremen, Hamburg und Frankfurt sowie außerhalb des Reiches in Vene-
dig, Dänemark und den Niederlanden waren aber weiterhin Hannoveraner
tätig.[598] Allerdings sahen Georg II., Caroline und die deutschen Minister das
Reich aus der Sicht eines protestantischen Reichsterritoriums, welches zudem
eine durch männliche Nachkommen gesicherte dynastische Zukunft hatte.
Die Lage des Reichsoberhauptes mit unsicherer dynastischer Nachfolge war
eine völlig andere.[599]

Von den britischen Ministern und Akteuren in deren Umkreis hatten nur
Harrington durch die Verhandlungen in Soissons sowie Horatio Walpole
Erfahrungen an anderen europäischen Höfen gesammelt, allerdings hauptsächlich am französischen und spanischen Hof sowie in Den Haag.[600] Den
britischen Gesandten am Kaiserhof war das französische royale Umfeld
ebenfalls bekannt. Der Earl of Waldegrave war in Anjou erzogen worden
und hatte Verwandtschaft am französischen Hof, Thomas Robinson war
dort Chargé d'Affaires gewesen und bei den Verhandlungen in Soissons als
Sekretär dabei.[601] Für ihren Einsatz am Wiener Hof sprach ihre grundsätzliche Vertrautheit mit den kontinentaleuropäischen Beziehungen, besonders

596 Waldegrave an Townshend, Wien, 11.10.1729, TNA, SP 80, 65, f. 183v; siehe auch die
Verhandlungen zum Vertrag von 1731, Kapitel 2.3. Die Einheit der königlichen Person war fest im britischen Denken verankert, seit diese Argumentation nach Beginn
der Personalunion zwischen England und Schottland unter König Jakob VI. und I.
durch ein Gerichtsverfahren – Calvin's Case – 1608 bestätigt wurde; einen Überblick
zu diesem Thema bietet Jenny Wormald, The Creation of Britain. Multiple Kingdoms or Core and Colonies?, in: Transactions of the Royal Historical Society 2 (1992),
S. 175–194, hier S. 180–185.
597 Siehe Kapitel 3.2.1, S. 160.
598 Horn, British Diplomatic Service, S. 11, und Hausmann, Repertorium 2, S. 173–177.
Siehe Black, British Diplomats and Diplomacy, S. 26–28, zu den daraus resultierenden Problemen für die britischen Diplomaten.
599 Siehe Kapitel 5.1, S. 305.
600 Brendan Simms betont die grundsätzlichen Kenntnisse der britischen politischen
Elite von den Verhältnissen in Europa, wozu neben Studienaufenthalten oder der
Grand Tour auch die Hofreisen nach Hannover beigetragen hätten, Simms, »Ministers
of Europe«, S. 114–116.
601 Siehe Kapitel 3.1.3, S. 142–143.

vor dem Hintergrund des langjährigen britisch-französischen Bündnisses. Die Verhältnisse am Kaiserhof in Wien wiesen aber Besonderheiten auf, die nicht zum Informationshorizont der dort eingesetzten britischen Diplomaten gehörten. Waldegrave kam deshalb zu dem Schluss, »[…] what one discovers of the Views of this Court joined to their manner of proceeding is so very unaccountable that it is hardly possible to frame any tolerable Judgments about it.«[602] Differenzen zwischen Reichsbehörden und Behörden der Habsburgischen Erblande wurden deshalb allein auf die persönliche Konkurrenz zwischen den einzelnen Akteuren zurückgeführt.[603] Britische Minister und Diplomaten hatten zwar sehr wohl Kenntnisse des Reichsrechts und der Reichsinstitutionen,[604] ohne dass sie aber die komplexen Verfahrensweisen und Vorgänge immer genau erfassen konnten.[605]

Wurde ein neuer Gesandter an einen Hof geschickt, so gehörte es zu seinen ersten Aufgaben, sich über die dortigen Gegebenheiten zu informieren, entweder direkt bei seinem Vorgänger oder durch dessen Akten. Der Earl of Waldegrave bekam einen internen Bericht seines Vorgängers St. Saphorin über die Verhältnisse am Kaiserhof nach Paris zugeschickt.[606] Zu den Akten, die Philipp Graf Kinsky nach London mitnahm, gehörten die ausführlichen Berichte über die Tätigkeit der kaiserlichen Gesandten am britischen Hof seit 1705, insbesondere die des 1727 ausgewiesenen Palm.[607] Gleichzeitig wurde er angewiesen, sich in London die Akten des kaiserlichen Residenten Hoffmann von dessen Erben aushändigen zu lassen.[608] Beim Gesandtenwechsel 1730 sollte Sir Thomas Robinson den Earl of Waldegrave auf halbem Weg zwischen Paris und Wien treffen, um entsprechende Informationen von seinem Vorgänger persönlich zu erhalten. Da sie aber unterschiedliche Strecken nutzten, verpassten sie sich.[609] Schon vorher hatte Waldegrave in Wien seine Kontakte über den Wechsel informiert und ihnen seinen Nachfolger Robinson anempfohlen: »[…] they will […] assist him as much as I had been there

---

602 Waldegrave an Townshend, Wien, 24.04.1729, TNA, SP 80, 64, f. 211. Robinson schrieb ebenfalls über seine Unfähigkeit, aus den Verhältnissen am Wiener Hof klare Erkenntnisse zu ziehen, Robinson an Tilson, Wien, 01.07.1730, TNA, SP 80, 68, o.f.
603 Waldegrave an Townshend, chiffriert, Wien, 15.01.1729, TNA, SP 80, 64, f. 29v. Robinson an Harrington, Wien, 27.10.1731, TNA, SP 80, 81, o.f. Robinson an Harrington, Wien, 23.02.1734, in: COXE, Walpole 3, S. 162–163.
604 Robinson an Harrington, Wien, 14.07.1731, TNA, SP 80, 76, o.f.
605 SIMMS, »Ministers of Europe«, S. 122.
606 Townshend an Waldegrave, To your self, London (Whitehall), 06.11.1727, TNA, SP 80, 62, f. 83. Townshend erwähnte den Namen St. Saphorin nicht, er kann aber aus dem Zusammenhang geschlossen werden. Zu den geheimen Relationen St. Saphorins siehe GEHLING, Ein europäischer Diplomat am Kaiserhof zu Wien, S. 44–46.
607 Siehe FA Kinsky, 28.3 c), 1–4.
608 Karl VI. an Kinsky, Instruktion, Laxenburg, 12.06.1728, HHStA, StA England 66, f. 3v.
609 Waldegrave an Tilson, Straßburg, 17.06.1730, TNA, SP 80, 67, f. 194. Robinson an Newcastle, Wien, 21.06.1730, TNA, SP 80, 68, o.f.

my self [...].«[610] Über die tatsächliche Lage an ihrem Einsatzort informierten sich die Diplomaten bei den anderen dort akkreditierten Gesandten. Besonders die schon oben erwähnten üblichen Nachfragen über das zu beachtende Zeremoniell gaben Anlass, gleichzeitig Auskünfte über die wichtigsten Personen bei Hof, die Minister und den Monarchen sowie dessen Familie einzuholen.[611] Dies war eine allgemein übliche Praxis, die sich bei der Ankunft neuer Diplomaten regelmäßig wiederholte.[612]

Während des Aufenthaltes an einem auswärtigen Hof blieben die Diplomaten durch schriftliche Kommunikation in ständigem Kontakt zum entsendenden Hof. Gleichzeitig unterhielten sie, wie es auch explizit in ihren Instruktionen stand,[613] Briefwechsel mit Diplomaten an anderen Höfen.[614] Entsprechend schrieb Stephan Kinsky, der kaiserliche Botschafter in Paris, seinem Bruder Philipp nach London, aufgrund ihrer brüderlichen Beziehung sei es besonders wichtig, »[...] daß Wir nicht ermangeln alles fleißig zu berichten waß zu Unserer Wissenschafft gelanget [...].«[615] Der kaiserliche Gesandte bei den Generalstaaten informierte Philipp Kinsky regelmäßig über die nach London oder aus London kommenden Kuriere, andere Kollegen leiteten Kopien wichtiger Schreiben aus Wien weiter.[616] Der Secretary of State Townshend schrieb an Waldegrave, er schicke ihm keine Berichte aus Frankreich oder vom Kongress in Soissons, »[...] not doubting but the King's Ministers at those places inform you directly of what is necessary, and what can come round about from my hand would be only stale News and of an old date.«[617]

In den Weisungen wurde getrennt zwischen Informationen, die in dienstlicher Funktion in Gesprächen verwendet werden sollten oder durften oder die in privaten Unterredungen ihren Platz hatten, und Informationen, die nur als Hintergrundwissen für den Gesandten gedacht waren. Vor allem Informationen nur zum eigenen Gebrauch wurden entsprechend gekennzeichnet:

610 Waldegrave an Tilson, Straßburg, 17.06.1730, TNA, SP 80, 67, f. 194.
611 Waldegrave an Townshend, Wien, 05.05.1728, TNA, SP 80, 62, f. 157–159; Kinsky an Karl VI., London, 18.09.1728, HHStA, StA England 65, f. 1–4; Robinson an Newcastle, Wien, 24.06.1730, TNA, SP 80, 68, o.f.; Karl VI. an Kinsky, Instruktion, Neustadt, 20.06.1728, HHStA, StA England 66, f. 45v.
612 Siehe z.B. Kinsky an Karl VI., London, 11.04.1732, HHStA, StA England 67, f. 48v.
613 Georg I. an Waldegrave, Instruktionen, 06.06.1727, TNA, SP 80, 62, f. 14v. Ebenso Karl VI. an Kinsky, Instruktion, Laxenburg, 12.06.1728, HHStA, StA England 66, f. 13v.
614 Belege für diese Art der Korrespondenz finden sich in FA Kinsky, 2 b)–e), bzw. für Robinson allgemein in TNA, SP 80, regelmäßig ab TNA, SP 80, 76.
615 Stephan Kinsky an Philipp Kinsky, Paris, 21.08.1729, FA Kinsky, 2 b), 14, o.f.
616 Uhlfeld an Kinsky, Den Haag, 01.03.1735, FA Kinsky, 2 e), 9, o.f.; Harrach an Kinsky, Brüssel, 13.04.1735, FA Kinsky, 2 e), 20, o.f.
617 Townshend an Waldegrave, Windsor, 15.10.1728, TNA, SP 80, 63, f. 146v.

Wir geben dir von allem obigen ausführliche nachricht nicht in der absicht, daß du von ermeldten particularitäten [...] gegen jemanden eröffnung thun, sondern derenselben allein zu deiner anleitung bey so glücklich-vorseyenden umbständten dich bedienen könnest.[618]

Manchmal Informationen waren einerseits »for your own Information only«, sollten aber auch in privaten Gesprächen verwendet werden – »as from your Self, and as your own Thought only.«[619]

Die Relationen der kaiserlichen Gesandten waren zwar an den Kaiser gerichtet, konnten aber von allen Ministern der Geheimen Konferenz gelesen werden.[620] In London gab der Empfänger, jeweils einer der Secretaries of State, die Berichte sowohl an den König als auch an die Kabinettsminister weiter. »I received and laid before the King your letter [...]« war die übliche Formel direkt am Anfang der Schreiben der Secretaries of State an die britischen Gesandten.[621] Nur als geheim oder privat gekennzeichnete Briefe sollten einen eingeschränkten Leserkreis haben. Ob dies eingehalten wurde, hing wohl vom Inhalt der Briefe ab. Der Inhalt privater Briefe musste aber auf jeden Fall nicht weitergetragen werden.[622] Bei wichtigen Entwicklungen, wie dem Abschluss eines Vertrages oder einer Krise, die mehrere Höfe betreffen konnte, gingen Weisungen oder Berichte meist an mehrere Empfänger.[623] Die Deklaration des Primas von Polen vom 10. Juni 1733 erhielten mit der kaiserlichen Antwort darauf fünf kaiserliche Diplomaten gleichzeitig.[624] Und Ende 1733 schickte Kinsky aus London gleichlautende Berichte an die Konferenzminister Sinzendorff und Starhemberg.[625] Die Instruktionen ihrer Kollegen,

---

618 Karl VI. an Kinsky, Laxenburg, 11.05.1729, HHStA, StA England 66, f. 39v; siehe ähnlich Townshend an Waldegrave, chiffriert, Hannover, 26.06.1729, TNA, SP 80, 64, f. 283v.

619 Townshend an Waldegrave, chiffriert, London (Whitehall), 11.11.1729, TNA, SP 80, 65, f. 219v.

620 Siehe den entsprechenden Hinweis in Kinsky an Schönborn, London, 16.11.1733, FA Kinsky, 3 b), 46, o.f.

621 Siehe z.B. Harrington an Robinson, London (Whitehall), 15.05.1731, TNA, SP 80, 74, o.f.

622 Siehe hierzu THOMSON, The Secretaries of State, S. 97–98.

623 Siehe die Kopie von Robinsons »Circular Letter« anlässlich des Vertragsabschlusses 1731, Robinson, Circular Letter, Wien, 21.03.1731, TNA, SP 80, 73, f. 28.

624 Karl VI. an Kinsky [sowie auch an: Waldeck [?]; Nikolaus Hochholzer, Resident am russischen Hof; Friedrich Heinrich von Seckendorff, Gesandter am preußischen Hof; Franz Wenzel von Sinzendorff, außerordentlicher Botschafter in Den Haag], Wien, 13.07.1733, HHStA, StA England 69, f. 24–25.

625 Kinsky an Starhemberg, London, 16.11.1733, FA Kinsky, 3 b), 44, o.f.; Kinsky an Sinzendorff, London, 16.11.1733, FA Kinsky, 3 b), 45, o.f. Er wollte damit außerdem erreichen, auf jeden Fall neue Anweisungen zu bekommen.

insbesondere die des britischen und hannoverschen Gesandten am Kaiserhof, waren dem jeweils anderen ebenfalls bekannt.[626]

Geheime Informationen wurden normalerweise chiffriert oder per Kurier ausgetauscht; in wenigen Fällen bezogen sich die Absender dann auf die »geheimen Wege«,[627] auf denen Informationen erlangt worden seien. Berichte, die zwischen den Höfen unterwegs waren, wurden regelmäßig abgefangen und dienten so nicht nur an ihrem Bestimmungsort der Informationsbeschaffung.[628] Besonders im Kriegsfall konnte der Eindruck entstehen, dass bestimmte Schreiben, die zwar chiffriert waren, aber per Post und nicht durch Kuriere überbracht wurden, der Desinformation der anderen dienen sollten. So hieß es in einer Weisung an Kinsky im Polnischen Thronfolgekrieg 1735, man werde ihn darüber informieren, wenn die russischen Hilfstruppen zum Einsatz kommen würden.[629] Da in Kriegszeiten alle Post der Gesandten in London abgefangen wurde, konnte diese Nachricht als Hinweis an Georg II. und seine Minister verstanden werden.

Neben schriftlichen Berichten und Weisungen fand, trotz der großen Entfernungen, immer wieder auch direkte Berichterstattung statt. Für die lange abwesenden Gesandten waren diese Treffen dringend notwendig. Einerseits konnten sie in persönlichen Begegnungen genauere Anweisungen bekommen oder Missverständnisse aus ihren Berichten ausräumen. So entschuldigte sich Robinson 1732 für einen fehlerhaften Bericht damit, er sei nach Wien »without instructions« gekommen. Gemeint waren mündliche, denn er schrieb weiter: »You know what barren things paper ones are. One word of mouth is worth 50 Sheets.«[630] Andererseits konnten Diplomaten im persönlichen Kontakt versuchen, ihre Karrierechancen zu verbessern. Die britischen auf dem Kontinent nutzten dazu die Besuche des Königs im Kurfürstentum. Der Earl of Waldegrave reiste 1729 nach Hannover, Sir Thomas Robinson erhielt erst 1732 die Erlaubnis für diese Reise. Im Vorfeld verzichtete der Secretary of State Harrington auf Befehl Georgs II. darauf, Robinson auf mehrere umfangreiche Berichte zu antworten: »[…] I shall accordingly reserve all farther Orders, which I may have for You from his Maty, for the time of my having the pleasure of meeting you in Germany.«[631] Nur 1735, im Polnischen Thronfolgekrieg, durfte keiner der britischen Diplomaten seinen Posten verlassen, um nach Hannover zu kommen.[632] Informationen zu solchen Treffen waren in den Berichten enthalten, die an den jeweils in London verbliebenen Minis-

626 Bartenstein an Kinsky, Wien, 17.01.1733, FA Kinsky, 2 c), 18, o.f.
627 Karl VI. an Kinsky, Wien, 22.03.1734, FA Kinsky, 8 a), 33, o.f.
628 Zu den geheimen Netzwerken und Spionage siehe Kapitel 4.1.2, S. 214–215.
629 Karl VI. an Kinsky, Wien, 20.04.1735, FA Kinsky, 10 b), 5, o.f.
630 Robinson an Weston, Wien, 03.05.1732, TNA, SP 80, 88, o.f.
631 Harrington an Robinson, London (Whitehall), 30.05.1732, TNA, SP 80, 88, o.f.
632 RICHTER-UHLIG, Hof und Politik, S. 53–54.

ter und die Königin geschickt wurden.[633] Da Georg II. immer von einem
Außenminister begleitet wurde, konnte der König in Hannover wichtige
Entscheidungen für die Beziehungen zu fremden Höfen treffen und durch
seinen Minister kommunizieren lassen. Dies galt natürlich auch für schriftliche Berichte, beispielsweise vom anderen Secretary of State aus London, auf
die direkt reagiert wurde.[634]

Auch der kaiserliche Gesandte Kinsky profitierte von den Aufenthalten in
Hannover, da er 1729, 1732, 1735 und 1736 jeweils die Erlaubnis erhielt, dem
König zu folgen. Von Hannover aus war die Entfernung zum Kaiserhof geringer. Im Sommer 1732 war es Graf Kinsky deshalb erlaubt, nach der Abreise
des Königs zur mündlichen Berichterstattung nach Prag oder Karlsbad zu
kommen, wo Karl VI. und sein Hof sich damals aufhielten. Den Winter verbrachte der Graf dann in seiner Heimatstadt Prag und in Wien, bevor er sich
im Januar 1733 wieder auf die Rückreise machte.[635] Seine neue Hauptinstruktion als Botschafter vom 30. November 1732 wurde ihm deshalb mitgegeben
und musste nicht geschickt werden.[636] Im Oktober 1735 reiste er von Hannover nach Wien und von dort weiter auf seine eigenen Besitzungen.[637] Im
Februar 1736 war Kinsky zurück in London,[638] und brach im Mai wieder
nach Hannover auf.[639] Dort erhielt er diesmal die Erlaubnis, nach Wien zu
kommen, solange der König in Deutschland sei[640] – von seiner vorgeblich zur
Berichterstattung unternommenen Reise[641] an den Wiener Hof kehrte Kinsky
aufgrund seiner Beförderung zum Böhmischen Vizkanzler nicht mehr nach
London zurück.

Welche Informationen konkret bei persönlichen Treffen ausgetauscht wurden,
hing von der Lage der Beziehungen zum jeweiligen Zeitpunkt ab. Im Sommer
1732, als Sir Thomas Robinson in Hannover war, wurden diverse Themen
besprochen, die von den Absichten Georgs II., »to cultivate on our part & to
improve as farr [!] as possible, the strictest Amity with [the emperor]«, über
die Abwicklungen der Ostende-Kompanie, weitere mögliche europäische
Bündnisverträge bis hin zur Einstellung Georgs II. zur Sukzession in Jülich
und Berg reichten.[642] Üblicherweise besprach man wohl bei einem direk-

633 So Townshend an Newcastle, Rodenkirk, 01.08.1729, TNA, SP 43, 10, f. 1–1v.
634 Siehe z.B. Harrington an Newcastle, Hannover, 03.08.1732, TNA, SP 43, 12, f. 1.
635 Karl VI. an Kinsky, Karlsbad, 28.06.1732, StA England 68, f. 57.
636 Karl VI. an Kinsky, Wien, 15.01.1733, HHStA, StA England 69, f. 12.
637 Kinsky an Karl VI., Hannover, 22.09.1735, HHStA, StA England 71, f. 64–65.
638 Kinsky an Karl VI., London, 10.02.1735, HHStA, StA England 71, f. 1–2.
639 Kinsky an Harrach, London, 20.05.1735, FA Kinsky, 3 d), 83, o.f.
640 Karl VI. an Kinsky, Wien, 22.08.1736, FA Kinsky, 11 c), 16, o.f.
641 Kinsky an Sinzendorff, Hannover, 31.08.1736, FA Kinsky, 3 e), 88, o.f.
642 Georg II. an Robinson, Instruktionen, Herrenhausen, 21.07.1732, TNA, SP 80, 89, o.f.

ten Treffen alle Themen, die zukünftig in den Beziehungen wichtig werden könnten.[643]

Nicht immer war der Kommunikationsversuch erfolgreich. So konnte der übliche Kontakt über den Weg der schriftlichen Berichte und Weisungen zu lange dauern. Damit rechtfertigte sich Graf Kinsky sogar explizit, als er ohne Instruktion 1734 eine Vereinbarung über die hannoversche Truppenhilfe abschloss: »[…] in sich selbsten aber ware alles an der zeit gelegen, welche mir nicht gegönnet, allererst zurückzuschreiben, und die auskunft davon zu geben […].«[644] 1729 war Graf Kinsky König Georg II. zwar auf seine Reise ins Kurfürstentum gefolgt; aufgrund von notwendigen Verhandlungen bat er aber nicht um die Erlaubnis, zur Berichterstattung nach Wien kommen zu dürfen.[645] Am Tag nach seiner Abreise Richtung London schickte Sinzendorff ihm von Wien aus die Anweisung, in Wien vorstellig zu werden, um mündlich gründlichen Bericht zu erstatten[646] – dieser Brief erreichte Kinsky, wie oben ausgeführt, erst über drei Wochen später, als er schon nach London zurückgekehrt war.[647] Auch institutionell konnte es zu Verzögerungen kommen, wenn Informationen am britischen Hof wegen einer bevorstehenden Parlamentseröffnung nicht freigegeben[648] oder aufgrund von Krieg Nachrichtensperren verhängt wurden.[649]

Informationsflut führte auch schon in der ersten Hälfte des 18. Jahrhunderts zu Problemen. Die vielen Vertrags- und Bündnisschlüsse seit Ausbruch des Spanischen Erbfolgekrieges etwa bereiteten sowohl auf kaiserlicher als auch auf britischer Seite Schwierigkeiten: Obersthofkanzler Sinzendorff beschwerte sich gegebüber dem britischen Gesandten Robinson über die »Intricacy in which Affairs were involved by the Multiplicity of jarring Treaties.«[650] Im gleichen Zeitraum ließ der britische Außenminister Newcastle eine Auflistung aller von Großbritannien oder britischen Verbündeten geschlossenen Verträge erstellen, um sich einen Überblick über die enthaltenen Bedingungen machen zu können.[651]

---

643 Das lässt sich zumindest aus entsprechenden anschließenden Weisungen schließen, z.B. Karl VI. an Kinsky, Wien, 15.01.1733, HHStA, StA England 69, f. 12.

644 Kinsky an Prinz Eugen, London, 28.05.1734, HHStA, Gr. Korr. 94b, 1, f. 295.

645 Kinsky an Prinz Eugen, chiffriert, Clausthal, 27.07.1729, HHStA, Gr. Korr. 94b, 1, f. 69–71.

646 Sinzendorff an Kinsky, Wien, 21.09.1729, HHStA, StA England 66, f. 45–46.

647 Siehe Kapitel 4.1.2, S. 210.

648 Karl VI. an Kinsky, Wien, 28.01.1734, FA Kinsky, 8 a), 9, o.f.

649 Siehe die Ankündigung der Übersendung eines kaiserlichen Verbots zur Ausfuhr von kriegswichtigen Waren und Informationen in Karl VI. an Kinsky, Wien, 26.04.1734, FA Kinsky, 8 b), 8, o.f. [Beilage allerdings nicht enthalten].

650 Robinson an Newcastle, Wien, 28.06.1730, TNA, SP 80, 68, o.f.

651 »Short Extract of the Treaties from 1713–1734«, BL, Add. Mss. 33006, f. 492–505. Ebenso [Tilson?], Proceedings towards ye Grand Alliance & War begun in 1701, Notizen, o. J. [1728?], TNA, SP 80, 63, f. 271–273.

Selbst eine korrekte und klare Übermittlung von Nachrichten konnte zu einem falschen Informationshorizont bei den Empfängern führen – und zwar immer dann, wenn das Verständnis für den Kontext der übermittelten Informationen aufgrund eines anderen Erfahrungsraums fehlte.[652] So kam es vor, dass die Gesandten im direkten Kontakt auf Befehl ihrer Höfe Dinge unternahmen, die sie selbst als nicht angemessen bezeichneten. Kinsky bekam zu Beginn des Polnischen Thronfolgekriegs den Befehl, den britischen Ministern eine Denkschrift über eine als notwendig erachtete Erhöhung der britischen Flotte im Mittelmeer auszuhändigen. Kinsky wollte dies eigentlich nicht tun, da er völlig richtig sah, dass das »Ministerio« auf eine solche Anfrage nicht reagieren konnte: die Flotte als integraler Teil der britischen Politik sollte nicht durch Bündnispolitik beeinflusst werden.[653] Graf Kinsky beschwerte sich entsprechend heftig über die mangelnde Aufnahme seiner Erfahrungen durch den Wiener Hof:

Mann will überhaupt meinem Rath und Vorstellungen, daß der allhisige hoff gantz anderst, alß man es am Kayserl. nicht thuet, zu nehmen seye, keinen glauben beymessen, welches bey jetzigen Conjuncturen über kurtz oder lang sehr üble folgen nach sich ziehen dürfte.[654]

Teilweise handelten Diplomaten ohne Instruktionen oder gegen direkten Befehl, mussten sich dafür aber hinterher rechtfertigen. Dies traf beispielsweise auf Robinsons Verhalten beim Vertragsabschluss 1731 und den Abschluss der Truppenkonvention durch Kinsky 1734 zu.[655] Kinsky rechtfertigte sich gegenüber Prinz Eugen im Herbst 1733 damit, er habe Anweisungen nicht wie befohlen ausgeführt, weil die Folgen negativ für das kaiserliche Interesse gewesen wären. In einem eigenhändigen Postscriptum bat er eindringlich darum, ihm aus Wien zukünftig »[…] des ordres plus clairs et positives […]« zu schicken.[656] Wie aus späteren Beschwerden hervorgeht, erhielt Kinsky aber weiterhin nicht ausreichende Instruktionen.[657] Es war in diesem Zusammenhang eine Ausnahme, wenn die Einschätzung des Gesandten an Ort und Stelle explizit als besser als die der eigenen Regierung oder des Hofes bewertet

---

652 Wie oben beschrieben handelte sich dabei insbesondere um das grundlegende Unverständnis der jeweils anderen politischen Systeme.
653 Kinsky an Harrach, London, 11.12.1733, FA Kinsky, 3 b), 64, o.f.
654 Kinsky an Prinz Eugen, London, 23.04.1734, HHStA, Gr. Korr. 94b, 1, f. 282.
655 Siehe Kapitel 2.3 bzw. 2.5.
656 Kinsky an Prinz Eugen, London, 15.09.1733, HHStA, Gr. Korr. 94b, 1, f. 212, P.S. S. 213.
657 Kinsky an Prinz Eugen, London, 28.05.1734, HHStA, Gr. Korr. 94b, 1, f. 295.

wurde: »The Situation you are in naturally gives you an opportunity of being more exactly informed than We can be here [...].«[658]

4.2.4 Wahrnehmungen und Erwartungen

Die Aufrechterhaltung von Beziehungen war von gegenseitigen Beobachtungen der Akteure sowie daraus resultierenden Annahmen begleitet. Im Folgenden werden die Selbst- und Fremdwahrnehmung sowie gegenseitige Erwartungen der Herrscher, ihrer Minister und Berater und der entsprechenden Diplomaten nur im Bezug auf ihre Einstellung zu den untersuchten Beziehungen analysiert.[659] Stereotypen und damit Erwartungen an andere Höfe und Nationen bedurften keiner realen Grundlage.[660] Sie waren vielmehr grundlegend für das Verständnis des dort Erlebten und zur Abgrenzung davon, rechtfertigten Handlungen, verhüllten Unwissen oder spiegelten Glaubwürdigkeit vor.[661] Die Selbstsicht der Akteure und die Perzeption durch ihr Gegenüber zeigten sich sowohl bei Einzelakteuren als auch bei Gruppen von Akteuren wie den Ministern eines Hofes.[662] Das erwartete Verhalten der Akteure wurden mit der Wahrnehmung ihres tatsächlichen Auftretens abgeglichen und beeinflussten so die internationalen Beziehungen.[663] In ihren

658 Harrington an Robinson, London (Whitehall), 20.03.1733, TNA, SP 80, 94, o.f. Ebenso Georg II. an Robinson, Additional Instructions, Herrenhausen, 27.07.1732, TNA, SP 80, 89, o.f.

659 Siehe hierzu allgemein Michael ROHRSCHNEIDER/Arno STROHMEYER (Hg.), Wahrnehmungen des Fremden. Differenzerfahrungen von Diplomaten im 16. und 17. Jahrhundert, Münster 2007.

660 Jessica GIENOW-HECHT nennt sie deshalb »irrationale Perzeptionsmuster« (dies., Emotionale Wahlverwandtschaften. Musik und Politik in den transatlantischen Beziehungen seit 1850, in: CONZE u.a., Geschichte der internationalen Beziehungen, S. 197–229, hier S. 229).

661 Strohmeyer nennt dies die Orientierungs- und Identitätsfunktion von Stereotypen. Arno STROHMEYER, Wahrnehmungen des Fremden. Differenzerfahrungen von Diplomaten im 16. und 17. Jahrhundert: Forschungsstand – Erträge – Perspektiven, in: ROHRSCHNEIDER/STROHMEYER, Wahrnehmungen des Fremden, S. 1–50, hier S. 29–30.

662 Die »sprachlich-national orientierte Wahrnehmung des Fremden« wird u.a. im Zusammenhang von Staatsbildungsprozessen gesehen. Winfried SCHULZE, Die Entstehung des nationalen Vorurteils. Zur Kultur der Wahrnehmung fremder Nationen in der europäischen Frühen Neuzeit, in: SCHMALE/STAUBER, Menschen und Grenzen, S. 23–49, hier S. 49.

663 Wegweisend zur Frage nach dem Einfluss von Selbst- und Fremdwahrnehmung auf internationale Beziehungen erschien schon 1998 ein Doppelband aus kaiserlicher und niederländischer Sicht zu Perzeptionsmustern und daraus resultierenden Folgen für die Beziehungen zwischen dem Kaiser und den Vereinigten Niederlanden (Helmut GABEL/Volker JARREN, Kaufleute und Fürsten. Außenpolitik und politisch-kulturelle Perzeption im Spiegel niederländisch-deutscher Beziehungen 1648–1748, Münster 1998).

Berichten mussten die Diplomaten zudem die Perzeptionsmuster ihres eigenen Hofes bestätigen, um Informationen entsprechend transportieren zu können.[664]

Kaiser Karl VI. sah sich selbst als friedliebender Herrscher, der nur das Beste für das Reich, das Gleichgewicht Europas und die italienischen Erbländer im Sinn hatte.[665] Insbesondere in den Beziehungen mit Großbritannien – und den Vereinigten Niederlanden – betonte er immer wieder den Willen, alles zu tun,

[…] was zur bevestigung des allgemeinen ruhestandts, zur erhaltung des so nöthigen æqulibry in Europa und zur erneuerung des vorigen guten Vernehmens zwischen uns und beiden SeeMächten mit billigkeit uns immer zu gemuthet werden köndte.[666]

Er gebe alles dafür, die Differenzen zwischen den europäischen Mächten so zu lösen, dass kein Krieg mehr ausbrechen könne. So stellte es der Marqués de Rialp gegenüber dem britischen Gesandten Waldegrave 1728 dar.[667] Die Einhaltung geschlossener Verträge[668] gehörte dazu ebenso wie die Versuche, zwischen sich befehdenden Bündnispartnern zu vermitteln, so wie zwischen Georg II. und Friedrich Wilhelm von Preußen.[669] Der mehr als übliche Einsatz des Kaisers wurde von den Verbündeten nicht unterstützt: Er wurde aus seiner Sicht zum Einzelkämpfer für den Frieden in Europa. Die deutliche Klage Bartensteins über die nicht erfolgte Unterstützung der Verbündeten begann mit den Worten: »[…] So aber läßt man uns überall stehen.«[670] Deshalb bestritt Karl VI. dann auch jede Schuld an den kriegerischen Auseinandersetzungen des Polnischen Thronfolgekrieges:

---

664 Guido BRAUN, »Eine Reise zu wilden Völkern ans Ende der Welt.« Vortrag an der Johannes Gutenberg-Universität Mainz am 30.01.2015. »[…] Fremdwahrnehmung [verläuft] nicht von der unbefangenen empirischen Aufzeichnung zur reflektierten Aneignung, sondern eher umgekehrt. […] Oft genug ist wahrgenommmenes Fremdes nicht anderes als eine Projektion des Eigenen, die durch Scheinempirie gerechtfertigt wird.« Wolfgang REINHARD, Historische Anthropologie frühneuzeitlicher Diplomatie. Ein Versuch über Nuntiaturberichte 1592–1622, in: ROHRSCHNEIDER/STROHMEYER, Wahrnehmungen des Fremden, S. 53–72, Zitat S. 58.
665 Karl VI. an Kinsky, Wien, 31.01.1730, FA Kinsky, 4 i), 2, o.f.; Prinz Eugen an Kinsky, Wien, 02.01.1734, FA Kinsky, 2 d), 2, o.f.
666 Karl VI. an Kinsky, Wien, 22.11.1729, HHStA, StA England 66, f. 53v.
667 Waldegrave an Townshend, Wien, 30.10.1728, TNA, SP 80, 63, f. 185v–186.
668 Karl VI. an Kinsky, Wien, 22.07.1734, FA Kinsky, 9 a), 4, o.f.
669 Karl VI. an Kinsky, Wien, 29.08.1729, HHStA, StA England 66, f. 33–34. Karl VI. an Kinsky, Wien, 15.01.1733, HHStA, StA England 69, f. 12–12v, 18–18v, ausführlicher in Karl VI. an Kinsky, Handschreiben, Wien, 16.01.1733, HHStA, StA England 69, f. 23–25. Nach langen vergeblichen Bemühungen um eine Aussöhnung der Könige äußerte Karl VI. dann seinen Unmut sehr deutlich, siehe Kapitel 5.3, S. 385.
670 Bartenstein an Kinsky, Wien, 10.12.1733, FA Kinsky, 2 c), 64.

In der thatt hafftet an Uns die mindeste schuld nicht, daß die sachen in den nunmehrigen stand gediehen. Daß […] Wir allein ohne mindester beyhülff Unserer Allijrten das universum nicht retten können, haben wir längst gesagt, und zum öffteren wiederhollet.[671]

Die Wiener Minister und Diplomaten verstanden sich als Vertreter der »Monarchia Austriaca«.[672] Sie handelten in kaiserlichem Auftrag – auch dann, wenn es nicht direkt um Reichsangelegenheiten ging.[673] Eine formale Trennung zwischen Karl VI. als Oberhaupt des Heiligen Römischen Reiches und regierendem Monarchen der Habsburgischen Erblande existierte zwar mit den verschiedenen Kanzleien,[674] spielte aber in der Wahrnehmung der Akteure in den internationalen Beziehungen eine untergeordnete Rolle. Parallel dazu verstanden sich Minister und Diplomaten als Angehörige der Teilgebiete der Monarchie. Die Kinsky-Brüder etwa waren fest verwurzelt in ihrer böhmischen Heimat,[675] während Graf Königsegg durch seine Heirat mit einer flämischen Gräfin und über seinen Einsatz für den Barrierevertrag eine besondere Beziehung zu den Österreichischen Niederlanden pflegte.[676]

Georg II. sah sich als Mediator zwischen dem Reich und Großbritannien, der beide Seiten verstand. Als ein Vermittlungsplan Walpoles, der auf der Heirat der jüngeren Erzherzogin mit Don Carlos beruhte, von Wien abgelehnt wurde, sprach Georg II. von den »difficulties, unforeseen here [in the British ministry], which very naturally arose in the councils of Vienna to a proposal certainly little for their honour, and very doubtfully for their interest.«[677] Als Kurfürst äußerte er, es sei seine »teutsch-patriotisch[e]«[678] Pflicht, den Kaiser in Reichsangelegenheiten zu unterstützen. Seine weiteren Handlungen würden bestätigen,

[…] daß in allem meinem Thun und Laßen ich auf nichts anderst abziehle, als auf das allgemeine Beste, auf den Wol- und Ruhestand unseres geliebten Teutschen Vaterlandes, auf die aufrechterhaltung deßen heilsamer Grundgesetze, auf Ewrer Kaÿserl. Majst. selbst eigenes wahres interesse, nutzen und Ehre, und auf die unverletzte Erfüllung deßen, was die Bündnißen, worin Ich mit Ewrer Kaÿserlichen Majst. stehe, von mir erfordern.[679]

---

671 Karl VI. an Kinsky, Wien, 15.05.1734, FA Kinsky, 8 b), 15, o.f.
672 Müller, Das kaiserliche Gesandtschaftswesen, S. 239, betont den Gegensatz der aus den Habsburgischen Erblanden stammenden Diplomaten zu denen aus dem Reich.
673 Ebd., S. 277.
674 Kapitel 4.1.3, S. 215–216.
675 Siehe Kapitel 3.2.4, S. 182.
676 Siehe Kapitel 3.1.2, S. 139.
677 Sedgwick, Hervey 2, S. 394.
678 Kinsky an Karl VI., London, 18.05.1734, HHStA, RK Dipl. Akten Braunschweig-Hannover, Berichte 3c, o.f.
679 Georg II. an Karl VI., London, 29.02.1732, HHStA, StA England Hofkorr. 3, f. 17–17v.

Gleichzeitig musste er als Kurfürst und Welfe die Stellung seiner Dynastie im Reich aufrechterhalten. In seiner Rolle als König trat er für den Ausgleich der Mächte in Europa – die Balance of Power – und friedliche Beziehungen ein, aber so, dass sich hannoversche und britische Interessen möglichst ergänzten.[680]

Die britischen Minister und Diplomaten fühlten sich als Angehörige einer »society which is truly blessed by fortune […],«[681] – ausgedrückt in Handelserfolg, Frieden, Reichtum, Freiheit, politischer Stabilität, Rechtssicherheit sowie Schutz des Eigentums.[682] Sie waren Angehörige der englischen Peerage und Gentry. Keiner der zu dieser Zeit zentralen Akteure war schottischer oder irischer Herkunft. Vor und nach der Leitung der Regierung durch Walpole sah dies anders aus. Seine Angst vor einer jakobitischen Unterwanderung könnte den Ausschlag dafür gegeben haben, die eventuell eher den Stuarts zuneigenden Schotten und Iren möglichst vom diplomatischen Dienst und zentralen Regierungsämtern fernzuhalten.[683] Die Jakobiten, die die Herrschaft der Hannoveraner beenden wollten, wurden von den britischen Diplomaten als zu vernachlässigend dargestellt – »[…] thank God there were but few now in the Nation […].«[684]

Zwischen den Ansichten und Interessen des Königs und denen der Nation bestand, zumindest in der Außendarstellung, kein Unterschied. Gleichzeitig war die Trennung zwischen König und Königreich auf der einen Seite und dem Kurfürsten und Kurfürstentum auf der anderen Seite stark ausgeprägt. Die britischen Minister meinten dabei, als königliche Minister im Vergleich zu den kurfürstlichen Ministern die deutlich einflussreichere Stellung zu haben, sowohl bei der Beratung des Königs als auch in der Ausgestaltung der Regierungsziele.[685] Andererseits sah sich der König selbst als Experte für die europäischen Beziehungen und ließ sich teilweise weder von seinen britischen noch von seinen hannoverschen Ministern beeinflussen.[686]

---

680 BLACK, George II Reconsidered, S. 47–48. Siehe ebenso Newcastle an Harrington, Newcastle House, 04.05.1730, in: COXE, Walpole 2, S. 689.
681 URSTAD, Sir Robert Walpole's Poets, S. 131.
682 Ebd., S. 131.
683 Siehe entsprechende Erkenntnisse auch bei Karl SCHWEIZER, Scotsmen and the British Diplomatic Service, 1714–1789, in: International Review of Scottish Studies 8 (1978), S. 115–136, hier S. 118.
684 Waldegrave an Tilson, Graz, 28.08.1728, TNA, SP 80, 63, f. 82v.
685 Es ist nicht einfach, für diese in den Korrespondenzen durchscheinenden Ansichten eindeutige Belege zu finden; siehe aber z.B. Chesterfield [britischer Gesandte in Den Haag] an Harrington, Den Haag, 14.02.1731, in: COXE, Walpole 3, S. 90–91. Jeremy BLACK deutet an, die Meinungsverschiedenheiten der Minister gegenüber Georg II. könnten darauf zurückgehen, z.B. für Walpole Jeremy BLACK, Hanoverian Nexus. Walpole and the Electorate, in: SIMMS/RIOTTE, The Hanoverian Dimension in British History, S. 10–27, hier S. 20–22.
686 Siehe Kapitel 3.2.1, S. 160.

Für den Wiener Hof galt »Engelland«, wie Großbritannien meist genannt wurde, als »fast der wichtigste posto [für die auswärtigen Beziehungen des Wiener Hofes] von allen«.[687] Das Verhältnis war aber kein einfaches. Von kaiserlicher Seite gab es ein grundsätzliches Misstrauen gegenüber den Absichten Großbritanniens, Georgs II.,[688] seiner Frau Caroline und seiner Minister, insbesondere der Walpole-Brüder. Der britische Hof galt als unaufrichtig:

Und hast du also allein mit gleicherweis zu erkennen zu geben, wie Wir auff die Englische aufrichtigkeit Uns nicht verlaßen köndten, da mann auff derley unfreundliche weiß Uns zu begegnen suchete: so du von verschiedenen orthen ohne selbe zu benennen Uns zugekommen zu seyn vermelden kanst […].[689]

Es lasse sich »von demjenigen was seyn solte auff das was seyn wird, nicht allezeit ein schluß faßen.«[690] Der Topos von der englischen Unaufrichtigkeit wiederholt sich immer wieder[691] und wurde als »so offenbahr am tag liegend[e] falschheit«[692] bezeichnet. Auch der hannoversche Gesandte am Kaiserhof, Baron Dieden, galt als unaufrichtig, was aber auf abgefangenen Berichten beruhte, die seinen mündlichen Aussagen widersprachen.[693] Beklagt wurde von kaiserlicher Seite der offene Vertragsbruch, zunächst der Friedensverträge nach dem Spanischen Erbfolgekrieg, dann im Polnischen Thronfolgekrieg der des Vertrags von 1731.[694] Die fehlenden Hilfsleistungen an den Kaiser hätten zur Folge, »[…] daß das ansehen, Ehr, gloire und Vertrauen, so die Englische Nation in der Welt erwarten, durch die hülfflosigkeit, worinnen mann Uns läßt, einen Gewaltigen anstoß leydet.«[695]

Der Wiener Hof unterschied zwischen dem König und den Ministern auf der einen Seite und der »Nation« auf der anderen Seite. Dies wurde von den Whig-Ministern zurückgewiesen; es sei falsch anzunehmen, dass zwischen »the nation and the ministry, the parliament and the king« ein Unterschied

---

687 Vortrag Bartensteins, Konferenz vom 07.11.1732, Wien, 23.11.1732, HHStA, StK Vorträge 36, f. 257v. Noch wichtiger waren auf jeden Fall – je nach Lage der internationalen Beziehungen – der französische und spanische Hof.

688 Nach den Schwierigkeiten der 1720er Jahre waren weder Karl VI. noch seine Minister mehr wie 1714 der Ansicht, »ein deutscher König in England könne ja gar nicht anders als deutsch gesinnt sein […].« SCHNATH, Geschichte Hannovers 4, S. 414, nach Huldeberg an Georg Ludwig, Wien, 04.08.1714, HStA H, Cal. Br. 24, Österreich IV, 55; Ausfertigung, HStA H, Hann. 93, 12 a, II 11.

689 Karl VI. an Kinsky, Laxenburg, 14.05.1729, HHStA, StA England 66, f. 53v.

690 Karl VI. an Kinsky, Wien, 20.03.1729, HHStA, StA England 66, f. 23v.

691 Karl VI. an Kinsky, geheim, Wien, 06.02.1733, HHStA, StA England 69, f. 58; Karl VI. an Kinsky, Wien, 19.03.1736, FA Kinsky, 11 c), 5, o.f.

692 Karl VI. an Kinsky, Wien, 27.08.1735, FA Kinsky, 11 a), 8, o.f.

693 Siehe Kapitel 3.1.4, S. 149.

694 Karl VI. an Kinsky, Wien, 31.01.1730, FA Kinsky, 4 i), 2, o.f.

695 Karl VI. an Kinsky, Wien, 15.08.1734, FA Kinsky, 9 a), 10, o.f.

bestünde.[696] Die britischen Minister verfolgten, so weiter die Meinung in
Wien, ausschließlich Eigeninteressen und schöben das Streben nach Ausgleich
und Frieden in Europa nur vor.[697] Nach dem Präliminarfriedensvertrag 1735
hieß es dann, das englische Ministerium gebärde sich, als ob es allein Europa
gerettet und den Frieden wieder hergestellt habe.[698] Im Zusammenhang
wurde deutlich, dass mit »Nation« aus Sicht des Wiener Hofes die publizistische und vor allem parlamentarische Öffentlichkeit gemeint war.[699] Eine
Änderung der Verhaltensweisen des Hofes von St. James und des »Ministeriums« schien nur durch die Auswechslung der Akteure, der verantwortlichen
Minister, möglich.[700] Die »Nation« sah man dagegen als verständig an und
durch rationale Argumente zu überzeugen.[701] Als wichtigsten Ansatzpunkt
für Verhandlungen mit der britischen Regierung und dem britischen Hof
wurden wirtschaftliche Fragen identifiziert. Laut den kaiserlichen Instruktionen sollten deshalb insbesonders negative Folgen für den britischen Handel
als überzeugende Argumente ausgeführt werden, um die Entscheidungen der
britischen Regierung zu beeinflussen.[702]

Der Vorwurf der Unaufrichtigkeit wurde aufgrund der Personalunion auch
auf Braunschweig-Lüneburg übertragen. Sehr deutlich empfand man in Wien,
dass die Probleme, hannoversche Unterstützung zu bekommen, aus dem belasteten Verhältnis zwischen Kurhannover und Preußen herrührten.[703] Georg II.
verlangte vom Kaiser, dass dieser ihn gegen Friedrich Wilhelm unterstützte,
wollte aber im Zweifelsfall die Schwierigkeiten des Kaisers nicht anerken-
nen, im Norden des Heiligen Römischen Reiches etwas gegen Brandenburg
allein beziehungsweise ohne die tätige Mithilfe Braunschweig-Lüneburgs zu
erreichen.[704] Häufig wurde beklagt, dass die Reichsangelegenheiten von den
englischen Ministern und Gesandten in Wien mitverhandelt wurden, ohne
dass diese über ein solides Grundwissen über das Reich verfügten.[705] Daran
änderte auch der Abschluss des Vertrags 1731 nichts: Übereinkünfte mit den
Alliierten waren aus dem Grund schwierig, weil »[…] man in Engelland zum
theil die Reichssachen nicht verstehet […].«[706] Probleme entstünden zudem

---

696 Horatio Walpole an Robinson, [London?], 19.01.1734, in: Coxe, Walpole 3, S. 152.
697 Prinz Eugen an Kinsky, Germersheim [Hauptquartier], 01.08.1734, FA Kinsky, 2 d),
      55, o.f.
698 Karl VI. an Kinsky, Wien, 19.03.1736, FA Kinsky, 11 c), 4, o.f.
699 Waldegrave an Tilson, Graz, 28.08.1728, TNA, SP 80, 63, f. 82v; Karl VI. an Kinsky,
      Wien, 31.01.1730, FA Kinsky, 4 i), 2, o.f.
700 Karl VI. an Kinsky, Wien, 16.03.1730, HHStA, StA England 68, f. 6v.
701 Ebd., f. 7–7v.
702 Siehe Kapitel 5.2, S. 339–340.
703 Bartenstein an Kinsky, Wien, 10.12.1733, FA Kinsky, 2 c), 64, o.f.
704 Kinsky an Karl VI., London, 02.11.1734, HHStA, StA England 70, f. 3.
705 Karl VI. an Kinsky, Laxenburg, 14.05.1729, HHStA, StA England 66, f. 53.
706 Karl VI. an Kinsky, Wien, 15.09.1731, HHStA, StA England 68, f. 14–14v.

dadurch, dass »das Engl. Interesse mit dem Hannovers. vermischt werde: das Engl. Ministeris seyn in den Reichssachen nicht belehret und suche dannoch mit dem Hannovers. absichts in allem durchzudringen [...].«[707]

Von britischer Seite aus sah man den Kaiser zunächst als Herrscher über sehr große, aber verstreute Territorien. Die benötigte große Zahl an Truppen zur Sicherung dieser Territorien verlange ebenso große Finanzmittel, die der Wiener Hof aber nicht aufbringen könne:

The Emperor, as he is a prince who has very extensive and scattered territories, a great number of troops, and very little money, is always negotiating for the latter, in order to maintain the two others.[708]

Trotz fähiger Minister würden notwendige Reformen nicht in Angriff genommen.[709] Gemeint waren Prinz Eugen und Sinzendorff, von denen Waldegrave schrieb, sie seien von der Menge der Aufgaben, die sie zu erledigen hatten, zeitweilig überfordert.[710] Außerdem behinderten sie sich gegenseitig aufgrund gegenteiliger Meinungen, so dass »[...] the Imperial Ministers [...] are more disposed to squabble upon Reports than to give a clear answer.«[711] Gleichzeitig sei der Bedarf des Wiener Hofs nach Geld groß und die Schwierigkeiten, welches zu bekommen, noch größer: »The Body of Troops they have on foot is beyond what they can pay, and every year they keep them up adds four or five Millions of Florins to their Debts, and yet they will not begin a Reform.«[712] Deswegen strebe man entweder nach einer allgemeinen Abrüstung, damit für kriegerische Auseinandersetzungen nicht noch mehr Geld benötigt würde, oder suche nach Krediten an den Finanzplätzen, vor allem in Großbritannien – London – oder den Vereinigten Niederlanden.[713]

Gleichzeitig beklagten die britischen Diplomaten und Minister den »Austrian pride«.[714] Neben »grundlosen Anmaßungen«[715] war es vor allem die Interpretation von Zeichen als Bestätigung der göttlichen Unterstützung der Dynastie, die beim britischen Gesandten Waldegrave nur Spott hervorrief. Nach der frühzeitigen Rückkehr Karls VI. von seiner Reise nach Triest war

---

707 Karl VI. an Kinsky, Wien, 09.03.1729, HHStA, StA England 66, f. 22.
708 SEDGWICK, Hervey 1, S. 56–57.
709 Ebd. 1, S. 57.
710 Waldegrave an Townshend, chiffriert, Wien, 14.05.1729, TNA, SP 80, 64, f. 245v.
711 Waldegrave an Newcastle, chiffriert, Wien, 16.07.1729, TNA, SP 80, 65, f. 45v.
712 Waldegrave an Townshend, »private«, Wien, 13.05.1728, TNA, SP 80, 62, f. 172.
713 So explizit ebd., f. 172.
714 Waldegrave an Townshend, Graz, 28.07.1728, TNA, SP 80, 63, f. 43. Siehe auch die Bemerkungen bei MÜLLER, Das kaiserliche Gesandtschaftswesen, S. 307–310, zum »österreichische[n] Hochmut«.
715 Waldegrave an Tilson, Graz, 02.10.1728, TNA, SP 80, 63, f. 148v.

bekannt geworden, dass der Kaiser, der bei seiner Ehefrau schlief, dadurch
nicht durch eine eingestürzte Decke in seinem Schlafgemach verletzt worden war:

[...] this great deliverance may be well lookd upon as a just reward for his Conjugal
affection. [...] [ab hier chiffriert] Austria will no more have done with [...] the Miracles
for its Preservation [Ende Chiffrierung] and this last may become in time as great an
Instance of [ab hier chiffriert] the particular Case of Heaven as any they bragg of, at first
a little Bit of Ceyling with two or three Laths had fallen in, since came down Rafters,
afterwards Beams, now the Roof, perhaps a Week hence the whole House [Ende Chiff-
rierung] and god know what.[716]

Die Minister seien sehr selbstzufrieden, eingebildet und empfänglich für
Schmeicheleien,[717] aber zugleich misstrauisch gegenüber Großbritannien.[718]
Nach der Erneuerung des Bündnisses 1731 warf man von britischer Seite
dem Kaiserhof immer wieder vor, nicht genug auf die britischen Wünsche
einzugehen.[719] Besonders häufig wurden solche Ansichten von den britischen
Ministern im Zusammenhang mit der Auflösung der Ostende-Kompanie
geäußert.[720]
    Obwohl nur auf den Wiener Hof bezogen, könnte die Aussage John Lord
Herveys, der als regelmäßiger Gesprächspartner von Königin Caroline
die Einschätzungen des Kaiserhofes durch die britischen Monarchen und
Minister gut kannte, auf die wechselseitige Wahrnehmung der beiden Höfe
gemünzt sein:

[...] their maxims seem to be, to say anything, to promise anything, or to sign anything
that will serve the present purpose; to get what they can, without ever considering afterwards by whom, how, or when they were obliged; and, in short, to be just or unjust,
grateful or ungrateful, say and unsay, make and unmake treaties, just as the present
occurrence requires [...].[721]

---

716 Ebd.
717 Waldegrave an Townshend, Graz, 28.07.1728, TNA, SP 80, 63, f. 43.
718 Waldegrave an Townshend, »private«, Wien, 13.05.1728, TNA, SP 80, 62, f. 171v; Wal-
    degrave an Tilson, Graz, 28.08.1728, TNA, SP 80, 63, f. 82.
719 Karl VI. an Kinsky, Wien, 06.10.1735, FA Kinsky, 11 a), 12, o.f.
720 Robinson an Sinzendorff, Kopie, Wien, 17.02.1732, TNA, SP 80, 85, o.f.; Robinson an
    Sinzendorff, Kopie, Wien, 19.02.1732, TNA, SP 80, 85, o.f.; Robinson an Sinzendorff,
    Kopie, Wien, 28.02.1732, TNA, SP 80, 86, o.f.
721 SEDGWICK, Hervey 1, S. 57.

Trotz des grundlegenden Misstrauens und der negativen Beurteilung der britischen Politik hoffte Karl VI. im Polnischen Thronfolgekrieg fast bis zuletzt auf die Unterstützung Georgs II. als König und Kurfürst, während Georg II. dagegen Geld und Truppen konsequent als Druckmittel gegenüber dem Kaiser einsetzte, um seine Ziele zu erreichen.[722]

4.2.5 Charakter, Persönlichkeit und Sympathie

Im direkten Kontakt der Akteure untereinander wirkten sich auch deren Charakterzüge, ihre Eigenschaften sowie die gegenseitige Sympathie oder Antipathie aus.[723] Diese weniger greifbaren Elemente der frühneuzeitlichen Diplomatie müssen damit genauso betrachtet werden wie Strukturen oder Institutionen.[724] Die Persönlichkeit einzelner Akteure, bei ihnen vermutete Eigenschaften oder ihnen aufgrund ihrer Herkunft zugeschriebene Charakteristika trennten die Zeitgenossen im frühen 18. Jahrhundert nicht scharf. Das Auftreten von Akteuren galt als repräsentativ für ihren Herrn und andersherum. Im Polnischen Thronfolgekrieg, als es Graf Kinsky in den Verhandlungen in London darum ging, die Unterstützung der Seemächte für den Kaiser zu gewinnen, sei er störrisch – »refractory« – und gebieterisch – »peremptory« aufgetreten, ganz so, als habe der Kaiser nur Siege statt Niederlagen vorzuweisen gehabt. Königin Caroline habe an dieser Stelle gesagt: »If a handkerchief lay before me [...] and I felt I had a dirty nose, my good Count Kinski, do you think I should beckon the handkerchief to come to me, or stoop to take it up?«[725] Kinsky wurde außerdem am britischen Hof vorgehalten, er besitze »the two Imperial characteristics of dullness and pride in the supreme degree«.[726] Er wiederum warf dem britischen Secretary of State vor, er zeige

---

722 Siehe Kapitel 2.5 und 5.3.
723 Jeremy Black wies schon 1983 darauf hin, dass Antipathie und negative Charakterzüge einzelner Akteure die internationalen Beziehungen beeinträchtigen konnten, BLACK, When »Natural Allies« Fall Out, S. 141–142. 1997 sprach Thomas OTTE vom Faktor der »individual personalities«, der die internationale Geschichte genauso wie Strukturen, Geostrategie oder Wirtschaft beeinflusst, als »missing ›personality dimension‹«, ders., Introduction. Personalities and Impersonal Forces in History, in: Ders./Constantine A. PAGEDAS (Hg.), Personalities, War and Diplomacy. Essays in International History, London 1997, S. 1–13, hier S. 8–9, Zitate S. 9. Systematisch betrachtet wird Persönlichkeit als Einflussfaktor bisher allerdings eher von der Politischen Psychologie. Für eine systematische Einführung aus politikwissenschaftlicher Sicht siehe insgesamt Jürgen HARTMANN, Persönlichkeit und Politik, Wiesbaden 2007.
724 Dies fordert u.a. OSBORNE, Dynasty and Diplomacy, S. 2–3, der Beispiele für Verhalten bzw. Charakterzüge von Ministern oder Diplomaten, welche internationale Beziehungen positiv oder negativ beeinflussten, heranzieht, siehe z.B. ebd., S. 99.
725 SEDGWICK, Hervey 2, S. 347.
726 Ebd.

den englischen Hochmut im Übermaß[727]. Zwischen der Persönlichkeit des Akteurs und den seinem Hof beziehungsweise seinem Herkunftsland zugeschriebenen Charakteristika wurde also in diesem Fall nicht unterschieden.

Aus dem Auftreten des Kaisers bei Audienzen konnten Diplomaten kaum Rückschlüsse auf seinen Charakter ziehen.[728] Bei Hofangehörigen galt er als »abweisend, misstrauisch«.[729] Das Bestehen auf dem Zeremoniell sowie die bewusste Distanzierung von allen außerhalb der kaiserlichen Familie und seinen Favoriten sowie seinem Sekretär und Berater Bartenstein waren die äußerlich sichtbaren Zeichen seiner Persönlichkeit.[730] Wahrgenommen wurde der Wille zur eigenständigen Entscheidungsfindung, der in Entscheidungslosigkeit enden konnte.[731] Gleichzeitig konnten die britischen Beobachter in solchen Fällen nicht erkennen, ob es sich um eine bewusste Verzögerung oder um das Resultat der schwerfälligen kaiserlichen Regierung handelte.[732] Ähnliches Verhalten zeigte Prinz Eugen, der als schweigsam, kühl und abweisend galt.[733] Der britische Gesandte Waldegrave bemerkte nach seinen ersten Begegnungen mit dem Prinzen, er »[…] puts on such an air of Gravity upon the least hint of business that with out an absolute necessity there is no approaching of him […].«[734]

Georg II. galt als leicht aufbrausend, sein Temperament und seine Ausbrüche konnten nur von seiner Frau Caroline oder einer seiner Töchter gemildert werden. Allerdings nutzte der König seinen Zorn ganz gezielt, um zum Beispiel Audienzen mit auswärtigen Diplomaten in seinem Sinne zu beeinflussen.[735] Das Bild des allzu leicht beeinflussbaren Monarchen, der nur entweder von seiner Frau oder seinem ersten Minister gelenkt regierte, wurde zumindest von den akkreditierten Diplomaten nicht bestätigt.[736] Und auch

---

727 Kinsky an Karl VI., London, 07.05.1729, HHStA, StA England 65, f. 7.

728 Der Einfluss der Monarchen auf die internationalen Beziehungen wurde bisher schon deutlich ausgeführt. Schwieriger gestaltet es sich, den Einfluss bestimmter Charaktereigenschaften Karls VI. und Georgs II. in den Beziehungen zwischen Wien und London zu bestimmen.

729 GARMS-CORNIDES, On n'a qu'a vouloir, S. 94.

730 Siehe Kapitel 3.1.1, S. 118.

731 Robinson an Harrington, »private and particular«, Wien, 20.03.1731, TNA, SP 80, 73, f. 18v–19 (Zitat siehe Kapitel 3.1.1, S. 123).

732 Diese Langsamkeit wurde wohl auch bewusst als Entschuldigung eingesetzt, siehe z.B. Waldegrave an Townshend, Wien, 05.05.1728, TNA, SP 80, 62, f. 160.

733 BRAUBACH, Prinz Eugen 4, S. 67.

734 Waldegrave an Townshend, »very private«, Wien, 13.05.1728, TNA, SP 80, 62, f. 189–189v. Waldegrave beschrieb an der selben Stelle die »soberd nature« Graf Starhembergs.

735 Wie BLACK ausführt, unterdrückte Georg II. seinen Zorn, um Entscheidungen zu treffen, siehe ders., George II, S. 138.

736 Ausführlich zur Arbeitsweise Georgs als Monarch siehe Kapitel 3.2.1.

die Minister Georgs II. verhielten sich nicht unbedingt ausgeglichen: Graf Kinsky sprach 1729 davon, der Secretary of State Townshend sei »trotz seiner hitzigen und hohen arth« zu Gesprächen bereit.[737]

Die Eigenschaften und Charakterzüge eines Diplomaten wurden schon vor dessen Ankunft genau beobachtet. Äußerungen über den Charakter anderer schrieben alle Beteiligten allerdings nur in der als privat gekennzeichneten Korrespondenz, nicht in formelleren Mitteilungen.[738] 1728 schrieb so der britische Vertreter Waldegrave in Wien über den neu ernannten kaiserlichen Gesandten beim britischen Hof: »[…] they say he [Philipp Kinsky] is a pretty sort of man, but I hear he is haughty enough.«[739] Das Verhalten Kinskys im Sommer 1729, als er sich heftig dagegen wehrte, dass in Hannover der kaiserliche Gesandte Seckendorff ebenfalls anwesend war, erregte den Unwillen Sinzendorffs. Er sah Kinsky als »[…] a person who blows up the Coals expressly against the Letter of his Instructions.«[740] Prinz Eugen griff persönlich ein und wies Philipp Kinsky deutlich an, nicht weiter seine Eifersüchteleien zu betreiben, sondern seinen Dienst ernst zu nehmen und mit Seckendorff zusammenzuarbeiten.[741] An Seckendorff schrieb Prinz Eugen in diesem Zusammenhang beschwichtigend, Philipp Kinsky »sei doch ein guter, wenn auch noch sehr junger Mann«.[742] Ob allerdings dieser Konflikt auf persönliche Antipathie zwischen den beiden Gesandten oder auf verletzten Stolz Kinskys zurückging, darüber geben die Quellen keine Auskunft. Ihre Uneinigkeit behinderte auf jeden Fall zusätzlich Verhandlungen, die sowieso nicht erfolgversprechend waren. Ansonsten finden sich auch Berichte über regelrechte Ausbrüche Kinskys, etwa im Zusammenhang mit dem britischen Zögern, den Kaiser im Polnischen Thronfolgekrieg zu unterstützen.[743] Am Kaiserhof war die aufbrausende Art des kaiserlichen Gesandten bekannt: Kinsky wurde sogar gewarnt, er solle beim Vortragen sensibler Punkte nicht »in hitzigkeiten« verfallen.[744]

---

737 Kinsky an Karl VI., Den Haag, 09.06.1729, HHStA, StA England 65, f. 56v.
738 Die überstürzte Abreise des Gesandten Waldegrave und die schnelle Ankunft Thomas Robinsons in Wien dürften Gründe sein, weswegen sich solche Äußerungen über letzeren vor seiner Ankunft am kaiserlichen Hof nicht finden, auch nicht in der Korrespondenz Graf Kinskys mit Prinz Eugen.
739 Waldegrave an Townshend, »very private«, Wien, 13.05.1728, TNA, SP 80, 62, f. 189v.
740 Harris an Townshend, Wien, 27.08.1729, TNA, SP 80, 65, f. 79v. Siehe zu diesem Fall auch Kapitel 2.2, S. 69.
741 Prinz Eugen an Kinsky, chiffriert, Wien, 20.08.1729, FA Kinsky, 2 b), 13, o.f.
742 Prinz Eugen an Seckendorff, 20.07.1729, HHStA, Gr. Korr. 109, zitiert nach BRAUBACH, Die Geheimdiplomatie, S. 49, Fn. 63.
743 SEDGWICK, Hervey 2, S. 348. Der Jähzorn wurde zeitgenössisch auf ein Gallenblasenleiden zurückgeführt, an dem Philipp Kinsky letztlich starb. Siehe DICKSON, Finance and Government 1, S. 334–335.
744 Karl VI. an Kinsky, Wien, 28.12.1729, HHStA, StA England 66, f. 55.

Der britische Gesandte Sir Thomas Robinson verärgerte am Wiener Hof die kaiserlichen Minister durch sein herrisches Auftreten.[745] »They complain of us here & what they call our domineering – ces anglois – mais ces anglois – [...].«[746] Seine lebhafte Art und seine manchmal heftigen Ausbrüche fielen teilweise unangenehm auf, zum Beispiel während eines Gesprächs zwischen Robinson, dem niederländischen Gesandten in Wien, Hamel Bruyninx, Sinzendorff und Bartenstein über die Unterstützung der Seemächte für den Kaiser im Polnischen Thronfolgekrieg:

Robinson hingegen hat noch mehrer empfindlichkeit, als seine lebhaffte arth nicht ohndas mit sich bringt, hierüber bezeuget, und mit so vieler hitzigkeit gesprochen, daß man wohl ursach sich zu beklagen hätte, wo die jezige umbstände nicht also beschaffen wären, daß über Vieles hinauszugehen Wir für rathsamer erachten.[747]

Das Verhältnis zwischen Robinson und Bartenstein war durch ihre ähnliche Persönlichkeit schwierig – wie beschrieben, neigten beide dazu, aufbrausend zu werden. Die Umstände während des Polnischen Thronfolgekrieges, als Robinson den immer deutlicheren Forderungen Karls VI. und Bartensteins nach britischer Unterstützung immer nur ausweichend antworten konnte, trugen ihr Übriges dazu bei, die Atmosphäre zwischen beiden empfindlich zu stören.[748] Im Sommer 1736 verweigerte Bartenstein teilweise Gespräche mit dem britischen Gesandten, so dass dieser kaum noch direkte Informationen bekam.[749] Allerdings waren auch die anderen kaiserlichen Minister kaum zugänglich, da sie sich – so Robinsons Einschätzung – durch die schwierige Lage während der weiteren Verhandlungen nach dem Ende der Kampfhandlungen ihrer eigenen Stellungen am Kaiserhof nicht sicher waren.[750]

In der Instruktion für Graf Kinsky aus dem Jahr 1732 wies Karl VI. ausdrücklich an, in schwierigen Zeiten Sympathien außer Acht zu lassen:

Unser ausdrücklicher will und ganz gemesener befehl seye, daß gleichwie zu allen zeiten, also vornemblich bey denen nunmehro fürwaltenden höchst mißlich- und häcklichen umbständen und weltlauften *von keiner seiten aus privat-neigung, sondern nur ex causa et ratione boni publici* operiret [...].[751]

---

745 BLACK, Anglo-Austrian Relations, S. 34.
746 Robinson an Tilson, Wien, 03.01.1732, TNA, SP 80, 84, o.f.
747 Karl VI. an Kinsky, Wien, 16.04.1735, FA Kinsky, 10 b), 4, o.f. Ähnliches passierte einige Monate später noch einmal, Harrington an Robinson, London (Whitehall), 18.11.1735, TNA, SP 80, 119, f. 60–60v.
748 Siehe Kapitel 2.5, S. 107.
749 Robinson an Tilson, chiffriert, Wien, 08.08.1736, TNA, SP 80, 122, o.f.
750 Robinson an Horatio Walpole, »most secret«, Wien, 05.07.1736, TNA, SP 80, 122, o.f.
751 Karl VI. an Kinsky, Wien, 01.12.1732, 2. Anhang zur Hauptinstruktion, FA Kinsky, 6 a), 12, o.f. [HHStA, StA England 68, f. 54] [eigene Hervorhebung].

Grundsätzlich lässt sich nicht abschließend beurteilen, welchen Einfluss Charakter, Persönlichkeit, Sympathien oder Antipathien zwischen den Akteuren auf die Beziehungen zwischen Wien und London in den Jahren 1727 bis 1735 hatten. An einzelnen Beispielen, wie dem schwierigen Verhältnis der kaiserlichen Minister Prinz Eugen und Graf Sinzendorff, der britischen Minister Viscount Townshend und Sir Robert Walpole oder der kaiserlichen Diplomaten Graf Kinsky und Graf Seckendorff zueinander, wurden konkrete Auswirkungen gezeigt. Häufig spielten noch weitere Gründe eine Rolle für sich verschlechternde, persönliche Beziehungen zwischen den Akteuren, wie am Fall von Sir Thomas Robinson und von Bartenstein in den 1730er Jahren zu sehen ist. Inwieweit Erfolge wie die Aushandlung des Vertrags 1731 von positiven Eindrücken geprägt waren, lässt sich noch weniger deutlich aus den Quellen ersehen.

4.3 Fazit

Anfang des 18. Jahrhunderts fand die Kommunikation zwischen den europäischen Höfen sowie zwischen den an ihnen stationierten Diplomaten häufig auf institutionalisierten Wegen der Postübermittlung statt. Darunter fallen die organisierten Postdienste der Reichspost und der englischen Post. Am Ankunfts- und Abgabeort wurden diese Briefe allerdings dann regelmäßig abgefangen und für die geheime Informationsbeschaffung der jeweiligen Regierung verwendet. Als Ausweichmöglichkeit wurden deshalb spezielle Boten der Kanzleien beziehungsweise des Royal Messenger Services genutzt. Die professionellen Kuriere bedienten sich dabei der Wege, die über verbündete oder abhängige Territorien verliefen, um zum Ärmelkanal zu gelangen. Als dritte Möglichkeit wurden, vor allem im Kriegsfall, private Diener als Kuriere eingesetzt. Die Zuverlässigkeit und Verschwiegenheit aller Kuriere lässt sich nach dem bisherigen Forschungsstand nicht nachprüfen.

Die Informationshorizonte der Akteure wurden durch örtliche und überregionale Agentennetzwerke beeinflusst. Die Informationen, die über solche Netzwerke zu den Ministern und Gesandten gelangten, rechtfertigten offensichtlich hohe Kosten für deren Unterhalt; konkrete Auswirkungen lassen sich im Einzelfall nachvollziehen. Ausmaß und Auswirkungen von Informantennetzwerken müssen aber als deutliches Desiderat der Forschung zu den internationalen Beziehungen angesehen werden.

Die langen Kommunikationswege und nicht immer eindeutigen Instruktionen und Weisungen, unter anderem durch gemischte Zuständigkeit der verantwortlichen Minister, führten zu einer großen Eigenständigkeit der Diplomaten vor Ort. Damit wurden die jeweiligen Fähigkeiten und Kenntnisse,

aber auch die Persönlichkeit des einzelnen diplomatischen Vertreters besonders wichtig.

Auch das Kollegialsystem, welches kontinuierliche Besprechungen der kaiserlichen Minister zur Folge hatte, war durch das persönliche Verhältnis und
das Verhalten der Akteure zueinander geprägt. Diese Art der Entscheidungsfindung ermöglichte Übereinkünfte zwischen den kaiserlichen Ministern, die
sich nach außen deutlich bei deren abgesprochenem Umgang mit den britischen Diplomaten zeigten. Institutionell bedingte das System lange Phasen
der Beschlussfassung, die im positiven und negativen Sinn für die kaiserliche
Politik genutzt wurden. Die britischen Minister agierten in einer Mischform
von kollegialer und ministeraler Verantwortlichkeit. Besonders anfällig war
dieses System bei persönlichen Konflikten zwischen Ministern wie zwischen
Viscount Townshend und Sir Robert Walpole, auch wenn sich das in diesem
Fall durch die gleichzeitig schwierige gesamteuropäische Lage nicht direkt
auf die Beziehungen auswirkte. Für beide Herrschaftsräume gilt aber, dass
die richtungsweisenden Entscheidungen, etwa über Bündnisverhandlungen
und -abschlüsse, die Monarchen nach Beratung und in Absprache mit ihren
Ministern trafen.

Die Wohn- und Arbeitsräume der Diplomaten wurden von diesen in
räumlicher Nähe zur Hauptresidenz des jeweiligen Monarchen gewählt. Die
Vermittlung der Vermietung übernahmen in beiden Fällen hohe Mitglieder
des Hofes oder der Regierung. Dies legt nahe, dass die jeweiligen Höfe ein
Interesse daran hatten, Diplomaten anderer europäischer Monarchen gut bei
sich unterzubringen. Gleichzeitig bewirkte dies eine Nähe zu den Kanzleien
in Wien beziehungsweise den Ministerialbüros in London, da sie sich in der
Nähe der Hauptresidenzen befanden. Treffpunkte von Ministern und Diplomaten waren neben dem Hof die Wohnsitze der Minister im Stadtzentrum
und auf dem Land.

Die regelmäßig gezahlte, im Vergleich zum kaiserlichen Gesandtschaftswesen auch höher ausfallende finanzielle Ausstattung der britischen Diplomaten
führte dazu, dass Personen eingesetzt werden konnten, die ihren Unterhalt
nicht aus eigenem Vermögen bestritten. Während bei der Wiederherstellung
der Beziehungen 1727 die Verbindungen des Diplomaten Waldegrave zum
europäischen Hochadel und seine Standeserhöhung als Voraussetzung für
die Besetzung entscheidend gewesen sein dürften, spielten bei seinem Nachfolger Robinson eher vorhandenes Wissen über die Lage der europäischen
Beziehungen, Sprachkenntnisse und Erfahrungen im diplomatischen Dienst
eine Rolle. Davon erhofften sich die Verantwortlichen Vorteile in den Wiener
Verhandlungen. Die Auszahlung der Bezüge durch die Wiener Hofkammer
war nicht verlässlich, weswegen einerseits die Repräsentanten des Kaisers
an den wichtigen europäischen Höfen – in diesem Zeitraum für die Brüder
Kinsky in Paris und London feststellbar – Angehörige des Hochadels waren,

die im Zweifelsfall auf eigenes Vermögen zurückgriffen, um ihren Unterhalt zu finanzieren. Andererseits hatten diese Adeligen damit ein Druckmittel, aus ihren Ansprüchen im Anschluss an die Mission soziales, politisches oder kulturelles Kapital zu schlagen oder ihren Aufenthalt im Ausland für eigene Zwecke zu nutzen, wie es Graf Kinsky mit dem Innovationstransfer für seine Leinenmanufaktur tat.

Die besonderen Kennzeichen eines Ortes hatten ebenfalls Auswirkungen auf die internationalen Beziehungen. Dies lässt sich deutlich für London belegen. Durch das Parlament in Westminster als politisches Zentrum sowie die aktive Öffentlichkeit und vielfältige Presselandschaft war eine sehr hohe Informationsdichte in der Stadt vorhanden, die sich auch auf auswärtige Beziehungen Großbritanniens bezog. Gleichzeitig hieß dies aber, dass sich Informationen über Verhandlungen im Allgemeinen und Verhandlungsinhalte im Besonderen kaum geheimhalten ließen. Im Gegensatz dazu führte die restriktive Informationspolitik am Wiener Hof zur Aufrechterhaltung der auswärtigen Beziehungen als Arkanum der kaiserlichen Regierung, so dass die erfolgreichen Verhandlungen zwischen den Höfen über die Diplomaten in Wien geführt wurden. Ähnliches galt auch für die kurfürstliche Residenz des britischen Königs in Hannover.

Das britische Parlament hatte größeren institutionellen Einfluss, da dessen Abläufe mit Wahlen und Debatten, die dadurch produzierte Öffentlichkeit und institutionalisierte Opposition sowie die Parlamentssaison und -ferien wesentlich die möglichen Verhandlungen in Großbritannien prägten. Dies war ein weiterer Grund, für manche Verhandlungen nach Wien oder Hannover auszuweichen.

Weiterhin integrierten sich die auswärtigen Diplomaten in London über kommerziell organisierte Theater, Lustgärten und ähnliche Einrichtungen sowie die freiwilligen Gemeinschaften von Clubs, Vereinen, Freimaurern und Gesellschaften auf breiter Ebene in die Gastgesellschaft. Neben den – im diplomatischen Dienst verpflichtend erscheinenden – Einladungen kaiserlicher Minister, Hofveranstaltungen und gelegentlichen Erwähnungen der kaiserlichen Oper lässt sich nach bisherigem Stand der Forschung über weitere gesellige Aktivitäten der Diplomaten in Wien dagegen wenig sagen.

Neben Patronage hatten Familiennetzwerke einen besonderen Einfluss auf die Auswahl von Diplomaten und Ministern. Besonders wichtig waren in den hier untersuchten Fällen die unterstützenden Bindungen zwischen Brüdern, vor allem in Bezug auf Netzwerke, Informationshorizonte, Wahrnehmungen und Erwartungen.

Mangelnde Sprachkenntnisse der speziellen Sprache des Gastlandes – hier Deutsch und Englisch – hatten nur nachgeordnete Bedeutung für die internationalen Beziehungen, da alle Akteure im direkten Kontakt bereit waren, Auswege zu suchen und über gemeinsame Sprachen oder Übersetzer zu agieren. Vorrangig wurde Französisch verwendet, aber auch Latein. Allerdings zeugt das Empfehlungsschreiben für Sir Thomas Robinson, in dem die Sprachkenntnisse lobend erwähnt werden, von einem professionellen Anspruch an diplomatische Vertreter, bei dem Sprache neben anderen notwendigen Kenntnissen eine zentrale Rolle spielte.

Ein auffälliges Ergebnis ist die demonstrative zeremonielle Zurückhaltung der britischen Diplomaten am Kaiserhof. Sie stellte ein Mittel dar, die zeremonielle Benachteiligung als Protestanten und Personen von niederem Adel beziehungsweise als Nichtadelige in Wien zu umgehen. Gleichzeitig hatte dieses Verhalten für sie positive Konsequenzen, da sie trotz des Einsatzes geringerer Mittel breiteren Anschluss an die diplomatische Gesellschaft in Wien fanden, als es ihnen durch Beharren auf ihrer tatsächlichen Stellung wohl möglich gewesen wäre.

Aufgrund der Quellenlage konnte – bis auf wenige Ausnahmen – nicht auf die Bediensteten eingegangen werden. Aus den wenigen erhaltenen Belegen lässt sich schließen, dass sich an den Höfen Netzwerke der niederen Bediensteten entwickelten, die sich anhand von Sprachgruppen, aber nicht Herkunftsterritorien organisierten. Die Rolle der höheren Bediensteten, insbesondere der Privat- und diplomatischen Sekretäre, zeigt an, dass diese Posten als Ausgangspunkt für eine weitere Karriere dienen konnten.

5. Handlungsleitende Themen

Internationale Beziehungen oder auswärtige Beziehungen einzelner Herrschaftsgebiete verfolgten und verfolgen – so die weitgehend allgemeine Annahme – bestimmte Ziele aus Gründen der Staatsräson, des »nationalen Interesses« (unabhängig davon, ob eine Nation als solche definiert werden kann).[1] In diesem Kapitel werden die von den Akteuren verfolgten Ziele analysiert, die den arkanen oder öffentlich verkündeten Interessen der Herrschaftsgebiete dienten.[2] Dazu gehört es, die jeweilige geographische Lage der Territorien, die Ansprüche und Interessen anderer Mächte an diesen Territorien genauso in den Blick zu nehmen wie wirtschaftliche oder konfessionelle Fragen.[3] Die Verfolgung dieser Interessen, also die Zielsetzung der Politik auf ihre Umsetzung und Einhaltung hin, beeinflusste das Handeln der Akteure. Sie orientierten sich an einem oder mehreren dieser Interessen bei der Gestaltung der Politik, auch innerhalb der hier untersuchten Beziehungen. Trotz aller Unterschiede in den politischen Kulturen, Strukturen und Akteursbeziehungen lassen sich vier handlungsleitende Themenfelder quellenbasiert nachweisen: Dynastie, Finanzen und Wirtschaft, Geostrategie sowie Religion. Im Zusammenspiel der handlungsleitenden Faktoren werden Konflikte deutlich, die hier im Rahmen der Beziehungen zwischen Wien und London analysiert werden.

Für vormoderne Monarchien, wie es die von Kaiser Karl VI. und König und Kurfürst Georg II. regierten Territorien waren, standen die Interessen der jeweiligen Dynastie besonders im Vordergrund. Schon das Selbstverständnis der Dynastie und ihre jeweilige Geschichte und Traditionen prägten die ein-

---

1 Peter NITSCHKE führt als Eckpunkte, die frühneuzeitliche Herrschaftsgebiete bestimmten, Territorium, Konfession und Staatsräson an (ders., Grundlagen des staatspolitischen Denkens der Neuzeit. Souveränität, Territorialität und Staatsraison, in: SIEGELBERG/SCHLICHTE, Strukturwandel internationaler Beziehungen, S. 86–100). Herfried MÜNKLER identifiziert Staatsräson als ein »ethisch-normative[s]« Konzept, als »Oberbegriff, dem andere politische Leitbegriffe, wie die der Arcana Imperii oder des Staatsinteresses, untergeordnet sind«. Ders., Im Namen des Staates. Die Begründung der Staatsraison in der Frühen Neuzeit, Frankfurt a.M. 1987, S. 261.
2 Siehe auch ebd., S. 265.
3 Heinz Schilling nennt Dynastie, Konfession, Staatsinteresse und Tradition als »bewegende Kräfte«, die »für Aufbau und Dynamik des internationalen Systems« in der Frühen Neuzeit verantwortlich gewesen seien, Heinz SCHILLING, Formung und Gestalt des internationalen Systems in der werdenden Neuzeit – Phasen und bewegende Kräfte, in: Peter KRÜGER (Hg.), Kontinuität und Wandel in der Staatenordnung der Neuzeit. Beiträge zur Geschichte des internationalen Systems, Marburg 1991, S. 19–46, hier S. 22–23, Zitat S. 22.

zelnen Akteure. Der Kontakt zwischen den Herrschern, ihren Ehefrauen und Familien wurde durch Briefwechsel und den Austausch von Nachrichten über die jeweiligen Gesandten aufrechterhalten. Die Sorge um die Fortführung und den Erhalt der Monarchie über die eigene Generation hinaus bestimmte große Teile der mittel- und langfristigen Zielsetzung. Dazu gehörten verschiedene Elemente dynastischer Politik. Neben der Aushandlung von Heiratsbeziehungen, Maßnahmen zum Statuserhalt auf zeremonieller, symbolischer und rechtlicher Ebene oder der Kontrolle einzelner Teile der zusammengesetzten Monarchien durch Stellvertreter und Regenten ist hier vor allem die Errichtung und Absicherung möglichst stabiler Nachfolgeordnungen zu nennen.

Finanzielle und wirtschaftliche Zusammenhänge bildeten den zweiten großen Komplex im Rahmen der Entscheidungen und Handlungen der Akteure. Die wirtschaftlichen Strategien der Monarchen und der Regierungen für ihre Territorien wirkten innerhalb der zusammengesetzten Monarchien, während gleichzeitig in den bilateralen Beziehungen zwischen Wien und London die davon beeinflussten Finanz- und Handelsbeziehungen eine Rolle spielten, so zum Beispiel in der Frage der kaiserlichen Ostindischen Handelskompanie in Ostende mit Nachfolgeorganisationen in Hamburg. Die jeweils zur Verfügung stehenden finanziellen Mittel sowie die Gelder, die eine Regierung akquirieren wollte oder konnte, waren auch die Grundlage für die strategische Ausrichtung der Handlungen. Der Kaiserhof litt an einer allgemein bekannten, chronischen Geldknappheit. Der britischen Regierung halfen der eigenständige Finanzmarkt in London und andere Ansätze der Finanzierung bei der Mittelbeschaffung.

Der Zusammenhang zwischen mittel- und langfristigen geopolitischen Strategien, in bestimmten Gebieten Europas beziehungsweise der Welt Einfluss aufrechtzuerhalten oder zu erlangen, wird in einem dritten Teil untersucht. Neben den verschiedenen Interessen in den jeweiligen direkt regierten Territorien und den dazu gehörigen benachbarten Einflusssphären sind ganz grundsätzlich das Reich, Europa und die globale Dimension Knotenpunkte der Analyse. Mögliche Ziele der Geostrategie sind die öffentliche Ruhe und der Frieden sowie das Gleichgewicht der Mächte. Jeweils eigene Schwerpunkte traten aber spätestens im Konfliktfall zutage, wenn die unterschiedlichen Ziele der geographischen und wirtschaftlichen Ausrichtung der Herrschaftsverbände zum Tragen kamen, die allerdings zwischen verschiedenen Akteuren innerhalb einer Monarchie umstritten sein konnten.

Als weiterer Aspekt stellte sich die Frage nach der von konfessionellen und religiösen Interessen geleiteten Politik. Beide Dynastien traten mit einer deutlichen konfessionellen Prägung auf. Die im Dienst dieser Dynastien handelnden Akteure konvertierten im Zweifelsfall, um eine entsprechende Karriere beginnen zu können. Konflikte um die Behandlung konfessioneller Minderheiten, ob im Reich, in den Habsburgischen Erblanden oder auf den britischen Inseln traten auch in den 1720er und 1730er Jahren auf; nicht nur das bekannteste Beispiel, die Emigration der Salzburger Protestanten, wirkte sich auf die kaiserlich-britischen Beziehungen aus.

Schwierig ist es, die Interessen einer Dynastie, eines einzelnen Monarchen und der von ihm regierten Herrschaftsgebiete klar voneinander zu trennen. Nicht in allen Fällen gab es eine Interessengleichheit. Konflikte zwischen Herrschaftsgebieten, vor allem bei »conglomerate states«, und der sie beherrschenden Dynastie gab es ebenso wie Monarchen, denen Themen wichtig waren, deren Durchsetzung ihren Territorien Schwierigkeiten bereitete. Die Politik Kaiser Karls VI. in den 1720er und 1730er Jahren wurde von britischer Seite folgendermaßen dargestellt:

The great and favourite points of the Court of Vienna were getting money and subsidies at any rate, securing the undivided succession of the hereditary Austrian dominions in case the Emperor had no sons, the suffering no other power, if they could help it, to get footing in Italy, and the establishment of the Ostend Company.[4]

Jedoch wurden auch die britischen Interessen als eine Kombination aus verschiedenen Faktoren gewertet. Die Forschung konstatierte bisher die Aufrechterhaltung des Mächtegleichgewichts in Europa, die koloniale Expansion und eine ausreichenden Finanzierung für Militär und Politik[5] oder grundsätzlich wirtschaftliche Fragen als bestimmend.[6] Auf den folgenden Seiten werden diese Einschätzungen für die Zeit von 1727 bis 1735 überprüft.

5.1 Dynastie

Dynastische Fragen waren ein zentrales Element der internationalen Beziehungen im Europa des frühen 18. Jahrhunderts. Nicht nur wurden die meisten Territorien von Dynastien beherrscht, also von hochadeligen Herrscherfamilien, die generationenübergreifend einen monarchischen Anspruch auf die Regierungsgewalt in einem Territorium innehatten beziehungsweise bean-

---

4   SEDGWICK, Hervey 1, S. 57.
5   Siehe SUTHERLAND, The East India Company , S. 160.
6   Hildebrand kam zur Schlussfolgerung, die Seemacht Großbritannien zeige eine verstärkte Interessenpolitik, die »in der stärkeren Betonung ökonomischer Interessen, zum anderen, damit wechselwirkend, im weitgehenden Fehlen vormoderner Kategorien wie Dynastie und objektfixiertem Ehrverständnis« gründe (Daniel HILDEBRAND, Staatsräson als Friedensmotiv? Beobachtungen zu einem diskreten Systemparadoxon absolutistischer Außenpolitik, in: ESPENHORST, Frieden durch Sprache?, S. 81–95, hier S. 94–95, Zitat S. 95). Andrew Thompson ergänzte dies in seiner Untersuchung der protestantischen Sukzession zumindest in Bezug auf eine religiöse Komponente. THOMPSON, Britain, Hanover and the Protestant Interest.

spruchten und diesen durch entsprechende Maßnahmen zu sichern suchten.[7] Die dynastischen Fragen von Erb- und Thronfolge, Heiraten, Krisen aufgrund von Kinderlosigkeit oder -sterblichkeit waren auch Fragen, die alle anderen Mächte ebenfalls tangierten.[8] Die Verflechtungen der Dynastien über nationale, territoriale und konfessionelle Grenzen hinweg waren Faktoren und Mittel der Politik. Es war selbstverständlich, dass über dynastische Fragen die Monarchen als Oberhäupter der Dynastie zusammen mit ihren Ehefrauen entschieden. Explizit ging Graf Kinsky 1730 darauf ein, dass die Königinnen in Preußen und Großbritannien als Vermittlerinnen zwischen Dynastien auftraten.[9] Mögliche Verbindungen und deren Folgen wurden zudem sowohl von eigenen als auch fremden Ministern und Diplomaten sowie anderen Monarchen erörtert. Innerhalb der Dynastien konnten alle Mitglieder der Herrscherfamilie für Repräsentationsaufgaben[10] und zur Verwaltung der von der Dynastie regierten Territorien eingebunden werden. Kaiserin Elisabeth Christine und Königin Caroline waren – zumindest zeitweilig – Regentinnen für ihre Ehemänner.[11] Karl VI. setzte die habsburgische Tradition fort, Mitglieder der eigenen Dynastie als Statthalter und Regenten über Territorien der Habsburgischen Erblande einzusetzen,[12] zunächst seine Mutter bis zu seiner Ankunft in Wien nach seiner Wahl zum Kaiser, dann seine unverheiratete Schwester Maria Elisabeth in den Österreichischen Niederlanden[13]

---

7 SCHNETTGER, Dynastie, Sp. 1.
8 Diese Ansicht ist in der Forschung inzwischen unbestritten, siehe den grundlegenden Überblick von Christoph KAMPMANN u.a., Einleitung, in: Dies., Bourbon – Habsburg – Oranien, S. 1–12, hier S. 1–7, bes. S. 2–3. Die Dynastieforschung hat – vor allem für die Frühe Neuzeit – in den letzten Jahrzehnten zahlreiche Publikationen hervorgebracht, die dynastische Fragen beleuchten. KNÖFEL, Dynastie und Prestige, sowie OSBORNE, Dynasty and Diplomacy, betrachten jeweils eine Dynastie, während von Jeroen Duindam eine Globalgeschichte dynastischer Herrschaft erschienen ist (Jeroen DUINDAM, Dynasties. A Global History of Power, 1300–1800, Cambridge 2016). Zahlreiche Sammelbände beschäftigen sich mit dynastischer Herrschaft, siehe z.B. Clarissa Campell ORR (Hg.), Queenship in Britain, 1660–1837. Royal Patronage, Court Culture and Dynastic Politics, Manchester, New York 2002; WUNDER, Dynastie und Herrschaftssicherung; KAMPMANN u.a. (Hg.), Bourbon – Habsburg – Oranien. Beleg für das große wissenschaftliche Interesse sind Reihen wie die *Modern Monarchies Series* des Verlags Palgrave Macmillan, die Gründung der Online-Zeitschrift *Royal Studies Journal*, verschiedene Konferenzreihen zum Thema, z.B. die *Kings & Queens*-Konferenzen (*Royal Studies Network*), und Forschungsprojekte wie das ERC-finanzierte Projekt *The Jagiellonians: Dynasty, Memory and Identity in Central Europe* (Oxford, 2013–2018).
9 Kinsky an Karl VI., chiffriert, London, 27.02.1730, HHStA, StA England 67 f. 106–106v. Weiter unten auf S. 308–309 wird auf die Vermittlung Kaiserin Elisabeth Christines und Königin Carolines eingegangen.
10 Siehe die Ausführungen zu den Antrittsaudienzen bei Ehefrauen sowie – wenn wie am Kaiserhof gegeben – auch bei weiteren hochrangigen weiblichen Mitgliedern der herrschenden Familie in Kapitel 2.1 und 4.2.1.
11 Siehe Kapitel 1.2, S. 40, 3.1.1, S. 120–121, und 3.2.1, S. 153–154.
12 Siehe VOCELKA, Glanz und Untergang, S. 93–94.
13 Siehe HERTEL, Maria Elisabeth.

und ab 1732 seinen zukünftigen Schwiegersohn Franz Stephan von Lothringen im ungarischen Königreich.[14] Bei den Braunschweig-Lüneburgern
blieb 1714 der älteste Sohn von Georg und Caroline, der spätere Kronprinz
Friedrich, auf Wunsch Georgs I. als Repräsentant der Dynastie in Hannover
zurück, allerdings ohne Befugnisse, da er minderjährig war. Erst 1728 wurde
er nach London geholt.[15] Allerdings setzte Georg II. ihn auch dann nicht
als Regent ein.[16]

Deutlich waren die Unterschiede zwischen Habsburgern und Welfen hinsichtlich der dynastischen Sukzession. Karl VI., der ein großes Erbe sowohl
mit hohem dynastischen Anspruch als auch weiträumigen territorialen
Besitzungen zu vererben hatte, musste seit Ende der 1720er Jahre davon
ausgehen, in seiner Ehe mit Elisabeth Christine keinen männlichen Erben
mehr bekommen zu können. Der einzige Sohn aus der Verbindung war 1716
mit zwei Monaten gestorben, die drei Töchter Maria Theresia, Maria Anna
und Maria Amalia wurden 1717, 1718 und 1724 geboren. Die Hoffnung auf
weitere Kinder und die schwache Gesundheit der Kaiserin waren regelmäßig Thema in den Tagebüchern Karls VI. – er glaubte fest daran, noch viele
Kinder zu zeugen – und in den diplomatischen Berichten.[17] 1728 wurde vermutet, dass die Kaiserin erneut schwanger sei,[18] die Gerüchte bestätigten
sich aber nicht.[19] Die Frage der Sukzession im Haus Österreich sowie der
Garantie der Pragmatischen Sanktion und der Wahl der Ehepartner für die
Erzherzoginnen bestimmte deshalb über Jahrzehnte die Politik des Wiener
Hofes.[20] Im Gegensatz dazu war die Welfendynastie in der braunschweig-
lüneburgischen Linie Anfang des 18. Jahrhunderts über zwei beziehungsweise
drei Generationen durch männliche Nachkommen gesichert, was in der britischen Öffentlichkeit in Zusammenhang mit der Thronfolge der Welfen in
Großbritannien betont wurde.[21] Besondere Bedingungen rief allerdings in
dynastischer Hinsicht die Personalunion hervor, da die dynastische Politik
sowohl den Anforderungen der britischen Königreiche Großbritannien und
Irland – unter anderem den Bestimmungen des Acts of Settlement – als auch

---

14 Siehe Kapitel 2.4, S. 94.
15 Kinsky an Karl VI., London, 28.12.1728, HHStA, StA England 65, f. 31. Graf Kinsky
    berichtete nach der ersten Audienz beim Kronprinzen, Friedrich habe sich positiv über
    den Kaiser geäußert.
16 Es wiederholte sich die Situation der 1710er und 1720er Jahre, in denen Georg I. sei-
    nem Nachfolger keine Aufgaben übertragen hatte.
17 SEITSCHEK, Person und Familie, S. 19.
18 Waldegrave an Townshend, »private«, Wien, 13.05.1728, TNA, SP 80, 62, f. 183v–184.
19 Waldegrave an [Townshend], Wien, 05.06.1728, TNA, SP 80, 63, f. 2.
20 Siehe hierzu weiter unten S. 310–315.
21 Siehe S. 315–316.

des Kurfürstentums Braunschweig-Lüneburg genügen musste. Besonders bei der Verheiratung der Prinzen und Prinzessinnen kam dies zum Tragen.[22]

Die Ehre des Herrschers sowie das Ansehen der Dynastie galten in allen Monarchien als hohes Gut, welches zu schützen sei. Steigern ließ sich das Ansehen der Monarchie unter anderem durch Baumaßnahmen. Sowohl die Habsburger als auch die Braunschweig-Lüneburger in London setzten im 18. Jahrhundert zunächst auf solche architektonische Mittel, die entweder das Alter der Dynastie oder deren maßvolle Herrschaft verdeutlichten.[23]

Die Würde eines Monarchen konnte durch die Missachtung durch andere Herrscher beschädigt werden. Dies betraf zum einen den Austausch diplomatischer Vertreter. Die verzögerte Ernennung eines kaiserlichen Abgesandten für den britischen Hof 1728 stellte für Georg II. deshalb einen Affront dar.[24] Der vergleichbare Rang der wechselseitig entsandten Diplomaten sollte ebenfalls die gegenseitige Achtung der Monarchen füreinander ausdrücken. Fünf Jahre später, als der kaiserliche Vertreter Graf Kinsky 1733 im Rang eines Botschafters an den Londoner Hof zurückkehrte, war genau diese Vergleichbarkeit nicht mehr gegeben. Der britische Gesandte in Wien, Sir Thomas Robinson, war nur Angehöriger der Gentry, somit nach britischem Verständnis nicht adelig, und konnte deshalb nicht in den Botschafterrang erhoben werden, wie Georg II. gegenüber Graf Kinsky erklärte. Der britische König ließ beim Kaiser deshalb anfragen, ob ein neuer britischer Vertreter nach Wien geschickt werden sollte, um den gleichrangigen Austausch von Gesandten wieder herzustellen.[25] Eine Antwort ist nicht bekannt, da Robinson aber nicht abberufen und ausgetauscht wurde, scheint die Kontinuität innerhalb der Beziehungen in dieser unruhigen Zeit für wichtiger angesehen worden zu sein.

Im direkten Kontakt der Akteure wurde die Ehre des Monarchen durch die Regeln des Zeremoniells erhalten. Graf Kinsky setzte – wie bei der Analyse zeremonieller Rahmenbedingungen ausgeführt – durch, dass bei seiner Antrittsaudienz und im Kontakt mit anderen Diplomaten am Londoner Hof zeremonielle Gesten verwendet wurden, die einem Botschafter angemessen waren, obwohl er nur als Gesandter bevollmächtigt war. Er begründete dies mit seiner Stellung als kaiserlicher Gesandter. Durch die führende Stellung seines Herrn innerhalb der europäischen Fürstenhierarchie konnte die faktisch rangniedere Vollmacht ausgeglichen werden. Gleichzeitig wurden somit die Hoheit und der Vorrang des Kaisers bestätigt.[26]

---

22 Siehe weiter unten S. 324.
23 Siehe Kapitel 4.1.1, S. 196–197, Fn. 47; S. 201–202, Fn. 93.
24 Siehe Kapitel 2.1, S. 57.
25 Kinsky an Prinz Eugen, chiffriert, London, 06.04.1733, HHStA, Gr. Korr. 94b, 1, f. 191.
26 Siehe Kapitel 4.2.1, S. 257–258, 263–264.

Untrennbar von der Ehre des Monarchen waren Ansehen und Macht der Dynastie und damit die territoriale Integrität und Prosperität des von ihr regierten Herrschaftsverbandes. Der britische und niederländische Widerstand gegen die Maßnahmen zur Förderung des Handels in den Habsburgischen Erblanden musste demnach von kaiserlicher Seite ebenso verurteilt werden[27] wie territoriale Einbußen. Der Verlust des süditalienischen Königreichs sowie weiterer Gebiete im Polnischen Thronfolgekrieg oder Forderungen nach der Aufgabe von kaiserlichen Vorrechten durch Verträge bedrohten die kaiserliche Ehre und die Macht des Erbhauses. Darunter fielen zum Beispiel der Vertrag über die Quadrupelallianz oder der Vertrag von Sevilla 1729.[28] Insbesondere galt dies im Vergleich zum Machtgewinn, den das Haus Bourbon gleichzeitig erreichen konnte,[29] weshalb sich Karl VI. und seine Minister erhofften, dass die britische Regierung zur Sicherung des Gleichgewichts der Mächte dagegen vorgehen würde.[30]

Die Personalunion, die die britischen Königreiche und das Kurfürstentum miteinander verband, bedeutete, dass die Ehre des regierenden Fürsten der rechtlich getrennten Territorien an beide gebunden war. Schon der Abbruch der Beziehungen 1727 wurde auf »several indignitys« zurückgeführt, die im Wesentlichen die kaiserlich-kurfürstlichen Angelegenheiten betrafen.[31] Deshalb bestand Sir Thomas Robinson bei den Verhandlungen 1731 darauf, die Freundschaft zwischen König und Kaiser müsse sich auch auf die Beziehung zwischen Kaiser und Kurfürst erstrecken. Der von ihm verwendete Plural verwies auf die doppelte Rolle seines Monarchen: »[…] however separated their affairs may have been in one light, their honour is inseparable.«[32] Immer wieder ging es in den Verhandlungen unter Beteiligung des britischen Diplomaten in Wien und des kaiserlichen in London deshalb um die Belehnung mit den Herzogtümern Bremen und Verden sowie das Land Hadeln,[33] obwohl dies kurfürstliche Belange betraf. Die deutschen Territorien waren mit der Würde des britischen Königs verbunden.[34] Für die Besitzungen Georgs II. im

27 Prinz Eugen an Kinsky, Wien, 13.03.1734, FA Kinsky, 2 d), 12, o.f.; Kapitel 5.2, S. 350.
28 Karl VI. an Kinsky, Wien, 16.03.1730, HHStA, StA England 68, f. 7v–11v.
29 Diese Befürchtung zog sich insgesamt durch die Anweisungen an Kinsky, siehe z.B. Karl VI. an Kinsky, chiffriert, Wien, 16.03.1730, HHStA, StA England 68, f. 13v; Karl VI. an Kinsky, Instruktion, Wien, 30.11.1732, HHStA, StA England 68, f. 1–12v; Eugen an Kinsky, Bruchsal (Hauptquartier), 29.06.1734, FA Kinsky, 2 d), 44, o.f.
30 Waldegrave an Townshend, Wien, 05.02.1729, TNA, SP 80, 64, f. 53v–54; Karl VI. an Kinsky, Wien, 16.03.1730, HHStA, StA England 68, f. 7v. Siehe Kapitel 5.3.
31 Georg I. an Waldegrave, Instruktionen, London (St. James), 06.06.1727, NA SP 80, 62, f. 9v; Kapitel 2.1, S. 53–54.
32 Robinson an Harrington, »most secret«, Wien, 18.03.1731, TNA, SP 80, 73, f. 15v.
33 Siehe ausführlicher Kapitel 5.3, S. 382.
34 Bildlich wurde die Verbindung der Territorien in der Personalunion auch auf Medaillen verbreitet, z.B. einer »State of Britain« genannten Medaille von Peter Paul Werner aus dem Jahr 1731 (WERNER, State of Britain).

Heiligen Römischen Reich brachte die Personalunion schließlich gleichzeitig eine erhöhte Bedrohungssituation und eine Absicherung im Kriegsfall mit sich – sie konnten nicht preisgegeben werden, ohne die Ehre des Königs zu beschädigen. Entsprechend rigoros waren die Maßnahmen zur Verteidigung der kurfürstlichen Territorien.[35]

Dieser Bezug zum Ursprung der britischen Königsfamilie im Reich war die Grundlage eines Vorstoßes der Kaiserin Elisabeth Christine nach dem Abschluss des Vertrags von Wien 1731. Drei Monate nach der Vertragsunterzeichnung in Wien brachte Hofkanzler Sinzendorff gegenüber dem britischen Gesandten vor, ob die wiederhergestellten guten Beziehungen nicht durch einen privaten Briefwechsel der Monarchinnen gestärkt werden könnten.[36] Es ist anzunehmen, dass der Minister den Auftrag direkt von Kaiserin Elisabeth Christine erhielt, die damit auf Signale Königin Carolines reagierte, die – wohl über gemeinsame Briefpartner – einen solchen Briefwechsel zuvor als wünschenswert erklärt hatte. Ganz deutlich wurden die Beziehung zwischen den Höfen und der dynastische Konnex angesprochen: »[…] nothing could contribute more to the cementing the Union between the two Courts, and the two Branches of Brunswick […].«[37] Interessanterweise übermittelte Robinson diese Anfrage nicht in einer Relation, sondern »private«. Der im März 1731 geschlossene Vertrag wurde demnach gleichzeitig als dynastisches Bündnis und als Mittel zum engeren Zusammenhalt innerhalb derselben Dynastie verstanden. Gleichzeitig spielten die Persönlichkeiten und Aufgaben der Herrscherinnen eine Rolle in einem möglichen Briefwechsel. Beide beschäftigten sich sowohl mit den europäischen Beziehungen als auch den Angelegenheiten ihrer Familien. Beide Frauen waren als Regentinnen für ihre Ehemänner eingetreten, zeigten großes Interesse an religiösen Fragen und, soweit man das für Kaiserin Elisabeth Christine sagen kann, an intellektuellen Beschäftigungen.[38]

König Georg II. entschied zusammen mit den verantwortlichen Ministern über die möglichen Effekte eines solchen Schriftverkehrs, die insgesamt als positiv angesehen wurden: »[…] you will see […] how readily we lay hold on any suggestion that may tend to the uniting mere cordially and strictly the two Familys.«[39] Königin Caroline übersandte daraufhin einen ersten »letter of friendship«,[40] den Sir Thomas Robinson in einer privaten Audienz der Kaiserin übergab. Kaiserin Elisabeth Christine akzeptierte den Brief und die damit verbundene formelle Anfrage eines Briefwechsels. In ihrer ersten mündlichen

35 Siehe Kapitel 2.5, S. 102–103; 5.3, S. 385–386.
36 Robinson an Harrington, »private«, Wien, 16.06.1731, TNA, SP 80, 75, o.f.
37 Ebd.
38 Siehe Kapitel 3.1.1 bzw. 3.2.1.
39 Harrington an Robinson, »private«, Hampton Court, 29.06.1731, TNA, SP 80, 75, o.f.
40 Robinson an Harrington, »private«, Wien, 16.06.1731, TNA, SP 80, 75, o.f.

Reaktion deutete die Kaiserin zudem an, dass sie gut informiert war über die Vorgänge rund um den Vertragsabschluss und diese Brieffreundschaft als weiteres Mittel ansah, um die Ergebnisse dieses Prozesses zu unterstützen. Sie sei glücklich, in dieser Weise zusammen mit der Königin beizutragen

[…] to the cimenting more and more every Day the Union between the two Families: nothing had ever given her so transcendent a joy, as to see that union established, which, she hoped, would now be the easier maintained, as she was sensible it had not been renewed, but with great difficulty, from the opposition of those, who were illwishers to the prosperity of both the Families […].[41]

Elisabeth Christine erinnerte an die Gespräche mit Georg II. und Caroline vor 1707, als sie alle in braunschweigischen Territorien waren und sich wohl bei den regelmäßigen Familienzusammenkünften der Welfen trafen.[42] Interessanterweise wurde schon in der Anfrage, die wohl direkt von ihr kam, von den Beziehungen zwischen zwei Linien des Hauses Braunschweig gesprochen. Elisabeth Christine zeigte sich hier also nicht als höchstrangige Vertreterin des Hauses Habsburg, sondern als Repräsentantin ihrer Herkunftsdynastie; gleichzeitig verstand sie Caroline als Braunschweigerin, nicht als Angehörige des Hauses Brandenburg. Da die ausgetauschten Briefe bisher nicht aufzufinden sind, bleibt unklar, ob es sich bei solchen Aussagen, die in Gesprächen getätigt wurden, nur um ein Mittel zum Aufbau einer Verbindung handelte oder ob sich diese Ansichten genauso in den Inhalten der Korrespondenz widerspiegelten. Die weiteren Briefe erreichten die Kaiserin auf dem üblichen diplomatischen Weg, indem Robinson sie Graf Sinzendorff aushändigte, der sie seinerseits ohne großes Zeremoniell der Kaiserin übergeben konnte.[43] In den folgenden Jahren setzten die Monarchinnen ihren Briefwechsel fort[44] und tauschten Geschenke aus. 1733 brachte der kaiserliche Botschafter für die Königin aus Wien »a good Parcel of rich Needle-work Handkerchiefs, as a Present from the Empress to her Majesty« mit.[45] Der Schriftwechsel überdauerte auch Zeiten, in denen die Beziehungen zwischen Wien und London eher angespannt waren; Robinson überbrachte die Briefe auch im Krieg beziehungsweise danach »in the usual manner«.[46]

---

41 Robinson an Harrington, Wien, 22.07.1731, TNA, SP 80, 77, o.f.
42 Ebd.
43 Robinson an Tilson, Wien, 26.08.1731, TNA, SP 80, 78, o.f.
44 Robinson an Tilson, 17.03.1732, TNA, SP 80, 86, o.f.; Harrington an Robinson, London (Whitehall), 29.04.1732, TNA, SP 80, 87, o.f.; Robinson an Delafaye, Wien, 02.06.1732, TNA, SP 80, 88, o.f.
45 The Monthly Intelligencer, February 1733, in: The Gentleman's Magazine Nr. 3, 1733, S. 97.
46 Robinson an Tilson, Wien, 25.01.1736, TNA, SP 80, 120, o.f.

Spannungen ergaben sich unter anderem aus zwei großen Bereichen der dynastischen Politik, die sowohl in den diplomatischen Weisungen als auch im Vertrag vom März 1731 eine wichtige Rolle spielten. Einerseits betrafen sie die Nachfolgesicherung und entsprechende rechtliche Regelungen in den jeweiligen Herrschaftsgebieten, zum anderen die Heiratspolitik, die über die zukünftigen Ehepartner der kaiserlichen und königlich-kurfürstlichen Kinder entschied und sich damit auf dynastische Netzwerke sowie möglicherweise die Machtverhältnisse in Europa auswirkte.

Die Absicherung der Nachfolge in den Habsburgischen Erblanden stellte für Karl VI. eine wichtige Herausforderung dar. Mit der Verabschiedung der Pragmatischen Sanktion[47] im Jahr 1713 legte er die Unteilbarkeit des habsburgischen Erbes sowie die Primogenitur als Sukzessionsprinzip für alle Habsburgischen Erblande fest.[48] In der kaiserlichen Argumentation, die in den Konferenzvorträgen Bartenstein überliefert ist, wird vor allem die Gefahr einer Teilung der Erblande nach dem Tod des Kaisers betont.[49] Hierzu passte auch der Wahlspruch Karls VI.: »Constanter continet orbem« – Unabänderlich hält er die Welt zusammen.[50] Seine Söhne hätten damit immer Vorrang vor Töchtern gehabt, die allerdings potentiell nach allen männlichen Nachkommen Karls VI. in der sogenannten Eventualerbfolge thronfolgeberechtigt waren. Zugleich regelte diese Ordnung den Vorrang seiner – zu diesem Zeitpunkt noch nicht geborenen – Kinder vor denen seines Bruders; damit wurden die sogenannten josephinischen Erzherzoginnen, die später mit den Kurfürsten von Bayern und von Sachsen verheiratet waren, in der Erbfolge nachgeordnet. Nach ihnen und ihren Erben wären Nachkommen der vorherigen Generation, also Leopolds I., gefolgt.[51] Die Pragmatische Sanktion klärte mit den Formulierungen »alle andere Vorzüge und vorgänge« bezie-

---

47 In der gesamten Arbeit wird für die kaiserliche Erklärung vom 19. April 1713 der im 18. Jahrhundert üblich gewordene Begriff »Pragmatische Sanktion« verwendet, der, so Wilhelm BRAUNEDER, zusammen mit weiteren Erklärungen und Verträgen ein »Normenbündel« gebildet habe (ders., Die Pragmatische Sanktion als Grundgesetz der Monarchia Austriaca von 1713 bis 1918, in: Helfried VALENTINITSCH (Hg.), Recht und Geschichte. Festschrift Hermann Baltl zum 70. Geburtstag, Graz 1988, S. 51–84, hier S. 53–54, die Erläuterung der Bezeichnung S. 54–56).

48 Die vorherige Erbfolgeregelung – das Pactum mutuae successionis aus dem Jahr 1703 – war durch den Tod seines Bruders zwar mit der Erbfolge Karls VI. in den österreichischen Erblanden eingetreten, beinhaltete aber gleichzeitig eine mögliche Teilung des habsburgischen Erbes (ARETIN, Das Alte Reich 2, S. 131–132), die Karl VI. schon in seinem Testament ausgeschlossen haben wollte.

49 Johannes KUNISCH, Hausgesetzgebung und Mächtesystem. Zur Einbeziehung hausvertraglicher Erbfolgeregelungen in die Staatenpolitik des Ancien Régime, in: Ders. (Hg.), Der dynastische Fürstenstaat. Zur Bedeutung von Sukzessionsordnungen für die Entstehung des frühmodernen Staats, Berlin 1982, S. 49–80, hier S. 64–65.

50 PRESS, Karl VI., S. 215.

51 BRAUNEDER, Die Pragmatische Sanktion, S. 73–74.

hungsweise »[jedes] Erb-Recht, und was deme anklebet, gebühre«,[52] auch
die zeremonielle Rangfolge der bei Hof anwesenden Frauen, insbesondere
der Nichten und Schwestern des Kaisers.[53] Interessanterweise sahen die Zeitgenossen die Pragmatische Sanktion als »the Settlement he [the Emperor]
has made in favour of the Eldest Archduchess«,[54] obwohl die älteste Tochter
Karls VI., Maria Theresia, 1713 noch nicht geboren war.

Als die Nachfolgeregelung in den habsburgischen Erblanden bestätigt und
veröffentlicht war,[55] wollte Karl VI. sie möglichst weitgehend rechtlich absi-
chern. Die rechtliche Absicherung entsprach grundsätzlich der politischen
Kultur im Heiligen Römischen Reich.[56] Vermutet wird, dass der Ideengeber
für die rechtliche Verankerung der Pragmatischen Sanktion in Verträgen mit
den anderen europäischen Mächten Bartenstein war.[57] Zunächst ging es um
die Anerkennung durch die Reichsstände – allerdings sollte die Angelegenheit
bei ihnen »so vill moglich unvermerkt undt ohne zu großes aufsehen [...] undt
nach undt nach behutsamb eingelaidt«[58] werden –, dann um die der anderen
europäischen Höfe.[59] Nach seinen Garantien für die britischen, französischen und spanischen Sukzessionsordnungen sah Karl VI. die wechselseitige
Garantie der anderen europäischen Herrscher als selbstverständlich an.[60]
Damit waren die entsprechenden Garantien in Artikel 3 der Quadrupelallianz
gemeint, die nach britischer Meinung aber auch auszureichen hatten.[61]

52 TURBA, Die Pragmatische Sanktion, S. 52.
53 Siehe hierzu TURBA, Die Grundlagen der Pragmatischen Sanktion, S. 161–163.
54 Townshend an Waldegrave, London (Whitehall), 18.08.1727, TNA, SP 80, 62, f. 55v.
55 Siehe zur Anerkennung als Sukzessionsgesetz durch die Stände der Österreichi-
    schen Erblande sowie Ungarns TURBA, Die Grundlagen der Pragmatischen Sanktion,
    S. 94–194, sowie zur Verkündigung in Neapel 1725 BENEDIKT, Das Königreich Neapel,
    S. 277.
56 Siehe dazu Patrick MILTON, Imperial Law versus Geopolitical Interest. The Reichshof-
    rat and the Protection of Smaller Territorial States in the Holy Roman Empire under
    Charles VI (1711–1740), in: EHR 130, 545 (2015), S. 831–864, hier S. 866–867.
57 HRAZKY, Johann Christoph Bartenstein, S. 233. Siehe auch KUNISCH, Hausgesetzge-
    bung und Mächtesystem, S. 71.
58 Eigenhändige Anmerkung Karls VI. zum Konferenzvortrag von Reichsvizekanzler
    Schönborn, 27.02.1730, HHStA, StK Vorträge, zitiert nach HANTSCH, Reichsvizekanz-
    ler, S. 329–330.
59 Schon für den Kongress von Cambrai (1722–1725) wollte Karl VI. die Pragmati-
    sche Sanktion auf die Tagesordnung setzen lassen. DUCHHARDT, Friedenswahrung,
    S. 269–270. Christoph Kampmann sieht in den Bemühungen zur völkerrechtlichen
    Garantierung der Pragmatischen Sanktion das von ihm konstatierte »neue Prinzip der
    gemeinsamen Verantwortung« aller Mächte auch in dynastischen Fragen umgesetzt.
    KAMPMANN, Friedensschluss und dynastisches Prinzip, S. 50.
60 Robinson an Newcastle, chiffriert, Wien, 21.06.1730, TNA, SP 80, 68, o.f. Siehe auch
    Karl VI. an Kinsky, Instruktion, Neustadt, 20.06.1728, HHStA, StA England 66, f. 44.
61 Townshend an Waldegrave, London (Whitehall), 11.11.1729, TNA, SP 80, 65, f. 218.

Die hohe Bedeutung, die der Kaiser diesem Thema beimaß, war allgemein bekannt. Nach Waldegraves Aussage wollte Karl VI. nicht mehr, als die
von ihm gewünschte Erbfolge durchgesetzt zu sehen, was nur in friedlicher
Absprache mit den anderen Monarchen und Fürsten geschehen könne.[62]
Sollte der Kaiser während eines Krieges sterben, ohne dass die Erbfolge gesichert sei, würden die Häuser Bayern und Sachsen sicher Ansprüche erheben,
ungeachtet der Tatsache, dass man sich auf die Pragmatische Sanktion geeinigt habe, so Waldegrave weiter.[63] Der britische Gesandte berichtete von
einem Gespräch mit Prinz Eugen, in dem dieser klar erklärte:

> [...] the Emperor will never make up with you, unless you guaranty his Succession, this
> is conditio sine qua non, he will undergo all the difficultys that can be imagined rather
> than give this matter up [...].[64]

In der ersten Instruktion an den neuen kaiserlichen Gesandten am britischen
Hof, Graf Kinsky, hieß es deshalb, dieser solle das Thema ohne ausdrückli-
chen Befehl nicht ansprechen, da die britischen Minister wohl meinten, der
Kaiser würde für diese Garantie letztlich alle Bündnisversprechen opfern.[65]

Die britische Haltung zur Pragmatischen Sanktion änderte sich im untersuchten Zeitraum wenig. 1727, vor Eröffnung des Friedenskongresses von
Soissons, wies Townshend auf den Schaden der Erbfolgeregelung für die
bayrische und die sächsische Dynastie hin, die, nachdem Karl VI. zu diesem Zeitpunkt drei Töchter hatte,[66] wohl kaum eine Chance auf das Erbe
gehabt hätten. Gleichzeitig warnte er auch vor der Gefahr für die »Liberties
of Germany«, die von einer Heirat der Erbtochter ausgehen könnte.[67] Dies
widersprach der Meinung des Reichsvizekanzlers Schönborn, der argumentierte, die Reichsstände würden »ohne dem kaiserthumb in dem erzhaus
und ohne aufrechterhaltung desselben früher oder spat aus ihrer freiheit
in französische botmäßigkeit oder in ihrer eigener mächtigere mitständen
gewalt verfallen [...].«[68] »[D]as gemeine teutsche vaterland und die katho-

---

62 Waldegrave an Townshend, chiffriert, Wien, 01.01.1729, TNA, SP 80, 64, f. 7v–8.
63 Ebd., f. 9v–10.
64 Waldegrave an Tilson, Wien, 11.10.1729, TNA, SP 80, 65, f. 198v [Hervorhebung i. O.].
   Siehe ebenso Waldegrave an Townshend, chiffriert, Wien, 10.12.1729, TNA, SP 80, 65,
   f. 287v–288. »[...] this is their darling Point, and if one is to judge by it's being singly
   insisted upon.« Waldgrave an Towshend, chiffriert, Wien, 22.10.1729, TNA, SP 80, 65,
   f. 210v.
65 Karl VI. an Kinsky, Instruktion, Neustadt, 20.6.1728, HHStA, StA England 66,
   f. 43–44v.
66 Dies waren Maria Theresia (1717–1780), Maria Anna (1718–1744) und Maria Amalia
   (1724–1730).
67 Townshend an Waldegrave, London (Whitehall), 18.08.1727, TNA, SP 80, 62, f. 55v.
68 Konferenzvortrag, Schönborn, 27.02.1730, HHStA, StK Vorträge, zitiert nach
   HANTSCH, Reichsvizekanzler, S. 326.

lische sache [könnten] [...] ohne des österreichischen erzhauses beisammen gehaltener macht und erbfolg ohnmöglich subsistiren [...].«[69] Britischerseits hieß es dagegen, ein Zusammenhalt der habsburgisch regierten Territorien sei wohl »very necessary towards the preserving a Balance of Power in those parts of the World«, aber nur dann, wenn die Verheiratung der Erzherzogin mit einem mächtigen Prinzen nicht zum »Terror to the rest of Europe« werde.[70] Diese Haltung wurde durch die britischen Minister[71] und Gesandten[72] konsequent vertreten, eine »generalquarantie«[73] der Pragmatischen Sanktion sollte es nicht geben. Zur Wiederherstellung eines guten Verhältnisses zum Kaiser erklärte die britische Regierung aber,

if any thing were wanting to secure the future Peace of ye Emperor's hereditary Dominions, consistent with their true Interest and the Tranquillity of Europe, that ought to be, and would be as much our Case even as that of the Emperor himself.[74]

Grundsätzlich war Georg II. nämlich für die Pragmatische Sanktion, »to prevent any Division of the Austrian Territorys«.[75] Der Kaiser sollte zugestehen, dass nicht jeder Fürst als Ehemann für die Erzherzoginnen in Frage kommen könne, um den Zusammenhalt des Reiches und die Ruhe Europas nicht in Gefahr zu bringen.[76] Karl VI. lehnte dagegen eine Einmischung in dynastische Angelegenheiten genauso ausdrücklich ab[77] wie die Ansicht, er selbst strebe danach, »eine solche Macht zu etablieren [...], so bey dem überrest von Europa mit grund eine eyfersucht erweken köndte«. Vielmehr werde er bei der Verheiratung der Erbtochter darauf achten,

---

69 Schönborn an Karl VI., 09.01.1726, MEA Friedensakten, f. 87b, zitiert nach HANTSCH, Reichsvizekanzler, S. 305.
70 Townshend an Waldegrave, »private«, London (Whitehall), 06.11.1727, TNA, SP 80, 62, f. 75–75v.
71 Kinsky an Karl VI., Hannover, 11.08.1729, HHStA, StA England 65, f. 20.
72 Stephan Kinsky an Philipp Kinsky, Paris, 22.08.1729, FA Kinsky, 2 b), 15, o.f.
73 Sinzendorff an Kinsky, p.s., [Wien], 30.08.1730, FA Kinsky, 2 b), 31, o.f.
74 Townshend an Waldegrave, chiffriert, London (Whitehall), 16.11.1728, TNA, SP 80, 63, f. 194.
75 Townshend an Waldegrave, London (Whitehall), 11.11.1729, TNA, SP 80, 65, f. 216. Ende 1729 wollte er aber nicht gegen französische Interessen handeln, und der französische König lehnte es ab, die Pragmatische Sanktion als solche zu garantieren (ebd., f. 216v–217v).
76 Townshend an Waldegrave, chiffriert, London (Whitehall), 11.11.1729, TNA, SP 80, 65, f. 219.
77 Karl VI. an Kinsky, Instruktion, Neustadt, 20.06.1728, HHStA, StA England 66, f. 44.

daß zum Gemeinsamen Besten der Christenheit die Uns anheimbgefallene Königreich und Länder beysammen erhalten, der Sedes Imperij von dem orth wo es nunmehro ist, nicht weggezogen, anbey aber in besorgung Unseres Domestici nichts dergleichen Uns auffgedrungen werde, was Wir anderen Mächten Unserenteils zuzumuthen nie verlangen würden.[78]

Das Heilige Römische Reich könne nur unter der habsburgischen Führung sicher sein, die Königreiche Ungarn und Böhmen dienten als Bollwerke gegen eine Ausweitung des Osmanischen Reiches und damit zur Sicherung der Freiheit Europas.[79] In einer in französischer Sprache verfassten Flugschrift, die aus dem Umfeld der kaiserlichen Geheimen Konferenz stammte, wurden genau diese Argumente veröffentlicht und die britische Unterstützung für den Kaiser eingefordert, um einen neuen Sukzessionskrieg in Europa zu verhindern.[80]

Letztlich beruhte die 1731 gefundene Einigung genau auf diesen Grundlagen, obwohl die kaiserlichen Minister Anfang des Jahres noch auf der bedingungslosen Garantie bestehen wollten.[81] Mit Artikel 2 des Vertrags vom 16. März 1731 erkannte Georg II. die Pragmatische Sanktion, die dem Vertrag als Anhang beigefügt wurde, als kaiserliche Erbfolgeregelung, »von welcher die ruhe in gantz Europa abganget,«[82] an. Zwei streng geheime Artikel schränkten die Garantie ein, falls Karl VI. für seine Töchter einen bourbonischen Prinzen oder einen Fürsten als Ehemann aussuchen sollte, dessen Aufnahme in die kaiserliche Familie das Gleichgewicht der Mächte oder die genannte Ruhe in Europa stören könnte.[83] Ein Grund für das Einlenken Karls VI. diese Bedingungen betreffend dürfte gewesen sein, dass er – wie später auszuführen sein wird – zumindest für seine älteste Tochter schon einen Ehemann im Blick hatte, der sie erfüllte. Am 10. April 1731 garantierte Georg II. diese Regelung als Kurfürst von Braunschweig-Lüneburg und bestätigte, sie »aller orthen unterstüzen und beförderen« helfen zu wollen.[84] Die Erklärung wurde geheim gehalten. Bei den Verhandlungen am Reichstag ließ Georg II. dann als Kurfürst ausdrücklich befürworten, dass »[…] das Reich die garantie […] auf

---

78 Ebd., f. 44v.
79 Schönborn an Karl VI., 09.01.1726, MEA Friedensakten, f. 87b, zitiert nach HANTSCH, Reichsvizekanzler, S. 305–306.
80 *Remarques des Anglois sur l'ordre de la Succession etabli dans les Pais hereditaires de la Maison d'Autriche*, nach Theodor THELEN, Der publizistische Kampf um die Pragmatische Sanktion und Erbnachfolge Maria Theresias (1731 bis 1748), Mainz 1955, S. 71–72.
81 Geheime Konferenz, Konferenzprotokoll, Wien, 09.01.1731, HHStA, StK Vorträge 32, f. 3.
82 Kinsky an Karl VI., London, 08.04.1731, HHStA, StA England 67, f. 6.
83 Kapitel 2.3.1, S. 82.
84 Karl VI. an Kinsky, Laxenburg, 16.06.1731, HHStA, StA England 68, f. 16v.

eben den Fuss [übernehme], wie es von uns in dem […] mit Sr. Kayserlichen
Majst. geschloßenem Tractat bereits geschehen […].«[85] Die Einschränkungen
der Garantie halfen – zumindest nach Einschätzung des hannoverschen Kurfürsten[86] – zur Anerkennung der Pragmatischen Sanktion Anfang 1732 durch
die Reichsstände als Reichsgesetz.[87]

Der für Karl VI. und Georg II. günstige Abschluss bedeutete aber nicht,
dass es in der folgenden Zeit in Bezug auf die habsburgische Erbfolgeordnung
keine Irritationen gab. Der Gesandte Robinson meinte, die britische Zustimmung in dieser Angelegenheit als Druckmittel nutzen zu können, um die
Einhaltung der Bestimmungen zur kaiserlichen Ostindienkompanie in Ostende einzufordern.[88] Da die kaiserlichen Minister das aber als Provokation
verstanden, hatte dieser – häufig hergestellte – Bezug zwischen der Garantie
der Pragmatischen Sanktion und der Aufgabe der Ostende-Kompanie kurzfristig eine negative Stimmung am Kaiserhof zur Folge.[89]

Die Erbfolge in den britischen Königreichen war seit 1689 und letztlich
1701 im Act of Settlement grundsätzlich geregelt und auf die protestantischen, legitimen Erben der Kurfürstin Sophie, der Großmutter Georgs II.,
festgelegt worden. Durch die zwei männlichen Erben, die Georg II. hatte, war
diese Erbfolge gesichert und musste nicht weiter rechtlich bestätigt werden.
Die Vertreter der Dynastie, vor allem Königin Caroline und Georg II., präsentierten diese dezidiert als protestantisches Herrscherhaus, da die welfische
Thronfolge über die Kurfürstin Sophie als Enkelin König Jakobs I. bedingt
dynastisch, hauptsächlich aber religiös begründet war.[90] Der katholische
Thronanwärter aus der Dynastie der Stuarts, James Edward Stuart, auch
Jakob III. oder der Prätendent genannt, sowie seine Anhänger, die Jakobiten, versuchten, mit der Unterstützung anderer katholischer Dynastien den
britischen Thron für den katholischen Zweig der Stuartdynastie zurückzuge-
winnen. Karl VI. hatte 1714 den Dynastiewechsel zu den Welfen unterstützt,
wollte sich aus religiösen Gründen aber nicht offen gegen die katholischen
Jakobiten aussprechen.[91] Auch über zehn Jahre später war dieser Punkt zwischen Kaiser und König so umstritten, dass darüber die Beziehungen 1727

85 Georg an Hugo [braunschweig-lüneburgischer Gesandter am Reichstag], Vota Georgs
    bzgl. des Kommissionsdekrets vom 22.10.1731, Hampton Court, 11.09.1731, HStA H,
    Cal. Br. 11, Nr. 1798, f. 20.
86 Harrington an Robinson, Whitehall, 12.11.1731, TNA, SP 80, 81, o.f.
87 Begleitet wurden die Bemühungen um eine reichsrechtliche Anerkennung von einer
    Flut von Veröffentlichungen. THELEN, Der publizistische Kampf um die Pragmatische
    Sanktion, S. 25–71. Zu den Autoren zählte Friedrich Ludwig von Berger, der auch den
    Zweiten Vertrag von Wien pro-kaiserlich kommentiert hatte (Kapitel 5.2, S. 349).
88 Siehe ebd., S. 350.
89 Robinson an Harrington, Wien, 10.03.1732, TNA, SP 80, 86, o.f.
90 Siehe Kapitel 5.4, S. 394.
91 SCHNATH, Geschichte Hannovers 4, S. 414.

abgebrochen wurden.[92] Graf Kinsky wurde deshalb im Jahr darauf instruiert, über die britische Sukzession »entweder gar nichts, oder wo es unvermeidlich, nur solcher gestalt rede, damit daraus nicht geschlossen werden könne, wie Wir solche, soviel das Recht betrifft, eigentlich ansehen […].«[93] Gleichzeitig wies Karl VI. alle Vorwürfe zurück, eine irgendwie geartete Beziehung zu oder einen Briefwechsel mit dem Prätendenten zu unterhalten. Seine Haltung sei es, »daß, so lang es nicht zu einer würcklichen von seiten Engelland selbst anberauhmender ruptur kommen würde, Wir Uns in nichts heraus lassen könnten.«[94] Die kaiserlichen Minister verneinten solche Kontakte gegenüber den britischen Diplomaten am Wiener Hof immer wieder.[95] Allerdings gab es genau nach dem Abbruch der Beziehungen zwischen Wien und London 1727 tatsächlich jakobitische Angebote, die von Karl VI. gewünschte Erbfolge in den Habsburgischen Erblanden sowie die Ostende-Kompanie anzuerkennen, sollte der Kaiser im Gegenzug dafür James Edward Stuart in seinen Forderungen unterstützen.[96] Der Thronwechsel von Georg I. zu Georg II. im selben Jahr verlief dann aber ruhig und ohne die befürchteten jakobitischen Aufstände.[97]

Neben der grundsätzlichen Gefahr eines zukünftigen jakobitischen Aufstandes auf den britischen Inseln, die wohl Georg II. und Caroline genauso sahen wie die britischen Minister, war es im Polnischen Thronfolgekrieg vor allem der Duke of Newcastle, der einen direkten Angriff der bourbonischen Mächte befürchtete, sobald der Kaiser geschlagen sei.[98] Genährt wurden diese Befürchtungen durch die Tatsache, dass der älteste Sohn des Stuart-Prätendenten, Charles Edward Stuart, im August 1734 am Feldzug Don Carlos' in Italien teilnehmen durfte.[99] Auch die Verhandlungen, die 1735 zwischen den

---

92 Siehe Kapitel 2.1, S. 51–52.

93 Karl VI. an Kinsky, Instruktion, Laxenburg, 12.06.1728, HHStA, StA England 66, f. 6v–7.

94 Karl VI. an Kinsky, Instruktion, Neustadt, 20.06.1728, HHStA, StA England 66, f. 18–18v.

95 Waldegrave an Townshend, »very private«, Wien, 19.03.1729, TNA, SP 80, 64, f. 170; Robinson an Harrington, chiffriert, Wien, 23.04.1732, TNA, SP 80, 87, o.f.

96 BLACK, British Foreign Policy in the Age of Walpole, S. 146. Jakob III. [!] an Karl VI., Vollmacht für Owen Baron O'Rourke, Bologna, 18.04.1727, HHStA, StA England Varia 7, f. 618; siehe Kapitel 5.3, S. 372.

97 Nach dem Thronwechsel zu den Welfen hatte es 1715 einen Aufstand gegeben, weswegen die Befürchtungen nicht unbegründet waren. BLACK, British Politics and Foreign Policy, S. 14.

98 Ders., British Foreign Policy in the Age of Walpole, S. 150. Tatsächlich machte sich James Edward Stuart berechtigte Hoffnungen auf bourbonische Unterstützung, da einige französische Minister damit weiteren Druck in Europa aufbauen wollten. Ders., Jacobitism and British Foreign Policy under the First Two Georges 1714–1760, Huntington 1988, S. 153.

99 Frank MCLYNN, Bonnie Prince Charlie – Charles Edward Stuart. A Tragedy in Many Acts, Oxford 1991, S. 39–41.

französischen und kaiserlichen Ministern begannen, wurden durch Jakobiten am Kaiserhof beeinflusst.[100] Danach nutzten sowohl die kaiserlichen als auch die französischen Minister die jakobitischen Vermittlungsversuche, um die Aufmerksamkeit von den Friedensverhandlungen abzulenken – von kaiserlicher Seite gab es zumindest zu diesem Zeitpunkt keine Absichten, die Jakobiten weiter zu unterstützen.[101] Das Unbehagen der britischen Minister, die wegen der ständigen Postüberwachung über die Jakobiten in Wien und Paris informiert waren,[102] musste die kaiserlichen Minister und Karl VI. nach den Schwierigkeiten im Kriegsverlauf allerdings insgeheim befriedigen. Grundsätzlich war die »Stuart-Frage« für die britische Dynastie und die britischen Minister problematisch, sollte aber nach außen – gegenüber anderen europäischen Dynastien und Regierenden – möglichst wenig Aufmerksamkeit bekommen.[103]

Der zweite Bereich dynastischer Politik, aus dem sich innerhalb der kaiserlich-britischen Beziehungen Schwierigkeiten ergaben, war die Heiratspolitik, deren Ausführung untrennbar mit den jeweiligen Thronfolgeordnungen verbunden war.[104] Von den Kindern Karls VI. und Elisabeth Christines waren Ende der 1720er Jahre die 1717 geborene Maria Theresia und ihre ein Jahr jüngere Schwester Maria Anna in einem Alter, dass ihre Verheiratung in den nächsten Jahren erwartet wurde. Karl VI. wollte sich allerdings in dieser hausinternen Angelegenheit mit Blick auf auf »das einem jeden Patri familias zustehende Recht«, die Heiraten seiner Töchter zu planen, nichts vorschreiben lassen, vor allem nicht von den Oberhäuptern der anderen Dynastien.[105] Graf Kinsky erhielt die Anweisung, auf alle Anfragen zu antworten, die Briten habe es nicht zu interessieren,

ob vielgedt. Vermählung an den Peter oder Paul erfolgen, – [am Rand ergänzt] als worinnen Uns quà Patrifamilias die hände billich freyzulaßen, – wann sie nur an keinen solchen Printzen beschiehet, wordurch nach der nation darfürhalten das æquilibriu Europa einen anstoß leiden dörfte […].[106]

100 GUITE, The Jacobite Cause, S. 267–273.
101 Ebd., S. 273–293.
102 Paul VAUCHER, Robert Walpole et la Politique de Fleury (1731–1742), Paris 1924, S. 175–178.
103 Siehe z.B. Robinson an Harrington, Wien, 10.03.1732, TNA, SP 80, 86, o.f.
104 Siehe den Aufsatz von Hermann WEBER, der die Auswirkungen der dynastischen Heiratspolitik für die europäische Geschichte hervorhebt, ders., Die Bedeutung der Dynastien für die europäische Geschichte der Frühen Neuzeit, in: Zeitschrift für bayerische Landesgeschichte 44 (1981), S. 5–32, hier S. 8.
105 Karl VI. an Kinsky, Instruktion, Neustadt, 20.06.1728, HHStA, StA England 66, f. 44.
106 Karl VI. an Kinsky, Wien, 16.03.1730, HHStA, StA England 68, f. 17–17v.

Als ein möglicher Ehemann für eine der beiden Kaiserstöchter, wahrscheinlich die ältere Maria Theresia, wurde in den 1720er Jahren der spanische Prinz
Karl gesehen, genannt Don Carlos, der älteste Sohn aus der zweiten Ehe des
spanischen Königs mit Elisabeth Farnese, ohne dass dies vom Kaiserhof je
öffentlich bestätigt wurde.[107] Sinzendorff verneinte gegenüber dem britischen
Gesandten ausdrücklich – aber nicht wahrheitsgemäß –, dass »the Emperor
had enter'd into any Treaty for marrying the eldest Arch-Dutchess to Don
Carlos.«[108] Auch Prinz Eugen bestritt, dass die älteste Erzherzogin je an Don
Carlos versprochen worden war, bestätigte aber, man habe über dessen Heirat
mit der jüngeren Erzherzogin verhandelt.[109] Elisabeth Christine widersetzte
sich vehement einer spanischen Heirat.[110] Das Verhältnis zwischen der spanischen Krone und dem Kaiser verschlechterte sich stetig, Anfang 1729 war
eine spanische Heirat schon fast ausgeschlossen.[111] Dazu passte es, dass Graf
Kinsky im Februar 1729 die Möglichkeit der Heirat der ältesten Erzherzogin mit dem Herzog von Lothringen gegenüber den britischen Ministern
Stanhope (Harrington) und Townshend ansprach. Georg II. sicherte zu,
dass eine solche Verbindung seine Unterstützung finden würde.[112] Waldegrave bestätigte die Vorteile, die der Lothringer als Ehekandidat mit sich
brachte. Seine Lage lasse ihn in den Augen des Kaisers als besonders geeignet
erscheinen,

[s]ince he must wait for the Emperor's own time and Pleasure, and Subjects himself to all
the Chances that can be imagined of the Emperor's having Sons, and still reckon himself
happy enough at last, to be if one may call it so, the Pis aller which no other Prince would
care to Submit to.[113]

Franz Stephan, der Erbe des Herzogs von Lothringen und Bar, lebte seit 1723
am Kaiserhof und war von Karl VI. seit dieser Zeit als Ehemann für die Erbtochter Maria Theresia vorgesehen.[114] Eine formelle und vor allem öffentliche

---

107 Bei den Verhandlungen zwischen dem spanischen Hof und dem Kaiserhof 1725 war
    über die Heiratsversprechen für zwei Erzherzoginnen und Don Carlos sowie Don
    Philipp verhandelt worden, die entsprechenden Artikel waren im geheim gehaltenen
    Vertrag enthalten. MECENSEFFY, Karls VI. spanische Bündnispolitik, S. 31–36.
108 Waldegrave an Townshend, »very private«, Wien, 19.03.1729, TNA, SP 80, 64, f. 170.
109 Waldegrave an Townshend, chiffriert, Wien, 02.07.1729, TNA, SP 80, 65, f. 13v–14.
110 KÖRPER, Studien zur Biographie Elisabeth Christines, S. 359.
111 Waldegrave an Townshend, Wien, 05.02.1729, TNA, SP 80, 64, f. 53v–54.
112 Townshend an Waldegrave, London (Whitehall), 27.02.1729, TNA, SP 80, 64, f. 90v.
113 Waldegrave an Townshend, Wien, 23.02.1729, TNA, SP 80, 64, f. 114v–115.
114 Renate ZEDINGER, Hochzeit im Brennpunkt der Mächte. Franz Stephan von Loth-
    ringen und Erzherzogin Maria Theresia, Wien 1994, S. 41. Sein Vater hatte eine
    dynastische Verbindung mit dem Kaiserhaus lange vorbereitet (ebd., S. 29–41). Mit

Verlobung gab es nicht – damit war zumindest bis zum Vertrag von Sevilla
Ende 1729 eine spanische Heiratsverbindung noch möglich.[115] Ende März
1729 starb der lothringische Herzog Leopold Joseph, deshalb sollte Franz
Stephan sich zunächst um sein Herzogtum kümmern.[116] Die überlange Trauerperiode von vier Monaten für den verstorbenen Herzog von Lothringen
konnte 1729 zwar als Zeichen der Freundschaft zwischen Kaiser und Herzog
gedeutet werden, schien für die anwesenden Diplomaten aber auf mehr hin-
zuweisen: »[...] the Court is gone this Day into Mourning and into a much
deeper and longer one than the Relation seem'd to require [...].«[117] Zusätzlich hatten die kaiserlichen Minister auffällig viele Besprechungen mit dem
neuen Herzog. Franz Stephan blieb länger am Kaiserhof als erwartet,[118] erst
im Herbst 1729 reiste er mit großen und persönlichen Geschenken für sich
und seine Familie ab, darunter einer Miniatur der Erzherzogin in Diamanten
gefasst.[119] Spätestens ab diesem Zeitpunkt galt der lothringische Herzog für
alle Außenstehenden als Verlobter der ältesten Erzherzogin.

Die Eheschließung der ältesten Erzherzogin Maria Theresia war dann
sowohl Grund für den Vertragsabschluss 1731 als auch Teil der geheimen
Zusatzvereinbarungen. Auf der Suche nach Verbündeten kam die Geheime
Konferenz in Anwesenheit des Kaisers zum Schluss, dass eine Einigung mit
den Seemächten eher möglich sei als mit den bourbonischen Mächten, »weil
endlich mit beiden Seemächten sich noch ein Vergleich treffen ließe, hingegen mit dem Haus Bourbon, ohne auf die Heiraten mit Spanien zu verfallen,
nichts auszurichten stünde.«[120] Eine Ehe der Erbtochter Karls VI. – zu diesem

---

der Aufnahme Franz Stephans in den Orden vom Goldenen Vlies im Sommer 1723
sowie seiner Ankunft am Kaiserhof im selben Jahr war zwischen den Monarchen die
Angelegenheit beschlossen (ebd., S. 40, 46–47). Franz Stephan wurde in den folgenden sechs Jahren in Wien erzogen und begleitete Karl VI. bei Hoffesten und Jagden
(ebd., S. 58–62).

115 Auch danach sollte Graf Kinsky am britischen Hof nicht sagen, dass die spanische
Heirat unwahrscheinlich sei. Karl VI. an Kinsky, Wien, 16.03.1730, HHStA, StA England 68, f. 17.

116 Mit der Erhebung der Erzherzogin am 13. Mai 1729 zur »grande fille« mit eigenem
Hofstaat wäre die Anwesenheit eines unverheirateten Prinzen schwierig geworden;
die Abreise des neuen Herzogs nach Lothringen löste das Problem (Zedinger, Franz
Stephan von Lothringen, S. 45).

117 Waldegrave an Townshend, Wien, 07.04.1729, TNA, SP 80, 64, f. 194–195v, Zitat
f. 195.

118 Waldegrave an Townshend, Wien, 30.04.1729, TNA, SP 80, 64, f. 216–217. Während
der Trauerzeit bereitete die Anwesenheit Franz Stephans am Kaiserhof keine Probleme, da zu dieser Zeit sowieso nicht mit einer Verlobung zu rechnen war.

119 Waldegrave an Tilson, 12.11.1729, TNA, SP 80, 65, f. 252–252v.

120 Geheime Konferenz, Protokoll, Wien, 26.02.1731, zitiert nach Braubach, Versailles
und Wien, S. 182.

Zeitpunkt war ein männlicher Erbe schon fast sicher auszuschließen[121] – mit einem Bourbonenprinzen oder einem anderen mächtigen Fürsten hätte die dann gefundene Garantie der Pragmatischen Sanktion nichtig gemacht.

Ende 1731 reiste Franz Stephan unter anderem nach London, wo er von der königlichen Familie herzlich empfangen wurde.[122] Die Reise des Lothringers, die er auf kaiserliche Aufforderung hin unternahm,[123] war ein erster Schritt für die Anerkennung der neuen dynastischen Verbindung durch die im Reich und in Europa mächtigen Dynastien. Georg II. unterstützte daraufhin wie vereinbart – mit dem Wissen um die geplante Heirat – als Kurfürst 1732 die Reichsgarantie für die Pragmatische Sanktion. Gegenüber dem britischen Gesandten Sir Robinson wurde nun in Wien ganz offen darüber gesprochen, dass der Kaiser fest entschlossen sei, und darin von seinen Ministern unterstützt werde, seine älteste Tochter mit dem Herzog von Lothringen zu verheiraten.[124] Die Ehen mit den spanischen Infanten wurden ausdrücklich ausgeschlossen.[125] Feste Pläne für die jüngere Schwester – nur noch Maria Anna lebte zu diesem Zeitpunkt – gab es aber wohl nicht. Robinson erfuhr, sie könnte, falls ihre Schwester sterben sollte, den lothringischen Herzog heiraten; ansonsten sei noch eine Ehe mit dem jüngeren Bruder des Herzogs möglich.[126] Allein die Frage nach dem Aufenthaltsort des Erbfolgerpaares war ungeklärt, da Lothringen mit seiner Nähe zu Frankreich als zu unsicher galt.[127] Schon damals wurde über eine mögliche Einigung, bei der im Austausch für die französische Garantie der Pragmatischen Sanktion Lothringen an die französische Krone übergeben werden könnte, spekuliert,[128] eine Maßnahme, die – mit Abwandlungen – nach dem Polnischen Thronfolgekrieg tatsächlich vollzogen wurde.[129]

---

121 Eine schwere Erkrankung der Kaiserin Elisabeth Christine nährte aber Gerüchte, Karl VI. könnte nach ihrem Tod erneut heiraten, um doch noch den ersehnten Sohn zu bekommen. Robinson an Harrington, chiffriert, Wien, 23.04.1732, TNA, SP 80, 87, o.f.

122 Harrington an Robinson, Whitehall, 12.11.1731, TNA, SP 80, 81, o.f.

123 ZEDINGER, Franz Stephan von Lothringen, S. 53; es bestand die reale Gefahr, dass der zukünftige Schwiegersohn des Kaisers beim drohenden Kriegsausbruch von Frankreich in seinem Land eingeschlossen werden könnte.

124 Robinson an Harrington, »most private«, Wien, 09., 10, 11.02.1732, TNA, SP 80, 85, o.f. Seit diesem Zeitpunkt nahm Franz Stephan wohl auch, wenn er am Kaiserhof war, an den Sitzungen der Geheimen Konferenz teil und erhielt die entsprechenden Berichte. ZEDINGER, Franz Stephan von Lothringen, S. 81.

125 Robinson an Harrington, separate, Wien, 10./12.03.1732, TNA, SP 80, 86, o.f.

126 Ebd.

127 Robinson an Harrington, »most private«, Wien, 09., 10, 11.02.1732, TNA, SP 80, 85, o.f.

128 Ebd.

129 Siehe Kapitel 2.5, S. 109.

Anders als bei anderen dynastischen Ehen der Zeit empfand das Paar wohl echte Zuneigung.[130] Schon Anfang 1730, als Franz Stephan nach Lothringen abgereist war, berichtete der britische Gesandte Waldegrave, die Erzherzogin

looks miserably and some who pretend to be well informed say that she has never been perfectly Right since the Duke of Lorraine went from hence and that nothing but his return can cure her. it is much that Love should have already laid hold of so young and so Tender a heart, but it looks very like it.[131]

Allerdings gab es ein Hindernis, welches in den Planungen und Überlegungen an den europäischen Höfen nicht vorherzusehen gewesen war. Maria Theresia war körperlich noch nicht geschlechtsreif.[132] Weder Karl VI. noch Elisabeth Christine wollten jedoch eine öffentliche Ankündigung machen, bevor sie ihre erste Menstruation hatte – und die Eltern ließen sich nicht dazu bringen, früher etwas zu sagen, als, so Robinson, »[…] shall be suitable to the humour of Parents, who in an affair of so Domestick a nature, will, as well Princes, as private Persons, have their own ways […].«[133] Aus Sicht des Briten war es bemerkenswert, dass am Wiener Hof eine zu früh – also vor der Geschlechtsreife – geschlossene Ehe als Gefahr für die zukünftige Fruchtbarkeit der Frau angesehen wurde. Er verwies darauf, dass in anderen Ländern gerade die Eheschließung als Mittel gegen eine Entwicklungsverzögerung galt.[134] Erst Mitte Dezember 1735 gab Karl VI. öffentlich die Verlobung seiner Tochter Maria Theresia mit dem Herzog von Lothringen bekannt.[135]

Die Hochzeit fand am Fastnachtssonntag, den 12. Februar 1736, abends zwischen 18 und 20 Uhr statt.[136] Die dreitägigen Feiern bis Fastnachtsdienstag umfassten öffentliche Abendessen, eine Opernvorstellung und eine Wirtschaft, also festliche Gesellschaft. Neben prächtigen Geschenken beschrieb

130 Bei der Ankunft des Herzogs 1732 in Wien waren die Augenkontakte der beiden das Gespräch des ganzen Hofes, Robinson an Harrington, chiffriert, Wien, 23.04.1732, TNA, SP 80, 87, o.f.
131 Waldegrave an Tilson, Wien, 25.02.1730, TNA, SP 80, 66, f. 157–157v. Auch Robinson berichtete regelmäßig über die feste Liebe der Erzherzogin zu »ihrem Herzog von Lothringen«, siehe z.B. Robinson an Harrington, Wien, 05.07.1735, zitiert nach COXE, Walpole 3, S. 154.
132 Robinson an Harrington, Wien, 10.03.1732, TNA, SP 80, 86, o.f.
133 Robinson an Harrington, Wien, 08.04.1732, TNA, SP 80, 87, o.f. Im Mai 1732 hielt sich Franz Stephan am Kaiserhof auf, weil man hoffte, dass dadurch endlich Maria Theresias Menstruation eintreten würde. Ebd. Am 26. Mai 1732 trat die erste Menstruation bei ihrer jüngeren Schwester ein, was prompt von allen Diplomaten berichtet wurde, Robinson an Harrington, Wien, 30.05.1732, TNA, SP 80, 88, o.f.
134 Robinson an Harrington, Wien, 08.04.1732, TNA, SP 80, 87, o.f.
135 Robinson an Weston, Wien, 17.12.1735, TNA, SP 80, 119, f. 182.
136 Robinson an Harrington, P.S., Wien, 15.02.1736, TNA, SP 80, 120, o.f.

Sir Thomas Robinson vor allem die ebenso kostbaren Kleider der Erzherzogin und des Herzogs.[137] Besonders auffällig war für den britischen Gesandten
aber die Anwesenheit vieler Lothringer, die in großer Zahl für die Hochzeit
nach Wien gereist kamen: »The Duke's Subjects [...] have given a remarkable,
tho it may be the last, Instance of their Duty and Affection for the House
of Lorrain.«[138] Durch die Eheschließung von Herzog Franz Stephan von
Lothringen und Erzherzogin Maria Theresia entstand »the new House of
Austria«.[139] Die Vereinigung der beiden Dynastien wurde als »the adoption« of
the House of Lorrain« bezeichnet, als »ingrafting the House of Lorrain upon
the House of Austria«.[140] Allerdings musste Maria Theresia vor der Eheschließung unterschreiben, die Pragmatische Sanktion anzuerkennen und – falls
nötig – zugunsten eines männlichen Nachkommen, der Karl VI. möglicherweise zukünftig noch geboren werden würde, auf alle Erbansprüche zu
verzichten.[141] Laut dem britischen Gesandten Robinson erwarteten Karl VI.
und Bartenstein, Georg II. solle

[...] for the Sake of the House of Brunswick, and the House of Austria, not only not
thwart, but even be pleased to encourage, and adopt himself to the present System of
fixing and continuing the Austrian Power [...].[142]

Der König folgte dieser Aufforderung, als Graf Kinsky zwei Wochen später
in London als kaiserlicher Botschafter einen großen Empfang aus Anlass der
Hochzeit gab. Am Abend fand ein Maskenball statt, an dem neben großen
Teilen des Hochadels und vielen diplomatischen Vertretern am britischen Hof
auch Georg II. sowie die königlichen Prinzen und Prinzessinnen Friedrich,
Wilhelm, Amelia und Caroline teilnahmen.[143]
    Während des Polnischen Thronfolgekrieges spielte die mögliche Eheschlie-
ßung der jüngeren Erzherzogin eine Rolle. Ende 1733 gab Karl VI. im Rahmen

137 Robinson an Harrington, Wien, 18.02.1736, TNA, SP 80, 120, o.f.
138 Ebd.
139 Robinson an Harrington, »most secret«, Kopie, Wien, 04.01.1736, TNA, SP 80,
    120, o.f.
140 Robinson an Harrington, »most secret«, Kopie, Wien, 04.01.1736, TNA, SP 80,
    120, o.f.
141 Barbara STOLLBERG-RILINGER, Maria Theresia. Die Kaiserin in ihrer Zeit. Eine
    Biographie, München 2017, S. 37. Auch eine geplante Eventualbelehnung Maria
    Theresias fand nicht statt, obwohl es entsprechende Überlegungen gab. ZWIEDINECK-
    SÜDENHORST, Die Anerkennung der Pragmatischen Sanction, S. 289.
142 Ebd. Mit großer Erleichterung sah man in Wien schon bald erste Anzeichen einer
    Schwangerschaft Maria Theresias, Robinson an Tilson, Wien, 18.07.1736, TNA,
    SP 80, 122, o.f.
143 Joseph GULSTON, A Biographical Dictionary of Foreigners who have resided in or
    visited England, from the earliest times down to the year 1777, o. O. 1786, S. 165, BL,
    Add. Mss. 34282.

des geheimen Briefwechsels Graf Kinsky in London den Auftrag, Georg II.
zu erklären, eine Verheiratung seiner Tochter Maria Anna mit Don Carlos
sei für ihn der einzige Ausweg aus der derzeitigen Lage.[144] Da die Alliierten
keine Hilfe leisteten, biete eine dynastische Verbindung die beste Möglichkeit, zumindest mit dem spanischen Hof den Krieg zu beenden. Unter den
von Sekretär Bartenstein geschriebenen Brief setzte Karl VI. selbst noch
handschriftliche Erläuterungen, die die Argumentation in deutlichen Worten wiederholten.[145] In einem Begleitschreiben unterstrich Bartenstein seine
Abneigung gegen die Verbindung, zeigte aber gleichzeitig Verständnis für die
Überlegungen des Kaisers:

Nachdeme uns aber von Unseren allijrten solche propositionen gemacht werden,
wodurch die Italienischen Erbländer ohnedies dem Hauß Bourbon in die hände fallen
müßten, so seied I. K. M. wohl nicht zu verdencken, wann sie selbe lieber ihrem aydam
als ihrem feind vergönnen.[146]

Die – auf ausdrückliche Aufforderung Karls VI. erfolgte – geheime Übergabe
des Schreibens durch Graf Kinsky an Georg II.[147] löste unter den britischen
Ministern große Unruhe aus. Allerdings sollte die Anfrage nicht negativ
beantwortet werden, da ein britischer Beitrag zum Krieg nicht gewollt war.
Der Secretary of State Harrington beauftragte Sir Robinson, in Wien zu erklären, eine sofortige Waffenhilfe komme nicht in Frage, gleichzeitig widersetze
sich Georg II. einer spanischen Heirat nicht mehr. Robinson berichtete aus
Wien, Prinz Eugen, Graf Starhemberg, Graf Sinzendorff und auch Bartenstein
stritten jegliches Wissen um solche Überlegungen ab.[148] Besonders Prinz
Eugen wies auf die Geheimartikel des Vertrags von 1731 hin und meinte, er
als langjähriger Minister kenne den Kaiser gut genug, um sagen zu können,
dass er solche Überlegungen nicht anstelle.[149] Bis 1735 wurde die Frage dann

144 Karl VI. an Kinsky, Handschreiben, Wien, 21.12.1733, FA Kinsky 7, 33, o.f.; mit eigen-
     händiger Ergänzung Karls VI. sowie Begleitschreiben Bartensteins an Kinsky. Leider
     sind die Antworten Kinskys innerhalb dieser Korrespondenz ab 1734 weder im Fami-
     lienarchiv Kinsky zu finden noch in den Akten im Haus-, Hof- und Staatsarchiv StA
     England 70 [Berichte Kinskys 1733/34] enthalten, so dass für diese Phase der Bezie-
     hungen die Handlungen der Akteure nur teilweise nachvollzogen werden können.
145 Karl VI. an Kinsky, Handschreiben, Wien, 21.12.1733, FA Kinsky 7, 33, o.f.
146 Bartenstein an Kinsky, Wien, 23.12.1733, FA Kinsky, 7 b), 33, o.f.
147 Kinsky berichtete von der befohlenen Übergabe des Briefes »im Geheimen«, Kinsky
     an Karl VI., London, 22.01.1734, HHStA, StA England 70, f. 37.
148 Robinson an Harrington, »most secret«, Wien, 11.02.1734, TNA, SP 80, 104, o.f.
149 Siehe auch Robinson an Harrington, chiffriert, Wien, 06.02.1734, TNA, SP 80, 104,
     o.f. Beschrieben wird diese Episode auch bei Steuer, Englands Österreichpolitik,
     S. 116–121. Sie wies schon darauf hin, dass ein kaiserlicher Auftrag an Graf Kinsky
     wahrscheinlich sei, ebd., S. 120.

nicht wieder aufgegriffen. Maria Anna heiratete schließlich erst vier Jahre nach dem Tod Karls VI. ihren Schwager Karl von Lothringen, den jüngeren Bruder Franz Stephans.[150]

Für Georg II. und Caroline war es ebenso schwierig – wenn auch aus anderen Gründen –, die britischen Prinzen und Prinzessinnen zu verheiraten. Der Kronprinz und die ältesten drei Prinzessinnen waren Anfang der 1730er Jahre im heiratsfähigen Alter: der Prince of Wales Friedrich Ludwig sowie seine drei Schwestern Anne, Amelia Sophia und Caroline Elisabeth. Alle waren in Hannover geboren worden, der Prinz 1707, die Schwestern jeweils im Abstand von zwei Jahren 1709, 1711 und 1713. Letztere lebten seit 1714 am britischen Hof. Die überlebenden jüngeren Kinder – Wilhelm Augustus, Maria und Louisa – wurden zwischen 1721 und 1724 in London geboren und waren damit gerade alt genug, dass ihre Eltern sich Gedanken um mögliche Verbindungen machen konnten. Nach außen wurde die reiche Kinderschar, die für dynastische Verbindungen zur Verfügung stand, unter anderem auf einer Medaille präsentiert.[151] Georg II. ließ sie entwerfen, um sie an auswärtige Fürsten und andere wichtige Personen verteilen zu lassen.[152] Die Umschrift der Rückseite erklärt die Prinzen und Prinzessinnen zur »FELICITAS IMPERII«, zum Glück und Segen – beziehungsweise zur Fruchtbarkeit – des Reiches.[153]

1732 war allerdings noch nicht klar, ob diese nächste Generation tatsächlich durch passende dynastische Ehen und die dadurch zu gewinnende Sicherheit im Innern sowie durch Bündnisse nach außen, die mit ihren Eheschließungen gefestigt werden sollten, zum Segen für das Königreich werden würden. Dies war nämlich nicht ganz einfach. Zunächst mussten die Ehepartner aus standesgemäßen Familien und »von ebenmäßiger Religion«,[154] also evangelisch, sein, dies verlangte einerseits der Status der eigenen Dynastie, zum anderen der Act of Settlement. Die meisten unverheirateten oder unversprochenen europäischen Prinzen und Prinzessinnen waren jedoch römisch-katholisch oder zu jung, um für eine Verbindung mit den älteren britischen Königskindern in Frage zu kommen. Bei manchen passten auch die körperlichen Eigenschaften nicht: Die dänische Prinzessin wollte der Kronprinz aufgrund ihrer geringen Körpergröße nicht heiraten.[155] Ende der 1720er Jahre wurde über eine einfache oder doppelte Heiratsverbindung in verschiedenen Konstellationen zwischen den Prinzen und Prinzessinnen aus Braunschweig-

---

150 Laut Brigitte Hamann war auch dies eine Liebesheirat, die allerdings von Elisabeth Christine abgelehnt wurde. Brigitte HAMANN, Maria Anna, in: Dies., Die Habsburger, S. 299–300, hier S. 300.

151 John CROKER/John Sigismund TANNER, Medal of the Royal Family 1732.

152 Johann David KÖHLER, Der Wöchentlichen Historischen Münz-Belustigung. Bd. 9 […], Nürnberg 1737, S. 8.

153 CROKER/TANNER, Medal of the Royal Family 1732.

154 Kinsky an Karl VI., London, 14.12.1728, HHStA, StA England 65, f. 26.

155 Ebd.

Lüneburg und Brandenburg verhandelt.[156] Der Status als königliche und kurfürstliche Dynastien, aber auch als evangelische Mächte im Reich und in Europa machte die beiden Dynastien vergleichbar. Eine Eheverbindung hätte den Vorteil gehabt, die beiden konkurrierenden Herrscher im Norden des Reiches dynastisch weiter zu vernetzen.

Kaiser Karl VI. und seine Ehefrau unterstützten die Pläne, da es sich um zwei Verbündete des Kaiserhauses handelte, deren regierende Oberhäupter immer wieder im Streit lagen und den Kaiser als Vermittler anriefen. Die Schlichtungsversuche des Kaiserhofes zwischen den britischen und preußischen Verbündeten bezogen sich sowohl auf dynastische als auch geostrategische Fragen. Mehrfach wurden von beiden Seiten die Heiratspläne widerrufen.[157] Das Verhalten König Friedrich Wilhelms, das den preußischen Kronprinzen zu einem Fluchtversuch veranlasste, ließ alle Pläne obsolet werden, denn der preußische König ging davon aus, dass das verwandtschaftlich verbundene Herrscherpaar seinem Sohn geholfen habe, was Georg II. und Caroline abstritten.[158] Jedoch verlangte Georg II. von Karl VI., für den preußischen Kronprinzen bei dessen Vater ein gutes Wort einzulegen.[159] Gleichzeitig gelangte er zu der Überzeugung, der preußische König sei verrückt. Deshalb kam für Georg II. eine Eheschließung zwischen seinem Kronprinzen und einer preußischen Prinzessin nicht mehr in Frage. Laut John Hervey sagte Georg II. zu Caroline: »The Princesses of Prussia have a madman for their father, and I did not think ingrafting my half-witted coxcomb [the Prince of Wales Frederick] upon a madwoman would mend the breed.«[160]

Anfang 1733 wurden die Vermittlungen wieder aufgenommen, wohl hauptsächlich auf Betreiben Königin Carolines, die ihre Töchter versorgt sehen wollte.[161] Zu diesem Zeitpunkt waren sowohl der preußische Kronprinz als auch die älteste britische Prinzessin bereits anderweitig verlobt.[162] Die gegenseitige Abneigung der beiden Könige galt als größtes Hindernis für eine

---

156 Über das Angebot der Eheschließung des preußischen Kronprinzen mit Prinzessin Amelia siehe Kinsky an Karl VI., London, 25.01.1729, HHStA, StA England 65, f. 16. Zur möglichen Eheschließung des britischen Kronprinzen mit einer preußischen Prinzessin und die dann vom britischen Parlament zu bewilligende Unterhaltssumme siehe Kinsky an Karl VI., London, 12.04.1730, HHStA, StA England 67, f. 49v; Kinsky an Karl VI., chiffriert, London, 01.05.1730, HHStA, StA England 67, f. 2.

157 Kinsky an Karl VI., London, 08.02.1729, HHStA, StA England 65, f. 77v; Kinsky an Karl VI., Hannover, 11.08.1729, HHStA, StA England 65, f. 22.

158 Kinsky an Karl VI., chiffriert, London, 03.09.1730, HHStA, StA England 67, f. 19v.

159 Karl VI. an Kinsky, Wien, 16.10.1730, HHStA, StA England 68, f. 63–63v.

160 SEDGWICK, Hervey 3, S. 814.

161 Kinsky an Karl VI., eigenhändig, London, 23.05.1733, HHStA, StA England 70, f. 59v–60.

162 Karl VI. an Kinsky, Handschreiben, Wien, 16.01.1733, HHStA, StA England 69, f. 25.

weitere dynastische Einigung.[163] Karl VI. meinte schließlich, Georg II. habe
der Vermittlung des Wiener Hofes sowieso nur zugestimmt, um seine Töchter Amelia und Caroline zu verheiraten, in anderen Fragen sei er aber nicht
zum Einlenken bereit.[164] Seine Unaufrichtigkeit verstärke das preußische
Mißtrauen, weswegen eine Versorgung der britischen Prinzessinnen durch
Ehen mit preußischen Prinzen insgesamt kaum Aussicht auf Erfolg habe.[165]
Die Prinzessinnen Amelia und Caroline blieben letztlich unverheiratet, da für
sie keine passenden heiratsfähigen, standesgemäßen und evangelischen Prinzen gefunden wurden.[166] Prinzessin Amelia wurde schon von ihrer Mutter in
die politischen Geschäfte mit einbezogen und es wurde ihr später nachgesagt,
sie habe wohl einen ebenso großen Einfluss auf den König, wie ihn Königin
Caroline gehabt habe.[167]

    1735 entschied Georg II. sich für die Herzogstochter Augusta von Sach-
sen-Gotha-Altenburg als Ehefrau für Kronprinz Friedrich. Die Prinzessin
stammte zwar nur aus einer sächsischen Nebenlinie; ihre Familie war aber
für ihre Fruchtbarkeit bekannt, wodurch der Hauptzweck einer dynastischen
Ehe – so die Hoffnung – sich bald erfüllen würde.[168] Die Hochzeit fand 1736
statt.[169] Der jüngere Sohn Wilhelm August, Duke of Cumberland, verfolgte
eine militärische Karriere und blieb unverheiratet. Bekannt für die brutale
Niederschlagung des Jakobitenaufstands 1746 war er weder im Österreichischen Erbfolgekrieg noch im Siebenjährigen Krieg erfolgreich, sondern
wurde 1757 für die Besetzung Hannovers durch französische Truppen verantwortlich gemacht.[170]

---

163 Kinsky an Karl VI., eigenhändig, London, 23.05.1733, HHStA, StA England 70, f. 62.
164 Damit nahm er Bezug auf die grundlegenden Probleme zwischen den beiden Kur-
    fürsten, siehe Kapitel 5.3, S. 383–387.
165 Karl VI. an Kinsky, geheim, Wien, 06.02.1733, HHStA, StA England 69, f. 58–58v;
    siehe auch Karl VI. an Kinsky, Wien, 15.01.1733, HHStA, StA England 69, f. 18v.
166 Veronica BAKER-SMITH, The Daughters of George II. Marriage and Dynastic Politics,
    in: ORR, Queenship in Britain, S. 193–206, hier S. 197–198.
167 SMITH, Georgian Monarchy, S. 216.
168 THOMPSON, George II, S. 113–116. 1737, fünfzehn Monate nach der Hochzeit, brachte
    Augusta das erste von neun Kindern zur Welt (ebd., S. 120–121).
169 ARKELL, Caroline of Ansbach, S. 266–270. Augusta wollte sich zunächst nicht an die
    britischen Gepflogenheiten anpassen; so sprach sie kein Englisch und weigerte sich,
    sonntags in den anglikanischen Gottesdienst zu gehen. Nur das Eingreifen der Köni-
    gin und des Kronprinzen, die Augusta zurechtwiesen, konnte verhindern, dass dies
    negative Auswirkungen hatte. Caroline sorgte aber auch für die weitere Bildung ihrer
    Schwiegertochter.
170 William Arthur SPECK, William Augustus, Prince, duke of Cumberland (1721–1765),
    in: Oxford DNB (2008).

Für die älteste Prinzessin Anne kam eigentlich nur Wilhelm IV. von Oranien-Nassau, der Statthalter der niederländischen Provinzen Friesland, Groningen und Gelderland, in Frage.[171] Der niederländische Prinz war nicht nur der einzige Kandidat im heiratsfähigen Alter, der von der Konfession her passte und nicht aus Preußen stammte. Die Prinzessin hatte durch eine Pockeninfektion ein vernarbtes Gesicht.[172] Prinz Wilhelm war körperlich leicht behindert, so dass Schönheitsideale bei dieser Eheschließung kein Ausschlusskriterium waren.[173] Vor allem aber wollte die Prinzessin unbedingt durch eine Eheschließung unabhängig von ihren Eltern werden und befürwortete deshalb vehement die Pläne. Die Verhandlungen über die Eheschließung fanden hauptsächlich in der ersten Jahreshälfte 1733 statt. Zu diesem Zeitpunkt, nach dem Tod des polnischen Königs und sächsischen Kurfürsten, waren sich alle Beteiligten sowohl in London als auch in Wien bewusst, dass das Bündnis der Seemächte auf die eine oder andere Weise in den folgenden Monaten wichtig werden würde. Von einer Ehe der Princess Royal mit dem Prinzen von Oranien erhofften sich das Königspaar und die Minister in Großbritannien, aber auch das Kaiserhaus, dass die Stellung des Prinzen in den Generalstaaten so weit gestärkt würde, dass er die Statthalterschaft in allen wichtigen Provinzen erringen könnte. Damit wären die Niederlande als militärische Verbündete im erwarteten Kampf gegen die bourbonischen Mächte dabei.[174] Der kaiserliche Botschafter, Graf Kinsky, unterstützte deshalb diese Heirat am Londoner Hof.[175] Die Verlobung wurde im Mai 1733 bekannt gegeben.[176] Nach dem Eintreffen des Prinzen im November 1733[177] musste die Hochzeit aufgrund einer Erkrankung Wilhelms bis Anfang 1734 verschoben werden.[178] Das Paar reiste im März 1734 in die Niederlande ab. Prinzessin Anne kam wenige Monate später schwanger nach London zurück, da ihr Mann auf Wunsch Georgs II. bei der Reichsarmee war.[179]

---

171 Diese Verbindung war schon zur Zeit Georgs I. diskutiert worden (GEYL, William IV, S. 18–19).

172 Georges van MUYDEN (Hg.), A Foreign View of England in 1725–1729. The Letters of Monsieur César de Saussure to His Family, London 1902, hier S. 47.

173 Veronica BAKER-SMITH, A Life of Anne of Hanover, Princess Royal, Leiden 1995, S. 30.

174 GEYL, William IV, S. 18–21.

175 Degenfeld [preußischer Gesandter in London] an Gymbkow, Interzept [abgefangener Brief], London, 17.03.1733 (n.S.?), HHStA, StK Interiora Intercepte 1711–1794, f. 28.

176 Der Prinz erhielt zunächst den Hosenbandorden, Kinsky an Karl VI., London, 17.04.1733, HHStA, StA England 70, f. 13–13v. Das britische Parlament gewährte der Prinzessin eine jährliche Versorgung von 80.000 £, Kinsky an Karl VI., London, 22.05.1733, HHStA, StA England 70, f. 57–57v.

177 Siehe zur Audienz, die Graf Kinsky beim Prinzen von Oranien hatte, Kapitel 4.2.1, S. 258.

178 Kinsky an Karl VI., London, 24.11.1733, HHStA, StA England 70, f. 7–8; Kinsky an Karl VI., London, 11.12.1733, HHStA, StA England 70, f. 48v.

179 Kinsky an Karl VI., Hammersmith, 16.07.1734, HHStA, StA England 70, f. 12v.

Die Eheschließung hatte letztlich negative Folgen für die Bereitschaft der Generalstaaten, in den Polnischen Thronfolgekrieg einzugreifen. Die holländischen Stände befürchteten, Wilhelm könne mit Unterstützung seines Schwiegervaters eine ähnlich starke, monarchische Stellung wie Wilhelm III. am Ende des 17. Jahrhunderts erreichen und ihren eigenen Einfluss dadurch reduzieren. Damit bestärkte die Vermählung die neutrale Position der Generalstaaten; der Prinz konnte keinen Einfluss auf ihre Entscheidungen ausüben. Graf Kinsky schlug vor, durch einen Aufstand den Prinzen zum Statthalter Hollands ausrufen zu lassen, um damit seine Position zu stärken – allerdings lehnten Georg II. und Caroline diesen Vorschlag ab, solange kein männlicher Erbe da sei.[180] Erst gegen Ende des Österreichischen Erbfolgekriegs brachte der Einmarsch französischer Truppen Wilhelm von Oranien tatsächlich die Statthalterschaft in Zeeland und Holland.[181]

Die beiden jüngsten britischen Prinzessinnen Maria und Louisa wurden erst in den 1740er Jahren standesgemäß mit dem Landgrafen von Hessen-Kassel und dem Kronprinzen von Dänemark und Norwegen verheiratet.[182] Die Vereinbarung, Maria mit einem Prinzen von Hessen-Kassel zu verheiraten, schloss Georg II. schon während des Aufenthaltes in Hannover 1729.[183]

Dynastische Fragen standen sowohl für die Habsburger als auch die Welfen im Zentrum ihres Handelns, da ihre Herrschaft auf einer stabilen und kontinuierlichen Fortführung der regierenden Familie beruhte. Neben einer innerhalb der Monarchie und des Herrschaftsgebietes akzeptierten und umsetzbaren Nachfolgeordnung sowie einer möglichst vorteilhaften Heiratspolitik gehörte auch dazu, die Dynastie ihrer Würde und Macht entsprechend zu repräsentieren und – durch Minister und Diplomaten – vertreten zu lassen. Durch die engen Verbindungen der europäischen Dynastien und den bekannten großen Einfluss dynastischer Entscheidungen auf die internationalen Beziehungen waren die Sukzessionen in anderen regierenden Familien für alle Monarchen von großem Interesse. Bei allen Entscheidungen und Planungen in dieser Hinsicht blieb aber die Tatsache bestehen, dass die Grundlage aller dynastischen Kontinuität biologisch und im 18. Jahrhundert damit nur bedingt beeinflussbar war.

---

180 Kinsky an Karl VI., London, 18.05.1734, HHStA, StA England 70, f. 16v.
181 GEYL, William IV, S. 31–32. Anne verbrachte die Zeit bis dahin vor allem mit Kunst und Kunstpatronage, siehe Richard G. KING, Anne of Hanover and Orange (1709–59) as Patron and Practitioner of the Arts, in: ORR, Queenship in Britain, S. 162–192.
182 SMITH, Georgian Monarchy, S. 46–47.
183 Kinsky an Karl VI., Hannover, 11.08.1729, HHStA, StA England 65, f. 21v.

5.2 Finanzen und Wirtschaft

Das geflügelte Wort »Geld regiert die Welt« kann als Grundgedanke der internationalen Beziehungen gelten. Die Notwendigkeit, wirtschaftliche Faktoren in den auswärtigen beziehungsweise internationalen Beziehungen zu betrachten, erscheint deshalb auf den ersten Blick selbstverständlich.[184] Im 18. Jahrhundert wurden vermehrt Handels- und Wirtschaftsverträge geschlossen, außerdem stieg die Bedeutung von Handelskompanien und wirtschaftlichen Fragen bei bilateralen Verhandlungen.[185] Für die kontinentaleuropäischen Dynastien im 17. und 18. Jahrhundert werden von der Forschung allerdings häufig dynastische Ziele in der Außenpolitik in den Vordergrund gestellt, während für die Seemächte ökonomische Interessen tragend gewesen seien.[186]

Sowohl für die habsburgischen Erblande als auch für Großbritannien waren im zu untersuchenden Zeitraum theoretisch und praktisch wirtschaftspolitische Maßnahmen bestimmend, die merkantilistische beziehungsweise kameralistische Ziele verfolgten, zum Beispiel die Produktion von Exportgütern und ein positiver Außenhandel, also eine höhere Ausfuhr im Vergleich zur Einfuhr. Um die Jahrhundertwende wurden dementsprechend Maßnahmen ergiffen, die den Handel der Territorien stärken sollten. Die Voraussetzungen für die wirtschaftliche Entwicklung waren allerdings grundverschieden.

Karl VI. hatte in seiner Zeit als König von Spanien die Vorteile einer organisierten Handelspolitik, wie sie in Spanien betrieben worden war, und zwar von einheimischen Großhändlern, kennengelernt. Mit der Osterweiterung der habsburgischen Territorien nach den Türkenkriegen rückte zudem der Handel über das östliche Mittelmeer in den Blick. Dementsprechend versuchte er ab 1711 auf verschiedenen Wegen, die wirtschaftliche Lage der habsburgischen Territorien zu verbessern. Die Anstrengungen Karls VI.

---

184 Längere Zeit schienen Wirtschafts- und Handelsfragen innerhalb der internationalen Beziehungen für das 18. Jahrhundert von der deutschsprachigen Historiographie nur am Rande wahrgenommen zu werden, siehe z.B. KUGELER u.a., Internationale Beziehungen. Ausnahmen sind Monographien, die explizit die Handelsgeschichte in den Blick nehmen, wie die Arbeiten von Andrea WEINDL (u.a. dies., Europäische Handelsverträge – Friedensinstrument zwischen Kommerz und Politik, in: DUCHHARDT/PETERS, Instrumente des Friedens, S. 36–55) oder Jürgen NAGEL (ders., Abenteuer Fernhandel. Die Ostindienkompanien, Darmstadt 2007) sowie Untersuchungen mit Blick auf Großbritannien, die Vereinigten Niederlande oder andere explizite Handelsnationen. Neuere Studien gehen hier weiter, indem politische, wirtschaftspolitische und wirtschaftliche Fragen miteinander verflochten werden, siehe z.B. John V.C. NYE, War, Wine, and Taxes. The Political Economy of Anglo-French Trade, 1689–1900, Princeton, NJ 2007.
185 DUCHHARDT, Balance of Power, S. 93.
186 So formuliert es, insbesondere Frankreich und die Niederlande vergleichend, HILDEBRAND, Staatsräson als Friedensmotiv?, S. 94–95.

in ökonomischer Hinsicht werden unterschiedlich bewertet.[187] Vor allem im Vergleich mit anderen europäischen Mächten schienen es eher »Einzelmaßnahmen« zu sein.[188] Der Vergleich gerade mit England/Großbritannien oder Frankreich ist aber nicht zu halten, da die Voraussetzungen in den zentralisierten Monarchien Europas aus den vorangegangenen Jahrhunderten völlig andere waren. So existierte in England seit dem Mittelalter eine zentrale Finanz- und Steuerverwaltung, es gab Sicherheiten für privates Vermögen, auf die in Großbritannien im 18. Jahrhundert gesetzt werden konnte, und die Ausgaben und Verantwortlichkeiten der Krone waren im Vergleich zum Kaiserhaus geringer. In den habsburgischen Erblanden mussten dagegen im 18. Jahrhundert erst Grundlagen einer geordneten Verwaltung aufgebaut werden, ganz abgesehen von Finanz- und Steuerverwaltung, Infrastruktur und Investitionsförderung.[189]

Unter Karl VI. kam es deshalb am Wiener Hof zur Einrichtung von Kommerzkollegien, die über die wirtschaftliche Situation in den Ländern der Monarchie berieten und Vorschläge unterbreiteten.[190] Im Hauptkommerzkollegium, das unter dem Vorsitz des Hofkanzlers Sinzendorff tagte, waren alle Räte und Kanzleien vertreten. Es beriet über wirtschafts- und handelspolitische Maßnahmen, die die Länder der Monarchie betrafen. Neben einem böhmischen und einem schlesischen Kommerzkollegium waren dies der niederösterreichische Kommerzienrat sowie ab 1718 das Wiener Hauptkommerzkolleg und in der Folge ähnliche Gremien für die verschiedenen

---

187 Siehe die grundsätzlichen Überlegungen von Heinrich BENEDIKT, Finanzen und Wirtschaft unter Karl VI., in: Der Donauraum 9, 1 (1964), S. 42–59, und Roman SANDGRUBER, »Österreich über alles«. Programmatik und Realität der Wirtschaft zurzeit Prinz Eugens, in: ZÖLLNER/GUTKAS, Österreich und die Osmanen, S. 153–171, die die Wirtschaftspolitik in ihren Ansätzen überwiegend als positiv erachten. Andere sehen sie sehr kritisch: »[…] je mehr weitreichende Reformpläne gleichzeitig verfolgt wurden, [behinderte] die Umsetzung des einen jene des nächsten […]. Viele Maßnahmen der Wirtschaftspolitik Karls wirkten so kurzatmig und in ihren Konsequenzen nicht vollständig durchdacht«. Herbert HUTTERER, Handelskompanien, in: SEITSCHEK u.a., 300 Jahre Karl VI., S. 143–151, hier S. 150.

188 Aretin spricht von »Einzelmaßnahmen […] wie sie andere kleine Fürsten im Reich auch unternahmen.« ARETIN, Das Alte Reich 2, S. 527, Anm. 112.

189 John KOMLOS vergleicht das entstehende Österreich mit anderen kontinentaleuropäischen Territorien und kommt zu einem positiveren Schluss (ders., Austria and European Economic Development. What Has Been Learned?, in: INGRAO, State and Society, S. 215–225).

190 Zur Handelspolitik Karls VI. schrieben schon Franz Martin MAYER, Zur Geschichte der österreichischen Handelspolitik unter Kaiser Karl VI., in: MIÖG XVIII (1897), S. 129–145, sowie Heinrich von SRBIK, Der staatliche Exporthandel Österreichs von Leopold I. bis Maria Theresia. Untersuchungen zur Wirtschaftsgeschichte Österreichs im Zeitalter des Merkantilismus, Frankfurt a.M. 1969 (1. Aufl. 1907).

österreichischen Erblande.[191] Eine der durchgeführten Maßnahmen war die 1724 durch Karl VI. initiierte Instandsetzung der niederösterreichischen Straßen.[192] Die Publikation neuer Einfuhrverbote beziehungsweise Strafzölle durch das Wiener Hauptkommerzkollegium löste 1728 heftige Proteste aus.[193] Der Unmut der Kaufleute wandte sich auch gegen den Kaiser und führte sogar dazu, »[…] to call the Emperor's power in question.«[194] Sinzendorff als Vorsitzendem des Hauptkommerzkollegiums wurde die große Aufregung um die Zölle angelastet, denn Prinz Eugen und Vizekanzler Schönborn waren wohl nicht informiert.[195] Karl VI. setzte das Edikt in der Folge aus, Sinzendorff, so berichtete der britische Gesandte Waldegrave, sollte in wirtschaftspolitischen Fragen abgelöst werden.[196] Stattdessen sollten unter dem Vorsitz Starhembergs ein Rat für Handel und Wirtschaft sowie unter Prinz Eugen ein Rat für Seefahrtsfragen eingerichtet werden. Diese Räte sollten, so Waldegrave, Handelshemmnisse wie die gerade erlassenen Zölle wieder abschaffen.[197] Aus der Literatur – und der weiteren britischen Korrespondenz – ist leider nicht zu erfahren, ob es zur Errichtung der Räte kam; wenn ja, scheinen sie keine große Wirkung gehabt zu haben.

Die Finanzpolitik lag in der Verantwortung Starhembergs als Präsident der Hofkammer.[198] Trotz verschiedener Ansätze gelang es in der ersten Hälfte des 18. Jahrhunderts nicht, die Einnahmen effektiv einzutreiben. Sie setzten sich vor allem aus dem Berg(werks)- und Salzregal, Staatsgütern, Mauten und Zöllen sowie Ungeld und Akzisen zusammen. Letztere waren verschiedenen Verbrauchs-, Kopf-, Gewerbe- und Vermögenssteuern, die höhere Teile der Bevölkerung betrafen als Steuern auf Luxusgüter und die von den Ständen genehmigt werden mussten.[199] Wirtschaft und Handel stagnierten

---

191 Zusammenfassend hierzu Zdislava RÖHSNER, Wirtschaft unter Karl VI., in: SEITSCHEK u.a., 300 Jahre Karl VI., S. 136–142, hier S. 136–137.

192 HELMEDACH, Das Verkehrssystem als Modernisierungsfaktor, S. 69. Siehe auch Kapitel 4.1.2, S. 206–207.

193 Harris an Tilson, Wien, 09.10.1728, TNA, SP 80, 63, f. 156v.

194 Waldegrave an Townshend, chiffriert, Graz, 14.08.1728, TNA, SP 80, 63, f. 64–64v.

195 Waldegrave an Townshend, chiffriert, Graz, 14.08.1728, TNA, SP 80, 63, f. 64v.

196 Waldegrave an Townshend, chiffriert, Wien, 06.11.1728, TNA, SP 80, 63, f. 195v–196; Waldegrave an Townshend, Wien, 20.11.1728, TNA, SP 80, 63, f. 222.

197 Waldegrave an Townshend, chiffriert, Wien, 06.11.1728, TNA, SP 80, 63, f. 195v–196.

198 Siehe zusammenfassend zu den Institutionen und Akteuren der Finanzverwaltung Zdislava RÖHSNER, Die zentrale Finanzverwaltung der Monarchie, in: SEITSCHEK u.a., 300 Jahre Karl VI., S. 112–118.

199 Andreas SCHWENNICKE, »Ohne Steuern kein Staat«. Zur Entwicklung und politischen Funktion des Steuerrechts in den Territorien des Heiligen Römischen Reichs (1500–1800), Frankfurt a.M. 1996, S. 291–292.

zunächst unter anderem als Nachwirkung der Kriege des 17. Jahrhunderts, bevor sie sich leicht erholten, deshalb stiegen die Steuer-, Maut- und Zolleinnahmen ebenfalls nur langsam. Zudem war Österreich im Vergleich mit Westeuropa wenig urbanisiert und die Wirtschaft entsprechend weniger produktiv.[200] Trotz der vergleichsweise geringen Größe des Wiener Haushaltes für zivile und militärische Ausgaben[201] nahmen durch die Kriege des 17. und der ersten Jahrzehnten des 18. Jahrhunderts die Schulden im Vergleich zu den Einnahmen erheblich zu.[202] Es gelang nicht, kostenintensive Projekte durch die Umsetzung ausreichende Finanzreformen zu unterstützen, so dass während der ganzen Regierungszeit Karls VI. zwar zunächst die Schulden des Spanischen Erbfolgekrieges abgebaut werden konnten, neue Schulden aber durch Anleihen finanziert werden mussten. Um 1730 war die Wiener Stadtbank als Einlagenbank aktiv, die Obligationen auf die Schulden der Hofkammer an Privatanleger und Stiftungen ausgab.[203] Von den erheblichen Schulden übernahm die Wiener Stadtbank bis 1730 ca. 50.000.000 fl. gegen 5 bis 6% Zinsen.[204] Außerdem wurden regelmäßig Anleihen in den Niederlanden, in Großbritannien oder in den norditalienischen Städten[205] aufgenommen, die mit Bergbauerträgen abgesichert wurden.[206] Zwischen 1733 und 1739 wurden auf diese Weise 26 Millionen Gulden in Anleihen zusammengebracht.[207] Zur Deckung der gewaltigen Staatsausgaben für den Kaiserhof, die Verwaltung der habsburgischen Territorien und die Militär- und Kriegsausgaben waren zudem Finanziers unerlässlich. Hierzu zählten die

200 KOMLOS, Austria and European Economic Development, S. 221. Trotzdem sei Österreich ein gutes Beispiel für die kontinentaleuropäische Wirtschaftsentwicklung im 18. Jahrhundert: »[…] the Habsburg economy should be seen in a European context. It performed about as well as most other European economies, and it grew in the same cyclical pattern as most of them«. Ebd., S. 217.
201 Siehe zum Vergleich zu Frankreich DUINDAM, Vienna and Versailles, S. 87.
202 Siehe die entsprechende Tabelle bei WINKELBAUER, Nervus rerum Austriacarum, S. 182. Allgemein zum Problem der Kriegsfinanzierung siehe insgesamt Peter RAUSCHER (Hg.), Kriegsführung und Staatsfinanzen. Die Habsburgermonarchie und das Heilige Römische Reich vom Dreißigjährigen Krieg bis zum Ende des habsburgischen Kaisertums 1740, Münster 2010.
203 Siehe insgesamt Rudolf FUCHS, Die Wiener Stadtbank, Frankfurt a.M. 1998.
204 MENSI, Die Finanzen Österreichs, S. 613. Ältere, aber immer noch maßgebliche Darstellungen sind ebd. sowie OTRUBA, Die Bedeutung der englischen Subsidien.
205 So in Genua (Waldegrave an Townshend, Graz, 17.07.1728, TNA, SP 80, 63, f. 32), das hatte Alois Graf Harrach vorgeschlagen (MENSI, Die Finanzen Österreichs, S. 560).
206 Siehe zur Zeit des Spanischen bzw. Österreichischen Erbfolgekrieges die folgenden Studien: Max BRAUBACH, Die Bedeutung der Subsidien für die Politik im spanischen Erbfolgekriege, Bonn 1923, und OTRUBA, Die Bedeutung der englischen Subsidien. Zu einer Anleihe im Polnischen Thronfolgekrieg siehe unten S. 356–359.
207 DICKSON, Finance and Government 2, S. 402.

jüdischen Bankhäuser Oppenheimer und Wertheimer,[208] christliche Familien wie die Palms oder Hilleprands[209] sowie hochadelige Minister wie Starhemberg oder Philipp Kinsky.[210]

Trotzdem blieb der Kaiser auch auf Subsidien angewiesen, wie der britische Beobachter Waldegrave bemerkte. 1728 wollte Karl VI., so die Meinung des Briten, den in Soissons ausgehandelten Friedensvertrag nicht unterzeichnen,[211] da man in Wien auf die Rückkehr der spanischen Schiffe und damit die Auszahlung der von der spanischen Krone versprochenen Subsidien warte. Bis zur Zahlung dieser Gelder werde der Kaiser nichts gegen die Krone Spanien unternehmen.[212]

In den habsburgischen Erblanden wurden zur Vermehrung der Wirtschaftsleistung und damit von Steuereinnahmen vor allem Manufakturen gefördert. Böhmische Großgrundbesitzer aus dem Hochadel wie Graf Philipp Kinsky investierten hohe Summen zum Beispiel in die Textilproduktion,[213] auch Karl VI. und spätestens ab 1736 auch Franz Stephan von Lothringen traten in diesem Zusammenhang als private Investoren auf.[214] Für die Umsetzung holte man sich entsprechende Experten, etwa aus Großbritannien.[215] Der Marqués de Rialp erhielt Ländereien um Fiume, um dort eine Glasmanufaktur aufzubauen.[216] Daneben wurden zeitlich und räumlich begrenzte Monopole eingerichtet.[217] So überließ Karl VI. dem Portugiesen Diego d'Aguilar,[218] der sich nach seiner Rückkonversion zum Judentum auch Moses

---

208 Max GRUNWALD, Samuel Oppenheimer und sein Kreis. Ein Kapitel aus der Finanzgeschichte Österreichs, Wien 1913.

209 Roman SANDGRUBER, Ökonomie und Politik. Österreichische Wirtschaftsgeschichte vom Mittelalter bis zur Gegenwart, Wien 2005, S. 122.

210 MENSI, Die Finanzen Österreichs, S. 151–152; DICKSON, Finance and Government 2, S. 301.

211 Siehe Kapitel 2.1, S. 65.

212 Waldegrave an Townshend, chiffriert, Wien, 04.12.1728, TNA, SP 80, 63, f. 243.

213 Siehe Kapitel 3.2.4, S. 184. Herman FREUDENBERGER nennt auch die böhmischen Familien Blümegen, Haugwitz und Schwarzenberg (ders., Introduction. Government and Economy, in: INGRAO, State and Society, S. 141–153, hier S. 147).

214 Ebd., S. 145–146.

215 FREUDENBERGER, Technologie-Transfer von England nach Deutschland und insbesondere Österreich im 18. Jahrhundert, in: Ulrich TROITZSCH (Hg.), Technologischer Wandel im 18. Jahrhundert, Wolfenbüttel 1981, S. 105–124; siehe auch weiter unten, S. 342.

216 DESPOT, Staklana »Perlasdorf«, S. 321–348.

217 Die Begrenzung der Monopole auf die Österreichischen Erblande war deshalb wichtig, weil kaiserliche Privilegien anderfalls reichsweite Monopole begründen würden; dies war seit dem Ende des Dreißigjährigen Krieges aber nicht mehr erwünscht und dementsprechend in allen späteren Wahlkapitulationen enthalten. Fritz BLAICH, Die Wirtschaftspolitik des Reichstags im Heiligen Römischen Reich. Ein Beitrag zur Problemgeschichte wirtschaftlichen Gestaltens, Stuttgart 1970, S. 149.

218 Diego d'Aguilar/Moses Lopez Pereira (1699–1759), 1726 Erhebung zum Baron D'Aguilar durch Karl VI., siehe Moritz KAYSERLING, Aguilar, Diego D' (or Moses Lopez Pereira), in: Jewish Encyclopedia (1906/2011); William ARBUTHNOT, The

Lopez Pereira nannte, 1725 das Tabakmonopol für die österreichischen Erblande.[219] Verwandte von ihm waren 1734 an der Aushandlung der Londoner
Anleihe beteiligt.[220] Andererseits sollte der Rückkauf alter Monopole, wie des
Postmonopols der Familie Paar für die österreichischen Erblande, die Einnahmen steigern.[221]

Um den Handel im Mittelmeerraum zu fördern, erklärte Karl VI. Triest,
Fiume, Buccari und Porto Ré zu Freihäfen.[222] Zu ihrer Unterstützung bemühte
sich der Kaiser um den Aufbau einer Marine, von der allerdings, so schrieb es
der britische Gesandte Waldegrave, knapp zehn Jahre nach ihrer Gründung
»not […] much immediate danger« ausgehe.[223] Er bezog sich bei seiner Einschätzung auf den Bericht des kaiserlichen Admirals Deigham/Deichmann
über den katastrophalen Zustand der von Neapel übernommenen Flotte, die
schlechte Lage der Adriahäfen, die seeuntüchtigen Schiffe und die nicht vorhandenen Matrosen.[224] Trotzdem, so Waldegrave, sei der Kaiser »bent upon
making a figure at See.«[225] Zur besseren Anbindung der Häfen an den österreichischen und ungarischen Handel und den Transitverkehr wurden die
entsprechenden Passstraßen mit erheblichen Mitteln ausgebaut.[226] Gleichzeitig war geplant, über Triest die norditalienischen Territorien Karls VI. an das
Königreich Neapel anzubinden, während Fiume für Ungarn und den Banat
als Anlaufhafen dienen sollte.[227] Die Hoffnungen Karls VI. wurden aber bei
seiner Reise nach Triest 1728 enttäuscht. Nur Porto Ré schien zu diesem

Genealogy of the d'Aguilar Family, Edinburgh 2009. Aguilar gründete in Wien die
bis heute existierende Spanisch- bzw. Türkisch-Jüdische Gemeinde und erhielt schon
1723 von Karl VI. mit seiner Familie eine Wohnung in der Spanischen Hofkanzlei
zugewiesen. Klaus LOHRMANN, Das österreichische Judentum zur Zeit Maria Theresias und Josephs II., Eisenstadt 1980, S. 9–10 (anders bei SANDGRUBER, Ökonomie und
Politik, S. 121, der behauptet, Aguilar sei erst unter Maria Theresia am Hof gewesen).
219 Zum Tabakmonopol grundsätzlich Michael HAINISCH, Das österreichische Tabakmonopol im 18. Jahrhundert, in: VSWG 8 (1910), S. 394–444, hier bes. S. 295.
220 Siehe hierzu weiter unten S. 358.
221 WINKELBAUER, Postwesen und Staatsbildung, S. 78–79; Franz-Stefan SEITSCHEK, Die
»Verstaatlichung« der Post 1722, in: Ders. u.a., 300 Jahre Karl VI., S. 169–171.
222 SANDGRUBER, Ökonomie und Politik, S. 118. Zu den Freihäfen siehe allgemein
Antonio Di VITTORIO, Porti e porto »franco«. Un aspetto della politica commerciale
austriaca nel Mezzogiorno continentale d'Italia 1707–1734, in: MÖStA 25 (1972),
S. 257–269. Mit Triest und den Folgen der Freihäfenerklärung beschäftigen sich insgesamt die Arbeiten von Peter GASSER, z.B. ders., Karl VI., Triest und die Venezianer,
in: »wir aber uns unsern vorhero sehr erschöpfften camergeföllen nicht hernemben
khönnen…«. Beiträge zur österreichischen Wirtschafts- und Finanzgeschichte vom
17. bis zum 20. Jahrhundert, MÖStA Sonderband, Wien 1997, S. 17–109.
223 Waldegrave an Townshend, chiffriert, Graz, 14.08.1728, TNA, SP 80, 63, f. 63.
224 Ebd., f. 63–63v. Siehe zu diesem Bericht LECHNER, Die Gründungsgeschichte der
österreichischen Kriegsmarine, S. 620–636.
225 Waldegrave an Townshend, chiffriert, Graz, 14.08.1728, TNA, SP 80, 63, f. 63v–64.
226 Siehe hierzu Kapitel 4.1.2, S. 207.
227 Zum Versuch, eine wirtschaftliche Kolonie mit Exilspaniern im Banat zu etablieren, siehe Agusti ALCOBERRO, L'exili austriacista i la Nova Barcelona del Banat de

Zeitpunkt erfolgreich zu sein, ansonsten waren die kurzfristigen Folgen der Freihäfen und der Infrastrukturmaßnahmen gering. Waldegrave berichtete, die Warenhäuser und Lazarette, die in Erwartung des blühenden Handels in Triest auf Kosten des Kaisers erbaut worden seien, »will remain a monument of his Disappointment.«[228] Langfristig verlief die Entwicklung der Freihäfen positiv. Allerdings zeigten sich die Erfolge für die Österreichischen Erblande erst in der Regierungszeit Maria Theresias.[229]

Zur Regierungszeit Karls VI. agierten nur wenige, neugegründete Aktiengesellschaften im Export- und Importhandel: Kompanien für den Orienthandel von Wien und Triest,[230] für den Mittelmeerhandel die Temesvarer Commercien Societat[231] und die Ostindienkompanie in Ostende in den Österreichischen Niederlanden. Die aus diesen Handelsgesellschaften entstehende Konkurrenz zum britischen Handel führte vor allem im Fall der Ostende-Kompanie zu Konflikten.[232] Währenddessen gab es als aktive Gruppe von Großhändlern und Finanzakteuren nur die Wiener Niederleger als teilweise steuerbefreite und privilegierte Händler,[233] die allerdings ihr faktischen Monopol für den Export und Import nach Osten zunehmend an ostchristliche Händler verloren.[234]

Seit dem Ende des Spanischen Erbfolgekriegs erlebte der britische Handel einen kontinuierlichen Aufstieg. Im 17. Jahrhundert hatten zuvor in England und Schottland Spekulationen, die Bürgerkriege und die europäischen Kriege sowie klimatische Veränderung zu einem Rückgang der Aktivität geführt.[235]

Temesvar. Teoria i pràctica, in: Boletin de la Real Academia de Buenas Letras de Barcelona 48 (2002), S. 93–112, bes. ab S. 105.

228 Waldegrave an Townshend, Graz, 25.09.1728, TNA, SP 80, 63, f. 138v–139, Zitat f. 138v.

229 Siehe u.a. Peter GASSER, Österreichs Levantehandel über Triest 1740–1790, in: MÖStA 7 (1954), S. 120–130.

230 Zur kurzen Geschichte der 1740/41 gescheiterten Levantekompanie, deren Förderer Hofkanzler Sinzendorff war, siehe HUTTERER, Handelskompanien, S. 146–149, sowie die Instruktion zur besonderen Förderung der Triester Kompanie, Karl VI. an Christóval de Cordova y Alagón conde de Sastago, Instrucción reservada, Graz, 01.07.1728, in: GALLO, Sicilia Austriaca, S. 171.

231 Sie organisierte ab 1723 den Handel mit Kupfer aus dem Banat (Costin FENESAN, Der Banater Kupferhandel in der ersten Hälfte des 18. Jahrhunderts. Zur Frage des österreichischen Merkantilismus in einem Grenzland, in: Romanian Studies 3 (1973–1975), S. 149–164, hier S. 153–156).

232 Zur Ostende-Kompanie siehe weiter unten S. 352–354.

233 SCHEUTZ, Legalität und unterdrückte Religionsausübung, S. 216–220.

234 SANDGRUBER, Ökonomie und Politik, S. 120; zu den griechischen Händlern siehe Vasiliki SEIRINIDOU, Griechen in Wien im 18. und frühen 19. Jahrhundert, in: Das achtzehnte Jahrhundert und Österreich 12 (1997), S. 7–28, hier bes. S. 9–11.

235 Blair WORDEN, Introduction, in: Ders. (Hg.), Stuart England, Oxford 1986, S. 7–21, hier S. 14–15. Die statistischen Daten zeigen eine leichte, aber kontinuierliche Steigerung des englischen Außenhandels, die sich so wohl auch auf ganz Großbritannien übertragen lässt (Robert Paul THOMAS/Deidre McCLOSKEY, Overseas Trade and

Das britische Handelsnetz gehörte neben dem französischen, niederländischen und spanischen zu den profitabelsten Europas. In den englischen und schottischen Städten verloren darüberhinaus um die Jahrhundertwende zum 18. Jahrhundert die Zünfte und Gilden an Einfluss, was den freien Zugang zu Gewerben nicht nur für Zuwanderer erleichterte.[236] Europa blieb bis Mitte des 18. Jahrhunderts der wichtigste Abnehmer britischer Waren – trotz wechselseitiger merkantilistischer Bestrebungen durch hohe Außenzölle aller europäischen Nationen –, ebenso wie die meisten Importe nach Großbritannien aus europäischen Territorien kamen.[237] Gleichzeitig sicherte die britische Marine den Überseehandel ab, für den Stürme und Piraten sowie Kriege, bei denen Schiffe und Waren beschlagnahmt oder requiriert wurden, trotzdem immer ein hohes Risiko bedeuteten.[238]

In England berieten Wirtschaftsfachleute im sogenannten Board of Trade and Plantations getrennt vom Privy Council über gezielte Handelsmaßnahmen zur Stärkung der englischen Wirtschaft.[239] Als eine der ersten Maßnahmen wurde eine statistische Erfassung aller Außenhandelsgüter eingeführt, womit für England seit 1697 kontinuierliche Export- und Importdaten vorliegen. In Irland begann die Erhebung 1698, für Schottland liegen die Daten erst ab 1755 vor.[240] Zeitgenössisch wurden die Statistiken auch für politische Zwecke genutzt. Sir Robert Walpole schrieb über diese Quelle, derer er sich wohl regelmäßig bediente:

Empire, 1700–1820, in: Roderick FLOUD/Deidre McCLOSKEY (Hg.), The Economic History of Britain, 1700–present. Bd. 1: 1700–1860, Cambridge 1981, S. 87–102, hier S. 88).

236 SCHULTE BEERBÜHL, Deutsche Kaufleute in London, S. 8.

237 THOMAS/McCLOSKEY, Overseas Trade and Empire, S. 90–92.

238 Richard HARDING, British Maritime Strategy and Hanover, 1714–1763, in: SIMMS/RIOTTE, The Hanoverian Dimension in British History, S. 252–274, hier S. 252; SCHULTE BEERBÜHL, Deutsche Kaufleute in London, S. 356.

239 Siehe allgemein Georg N. CLARK, Guide to English Commercial Statistics, 1696–1782, London 1938, S. 1–15.

240 David JACKS, United Kingdom, 1696–1899, in: Loïc CHARLES/Guillaume DAUDIN (Hg.), Eighteenth-Century International Trade Statistics. Sources and Methods, Paris 2015, S. 379–383; Patrick WALSH u.a., Ireland, 1698–1829, in: CHARLES/DAUDIN, Eighteenth-Century International Trade Statistics, S. 269–273; Philipp Robinson RÖSSNER, Scotland, 1707–1783, in: CHARLES/DAUDIN, Eighteenth-Century International Trade Statistics, S. 345–354. Die Originaldokumente für England sind in TNA, CUST 3 zu finden, für die hier betrachtete Zeit CUST 3, 28A, bis CUST 3, 35, eine gedruckte Fassung bei Elizabeth Boody SCHUMPETER (Hg.), English Overseas Trade Statistics, 1697–1808. With an Introduction by T. S. Ashton and a Memoir of Mrs. Schumpeter by Elizabeth W. Gilboy, Oxford 1960, mit Erläuterung und Einordnung der Daten in der Einleitung von Thomas S. ASHTON, Introduction, in: SCHUMPETER, English Overseas Trade Statistics, S. 1–14.

[...] tho' some Critical Objections may be made against the values which in course of time & according to severall Occurrences may alter, Yet in the main they will be found to hold a just Propotion, because all the Periods will be found to be equally true or false in the Valuation.[241]

Auch wenn neben der fehlenden Inflationsbereinigung Fehler in den Daten wahrscheinlich sind und die geschmuggelten Waren nur geschätzt werden können, ist diese frühe und regelmäßige Datenerhebung im Vergleich zu anderen europäischen Territorien bemerkenswert.[242] Gleichzeitig forderte das Board of Trade Berichte von Diplomaten an, die den Handel und die Wirtschaft Großbritanniens betrafen; eine regelmäßige Berichtspflicht an die Kommission konnte aber nicht durchgesetzt werden.[243] Die Briefe Sir Thomas Robinsons mit entsprechendem Inhalt leitete in den 1730er Jahren der Secretary of State Harrington an die Kommissionsmitglieder weiter.[244] In Schottland unterstützte das Board of Trustees for Fisheries, Manufactures and Improvements den Aufbau eines zum englischen komplementären Wirtschaftssystems,[245] das von einem eigenen Bankenwesen unterstützt wurde.[246]

Im Vergleich zu allen anderen Territorien Europas existierte in England eine effektive Steuer- und Zollverwaltung, die nach der Union 1707 auf ganz Großbritannien ausgeweitet wurde und ihren Zugriff und Ertrag durch höhere Zölle unter Sir Robert Walpole als Verantwortlichem für das Finanzministerium noch vergrößern konnte.[247] Dazu gehörte auch die konstante Erhöhung der Anzahl der Mitarbeiter in den Finanzbehörden des Landes, die parallel zur grundsätzlichen Steigerung der Zahl der öffentlichen Angestellten

---

241 Walpole, An Explanation of the Accout of Imports and Exports from the Year 1696 to the Year 1729, o.O., 1730, CUL, Ch(H), Political Papers, 44, 29, S. 1.

242 Insgesamt zu frühneuzeitlichen Handelsstatistiken siehe Loïc CHARLES/Guillaume DAUDIN (Hg.), Eighteenth-Century International Trade Statistics. Sources and Methods, Paris 2015.

243 David Bayne HORN, The Board of Trade and Consular Reports, 1696–1782, in: EHR 54, 215 (1939), S. 476–480, hier S. 476–478.

244 The Lords Commissioners of His Majesty's Treasury (Hg.), Journal of the Commissioners for Trade and Plantation from January 1728–29 to December 1734, London 1928, S. 340–341, 358–359. Diplomaten schickten dem Board solche Berichte wohl nie »unaufgefordert«, wie von SCHÜTZ, Die Gesandtschaft Großbritanniens, S. 85, behauptet.

245 Ian D. WHYTE, Scotland before the Industrial Revolution. An Economic and Social History, c. 1050–c. 1750, Harlow 1995, S. 301–302.

246 Richard SAVILLE, Bank of Scotland. A History, 1695–1995, Edinburgh 1996; besonders wichtig für Schottland war die Einführung von Papierbanknoten durch die Bank of Scotland, ebd., S. 71–72; siehe zum Effekt des Papiergeldes auf die englische Wirtschaft Patrick O'BRIAN, Central Government and the Economy, 1688–1815, in: FLOUD/McCLOSKEY, The Economic History of Britain 1, S. 205–241, hier S. 237–239.

247 LANGFORD, The Excise Crisis, S. 32–33.

verlief.[248] Die Kosten für die Staatsschulden und Militärausgaben waren nur über stabile Einnahmen zu decken.[249] Die Steuereinziehung wurde nach der Restauration der Stuartmonarchie 1660 restrukturiert und effektiver gemacht, so dass Zölle, Verbrauchs- und Landsteuern auch im 18. Jahrhundert bis zu 90 % der öffentlichen Einnahmen Großbritanniens ausmachten.[250] Anders als auf dem Kontinent wurden alle Bevölkerungsschichten nach gleichem Maßstab besteuert, auch der Adel.[251] Statt hoher Steuern auf Landbesitz stiegen seit Walpole hauptsächlich indirekte Steuern auf Konsumgüter.[252] Die Entlastung der Landbesitzer von direkten Steuern gehörte zum System der politischen Patronage und diente dazu, die ökonomische und soziale Elite an die Regierung zu binden.[253] Dabei half, dass das Parlament regelmäßig über Steuer- und Zollgesetze sowie die notwendigen Militärausgaben beriet und diese nach Maßgabe des Königs und seiner Regierung etwa in Kriegszeiten anpasste.[254] Um dann aber entsprechende Einnahmen zu generieren, musste in diesem System die Förderung des Außenhandels eine besondere Rolle spielen.[255] Ein Beispiel hierfür ist die Aushandlung der Meistbegünstigtenklausel für den britischen Handel mit Sizilien im Vertrag von 1731.[256]

Nach 1714 gab es Erwartungen, dass sich im wirtschaftlichen Bereich für Braunschweig-Lüneburg durch den gestiegenen Kontakt Vorteile ergeben beziehungsweise ähnliche Institutionen wie in Großbritannien errichtet würden. Tatsächlich war dies nicht der Fall.[257] So geschah eine scheinbar typische

---

248 BREWER, The Sinews of Power, S. 65–68.
249 O'BRIAN, Central Government and Economy, S. 211–212.
250 John BREWER, The Sinews of Power. War, Money and the English State, 1688–1783, London 1989, S. 92–95.
251 Das ging auf die parlamentarische Kriegsfinanzierung im Civil War zurück, wobei es anfangs noch einen beträchtlichen Unterschied zwischen Norm und tatsächlicher Steuereintreibung gab. Siehe grundsätzlich Michael J. BRADDICK, Parliamentary Taxation in Seventeenth-Century England. Local Administration and Response, Woodbridge 1994.
252 BREWER, The Sinews of Power, S. 98, Graphik 4.3.
253 Siehe NYE, War, Wine, and Taxes, S. 84–86.
254 Diese Transparenz gilt als besonderes Merkmal der britischen Finanzverwaltung, das das Vertrauen und damit die Zahlungsbereitschaft gefördert habe. Thomas ERTMAN, Birth of the Leviathan: Building States and Regimes in Mediaval and Early Modern Europe, Cambridge 1997, S. 209–223, sowie der Kommentar bei Andrew THOMPSON, The Development of the Executive and Foreign Policy, 1714–1760, in: MULLI-GAN/SIMMS, The Primacy of Foreign Policy in British History, S. 65–78, hier S. 69–70.
255 Siehe auch NYE, War, Wine, and Taxes, S. 113–114.
256 Siehe Kapitel 2.3.1, S. 79–80, Fn. 202.
257 Siehe dazu ausführlich die Arbeit von Klaus PÜSTER, Möglichkeiten und Verfehlungen merkantiler Politik im Kurfürstentum Hannover unter Berücksichtigung des Einflusses der Personalunion mit dem Königreich Großbritannien, Hamburg 1966, zu einzelnen Versuchen englisch-hannoverscher Handelsförderung S. 148–151, 177–182.

merkantilistische Maßnahme – die Ansiedlung der protestantischen Flüchtlinge 1733 – nur aus religiösen Gesichtspunkten und unter der Maßgabe,
dass alle Zuwanderer wohlhabend oder arbeitswillig seien.[258] Allein von Bremen aus gab es Handel mit Großbritannien, der im Laufe der Regierungszeit
Georgs II. florierte und auch danach weiter anwuchs.[259]

Die politisch Verantwortlichen Großbritanniens sahen sich als Vertreter
einer Handelsnation: Der britische Gesandte Robinson nannte Großbritannien und die Niederlande »the old Natural Traders«.[260] Gefördert wurde das
durch die Investoren aus dem Adel und der Gentry, die in den beiden Häusern
des Parlaments vertreten waren und in Handels- und Finanzgeschäfte investierten. Staatsanleihen basierend auf Schulden, vor allem der von Walpole
eingeführten *sinking fund*,[261] waren beliebte Geldanlagen für die Finanzelite des Königreichs und halfen gleichzeitig, die Stabilität der Regierung und
die Verbindung zur Bevölkerung zu sichern.[262] Auch Georg II. und Königin
Caroline engagierten sich öffentlich für den Handel, wenn sie forderten, dass
bei Hof Kleidung aus britischen Textilien zu tragen sei.[263] Sir Robert Walpole
bewertete dementsprechend geschlossene Friedensverträge nach ihren Han-
delsvorteilen:»It's demonstrably plain, that the Peace of Seville has been more
Advantageous than that of Utrecht to the Trade of England.«[264] Seine feste
Überzeugung, Großbritannien dürfe sich nicht militärisch am Polnischen
Thronfolgekrieg beteiligen, ließ sich teilweise wohl auf die befürchteten Folgen für die britische Wirtschaft zurückführen. Zumindest auf den Handel mit
dem Reich, Polen und Preußen sowie Italien wirkte sich der Krieg sowieso
aus.[265] Die britische Finanzmacht wurde regelmäßig dafür genutzt, anderen
europäischen Mächten Subsidien anzubieten.[266] Im Polnischen Thronfol-

---

258 Siehe Kapitel 5.4, S. 408–409.
259 Kaufhold, Die Wirtschaft in der frühen Neuzeit, S. 507. Deswegen war die Bestä-
     tigung der Belehnung mit den Herzogtümern Bremen und Verden auch so wichtig,
     siehe Kapitel 2.3 bzw. 5.3.
260 Robinson an Harrington, Wien, 10.03.1732, TNA, SP 80, 86, o.f. Natasha Glaisyer
     spricht von einer »Kultur des wirtschaftlichen Handelns«, die die englische Gesell-
     schaft über die Kreise der direkt an Handel oder Produktion Beteiligten hinaus seit
     Ende des 17. Jahrhunderts geprägt habe (dies., The Culture of Commerce in England,
     1660–1720, Woodbridge 2006, zusammenfassend S. 184–186).
261 Mit dem *sinking fund* oder Tilgungsfonds, den Robert Walpole einführte, wurde in
     Großbritannien die kontrollierte Staatsverschuldung dauerhaft als Mittel der Finanz-
     politik anerkannt, Plumb, Sir Robert Walpole 1, S. 246–247.
262 O'Brian, Central Government and Economy, S. 213–214.
263 Smith, Georgian Monarchy, S. 225.
264 Walpole, An Explanation […], CUL, Ch(H), Political Papers, 44, 29, S. 3.
265 Schumpeter, English Overseas Trade Statistics, Tab. 5, S. 17; Tab. 6, S. 18.
266 Im Falle des Kaisers geschah dies allerdings meist in Form von Darlehen, siehe hierzu
     Otruba, Die Bedeutung der englischen Subsidien.

gekrieg sollte der kaiserliche Botschafter Kinsky deshalb erwirken, dass die britische Regierung der schwedischen Krone Subsidien anbiete, damit diese nicht auf der Seite der französischen Alliierten in den Krieg eintrete.[267]

Zur engen Verbindung zwischen Wirtschaft, Finanzwelt und Politik durch die beteiligten Personen kam noch die räumliche Nähe hinzu: im Großraum London befanden sich das Parlament in Westminster, die Ministerien sowie der Palast in Whitehall, verschiedene Handels-, Produktions- und Investitionsgesellschaften sowie die Stock Exchange und die Bank of England im Finanz- und Handelszentrum der City of London und der Hafen, der »Pool of London«, südlich der City entlang der Themse um Billingsgate als zentraler Umschlagplatz des britischen Export- und Importhandels sowie des Re-Exports von Waren aus Übersee, daneben das Zollamt zur direkten Abfertigung der Waren.[268] Das Wissen um wirtschaftliche Zusammenhänge wurde zudem in Zeitungen, Flugschriften und Predigten außerhalb des engeren Umfelds der City of London verbreitet.[269]

Die unterschiedlichen ökonomischen Bedingungen zeigten sich auch in den Anweisungen, die die Diplomaten zu diesem Thema erhielten. In den Instruktionen, die Baron Waldegrave 1727 von Georg I. und dann von Georg II. erhielt, wurden keine finanziellen oder wirtschaftlichen Fragen angesprochen, ebenso wenig in der für Sir Thomas Robinson 1730, die seine Vertretung für Waldegrave in Wien begründete. Ihre Anweisungen, britische Untertanen, die sich in den österreichischen Territorien aufhielten, in ihren Anliegen zu unterstützen,[270] machte es allerdings selbstverständlich, dass die britischen Repräsentanten Klagen von britischen Kaufleuten, zum Beispiel über Zollerhöhungen, entsprechend beachteten.

Als zur Steigerung der einheimischen Wirtschaft im Sommer 1728 durch Karl VI. ein Einfuhrverbot auf auswärtige Textilien für das Erzherzogtum Österreich erlassen wurde,[271] beunruhigte dies den britischen Gesandten zunächst sehr: »[...] I cannot but think it an extraordinary one, & chiefly aimed at Us; for a great Quantity of our Cloth that used to be consumed here, will remain in the hands of the dealers at Augsbourg, Nuremberg, and Francfort.«[272] Nach heftigen Protesten der in den Erblanden tätigen Kaufleute

---

267 Karl VI. an Kinsky, Wien, 22.07.1734, FA Kinsky, 9 a), 5, o.f.
268 Siehe zu London auch Kapitel 4.1.1, sowie zur räumlichen Lage die Karte im Anhang.
269 GLAISYER, The Culture of Commerce, S. 86–99, 100–142, 143–183; siehe auch TANTNER, Adressbüros, S. 72.
270 Siehe Kapitel 3, S. 114 [Einführung].
271 Deutsche Kopie, Wien, 14.07.1728, in: Waldegrave an Townshend, Graz, 17.07.1728, TNA, SP 80, 63, f. 34–35.
272 Ebd., f. 30v. Waldegrave hatte allerdings auch gehört, dass man die größeren Textilmanufakturen in Prag unterstützen wolle, ebd.

wurden die Verbote durch hohe Sperrzölle[273] ersetzt. Waldegrave konnte gleichzeitig beruhigt vermelden, dass es sich nur um eine Maßnahme zur Förderung der Manufakturen in den Erblanden handele, die nicht direkt »against us and the Dutch« gerichtet sei.[274] Vier Monate später wurde das Edikt – wohl auf Druck der ebenfalls betroffenen österreichischen Händler – ausgesetzt.[275]

In der ersten Instruktion der Hofkanzlei für den kaiserlichen Gesandten Graf Kinsky waren keine allgemeinen Anweisungen enthalten, die Untertanen des Kaisers zu unterstützen. Wirtschaftliche Fragen wurden nur insofern tangiert, als im Zusammenhang mit den Ausführungen zum Kongress von Soissons auch das Problem der Ostende-Kompanie angesprochen wurde.[276]

Allerdings erhielt Kinsky eine gesonderte Instruktion der Böhmischen Hofkanzlei, »[…] wie er sich daselbst in puncto commerciorum respectu deren Königlich-Böhmischen Erblanden zu verhalten habe«.[277] Hintergrund dieser Instruktion war der große Handels- und Wirtschaftsvorsprung Großbritanniens: »Wirdt Er bey Seiner Station in Engelland bald selbst abmerken, wie weith es selbige Nation nicht nur in ihren Commercio- sondern auch in ihren arte factis gebracht habe.« Nach einer kurzen Einführung darüber, dass die bisherige Politik des Kaisers in Böhmen auf die Förderung der Wollmanufaktur ausgerichtet sei, erhielt Kinsky einige konkrete Aufträge, wie er diese Politik in seiner neuen Position unterstützen solle. Zunächst sollte er die entsprechenden Manufakturen auskundschaften – »[…] jedoch nur unter der hand, und ohne was von sich merken zulaßen […]« – und Analysen erstellen, wie der große Vorsprung »in Engelland […] in hoc genere fabricarum, […] daß es fort all anderen Nationen bevor thun […]«, sich auf Böhmen anwenden lassen könne. Die böhmischen Händler, die durch hohe Einfuhrzölle nach Großbritannien behindert waren, sollte er bei Hof und »bey denen dorthigen sogenannten officiis« unterstützen. Insbesondere die böhmische Leinwandproduktion – explizit sprach die Instruktion von Kinskys eigener Manufaktur[278] – hatte stark gelitten. Allerdings hatte man wohl erfahren, dass es Bestrebungen gab, Flachs in Irland anzubauen, da Großbri-

---

273 Karl VI., Beschränkung der Einfuhr ausländischer Waren und Erzeugnisse in Österreich unter und ob der Enns, Verordnung, Graz, 24.07.1728, TNA, SP 80, 63, f. 107–118, franz. Übersetzung f. 86–104.

274 Waldegrave an Townshend, chiffriert, Graz, 28.08.1728, TNA, SP 80, 63, f. 80. Trotzdem kämen die Gebühren einem Verbot gleich, ebd., f. 80v.

275 Waldegrave an Townshend, Wien, 20.11.1728, TNA, SP 80, 63, f. 222–222v.

276 Karl VI. an Kinsky, Instruktion, Neustadt, 20.06.1728, HHStA, StA England 66, f. 18v–19.

277 Karl VI. an Kinsky, Instruktion, Prag, 15.08.1728, FA Kinsky, 4 d), o.f. Alle folgenden Zitate sind hieraus entnommen. Diese Instruktion ist – wie viele weitere Berichte Kinskys zu explizit ökonomischen Themen – nicht in der im 19. Jahrhundert angelegten Sammlung Staatenabteilung England (HHStA, StA England) zu finden, sondern nur im Familienarchiv Kinsky.

278 Siehe Kapitel 3.2.4, S. 184.

tannien selbst den Bedarf an Leinen für den Export nach Indien nicht decken konnte. Deshalb hoffte man in Böhmen darauf, dass das böhmische Leinen in Zukunft wieder gebraucht würde. »Und weilen Engelland wegen seiner sehr extendirten Navigation noch ein- und andere producta seu artis seu naturæ aus Unseren Erblanden sich zum guten gebrauch und nutzen machen könte [...],« sollte Kinsky gleich auch dafür weitere Absatzmärkte finden. Zuletzt erhielt er den vielleicht wichtigsten Auftrag, nämlich Fachpersonal abzuwerben. Er solle sich »alle mühe« geben, willige unter den »dorthigen Künstlern« zu finden und aus Großbritannien wegzulocken,

[...] jedoch zugleich sowohl in diesem alß all vorigem sich allersonderliche præcaution und behutsambkeit zugebrauchen, damit Er zu keinen wider Ihn Schöpffenden argwohn oder Verdacht anlaß geben möge, welcher derselbe durch Seine prudent und dexterität leicht vorzukommen wissen wirdt.[279]

Der Erfolg vor allem im letzten Punkt ist am leichtesten an Kinskys eigener Leinwandmanufaktur in Schönlinde abzulesen, die ab 1731 mit zwei aus Großbritannien abgeworbenen Spezialisten sowie britischen Methoden und Maschinen erfolgreich produzierte.[280] 1731 und 1733 gewährte Karl VI. auf Kinskys Antrag dem Ort der Manufaktur das Marktrecht und den Ortsnamen Schönlinde.[281] Zum Zeitpunkt der Abfassung dieser Instruktion war Franz Ferdinand Kinsky, ein älterer Halbbruder Philipp Kinskys, Oberster Hofkanzler in Böhmen.[282] Vermutlich wurde die Instruktion mit aus diesem Grund auf die persönlichen Interessen des neuen kaiserlichen Gesandten ausgerichtet, was gleichzeitig völlig im Sinne der kaiserlichen Politik war.

In ähnlicher Weise war dem britischen Vertreter Sir Thomas Robinson bei den Verhandlungen im Winter 1730/31 zum Vertrag zwischen Karl VI. und Georg II. am fünften Artikel des Vertrags gelegen. Dieser Artikel enthielt zum einen die endgültige Abschaffung der Ostende-Kompanie und zum anderen die Aushandlung eines neuen Zoll- und Handelsvertrags für die Österreichi-

---

279 Karl VI. an Kinsky, Instruktion, Prag, 15.08.1728, FA Kinsky, 4 d), o.f.
280 Zur Errichtung der Textilindustrie in Schönlinde siehe ausführlich Hana SLAVÍČKOVÁ, Hospodářský vývoj panství Česká Kamenice v první třetině 18. století se zvla áštni ím zřetelem na skla ářskou a textilí í výrobu a obchod, in: Děčínské vlastivědné zprávy 11, 3 (2001), S. 3–30, zu den Engländern Barnes und Cecille dort S. 13–15.
281 Karl VI., Marktrecht für Textilgüter in Schönlinde, Wien, 03.08.1731, FA Kinsky, 51 d), 17, o.f. Karl VI., Erweitertes Marktrecht für Schönlinde, Wien, 09.07.1733, FA Kinsky, 51 d), 17/2, o.f. Kinsky versuchte auch, allerdings vergeblich, für das Leinen aus Schönlinde Zollerleichterungen zu erhalten. Alfred Francis PRIBRAM, Das böhmische Commerzcollegium und seine Thätigkeit. Ein Beitrag zur Geschichte des böhmischen Handels und der böhmischen Industrie im Jahrhundert nach dem westphälischen Frieden, Prag 1898, S. 124–125, Fn. 1.
282 Siehe Kapitel 3.2.4, S. 181–182.

schen Niederlande.[283] Robinsons Bruder war zu diesem Zeitpunkt für die britische East India Company in Asien tätig.[284] Dementsprechend engagierte sich der Diplomat besonders, um die kaiserliche Konkurrenz vollständig auszuschalten. Auch bei ihm deckten sich also persönliches und Regierungsinteresse.

Nach dem Abschluss des Vertrags von Wien erhielten die beiden Vertreter in Wien und London 1732 jeweils neue, ausführliche Hauptinstruktionen. In beiden Fällen wurden auch Handelsfragen angesprochen. In der Dienstanweisung für Robinson wurde Bezug auf einen Vorfall im Zusammenhang mit dem Ostindienhandel genommen. Im Sommer 1732 war aufgrund eines Streitfalls aus der Zeit der kaiserlichen Ostindienkompanie im Hafen von Ostende in den Österreichischen Niederlanden ein Schiff aus den Generalstaaten aufgebracht worden. Georg II. sah diesen Hergang als eine Gefahr für »[...] Trade and Navigation of Our Own Subjects, as well as of Our Allys, [...]«[285] und eine Verletzung des 5. Artikels des gerade geschlossenen Vertrags an. Die schnelle Reaktion des Kaisers, der die Rückgabe des Schiffes anordnete, beruhigte in Großbritannien nur bedingt. Die Beschlagnahmung war aufgrund einer Formulierung in den Schiffspapieren erfolgt, die es kaiserlichen Schiffen erlaubte, jederzeit andere Schiffe zur Prise zu erklären – eine Praxis, »[...] wholly unwarrantable, according to the usual and established Method of granting Reprisal as putting it in the hands of private Persons to do what justice they think fit for themselves.«[286] Robinson sollte also unbedingt dafür Sorge tragen, dass Pässe mit dem Prisenrecht für ungültig erklärt und eingezogen würden. Im Winter, als Kinsky seine Instruktion erhielt, hatte sich die Lage wieder beruhigt; trotzdem erhielt auch er alle entsprechenden Unterlagen, um auf eventuell auftretende Probleme reagieren zu können.[287]

Ein weiteres Thema für Georg II. waren die finanziellen Forderungen, die er als Kurfürst aufgrund der Mecklenburgischen Exkution an die Hofkammer gestellt hatte.[288] In der Instruktion wurde Robinson angewiesen, dem

---

283 Siehe Kapitel 2.3.1, S. 79.
284 Siehe Kapitel 3.1.3, S. 142.
285 Georg II. an Robinson, Instruction, Herrenhausen, 21.07.1732, TNA, SP 80, 89, o.f. (ebenso TNA, FO 4A, o.f.).
286 Georg II. an Robinson, Additional Instructions, Herrenhausen, 27.07.1732, TNA, SP 80, 89, o.f. (ebenso TNA, FO 4A, o.f.). Zur Ausstellung von Schiffspässen waren die kaiserlichen Statthalter in den Österreichischen Niederlanden, und die Vizekönige von Neapel berechtigt sowie die Stadt Ostende und die kaiserlichen Handelskompanien für den Ostindien- und den Orienthandel. Siehe auch BENEDIKT, Das Königreich Neapel unter Kaiser Karl VI., S. 316.
287 Karl VI. an Kinsky, Instruktion, Wien, 30.11.1732, HHStA, StA England 68, f. 44v–45 (ebenso FA Kinsky, 6a), 9, o.f.).
288 Georg II. an Robinson, Instruction, Herrenhausen, 21.07.1732, TNA, SP 80, 89, o.f. Zur Mecklenburgischen Exekution siehe Kapitel 2.1, S. 60–61, Fn. 72.

hannoverschen Gesandten Dieden in dieser Angelegenheit zuzuarbeiten.[289] Schon bevor die Instruktion im Juli ausgestellt wurde, hatte letzterer die von Georg II. als Kurfürsten geforderte Summe für die Ausgaben, die während der im kaiserlichen Auftrag stattgefundenen Besetzung von Mecklenburg entstanden waren, tatsächlich aushandeln können. Am 11. Juni berichtete Robinson aus Prag, dass es eine Einigung gebe und ein entsprechender Brief des Kaisers an den König als Kurfürsten unterwegs sei.[290]

Für Karl VI. lag das Problem 1732 in der Zögerlichkeit der Seemächte, die zweite Bedingung des fünften Vertragsartikels zu erfüllen – die Aushandlung eines neuen Zoll- und Handelsvertrags für die Österreichischen Niederlande in Amsterdam. Georg II. hatte zwar Kommissäre dafür ernannt,[291] aber die Verhandlungen begannen letztlich erst fünf Jahre später.[292] Kinsky sollte die britischen Minister dazu anregen, diese Verhandlungen zu eröffnen, denn die Erfüllung des Artikels käme »England vielmahl zu nuzen«.[293] Bezüge zum britischen Handel kamen in den kaiserlichen Weisungen häufiger vor – meist als mögliche Folgen einer ungünstigen Entwicklung in den europäischen Beziehungen. Nach dem Vertrag von Sevilla, der eine bourbonische Präsenz in Italien zuließ, ging man davon aus, dass die Vereinigung von Frankreich, Spanien und Italien unter einer Krone nicht im Interesse Großbritanniens sein könne, da dann der – britische – Levantehandel gestört würde.[294] Als es im Polnischen Thronfolgekrieg durch die nicht erfolgte Unterstützung der Seemächte zu einer Erweiterung des französischen und spanischen Einflusses in Italien kam, sollte Kinsky den britischen König und seine Minister auf die hieraus resultierenden Gefahren für den Handel der Seemächte hinweisen.[295]

Die größte Gefahr für den britischen Handel – zumindest aus Sicht der britischen Minister und Händler – und ein Thema mit hohem Konfliktpotential bis in die 1730er Jahre hinein war aber die kaiserliche Ostindienkompanie in Ostende.[296] Dabei schien mit der Unterzeichnung der Präliminarartikel

---

289 Georg II. an Robinson, Additional Instructions, Herrenhausen, 27.07.1732, TNA, SP 80, 89, o.f.
290 Robinson an Weston, Kopie, Prag, 11.06.1732, TNA, SP 80, 88, o.f.
291 Harrington an Robinson, London (Whitehall), 16.05.1732, TNA, SP 80, 87, o.f.
292 Siehe Kapitel 2.3.1, S. 79, Fn. 201.
293 Karl VI. an Kinsky, Instruktion, Wien, 30.11.1732, HHStA, StA England 68, f. 45v–46, Zitat f. 46. Das eigentliche Problem waren aber die Generalstaaten. Leider sind in den eingesehenen Archivalien keine weiteren Informationen zu diesem Thema zu finden.
294 Karl VI. an Kinsky, Wien, 30.01.1730, HHStA, StA England 68, f. 2.
295 Karl VI. an Kinsky, Wien, 28.01.1734, FA Kinsky, 8 a), 10, o.f.
296 Die Geschichte der Ostende-Kompanie ist mehrfach beschrieben. Ausdrücklich auf die Wirtschaftspolitik in den Österreichischen Niederlanden unter Karl VI. bezieht sich schon früh Michel HUISMAN, La Belgique commerciale sous l'Empereur Charles VI. La Compagnie d'Ostende, Brüssel 1902. Die Höhepunkte der Kompaniegeschichte finden sich bei Georges-Henri DUMONT, L'Épopée de la Compagnie d'Ostende, 1723–1727, Brüssel 2000, sowie Norbert LAUDE, La Compagnie d'Ostende

durch Karl VI. im Mai 1727, die die Suspension der Kompanie auf sieben Jahre vorsahen, eine zumindest mittelfristige Einigung erreicht. Die Ostende-Frage berührte aber ganz grundsätzliche Politikinhalte Karls VI. Die nach dem Spanischen Erbfolgekrieg neu hinzugekommenen habsburgischen Territorien in den Niederlanden waren wirtschaftlich angeschlagen. Auch wenn Manufakturen, insbesondere der Textilherstellung, gute Waren produzierten, war die Ausfuhr mehrfach behindert: Damit keine Konkurrenz zu den Generalstaaten aufkommen konnte, verbot der Barrierevertrag den Handel über Antwerpen und sperrte die Scheldemündung.[297] Kaufleute aus Ostende, Gent und Antwerpen hatten schon im Krieg mit Investoren aus den anderen Teilen der Niederlande, also auch der Republik, sowie aus Irland, Großbritannien und Dänemark Schiffe für den Indienhandel ausgerüstet und sogar eine eigene Faktorei im Osten Indiens eingerichtet.[298] Zur Investorengruppe gehörten auch viele Adelige aus den Niederlanden, eine Gruppe, die im 18. Jahrhundert regelmäßig im Handel engagiert war.[299] Karl VI. unterstützte diesen Indienhandel, um die Eigenleistung der Wirtschaft zu erhöhen.[300] Im Asienhandel waren hohe Gewinne möglich, die zudem Finanzkapital für Investitionen in die Österreichischen Niederlande bringen würden. Tatsächlich waren die Neuankömmlinge bald sehr erfolgreich im Geschäft.[301] Die Ostende-Kompanie reduzierte mit ihrem Handel die Gewinne der etablierten Handelskompanien.[302]

Von Anfang an war die Londoner East India Company (EIC) gegen diese Konkurrenz.[303] Auch gegen andere mögliche Handelskompanien wurde

---

et son activité coloniale au Bengale (1725–1730), Brüssel 1944. Seit 1999 liegt eine Studie über den Einfluss der Handelskompanie auf die Stadt Ostende vor (SERRUYS, Oostende). Für eine populäre, illustrierte Darstellung siehe Jan PARMENTIER, Oostende & Co. Het verhaal van de Zuid-Nederlandse Oost-Indiëvaart 1715–1735, Gent 2002.

297 SERRUYS, Oostende, S. 15–18; JARREN, Die Vereinigten Niederlande, S. 267.

298 Siehe NAGEL, Abenteuer Fernhandel, S. 136; Arthur H. JOHN, Insurance Investment and the London Money Market of the 18th Century, in: Economia 20, 78 (1953), S. 137–158, hier S. 152–153.

299 Siehe weiterführend Karel DEGRYSE, The Economic Role of the Belgian Aristocracy in the 17th and 18th Centuries, in: JANSSENS/YUN-CASALILLA, European Aristocracies and Colonial Elites, S. 57–82, zur Ostende-Kompanie S. 61–62.

300 BENEDIKT, Finanzen und Wirtschaft, S. 47.

301 Zu den Erlösen und Gewinnspannen der einzelnen Fahrten siehe PARMENTIER, Oostende & Co, S. 137–141.

302 Extracts of East India Company documents, London, 1722, BL, Mss Eur D, 126, S. 190.

303 Die EIC wies schon 1718 an, dass jede Zusammenarbeit von EIC-Kapitänen oder Mitarbeitern mit den »Ostenders« einen sofortigen Ausschluss oder eine Kündigung zur Folge habe. Extracts of East India Company documents, London, 1718, BL, Mss Eur D, 126, S. 192. Meist arbeiteten die EIC und die Vereenigde Oostindische Compagnie (VOC) der Generalstaaten der Niederlande zusammen, im Folgenden werden aber die Aktionen der EIC im Zentrum stehen.

vorgegangen, etwa 1728 gegen den Versuch, eine dänische Ostindienhandels-
gesellschaft zu etablieren, »to discourage all new Undertakings of this kind in
general.«[304] Die EIC wehrte sich mit teilweise drastischen Maßnahmen gegen
alle Versuche britischer Untertanen, für die Ostende-Kompanie nach Asien
zu gehen.[305] In Asien bemühten sich die Direktoren der EIC, die Etablierung
fester Anlaufhäfen für die Ostende-Kompanie zu verhindern,[306] und gaben
Anweisung an alle Schiffe und Mitarbeiter der EIC in Asien, »for distressing
them by any other ways and means in their Affairs«.[307] Zugleich nutzten die
Direktoren ihre persönlichen Netzwerke mit britischen Ministern, um zu
erreichen, »to give all such Orders to our Settlements abroad as shall be agreed
to be necessary for checking the progress of The Ostend Trade in India for
all which this Court will indemnity them.«[308] Graf Kinsky stellte 1729 fest,
dass weder der König noch die Königin besonderes Interesse an der Ostende-
Kompanie zeigten. Viscount Townshend, der Secretary of State, sei derjenige,
der entsprechenden Widerstand leiste.[309] Er hatte schließlich auch persönliche Beziehungen zur Company, seit 1723 die Tochter eines der Mitglieder des
Direktoriums, Edward Harrison, seinen Enkel geheiratet hatte.[310]

Aber auch die britische Regierung hatte Probleme mit der in Ostende
institutionalisierten Handelskompanie. Man vermutete, dass Jakobiten mit
erheblichen Investitionen daran beteiligt seien[311] und den Hafen in Ostende
zusätzlich als einen möglichen Stützpunkt für eine Invasion in Großbritannien vorsähen.[312] Der Druck auf den Kaiser nahm im Laufe der 1720er Jahre
immer mehr zu, die Ostende-Kompanie wieder aufzulösen, bis er letztlich der
vorläufigen Suspendierung der Handelserlaubnis 1727 zustimmen musste.[313]

---

304 Harris an Tilson, Wien, 23.06.1728, TNA, SP 80, 63, f. 12.
305 Siehe z.B. Court of Directors, London, 14.04.1727, BL, EIC, Court of Directors
Minutes, B/59, 1726–1728, S. 246–247.
306 John G. EVERAERT, Compania non grata. La Compagnie d' Ostende à la recherche de
relâches (1716–1728), in: Philippe HAUDRÈRE u.a. (Hg.), Les flottes des Compagnies
des Indes 1600–1857. Lorient, 4–6 mai 1994, Vincennes 1996, S. 195–210.
307 Court of Directors, London, 07.12.1725, BL, EIC, Court of Directors Minutes, B/58,
1724–1726, S. 449; dies geschah – wie fast immer – in Absprache mit dem VOC-
Direktorium. Siehe auch schon früher, Court of Directors, London, 12.03.1723, BL,
EIC, Court of Directors Minutes, B/57, 1722–1724, S. 271.
308 Court of Directors, London, 16.02.1724, BL, EIC, Court of Directors Minutes, B/57,
1722–1724, S. 545. Siehe auch Court of Directors, London, 07.12.1725, BL, EIC, Court
of Directors Minutes, B/58, 1724–1726, S. 448.
309 Kinsky an Karl VI., London, 07.05.1729, HHStA, StA England 65, f. 7–8v.
310 Siehe Kapitel 3.2.2, S. 169.
311 Lucy Stuart SUTHERLAND, The East India Company in Eighteenth-Century Politics,
Oxford ²1962, S. 27.
312 So auch bei BLACK, Interventionism, S. 738; siehe ebenfalls Kapitel 5.3, S. 372.
313 Eine solche Reaktion war von einigen kaiserlichen Ministern, allen voran Prinz
Eugen, erwartet worden. BRAUBACH, Prinz Eugen 4, S. 154–155. Nach der Einrichtung 1722, so wurde es in den Protokollen der Geheimen Konferenz vermerkt,
meinten alle kaiserlichen Minister aber einhellig, ein Nachgeben in dieser Frage

Allerdings befürchtete ein britisches Parlamentsmitglied der Opposition, da »that Company has had time to get Footing both in Europe and in India, it may prove a difficult matter to suppress it.«[314] Anderen wiederum erschien die Ostende-Kompanie im Vergleich mit dem britisch-spanischen Konflikt um Gibraltar unbedeutend, die Suspendierung sei

of some Consequence to the East India Company, and perhaps to the Nation; yet it cannot, upon any account, be brought in Competition with [Gibraltar,] a place, upon which so much depends, not only in relation to all our beneficial Trade in general, but likewise in other Considerations [...].[315]

Die Sorgen der britischen Opposition waren berechtigt. Karl VI. und seine Minister setzten nämlich alle Anstrengungen ein, zumindest eine begrenzte Fortführung des Asienhandels zu erwirken. Bis zum Frühjahr 1731 segelten nach Unterzeichnung der Präliminarien mit kaiserlicher Unterstützung weitere sieben Schiffe nach Asien.[316] Auch wenn es nie ein klares Eingeständnis Karl VI. gab, erklärte Prinz Eugen 1732 gegenüber Robinson, warum der Kaiser nichts gegen den trotz der Suspendierung stattgefundenen Handel unternommen habe:

[...] the Prince sighed, and with the most visible concern I ever saw him under, wished he could explain himself, after a little pause. »Suppose, said he, it was the Emperor himself who permitted the Ships to go to the Indies, would you have him condemn his Subjects in what he may have had the misfortune to authorise them to do; you speak well as a Minister of England, but I can do no more as a Minister here. I have often spoken to him, but he makes me no reply«.[317]

Nach Ansicht Georgs II. hatte der kaiserliche Ostindienhandel dagegen schon längst erledigt zu sein.[318] Dementsprechend energisch waren auch die Gegenmaßnahmen gegen einen weiteren Handelsverkehr von Ostende aus. So erhielt die britische Admiralität die Erlaubnis, ostendische Schiffe anzugreifen, die

schade der Ehre des Kaisers und sei deshalb nicht möglich. JARREN, Die Vereinigten Niederlande, S. 270–274. Sehr ausführlich hat GESTRICH den publizistischen Kampf um die Ostende-Kompanie im Reichstag und in der Reichspublizistik aufgearbeitet (ders., Absolutismus und Öffentlichkeit, S. 216–220). Hierauf wird aber im Folgenden nicht eingegangen, da sich die Analyse auf die Akteure an den Höfen in Wien und London konzentriert.

314 BOYER, The Political State 33, S. 97.
315 The Craftsman 33, 31.03.1727 (a.S.) [Gesamtausgabe 1731], S. 202.
316 Alle verzeichneten dabei auch hohe Gewinne, PARMENTIER, Oostende & Co, S. 140–141.
317 Robinson an Harrington, »most secret«, Wien, 11.02.1732, TNA, SP 80, 85, o.f.
318 Townshend an Waldegrave, chiffriert, London (Whitehall), 16.11.1728, TNA, SP 80, 63, f. 193.

die Suspendierung mißachteten.[319] Gleichzeitig ersuchte auch die EIC um die Erlaubnis, solche Schiffe auf dem Weg nach oder von Indien anzugreifen und aufzubringen.[320] Spätestens 1730 waren ihre Kapitäne in Asien angewiesen, Schiffe zu kapern, bei denen eine Verbindung zur Ostende-Kompanie vermutet wurde.[321]

Eventuell ausstehende kaiserliche Forderungen nach der Suspendierung sollten eigentlich 1728 vor Eröffnung des Kongresses von Soissons ausgehandelt werden.[322] Karl VI. wollte mit den Generalstaaten allein bilaterale Verhandlungen zu diesem Thema führen, womit sich die britische Seite nicht zufrieden geben konnte.[323] Das hatte zur Folge, dass schließlich doch in Soissons darüber verhandelt wurde.[324] Bei den Verhandlungen in Soissons und den Gesprächen in Wien und London zwischen britischen und kaiserlichen Vertretern wurde von kaiserlicher Seite immer wieder ein begrenzter Ostindienhandel für die Ostende-Kompanie gefordert.[325] Ein bis drei Schiffe pro Jahr – so äußerte sich der Marqués de Rialp gegenüber Waldegrave in Wien – wären ausreichend, um die kaiserliche Wirtschaft anzukurbeln. Dann müsste der Kaiser auch nicht in andere Handelsprojekte wie die Adriahäfen investieren, die von Großbritannien nicht kontrollierbar wären.[326] Grundsätzlich stellte Philipp Kinsky in London aber klar, dass »the Emperor must have some consideration for to support the expense of the Low Countries, but possibly that affair might some way or other be adjusted.«[327] Waldegrave erfuhr Mitte 1729 von den Verhandlungsführern in Soissons, dass zwei Schiffe von Ostende nach Ostindien segeln dürfen sollten, im Gegenzug für die völlige Auflösung der Kompanie. Dem solle man zustimmen, so seine Empfehlung aus der Wiener Perspektive, »since it carries a Salvo for the Emperor's Honour

---

319　Kinsky an Karl VI., London, 22.11.1728, HHStA, StA England 65, f. 14–14v.
320　Court of Directors, London, 09.11.1728, BL, EIC, Court of Directors Minutes, B/60, 1728–1730, S. 125–126; Harrison [Sekretär der EIC] an [Townshend], Petition, Windsor Castle, 23.10.1728, BL, East India Collection, Mss. Photo Eur 149, 17, f. 61–61v.
321　Court of Directors, London, 28.04.1730, BL, EIC, Court of Directors Minutes, B/61, 1730–1732, S. 29; Extracts of East India Company documents, London, 1730, BL, Mss Eur D, 126, S. 199–200.
322　Newcastle an Waldegrave, London (Whitehall), 03.02.1728, NA, SP, 80, 62, f. 103.
323　Karl VI. an Kinsky, Instruktion, Neustadt, 20.06.1728, HHStA, StA England 66, f. 18v–19.
324　Townshend an Kinsky, London, 10.08.1729, HHStA, StA England 65, f. 24.
325　Der kaiserliche Gesandte beim Kongress von Soissons, Stephan Graf Kinsky, wurde sehr deutlich: »He [Stephan Kinsky] replyed with some Warmth that they would never give up Ostend.« Waldegrave an Townshend, Wien, 14.05.1729, TNA, SP 80, 64, f. 242v. Auf dieser Grundlage war wiederum mit den Seemächten Großbritannien und den Generalstaaten keine Einigung zu erreichen. Townshend an Waldegrave, London (Whitehall), 05.04.1729, TNA, SP 80, 64, f. 174–174v.
326　Waldegrave an Townshend, Wien, 30.10.1728, TNA, SP 80, 63, f. 187.
327　Newcastle an Townshend, London (Whitehall), 31.05.1729, TNA, SP 36, 11, f. 173–178.

which was chiefly insisted upon when the argument of advantage or conveniency for the Low-Countries could not prevail.«[328] Gleichzeitig schlug Karl VI. vor, die Ostende-Kompanie gegen die Garantie der Pragmatischen Sukzession einzutauschen.[329] Es sollten noch zwei Jahre vergehen, bevor die Artikel 5 und 2 sowie der geheime und die zwei geheimsten Zusatzartikel im Zweiten Vertrag von Wien am 16. März 1731 genau diese Einigung besiegelten.[330] Der Sieg der EIC feierten symbolisch zwei Medaillen eines niederländischen Medailleurs.[331] Georg II. wird dort als Neptun und Schutzherr des Handels der East India Company gezeigt, während Karl VI. als Jupiter die Monopolstellung der East India Company im Asienhandel akzeptieren muss.[332] Darauf bestand die EIC in der Folgezeit auch; so ließ der Secretary of State Newcastle auf Beschwerde der EIC den Befehl erteilen, Ostende-Schiffe aufzubringen, sollten sie in britische oder irische Häfen einlaufen.[333]

Aus dem kaiserlichen Standpunkt, nur der Handel mit Indien, nicht aber aller Handel von Ostende aus sei zu beenden,[334] entstand in der Folgezeit weiteres Konfliktpotential. Georg II. erwartete nach Abschluss des Vertrages, dass der Kaiser die »most strict amity« zwischen ihnen auch darin zeige, »the tenderness of the Point of Commerce in such trading Nations as England and Holland«[335] zu respektieren. Harrington erklärte gegenüber Robinson, dass die EIC versucht habe, öffentlich durch eine Denkschrift an Georg II. gegen den weiteren Handel der kaiserlichen Ostende-Kompanie zu protestieren. Dies hätten die britischen Minister verhindert, damit die Angelegenheit »more pri-

---

328 Waldegrave an Townshend, Wien, 18.06.1729, TNA, SP 80, 64, f. 276v–277, Zitat f. 277.

329 Townshend an Kinsky, London, 10.08.1729, HHStA, StA England 65, f. 23.

330 Siehe auch Kapitel 2.3.1.

331 Martin HOLTZHEY, Medaille zum Frieden von Wien 1731. Ders., Medaille zum Frieden von Wien 1731 [Neptun und Inder]. Siehe auch Johann Georg HOLTZHEY: Catalogus der Medailles, of Gedenk-Penningen, betrekking hebbende op de voornaamste Historien der Vereenigde Nederlanden [...], Amsterdam 1755, S. 6.

332 Die Interpretation ergibt sich nicht nur aus der Darstellung selbst, sie findet sich auch ebd., S. 6–7. Mit der symbolischen Darstellung als Neptun und Jupiter spielte der Künstler auf die Stellung Georgs II. und Karls VI. als Herrscher über eine See- beziehungsweise Landmacht an.

333 Siehe z.B. Newcastle an Duke of Dorset, [London], 07.09.1731, TNA, SP 63, 394, f. 1624.

334 Siehe zu dieser Auslegung des Vertrags auch [Berger], Commentatio Historico Politica [...], Wien, 30.06.1731, AVA, FA Harrach, Fam. in spec 780.18, f. 62. Bei den Verhandlungen kam erschwerend hinzu, dass die Generalstaaten der Niederlande nicht nur auf der Auflösung der Ostende-Kompanie bestanden, sondern auch darauf, dass der Kaiser keine ähnliche Kompanie in einer anderen Stadt einrichten dürfe. Darauf wies schon Anfang 1731 der sächsische Resident Zamboni in London hin, Zamboni an Marquis de Fleury in Warschau, London, 24.02.1731, Bodleian, Ms. Rawl. lett. 116–138, Nr. 14, f. 191.

335 Harrington an Robinson, London (Whitehall), 09.11.1731, TNA, SP 80, 80, o.f. (auch folgende Zitate).

vately & calmly« mit dem Kaiserhof diskutiert werden könne. Robinson sollte
die kaiserlichen Minister davon überzeugen, für die dauerhafte Freundschaft
und die »affections of England« diesen Stein des Anstosses zu beseitigen »by
discouraging & dicountenancing in the most satisfactory manner all collusive
Trade [...].« Sollte der Handel von Ostende aus weiterhin durch den Wiener Hof unterstützt werden, sei es Georg II. als König nicht möglich, »[...] to
be useful to the Interests of the Imperial Family here, if the Clamour of the
Nation were once raised by such unfriendly Proceedings.«[336] Die Anspielung
auf die Garantie der Pragmatischen Sanktion, die Karl VI. mit Hilfe Georgs II.
auch im Reichstag verabschiedet wissen wollte, verstimmte den Kaiser sehr.[337]
Karl VI. beklagte diese »so irrig[e] meynung«, die davon ausgehe, dass die
Verträge – gemeint waren alle ab 1727 – es nicht zuließen, dass seine Untertanen in den früher zur spanischen Monarchie gehörenden Territorien »[...]
sich bei einem von anderwärts aus nacher Ost Indien treibenden, und von
dorten hero anderswohin zurückgehenden handel und wandel« beteiligten.[338]
Gleichzeitig war es ihm aber wichtig, über Graf Kinsky am britischen Hof
deutlich machen zu lassen, dass er die Verträge nach Treue und Glauben einhalten wolle.[339]

Die Ansichten der kaiserlichen Minister gingen in dieser Angelegenheit aus-
einander. Prinz Eugen, der schon bei der Einrichtung der Ostende-Kompanie
Schwierigkeiten erwartet hatte, sah zwar die Notwendigkeit, die Österreichischen Niederlande wirtschaftlich aufzubauen. Aber nachdem der Kaiser
vertraglich zugesichert hatte, die Ostende-Kompanie aufzulösen, sei er jetzt
überzeugt, so konstatierte es der britische Gesandte Robinson, »that the Trade
of the Ostend Company is unlawfull, or out of pure honour for the Emperor's
word, which« when once given to abolish that Trade, [...] should be punctu-
aly observed [...]«.[340] Stattdessen bestand Prinz Eugen umso mehr auf der
Einberufung der Kommission zur Aushandlung eines neuen Zollvertrags für
die Österreichischen Niederlande. Graf Starhemberg bestärkte ihn in beiden Ansichten.[341]

Graf Sinzendorff und Graf Königsegg unterstützten dagegen die Ostende-
Kaufleute, wenn auch aus unterschiedlichen Motiven. Sinzendorff hatte wohl
in die Kompanie investiert, wahrscheinlich war er mit erheblichen Mitteln am
Schiff Apollo, das 1731 unter preußischer Flagge aus Asien nach Hamburg

---

336 Ebd.
337 Robinson an Harrington, Wien, 10./17.03.1732, TNA, SP 80, 86, o.f.
338 Karl VI. an Kinsky, Wien, 02.12.1731, HHStA, StA England 68, f. 76.
339 Ebd., f. 76v.
340 Robinson an Harrington, »most secret«, Wien, 07.12.1731, TNA, SP 80, 82, o.f.
341 Wohl auch, um Graf Sinzendorff zu schaden, ebd.

zurückkehrte, beteiligt,[342] und hatte einen großen Anteil am »countreband trade, since the Preliminaries«, wie es Robinson ausdrückte.[343] Graf Königs-egg war durch seine aus den Österreichischen Niederlanden stammende Frau beeinflusst, und seine Handlungen zielten darauf ab, »[…] preserving [to preserve] as much liberty and privilege as he can to the Flamish for the sake and through the influence of his Lady, who is of that Country […]«.[344] Deshalb versuchte er insbesondere rechtliche Argumente zu finden, wie kai-serliche Schiffe auf legale Weise Handel mit Ostindien treiben könnten. So fragte er Robinson, was die britische Reaktion wäre, wenn ein Untertan aus den Österreichischen Niederlanden ein Schiff in der freien Reichsstadt Ham-burg kaufen und über andere Häfen als Ostende Handel mit Indien treiben würde. Robinsons Antwort war überdeutlich: »We would take the Ship, con-fiscate the Goods, and the Master and Sailors would be glad to meet with no more usage.«[345]

Verschiedene miteinander verflochtene Argumentionslinien wurden im Winter 1731/32 deutlich. Zum einen versuchten die Anteilseigner aus Ost-ende nach Abschluss des Vertrags 1731 und der endgültigen Auflösung der Ostende-Kompanie, den Anlaufhafen in Europa nach Hamburg zu verlegen, das als Reichsstadt freies Handelsrecht hatte. Die Stadt war nicht unglück-lich über die Auflösung der Ostende-Kompanie, da sie Handelsströme abgezogen hatte.[346] Der Magistrat von Hamburg wehrte sich gegenüber dem Kaiser gegen die britische EIC und die niederländische VOC, die ihre jewei-ligen Regierungen davon überzeugen wollten, im Reich in der freien Stadt Hamburg Monopolrechte durchzusetzen, die die Kompanien nur in ihren eigenen Ländern hatten. Dabei verwiesen die Hamburger auf die Reichsge-setze und auf Artikel VII der Wahlkapitulation Karls VI., welcher »die freyheit der teutschen Commercien« beschütze.[347] Gleichzeitig bestand die britische Seite – zusammen mit den Generalstaaten – darauf, dass der Vertrag den Han-del aus allen früheren spanischen Territorien, die nun Karl VI. unterstanden, »directe vel indirecte« untersage. Kaufleute aus Ostende und anderen Städten der Österreichischen Niederlande, die über den Hamburger Hafen Handel

342 Robinson an Tilson, Wien, 07.11.1731, TNA, SP 80, 81, o.f. An der Apollo entzünde-ten sich die britischen und niederländischen Proteste.

343 Robinson an Harrington, »most secret«, Wien, 07.12.1731, TNA, SP 80, 82, o.f.

344 Ebd.

345 Ebd.

346 Rainer RAMCKE, Die Beziehungen zwischen Hamburg und Österreich im 18. Jahr-hundert. Kaiserlich-reichsstädtisches Verhältnis im Zeichen von Handels- und Finanzinteressen, Hamburg 1969, S. 98–99. Siehe ausführlich zum Konflikt um Ham-burg als Anlaufhafen der ostendischen Schiffe ebd., S. 106–107.

347 Stadtmagistrat Hamburg an Karl VI., Hamburg, 19.12.1731, HHStA, StA Ostind. Kompanie 1, o.f. Andreas GESTRICH verweist darauf, dass die Zeitungen im Reich die Auflösung der Ostende-Kompanie kaum aufgriffen (ders., Absolutismus und Öffent-lichkeit, S. 216).

mit Indien trieben, würden damit gegen den Vertrag verstoßen.[348] Ein dauerhafter Handel zwischen Hamburg und Indien galt den Briten als »[...] more
prejudicial to Us, than any Trade to those Parts from the Austrian Netherlands could possibly be.«[349] Die Formulierung lautete im Vertrag explizit: »ex
Belgio austriaco et ex aliis ditionibus«,[350] »aus«, während der Wiener Hof
»per« (= von) statt »ex« verwendete. Allerdings musste Robinson zugeben,
dass der Beitrittsvertrag mit den Generalstaaten in dieser Frage etwas mehr
Spielraum für den Handel ließ. Entsprechend unterstützte der Repräsentant
der Generalstaaten in Wien Robinson auch nicht in den Verhandlungen über
den Ostindienhandel.[351]

Der Befehl zur Auflösung der Ostende-Kompanie wurde Ende 1731
vertragsgemäß von Kaiser Karl VI. erlassen.[352] Für die beiden im Vertrag
vereinbarten letzten Schiffe, die von Ostende aus nach Asien fahren durften,
erhielt Graf Kinsky nach längerem Zögern Anfang 1732 die entsprechenden
Papiere des britischen Ministeriums.[353] Sie erlaubten diesen Schiffen freie
Fahrt und freien Handel im Einflussbereich der EIC. Im Namen des Königs
wurden alle britischen Untertanen angewiesen, diese Ostende-Kaufleuten
zu unterstützen.[354] Nach weiterem Insistieren erreichte der Brite Robinson
im März 1732 – zu seiner eigenen Überraschung –, dass Karl VI. den Hamburger Magistrat schriftlich aufforderte, sich nicht am Ostindienhandel zu
beteiligen:[355] »I never hoped to obtain any thing more than verbal promises
with relation to the Trade of Hambourg.«[356] Sinzendorff hatte noch Ende 1731
erklärt, die Situation in Hamburg stünde in keinem Zusammenhang mit der
Auflösung der Ostende-Kompanie.[357] Gleichwohl sei das kaiserliche Handeln

---

348 Robinson an Harrington, Wien, 20.02.1732, TNA, SP 80, 85, o.f.
349 Harrington an Robinson, chiffriert, London (Whitehall), 11.02.1732, TNA, SP 80,
      85, o.f.
350 PRIBRAM, Österreichische Staatsverträge, S. 497.
351 Robinson an Harrington, chiffriert, Wien, 20.02.1732, TNA, SP 80, 85, o.f.
352 Robinson an Harrington, Wien, 14.12.1731, TNA, SP 80, 83, o.f. Wichtig war dem
      Kaiser, dass diese Auflösung sich nicht negativ in der Reichsöffentlichkeit widerspie-
      gele, siehe hierzu GESTRICH, Absolutismus und Öffentlichkeit, S. 216.
353 Kinsky an Prinz Eugen, p.s., London, 12.02.1732, HHStA, Gr. Korr. 94b, 1, f. 171v.
      Probleme machten geforderte Durchsuchungen der Schiffe vor dem Auslauffen siehe
      Kinsky an [Sinzendorff], London, 12.01.1732, HHStA, StA England 67, f. 17; Kinsky
      an Karl VI., London, 14.03.1732, HHStA, StA England 67, f. 11; Harrington an Robin-
      son, London (Whitehall), 18.03.1732, TNA, SP 80, 85, o.f.
354 Die Abfahrt der Schiffe war für Anfang Oktober 1732 geplant, ihre Rückkehr wurde
      damit im März 1735 erwartet. Visconti an Kinsky, Brüssel, 21.02.1732, FA Kinsky,
      2 b), 23, o.f.
355 Der kaiserliche Sekretär Bartenstein nahm mit Studienkollegen im Hamburger
      Magistrat Verbindung auf, um die Ernsthaftigkeit des Schreibens zu verdeutlichen.
      Robinson an Harrington, Wien, 10./17.03.1732, TNA, SP 80, 86, o.f.
356 »Robinson an Harrington, Wien, 10./17.03.1732, TNA, SP 80, 86, o.f.
357 Sinzendorff an Robinson, Wien, 31.12.1731, HHStA, StA England Noten 2, o.f.

eher auf dessen »real or pretended care for the Constitution of the Empire« als auf Freundschaft oder Dankbarkeit gegenüber dem König zurückzuführen.[358] Zum Einlenken in Bezug auf Hamburg dürfte beigetragen haben, dass Karl VI. vorhatte, eine Handelsroute von Triest nach Indien aufzubauen. Die Mitglieder der Geheimen Konferenz waren skeptisch, ob der Ertrag einer solchen Route den erneuten Ärger mit den Seemächten rechtfertigte, doch war sie ein ausdrücklicher Wunsch des Kaisers.[359] Die Stadt Hamburg hielt sich aber zunächst nicht an die Vorgaben.[360] Wiederholt mussten die kaiserlichen Minister in Wien gegenüber Robinson und Kinsky in London gegenüber den britischen Ministern erklären, »[...] daß der hießige hof an jenem, was zu hamburg beschehen, nec directè nec indirectè einigen theil hat. [...]«[361] Tatsächlich reagierte der Magistrat erst Anfang Januar 1734 mit einem eigenen Verbot »prohibiting the East India Trade that was clandestinely carrying on thither by the late Ostend Company and others,« wie die Direktoren der EIC zufrieden feststellten.[362]

Außerdem schrieb der Kaiser einen persönlichen Brief an Georg II.[363] Laut Robinson sollte er als persönliche Entschuldigung des Kaisers gewertet werden.[364] Darin erklärte Karl VI. zwar zunächst, dem Kurfürsten und König seien die Reichsgesetze, die eine Einmischung in die Freiheiten einer Reichsstadt untersagten, wohl bekannt »und seied sonder zweifel Ewer Liebden weit entfernet, von Mir etwas hierunter anzuverlangen, was mit der aufrechterhaltung derer feÿlsahmen Rechts Sazungen nicht übereinkäme.«[365] Deshalb sei es ihm nicht möglich, wie bei seinen eigenen Untertanen und Seehäfen, ein Verbot des Handels gegen Hamburg auszusprechen. Andererseits wolle er alles verhindern, was nach den Verträgen nicht »just« sei und habe deshalb öffentlich erklären lassen, dass er den Handel nicht unterstütze, und insgeheim dem Magistrat erklären lassen, der Ostindienhandel sei »der Statt eÿgenes besten nicht vorträglich [...].«[366] Um auch den Bewohnern der Österreichischen Niederlande das Interesse an weiteren Indienfahrten zu nehmen, schlug Karl VI. vor, die Faktoreien der Ostende-Kompanie in Asien zunächst gegen Abstandszahlung an die Gesellschafter unter kaiserliche Verwaltung

358 Robinson an Harrington, Wien, 10./17.03.1732, TNA, SP 80, 86, o.f.
359 Vortrag zur Konferenz am 9. März 1732, Wien, 11.03.1732, HHStA, StK Vorträge 35, f. 9–10.
360 Ramcke, Die Beziehungen zwischen Hamburg und Österreich, S. 117–118.
361 Karl VI. an Kinsky, Neustadt, 18.08.1733, HHStA, StA England 69, f. 65. Karl VI. an Kinsky, Wien, 05.10.1733, FA Kinsky, 7 b), 12, o.f.
362 Court of Directors, London, 28.01.1734, EIC, Court of Directors Minutes, B/62, 1732–1734, S. 541. Siehe auch Ramcke, Die Beziehungen zwischen Hamburg und Österreich, S. 124.
363 Karl VI. an Georg II., Wien, 05.04.1732, HHStA, StA England Hofkorr. 3, f. 13–14v.
364 Robinson an Harrington, Wien, 08.04.1732, TNA, SP 80, 87, o.f.
365 Karl VI. an Georg II., Wien, 05.04.1732, HHStA, StA England Hofkorr. 3, f. 13v.
366 Ebd., f. 14.

zu stellen.[367] Anschließend sollte die EIC die Stützpunkte zum selben Preis übernehmen. Diese Übereinkunft wurde schließlich vom Secretary of State Harrington im Auftrag des Königs mit den Direktoren der EIC getroffen.[368] Robinson hatte, um genau eine solche Beteiligung beider Regierungen zu verhindern, – »it does not become Two such considerable Powers to buy their Quiet« – vorgeschlagen, die Ostende-Kompanie und die EIC sollten direkt miteinander verhandeln.[369]

Ganz deutlich stand dieses Einlenken des Kaisers im Zusammenhang mit der Reichsgarantie für die Österreichische Sukzession. Nachdem Georg II. als Kurfürst gezeigt hatte, dass sein »thun und laßen« zum Wohle der Allgemeinheit und des Reiches, insbesondere aber des Kaisers »interesse nuzen und ehr abzielete«,[370] wollte der Kaiser sich ebenso erkenntlich zeigen, mit dem »[…] unwandelbahren vorsaz, so Ich sage, Meinen freundten und bundsgenoßen solchergestalten zu begegnen, wie Mir von Ihnen begegnet zu werden wünsche […].«[371] Georg II. zeigte sich mit diesem Brief zufrieden. Um keine Unruhe im Reich zu stiften, sollte das Schreiben äußerst geheim bleiben.[372] Wie oben ausgeführt, lenkte der Kaiser nach der Reichsgarantie 1732 auch in der Georg II. als Kurfürsten betreffenden Frage der ausstehenden Zahlungen für die Mecklenburgische Exkution ein.[373]

Im Polnischen Thronfolgekrieg ab 1733 spielten dann Finanzkonflikte aus ökonomischer Sicht die größte Rolle in den Beziehungen zwischen Wien und London. Für das Reich erließ Karl VI. im März 1734 Anweisung für eine Handelsblockade, die den Reichsständen den Handel mit den Kriegsgegnern untersagte.[374] Diese Blockade betraf auch Braunschweig-Lüneburg – anders als die Reichsstädte oder der König von Dänemark für seine deutschen Territorien[375] erhob aber Georg II. als Kurfürst keinen Einspruch dagegen.

---

367 Robinson an Harrington, Wien, 11.02.1732, TNA, SP 80, 85, o.f.; Robinson an Harrington, Wien, 10./17.03.1732, TNA, SP 80, 86, o.f. Graf Königsegg hatte sich zuvor erstaunt gezeigt, dass im Zusammenhang mit dem Abschluss des Zweiten Wiener Vertrags vom März 1731 keine Regelungen bezüglich der Faktoreien getroffen worden waren, ebd.

368 Harrington an Robinson, chiffriert, London (Whitehall), 08.04.1732, TNA, SP 80, 86, o.f.

369 Robinson an Harrington, chiffriert, 19.03.1732, TNA, SP 80, 86, o.f.

370 Karl VI. an Georg II., Wien, 05.04.1732, HHStA, StA England Hofkorr. 3, f. 13.

371 Ebd., f. 14.

372 Harrington an Robinson, London (Whitehall), 29.04.1732, TNA, SP 80, 87, o.f.

373 Robinson an Weston, Kopie, Prag, 11.06.1732, TNA, SP 80, 88, o.f.

374 BLAICH, Die Wirtschaftspolitik des Reichstags, S. 126. Die Wirkung der Handelsblockade ist aufgrund ihrer kurzen Dauer umstritten (ebd., S. 72), der Druck auf die französische Wirtschaft wurde aber sicherlich erhöht.

375 Ebd., S. 127.

Der kaiserliche Hof, der insbesondere wegen der hohen Militärausgaben immer finanziell unter Druck war,[376] hatte in diesem Krieg – neben der Schuldenlast aus den vorherigen Kriegen – für die habsburgischen Truppen erhebliche Mittel aufzuwenden. Gleichzeitig waren die Reichsstände, die nach Erklärung des Reichskrieges gegen Frankreich zur Zahlung der Römermonate, ihres jeweiligen finanziellen Beitrags zu einem Reichskrieg, verpflichtet waren, regelmäßig im Rückstand.[377] 1734 schoss der kaiserliche Hof sechs Millionen Gulden vor, um die Außenstände zu begleichen. Im nächsten Jahr waren es zwei Monate nach Beginn der nächsten Kampagne schon eine Millionen Gulden. Das Problem war, dass vor allem große Reichsstände wie Braunschweig-Lüneburg nicht zahlten.[378] Graf Kinsky wurde angewiesen, in London auf eine baldige Auszahlung zu drängen – denn obwohl Georg II. im Sommer die Summe anwies, verzögerte sich die Auszahlung, da der entsprechende Auszahlungsbefehl in Hannover nicht vorlag. Entsprechend enttäuscht zeigte sich der Kaiser über die Verzögerung und Zurückhaltung des Kurfürsten mitten im Krieg.[379] Selbst nach Beendigung der Kampfhandlungen betrugen die kurbraunschweigschen Rückstände aus den Römermonaten im Mai 1736 noch 100.000 Gulden.[380]
Eine seit dem Spanischen Erbfolgekrieg genutzte Möglichkeit zur Geldbeschaffung war die Ausschreibung von sogenannten *Anticipationen* auf den schlesischen Kontributionsfonds.[381] Antizipationen waren Anleihen, die in diesem Fall durch einen Fonds gedeckt wurden, in den die Zahlungen der schlesischen Fürsten und Stände flossen. Aufgrund der relativ stabilen Wirtschaftskraft Schlesiens[382] galten diese Anleihen auf den europäischen Finanzmärkten als besonders belastbar und verkauften sich dementsprechend gut. Vor allem in Amsterdam, Brüssel und London konnten so in der ersten

---

376 Siehe auch Waldegrave an Townshend, Graz, 17.07.1728, TNA, SP 80, 63, f. 32; Harris an Tilson, Wien, 16.02.1729, TNA, SP 80, 64, f. 101v., sowie in diesem Zusammenhang auch die Erklärung an den Niederösterreichischen Landtag Kapitel 4.1.3, S. 220–221.

377 Die wechselseitige Schuldenlast erläutert Peter WILSON am Beispiel Württembergs, ders., The Holy Roman Empire and the Problem of the Armed Estates, in: Peter RAUSCHER (Hg.), Kriegsführung und Staatsfinanzen. Die Habsburgermonarchie und das Heilige Römische Reich vom Dreißigjährigen Krieg bis zum Ende des habsburgischen Kaisertums 1740, Münster 2010, S. 487–514, hier S. 510–511.

378 Karl VI. an Kinsky, Laxenburg, 27.05.1735, FA Kinsky, 10 b), 12, o.f.

379 Karl VI. an Kinsky, Wien, 10.08.1735, FA Kinsky, 11 a), 4, o.f.

380 Karl VI. an Kinsky, Laxenburg, 17.05.1736, FA Kinsky, 11 c), 12, o.f.

381 Siehe Hanns Leo MIKOLETZKY, Die große Anleihe von 1706. Ein Beitrag zur österreichischen Finanzgeschichte, in: MÖStA 7 (1954), S. 268–293.

382 Werner BEIN, Schlesien in der habsburgischen Politik. Ein Beitrag zur Entstehung des Dualismus im alten Reich, Sigmaringen 1994, S. 140–149.

Hälfte des 18. Jahrhunderts hohe Summen für die kaiserlichen Kassen aufgebracht werden.[383]

Anfang 1730 trat Sir Robert Walpole allerdings im Londoner Unterhaus
dafür ein, »[…] man solte durch ein act des Parlaments ausgeehn laßen, daß
sich keiner des Königs unterthanen gelüsten laße, ohne deßelben consens
auswärtig Potentaten oder Communiteten einiges geld auszuleihen.«[384] Wie
der kaiserliche Gesandte in seinem Bericht an Prinz Eugen beklagte, schadete das seinen Versuchen, am Londoner Finanzmarkt Geld für den Kaiser
aufzunehmen.[385] Dem britischen Ministerium war bekannt, dass Karl VI. verzweifelt versuchte, auf allen möglichen Wegen Kredite zu erhalten.[386] In der
politischen Lage kurz nach Abschluss des Vertrags von Sevilla schien diese
Maßnahme Walpoles aber wohl geeignet, noch mehr Druck auf den Kaiser
auszuüben, diesem Abkommen beizutreten.[387]

Im darauffolgenden Jahr wurden – wohl von Kinsky – Verhandlungen über
einen Kredit geführt, für dessen Sicherheit eine nicht näher genannte, aber
sehr ertragreiche Salzmine dienen sollte. Im hierzu vom Direktor der Bank of
England verfassten Memorandum heißt es,

[…] as there is last year made an Act of Parliment, that no Subject of England, shall Lend
Mony to Forreign Princes without having the King's Consent The Borrower takes upon
him, not only to gett his Majesty's Consent for the said Loan But Likewise his Guarran-
tee for the Sure Repayment of it, without that the Contract will be Void & of no force.[388]

Der Vertrag kam jedoch wohl nicht zum Abschluss.[389]

Nach Beginn des Polnischen Thronfolgekrieges erhielt Kinsky von Karl VI.
persönlich per kaiserlichem Handschreiben die Anweisung, ein möglichst
großes Darlehen – bei der Bank of England oder privaten Investoren – zu
organisieren. Während sonst kaiserliche Kredite in London meist mit 8 %
verzinst waren, sollte er 6 % heraushandeln, wenn nötig auch um halbe oder

383 Eine Übersicht darüber findet sich bei Dickson, Finance and Government 2,
     S. 403–405.
384 Kinsky an Karl VI., chiffriert, London, 13.02.1730, HHStA, StA England 67, f. 35–35v.
385 Kinsky an Prinz Eugen, London, 13.02.1730, HHStA, Gr. Korr. 94b, 1, f. 98.
386 So z.B. Waldegrave an Tilson, Wien, 15.10.1729, TNA, SP 80, 65, f. 204–204v.
387 Siehe Kapitel 2.1, S. 70.
388 [Humphrey Morice], Memorandum relating to a proposed loan to Austria, 1731,
     BEA, 10A 61/1 (früher: M6/69), o.f.
389 Zumindest geben die Akten im Archiv der Bank of England darüber keine Auskunft.
     Die Korrespondenz des Bankdirektors Morice ist nur spärlich erhalten und durch
     wiederholte Umsignierung teilweise auch nicht auffindbar. Die Geschäftsakten der
     Bank aus dieser Zeit beschränken sich hauptsächlich auf die Unterschriften-, Konten-
     und Einlagenbücher sowie die Protokolle des Direktorenkollegiums, in denen für die
     Jahre 1728 bis 1731 keine Kreditverhandlungen mit dem Kaiser zu finden sind (BEA,
     G4, 14).

Drittelprozente verhandeln. Als Sicherheit hierfür sollte der schlesische Kontributionsfonds dienen.[390] Gleichzeitig sollte Kinsky den britischen König »mit allem ernst, eyffer und nachdruck«[391] dazu bringen, die Aufnahme kaiserlicher Kredite in der Republik der Vereinigten Niederlande[392] und bei privaten britischen Investoren[393] zu unterstützen. Gleichzeitig beauftragte Prinz Eugen Sir Robinson, in London bei Georg II. anzufragen, ob er einen solchen Kredit unterstützen würde. Die Antwort war positiv: »[…] putting that Design in execution will not be at all disagreable to his Maty.«[394]

Im Januar 1734 waren die Verhandlungen schon abgeschlossen.[395] Graf Kinsky konnte 250.000 Pfund Sterling (2.166.665 fl.)[396] mit einem Zinssatz von 7% als Kredit der Bank of England für den Kaiser aushandeln.[397] Die Subkription für die Anleihe war sehr erfolgreich, schon nach einem Tag waren alle Anteile verteilt. Kinsky musste in diesem Zusammenhang feststellen, dass die »bancalitæts Directeurs […] zwar allen ihren credit und fleiß angetragen, jedoch wollen Sie sich keineswegs zu habhaftwerdung der summe verbünden […].«[398] Trotz der gewinnbringenden Verkäufe dauerte es noch bis zum nächsten Jahr, bis der Kaiser tatsächlich über das Geld verfügen konnte. Zunächst mussten Fürsten und Stände in Schlesien den Schuldschein des Kaisers bestätigen und die Gelder für die Zins- und Kapitalrückzahlung garantieren.[399] In London gab es außerdem Widerstand gegen einen Kredit für den Kaiser, vor allem von Kaufleuten sowie dem spanischen und dem französischen Botschafter. Kinsky meinte aber, sich auf die Unterstützung des Hofes verlassen zu können.[400] Zuletzt gab es Probleme mit der Vollmacht Kinskys,[401] dabei

390 Karl VI. an Kinsky, Handschreiben, Wien, 28.10.1733, HHStA, StA England 69, f. 79–80. Diese Anleihe ist knapp dargestellt bei Satow, Silesian Loan, S. 1–3.
391 Karl VI. an Kinsky, Wien, 06.02.1734, FA Kinsky, 8 a), 14, o.f.
392 Karl VI. an Kinsky, Wien, 09.01.1734, FA Kinsky, 8 a), 4, o.f.
393 Karl VI. an Kinsky, Wien, 06.02.1734, FA Kinsky, 8 a), 14, o.f.
394 Harrington an Robinson, London (Whitehall), 23.03.1734, TNA, SP 80, 104, o.f.
395 Gleichzeitig schloss der kaiserliche Hofkammerrat Maximilian Emanuel Hilleprand (Hillebrandt), Freiherr von Prandau (Brandau) mit dem Amsterdamer Bankier Willem Gideon Deutz eine Anleihe ab; auch hier diente der schlesische Kontributionsfonds als Sicherheit. Siehe hierzu Uhlfeld an Kinsky, Den Haag, 31.12.1734, FA Kinsky, 2 d), 102, o.f.; [Karl VI.], 6% Obligation über 1.000 Gulden (Schlesische Anleihe), Amsterdam, 06.01.1734.
396 Dickson, Finance and government 2, S. 405.
397 Karl VI. an Kinsky, Wien, 08.02.1734, FA Kinsky, 8 a), 15, o.f. Die Rückzahlung der Kapitalsumme sollte über elf Jahre erfolgen; damit orientierte sich dieser Kreditvertrag an dem von 1706.
398 Kinsky an Karl VI., London, 03.12.1734, HHStA, StA England 70, f. 61v, 72 [Folierung durch Einlagen beeinflusst].
399 Der Schuldschein war am 8. Februar ausgestellt und wurde über Breslau nach London geschickt. Karl VI. an Kinsky, Wien, 08.02.1734, FA Kinsky, 8 a), 15, o.f.
400 Kinsky an Karl VI., London, 22.06.1734, HHStA, StA England 70, f. 17v.
401 Minutes of the Court of Directors of the Bank of England, Thursday, 6th March 1734, London, 17.03.1735, BEA, G4, 15, S. 165.

hatte Graf Kinsky von Georg II. eine Lizenz erhalten, mit der die Zustimmung des Königs zu diesem Kredit verbunden war.[402] Selbst danach klagte Kinsky über die Kreditverhandlung, ein Ergebnis läge noch weit entfernt:

Ich habe zwar vor zwey Post-Tagen die Vollmacht hierzu überkommen, weilen aber verschidene Köche zu diesem wert gebraucht werden, so haben Sie die suppen dergestalten verdorben, daß ich nun so viel mehrers mühe haben werde mit frucht auszulangen, jedennoch werde ohn-unterlassen all-erdenklichen fleiß anzuwenden um das Kaysl. allerhöchste interesse in möglichster bälde zu befördern.[403]

Einer dieser »Köche« war der als Vermittler zwischen der kaiserlichen Botschaft und der Bank of England eingeschaltete Jude Gabriel Lopez (Pereira) Pinhero.[404] Er wurde – zusätzlich zu einer üblichen Provision von 1 % der Kreditsumme – für seine Tätigkeit dadurch belohnt, dass er zukünftig bei allen Londoner Kreditgeschäften des Kaisers zuerst gefragt werden würde.[405] Während der stockenden Verhandlungen versuchte Pinhero entsprechend, eine weitere Antizipation in Höhe von 300.000 £ am Londoner Markt unterzubringen und erhielt dazu genaue Vorgaben aus Wien. Kinsky sollte wieder beim König um Unterstützung bitten:

Was Wir vornehml. deinem eyffer und sorgfallt überlassen, ist die beförderung des Wercks selbsten, inmassen du bestens begreiffen kanst, daß bey gegenwärtigen umbständen der gute und üble ausschlag der sachen haubtsächlichen auf die balldige habhafftwerdung dieser gelder beruht.[406]

Nach ergänzenden Korrekturen an den Rückzahlungsmodalitäten, der Vollmacht und dem Schuldschein[407] konnte Kinsky im Januar 1735 endlich berichten, dass »nach viel Gezank« das Geldgeschäft mit der Bank of England über 250.000 £ abgeschlossen sei.[408] Die Verbindungen Kinskys halfen dabei wohl nur teilweise. So war Horatio Townshend, der Bruder des früheren Sec-

---

402 Georg II. an Philipp Kinsky, Licence to Count Kinsky to borrow sums of money in England for the Emperor of Germany, 08.1734, TNA, SP 36, 32, f. 212, gedruckt bei Ernest SATOW, The Silesian Loan and Frederick the Great, Oxford 1915, S. 200.
403 Kinsky an Prinz Eugen, London (Hammersmith), 17.8.1734, HHStA, Gr. Korr. 94b, 1, f. 308. Kinsky bat allerdings schon vorher um die Erlaubnis, aus der Kreditsumme seine ungezahlten Gehälter »[…] selbst zahlhafft zu machen, immassen ohne derer baldiger habhafft-werdung mir längerhin lediglich ohnmöglich auf solchem fuss zu subsistiren fallet«.
404 Siehe Kapitel 4.1.4, S. 226.
405 Karl VI. an Kinsky, Wien, 08.02.1734, FA Kinsky, 8 a), 15, o.f.
406 Karl VI. an Kinsky, Wien, 17.04.1734, FA Kinsky, 8 b), 6, o.f.
407 Kinsky an Sinzendorff, London (Hammersmith), 10.08.1734, FA Kinsky, 3 c), 93, o.f.; Karl VI. an Kinsky, Wien, 30.09.1734, FA Kinsky, 9 a), 22, o.f.
408 Kinsky an [Alois] Harrach, London, 28.01.1735, FA Kinsky, 3 d), 7, o.f. Die schwieri-

retary of State, als Gouverneur der Bank of England einer der Treuhändler der Anleihe und räumte einige Unklarheiten gegenüber den anderen Direktoren us.[409]

Das Geld sollte sich Kinsky teils in Wechseln, teils in Anweisungen an die Universal-Bancalität in Wien auszahlen lassen; für die Überbringung war dann Hofkammerrat Hilleprand von Prandau zuständig.[410] Er hatte parallel in den Niederlanden weitere Versuche unternommen, Anleihen zu platzieren oder Kredite aufzunehmen und konnte tatsächlich gleichzeitig in Amsterdam eine Anleihe aushandeln.[411] In Wien wurden die Gelder dringend erwartet.[412] Im darauffolgenden Jahr sollte Kinsky »[…] nach deiner bekanten geschicklichkeit, das geschäfft abzuhandlen […],« dann versuchen, die britische Regierung und vor allem Georg II. dazu zu bringen, den Kredit über den britischen *Sinking Fund*, der mit nur 3 bis 4 % verzinst war, gegenzufinanzieren und so die Zinsen von 7 auf 6 % zu reduzieren.[413] Ein Angestellter Pinheros, Abraham Lopez Dias, versuchte 1735 weitere Antizipationen aufzulegen, da die von Kinsky ausgehandelte ein so großer Erfolg war.[414] Diese Bemühungen schlugen aber fehl.[415]

Die schwierigen Verhandlungen und der dann doch noch geglückte Abschluss der Anleihe standen auch im Zusammenhang mit der britischen Weigerung, sich mit Truppen am Polnischen Thronfolgekrieg zu beteiligen. Kinsky schlug deshalb schon im Sommer 1734 vor, wenn schon keine britischen Truppen – wie es eigentlich den geltenden Verträgen entspräche – geschickt würden, sollte die britische Seite doch zumindest Geld zur

---

gen Geldverhandlungen hatten Kinsky sogar seine Korrespondenzpartner, in diesem Fall Harrach, vernachlässigen lassen.

409 Minutes of the Court of Directors of the Bank of England, Thursday, 6th March 1734, London, 17.03.1735, BEA, G4, 15, S. 165. 1741 klagte er zusammen mit den anderen Treuhändlern der Übereinkunft, dass bestimmte Zinsen und Kapitalrückzahlungen nicht erfolgt seien und bat um Unterstützung der Regierung, damit die britischen Gesandten entsprechend tätig werden könnten. Horatio Townshend und andere an Harrington, [London], 22.09.1741, TNA, SP 36, 56, f. 246.

410 Karl VI. an Kinsky, Wien, 10.02.1735, FA Kinsky, 10 a), 2, o.f. Kinsky hatte auf Wunsch der Direktoren der Bank of England einer teilweisen Auszahlung in Wechseln zugestimmt, Kinsky an Hilleprand, London, 14.02.1735, FA Kinsky, 3 d), 17, o.f. Kinsky erhielt die letzten Wechsel der teilweise privaten Investoren erst Ende April. Kinsky an Hilleprand, London, 22.04.1735, FA Kinsky, 3 d), 59, o.f.; Kinsky an Hilleprand, London, 23.04.1735, FA Kinsky, 3 d), 62, o.f.

411 Karl VI. an Kinsky, Wien, 30.09.1734, FA Kinsky, 9 a), 22, o.f.; Hilleprand von Prandau an Kinsky, Brüssel, 07.02.1735, FA Kinsky, 2 e), 2, o.f.

412 Sinzendorff an Kinsky, Wien, 26.03.1735, FA Kinsky, 2 e), 16, o.f.

413 Ebd. 1737 handelte Kinskys Nachfolger Wasner eine weitere Anleihe aus (Wasner, Agreement between Baron John Ignatius Wasner and Samuel Holden and others for a subscription of a loan of £ 320,000 to the Emperor of Germany, London, 1737, BEA, ADM 30/96, 2).

414 Karl VI. an Kinsky, Handschreiben, Laxenburg, 17.05.1735, FA Kinsky, 10 b), 10, o.f.

415 Karl VI. an Kinsky, Wien, 06.03.1736, FA Kinsky, 11 c), 3, o.f.

Verfügung stellen.[416] Über diese Möglichkeit machte sich auch das britische Kabinett verschiedentlich Gedanken. Allerdings befürchtete Walpole, dem Kaiser offen – also etwa als Subsidien – Geld zu leihen, könnte von Frankreich als Angriff verstanden werden.[417] Wahrscheinlich wurde die Zulassung der Anleihe über 250.000 £ mit Hilfe der engen persönlichen Verbindungen verschiedener Minister zur Bank of England und zu privaten Investoren in der City of London als sichererer Weg gesehen, dem Kaiser ohne eine direkte Verbindung zum König und seiner Regierung Geld zukommen zu lassen.

Es wird insgesamt deutlich, dass auf kaiserlicher und auf britischer Seite wirtschaftlichen und finanziellen Fragen innerhalb der Beziehungen zwischen Wien und London hohe Bedeutung beigemessen wurde. Die unterschiedlichen Ausgangslagen der Herrschaftsgebiete wirkten sich sowohl hinsichtlich der ökonomischen Möglichkeiten als auch der Herangehensweise an entsprechende Konflikte aus.

5.3 Geostrategie

Das Handeln der Akteure in internationalen Beziehungen war und ist häufig geostrategisch ausgerichtet, also darauf, direkt oder indirekt bestimmte geographische Räume zu beherrschen, zu kontrollieren oder zu beeinflussen.[418] Geopolitik ist nach dieser Definition die aktive Umsetzung geostrategischer Überlegungen. Damit wird hier Geostrategie statt des in der Forschung ebenfalls üblichen Begriffs »Geopolitik« verwendet, um die »Untersuchung internationaler Beziehungen unter lagebezogenen Gesichtspunkten« zu definieren.[419] Im Folgenden werden nun Inhalte und Konflikte der Beziehungen zwischen Wien und London auf geostrategische Überlegungen hin analysiert.

Die Beherrschung des Raumes[420] gehörte im frühen 18. Jahrhundert ebenso wie dynastische oder wirtschaftliche Interessen zu den Zielen der Monarchen

---

416   Kinsky an Prinz Eugen, London (Hammersmith), 20.07.1734, HHStA, Gr. Korr. 94b, 1, f. 306.
417   Ebd., f. 306v; Walpole, Thoughts on the present state of affairs, [o. O.], 26.08.1735, CUL, Ch(H), Political Papers, 26, 84/1 und 2.
418   Jürgen OSSENBRUGGE, Geostrategie, in: Ernst BRUNOTTE u.a. (Hg.), Lexikon der Geographie, Heidelberg 2003–2016.
419   Zu dieser Definition und einem breiten Überblick über die entsprechende Forschungsgeschichte siehe ders., Geopolitik, in: BRUNOTTE u.a., Lexikon der Geographie.
420   Die Forschungen zu den Auswirkungen von Raumkonzepten auf globaler bzw. europäischer Ebene – zu Geopolitik und Geostrategie – sind in der deutschsprachigen Historiographie in den letzten beiden Jahrzehnten insbesondere von Jürgen Osterhammel beeinflusst worden. Siehe u.a. ders., Die Wiederkehr des Raumes. Geopolitik, Geohistoire und historische Geographie, in: Neue Politische Literatur 43, 3 (1998), S. 374–397. Siehe auch die ausführlicheren Angaben zum »spatial turn« in Kapitel 4.1.1, S. 192, Fn. 11.

und ihrer Regierungen. Die regierten Territorien sollten konsolidiert oder
sogar ausgeweitet werden. Geographische Gegebenheiten, wie Flüsse oder
das Meer, wurden genutzt, um Handels- und Kommunikationsverbindungen
zu erleichtern. Sie konnten aber auch natürliche Grenzen bilden. Gleichzeitig
waren alle Interessen häufig miteinander verflochten und bedingten einander.
Aus dynastischen Ansprüchen konnten territoriale erwachsen, wirtschaftliche Interessen führten zu militärischen Maßnahmen. Von den Akteuren
wurde erörtert, wohin geostrategische Interessen verschiedener Herrschaftsverbände führen oder wie sie sich auf eine europäische Ordnung auswirken
sollten. Als Ziele von Absprachen, Verträgen und diplomatischem Austausch
wurden die öffentliche Ruhe in Europa, Frieden und ein Mächtegleichgewicht
in Europa proklamiert.

Die öffentliche Ruhe in Europa wiederherzustellen, in deutschen Erklärungen als »ruhestand Europæ«,[421] in englischen als »tranquility of Europe«[422]
benannt, galt am Wiener und am Londoner Hof 1727 als wichtigster Grund,
die abgebrochenen Beziehungen erneut aufzunehmen. In der ersten Instruktion für Waldegrave war die Rede von »the quiet of all Europe«.[423] Im Verlauf
der Verhandlungen zum Wiener Vertrag von 1731 betonten sowohl Kaiser
Karl VI. und König Georg II. als auch ihre Minister und Gesandten jeweils
den unbedingten Willen, alles für die öffentliche Ruhe zu tun.[424] Der Marqués
de Rialp, kaiserlicher Minister und Vertrauter Karls VI., führte im Gespräch
mit dem britischen Gesandten aus, dass der Kaiser grundsätzlich gegen Krieg
eingestellt sei,

all the Emperour desired was to see matters settled in such a manner that there may be
no Room left for a War's breaking out again in a little time and that the orders he gave
his minister tend that way and no other.[425]

Deshalb wurde der Vertrag von 1731 als sicheres Mittel angesehen, die öffentliche Ruhe herzustellen: »[…] publica tranquillitas modo quantum fieri potest
stabili ac perennaturo facilique una ac prompta ratione firmaretur […].«[426]
Ebenso schrieb der britische Gesandte Robinson an seine Kollegen an den
europäischen Höfen: »This Treaty […] cannot but settle the tranquillity of

---

421 Karl VI. an Kinsky, Instruktion, Neustadt, 20.06.1728, HHStA, StA England 66, f. 17v.
422 Townshend an Waldegrave, chiffriert, London (Whitehall), 16.11.1728, TNA, SP 80,
     63, f. 194.
423 Georg I. an Waldegrave, Instruktionen, 06.06.1727, TNA, SP 80, 62, f. 9v.
424 Der unbedingte Friedenswille Walpoles entsprach nur zum Teil den Wünschen seines
     Monarchen bzw. den Vorstellungen seiner Kollegen, siehe Kapitel 2.5 und 3.2.2.
425 Waldegrave an Townshend, Wien, 30.10.1728, TNA, SP 80, 63, f. 186.
426 PRIBRAM, Österreichische Staatsverträge, S. 492. Dementsprechend lautet die Um-
     schrift einer Medaille zum Vertragsabschluss auch »TRANQUILLITATI EURO-
     PÆÆ«. HOLTZHEY, Medaille zum Frieden von Wien 1731.

Europe [...].«[427] Auch die für das Kurfürstentum Braunschweig-Lüneburg erklärten Verhandlungsergebnisse waren darauf ausgerichtet, im Norden des Reiches den »Ruhestand« zu wahren.[428]

Insgesamt regelten sechs der neun Hauptartikel des Vertrages von 1731 geostrategische Probleme: erstens die Sicherheit der Territorien und militärischer Beistand, zweitens die Garantie der Pragmatischen Sanktion mit Bezug auf die öffentliche Ruhe und das Gleichgewicht in Europa sowie in weiteren vier Artikeln die Umsetzung, Einhaltung und Erweiterung bestehender Bündnisse, insbesondere Italien betreffend.[429] Auch die Zusatz- und Geheimartikel sowie die dem Vertrag beigegebenen Erklärungen beschäftigten sich ausschließlich mit solchen Fragen. Hinzu kam das Versicherungsdekret Karls VI. zugunsten des Kurfürsten von Braunschweig-Lüneburg, welches den norddeutschen Raum betraf.

Nach dem Vertragsschluss 1731 wurden die Monarchen als Friedensstifter gefeiert.[430] Als wichtigstes Ziel ihres Handelns galt es nämlich, im Kriegsfall oder bei drohenden bewaffneten Konflikten den Frieden[431] wiederherzustellen.[432] Georg II. rühmte sich drei Jahre später bei der Parlamentseröffnung Anfang 1734, als sich andere europäische Monarchien im Krieg befanden, »[it] is our Happiness to have continued hitherto in a State of Peace [...].«[433]

---

427 Robinson, Circular Letter, Wien, 21.03.1731, TNA, SP 80, 73, f. 28.
428 Karl VI., Versicherungsdekret zugunsten König Georgs II. von Großbritannien, Kurfürsten von Hannover, Wien, 24.04.1731, HStA H, Hann. 10, Nr. 170.1, o.f. Siehe Kapitel 2.3.1, S. 82–83.
429 Der Komplex der italienischen Territorien wird am Ende dieses Kapitels, S. 387–390, genauer beleuchtet.
430 Siehe z.B. Georg Wilhelm VESTNER, Medaille auf den Frieden von Wien 1731, die Karl VI. als friedensstiftenden Herkules zeigt: »PACE ORBI CHRIST[iana] parta/MDCCXXXI/[...]«.
431 Die Forschung zum Frieden in der Frühen Neuzeit ist besonders durch die langfristige Erforschung des Westfälischen Friedens (Herausgabe der *Acta Pacis Westphalicae* an der Universität Bonn), von frühneuzeitlichen Friedensverträgen in verschiedenen Projekten (u.a. beteiligt: Leibniz-Institut für Europäische Geschichte Mainz; Institut für Europäische Kulturgeschichte Augsburg; Staatsgalerie Stuttgart) und von Friedensvorstellungen (Interdisziplinäres Institut für Kulturgeschichte der Frühen Neuzeit an der Universität Osnabrück) gefördert worden. Siehe den umfassenden Sammelband, in dem Aufsätze der Forschergruppen gesammelt sind, herausgegeben von Inken SCHMIDT-VOGES u.a., Pax perpetua. Neuere Forschungen zum Frieden in der Frühen Neuzeit, München 2010. Insbesonders sind mehrere Überblicke über den Stand der Forschung enthalten, u.a. Johannes BURCKHARDT, Die Entfesselung des Friedens. Für einen Aufbruch der historischen Friedensforschung, in: SCHMIDT-VOGES u.a., Pax perpetua, S. 29–48.
432 Waldegrave an Townshend, chiffriert, Wien, 17.12.1729, TNA, SP 80, 65, f. 295v; Stickland an Bartenstein, London, 19.12.1734, HHStA, StA England Varia 8, S. 69.
433 Georg II., The King's Speech at Opening the First Session (1735), in: CHANDLER, The History and Proceedings 9, S. 4.

Gleichzeitig sprach er dabei die Kosten der Friedenserhaltung an, die, neben militärischer Wachsamkeit, Subsidienverträge zur Sicherung der Territorien und finanzielle Unterstützung von Bündnispartnern erforderten.

[…] I hope My good Subjects will not repine at the necessary Means of procuring the Blessings of Peace, and of universal Tranquility, or of putting Ourselves in a Condition to act that Part […].[434]

Friede und öffentliche Ruhe wurden von den Akteuren teils gleichgesetzt, teils aber auch als sich ergänzende Konzepte behandelt:

Were the present agitations calmed, and peace & Tranquility restored, and by that means all Distrusts and Jealousies removed, or at least allivated, Methods might afterwards be easily found to perfect the Case, and to establish a solid Friendship […].[435]

Ebenso instruierten Georg I. und Georg II. Waldegrave, er solle gegenüber den kaiserlichen Ministern Folgendes betonen: »[…] Our Friendly Dispositions, and Our sincerity in embracing the means of *reestablishing Peace in Europe, & restoring a good understanding as heretofore with Our Old Friends.*«[436] Ein weiterer verwendeter Begriff war der der »Harmonie«. Der britische Minister Stanhope sprach von der Notwendigkeit der Harmonie zwischen den Monarchien, was Königin Caroline im persönlichen Gespräch mit dem kaiserlichen Gesandten Kinsky noch einmal bestätigte.[437] Für die Briten, etwa Sir Robert Walpole, galt der Friedenszustand als Garant für wirtschaftlichen Erfolg.[438] Dies scheint auch nicht ganz unbegründet, wie die Briefe John Robinsons als Mitarbeiter der East India Company an seinen Bruder Thomas in Wien zeigen: »[…] God forbid there should be a War, for it would ruin us Indians [Indienkaufleute], thou know French Privateers picked up every thing that put to Sea the last War […].«[439]

Freundschaft, in Zusammenhang mit dem »guten Vernehmen«[440] oder »mutual good Understanding«[441] zwischen den Herrschern, galt damit als das

434 Ebd.
435 Townshend an Waldegrave, chiffriert, London (Whitehall), 16.11.1728, TNA, SP 80, 63, f. 193v–194.
436 Georg I. an Waldegrave, Instruktionen, London (St. James), 06.06.1727, TNA, SP 80, 62, f. 12v, bzw. Georg II. an Waldegrave, Instruktionen, London (St. James), 18.08.1727, TNA, SP 80, 62, f.40–40v [eigene Hervorhebung].
437 Kinsky an Karl VI., eigenhändig, London, 25.02.1729, HHStA, StA England 65, f. 83–84.
438 Entsprechende Belege sind in Kapitel 3.2.2 und 5.2 aufgeführt.
439 John Robinson an Thomas Robinson, Surat, 13.01.1735, WYAS, WYL 150, 6024.
440 Karl VI. an Kinsky, Wien, 22.11.1729, HHStA, StA England 66, f. 53v.
441 Georg II. an Robinson, Instruktionen, Herrenhausen, 21.07.1732, TNA, SP 80, 89, o.f.

oberste Ziel der internationalen Beziehungen. Dies könne jedoch nur erreicht werden, wenn das Gleichgewicht der Kräfte oder Mächtegleichgewicht[442] – im Englischen »the Balance«[443] oder »Balance of Europe«,[444] in kaiserlichen Erklärungen die »gleiche waagschaal«,[445] »æquilibri Europæ«[446] oder einfach das »æquilibri«[447] – nicht nur als Voraussetzung, sondern auch als Weg angesehen werde, auf dem ein wirksamer und dauerhafter Friedenszustand zwischen den europäischen Mächten erwirkt werden könnte.[448] Machtkonzentration in den Händen eines Herrschers sah man generell als gefährlich an.[449]

Schon seit dem Frieden von Utrecht waren solche Formulierungen in europäischen Verträgen zu finden. Später diente das Prinzip des Mächtegleichgewichts als Erklärungsmodell für die Beziehungen zwischen den europäischen Herrschaftsverbänden.[450] Von kaiserlicher Seite aus galt das Gleichgewicht als Voraussetzung für Ruhe und Freiheit in Europa. Laut Karl VI. sei

---

442 Die Forschungen zum Konzept des Gleichgewichts der Mächte in den europäischen internationalen Beziehungen sind äußerst umfangreich. Zahlreiche Monographien und Sammelbände liegen vor, so z.B. Arno STROHMEYER, Theorie der Interaktion. Das europäische Gleichgewicht der Kräfte in der frühen Neuzeit, Wien 1994; und der Sammelband Johannes KUNISCH (Hg.), Expansion und Gleichgewicht. Studien zur europäischen Mächtepolitik des Ancien Régime, Berlin 1986. Als eine der jüngsten Studien hierzu analysiert Frederik DHONDT (ders., Balance of Power) – allein von diesem Konzept ausgehend – die europäischen Beziehungen in der ersten Hälfte des 18. Jahrhunderts, mit einem Schwerpunkt auf den britisch-französischen Beziehungen. Eine Vielzahl an Aufsätzen entsprechender Autoren ergänzen die Literatur, siehe u.a. Matthew Smith ANDERSON, Eighteenth-Century Theories of the Balance of Power, in: HATTON/ANDERSON, Studies in Diplomatic History, S. 183–198; Kurt KLUXEN, Zur Balanceidee im 18. Jahrhundert, in: KROLL, England in Europa, S. 106–121; oder Niels F. MAY, Eine Begründungsmetapher im Wandel. Das Gleichgewichtsdenken in der Frühen Neuzeit, in: DUCHHARDT/ESPENHORST, Frieden übersetzen, S. 89–111.

443 Harrington an Robinson, chiffriert, London (Whitehall), 28.03.1732, TNA, SP 80, 86, o.f., hier allerdings in der Schreibweise »Ballance«.

444 Robinson an Harrington, Wien, 26.06.1731, TNA, SP 80, 76, o.f.

445 Karl VI. an Kinsky, Wien, 16.03.1730, HHStA, StA England 68, f. 7.

446 Karl VI. an Kinsky, Wien, 20.03.1729, HHStA, StA England 66, f. 24v.

447 Kinsky an Karl VI., chiffriert, London, 26.05.1729, HHStA, StA England 65, f. 37v.

448 Unklar bleibt, wie es Bruno Bernardi formuliert, »ob diese historiographische Kategorie allerdings einem zeitgenössischen Gebrauch des Begriffs in dem hier untersuchten Zeitraum [nach dem Westfälischen Frieden] entspricht, ab wann genau und in welcher Bedeutung er gebraucht worden ist [...].« Bruno BERNARDI, Das Konzept des europäischen Gleichgewichts im ius gentium der Frühen Neuzeit. Eine begriffsgeschichtliche Skizze, in: Guido BRAUN (Hg.), Assecuratio pacis. Französische Konzeptionen vom Friedenssicherungen und Friedensgarantie, 1648–1815, Münster 2011, S. 281–319, hier S. 305. Dieser Begriffsbedeutung wird im Folgenden knapp für die hier untersuchten Beziehungen nachgespürt.

449 ANDERSON, The Rise of Modern Diplomacy, S. 165.

450 Johann Jacob Schmauss (1690–1757) griff deshalb den Vertrag von 1731 in seiner *Einleitung zu der Staats-Wissenschafft* von 1741 auf und verortete ihn im ersten

auch Unsere intention gar nicht, sothanes æquilibriu künftig hin zu unterbrechen, oder etwas die hände zu biethen, wodurch die freiheith von Europa |: als zu deren erhaltung wir und unser Erzhaus so vieles angewendeth :| in gefahr gesehen werden köndte.[451]

Für die Balance seien einerseits die Erhaltung von Ansehen und Macht des Hauses Österreich – wie sie durch die Pragmatische Sanktion mit ihren Bestimmungen zum Gesamterbe erreicht werden sollte[452] – und die gleichzeitige Begrenzung des Hauses Bourbon unerlässlich.[453] Anderseits sei ebenfalls »ihr, der Englischen nation, und derselben commercy florissanter Zustand zur beybehaltung der gleichen waagschaal in Europa allerdings erforderlich«.[454] Die britische Seite aber sah in den Heiratsplänen für die älteste Tochter und Erbin Karls VI., Maria Theresia, eine mögliche Gefahrenquelle für das Gleichgewicht und damit die öffentliche Ruhe in Europa,[455] falls ein zu mächtiger Fürst als Ehepartner ausgesucht werden sollte.[456] Schon früh stimmte Karl VI. deshalb zu, dass eine britische Garantie der Pragmatischen Sanktion, auf deren Grundlage eine solche Eheschließung zur Gefahr werden konnte, nur gelten sollte, solange nicht eine Verbindung gefunden würde, »wodurch nach der [englischen] nation darfürhalten das æquilibriu Europa einen anstoß leiden dörfte [...].«[457] Genau diese Bestimmungen wurden mit den zwei streng geheimen Artikeln des Zweiten Vertrags von Wien festgelegt. Zunächst erklärten Georg II. – und die theoretisch vertragsschließenden Niederlande – sich gegen jede vertragliche Bindung, falls eine der Erzherzoginnen als Begünstigte der Pragmatischen Sanktion einen Bourbonen heiratete, »nupta fuerit principi per masculos ex domo Borbonia oriundo.«[458] Ebenso solle dies für

---

Band unter dem Titel *Historie der Balance von Europa* (SCHMAUSS, Einleitung zu der Staats-Wissenschafft 1). Thematisch gehörten für Schmauß dazu die Geschichte der Pragmatischen Sanktion, die Ereignisse in Italien und der Polnische Thronfolgekrieg, ebd., S. 574–583, 583–592, 592–624.

451 Karl VI. an Kinsky, Wien, 26.06.1729, HHStA, StA England 66, f. 28v; siehe auch Karl VI. an Kinsky, Wien, 20.03.1729, HHStA, StA England 66, f. 25.

452 Siehe hierzu Kapitel 5.1, S. 310.

453 Karl VI. an Kinsky, Wien, 16.03.1730, HHStA, StA England 68, f. 7v.

454 Ebd., f. 7.

455 So wurde es auch im zweiten Artikel des Vertrags von 1731 erklärt, siehe PRIBRAM, Österreichische Staatsverträge, S. 494.

456 Allerdings waren die dynastischen Verbindungen des Hauses Habsburg nicht die einzigen, in denen eine Gefahr für das Mächtegleichgewicht in Europa gesehen wurde. 1732 befürchtete Georg II., eine Verbindung zwischen den Häusern Braunschweig-Bevern und Mecklenburg könne Norddeutschland aus dem Gleichgewicht bringen. Harrington an Robinson, chiffriert, London (Whitehall), 28.03.1732, TNA, SP 80, 86, o.f. Schon bei Fénelon galt der dynastische Erbschaftsstreit als Gefährdung für das Gleichgewicht in Europa, siehe MAY, Eine Begründungsmetapher im Wandel, S. 102–103.

457 Karl VI. an Kinsky, Wien, 16.03.1730, HHStA, StA England 68, f. 17–17v, Zitat f. 17v.

458 PRIBRAM, Österreichische Staatsverträge, S. 512.

einen jeden zutreffen, durch den »Europae aequilibrium«[459] Schaden nehmen könnte. Sollte jedoch ein zukünftiger Ehemann einer der Erzherzoginnen dem entsprechen, solle er vor die Wahl gestellt werden, seine Territorien entweder vorher zu übertragen – »transferendo […] antea ad ipsum spectantes in proximum agnatum« –, um von der Garantie profitieren zu können, oder – sollte er dies ablehnen – jegliche Garantieversprechen durch die Vertragspartner verlieren.[460] Die Pragmatische Sanktion wurde schließlich 1731 auch von Georg II. als Kurfürst zur »erhaltung des Ruhe- und Wohlstandes in Europa und mithin sonderlich im Reich«[461] als Grundlage anerkannt.

Im Polnischen Thronfolgekrieg griff die kaiserliche Seite die Gleichgewichtsidee wieder auf, um die Seemächte zu einem Krieg gegen das übermächtig werdende Haus Bourbon – sowohl die französische als auch die spanische Linie – zu bewegen.[462] Umstritten war auf britischer Seite, inwieweit eine Beteiligung am Krieg für das Gleichgewicht Europas notwendig sei. Horatio Walpole meinte: »Let which ever side prevail, if it should be allowed to prevail too far, would not the balance of power be thereby overturned, and will not this nation necessarily be obliged to prevent so fatal an effect?«[463] Graf Kinsky gewann aus den Parlamentsdebatten den Eindruck, die britische Opposition interessiere sich überhaupt nicht für das europäische Gleichgewicht.[464] Die Aussage eines Oppositionsmitgliedes, welches sich im Frühjahr 1734 gegen eine britische Kriegsteilnahme aussprach, unterstützt diese Einsicht:

[…] If the emperor, or any other power, neglects to keep their fortified places in a proper posture of defence, must we answer for that neglect? Are we, for the sake of preserving the balance of power to undertake, at our own charges, to defend every power in Europe, and to prevent their being invaded or conquered by any of their neighbours?[465]

---

459 Ebd., S. 513.
460 Ebd.
461 Georg an Hugo [braunschweig-lüneburgischer Gesandter am Reichstag], Vota Georgs bzgl. des Kommissionsdekrets vom 22.10.1731, Hampton Court, 11.09.1731, HStA H, Cal. Br. 11, Nr. 1798, f. 20.
462 Kinsky an Harrach, London, 07.02.1735, FA Kinsky, 3 d), 12, o.f.; Kinsky an Rialp, London, 19.04.1735, HHStA, StA England 71, f. 3–3v.
463 Horatio Walpole, Debate in the Commons, London, 28.03.1734 (a.S.), in: William COBBETT (Hg.), The Parliamentary History of England […]. Bd. 9: 1733–1737, London 1811, S. 589.
464 Kinsky an Karl VI., chiffriert, London, 11.02.1735, HHStA, StA England 71, f. 42–43.
465 [William] Pulteney, Debate in the Commons, London, 28.03.1734 (a.S.), in: COBBETT, The Parliamentary History 9, S. 599. Durch eine Analyse britischer Entscheidungen, an Kriegen des 18. Jahrhunderts teilzunehmen, kommt Michael Sheehan zum Schluss: »European equilibrium was not sought for its own sake, rather a threat to the ›balance‹ was identified with threats to particular British interests.« SHEEHAN, Balance of Power Intervention. Britain's Decisions for or against War, 1733–56, in: Diplomacy and Statecraft, 2 (1996), S. 271–289, hier S. 286. Allerdings hat der Autor in einem späteren Aufsatz festgestellt, dass daraus nicht hervorgehe, dass das britische

Die geostrategischen Planungen auf kaiserlicher und britischer Seite hatten – soweit sie überhaupt formuliert oder ausgearbeitet wurden – Anknüpfungspunkte an verschiedene andere Themen und waren dementsprechend von verschiedenen Zuständigkeiten beziehungsweise Entscheidungswegen betroffen. Bündnisse zwischen europäischen Herrschaftsgebieten auszuhandeln, die Einflusssphären festlegten, Garantien für Territorialbesitz oder Hilfe im Kriegsfall beinhalteten, gehörte zu den wesentlichen geostrategischen Entscheidungen, die nach Anweisung der Monarchen umgesetzt wurden. Die Richtungsentscheidungen wurden in Wien durch die unterschiedlichen Kanzleien und ihre Leiter weitergegeben, in London durch die Secretaries of State. Dabei konnten durch ungeklärte beziehungsweise sich überlappende Zuständigkeiten jeweils Schwierigkeiten entstehen. 1736 formulierte Horatio Walpole entsprechend:

[...] consultations and orders are carried on in England with such confusion, and in so undigested a manner; the affairs of Turkey are in the province of one Secretary [of State], the directions to be sent to the Hague belong to the department of another [...].[466]

Die grundsätzlichen Erwägungen die europäischen Beziehungen betreffend machten Karl VI. und Georg II. jeweils öffentlich, indem sie sie vor den Ständeversammlungen[467] beziehungsweise in Großbritannien in der Eröffnungsrede vor jeder Parlamentssaison[468] darstellten.

Militärische Maßnahmen entschieden in Wien theoretisch die Mitglieder des Hofkriegsrates, allen voran Prinz Eugen als dessen Präsident[469] sowie

---

Interesse am europäischen Gleichgewicht nicht aufrichtig gewesen sei. Vielmehr sei das Gleichgewicht über Jahrzehnte als grundlegend für die Sicherheit Großbritanniens und die Unabhängigkeit der anderen europäischen Mächte angesehen worden. Ders., The Sincerity of the British Commitment to the Maintenance of the Balance of Power 1714–1763, in: Diplomacy and Statecraft 15, 3 (2004), S. 489–506, hier S. 502–503.

466 Horatio Walpole an Robert Trevor, [Hannover], 26.08.1736, Buckinghamshire Record Office, Aylesbury, Trevor papers 4, 70, zitiert nach BLACK, Recovering Lost Years, S. 482. Siehe zur prinzipiellen Problematik und ihren Auswirkungen auf die hier behandelten Beziehungen Kapitel 4.1.3.

467 Siehe z.B. Landtagspostulata für 1732, Wien, 26.11.1731, NÖ LA St. Pölten, Landtagshandlungen 64, o.f.

468 SIMMS, »Ministers of Europe«, S. 111. Siehe z.B. Kapitel 2.3, S. 76 zur Parlamentseröffnung 1731.

469 Als solcher führte Prinz Eugen zunächst umfangreiche Reformen durch, BRAUBACH, Prinz Eugen 5, S. 217–222. In den Friedensjahren stimmte er dann der Reduzierung des Militärhaushaltes zu, mit der Folge, dass die Erblande bei Ausbruch des Polnischen Thronfolgekrieges militärisch nicht vorbereitet waren, ebd., S. 222–225. Dabei verließ er sich wohl auf die Ratschläge der anderen Mitglieder des Hofkriegsrates, ebd., S. 226–230.

später sein Stellvertreter Graf Königsegg.[470] Allerdings konnten militärische Maßnahmen von den Mitgliedern der Geheimen Konferenz blockiert
werden, wie die Reform des Heeres oder die Aufrechterhaltung der Truppenstärke in Friedenszeiten, die wegen Geldmangels 1732 verworfen wurde.[471]
Letztendlich war aber auch hier der Wille des Herrschers ausschlaggebend: So
war der Aufbau der kaiserlichen Marine ein besonderes Anliegen Karls VI.[472]
Im Polnischen Thronfolgekrieg setzte der Kaiser ebenfalls seine Meinung
durch, als er bei Abwesenheit des Prinzen zusammen mit seinem engsten
Vertrauten Bartenstein die Entscheidungswilligkeit des Kriegsratspräsidenten
und obersten Feldherren in Frage stellte und ihn überging, um die russischen
Hilfstruppen anzufordern.[473]

Britische Truppen- und Schiffsbewegungen folgten den Entscheidungen,
die die Kabinettsminister mit dem König trafen. So berichtet Kinsky immer
wieder, dass nach Beratungen im Rat – also dem Privy Council – Schiffe
oder Truppen ausgerüstet und mit entsprechenden Befehlen entsandt worden seien.[474] Die britischen Minister und Georg II. durften bei militärischen
Maßnahmen – die im engeren Sinne von den entsprechenden militärischen
Räten getroffen wurden – die parlamentarische Öffentlichkeit nicht unbe-
rücksichtigt lassen. Bei den Räten handelte sich um die Lords Commissioners
of the Admiralty des Board of Admirality unter dem Vorsitz des jeweiligen
First Lord of the Admirality und das War Office mit seinen Büros in Whitehall
unter der administrativen Leitung des Secretary at War.[475] Die strategischen
Entscheidungen trafen der König und die Secretaries of State.[476] Oberbefehls-
haber der Armee war immer der König, unterstützt im Kriegsfall durch den
Commander-in-Chief der im Feld stehenden Armee.[477] Von den Inhabern
dieser Posten wurde Sir Charles Wager, ab 1733 First Lord of the Admirality,
in den Berichten Kinskys öfter erwähnt, da er vor seiner Ernennung häufig
als Befehlshaber der Flotte in heiklen Situationen eingesetzt war.[478] Secretary

---

470 Köster, Russische Truppen für Prinz Eugen, S. 184–185.
471 Braubach, Prinz Eugen 5, S. 222–230.
472 Lechner, Die Gründungsgeschichte der österreichischen Kriegsmarine.
473 Siehe Kapitel 2.5, S. 100–101.
474 Siehe z.B. Kinsky an Karl VI., chiffriert, London, 25.03.1732, HHStA, StA England 67,
　　　f. 32v.
475 Clive Wilkinson, The British Navy and the State in the Eighteenth Century, Wood-
　　　bridge 2004, S. 12–19; Hugh Cuthbert Basset Rogers, The British Army of the
　　　Eighteenth Century, London 1977, S. 32–33.
476 Wilkinson, The British Navy, S. 21–22; Rogers, The British Army, S. 33–34.
477 Ebd., S. 34.
478 Eveline Cruickshanks, Wager, Sir Charles (c. 1666–1743), in: Dies. u.a. (Hg.), The
　　　History of Parliament. The House of Commons, 1690–1715, 2002–2014; Kinsky an
　　　Karl VI., London, 08.06.1730, HHStA, StA England 67, f. 1–1v.

at War war von 1724 bis 1730 Henry Pelham, der jüngere Bruder des Duke of Newcastle.[479] Da über notwendige Gelder öffentlich und konkret verhandelt wurde, war jede militärische Maßnahme Thema im Parlament.[480]

Grundsätzlich war es das Ziel strategischer Überlegungen, die jeweiligen Herrschaftsgebiete zu sichern. Sowohl Karl VI. als auch Georg II. mussten dabei auf die zum Teil weit auseinanderliegenden Territorien, die sie als »composite monarchies« regierten, mit ihren sehr verschiedenen Anforderungen bedacht sein.[481] Ausgehend von den jeweiligen Kernlanden sowie den in Personalunion regierten oder abhängigen Gebieten ergaben sich daraus unterschiedliche geostrategische Erwägungen.

Bis zum Ende des 17. Jahrhunderts war die Hauptaufmerksamkeit des Wiener Hofes nach Osten gegen das Osmanische Reich gerichtet. Nach den Friedensschlüssen 1699 und 1718 sowie einem Handelsvertrag mit der Hohen Pforte mussten Ungarn sowie die Gebiete im Osten und auf dem Balkan gesichert werden, konnten gleichzeitig aber auch für neue Handelsrouten, zum Beispiel durch die Orientalische Handelskompanie, genutzt werden. Die Sicherung der Gebiete und des Handels verlangte zum einen eine ständige Truppenpräsenz. Diese wurde durch Rekrutierungen in den entsprechenden Territorien[482] sowie die Verlegung von Truppen in unsichere Regionen erreicht.[483] Zum anderen wurde durch Bündnisse mit dem russischen Kaiserhof und dem preußischen König eine politische Absicherung im Osten besiegelt.[484] Der Adriazugang am Balkan sowie die Übernahme

---

479 Siehe Kapitel 3.2.2, S. 165.

480 Zum Fall der hessischen Truppen siehe BLACK, Parliament and Foreign Policy, sowie weiter unten S. 382–383.

481 Siehe Kapitel 1.2. Die Entwicklung dieser Problematik schildert Georg SCHMIDT, Vernetzte Staatlichkeit. Der Reichs-Staat und die Kurfürsten-Könige, in: Axel GOTT-HARD u.a. (Hg.), Studien zur politischen Kultur Alteuropas: Festschrift für Helmut Neuhaus zum 65. Geburtstag, Berlin 2009, S. 531–546.

482 Siehe z.B. Waldegrave an Townshend, chiffriert, Wien, 08.01.1729, TNA, SP 80, 64, f. 20–20v.

483 Karl VI. an Kinsky, Wien, 28.12.1729, HHStA, StA England 66, f. 57–57v. Sowohl Michael Hochedlinger als auch William Godsey haben Arbeiten zum habsburgischen Militärwesen vorgelegt, siehe z.B. HOCHEDLINGER, Austria's Wars of Emergence; ders., Der gewaffnete Doppeladler. Ständische Landesdefension, Stehendes Heer und »Staatsverdichtung« in der frühneuzeitlichen Habsburgermonarchie, in: MAT'A/WIN-KELBAUER, Die Habsburgermonarchie, S. 217–249; und William D. GODSEY JR., Stände, Militärwesen und Staatsbildung in Österreich zwischen Dreißigjährigem Krieg und Maria Theresia, in: AMMERER u.a., Bündnispartner und Konkurrenten der Landesfürsten?, S. 233–267.

484 Christine ROLL, Politisches Kalkül und diplomatische Praxis. Zu den Verträgen und Vertragsverhandlungen zwischen Zar und Kaiser im 16. und 17. Jahrhundert, in: Heinz DUCHHARDT/Martin PETERS (Hg.), Kalkül – Transfer – Symbol: Europäische Friedensverträge der Vormoderne, Mainz 2006, Abs. 53–62, hier Abs. 58–59. Jeremy BLACK, British Neutrality in the War of the Polish Succession, 1733–1735, in: The International History Review 8, 3 (1986), S. 345–366, hier S. 351.

des Königreichs Neapel und Siziliens öffneten ebenfalls neue Handelswege, ließen gleichzeitig aber den Aufbau einer eigenen kaiserlichen Marine im Mittelmeer erforderlich erscheinen.[485] Die kaiserliche Flotte erschien um so notwendiger, als Karl VI. und Prinz Eugen im Spanischen Erbfolgekrieg die negativen Folgen kennengelernt hatten, von der englischen Flotte abhängig zu sein. Nachdem Karl VI. 1717 die freie Schifffahrt auf der Adria erklärt hatte, machte er zwei Jahre später unter anderem die Städte Triest und Fiume zu Freihäfen.[486] Sie wurden – unterstützt durch den Ausbau der Straßen wie der Via Carolina nach Fiume[487] – Bindeglieder zum süditalienischen Königreich[488] sowie von Ungarn und dem Banat[489] zum Mittelmeer. Im Westen war nach dem Spanischen Erbfolgekrieg mit den Österreichischen Niederlanden ein Territorium mit Atlantikzugang und teilweise globalen Verbindungen[490] sowie mit direkten Grenzen zu Frankreich und den Generalstaaten der Niederlande hinzugekommen. Neben diesen in Personalunion von Karl VI. regierten Herrschaftsgebieten berücksichtigten der Kaiser und seine Minister auch die geostrategischen Interessen des Reiches. Insgesamt betrachtet, waren die Territorien also weder politisch noch rechtlich, wirtschaftlich oder kulturell einheitlich und bildeten nur teilweise geographische Einheiten. Diese Diversität wurde in der Regierungszeit Karls VI. aufrechterhalten und reichte bis in die Österreichischen Erblande hinein, wo selbst beim Tod Karls VI. noch unterschiedliche Binnenzölle existierten.[491] Sie verlangte vom Wiener Hof eine geostrategische Politik in alle Himmelsrichtungen.[492]

Nach der Union mit Schottland 1707 und durch die Vereinigung mit Irland seit dem Commonwealth unter Oliver Cromwell Mitte des 17. Jahrhunderts wurden die britischen Inseln von London aus regiert. Die Insellage hatte Auswirkungen auf die strategische Ausrichtung, da damit für Großbritannien klare und vergleichsweise einfach zu verteidigende Außengrenzen

---

485 Waldegrave an Townshend, chiffriert, Wien, 29.01.1729, TNA, SP 80, 64, f. 48–48v.
486 Siehe hierzu Kapitel 5.2, S. 334.
487 HELMEDACH, Das Verkehrssystem als Modernisierungsfaktor, S. 74–91, 116–117, 120. Der Handel zwischen den Städten Triest und Fiume fand allerdings auf dem Seeweg statt (ebd., S. 136); Helmedach korrigiert damit eine von Peter Gasser vertretene Behauptung (GASSER, Österreichs Levantehandel, S. 278–279).
488 Siehe zu Italien weiter unten ab S. 387.
489 Siehe u.a. ALCOBERRO, L'exili austriacista.
490 Hauptsächlich handelte es sich um Handelsverbindungen von Ostende aus.
491 Wilhelm Otto HENDERSON, Commercial Policy of Frederick the Great, in: Ders. (Hg.), Studies in the Economic Policy of Frederick the Great, London 1963, S. 85–122, hier S. 105–108.
492 Patrick Milton meint sogar, es seien zu viele Brennpunkte zu beachten gewesen: »Its [the Habsburg monarchy's] scattered and disparate possessions lacked geopolitical cohesion and committed Charles to active involvement to protect the monarchy's interests in too many regions, which the chaotic state of Habsburg finances could not sustain.« MILTON, Imperial Law versus Geopolitical Interest, S. 10.

gegeben waren. Doch auf der Insel war die Lage keineswegs stabil, da seit
der Glorreichen Revolution und der Absetzung des katholischen Königs
Jakob II. mehrere jakobitische Aufstände stattgefunden hatten und weitere
jederzeit erwartet wurden.[493] Dagegen wehrten sich die verschiedenen Ministerien durch den Aufbau eines eigenen Spionagesystems.[494] Sowohl vom neu
integrierten Schottland, dem Ursprungsland der Stuart-Dynastie, als auch
von Irland mit seinem hohen katholischen Bevölkerungsanteil konnte eine
Gefahr für die Sicherheit der regierenden Welfen-Dynastie ausgehen.[495]
Außerdem war durch die postulierte Abneigung gegen eine stehende Armee
und die notwendige Zustimmung des Parlaments für jede Truppenerhöhung
die reguläre Anzahl von Truppen im betrachteten Zeitraum deutlich kleiner
als die des Kaisers oder des preußischen Königs.[496] Offiziere waren deshalb
zu einen nicht unwesentlichen Anteil Parlamentsmitglieder, um entsprechend Einfluss ausüben zu können.[497] In Friedenszeiten standen weltweit
nur ca. 35.000 Mann zur Verfügung,[498] von denen maximal 15.000 auf den
britischen Inseln stationiert waren.[499] Von den öffentlichen Einnahmen beanspruchten bis zur Mitte des Jahrhunderts die Ausgaben für das Militär etwa
10 %.[500] Die Argumentation gegen ein großes stehendes Herr umfasste den
Grundsatz, dass die Truppen auf einer Insel nur gegen die eigene Bevölkerung
eingesetzt werden könnten. Als Kurfürst konnte Georg II. dagegen auf bis zu
20.000 Mann zurückgreifen.[501] Angriffe von außen erwartete man in der ersten Hälfte des 18. Jahrhunderts entweder durch französische oder spanische
Schiffe.[502] Seit den Zeiten als zusammengesetzte Monarchie durch die Ehe
des Statthalters der Niederlande, Wilhelms III.,[503] mit Maria II. und deren
Regierung von 1689 bis 1694 beziehungsweise 1701 galten die Niederlande,

---

493 Siehe zu den wichtigsten Aufständen 1715 und 1745 knapp Ian GILMOUR, Riot,
   Risings and Revolution. Governance and Violence in Eighteenth-Century England,
   London 1992, S. 57–72, sowie Jeremy BLACK, The Forty-Five Re-examined, London
   1990.
494 Siehe Paul Samuel FRITZ, The Anti-Jacobite Intelligence System of the English Ministers, 1715–1745, in: The Historical Journal 16, 2 (1973), S. 265–289.
495 Siehe einführend Colin KIDD, Integration. Nationalism and Patriotism, in: DICKIN-
   SON, A Companion to Eighteenth-Century Britain, S. 369–380; Daniel SZECHI/David
   W. HAYTON, John Bull's Other Kingdoms. The English Government of Scotland and
   Ireland, in: Clyve JONES (Hg.), Britain in the First Age of Party 1680–1750. Essays
   presented to Geoffrey Holmes, London 1987, S. 241–280.
496 BREWER, The Sinews of Power, S. 43–45.
497 Ebd., S. 44–45.
498 SIMMS, »Ministers of Europe«, S. 128.
499 BREWER, The Sinews of Power, S. 47.
500 Ebd., S. 41, Tabelle 2.3.
501 Siehe Kinsky an Karl VI., London, 09.03.1734, HHStA, StA England 70, f. 42.
502 BLACK, Jacobitism and British Foreign Policy, S. 143–144.
503 Wout TROOST, William III, the Stadholder-King. A Political Biography, Aldershot
   2005, S. 174–199.

mit denen England im 17. Jahrhundert mehrfach Krieg geführt hatte,[504] als sichere Verbündete. Es erschien möglich, von dort Angriffe auf die britischen Inseln zu verhindern.[505] Anders sah es mit den Österreichischen Niederlanden aus, wo viele Jakobiten vermutet wurden. Besonders der Hafen Ostende und die dort etablierte kaiserliche Handelskompanie galten als jakobitischer Unterschlupf.[506] Diese Annahme war nicht unbegründet; James Edward Stuart unterstützte im Zuge seiner Restitutionsversuche die Ostende-Kompanie.[507] Der Hafen Ostende galt grundsätzlich als möglicher Ausgangspunkt für eine – jakobitische oder französische – Invasion der britischen Inseln.[508]

Seit 1714 bezog sich die britische strategische Ausrichtung, bedingt durch die Personalunion mit dem Kurfürstentum Braunschweig-Lüneburg, immer auch auf die deutschen Gebiete des Königs und damit das Reich.[509] Die rechtliche Unterscheidung zwischen Königreich und Kurfürstentum ändert an der geostrategischen Realität nichts.[510] Beispielhaft hierfür sind die anfänglichen Instruktionen für den Earl of Waldegrave, der dafür sorgen sollte, dass die Reichsfürsten Karl VI. nicht autorisierten, beim Kongress von Soissons für das Reich zu verhandeln. Waldegrave wurde angewiesen die kaiserlichen Pläne in dieser Richtung auszuloten. Anschließend sollte er diplomatischen Vertretern aus dem Reich bei jeder Gelegenheit die gefährlichen Konsequenzen verdeutlichen, die eine solche Macht in den Händen des Kaiser für die Reichsverfassung haben könnte. Er sollte betonen,

---

504　Die englisch-niederländischen Seekriege des 17. Jahrhunderts wurden hauptsächlich aus wirtschaftlichen Gründen geführt und hatten deutliche Auswirkungen auf das englische und später britische Selbstverständnis als Seemacht. Siehe ausführlich Torsten REIMER, Before Britannia ruled the Waves. Die Konstruktion einer maritimen Nation, München 2006, S. 227–265.

505　SIMMS, »Ministers of Europe«, S. 123.

506　So lässt es sich schon aus sehr frühen Berichten schließen, z.B. Deposition of [William] Wilsham, master of the William and Betty of Loo [?Looe], Cornwall, o.O., 13.11.1722, TNA, SP 35, 71, 3.

507　Paul Samuel FRITZ, The English Ministers and Jacobitism between the Rebellions of 1715 and 1745, Toronto 1975, S. 134.

508　Siehe zu Ostende im Rahmen des Aufstands 1745 Traité secret entre le Roy [Ludwig XV.] et le Regent du Royaume d'Ecosse [Charles Edward Stuart], Fontainebleau, 24.10.1745, AAE, MD Angl. 78, f. 256–257v, bzw. im Siebenjährigen Krieg Claude NORDMANN, Choiseul et la dernière tentative Jacobite de 1759, in: Revue d'Histoire Diplomatique 93 (1979), S. 223–246, hier S. 236.

509　Diese Meinung vertreten sehr überzeugend vor allem in den letzten Jahren Brendan Simms, Torsten Riotte und Andrew Thompson in ihren Schriften, konzentriert zuerst zusammengeführt in dem Sammelband SIMMS/RIOTTE, The Hanoverian Dimension.

510　Siehe zu dieser Unterscheidung Ragnhild Marie HATTON, The Anglo-Hanoverian Connection 1714–1760. Delivered before the University of London on Monday 15 November 1982, London 1982, S. 3.

[...] how much more reasonable a part they wou'd act, in taking this Opportunity of endeavouring to get redress of their Grievances, & to be secure form the Encroachments, that have been manifestly made upon their Rights & Privileges, than thus to give themselves up wholly to the Empr. by placing all their Confidence in him, & putting their Interests intirely into his hands, from whom alone they have any thing to fear, at this juncture.[511]

Braunschweig-Lüneburg hatte – mit den 1731 durch Kaiser Karl VI. für Georg II. bestätigten Herzogtümern Bremen und Verden sowie dem Land Hadeln[512] – Zugang zur Nordsee. Das Interesse an den Herzogtümern und dem Land Hadeln war unter anderem wirtschaftlicher Art.[513] Andererseits gab es immer wieder Spannungen mit Brandenburg-Preußen über die Vormachtstellung im norddeutschen Raum[514] sowie als protestantische Fürsten im Reich.[515] Die Konfliktpunkte waren diejenigen, die schon in den 1720er Jahren bestimmend waren und die auch das folgende Jahrzehnt – die Zeit des Polnischen Thronfolgekriegs und der Friedenslösungen für diesen Krieg in den Jahren 1733 bis 1735/38 – prägten. Einzig der Konflikt über den Vorrang im Niedersächsischen Reichskreis war seit dem letzten Kreistag 1682 geklärt: Seither funktionierte der Kreis durch die Korrespondenz zwischen Kurbraunschweig und Kurbrandenburg als Mitgliedern des Direktoriums.[516] Interessant ist in diesem Zusammenhang eine Weisung Karls VI. aus dem Jahr 1733 an Graf Kinsky, die explizit Bezug auf den Niedersächsischen Kreis nimmt: ein Bündnis von »Engelland« mit der »Czarin von Rußland« und Kursachsen hätte positive Folgen, da der König in Preußen es sich dann gut überlegen würde, im *Niedersächsischen Kreis* zu »collidiren«.[517]

---

511 Townshend an Waldegrave, London (Whitehall), 18.08.1727, TNA, SP 80, 62, f. 54v–55v.
512 Zur Einbindung dieser Territorien innerhalb des Kurfürstentums siehe Behne, Verfassung und Verwaltung, S. 301–332.
513 Siehe Kapitel 5.2, S. 338–339.
514 Siehe allgemein Volker Press, Austria and the Rise of Brandenburg-Prussia, in: Ingrao, State and Society, S. 298–311, hier ab S. 305, sowie verschiedene britische und kaiserliche Weisungen, Instruktionen und Berichte, z.B. Robinson an Tilson, Wien, 06.02.1732, TNA, SP 80, 85, o.f.; Harrington an Robinson, London (Whitehall), 18.03.1732, TNA, SP 80, 85, o.f.; Kinsky an Prinz Eugen, London, 26.11.1734, FA Kinsky, 3 c), o.f.
515 Siehe Kapitel 5.4, S. 394.
516 Winfried Dotzauer, Die deutschen Reichskreise (1383–1806). Geschichte und Aktenedition, Stuttgart 1998, S. 354–355.
517 Karl VI. an Kinsky, Wien, 31.10.1733, HHStA, StA England 69, f. 89v [eigene Hervorhebung].

Spätestens seit der Eroberung von Gibraltar und Menorca im Spanischen Erbfolgekrieg erstreckten sich britische geostrategische Überlegungen außerdem auf den Mittelmeerraum.[518] Trotz der Kolonien auf dem amerikanischen Kontinent sowie der von britischen Handelsgesellschaften eingerichteten Stützpunkte in Afrika und Asien blieb der Fokus der geostrategischen Überlegungen Georgs II. und seiner Minister auf Europa ausgerichtet.[519] Befürworter einer stärkeren Politik für die Kolonien war die politische Opposition in Großbritannien.[520] Gegen die starke Einbindung Großbritanniens in die europäische Politik regte sich aber auch intern Widerstand. Sir Robert Walpole beschwerte sich Anfang des Jahres 1734:

really by some gentleman's way of talking, one would imagine that the ministers of England were the ministers of Europe [...] if any unforeseen accidents abroad, if the ambitions of any foreign prince or the misconduct of any foreign court produce any untoward effects or occasion any troubles or commotions in Europe, the ministers of England are immediately loaded with the whole [...].[521]

Vergleichbar argumentierte Georg II. in der von Walpole geschriebenen Rede zur Parlamentseröffnung 1736, die die britische Neutralität in Zusammenhang mit dem internationalen Handel setzte.[522]

Geostrategische Ideen und Motive waren auf verschiedene Art und Weise in allen formalen Instruktionen der diplomatischen Vertreter enthalten, außerdem wurde auf die Lage der Beziehungen mit dem jeweils anderen Hof und auf Bündnisverpflichtungen sowie Verträge eingegangen. Eine Ausnahme war nur die erste, knappe Instruktion für Sir Thomas Robinson, in der darauf hingewiesen wurde, dass der neue Gesandte am Wiener Hof wegen seines vorherigen Postens am Pariser Hof ausreichend über die Lage in Europa informiert sei, insbesondere über den Vertrag von Sevilla von 1729, und deshalb keine weiteren Informationen brauche.[523]

518 SIMMS, »Ministers of Europe«, S. 121. Zur Gibraltarfrage und der von der parlamentarischen Mehrheit getragenen Entscheidung Ende der 1720er Jahre, Gibraltar als strategischen Standort zu halten, siehe Arthur M. HEINRICHS, William Stanhope and the Question of Gibraltar, Ottawa 1965, S. 121–192.
519 SIMMS, »Ministers of Europe«, S. 115–118.
520 Ebd., S. 116–117; ebenso BREWER, The Sinews of Power, S. 170.
521 Robert Walpole, Debate in the Commons, London, 23.01.1734 (a.S.), in: COBBETT, The Parliamentary History 9, S. 208.
522 Georg II., Speech on Opening the Session, 15.01.1736 (a.S.), in: Ebd., S. 969–971, hier S. 970, sowie die darauf einsetzende Debatte im Ober- und Unterhaus, ebd., S. 972–985, 986–989. Siehe auch HILL, Sir Robert Walpole, S. 186.
523 Georg II. an Robinson, Instruktionen, London (St. James), 13.05.1730, TNA, FO 90, 3, o.f.

In den allgemeinen Aussagen der diplomatischen Dienstanweisungen wurde die Freundschaft zwischen den Höfen oder der Wunsch nach Frieden beziehungsweise Ruhe in Europa betont.[524] Der Kontakt mit den Diplomaten anderer, verbündeter Herrscher galt dazuhin als besonders wichtig. 1727 lautete deshalb der Auftrag an den Earl of Waldegrave:

You shall live in the strictest Intimacy and friendship with the Duke de Richelieu, and the Minister of the States General, and you shall particularly advise with the former upon all Emergencys during this your Employment We being earnestly desirous that the most inseparable Union between the two Crowns should appear upon all occasions.[525]

Aus der ersten Instruktion an Graf Kinsky von 1728 geht entsprechend hervor, dass der Kaiser keine engen Verbündeten hatte und sich auch aus dem laufenden Kongress von Soissons zu diesem Zeitpunkt kein neues Bündnis versprach.[526] Nach dem Vertragsabschluss 1731 wurde im folgenden Jahr versucht, die unabhängigen Verbündeten des Wiener und des Londoner Hofes in das Vertragssystem mit einzubeziehen. In manchen Fällen waren Erweiterungen der Bündnisse durch vorherige Ereignisse schwierig, wie im Fall des Verhältnisses zwischen Karl VI. und August II. von Sachsen-Polen, welches laut Georg II. durch erhebliches Mißtrauen und Kälte seitens des polnischen Königs [!] gekennzeichnet gewesen sei.[527] Graf Kinsky als kaiserlicher Abgesandter war 1732 vor die schwierige Aufgabe gestellt, sicherzustellen, dass:

[…] zwar freylich wohl die alte freunde auff alle weiß beyzubehalten gesuchet, die neuen aber ebenfalls niemahls außer acht gelaßen, oder ihnen zur wieder entfernung die mindeste gegründete ursach gegeben, vielmehr hierinfalls zu Unserem beßeren dienst alles zu combiniren getrachtet, und keinem aus beysorg, ihn zu verlieren, etwas beygelegt werde, was der billichkeit der gerechtsahme eines dritten, Unserem Obrist Richter ambt oder höchstem dienst zu wieder lauffen möchte.[528]

---

524 Georg I. an Waldegrave, Instruktionen, London (St. James), 06.06.1727, TNA, SP 80, 62, f. 12v; Georg II. an Waldegrave, Instruktionen, London (Kensington), 18.08.1727, TNA, SP 80, 62, f. 40–40v; Karl VI. an Kinsky, Instruktion, Neustadt, 20.6.1728, HHStA, StA England 66, f. 17–17v; Georg II. an Robinson, Instruktionen, Herrenhausen, 21.07.1732, TNA, SP 80, 89, o.f.; Karl VI. an Kinsky, Wien, 01.12.1732, 2. Anhang zur Hauptinstruktion, FA Kinsky, 6 a), 12, o.f.

525 Georg I. an Waldegrave, Instruktionen, London (St. James), 06.06.1727, TNA, SP 80, 62, f. 14v; Georg II. an Waldegrave, Instruktionen, London (St. James), 18.08.1727, TNA, SP 80, 62, f. 42v.

526 Karl VI. an Kinsky, Instruktion, Neustadt, 20.6.1728, HHStA, StA England 66, f. 18v–19.

527 Georg II. an Robinson, Instruction, Herrenhausen, 21.07.1732, TNA, SP 80, 89, o.f.

528 Karl VI. an Kinsky, Wien, 01.12.1732, 2. Anhang zur Hauptinstruktion, FA Kinsky, 6 a), 12, o.f. [HHStA, StA England 68, f. 54].

Waren Bündnisse aber nicht formell geschlossen und nicht öffentlich bekannt oder konnten zu Schwierigkeiten im Verhältnis zwischen Wien und London führen, dann erhielten die Diplomaten entsprechende Anordnungen als zusätzliche Anhänge oder Beilagen zu ihren Hauptinstruktionen. Der Earl of Waldegrave sollte zum Beispiel ein gutes Verhältnis zum portugiesischen Botschafter herstellen, ohne den Botschafter des – verbündeten – französischen Hofes eifersüchtig zu machen.[529] Da der Kaiser 1732 sowohl mit Georg II. von Großbritannien als auch mit Friedrich Wilhelm I. von Preußen verbündet war, hatte Graf Kinsky auf unbedingte Neutralität angesichts auf dieses schwierigen Verhältnisses zu achten.[530] Den Vorschlag Georgs II., einem Abkommen zwischen den Kurfürsten von Braunschweig-Lüneburg und Köln zur Abwehr preußischer militärischer Werbung beizutreten, empfand Karl VI. demnach als völlig unpassend.[531]

Die Anweisungen zeigen, wie genau separate Bündnisverhandlungen und -abschlüsse des anderen Hofes beobachtet und analysiert wurden.[532] Bestehende Allianzen sollten durch Handlungen und Aussagen im diplomatischen Alltag bestätigt werden. In den Gesprächen 1729 zwischen dem Secretary of State Viscount Townshend und Graf Kinsky in Hannover sowie zwischen den kaiserlichen Ministern und dem Earl of Waldegrave in Wien bezogen sich alle immer wieder auf die abgeschlossenen Abkommen, die eingehalten werden müssten.[533] So wollte Karl VI. bis zum Vertrag von Sevilla 1729 die Entente mit Spanien[534] respektiert wissen. Zumindest öffentlich unterhielt der Kaiser keine vertraglichen Bindungen, die einem Bündnis mit Großbritannien widersprachen.[535] Townshend erklärte, eine – wohl abgefangene – »copy of Austrian instructions reveals an antagonism to France, a belief that the old alliance with Spain can be restored, and a close harmony of interest between Austria, Prussia and the [Saxon] King of Poland with the prospect of their

---

529   Georg I. an Waldegrave, Instruktionen, »private and additional«, London (St. James), 26.05.1727, TNA, SP 80, 62, f. 17v; Georg II. an Waldegrave, Instruktionen, »private and additional«, London (Kensington), 18.08.1727, TNA, SP 80, 62, f. 46.

530   Karl VI. an Kinsky, Wien, 01.12.1732, 2. Anhang zur Hauptinstruktion, FA Kinsky, 6 a), 12, o.f. [HHStA, StA England 68, f. 55].

531   Ebd. [f. 55–55v].

532   Siehe den vorwurfsvollen Ton Georgs II., als er vom Vertragsabschluss zwischen dem Kaiser, der Zarin sowie dem König von Dänemark hörte. Georg II. an Robinson, Instruktionen, Herrenhausen, 21.07.1732, TNA, SP 80, 89, o.f.

533   Townshend an Waldegrave, Hannover, 26.06.1729, TNA, SP 80, 64, f. 285–286v; Townshend an Waldegrave, London (Whitehall), 11.11.1729, TNA, SP 80, 65, f. 216–217; Waldegrave an Townshend, Wien, 24.12.1729, TNA, SP 80, 65, f. 306v–307v.

534   Siehe ausführlich und immer noch grundlegend MECENSEFFY, Karls VI. spanische Bündnispolitik.

535   Karl VI. an Kinsky, Wien, 20.03.1729, HHStA, StA England 66, f. 24v.

obtaining an agreement with Russia [...].«[536] Dabei war die kaiserlich-spanische Beziehung kaum belastbar, nachdem Karl VI. es abgelehnt hatte, eine definitive Zusage für eine dynastische Verbindung zu geben. Gleichzeitig bestand jedoch in Wien ein großes Interesse daran, die britisch-französische Allianz zu stören.[537] Diese beruhte auf dem Friedenswunsch der französischen Regentschaftsregierungen für den minderjährigen König Ludwig XV. sowie der britischen Minister der 1720er Jahre; insbesondere Kardinal Fleury und Sir Robert Walpole sowie dessen Bruder wollten einen europaweiten Krieg vermeiden. Als mit dem Vertragsschluss ohne den Kaiser 1729 die bestehenden Konflikte in Europa nicht gelöst werden konnten, engagierten sich die Walpoles und der Secretary of State Harrington für ein Bündnis mit dem Kaiser, vorgeblich, um die Bedingungen des Vertrags von Sevilla zu erfüllen.[538] Aus der Nicht-Einbindung des französischen Hofes, der den Vertragspartnern im Frühjahr 1731 nach Abschluss des Vertrages in Wien unterstellte, geheime Absprachen gegen französische Interessen getroffen zu haben, resultierte die negative Reaktion, die sich im Polnischen Thronfolgekrieg bis zu einer französischen Bedrohung der kurfürstlich-deutschen Territorien ausweitete.[539]

Eine andere wichtige Koalition war die sogenannte Große oder Alte Allianz, auf Englisch auch »Old System«. Sie ging zurück auf das Bündnis gegen die Vorherrschaft Ludwigs XIV. in Europa Ende des 17. Jahrhunderts.[540] Unabhängig von tatsächlichen politischen oder diplomatischen Erfolgen blieben erzielte militärische Erfolge gegen Ludwig XIV. langfristig als wichtige Meilensteine im Bewusstsein britischer Minister und Diplomaten und beeinflussten das Bild dieses Bündnisses zwischen den Seemächten Großbritannien und den Niederlanden sowie dem Kaiser positiv.[541] Bestandteile waren der Kampf gegen Frankreich auf dem Kontinent und die Verhinderung französischer Vorstöße durch militärische Festungsmaßnahmen, gestützt durch die enge Zusammenarbeit zwischen dem König von Großbritannien,

---

536 Townshend an Stanhope, Horatio Walpole, Poyntz, [London], 15.07.1729, TNA, SP 78, 193, f. 265.

537 Karl VI. an Kinsky, Wien, 16.03.1730, HHStA, StA England 68, f. 6v.

538 Jeremy Black konnte zeigen, dass das französisch-britische Bündnis spätestens seit der Thronbesteigung Georgs II. nicht mehr stabil war, wahrscheinlich auch vorher in Großbritannien nur durch innenpolitischen Druck zugunsten einer Friedenspolitik aufrechterhalten wurde. Als wichtige britische Forderungen, wie die Schleifung der Festung Dünkirchen, nicht erfüllt wurden, orientierten sich die britischen Minister Richtung Wien. Siehe insgesamt BLACK, Collapse of the Anglo-French Alliance.

539 Siehe Kapitel 2.5, S. 102–103.

540 Einen Überblick über die Entstehung und Fortführung dieses Bündnisses bietet THOMPSON, The Grand Alliances.

541 Hamish M. SCOTT, »The True Principles of the Revolution«. The Duke of Newcastle and the Idea of the Old System, in: BLACK, Knights Errant, S. 55–91, hier S. 58–61.

den Generalstaaten der Niederlande, dem Kaiser und zuletzt dem Zaren.[542] 1727 bezeichneten Georg I. sowie Georg II. es als »that antient friendship, which subsisted so long, & so happily between Us.«[543] Mit dem Vertrag von 1731 wurde dieses Bündnis wiederbelebt. Der erste Artikel enthielt allerdings eine Einschränkung, dass alle vorherigen Friedensverträge, Freundschaften und Bündnisse, die die vertragsschließenden Parteien unterhielten, weiterhin gelten sollten, es sei denn, sie widersprächen der beschlossenen Übereinkunft.[544] Das erwies sich als schwierig, da die verschiedenen Bündnisverträge und -wechsel seit dem Ende des Spanischen Erbfolgekrieges keinen klaren Überblick mehr zuließen. Besonders erwähnt wurden von Georg II. im Zusammenhang mit der Vollmacht für Karl VI., 1731 Verhandlungen mit dem spanischen Hof zu führen: 1. die Quadrupelallianz; 2. der Vertrag von 1725 (unklar blieb, welcher der verschiedenen 1725 geschlossenen Verträge gemeint war) sowie 3. der Vertrag vom 16. März 1731.[545] Gleichzeitig bestand ein großes Misstrauen, ob die jeweils andere Seite sich an Abmachungen halten würde.[546] Trotzdem wurde von beiden Seiten die Vertragstreue als hohes Gut angesehen. Als beispielsweise Königin Caroline Graf Kinsky in London vorwarf, sich kritisch gegen die Regierung geäußert zu haben, konterte er, er habe sich nicht gegen den Hof geäußert, wohl aber gegen das englische Verhalten, sich im Widerspruch zu allen Verträgen und Bündnisse gegen den Kaiser zu stellen.[547] Die Argumentation zwischen Karl VI. und Georg II. im Polnischen Thronfolgekrieg bezog sich so auf die bestehende Allianz durch den 1731 geschlossenen und durch weitere Beitrittsverträge 1732 bestätigten Zweiten Vertrag von Wien.

Schon vor Ausbruch des Krieges 1733 versuchte sich Karl VI. der britischen Bündnishilfe zu versichern: »Wir seied weit entfernt, etwas hierinfalls præcipitiren, oder Engelland in einen unnöthigen krieg verwicklen zu wollen.«[548] Die Zusammenziehung französischer Truppen an den deutschen Grenzflüssen

---

542 Ebd., S. 56–57. Nach dem Spanischen Erbfolgekrieg führten Karl VI. und Georg I. mit dem Vertrag von Westminster 1716 die Defensivallianz zunächst fort (Press, Kurhannover, S. 58). Wie Scott zeigen kann, machte sich vor allem der Duke of Newcastle die zugrundeliegende Idee dieses Bündnisses gegen Frankreich seit den 1740er Jahren zu eigen und bewirkte damit dessen Fortwirken bis zum Ende des 18. Jahrhunderts (Scott, »The True Principles of the Revolution«, S. 61–86).

543 Georg I. an Waldegrave, Instruktionen, 06.06.1727, TNA, SP 80, 62, f. 12v; Georg II. an Waldegrave, Instruktionen, London (Kensington), 18.08.1727, TNA, SP 80, 62, f. 37 nur »[...] the Friendship [...]«.

544 Pribram, Österreichische Staatsverträge, S. 493.

545 Georg II. an Gesandte in Regensburg, Hugo [Braunschweig] und Reck [Lauenburg], Hamptoncourt, 24.07.1731, HStA H, Cal. Br. 11, Nr. 1804, f. 30v–31.

546 Sehr deutlich wird dies bei Karl VI. an Kinsky, Wien, 20.03.1729, HHStA, StA England 66, f. 23v, siehe auch Kapitel 4.2.4, S. 289–290.

547 Kinsky an Karl VI., chiffriert, 12.04.1730, HHStA, StA England 67, f. 51–51v.

548 Karl VI. an Kinsky, Wien, 01.02.1733, HHStA, StA England 69, f. 27.

Rhein und Mosel, spanische und sächsische Aufrüstungen sowie allgemeine Kriegsvorbereitungen beunruhigten allerdings dermaßen, dass »Wir ein für allemahl wißen müßen, weßen Wir Uns von Engelland im fall eines feindlichen angriffes zu versehen haben möchten, umb Uns in dem überrest Unserer entschließungen darauf richten zu können.«[549] Karl VI. holte sich zunächst die britische Unterstützung für August III. als Kandidaten ein.[550] Da der erwartete Einmarsch russischer Truppen in Polen einen französischen Angriff zur Folge hätte, trete damit, so Karl VI., auf jeden Fall der Bündnisfall ein.[551] Neben einer Verstärkung der Festungen, auf die französische Angriffe erwartet wurden, sah der Plan im Sommer 1733 zunächst die Aufstellung einer Observationsarmee vor.[552] Die britische Marine sollte die Kriegspläne in der Ostsee und im Mittelmeer unterstützen.[553] Er und sein Sekretär Bartenstein sahen schon Ende des ersten Kriegsjahres die Gefahr, dass aller Einsatz von kaiserlichen Truppen ohne die Hilfe einer britischen Flotte im Mittelmeer sowie kurbraunschweigischer Truppenhilfe »zu nichts anderem dienen [könne], als mit mehrerem decoro sich mit dem Haus Bourbon einzuverstehen.«[554] Bartenstein wies insbesondere darauf hin, dass die kurfürstlichen Truppen ohne Beschluss des britischen Parlaments eingesetzt werden könnten. Andernfalls werde »das ganze Systema in Europa […] vor ausgang dieses jahres, oder doch im anfang des künftigen völlig umbgekehrt.«[555] Diese Umkehrung des »Systems«, wie sie 1735 durch den geheim ausgehandelten Friedensvertrag mit der französischen Krone eintrat, deutete sich schon in dieser Zeit in den Briefen Bartensteins an Kinsky an:

Sicherlich befinden wir uns in einer curiosen situation. das Hauß Bourbon greifft uns mit äußerster gewalt an, und gibt uns heimlich gute worte. Unsere alliirten stehen still, und anstatt der consolation überhäuffen uns mit lauter ungegrundeten Vorwürfen, alldieweilen, einer die schuld auff den anderen schiebet, daß keiner nichts thut.[556]

Dem dritten ursprünglichen Bündnispartner, den Generalstaaten der Niederlande, warf Bartenstein Feigheit vor, was aber »Engelland von erfüllung derer Tractaten nicht dispensiren« könne.[557] Auch Kinsky hatte schon im August 1733 erklärt, die Niederlande seien durch den Barrierevertrag viel stärker

549 Ebd., f. 33.
550 Karl VI. an Kinsky, Laxenburg, 30.04.1733, HHStA, StA England 69, f. 31.
551 Karl VI. an Kinsky, Wien, 13.07.1733, HHStA, StA England 69, f. 28.
552 Ebd., f. 28v, 26–26v.
553 Karl VI. an Kinsky, Wien, 08.10.1733, HHStA, StA England 69, f. 63; Kinsky an Harrach, London, 11.12.1733, FA Kinsky, 3 b), 64, o.f.
554 Bartenstein an Kinsky, Wien, 15.11.1733, FA Kinsky, 2 a), 56, o.f.
555 Ebd.
556 Bartenstein an Kinsky, Wien, 10.12.1733, FA Kinsky, 2 a), 64, o.f.
557 Bartenstein an Kinsky, Wien, 15.11.1733, FA Kinsky, 2 a), 56, o.f.

zur militärischen Unterstützung verpflichtet und könnten ihre Truppen auch leichter verlegen.[558] Noch ein Jahr später zeigte er sich verärgert über das Verhalten seines niederländischen Amtskollegen in London, der mit der Neutralität der Seemächte prahlte.[559] Da sich die niederländische Position nicht veränderte, sah Kinsky aber keine Chance für eine einseitige Kriegserklärung der Briten.[560] Anfang 1734 berichtete er dann aus London, dass »der König bey der Nation alles anwendt, um sich sobald möglich in wehrhaffte Verfassung zu setzen, und gegen die französischen allyrten zu declariren [...]«.[561] Tatsächlich äußerte sich Georg II. in der Rede zur Parlamentseröffnung sehr vage, betonte nur das Bündnis mit den Generalstaaten und die initiierten Friedensverhandlungen. Er sei

[...] no ways engaged, but by My good Offices [...]. Things are now brought to so great a Forwardness, that I hope in a short Time a Plan will be offered to the Consideration of all the Parties engaged in the present War, as a Basis for a General Negotiation of Peace [...].[562]

Die britische Neutralität wurde gegenüber dem kaiserlichen Gesandten einerseits mit der schwachen Stellung des Ministeriums zu Beginn der Krise, aber auch mit der Neutralität der Generalstaaten begründet.[563] Die neutrale Haltung der Niederlande ermöglichte es Frankreich, die an der dortigen Grenze stehenden Truppen zum Rhein hin abzuziehen, was wiederum die militärische Lage Prinz Eugens deutlich schwächte.[564] Prinz Eugen hoffte deshalb auf eine baldige – möglichst positive – Antwort, denn falls keine Hilfe käme, »so ist es noch besser es klar zu sagen, als mit unnöthiger hoffnung uns aufzuhalten, umb die weiteren mesuren auf ein oder andere weis nehmen zu können.«[565] Der Kaiser sei aber ohne die Hilfe seiner mächtigen Alliierten

558 Kinsky an [Sinzendorff], chiffriert, London, 18.08.1733, HHStA, StA England 70, f. 59–60.
559 Kinsky an Prinz Eugen, London, 28.05.1734, HHStA, Gr. Korr. 94b, f. 287.
560 Kinsky an Prinz Eugen, Hannover, 17.06.1735, HHStA, Gr. Korr. 94b, f. 336–336v.
561 Kinsky an Karl VI., London, 23.02.1734, HHStA, StA England 70, f. 13. Allerdings, so Kinsky, wollten die Generalstaaten umso mehr an der Neutralität festhalten, ebd., f. 13v.
562 Georg II., The King's Speech at Opening the First Session (1735), in: CHANDLER, The History and Proceedings 9, S. 2–3.
563 Walpole versuchte die Neutralität der Generalstaaten zu erklären, indem er ausführte, die Schwäche des britischen Ministeriums bei Ausbruch des Krieges habe in den Generalstaaten die Erinnerungen an die negativen Folgen einer solchen Schwäche geweckt, er erwähnte den Frieden von Utrecht nach dem Spanischen Erbfolgekrieg. Kinsky an Karl VI., chiffriert, London, 09.02.1734, HHStA, StA England 70, f. 7.
564 Prinz Eugen an Kinsky, Bruchsal, 29.06.1734, FA Kinsky, 2 d), 44, o.f.
565 Ebd.

nicht in der Lage, auch deren Land und Leute zu schützen – gemeint war hier natürlich Braunschweig-Lüneburg.

Walpole rühmte im Unterhaus die Vorzüge der Neutralitätspolitik.[566] Die kriegsführenden Parteien hätten jeweils etwa 50.000 Mann verloren und Handelseinbußen erlitten.

[…] we have carried on our trade with security; our manufactures have been improved, and extraordinary quantities of our corn exported; no British farmer has been disturbed, not an acre of land laid waste; not a drop of British blood split […].[567]

Höhere Ausgaben für Truppen seien zur Sicherheit aber notwendig. Andere Abgeordnete argumentierten dagegen, diese Regierungspolitik bedeute »war without hostilities, and peace without quiet«.[568] Viele Mitglieder der Parlamentsopposition wollten einen Krieg ebenfalls nur unterstützen, sollten die Generalstaaten sich anschließen.[569] Nach Beendigung des Krieges bestand Georg II. darauf,

[er] hätte das Kays. interesse zu allen zeiten vor augen gehabt, und qua Churfürst gethan, was Ihme obgelegen und kein andere befolget, daß Er aber quà König nicht gethan, was Er gern wolte, wäre Ihm nicht, sondern denen so vielen mißlichen umständen zuzuschreiben.[570]

Im Verlauf des Krieges brachte Graf Kinsky immer wieder vor, dass das britische Verhalten die Vertragspflicht verletze. Genauso sahen es auch andere britische Oppositionelle Anfang 1735. Pultney, einer von ihnen, sagte dazu, so wenig wie der französische Hof »dem Englischen Ministerio« den Abschluss des Wiener Vertrags ohne dessen Zustimmung verzeihen könne, werde der

---

566 Die Neutralitätspolitik Walpoles im Polnischen Thronfolgekrieg war nicht nur zeitgenössisch umstritten, sondern wird auch in der Historiographie kritisch diskutiert. Richard Lodge identifizierte 1931 die Walpole-Brüder, vor allem aber Robert Walpole als Schuldigen, der mit der Neutralitätspolitik im Polnischen Thronfolgekrieg die folgenden, für »England« katastrophalen Kriege mit Frankreich und Spanien, die durch ihre strategischen und diplomatischen Gewinne 1735 gestärkt waren, verursachte (Richard LODGE, English Neutrality in the War of the Polish Succession. A Commentary upon Diplomatic Instructions, Bd. 6, France, 1727–1744, in: Transactions of the Royal Historical Society 14 (1931), S. 141–173). Jeremy Black sah dagegen 1986 eine aktive Rolle Georgs II. in dieser Angelegenheit (BLACK, British Neutrality).

567 Members of the House of Commons, London, 07.02.1735 (a.S.), in: COBBETT, The Parliamentary History 9, S. 720.

568 Members of the House of Commons, London, [o.D.; Januar 1735], ebd., S. 688 (anders zitiert als »peace without rest, and war without hostitilities« bei HILL, Sir Robert Walpole, S. 186).

569 Kinsky an Karl VI., London, 04.02.1735, HHStA, StA England 71, f. 35–35v.

570 Kinsky an Prinz Eugen, London, 16.03.1736, HHStA, Gr. Korr. 94b, f. 350v.

Kaiser »demselben dessen inexecution vergessen [...].«[571] Ein mit Hilfe der britischen Regierung in London ausgehandelter Kredit für Karl VI. war aus kaiserlicher Sicht nur ein schwacher Ausgleich.[572]

Auf den folgenden Seiten werden anhand zweier geographischer Räume geostrategische Überlegungen und Konflikte innerhalb der hier untersuchten Beziehungen analysiert, zum einen der Norden des Reiches mit dem Schwerpunkt auf der Sicherheit des Kurfürstentums Braunschweig-Lüneburg, zum anderen Italien.

Für das Kurfürstentum Braunschweig-Lüneburg war – wie oben geschildert – die dynastische Erweiterung durch die Belehnungen mit den Herzogtümern Bremen und Verden und das Land Hadeln entscheidend. Aus geostrategischer Sicht stellte sich aber die Frage nach dem Einfluss des Kurfürsten von Braunschweig-Lüneburg im niedersächsischen Raum im Vergleich zum Kurfürsten von Brandenburg und König von Preußen und den anderen Mitgliedern des Welfenhauses aus der Linie Braunschweig-Wolfenbüttel. Grundsätzlich ist für das 18. Jahrhundert festgestellt worden, dass durch die Übernahme des britischen Throns und damit die regelmäßige Abwesenheit der Kurfürsten von Braunschweig-Lüneburg die Vormachtstellung Preußens gestärkt wurde.[573] Die Frage ist hier, wie sich das Verhältnis zwischen Karl VI. und Georg II. auf die Lage im norddeutschen Raum auswirkte.[574] Für Großbritannien war dieser Geltungsbereich entscheidend, da eine Gefährdung der deutschen Territorien in der Personalunion auch eine Notlage für die britische Monarchie darstellen würde. Kinsky bezeichnete die hannoverschen Lande explizit als »Schwäche« Georgs II.[575] Seit 1726 standen durch ein Verteidigungsbündnis zwischen Georg I. als König von Großbritannien und dem Landgrafen von Hessen-Kassel 12.000 Mann hessische Truppen gegen britische Subsidienzahlungen zur Verteidigung des Kurfürstentums bereit.[576] Das Geld wurde regelmäßig – teilweise gegen Widerstand der Opposition – vom britischen Parlament genehmigt.[577] Henry Pelham, Kriegsminister bis

---

571 Kinsky an Karl VI., London, 21.02.1735, HHStA, StA England 71, f. 50v.
572 Siehe zu den Verhandlungen um den Kredit Kapitel 5.2, S. 356–360.
573 Press, Kurhannover, S. 62.
574 Ausgeklammert wird dagegen die Frage nach Ostfriesland, da sie das Verhältnis zwischen Kaiser und den Generalstaaten betraf. Britische Diplomaten wurden nur angewiesen, innerhalb der Zusammenarbeit der Seemächte die niederländischen Repräsentanten am Kaiserhof in dieser Frage zu unterstützen. Siehe z.B. Waldegrave an Townshend, Wien, 06.11.1728, TNA, SP 80, 63, f. 198–198v.
575 Kinsky an [Sinzendorff?], chiffriert, London, 14.10.1729, HHStA, StA England 65, f. 8v.
576 Helga Magis, Subsidien Englands an deutsche Fürsten (1700 bis 1785). Ein Beitrag zur Geschichte der Außenpolitik mit Geld, Innsbruck 1965, S. 73–74. Hessen-Kassel unterhielt eine der schlagkräftigsten Armeen der damaligen Zeit (Black, Parliament and Foreign Policy, S. 44–45).
577 Siehe zu den Parlamentsdebatten Black, Parliament and Foreign Policy, S. 46–50.

1730 und jüngerer Bruder des Secretary of State Newcastle, verlautete, »[…]
that the true design of the Hessian troops was never to defend Hanover, but
to guard one part of Europe from the ambitious views of another.«[578] Eine
reine Verteidigungsmaßnahme zugunsten »fremder Territorien« – des Kurfürstentums – mit britischen Mitteln ohne die Zustimmung des Parlaments
widersprach dem Act of Settlement aus dem Jahr 1701.[579]

Unter Karl VI. versuchte der Wiener Hof, Einfluss auf das als besonders
reichsfern[580] geltende norddeutsche Reichsgebiet zu gewinnen, unter anderem durch Bündnisse mit den mächtigsten Fürsten der Region. 1726 wurde
die Allianz mit Friedrich Wilhelm von Preußen erneuert.[581] Damit galt
der Berliner Hof als in enger Freundschaft verbunden, das gute Verhältnis
zu Preußen sollte nach außen für nichts – auch nicht für einen Vertrag mit
dem Kurfürsten von Braunschweig-Lüneburg, also Georg II., dem anderen
mächtigen Herrscher der Region – gefährdet werden.[582] Braunschweig-lüneburgische Forderungen »auff lauter ungereimbten diengen«, die keinen
Willen zur Verständigung erkennen ließen, schienen dieser Politik recht zu
geben.[583] Der Earl of Waldegrave vermutete aber noch ein anderes Motiv für
die preußische Unterstützung für Karl VI.: der kaiserliche Hof habe den König
von Preußen wegen der vielen Prozesse in der Hand, die dieser am Reichshofrat laufen habe.[584] Allerdings fand Waldegrave genau aus diesem Grund das
preußisch-kaiserliche Bündnis nicht besonders widerstandsfähig: »[…] both
Courts ought to know each other too well to rely very much upon each others
Promise, which perhaps would be no longer binding than it suited with their
mutual Interest.«[585] Eine Folge dieser Allianz war der Versuch, die welfischen

---

578 15.02.1730, HMC (Hg.): Manuscripts of the Earl of Egmont, Diary of Viscount Perci-
     val 1, S. 25–26, zitiert nach: BLACK, Parliament and Foreign Policy, S. 48.
579 Act for the Further Limitation […] [Act of Settlement, 1701], in: Andrew BROWNING
     (Hg.), English Historical Documents. Bd. 8: 1660–1714, London 1966, S. 134.
580 Die Intensivierung der Reichspolitik seit Ende des 17. Jahrhunderts hatte daran nichts
     geändert. Siehe RÖMER, Niedersachsen, S. 229–236.
581 Grundlage des Bündnisses war von preußischer Seite der Wunsch nach Anerkennung
     der ostfriesischen Sukzession sowie der Sicherung von Jülich und Berg (PRESS, Austria
     and the Rise of Brandenburg-Prussia, S. 305–306). Gleichzeitig spaltete den kaiser-
     liche Unterstützung für Braunschweig-Wolfenbüttel das Welfenhaus. Erst Georg II.
     erreichte nach seiner Thronbesteigung die Versöhnung durch einen förmlichen
     Vertrag zwischen ihm als König und dem Herzog von Braunschweig-Wolfenbüttel
     (Christof RÖMER, Der Kaiser und die welfischen Staaten 1679–1755. Abriß der Kon-
     stellationen und der Bedingungsfelder, in: KLUETING/SCHMALE, Das Reich und seine
     Territorialstaaten, S. 43–66, hier S. 56–57). Die Konflikte waren aber nicht ausge-
     standen.
582 Karl an Kinsky, Wien, 26.6.1729, HHStA, StA England 66, f. 31v.
583 Karl an Kinsky, Wien, 30.8.1729, HHStA, StA England 66, f. 44.
584 Waldegrave an Townshend, chiffriert, Graz, 18.09.1728, TNA, SP 80, 63, f. 129–129v.
585 Waldegrave an Townshend, chiffriert, Wien, 27.11.1728, TNA, SP 80, 63, f. 229v.

Exekutionstruppen in Mecklenburg durch brandenburgische zu ergänzen.[586]
Dies hätte aber die hannoverschen Territorien Georgs II. bedroht. Zur Sicherung des Kurfürstentums war er deshalb zu Zugeständnissen an Friedrich
Wilhelm I. bereit; dazu zählte unter anderem der – gescheiterte – Versuch,
den britischen Kronprinzen mit der ältesten preußischen Prinzessin zu verheiraten.[587] Graf Kinsky berichtete zu dieser Zeit zwar, man mache sich in
London Hoffnungen, Preußen auf die britische Seite zu ziehen.[588] Gleichzeitig
erklärte Townshend, Georg II. habe Informationen über einen unmittelbar
bevorstehenden Angriff auf die deutschen Territorien.[589] Ein für Georg II.
wichtiges Ergebnis der Verhandlungen 1731 war deshalb, dass in Mecklenburg
keine preußischen Truppen eingesetzt wurden.[590] Ein Jahr später, als die Verhandlungen über die vom Kaiser garantierten Kosten der Exekutionstruppen
immer noch nicht abgeschlossen waren[591] und die Rückkehr des Herzogs von
Mecklenburg mit Sorge beobachtet wurde,[592] gab es aus britischer Sicht nur
eine gute Nachricht: »We have at least the consolation in the mean time to see
the K. of Prussia absolutely excluded out of the question [of Mecklenburg].«[593]
Gegenüber dem Kaiserhof sollte Robinson allerdings das Verhältnis zwischen
Georg II. und Friedrich Wilhelm I. gutreden.[594]

Aus kaiserlicher Sicht setzte man sich weiterhin für einen Ausgleich zwischen den beiden wichtigsten Territorialherren im Norden des Reiches ein.
Gleichzeitig verwehrte sich Karl VI. gegen jeden britischen Versuch, das Verhältnis zu den preußischen und russischen Verbündeten zu stören.[595] Hierzu
gehörte auch, dass Georg II. versuchte, die vom Kaiserhof unterstützte Heirat
des zweiten Sohns des Herzogs Ferdinand von Braunschweig-Wolfenbüttel-
Bevern mit der Nichte der Zarin zu verhindern.[596] Einige der ersten geheimen
Handschreiben Karls VI. an Graf Kinsky behandelten dementsprechend
das aufrichtige Interesse des Kaisers an einer Aussöhnung zwischen seinen

---

586 Waldegrave an Townshend, Wien, 29.05.1728, NA, SP, 80, 62, f. 234.
587 Kinsky an Karl VI., London, 12.04.1730, HHStA, StA England 67, f. 49v; Kapitel 5.1,
     S. 324–325.
588 Kinsky an Karl VI., chiffriert, London, 10.01.1730, HHStA, StA England 67, f. 5.
589 BLACK, Parliament and Foreign Policy, S. 45–46.
590 Konferenzprotokoll, Geheime Konferenz, Wien, 09.01.1731, HHStA, StK Vorträge 32,
     f. 3.
591 Karl VI. an Kinsky, Wien, 31.01.1732, HHStA, StA England 68, f. 13–13v, 18.
592 Kinsky an Karl VI., p.s., chiffriert, London, 26.06.1730, HHStA, StA England 67,
     f. 21v, 24; Kinsky an Karl VI., London, 01.08.1730, HHStA, StA England 67, f. 2–2v.
593 Robinson an Tilson, chiffriert, Wien, 06.02.1732, TNA, SP 80, 85, o.f. Stattdessen
     regierte in Mecklenburg nun der Bruder des abgesetzten Herzogs (TROSSBACH, Power
     and Good Governance, S. 197).
594 Harrington an Robinson, Hampton Court, 14.08.1731, TNA, SP 80, 78, o.f.
595 Karl VI. an Kinsky, Wien, 02.01.1732, HHStA, StA England 68, f. 1v–2.
596 Harrington an Robinson, chiffriert, Whitehall, 28.03.1732, TNA, SP 80, 86, o.f.; Har-
     rington an Robinson, London (Whitehall), 16.05.1732, TNA, SP 80, 87, o.f.

Verbündeten sowie die damit einhergehenden Schwierigkeiten.[597] Obwohl alles versucht worden sei, gefährde die englische [!] Unaufrichtigkeit diese Vermittlung und verstärke das preußische Misstrauen. Karl VI. vermutete, sicher nicht ganz zu Unrecht, Georg II. habe den Vermittlungsversuchen nur zugestimmt, um Heiratsverbindungen zwischen beiden Dynastien anzuknüpfen.[598] Allerdings hatte Karl VI. von Anfang an angenommen, dass eine Versöhnung zwischen beiden Monarchen am Misstrauen des preußischen Königs scheitern müsse.[599] Dem kaiserlichen Diplomaten am Berliner Hof, Seckendorff, wurde von britischer Seite eine Mitschuld gegeben, da er den preußischen König gegen den britischen aufgebracht habe.[600] Letztlich verlor Karl VI. zumindest im geheimen Briefwechsel jegliche Geduld mit Georg II. und Friedrich Wihelm I.:

Mir ist die fürdauernde ereyfferung zwischen beeden Königen leid genug, und würde billich empfinden, wann mann in Engelland von Meiner auffrichtigkeit nicht überzeugt seyn solte; wo Ich andererseits berichtet werde, daß der leztere, obwohlen mit so vieler behutsamkeit gethane versuch, des Königs in Preußßen patriotische gesinnung zimblich geschwächet habe. Worauf dann leicht abzunehmen stünde, wie Ich es ansehen müßte, wann so gar auch bey Engelland keinen danck verdienet haben solte: wo doch der wiedrige ausschlag guten theils dem vorzug beyzumeßen, welcher nicht von Mir, sondern Engelland herrühret […].[601]

Im Polnischen Thronfolgekrieg kam es zu einer weiteren Eskalation. Durch den Einmarsch preußischer Truppen in Mecklenburg[602] war die territoriale Integrität des Kurfürstentums Braunschweig-Lüneburg erneut in Gefahr. Die hannoverschen Truppen konnten dem Kaiser nicht zur Verfügung gestellt

597 Karl VI. an Kinsky, Handschreiben, Wien, 16.01.1733, HHStA, StA England 69, f. 23, 25; Karl VI. an Kinsky, Handschreiben, Wien, 06.02.1733, HHStA, StA England 69, f. 58–59; Karl VI. an Kinsky, Handschreiben, Wien, 11.07.1733, HHStA, StA England 69, f. 13, 23.

598 Karl VI. an Kinsky, Handschreiben, Wien, 16.01.1733, HHStA, StA England 69, f. 25; Karl VI. an Kinsky, Handschreiben, Wien, 06.02.1733, HHStA, StA England 69, f. 58–58v.

599 Karl VI. an Kinsky, Wien, 15.01.1733, HHStA, StA England 69, f. 18–18v.

600 Robinson an Harrington, »most private«, Wien, 09., 10., 11.02.1732, TNA, SP 80, 85, o.f.

601 Karl VI. an Kinsky, Handschreiben, Wien, 11.07.1733, HHStA, StA England 69, f. 23.

602 Der abgesetzte Herzog Karl Leopold versuchte einen bewaffneten Aufstand gegen seinen nun auf kaiserliche Aufforderung hin regierenden Bruder. Das nahm der Kurfürst von Brandenburg zum Anlass, das südliche Mecklenburg zu besetzen (TROSSBACH, Power and Good Governance, S. 197). Der Wiener Hof hatte zuvor versucht, den preußischen Einmarsch in Mecklenburg zu verhindern. Karl VI. an Kinsky, 08.10.1733, HHStA, StA England 69, f. 63v. Alle Truppen zogen erst 1735 aus Mecklenburg ab (ARNDT, Herrschaftskontrolle durch Öffentlichkeit, S. 445).

werden, da sie zum Schutz des Kurfürstentums zurückgehalten wurden.[603]
Das Angebot des preußischen Königs, die Truppen abzuziehen, wenn die
braunschweig-lüneburgischen ebenfalls abzögen, nahm Georg II. nicht
ernst.[604] Georg II. befürchtete jederzeit einen preußischen Angriff und ließ
sich auch vom kaiserlichen Botschafter Kinsky nicht beruhigen:

[…] so versetzte Er [Georg II.] mir glatterdings, daß auf des Königs in Preußen worth,
und sistema nicht zu bauen seye, welches der Kays. Hoff allschon selbsten genüglich
erfahren hätte, und annoch erfahren würde.[605]

Auch Anfang 1735 sah Georg II. diese Gefahr noch.[606] Bartenstein ereiferte
sich wegen dieses Verhaltens mehrfach, besonders, da die kurfürstlichen
Truppen ohne Parlamentsbeschluss entsendet werden könnten; nur »wegen
Preussen will sich ChurBraunschweig zu nichts einverstehen, obwohlen die
Preussische unzufriedenheit von dem hiesigen guten verstehen mit Chur-
Braunschweig herrühret.«[607] Tatsächlich rückten die preußischen Truppen
trotz entsprechender Absprache mit dem Kaiserhof während des Krieges
nicht mehr ab.[608] Auch wenn andere Gründe wie die nicht erfolgten Zah-
lungen aus der Kasse der mecklenburgischen Exekution zur verspäteten
Hilfe Georgs II. als Kurfürst beitrugen, war die geostrategisch unsichere
Lage nicht unwesentlich für seine zögerliche Haltung. Erst 1734 wurden hannoversche Hilfstruppen gestellt.[609] Grundsätzlich blieben die Verhältnisse
im norddeutschen Raum angespannt. Als Vermittler zwischen den Mon-

---

603 Karl VI. an Kinsky, Wien, 31.10.1733, HHStA, StA England 69, f. 84.
604 Karl VI. an Kinsky, Wien, 31.10.1733, HHStA, StA England 69, f. 85; Kinsky an
     Karl VI., London, 25.12.1733, HHStA, StA England 70, f. 59v.
605 Ebd., f. 60.
606 Kinsky an Karl VI., London, 21.01.1735, HHStA, StA England 71, f. 23–24.
607 Bartenstein an Kinsky, Wien, 15.11.1733, FA Kinsky, 2 a), 56, o.f.; Zitat aus Barten-
     stein an Kinsky, Wien, 10.12.1733, FA Kinsky, 2 a), 64, o.f.
608 Kinsky an Karl VI., London, 09.03.1734, HHStA, StA England 70, f. 23; Kinsky
     an Karl VI., London, 23.02.1734, HHStA, StA England 70, f. 14. Schwierig ist die
     Annahme von Werner Trossbach, die preußischen Truppen seien in Mecklenburg
     geblieben »[with] the tacit permission of the emperor […] putting an end to the
     Hanoverian supremacy in the country and restoring the regional balance of power
     in Germany's north.« TROSSBACH, Power and Good Governance, S. 197. Tatsächlich
     zeigten schon die Diskussionen der Geheimen Konferenz und Karls VI. der Jahre
     1730 bis 1732, dass Friedrich Wilhelm I. keine Möglichkeit gegeben werden sollte,
     seinen Einfluss zu vergrößern, zum Beispiel durch Zahlung der ausstehenden Kosten.
     Siehe HUGHES, Law and Politics, S. 233–239.
609 Siehe Kapitel 2.5, S. 102. Insgesamt wurde in diesem Krieg von kaiserlicher Seite eine
     Truppenhöhe von ungefähr 200.000 Mann erreicht (HOCHEDLINGER, Der gewaffnete
     Doppeladler, S. 233, Graphik), wovon ca. 40 % aus Hilfs- und Kreistruppen bestanden
     (WILSON, The Holy Roman Empire and the Problem of the Armed Estates, S. 511).

archen der größten Herrschaftsgebiete erreichte Karl VI. allerdings, dass
es weder zum offenen Krieg noch – beim schlechten Verhältnis der beiden
Monarchen ohnehin eher unwahrscheinlich – zu deren Bündnis gegen den
Kaiser kam.

Italien, von den norditalienischen Reichslehen bis zum Königreich Neapel-Sizilien, war ein weiterer geostrategischer Raum, der in den Beziehungen
zwischen dem Wiener und Londoner Hof eine große Rolle spielte. Am Anfang
des hier betrachteten Zeitraum kreisten die grundlegenden Diskussionen um
die Problematik der Reichslehen der Herzogtümer Toskana, Parma und Piacenza. Als ihr zukünftiger Großherzog – nach dem erwarteten Aussterben
der regierenden Dynastien – war seit Abschluss der Quadrupelallianz 1718
Don Carlos, der älteste Sohn des spanischen Königs mit seiner zweiten Ehefrau Elisabeth Farnese, vorgesehen. Der Wiener Hof befürchtete, dass es dabei
nicht bleiben würde, sondern vielmehr ein spanisches »Dominat« in Italien
das Ziel sei.[610] Gleichzeitig bestand die Gefahr einer bourbonischen Hegemonie in Europa: »[…] wann Frankreich, Spanien und Italien in einem Hauß
vereinbahret sich befinden würden, einem so mächtigen Hauß wiederstandt
zu thun nicht leicht jemand sich anmaßen dörfte.«[611] Aus gesamteuropäisch
strategischen sowie wirtschaftlichen Erwägungen hatten vor allem die britischen Minister Newcastle und Harrington Befürchtungen, eine bourbonische
Herrschaft in Italien könnte eine Stärkung der französischen oder spanischen Vorherrschaft im Mittelmeerraum und gleichzeitig eine Schwächung
der britischen Einflussmöglichkeiten bewirken.[612] Aufgrund des wachsenden
britischen Mittelmeerhandels[613] waren die italienischen Häfen als wirtschaftliche und militärische Stützpunkte wichtig. In diesem Zusammenhang ist
auch die Aushandlung der Meistbegünstigungsklausel im 7. Artikel des Zweiten Wiener Vertrags von 1731 zu sehen.[614] Die britische Opposition drückte
deutlich aus, dass eine fehlende Unterstützung des Kaisers in Italien durch
eine spanische Einnahme Neapel-Siziliens zu Handelsverlusten in Sizilien
führen würde, da die gewährten Handelsvorteile verloren gehen würden.[615]
Diese Argumentation sollte schon ein Jahr vorher Graf Kinsky auf Anweisung aus Wien benutzen.[616] Dagegen betonte Sir Robert Walpole, dass ein

610 Karl VI. an Kinsky, chiffriert, Wien, 16.03.1730, HHStA, StA England 68, f. 13.
611 Ebd., f. 13v.
612 BROWNING, The Duke of Newcastle, S. 67; SHEEHAN, Balance of Power Intervention,
     S. 277.
613 SCHULTE BEERBÜHL, Deutsche Kaufleute in London, S. 151.
614 Siehe Kapitel 2.3.1, S. 79.
615 HILL, Sir Robert Walpole, S. 186.
616 Karl VI. an Kinsky, Wien, 28.01.1734, FA Kinsky 8 a), 10, o.f.

Kriegseintritt Großbritanniens im Gegenzug zum weltweiten Konflikt mit
französischen Angriffen auf britische Territorien und Schiffe, also auch Han-
delsschiffe, führen würde.[617]

Aus Sicht des Wiener Hofes war ein weiteres Problem die Forderung nach
der Stationierung spanischer Truppen in den entsprechenden Festungen, um
den Anspruch des Infanten zu sichern. Für Karl VI. und Graf Sinzendorff
wären dadurch aber die Rechte des Reiches gefährdet gewesen, da die militärische Macht zur Loslösung der Territorien aus dem Lehensverband genutzt
werden könnte. Dies schien sich durch die nicht vom Kaiser genehmigte Huldigung Don Carlos' in seinen neuen Fürstentümer sowie die Annahme des
Titels eines Großherzogs zu bestätigen.[618] Der Marqués de Rialp befürchtete
zudem, der spanische König könnte direkte Ansprüche auf die Gebiete erheben und mit Waffengewalt durchsetzen.[619] Rialp hatte durch seinen Landbesitz
in Italien, den ihm Karl VI. verliehen hatte, ein persönliches Interesse daran,
diese Gebiete unter kaiserlicher Kontrolle zu halten.[620] Auch der Großherzog
der Toskana sprach sich vehement gegen spanische Truppen aus. Prinz Eugen
bekräftigte mehrfach die Unterstützung des Kaisers für den Großherzog in
dieser Angelegenheit, im Zweifel sogar mit militärischen Mitteln.[621] Der Earl
of Waldegrave schloss deshalb, »nothing but the last Necessity will make them
consent to it.«[622] Währenddessen meinte aber Sir Robert Walpole, die britische Regierung müsse auf der Nachfolgeregelung für Don Carlos bestehen
und die spanische Monarchie unterstützen,[623] um die abgesprochenen Handelsvorteile sowie Gibraltar und Menorca nicht zu gefährden.[624] Hierüber
kam es zum weiteren Streit zwischen Walpole und Townshend.[625] Die Akzeptanz der spanischen Garnisonen durch den Kaiser – und die Erfüllung der
hannoverschen Forderungen aus der mecklenburgischen Exektion – wurden
als Bedingung für die Gewährung einer Garantie der habsburgischen Erbfolge von britischer Seite erklärt.[626] Als durch den Vertrag von 1731 Karl VI.

617 HILL, Sir Robert Walpole, S. 186. Diese Argumentation verfolgte auch John Robinson,
     der Bruder von Sir Thomas Robinson, siehe das auf S. 363 angeführte Zitat (John
     Robinson an Thomas Robinson, Surat, 13.01.1735, WYAS, WYL 150, 6024).
618 Karl VI. an Kinsky, Wien, 01.02.1733, HHStA, StA England 69, f. 29v–30v.
619 Waldegrave an Townshend, chiffriert, Graz, 09.10.1728, TNA, SP 80, 63, f. 155. Wal-
     degrave an Townshend, Wien, 24.12.1729, TNA, SP 80, 65, f. 307–307v.
620 Siehe Kapitel 3.1.2, S. 134, Fn. 157.
621 Waldegrave an Townshend, chiffriert, Wien, 09.07.1729, TNA, SP 80, 65, f. 24–24v.
622 Waldegrave an Townshend, Wien, 04.06.1729, TNA, SP 80, 64, f. 268–268v.
623 Townshend an Waldegrave, Hannover, 26.06.1729, TNA, SP 80, 64, f. 285–286v. Eine
     Folge war der Abschluss des Vertrags von Sevilla, der zur Verschlechterung der Bezie-
     hungen zwischen Wien und London und fast zum Krieg führte.
624 SIMMS, »Ministers of Europe«, S. 121.
625 Kinsky an Karl VI., London, 14.10.1729, HHStA, StA England 65, f. 7v.
626 So erfuhr es Kinsky aus Gesprächen mit Minister Harrington. Kinsky an Karl VI.,
     London, 01.08.1730, HHStA, StA England 67, f. 1v.

tatsächlich den spanischen Besatzungstruppen zustimmte und Don Carlos mit britischer Flottenhilfe[627] zusammen mit spanischen Soldaten nach Italien übersetzte, erklärte Sir Thomas Robinson dies zu seinem größten Erfolg.[628]

Die italienischen Königsreiche Neapel und Sizilien sowie Mailand waren neben den Österreichischen Niederlanden die Verbindung zum spanischen Königreich, welches Karl VI. verloren hatte.[629] Für die folgenden Ausführungen interessieren nur die grundlegenden strategischen Überlegungen sowie ihre Behandlung innerhalb der kaiserlich-britischen Beziehungen seit Ende der 1720er Jahre. Regiert wurden die Königreiche durch Vizekönige, von 1728 bis 1733 war dies Alois Graf Harrach, seit dem Sommer 1733 Graf Visconti.[630] Gleichzeitig hatten sie, wie die niederländischen Territorien, keine direkte Landverbindung zu den Österreichischen Erblanden und waren deshalb nur schwer zu halten. Ein Angriff durch französische oder spanische Militärkräfte wurde immer wieder befürchtet.[631] Trotz mangelnder Finanzmittel ließ Karl VI. nach Bekanntwerden des Vertrags von Sevilla in Italien Truppen in Höhe von 25.000 Mann rekrutieren.[632] Sie sollten die italienischen Territorien gegen den angedrohten Einmarsch der Alliierten von Sevilla verteidigen. Der oben erwähnte Truppenabbau des Jahres 1732 beeinflusste allerdings auch die Verteidigungsbereitschaft in Italien. Prinz Eugen gestand gegenüber dem britischen Gesandten Robinson ein, dass bei einem spanischen Angriff höchstens 6.000 Mann einsatzbereit wären.[633] In einer Weisung an Graf Kinsky hieß es deshalb: »Weßfalls das haubtwerck darauff ankombt, sich von nun in stand zu sezen, umb ehender im Mittelländischen meer eine flott zu haben […].«[634] Die kaiserliche Flotte sollte also die mangelnde Truppenstärke ausgleichen helfen.

627 Diese Hilfe war schon 1729 angeboten worden. Kinsky an Karl VI., London, 26.05.1729, HHStA, StA England 65, f. 37.
628 Robinson, Circular Letter, Wien, 21.03.1731, TNA, SP 80, 73, f. 28. Siehe ebenso Robinson an Harrington, chiffriert, Wien, 11.11.1731, TNA, SP 80, 81, o.f.
629 Siehe zur Wichtigkeit dieser Verbindung für den Kaiser Kapitel 3.1.1, S. 116–117.
630 Zur habsburgischen Regierung in Neapel-Sizilien siehe immer noch grundlegend BENEDIKT, Das Königreich Neapel (erschienen 1927), sowie Antonio Di VITTORIO, Gli Austriaci e il Regno di Napoli 1707–1734. Ideologia e politica di Sviluppo, Neapel 1973. Von der italienischen Forschung der letzten Jahrzehnte ist das habsburgische Neapel-Sizilien neu beleuchtet worden. Einen knappen Forschungsüberblick gibt Marcello VERGA, L'Impero in Italia. Alcune considerazioni introduttive, in: Matthias SCHNETTGER/Marcello VERGA (Hg.), L'Impero e l'Italia nella prima età moderna/Das Reich und Italien in der Frühen Neuzeit, Bologna 2006, S. 11–24, hier S. 21–23.
631 Waldegrave an Townshend, Wien, 24.12.1729, TNA, SP 80, 65, f. 307–307v.
632 Karl VI. an Kinsky, Wien, 28.12.1729, HHStA, StA England 66, f. 57–57v. Schon Anfang des Jahres hatte Waldegrave von Truppenaufstockungen in Italien berichtet. Waldegrave an Townshend, chiffriert, Wien, 08.01.1729, TNA, SP 80, 64, f. 20–20v.
633 Robinson an Harrington, chiffriert, Wien, 23.04.1732, TNA, SP 80, 87, o.f.
634 Karl VI. an Kinsky, Wien, 01.02.1733, HHStA, StA England 69, f. 27v.

Im Polnischen Thronfolgekrieg waren aber weder die kaiserlichen Truppen noch die Flotte in der Lage, Neapel und Sizilien gegen die spanische Übermacht zu halten. Weitere Soldaten nach Süden zu schicken konnte der Wiener Hof sich nicht leisten, da auch an allen anderen Kriegsorten nur unzureichende Truppenstärken vorhanden waren. Die Unterstützung der Verteidigungsmaßnahmen für die italienischen Territoren durch eine britische Flotte im Mittelmeer wurde vom Kaiserhof nun verstärkt gefordert.[635] Sowohl Robinson in Wien als auch Kinsky in London erhielten im ersten Kriegswinter 1733/34 entsprechende Denkschriften, um sie der britischen Regierung zu übermitteln, ohne dass dies Erfolg gehabt hätte.[636] Allerdings sah Graf Kinsky wohl richtig, dass die britischen Minister die Flotte nicht für die Bündnispolitik einsetzen würden.[637] Stattdessen setze man die Flotte ein, um sich gegen jakobitisch-französische Angriffe zu verteidigen.[638]

Don Carlos und sein Befehlshaber Montemar ließen ab März 1734 von Parma und Piacenza aus Truppen nach Süditalien marschieren und konnten bis zum August 1734 die beiden Königreiche Neapel und Sizilien einnehmen. Die spanische Flotte unterstützte diese Aktionen.[639] Damit erfüllten sich die Befürchtungen, die der Wiener Hof wegen der spanischen Truppen in den oberitalienischen Reichslehen von Anfang an gehabt hatte. Gleichzeitig bedeutete die Bestätigung der spanischen Eroberung Neapel-Siziliens im Präliminarfriedensvertrag von 1735 und im endgültigen Friedensvertrag von 1738, dass auch die britische Lage im Mittelmeerraum ungünstiger geworden war.[640]

Sehr deutlich wird durch diese beiden Fallbeispiele, dass geostrategische Überlegungen von anderen handlungsleitenden Faktoren beeinflusst wurden. Zugleich zeigen sie, dass beide Monarchen und ihre Regierungen von den regionalen Konflikten ausgehend jeweils gesamteuropäische Folgen in Betracht zogen und ziehen mussten.

---

635 Siehe Karl VI. an Kinsky, Wien, 01.12.1732, 2. Anhang zur Hauptinstruktion, HHStA, StA England 68, f. 54v–55.

636 Bartenstein an Kinsky, Wien, 15.11.1733, FA Kinsky 2 c), 56, o.f. Jeremy Black sieht die britische Zurückhaltung als ausschlaggebend für den spanischen Erfolg: »[…] the refusal of Britain to send a fleet to the Mediterranean in 1733–35 helped Spain to conquer Naples and Sicily.« BLACK, Introduction, S. 14.

637 Kinsky an Harrach, London, 11.12.1733, FA Kinsky, 3 b), 64, o.f.

638 Siehe u.a. Kinsky an Prinz Eugen, p.s., London, 23.04.1734, HHStA, Gr. Korr. 94b, f. 247.

639 Siehe Kapitel 2.5, S. 101.

640 SIMMS, »Ministers of Europe«, S. 121–122: »The loss of Naples and Sicily to a branch of the Spanish Bourbons after the Habsburg defeats in the War of the Polish Succession was therefore a major blow to Britain's European policy. First of all, because it made the containment of French thrusts into Italy more difficult. Secondly, because it subverted Austrian power more generally and thus the balance of power as a whole«.

5.4 Religion

Konfessionsfragen spielten auch nach dem sogenannten »konfessionellen« Zeitalter eine Rolle in den internationalen Beziehungen.[641] Viele Dynastien vor allem auf dem Reichsgebiet waren konfessionell gespalten, so dass katholische, lutherische oder reformierte Zweige gleichzeitig existierten. Anton Ulrich von Braunschweig-Wolfenbüttel, Großvater der Kaiserin Elisabeth Christine und regierender Herzog der älteren Linie der Welfen, gehörte Ende des 17. Jahrhunderts zu den prominenten Beispielen für Konversionen zum katholischen Glauben.[642] Sowohl Kaiser Karl VI. als auch König Georg II. waren Vertreter dynastischer Linien, die aus unterschiedlichen Beweggründen heraus konfessionell eindeutig katholisch beziehungsweise protestantisch auftraten und auftreten mussten.

Karl VI. sah es als seine Aufgabe an, als weltliches Oberhaupt der römischen Kirche und der christlich-katholischen Welt Katholiken in ganz Europa zu schützen, den katholischen Glauben zu erhalten und für dessen Verbreitung zu sorgen.[643] Dieses Bild wurde auch medial durch die konstante Berichterstattung über die Teilnahme des Kaisers und der kaiserlichen Familie an Kirchenfesten, Gottesdiensten und Prozessionen verbreitet.[644] Es entsprach der besonderen religiösen Prägung der Pietas Austriaca,[645] die »das Selbstverständnis der Habsburger als Bewahrer des römisch-katholischen Glaubens«[646] ausdrückte. Die Pietas Austriaca erlebte unter Karl VI. eine weitere Aufwertung, wie Eintragungen insbesondere der Marienfeste in den

---

641 Eine andere Meinung vertrat Heinz SCHILLING (ders., Die neue Zeit. Vom Christenheitseuropa zum Europa der Staaten. 1250 bis 1750, Berlin 1999, S. 450–452). Zur Wiederentdeckung religiöser Fragen für die Erforschung des 18. Jahrhunderts siehe z.B. Michael SCHAICH (Hg.), Monarchy and Religion. The Transformation of Royal Culture in Eighteenth-Century Europe, Oxford 2007, sowie darin ders., Introduction, in: Ders. (Hg.), Monarchy and Religion, S. 1–40, hier bes. S. 4–6, sowie Jonathan Charles Douglas CLARK, The Re-Enchantment of the World? Religion and Monarchy in Eighteenth-Century Europe, in: SCHAICH, Monarchy and Religion, S. 41–75; oder auch die Studien etwa von Andrew THOMPSON, z.B. ders., Britain, Hanover and the Protestant Interest; ders, Hanover-Britain and the Protestant Cause, 1714–1760, in: GESTRICH/SCHAICH, The Hanoverian Succession, S. 89–106.
642 HOECK, Anton Ulrich.
643 MÜLLER, Das kaiserliche Gesandtschaftswesen, S. 272.
644 Siehe grundlegend Franz-Stefan SEITSCHEK, Religiöse Praxis am Wiener Hof. Das Beispiel der medialen Berichterstattung, in: István FAZEKAS u.a. (Hg.), Frühneuzeitforschung in der Habsburgermonarchie. Adel und Wiener Hof – Konfessionalisierung – Siebenbürgen, Wien 2013, S. 71–101.
645 Anna CORETH, Pietas Austriaca. Österreichische Frömmigkeit im Barock, München ²1982, S. 64–67.
646 Elisabeth GARMS-CORNIDES, Pietas Austriaca – Heiligenverehrung und Fronleichnamsprozession, in: SEITSCHEK u.a., 300 Jahre Karl VI., S. 185–197, hier S. 197.

Zeremonialprotokollen belegen.[647] Dazu trug auch bei, dass Elisabeth Christine von Braunschweig-Wolfenbüttel vor der Heirat konvertierte und als Königin von Spanien sowie später als Kaiserin die »Pietas austriaca« vertrat, ohne die Protestanten bei Hof bekehren zu wollen.[648]

Die Stellung des Kaisers als »advocatus et protector ecclesiae«[649] äußerte sich zum einen im Einsatz gegen Ungläubige. Diese Ideen existierten schon in vorherigen Jahrhunderten, waren aber mit der Türkenabwehr seit Ende des 17. Jahrhunderts stärker in den Vordergrund gerückt.[650] Dazu gehörten vermehrte Rekatholisierungsbemühungen in habsburgischen Territorien sowie das Vorgehen gegen »Häretiker« – Protestanten.[651] Zum anderen führten diese Ansichten zu einer gesteigerten Sorge um bedrängte und unterdrückte Katholiken in protestantischen Territorien,[652] was vor allem die Nuntien am Kaiserhof immer wieder einforderten.[653]

Am Wiener Hof traten neben Reichsvizekanzler Schönborn wohl nur drei höhere Geistliche prominent auf, es waren jeweils der Erzbischof von Wien, der kaiserliche Botschafter beim Papst und der Nuntius.[654] Damit spielte die Geistlichkeit, im Vergleich unter anderem zu Frankreich im selben Zeitraum,

---

647 Ines LANG, Die Marienfeste und die Pfingstfeste am Wiener Hof im 17. und 18. Jahrhundert, in: PANGERL u.a., Der Wiener Hof, S. 463–491, hier S. 467, 469, 472.

648 KÖRPER, Studien zur Biographie Elisabeth Christines, S. 283–295. Eine ausführlichere Kontextualisierung der Konversion Elisabeth Christines liegt mit der Studie von Ines PEPER vor, dies., Konversionen im Umkreis des Wiener Hofes, S. 113–184, hier besonders S. 146–147 zu ihrer Religiosität als Kaiserin. Allgemein zur Bedeutung der Kaiserinnen Eleonore, Wilhelmine Amalia und Elisabeth Christine für die *pietas austriaca* siehe INGRAO/THOMAS, Piety and Power, S. 119–122.

649 Siehe für die mittelalterlichen Ursprünge dieser Formulierung Werner GOEZ, Imperator advocatus romanae ecclesiae, in: Hubert MORDEK (Hg.), Aus Kirche und Reich: Studien zu Theologie, Politik und Recht im Mittelalter. Festschrift für Friedrich Kempf zu seinem fünfundsiebzigsten Geburtstag und fünfzigsten Doktorjubiläum, Sigmaringen 1983, S. 315–328, sowie besonders S. 328 zu den Formulierungen der Wahlkapitulationen des 18. Jahrhunderts.

650 ARETIN, Das Alte Reich 2, S. 70–71.

651 Siehe u.a. Heribert RAAB, Die Bekämpfung des Jansenismus im Bereich der Kölner Nuntiatur (1720–1732), in: Erwin GATZ (Hg.), Römische Kurie – Kirchliche Finanzen – Vatikanisches Archiv. Studien zu Ehren von Hermann Hoberg. Bd. 2, Rom 1979, S. 701–725, hier S. 723–724, Stephan STEINER, Reisen ohne Wiederkehr. Die Deportation von Protestanten aus Kärnten 1734–1736, Wien 2007, und Elisabeth KOVÁCS, Die südlichen Niederlande innerhalb der Österreichischen Monarchie des 18. Jahrhunderts, in: Roland MORTIER/Hervé HASQUIN (Hg.), Unité et diversité de l'Empire des Habsbourg à la fin du XVIIIe siècle, Brüssel 1988, S. 25–37, hier S. 27–28. Allgemein beschreibt die Konfessionspolitik Karls VI. in den habsburgischen Erblanden Elisabeth MANSFELD in ihrer Dissertation (dies., Juristische Aspekte der Ketzerverfolgung im Erzherzogtum Österreich in der Regierungszeit Karls VI., Wien 2008, bes. S. 187–241).

652 Siehe weiter unten S. 405.

653 MÜLLER, Das kaiserliche Gesandtschaftswesen, S. 274.

654 Derek BEALES, Clergy at the Austrian Court in the Eighteenth Century, in: SCHAICH, Monarchy and Religion, S. 79–104, hier S. 94.

eine geringere politische Rolle am Kaiserhof.[655] Der Nuntius verstand sich als »Gemeindepriester« des Hofes und damit als zuständig für die dortige Seelsorge. Er hatte sowohl im geistlichen als auch politischen Zeremoniell Vorrang vor allen anderen, erteilte dem Kaiser persönlich die Sakramente, ernannte die Hofgeistlichen und taufte, firmte und traute die Kinder der Herrscherfamilie.[656]

In seiner Wahlkapitulation hatte sich Karl VI. dazu verpflichtet, was besonders von Braunschweig-Lüneburg postuliert worden war, im Reich grundsätzlich Unterdrückungen aufgrund von Religion zu verhindern.[657] Bei Protesten gegen die Behandlung von Katholiken in anderen europäischen Herrschaftsgebieten mit Herrschern oder Bevölkerungsmehrheiten evangelischer Konfessionen spielten aber auch dynastische oder bündnispolitische Überlegungen eine Rolle. So fielen Ende des 17. Jahrhunderts die Proteste des Kaisers gegen die Behandlung der irischen und schottischen Katholiken in der Regierungszeit König Wilhelms von Oranien sehr verhalten aus, da das antifranzösische Bündnis mit dem englisch-niederländischen Herrscher für das Kaiserhaus zu wichtig war.[658] Grundsätzlich sollten Eingaben an entsprechende Regierungen und getroffene Maßnahmen den »sonstigen kaiserlichen Negotien nicht zu Nachteil geschehen«.[659] Karl VI. sah sich aber nicht nur als weltliches Oberhaupt der römischen Kirche, sondern grundsätzlich auch als Schlichter von Religionsstreitigkeiten im Reich.[660] In einem lange wäh-

---

655 Ebd., S. 90–91.
656 Ders., Clergy at the Austrian Court, S. 93–94. Die Position hatten von 1720 bis 1730 Girolamo Grimaldi sowie von 1730 bis 1738 Domenico Silvio Passionei inne.
657 SCHNATH, Geschichte Hannovers 3, S. 439. Die Konflikte im Reich in den ersten beiden Jahrzehnten der Regierung Karls VI. sind verschiedentlich aufgearbeitet worden, siehe z.B. ARETIN, Das Alte Reich 2, S. 272–295; Joachim WHALEY, Das Heilige Römische Reich Deutscher Nation und seine Territorien. Bd. 2: Vom Westfälischen Frieden zur Auflösung des Reichs 1648–1806, Darmstadt 2014, S. 179–187; oder für Einzelfallstudien ARNDT, Herrschaftskontrolle durch Öffentlichkeit, S. 395–429, bzw. KALIPKE, Verfahren im Konflikt, S. 275–352. Insbesondere die Problematik des Corpus evangelicorum als Zusammenschluss der evangelischen Vertreter im Reichstag hat dazu geführt, dass die Forschung sich wieder allgemeiner mit der Frage der Konfessionalität der (Reichs-)Politik in der ersten Hälfte des 18. Jahrhunderts auseinandergesetzt hat. Stellvertretend für die neue Forschung seien hier die Arbeiten von Gabriele HAUG-MORITZ genannt (z.B. dies., Corpus Evangelicorum und deutscher Dualismus, in: Volker PRESS/Dieter STIEVERMANN (Hg.), Alternativen zur Reichsverfassung in der Frühen Neuzeit?, München 1995, S. 189–207).
658 MÜLLER, Das kaiserliche Gesandtschaftswesen, S. 273.
659 Conclusum der Konferenz vom 16.05.1732, HHStA, StK Vorträge 35, zitiert nach MÜLLER, Das kaiserliche Gesandtschaftswesen, S. 274. Siehe aber die grundsätzliche Benachteiligung protestantischer Diplomaten am Kaiserhof in zeremoniellen Fragen (Kapitel 4.2.1, S. 261).
660 Kaiserliches Edikt wegen ernstlicher Untersagung alles Schmähens zwischen denen im Reich gelittenen Religionen, 18.06.1715, in: FABER, Europäischer Staats-Canzley 26, S. 728–735, hier S. 729.

renden Konflikt um die Evangelischen in Ungarn erließ er, als souveräner König von Ungarn, letztlich ein Dekret zugunsten der Betroffenen, »that they should not be molested by the Catholicks but left to their own Form of taking the Oaths«.[661] Dagegen protestierten wiederum die katholischen Stände. Der Konfliktfall war schon im Jahr zuvor an den britischen Gesandten Waldegrave herangetragen worden, ohne dass dieser sich offen für die ungarischen Protestanten eingesetzt hätte.[662] Die Auseinandersetzung war aber nicht beigelegt, 1731 sollte Sir Thomas Robinson, der Nachfolger Waldegraves, wieder tätig werden.[663] Anfang 1733 wollte der Secretary of State Harrington selbst beim kaiserlichen Gesandten Kinsky intervenieren, der zu diesem Zeitpunkt allerdings noch nicht wieder in London angekommen war.[664] In den folgenden Berichten Kinskys finden sich keine Hinweise auf dieses Thema.

Seit 1714 hatte der konfessionelle Faktor für die britischen Könige einen mindestens ebenso wichtigen Stellenwert, denn ihre Herrschaft als britische Könige beruhte allein auf dem Prinzip der »protestant succession«.[665] Förderlich dafür waren einerseits die Wurzel der Dynastie im Kurfürstentum Braunschweig-Lüneburg und andererseits der Status als einer der möglichen Anführer der protestantischen Mächte im Reich neben Preußen.[666] Dabei ist bemerkenswert, dass die konfessionellen Unterschiede zwischen den von Georg II. regierten Territorien ausgeblendet wurden: während Georg II. in London als Oberhaupt der anglikanischen Kirche die Gottesdienste in der Chapel Royal besuchte, nahm er in Hannover seine Aufgaben als lutherischer Landesherr wahr. Zwar besuchte er sowohl in England als auch in Hannover anglikanische Gottesdienste,[667] war aber dort deutlich erkennbar das Oberhaupt der lutherischen Landeskirche, so erließ er 1735 als Kurfürst ein Edikt über die Pfarrerausbildung.[668] In Schottland existierte mit der Church of Scotland eine presbyterianisch-reformatorische Ordnung und in den briti-

---

661 Harris an Townshend, Wien, 31.08.1729, TNA, SP 80, 65, f. 83v–84, Zitat f. 84.
662 Waldegrave an Townshend, chiffriert, Graz, 14.08.1728, TNA, SP 80, 63, f. 65v–66.
663 Harrington an Robinson, chiffriert, Hampton Court, 21.08.1731, TNA, SP 80, 78, o.f.
664 BLACK, British Politics and Foreign Policy, S. 108; Kinsky an Sinzendorff, London, 27.02.1733, FA Kinsky, 3 b), 10, o.f.
665 Andrew Thompson betont regelmäßig, dass die heute »hannoversche« genannte Thronfolge zeitgenössisch eben eine »protestantische« war, zuerst in THOMPSON, Britain, Hanover and the Protestant Interest. Siehe auch Kapitel 3.2.1 und 5.1.
666 Wie Hannah Smith überzeugend darlegt, gehörte die Vorstellung eines »Protestant warrior-king« zu den entscheidenden Merkmalen, die Georg I. und Georg II. als britische Könige zeigten (SMITH, The Idea of a Protestant Monarchy in Britain 1714–1760, in: Past & Present 185 (2004), S. 91–118, hier S. 95–100).
667 BLACK, George II, S. 122–123.
668 Heinrich HOLZE, Zwischen Studium und Pfarramt. Die Entstehung des Predigerseminars in den welfischen Fürstentümern zur Zeit der Aufklärung, Göttingen 1984, S. 62.

schen Kolonien eine Mischung aller Konfessionen.[669] Beides lernte der König jedoch nicht persönlich kennen. Es kam über diese Unterschiede auch nicht zu konfessionellen Konflikten. Mit dem Schlagwort der »protestant succession« wurden alle Ungleichheiten der konfessionellen Prägung überspielt.[670]

Gleichzeitig musste die Dynastie sich als »the champion of continental European Protestantism«[671] präsentieren: »[…] the King is very desirous, at all times to procure relief to the Protestants whereever they suffer or are oppressed […]«.[672] Nur eine in Europa klar protestantisch positionierte Dynastie konnte die Ansprüche der katholischen Stuarts abwehren, die von Georg II. und seinen Ministern, allen voran Sir Robert Walpole, als deutliche Gefahr wahrgenommen wurden.[673] Die Anhänger der Thronprätendenten aus der katholischen Linie der Stuarts, die Jakobiten, agierten nämlich europaweit und erfuhren nicht nur im Kirchenstaat und anderen italienischen Gebieten Unterstützung. Regelmäßig zeigten sich auch die französischen Könige bereit, Invasionen Großbritanniens von Seiten der Stuarts zu fördern, um Großbritannien zu destabilisieren.[674] Karl VI. hatte zwar 1714 auf Anfrage des hannoverschen Gesandten Huldenberg erklären lassen, er könne sich aufgrund der Religion nicht offen gegen die katholischen Stuarts und ihren Prätendenten James Edward Stuart stellen, unterstütze aber den Anspruch der Hannoveraner auf den britischen Thron.[675] Mit Owen O'Rourke hielt sich in Wien trotzdem seit 1715 ein jakobitischer Diplomat auf. Er stand offiziell im Dienst des Herzogs von Lothringen, wurde aber 1727 zum Botschafter James (Jakob III.) Edward Stuarts in Wien ernannt.[676] Ende der 1720er Jahre stieg britischerseits die Befürchtung, bei einem Zerwürfnis des britischen

669 Siehe zu Schottland Bob HARRIS/Christopher WHATLEY, »To Solemnize His Majesty's Birthday«. New Perspectives on Loyalism in George II's Britain, in: History 83, 271 (1998), S. 397–419, sowie einführend zu den Konfessionen innerhalb der britischen Kolonien Jeremy GREGORY, The Hanoverians and the Colonial Churches, in: GESTRICH/SCHAICH, The Hanoverian Succession, S. 107–125.

670 Siehe hierzu auch Michael SCHAICH, Introduction, in: GESTRICH/SCHAICH, The Hanoverian Succession, S. 1–22, hier S. 8–9; Schaich schreibt über die ersten hannoversch-britischen Könige, ebd., S. 9: »[…] confessional cross-dressing was certainly a price worth paying to maintain the religious equilibrium in different parts of their multiple kingdoms«.

671 SMITH, Georgian Monarchy, S. 28.

672 Harrington an Robinson, Hampton Court, 10.08.1731, TNA, SP 80, 78, o.f.

673 Siehe grundlegend FRITZ, The English Ministers and Jacobitism.

674 Siehe z.B. SZECHI, Britain's Lost Revolution?; GIBSON, Playing the Scottish Card; McLYNN, France.

675 SCHNATH, Geschichte Hannovers 4, S. 414, mit Verweis auf Huldeberg an Georg Ludwig [Georg I.], Wien, 11.07.1714, Konzept, HStA H, Cal. Br. 24, Österreich IV 55; Ausfertigung HStA H, Hann. 93, 12 a, II 11.

676 Owen O'Rourke († 1742), seit 1727 Baron O'Rourke of Carha und seit 1731 Viscount of Breffney/Bréifne of Connaught (jakobitischer Adel); Jakob III., Vollmacht für Baron Owen O'Rourke zu Verhandlungen am Kaiserhof, Bologna, 18.04.1727,

Königs mit dem Kaiser könnte letzterer den Stuarts beistehen. Dieser Vorwurf führte 1727 dann auch zum Abbruch der Beziehungen zwischen Wien
und London, die mit der Entsendung von Lord Waldegrave und Graf Kinsky
ab 1728 wieder aufgebaut wurden.[677]

Robert Walpole meinte noch ergänzend, es habe negative Folgen für die
Wirtschaft, wenn die protestantische Thronfolge in Gefahr sei. Aus der Auswertung von statistischen Erhebungen über den Handel mit Spanien sei klar
abzulesen, dass

[...] when the Nation of England thought the Protestant Interest was in such hands
as they could Trust, they Ventured briskly in Trade, & when on the contrary they had
reason to apprehend that any design was formed against the Protestant Interest, their
Trade & Spirits abated at the same time.[678]

Er führt dies im selben Text, der wohl zur Veröffentlichung gedacht war, zeit-
gemäß weiter aus:

Thus while the Throne of Great Britain is Adorned with a Protestant Prince of Heroick
Resolution & Steadiness, [...] the Nation will appear the favourite of Heaven, & the Envy
of the Earth, being blessed with Liberty, Peace, Plenty, & an inconceiveable Encrease of
Wealth [...].[679]

Andererseits konnten weder Walpole noch seine Kollegen offene Religions-
debatten gebrauchen. Sie befürchteten, Kontroversen über die Church of
England oder religiöse Fragen im Parlament und in der Öffentlichkeit könnten ihre eigene Regierung zugunsten der Opposition schwächen, wie es in den
1710er Jahren schon einmal passiert war.[680]

Georg II. trat persönlich nicht als besonders gläubig in Erscheinung. Andererseits war er, genauso wie sein Vater und sein Sohn, von seiner Erziehung
geprägt, in deren Mittelpunkt regelmäßige Religionsunterweisungen standen.[681] Ein Glücksfall war Königin Caroline als Ehefrau Georgs II.[682] Sie

HHStA, StA England Varia 7, f. 618. Im Österreichischen Erbfolgekrieg kämpfte er
als General auf habsburgischer Seite. Melville Henry Massue RUVIGNY ET RAINEVAL
(Hg.), The Jacobite Peerage [...], Edinburgh 1904, S. 20–21.

677 Siehe Kapitel 2.1.
678 Walpole, An Explanation [...], CUL, Ch(H), Political Papers, 44, 29, S. 1.
679 Ebd., S. 3.
680 Stephen TAYLOR, The Clergy at the Courts of George I and George II, in: SCHAICH,
    Monarchy and Religion, S. 129–151, hier S. 142. John Hervey schrieb sogar von einer
    grundsätzlichen Distanz der politischen Elite zum Christentum (SEDGWICK, Her-
    vey 1, S. 92).
681 THOMPSON, George II, S. 16.
682 Siehe hierzu die grundlegenden Überlegungen von Hannah SMITH über die Königin
    als protestantisches Vorbild in der Öffentlichkeit und persönlich gläubige Christin,

»scorn'd an Empire for Religion's sake,«[683] denn vor ihrer Heirat mit Georg lehnte sie eine Heirat mit Erzherzog Karl, dem späteren Kaiser Karl VI., ab, weil sie den Übertritt zum katholischen Glauben mit ihrem Gewissen nicht vereinbaren konnte. Georg wurde wohl gerade deswegen von seiner Großmutter Sophie, der Kurfürstin und Eventualerbin Königin Annas, auf sie als Heiratskandidatin aufmerksam gemacht: Sowohl für die hannoversche als auch die anstehende englische beziehungsweise britische Nachfolge erschien eine bekanntermaßen dezidiert protestantische Prinzessin vorteilhaft.[684] Die Krönungsmedaille von John Croker zeigt die Königin deshalb passenderweise zwischen Religio und Britannia stehend, mit der Inschrift »HIC AMOR HAEC PATRIA«.[685]

Da Georg II. wenig Interesse an kirchlichen Angelegenheiten hatte, übte Caroline ab 1727 innerhalb der anglikanischen Kirche sehr starken Einfluss aus. Mindestens ein Drittel, wahrscheinlich aber mehr, Bischofsernennungen bis zu ihrem Tod 1737 gingen auf ihre direkte Patronage zurück.[686] Wie Sir John Hervey betonte, erfolgten diese Berufungen zumeist nach Absprachen der Königin mit Sir Robert Walpole.[687] Es gab dabei auch Bischofsernennungen, die als Gegenleistung für anderweitig geleistete Dienste erfolgen mussten, obwohl alle Beteiligten – Königin, Walpole und der König – den Kandidaten für ungeeignet hielten.[688] Die Königin war es auch, die sich zusammen mit dem Erzbischof von Canterbury für ausländische protestantische Kirchen einsetzte oder Geldspenden an sie verteilte.[689] Gleichzeitig waren aber, wie auf kaiserlicher Seite, für Georg II. und Caroline sowie die britischen Minister strategische Überlegungen zu wichtig, als dass aus konfessionellen Gründen Politik gemacht worden wäre, wie sich grundsätzlich in Konfliktsituationen zeigte.[690] 1731 erhielt der Gesandte Robinson so zum Beispiel einerseits die Anweisung, sich für bedrängte Protestanten in Ungarn bei den kaiserlichen

---

die damit die britische Dynastie stützte und schützte (dies., Georgian Monarchy, S. 32–37). Dieser Komplex wird im Übrigen von Thompson nicht erwähnt, z.B. in Thompson, Early Eighteenth-Century Britain as a Confessional State.

683 John Gay, A Poem. In A Letter to A Lady, Occasion'd by the Arrival of Her Royal Highness the Princess of Wale, Dublin ³1714, S. 6.

684 Siehe auch Arkell, Caroline of Ansbach, S. 18–22.

685 »Dies ist meine Liebe – dies meine Heimat.« John Croker, Medal for the Coronation of Queen Caroline, 1727.

686 Taylor, Queen Caroline and the Church, S. 93–94.

687 Sedgwick, Hervey 1, S. 88–91.

688 Ebd. 2, S. 394–399.

689 Smith, Georgian Monarchy, S. 50–51. Smith sieht hier einen Gegensatz zwischen dem angeblich begrenzten Einsatz der Monarchie in internationalen konfessionellen Angelegenheiten und dem »personal level« der Dynastie. Eine solche Unterscheidung könnte aber nur dann zutreffend sein, wenn die Aktionen der Königin nicht öffentlich geworden wären.

690 Siehe weiter unten S. 407.

Ministern einzusetzen. Gleichzeitig schränkte der Secretary of State Harrington dies auf Befehl Georgs II. gleich wieder ein:

But, as this is a nice point that may give offence to the Emperor, you will be cautious in your instances, lest a precipitate, or unsensible zeal may do the poor people more harm than good, by awakening the Resentment of their Enemys.[691]

Neben der Selbstwahrnehmung und -darstellung beeinflussten die Konfessionen als handlungsleitende Faktoren die dynastische Politik, insbesondere bei Heiratsplänen. Augenscheinlich wurde dies bei den Eheprojekten für die Kinder Karls VI. und Georgs II.[692] Hatte Karl VI. mit Elisabeth Christine noch eine Konvertitin geheiratet, kamen für seine Töchter nur katholische Fürsten in Frage. Eine mögliche Verbindung mit dem spanischen Königshaus über Don Carlos, die in Europa in den 1720er Jahren für großes Aufsehen sorgte, war aufgrund der Forderungen der spanischen Königin sowie des Widerstands der Kaiserin nicht realistisch. Karl VI. bevorzugte, wie schon ausgeführt, den ältesten Lothringerprinzen Franz Stephan, für seine zweite überlebende Tochter wollte er sich nicht festlegen. Konfessionsgleiche Ehepartner für die Kinder zu finden war für Georg II. nicht nur aus dynastischen Gründen notwendig. Die Bestimmungen der Bill of Rights von 1689 und des Acts of Settlement 1701 schlossen Katholiken oder mit Katholiken Verheiratete als zukünftige Herrscher Großbritanniens aus.[693]

Andererseits wurde in der Bündnispolitik des frühen 18. Jahrhunderts keine Rücksicht auf konfessionelle Grenzen genommen. Ganz im Gegenteil betonte man die religiöse Neutralität der Bündnisse.[694] Größeren Einfluss auf die Entscheidungen hatten Ideen wie die vom Gleichgewicht der Mächte oder der Einschränkung übermächtiger Dynastien.[695] Wurde zunächst die

---

691 Harrington an Robinson, chiffriert, Hampton Court, 21.08.1731, TNA, SP 80, 78, o.f.
692 Siehe Kapitel 5.1, S. 317–328.
693 Act Declaring the Rights and Liberties of the Subject, and Settling the Succession of the Crown [Bill of Rights, 1689], in: BROWNING, English Historical Documents 8, S. 127; Act for the Further Limitation of the Crown and Better Securing the Rights and Liberties of the Subject [Act of Settlement, 1701], in: Ebd., S. 134.
694 Siehe im Spanischen Erbfolgekrieg mit einem entsprechenden Reichsschluss (Reichs=Schluß/daß der wieder die Cron Frankreich/und den Hertzog von Anjou/auch deren Helffers=Helffere erklärte Reichs=Krieg/kein Religions=Krieg seye/de Anno 1703, in: Johann Christian LÜNIG (Hg.), Das Teutsche Reichs-Archiv […]. Bd. 1, Leipzig 1710, S. 741–743). Allerdings existierten alternative Ideen, die konfessionelle Bündnisse für die kollektive Sicherheit in Europa bevorzugten (ONNEKINK, The Perplexities of Peace, S. 329–348).
695 Hannah Smith sieht zumindest in der britischen Politik des 18. Jahrhunderts einen Pragmatismus, der sich an territorialen Wünschen und der Staatsräson orientierte und damit konfessionell-protestantische Bündnisse unpraktisch machte (SMITH, Georgian Monarchy, S. 29).

bourbonische Monarchie unter Ludwig XIV. von Frankreich als übermächtig angesehen, zeigte sich mit dem verstärkten Drängen Karls VI. auf eine völkerrechtliche Anerkennung der Pragmatischen Sanktion die Gefahr einer möglichen habsburgischen Hegemonie, zum Beispiel bei der überlegten spanisch-österreichischen Ehe.[696]

Im Alltag der internationalen Beziehungen spielten die Konfessionen allerdings eine Rolle. Die britischen Gesandten Waldegrave und Robinson erhielten zunächst nur allgemein die Instruktion, Untertanen des britischen Königs zu unterstützen – implizit konnte damit die Hilfe in religiösen Angelegenheiten gemeint sein.[697] Erst 1732 nahm Georg II. – wie weiter unten ausgeführt – in seiner Instruktion Bezug auf die Salzburger Emigranten.[698] Solch eine allgemeine Formulierung war in den Instruktionen für den kaiserlichen Gesandten und Botschafter Kinsky nicht enthalten; es gab nur einen kurzen Hinweis auf die Katholiken in Irland, worauf noch eingegangen wird.[699]

In anderskonfessionellen Territorien hatten Gesandte aber das Recht, ihre eigene Konfession innerhalb ihres Gesandtschaftshauses zu praktizieren.[700] In diesen Häusern wurden Kapellen eingerichtet, die als Versammlungsort und geistliches Zentrum für die Angehörigen der Botschaft sowie anderer Gläubiger, die sich in der jeweiligen Stadt aufhielten, dienten und gleichzeitig auch öffentlichkeitswirksam eingesetzt wurden. Schwierig zu beantworten ist allerdings die Frage, welcher Art eine entsprechende Kapelle und die dort abgehaltenen Gottesdienste im Haus der britischen Gesandten Waldegrave und Robinson gewesen sein könnten.[701] Bisher konnten weder die Aus-

---

696 Siehe auch Kapitel 5.1 und 5.3.
697 Georg I. an Waldegrave, Instruktionen, London (St. James), 06.06.1727, TNA, SP 80, 62, f. 15; Georg II. an Waldegrave, Instruktionen, London (Kensington), 18.08.1727, TNA, SP 80, 62, f. 43v; Georg II. an Robinson, Instruktionen, London (St. James), 13.05.1730, TNA, FO 90, 3, o.f. Siehe Kapitel 3, S. 114 [Einführung].
698 Georg II. an Robinson, Additional Instructions, Herrenhausen, 27.07.1732, TNA, SP 80, 89, o.f.
699 Siehe hierzu weiter unten S. 405.
700 MÜLLER, Das kaiserliche Gesandtschaftswesen, S. 153.
701 Siehe allgemein zu evangelischen Versammlungsräume und Gottesdiensten in der dänischen und schwedischen Gesandtschaft sowie reformierten in der niederländischen in Wien Johann Hieronymus CHEMNITZ, Vollständige Nachrichten von dem Zustande der Evangelischen und insonderheit von ihrem Gottesdienste bey der Königlich Dänischen Gesandtschafts Capelle in der Kayserlichen Haupt und Residenzstadt Wien, o.O. 1761. Auf S. 9 steht der Hinweis, in anderen Gesandtschaften sei der »Gottesdienst […] nie so frey und öffentlich gehalten worden.« Publikationen, die sich mit dem evangelischen Leben in Wien beschäftigen, nennen seit Ende des 19. Jahrhunderts nur lutherische Gottesdienste in der dänischen und schwedischen sowie reformierte Feiern in der niederländischen Gesandtschaftswohnung; eine Studie zu weiteren Gesandtschaftsgemeinden steht noch aus.

stattung des Hauses noch die der Kapelle eruiert werden. 1715 wurde aber zumindest darüber nachgedacht, eine solche Gesandtschaftsgemeinde mit Prediger einzurichten.[702]

Dem Anspruch der Vertretung der jeweils eigenen Konfession entsprach die finanzielle und materielle Ausstattung für die Kapellen. Während Graf Kinsky für die Kapelle – und sonstige Zusatzkosten – jährlich 6.000 fl. erhielt,[703] bekamen britische Gesandte und Botschafter eine Ausstattung für die Kapelle im Wert von mindestens £ 350.[704] Die Gesandschaftskapellen wurden auch für die öffentliche Repräsentation der Monarchie genutzt. 1734, als die kaiserlichen Truppen in der Lombardei siegreich waren, wurde Graf Kinsky angewiesen, deswegen nicht nur eine Audienz beim König zu verlangen, sondern auch

[…] daß Te Deum in deiner Capellen derentwegen absingen zu lassen, durch die gedruckten Zeitungen obige particularitäten überall kund zu machen, und sowohl für die Einheimische- als fremden Ministris jener höffen, mit welchen Wir in gutem Vernehmen stehen, eine eigene festivität bei der gelegenheit anzustellen.[705]

Adelige Diplomaten reisten normalerweise mit Geistlichen, die als Beistand für sie, ihre Familie und die Angehörigen des Haushaltes dienten. Gleichzeitig konnten die Geistlichen mitreisende Kinder unterrichten oder als Privatsekretär fungieren und wurden von den Gesandten privat bezahlt.[706] Von nichtadeligen Gesandten wurde aber ebenfalls erwartet, dass sie Geistliche im Gesandtschaftshaushalt hatten.

In der Church of England war seit dem 16. Jahrhundert die Anzahl der Kapläne, die ein Adeliger als Privatgeistliche haben durfte, begrenzt; ihre Ernennung musste durch das »Faculty Office« des Erzbischofs von Canterbury lizensiert und registriert werden.[707] Allerdings hieß dies nicht, dass

---

702 Siehe Christoph Nicolaus Voigt an Heinrich Julius Elers, Wien, 05.12.1714, in: Zoltán CSEPREGI (Hg.), Pietas Danubiana/Pietismus im Donautal, 1693–1755. 437 Schreiben zum Pietismus in Wien, Preßburg und Oberungarn, Budapest 2013, S. 154, und Christoph Nicolaus Voigt an August Hermann Francke, P.S., Wien, 06.04.1715, in: Ebd., S. 163: »Die établirung eines cultus in des englischen gesandten hause beruhet noch auf der letzten resolution des königs. Das ministerium ist sonst d'accord«.

703 Geheime Finanzkonferenz, 6. Sitzung 1733, Wien, 07.11.1733, FHKA, Geheime Finanzkonferenz 19, f. 235.

704 HORN, The British Diplomatic Service, S. 54. Diese Angabe bezieht sich auf die Zeit Königin Annas, es ist davon auszugehen, dass in den nächsten Jahrzehnten nicht weniger vorgesehen wurde.

705 Karl VI. an Kinsky, Wien, 22.11.1734, FA Kinsky, 9 a), 18, o.f.

706 HORN, British Diplomatic Service, S. 40.

707 Ein Earl – hier der Earl of Waldegrave – durfte bis zu fünf Personen registrieren. Siehe insgesamt Lambeth Palace Library, Faculty Office, sowie ebd., Papers relating to Noblemen's chaplains.

die Verbindung zwischen Adeligem und Kaplan tatsächlich eng war, häufig handelte es sich um Besetzungen, die sich aus Patronagenetzwerken ergaben. Britische Kapläne erwarteten, nach ihrer Rückkehr den Aufstieg innerhalb der Kirchenhierarchie entweder durch ihren Arbeitgeber oder dessen Verbindungen ermöglicht zu bekommen.[708] Der britische Gesandte Waldegrave hatte in Wien mindestens zwei Kapläne, Anthony Thompson und Charles Bayley.[709] 1728 schrieb Waldegrave an Tilson: »I have sent for a young Clergyman that has been hitherto with my Children, if he shoud have occasion for a Pass, I have directed him to apply to you, and I beg you will get it him.«[710] Ob einer der beiden zuvor genannten Waldegraves Kinder unterrichtet hatte oder ob es sich dabei um John Lambert handelte, einen weiteren seiner Kapläne, geht aus den Quellen nicht hervor.[711] Auch der nichtadelige Thomas Robinson hatte in Wien Geistliche zu seiner Verfügung.[712] Allerdings ließ sich namentlich nur ein Joshua Allen als Robinsons Kaplan nachweisen.[713]

Die Angehörigen der britischen Gesandtschaft gehörten zu den ungefähr 8.000 Protestanten, die sich um 1730 in Wien aufhielten.[714] Gegen die Anwesenheit der Protestanten in Wien protestierte 1736 der Wiener Erzbischof und wollte den Besuch der protestantischen Gottesdienste in Gesandtschaftskapellen verbieten lassen. Die Geheime Konferenz unter Hofkanzler Sinzendorff kam jedoch zu dem Schluss, dass man im Falle eines Verbots Repressalien gegen die Katholiken, die die katholische Messe in kaiserlichen Gesandtschaften an protestantischen Höfen besuchten, zu befürchten hätte und deshalb in Wien die Teilnahme an protestantischen Gottesdiensten der auswärtigen Gesandtschaften nicht verbieten könne.[715]

---

708 Horn, The British Diplomatic Service, S. 40.

709 Thompson, Anthony, 20.12.1729 (a.S.), Chaplain to James, Earl Waldegrave, Lambeth Palace Library, Faculty Office, V, 1, IX, f. 188v; siehe zu Anthony Thompson in Kapitel 4.1.4, S. 226–227. Bayley, Charles, 20.12.1729 (a.S.), Chaplain to James, Earl Waldegrave, Lambeth Palace Library, Faculty Office, V, 1, IX, f. 189.

710 Waldegrave an Tilson, Wien, 06.11.1728, TNA, SP 80, 63, f. 214.

711 Lambert, John, 02.09.1726 (a.S.), Chaplain to James, Baron Waldegrave, Lambeth Palace Library, Faculty Office, V, 1, IX, f. 54v. 1723 hatte Waldegrave schon zwei Kapläne, John Wakelin und Humphrey Burrough, beschäftigt. Wakelin, John, 08.07.1723 (a.S.), Chaplain to James, Baron Waldegrave, Lambeth Palace Library, Faculty Office, V, 1, VIII, f. 88; Burrough, Humphrey, 12.12.1723 (a.S.), Chaplain to James, Baron Waldegrave, Lambeth Palace Library, Faculty Office, V, 1, VIII, f. 101v.

712 Mills an Robinson, London, 15.11.1731, WYAS, WYL150, 6023. Siehe auch Mills an Robinson, London, 11.12.1731, WYAS, WYL 150, 6023.

713 Joshua Allen, Twenty Six Sermons, on the Most Important Subjects of the Christian Religion; As Well Doctrinal As Practical: Preached at St. Vedast, Foster-Lane; and Long-Acre-Chapel; in 1742, 1743 by Joshua Allen, Rector of St. Bride's in Pembrokeshire; Late Chaplain to the Right Honourable Sir Thomas Robinson: Then His Majesty's Minister Plenipotentiary at the Court of Vienna, London 1751.

714 Chemnitz, Vollständige Nachrichten, S. 12.

715 Karl von Otto, Evangelischer Gottesdienst in Wien vor der Toleranzzeit, in: Jahr-

Graf Kinskys katholische Priester in London waren zum einen deutsch-sprachige, teilweise böhmische Geistliche wie der Servitenpater Angelikus Maria Müller.[716] Zum anderen gehörten zur kaiserlichen Gesandtschaft aber auch englische Muttersprachler, meist Iren wie Stephen Dowdall, der 1733 während seiner Zeit bei Kinsky zum Bischof von Kildare ernannt wurde, aber noch bis im folgenden Jahr in London blieb.[717] Die Kleriker, deren Muttersprache die des jeweiligen Territoriums war, hatten Aufgaben, die über die geistliche Betreuung des Gesandtschaftshaushaltes hinausgingen. Sie missionierten und waren seelsorgerisch auch außerhalb der kleine Gruppe der Botschaftsangehörigen tätig. Ihre Gottesdienste waren wohl immer gut besucht.[718] Zwei Kapläne Kinskys eröffneten in London eine Schule, in der sie kostenlosen Unterricht erteilten, wofür sie angezeigt wurden. Die erhaltene Aussage – »Count Kinsky's two Chaplains have set up a School to teach gratis.« – lässt keine weitergehenden Schlüsse über mögliche Folgen dieser Anzeige zu.[719] An sich war es den Diplomaten am britischen Hof verboten, Untertanen des Königs als Gesandtschaftspriester anzunehmen, doch, wie der Londoner Bischof Gibson bemerkte,

[...] their entertaining great numbers beyond what they have occasion for, is said to be a common case – and English or Irish Priests are much more capable of making Conversions among ye English people, than foreign Priests.[720]

Unklar ist, wie Kinsky die muttersprachlichen Geistlichen vermittelt bekam, wie sie ausgesucht wurden oder welchen Hintergrund diese Priester hatten.

In der britischen Öffentlichkeit entlud sich die antikatholische Stimmung als Reaktion auf mögliche »papistische« – katholische – Umsturzversuche oder »Agenten« regelmäßig in Debatten im Parlament und in den Medien. Auch

---

buch der Gesellschaft für die Geschichte des Protestantismus in Österreich 7 (1886), S. 120–131, hier S. 123.

716 Müller, auch Myller genannt, wurde 1733 ernannt und starb im darauffolgenden Jahr in London. Archives of the Servite Friary in Vienna, Registrum omnium fratrum, Nr. 19, in: Veronika ČAPSKÁ, Mendicant Friar in Contact with »Other« Religious Virtuosi. The Travel Writing of the Servite Angelikus Maria Müller (1677–1734), in: Monica SACZYŃSKA/Ewa WÓŁKIEWICZ (Hg.), Samotrzeć, w kompanii czy z orsza-kiem? Spolezcne aspekty podro óżowania w średniowieczu i w czasach nowożytnych, Warschau 2012, S. 387–402, hier S. 395.

717 William John FITZPATRICK, The Life, Times, and Correspondence of the Right Rev. Dr. Doyle, Bishop of Kildare and Leighlin. Bd. 2, Dublin 1861, S. 513.

718 César de Saussure, London, 29.04.1729 (a.S.), in: MUYDEN, A Foreign View of England, S. 327–328.

719 Anonym, Memorandum of information offered to the Bishop of London against Shirley a Popish priest, and Count Kinsky's two chaplains and others for keeping public schools, [London], 26.08.1732, TNA, SP 36, 27/2, f. 130.

720 Gibson, Notes by Edmund Gibson concerning laws against papists, [London], o. D., Bodleian, Gibson Papers, Ms. Eng., d. 2405, f. 79.

wenn der Anteil der Katholiken in England wohl maximal 2 bis 3 % betrug, war der Anteil der Katholiken in der Oberschicht mit ca. 10 % weit höher.[721] In Schottland gab es sehr wenige Katholiken, die vor allem im Norden der Highlands und auf den Inseln lebten; einziger offen katholischer Adeliger war der Duke of Gordon.[722] Dagegen waren etwa 80 % der Iren katholisch, wurden aber durch sogenannte »penal laws« eingeschränkt.[723] Durch verschiedene Gesetze, vor allem den sogenannten Test Act, waren Katholiken in der ersten Hälfte des 18. Jahrhunderts in Großbritannien grundsätzlich von Ämtern und Würden ausgeschlossen.[724] Die Aussage des Grafen Kinsky gegenüber der Statthalterin in den Österreichischen Niederlanden, Katholiken seien in Großbritannien nicht wohl gelitten, beschrieb die Lage damit sehr gut.[725] Nur deutliche Loyalitätserklärungen der Beschuldigten konnten beruhigend wirken. Die höchsten Adeligen Englands und Großbritanniens, die Herzöge von Norfolk aus der Howard-Familie, blieben allerdings über jegliche Monarchie-, Dynastie- und Systemwechsel hinweg fast alle katholisch. Als Earl Marshal war und ist der jeweilige Titelträger für die Durchführung von Krönungen und königlichen Begräbnissen zuständig.[726] Nachdem der neunte, katholische Duke of Norfolk seinem älteren Bruder Ende 1732 als Herzog nachgefolgt war, wurden er und seine Frau 1733 bei Hof empfangen.[727] Die Herzogin erklärte gegenüber Königin Caroline, »that though they were of a different religion, they had as much duty and regard for the King as any of his subjects.«[728] Dies galt als eine deutliche Absage an jakobitische Tendenzen und normalisierte die öffentlichen Diskussionen um die Beziehungen zu englischen Katholiken. Tatsächlich befanden sich Verwandte des Herzogs im Dienst des Kaisers bezie-

---

721 HAMMERMAYER, »Papists«, S. 21; Kaspar von GREYERZ, England im Jahrhundert der Revolutionen 1603–1714, Stuttgart 1994, S. 95.

722 SZECHI / HAYTON, John Bull's Other Kingdoms, S. 249, 251.

723 Ebd., S. 266–267, 275–276.

724 Ludwig HAMMERMAYER, »Papists« oder »Roman Catholic Citizens«? Zur Toleranz und frühen Katholikenemanzipation auf den Britischen Inseln im 18. Jahrhundert, in: Friedrich ENGEL-JANOSI u.a. (Hg.), Formen der europäischen Aufklärung. Untersuchungen zur Situation von Christentum, Bildung und Wissenschaft im 18. Jahrhundert, München 1976, S. 20–80, hier S. 24, 26–27. Grundsätzlich stellt William SHEILS fest, dass Katholiken innerhalb lokaler Gemeinschaften nicht in Konflikt mit ihren protestantischen Nachbarn kamen, dass nationale, religiöse Diskurse aber auch bis auf diese Ebene wirken konnten, ders., »Getting on« and »Getting along« in Parish and Town. Catholics and their Neighbours in England, in: Benjamin KAPLAN u.a. (Hg.), Catholic Communities in Protestant States: Britain and the Netherlands c. 1570–1720, Manchester 2009, S. 67–83, hier S. 80–81.

725 Kinsky an Maria Elisabeth, London, 25.01.1735, FA Kinsky, 3 d), 4, o.f.

726 Siehe John Martin ROBINSON, The Dukes of Norfolk. A Quincentennial History, Oxford 1982.

727 Er war als Jakobite zeitweilig sogar inhaftiert gewesen (ROBINSON, The Dukes of Norfolk, S. 149).

728 Lady Anne Irwin an den Earl of Carlisle, 27.01.1733 (n.S.), HMC, Carlisle, S. 96, zitiert nach GLICKMAN, The English Catholic Community, S. 149.

hungsweise von Reichsfürsten – also nicht in französischen Diensten –, was
ebenfalls als klare Zustimmung für die hannoversche Dynastie und Absage an
die Stuarts gedeutet wurde.[729] Neben den Howards gab es auch andere adelige
Familien, die auf ihren Ländereien katholisches Leben ermöglichten.

Insgesamt war aber im London des 18. Jahrhunderts die Lage für Katholiken einfacher als sonst auf den britischen Inseln. Durch die Anwesenheit
katholischer Gesandter, die in ihren Botschaften Kapellen unterhielten, fanden reguläre Messen statt. 1730 gab es sieben katholische Botschaftskapellen:
neben den ältesten französischen und spanischen Kapellen eine sardinische
in Lincoln's Inn Fields, eine venezianische in der Nähe von Haymarket, am
Golden Square eine portugiesische und am Soho Square die neapoletanische
sowie am Hanover Square die kaiserliche im Wohnhaus Graf Kinskys.[730] Über
letztere ist allerdings kaum etwas bekannt, auch wenn deutsche Katholiken
wohl dorthin zur Messe gingen.[731] Aus den untersuchten Akten in Wien ließen sich keine weiteren als die genannten Rückschlüsse über die Arbeit der
Priester in London oder über die Kapelle innerhalb des Gesandtschaftshauses selbst ziehen. Regelmäßig wurde aber von katholischen Missionaren, zum
Beispiel von Richard Challoner in seinem Bericht an den Apostolischen Vikar
für London, Benjamin Petre, die besondere Bedeutung der Botschaftskapellen betont. Ihre Existenz bedeute, dass in London »multi sunt sacerdotes«.
Challoner sah eine vergleichsweise frei mögliche katholische Religionspraxis
und lobte die »täglich« erfolgten Konversionen.[732] In einem anderen Bericht
hieß es,

[...] ogni tal volta che gli Ambasciadori mossi dal buon zelo, non solo tengono Le Loro
Cappelle publice con quel decoro che si deve, e numero sufficiente di buoni e dotti
Cappellani; ma ancora sono pronti e solleciti ad interessarsi à favore dei Catolici, ogni
tal volta che stà machinando contro li medemi qualche angaria e nuova persecusione.[733]

Diese beiderseits erfolgende praktische Unterstützung der eigenen Glaubensgenossen hatte jedoch keine Auswirkungen auf die Beziehungen zwischen
den Herrschaftsgebieten. In Berichten wurde sie nicht angesprochen, sondern

---

729 Ebd.
730 Douglas NEWTON, Catholic London, London 1950, S. 289.
731 Ebd., S. 293; Panikos PANAYI, Germans in Eighteenth-Century Britain, in: Ders. (Hg.),
     Germans in Britain since 1500, London 1996, S. 29–48, hier S. 42.
732 Challoner an Petre, Præsens Status Missionis Anglicanæ, London, 1737, Westm. DA,
     Mss. Archiv. Westmon., A. 40, f. 10.
733 Weiter heißt es in diesem Bericht des Prokurators Laurence Mayes über die Lage der
     englischen Mission, sie könne noch besser werden, sollten die Gesandten der katho-
     lischen Fürsten und Republiken mit entsprechenden Instruktionen und Vollmachten
     für diese wohltätige Aufgabe ausgestattet werden. MAYES, La Missione d'Inghilterra
     comminicò, 1726, Westm. DA, Mss. Archiv. Westmon., A. 38, f. 140c–140d.

wohl als gegeben hingenommen. Bei religiösen Unruhen in London waren allerdings die katholischen Gesandtschaften mit ihren Kapellen meist die ersten Opfer des Mobs.[734] Die Lage in Irland, wo die Katholiken einen Großteil der Bevölkerung ausmachten, war dagegen aufgrund der antikatholischen Gesetze verzweifelt.[735] Regelmäßig wandten sich Iren an den Kaiser oder seinen Gesandten in London, um um Schutz und Unterstützung zu bitten.[736] Schon zu Beginn der Amtszeit Kinskys in London wurden ihm Akten mitgegeben, die die Lage der irischen Katholiken erläuterten, »[…] derselbe hat sich wegen […] bedruckungen deren Catholischen in Irrland [!] und übrigen nach inhalt deren ihm communicirten acten indesßen zubetragen […]«.[737] Als nach dem Abschluss des zweiten Vertrags von Wien 1731 die französische Krone, die sich traditionell als Schutzmacht der irischen Katholiken verstand, eine weitere Unterstützung der Iren ablehnte, konnte Karl VI. dies ausnutzen und sie unter seinen Schutz stellen, »[…] ut conservata huiusque orthodoxa ibidem Religio […].«[738] Andererseits sträubte sich Philipp Kinsky dagegen, allzu offensiv für die irischen Katholiken bei der britischen Regierung vorstellig zu werden, wie es Prinz Eugen von ihm gefordert hatte: Dies sei »für Diplomaten eine um so heiklere Angelegenheit, als diese Herren [die Iren] nicht mit der nötigen Umsicht und Klugheit agieren«.[739]

Erstaunlich wenig wirkte sich innerhalb der kaiserlich-britischen Beziehungen ein Konfessionskonflikt aus, der seinen Ausgangspunkt in einem Nachbarterritorium der habsburgischen Erblande nahm und über das Reich bis in die britischen Kolonien ausstrahlte: die Emigration der Salzburger Protestanten.[740] Die ersten Anzeichen, dass ein Religionskonflikt entstehen

---

734 Siehe z.B. zu den Unruhen der 1770er Jahre GILMOUR, Riot, Risings and Revolution, S. 484–486.

735 Dies galt auch für die wirtschaftliche Lage, denn es wurde gleichzeitig über ein britisches Verbot des Wollexports aus Irland diskutiert, BLACK, British Politics and Foreign Policy, S. 109.

736 Bischof Ambrose O'Callaghan an Johann Adolf Graf Metsch als Vertreter des Reichsvizekanzlers Schönborn, Alla Sacra Cesarea & Cattolica Maestà di Carlo VI. Per Il Clero & Popolo Cattolico d'Irlanda, Ferns, Irland, 01.04.1731, HHStA, StA England Varia, 7, f. 658–659; Div. irische Katholiken an Kinsky, Dublin, 11.12.1731, FA Kinsky, 2 b), 57, o.f.; Primas von Irland an Kinsky, o.O., 20.04.1732, FA Kinsky, 2 c), 10, o.f.

737 Karl VI. an Kinsky, Instruktion, Laxenburg, 12.06.1728, HHStA, StA England 66, f. 13.

738 Karl VI. an Kinsky, Wien, 04.08.1731, HHStA, StA England 68, f. 35–35v.

739 Kinsky an Prinz Eugen, eigenhändig, französisch, London, 14.09.1731, HHStA, Gr. Korr. 94b, f. 153–153v [eigene Übersetzung].

740 Quellen und Literatur zu den Salzburger Emigranten sind seit dem 18. Jahrhundert kaum zu überschauen, einen kurzen Überblick über die letzten Publikationen bietet Rudolf LEEB, Die große Salzburger Emigration von 1731/32 und ihre Vorgeschichte (Ausweisung der Deferegger 1684), in: Joachim BAHLCKE (Hg.), Glaubensflüchtlinge. Ursachen, Formen und Auswirkungen frühneuzeitlicher Konfessionsmigration in

könnte, gab es im Sommer 1731. Auf die Anweisung Georgs II., sich über die Lage der Protestanten in den österreichischen Erblanden zu informieren und sich gegebenenfalls für sie einzusetzen, antwortete der britische Gesandte Robinson Mitte 1731 ausweichend. Ein zu starker Einsatz fremder Mächte sei »more likely to do the poor Protestants harm than good«.[741] Robinson äußerte deshalb nur als Privatperson gegenüber den kaiserlichen Ministern Bedenken, die Sicherheit der habsburgischen Territorien könnte im Fall eines neuen Türkenangriffs gefährdet sein, falls durch Konfessionskonflikte in Ungarn Widerstände gegen die kaiserliche Herrschaft befördert werden würden.[742]

Im Laufe der nächsten Monate stellte sich heraus, dass die treibende Kraft hinter dem britischen Einsatz für die Protestanten – ob in Ungarn oder in Salzburg – die niederländische Regierung und der niederländische Gesandte am Kaiserhof, Hamel Bruyninx, waren.[743] Da zu Beginn des Konflikts der Beitritt der Generalstaaten der Niederlande zum Vertragswerk vom 16. März 1731 noch nicht vollzogen war, sollte Robinson durch die Zusammenarbeit mit seinem niederländischen Kollegen in Konfessionsfragen am Kaiserhof den Beitritt unterstützen. Für die Verhandlungen am Reichstag war der hannoversche Gesandte Hugo zuständig, in Wien arbeitete der kurfürstliche Gesandte Dieden auf Anweisung Georgs II. einerseits mit den anderen reichsfürstlichen Gesandten, zum anderen mit Robinson zusammen.[744] Im Londoner Unterhaus verlangte zur gleichen Zeit auch der Abgeordnete James Oglethorpe, die Frage der Protestanten solle in die Vertragserweiterung mit den Generalstaaten aufgenommen werden.[745] Die Protestanten in den habsburgischen Gebieten seien nur so lange sicher, wie der Kaiser noch nicht von jedem Territorium die Zustimmung zur Pragmatischen Sanktion erhalten habe, danach sei »a persecution and utter rooting out of the Protestants in that Prince's dominions« zu erwarten.[746] Letztlich musste Robinson jedoch

---

Europa, Berlin 2008, S. 277–305, hier S. 278–280. Schon 1961 versuchte Wilhelm SCHLAG den Zusammenhang zwischen österreichischer und britischer (Kolonial-) Geschichte in dieser Thematik einzuordnen (ders., A Survey of Austrian Emigration to the United States, in: HIETSCH, Österreich und die angelsächsische Welt 1, S. 139–196, hier S. 145–148). An dieser Stelle soll allerdings nicht die Geschichte der Salzburger Emigration aufgearbeitet werden; siehe hierzu die umfassende Studie von Mack WALKER (ders., The Salzburg Transaction).

741 Harrington an Robinson, Hampton Court, 10.08.1731, TNA, SP 80, 78, o.f.; Robinson an Harrington, chiffriert, Wien, 05.09.1731, TNA, SP 80, 79, o.f.
742 Ebd.
743 Harrington an Robinson, Whitehall, 18.12.1731, TNA, SP 80, 82, o.f.; Robinson an Tilson, Wien, 29.12.1731, TNA, SP 80, 83, o.f.; Robinson an Harrington, Wien, 01.01.1732, TNA, SP 80, 84, o.f.
744 Siehe insgesamt den Archivbestand HStA H, Cal. Br. 11, Nr. 1791.
745 James Oglethorpe, Debate on the Lord Hervey's Motion of an Address of Thanks, London, 13.01.1732 (a.S.), in: CHANDLER, The History and Proceedings 7, S. 96–97.
746 HMC, Diary of Viscount [...] Egmont, S. 215. Später organisierte James Oglethorpe

berichten, dass er nur in Religionsfragen mit Bruyninx zusammengearbeitet habe, auf alle anderen Anfragen, wie zur gleichzeitig diskutierten Frage der endgültigen Auflösung der Ostende-Kompanie, habe sein Kollege nicht reagiert oder vielmehr nur die Vorschläge Robinsons für seine eigenen Zwecke aufgegriffen.[747] Erst nach Unterzeichnung des Beitrittsvertrags verschärfte der Niederländer seine verbalen Angriffe, was Robinson aber nicht mittrug. Statt die in sehr aggressivem Ton formulierte niederländische Denkschrift zu unterzeichnen, reichte er eine eigene ein, die an die Milde des Kaisers gegenüber den Salzburger Protestanten appellierte.[748] Der Kaiserhof selbst schien Robinson zunächst nur beschämt über die Ereignisse in Salzburg zu sein.[749]

Robinson warnte immer wieder vor zu viel Einsatz für die Protestanten gegenüber dem Kaiser. Dieser könne vom König eine bessere Behandlung der Katholiken in Großbritannien fordern, »which the disparity of the Governm.ts makes it impossible for his Maty in particular to comply with […]«.[750] Sollte der Kaiser dasselbe vom König verlangen wie der König vom Kaiser, würden die Konsequenzen dermaßen unterschiedlich sein, dass

[…] the same general tranquility which the King wishes to be settled by his demand, would run an evident risk of being disturbed by His Majesty's hearkening to a like demand on the part of the Emperor.[751]

Der ebenfalls auf Wunsch des Königs und Kurfüsten tätige hannoversche Gesandte Dieden überbrachte Anfang 1732 Karl VI. ein entsprechend vorsichtig formuliertes Memoire. In diesem wurde auf die rechtlichen Prinzipien sowie auf den göttlichen Segen verwiesen; letzteren werde der Kaiser erwerben, wenn die Religionsgravamina abgestellt würden.[752] Als Reaktion erhielt der kaiserliche Gesandte Graf Kinsky in London den Auftrag, mäßigend auf den britischen Hof einzuwirken. Mit Hinweis darauf, dass die Salzburger gegen das Gesetz ihre Religion offen ausgeübt hätten, was ein protestantischer

---

die Aufnahme der Salzburger in die britische Kolonie Georgia (Betty Wood, Oglethorpe, James Edward (1696–1785), in: Oxford DNB (2006)).

747 Robinson an Chesterfield, Kopie, Wien, 26.01.1732, TNA, SP 80, 84, o.f.; Robinson an Harrington, Wien, 20.02.1732, TNA, SP 80, 85, o.f. Umgekehrt gab es niederländische Beschwerden, die britischen Diplomaten an den europäischen Höfen kommunizierten zu wenig mit ihren niederländischen Kollegen. Dunthorne, The Maritime Powers, S. 248–249.

748 Robinson an Harrington, Wien, 25.02.1732, TNA, SP 80, 85, o.f.

749 Robinson an Tilson, Wien, 29.12.1731, TNA, SP 80, 83, o.f.

750 Robinson an Harrington, chiffriert, Wien, 05.09.1731, TNA, SP 80, 79, o.f.

751 Robinson an Harrington, Wien, 25.02.1732, TNA, SP 80, 85, o.f.

752 [Georg II.]/Dieden zum Fürstenstein, Pro Memoria.

Fürst Katholiken ja auch nicht zugestehen würde, stellte Karl VI. klar, dass er vorhabe, »[…] als ein gemeinsahmer Vatter beiderley religions-verwandten Ständen dasjenige sorgfältig zu verhüten, wohero unter ihnen gefährliche miß-falligkeiten erwachsen köndten.«[753] Karl VI. wollte damit auch verhindern, dass angedrohte Repressalien gegen die Katholiken in Großbritannien und Braunschweig-Lüneburg umgesetzt wurden.[754] Gegenüber den Geheimen Räten in Hannover sprach sich Georg II. ausdrücklich gegen antikatholische Repressalien aus – es gebe einfach zu wenige Katholiken und katholische Kir-chen in den kurfürstlichen Territorien.[755]

Der Sommer 1732 brachte zum einen den Auszug von 18.000 Salzbur-gern über Augsburg vor allem nach Preußen.[756] Zum anderen konnten auch aus Berchtesgaden mehrere hundert Protestanten ausreisen, nachdem letzt-lich Georg II. als Kurfürst die verlangten Ausreisegelder zahlte.[757] Teilweise fanden sie im Kurfürstentum Braunschweig-Lüneburg Aufnahme.[758] Die Einladung nach Hannover wurde unter anderem mit einer Medaille gefeiert. Die Inschrift auf der Vorderseite der Medaille weist Georg II. als britischen König und Kurfürsten aus, die Rückseite zeigt ihn als »Engel der Engländer«, der die Emigranten in den hannoverschen Territorien empfängt.[759] Die han-noverschen Minister hatten in ihren Empfehlungen an den Kurfürsten die Aufnahme zunächst abgelehnt, da sie Folgekosten für bedürftige Flüchtlinge

---

753 Karl VI. an Kinsky, Laxenburg, 14.05.1732, HHStA, StA England 68, f. 47–50, Zitat f. 49. Zu diesem Zeitpunkt war die Ausreise der Salzburger nach dem *Ius Emigrandi* schon beschlossen, die Inhaftierten waren entlassen und weitere Ausweisungen vom Salzburger Bischof zurückgezogen worden.

754 Karl VI. an Kinsky, Wien, 16.05.1732, FA Kinsky, 6 a), 5, o.f.

755 Georg II. an Hugo, London (St. James), 08.04.1732, HStA H, Cal. Br. 11, Nr. 1791, f. 74.

756 Der Zug der Emigranten durch das Reich wurde begleitet von publizistischen Maßnahmen. Dazu gehörte die Aufführung von Musikstücke, die bei besonderen Gottesdiensten oder beim Einzug der Salzburger gespielt wurden, siehe Raymond DITTRICH, Die Lieder der Salzburger Emigranten von 1731/32. Edition nach zeitge-nössischen Textdrucken, Tübingen 2008, S. 60–64.

757 Rainer SABELLECK, Kurhannover als Durchzugs- und Aufnahmeland für Salzburger und Berchtesgadener Emigranten. Erwartungen, Ziele und Handlungsspielräume 1732–1733, in: Thomas BEHME/Manfred DUNGER (Hg.), Denkhorizonte und Hand-lungsspielräume. Historische Studien für Rudolf Vierhaus zum 70. Geburtstag, Göttingen 1992, S. 137–168, hier S. 142, 144.

758 Siehe ebd.; trotz der zeitgenössischen Sprache und Wertung ist immer noch beach-tenswert die Monographie von 1933 von Heinrich MEYER, Vertreibung Salzburger und Berchtesgadener Protestanten und ihre Aufnahme in Kurhannover 1733. Zur 200 Jahrfeier der Ansiedlung Salzburg im Kreis Hameln-Pyrmont 1733–1933, Uslar (Sol-ling) 1933.

759 Georg Wilhelm VESTNER, Medaille auf die Aufnahme der Salzburger Emigranten in Hannover 1733.

befürchteten.[760] So sollten nur vermögende[761] oder arbeitswillige[762] Emigranten eine Aufnahme im Kurfürstentum erhalten. Schlussendlich kamen über 220 Familien aus Berchtesgaden nach Braunschweig-Lüneburg, denen mit finanziellen Mitteln und durch gezielte Verteilung auf einzele Höfe und Dörfer eine Ansiedlung ermöglicht wurde.[763]

Sammlungen für die finanzielle Unterstützung der Salzburger brachten in Großbritannien erhebliche Mittel zusammen.[764] Gleichzeitig fürchtete die Regierung aber, dass arme Flüchtlinge im Zweifelsfall auf Jahre hinaus die Kassen der Gemeinden belasten könnten.[765] Stattdessen befürwortete Georg II. die Auswanderung der Protestanten in die neugegründete britische Kolonie Georgia. Die Unterstützung der Auswanderung der Protestanten in eine britische Kolonie war ein Mittel, die führende Stellung im protestantischen Europa zu behaupten.[766]

Im Sommer 1732 machte Robinson schließlich klar, dass seine Art, sich für die Protestanten einzusetzen, für die weiteren Beziehungen zum Kaiser möglichst folgenlos und deshalb langfristig besser sei. Dies konnte er wohl in seinen persönlichen Gesprächen mit Georg II. 1732 in Hannover erläutern, zumindest lässt sich das aus dem zeitlichen Ablauf schließen. Deshalb hieß es in den weiteren Weisungen zu Religionsangelegenheiten, Robinson als derjenige »on the Spot« habe freie Hand, so zu handeln, wie es am besten für die protestantische Sache sei. Dabei sollte er nach seinem Ermessen entschei-

---

760 Geheime Räte an Georg II., p.s., Hannover, 08.01.1732, HStA H, Cal. Br. 11, Nr. 1791, f. 39–40.

761 Geheime Räte an Georg II., Hannover, 31.10.1732, HStA H, Cal. Br. 11, Nr. 1791, f. 109–110.

762 Geheime Räte an Hugo, Hannover, 08.01.1733, HStA H, Cal. Br. 11, Nr. 1791, f. 170–171.

763 Geheime Räte an Georg II., Hannover, 07.07.1733, HStA H, Cal. Br. 11, Nr. 1791, f. 259; Geheime Räte an Hugo, Hannover, 09.04.1733, HStA H, Cal. Br. 11, Nr. 1791, f. 220–221.

764 Sugiko NISHIKAWA, English Attitudes toward Continental Protestants with Particular Reference to Church Briefs c. 1680–1740, London 1998, S. 123–126. Vorher schon hatte Georg II. in seinem Kurfürstentum Geld für die Emigranten sammeln lassen, Georg II. an Geheime Räte, [London], 28.03.1732, HStA H, Cal. Br. 11, Nr. 1791, f. 67.

765 1709 hatte es einen ähnlichen Fall in Europa gegeben: innerhalb von vier Monaten waren 15.000 verarmte Pfälzer Protestanten nach Großbritannien eingewandert, was von den Whigs als merkantilistische Maßnahme der Bevölkerungssteigerung gefördert worden war. Die Pfälzer Emigranten von 1709, deren Integration in Großbritannien scheiterte, galten vielen als abschreckendes Beispiel. NISHIKAWA, English Attitudes, S. 94–102. Die Armutsmigration führte auch zu Gesetzesänderungen, die solche Einwanderungen erschwerte (SCHULTE BEERBÜHL, Deutsche Kaufleute in London, S. 34–35).

766 THOMPSON, Britain, Hanover and Protestant Interest, S. 162–164. Siehe zur Etablierung der Emigranten in den britischen Kolonien Charlotte E. HAVER, Von Salzburg nach Amerika. Mobilität und Kultur einer Gruppe religiöser Emigranten im 18. Jahrhundert, Paderborn 2011.

den, ob »private insinuations, & good Offices« vielleicht an mancher Stelle besser seien als »open Representations, & Memorials«.[767] Diese Linie wurde auch in den folgenden Jahren verfolgt. Nach außen vertrat dabei Georg II. die Meinung, die Protestanten litten »without his [the Emperor's] knowledge, & contrary to his Intentions.«[768] 1733 sprach der Secretary of State noch einmal auf Befehl Georgs II. mit Graf Kinsky in London, gleichzeitig sollte Robinson in Wien beim Kaiser wieder – vorsichtig – vorstellig werden:

The Situation you are in naturally gives you an opportunity of being more exactly informed than We can be here of the nature of those Grievances, as also of the Redress which those poor people are entitled to, or which may be possible to be obtain'd for them; & it must therefore be left to your prudence and zeal to make your applications in their favour in the manner you shall judge most likely to procure that Relief for them, which his Majesty has so much at heart.[769]

Das diplomatische Handeln entsprach der grundsätzlichen Politik Georgs II., im Bezug auf religiöse Fragen keine gewaltsame Lösung zu suchen.[770]

Auch Karl VI. und seine Minister, zusammen mit Graf Kinsky in London, ließen Konflikte in religiösen Fragen nicht eskalieren. Die existierenden Spannungen behinderten die Beziehungen zwischen Wien und London nicht. Trotzdem kann grundlegend festgestellt werden, dass gerade in den britisch-kaiserlichen Beziehungen des 18. Jahrhunderts noch ein großer Einfluss der Konfessionen wahrzunehmen ist, unter anderem bei der Vergabe von Ämtern und Posten, im Verhältnis zu den Stuarts oder in den Regierungsmaßnahmen gegen Katholiken in Großbritannien oder gegen Protestanten in Ungarn. Im Reich verstanden sich die hannoverschen Kurfürsten und britischen Könige weiter als Vertreter der Protestanten gegen den Kaiser, den *protector ecclesiae*.

---

767 Georg II. an Robinson, Additional Instructions, Herrenhausen, 27.07.1732, TNA, SP 80, 89, o.f.
768 Harrington an Robinson, Hampton Court, 17.08.1733, TNA, SP 80, 98, o.f.
769 Harrington an Robinson, London (Whitehall), 20.03.1733, TNA, SP 80, 94, o.f.
770 Andrew THOMPSON, England als Schutzmacht der deutschen Protestanten 1714–1760, in: ASCH, Hannover, Großbritannien und Europa, S. 243–263, hier S. 259–261; siehe auch die englische Fassung dieses Aufsatzes, ders., Hanover-Britain and the Protestant Cause, S. 103–105. Andrew Thompson spricht bei den Handlungen Georgs II. – und Georgs I. – in konfessionellen Fragen von »smart intervention«, die statt gewaltsamer Konflikte Verhandlungen und das Beharren auf Verträgen und Rechtspositionen bevorzugte (ders., England als Schutzmacht der deutschen Protestanten, S. 263).

5.5 Fazit

Dynastische, finanzielle und wirtschaftliche, geostrategische sowie religiöse Interessen ließen sich im frühen 18. Jahrhundert nicht voneinander trennen. Die vorgestellten Beispiele veranschaulichen die Wechselwirkungen zwischen diesen Themenfeldern, derer sich auch die betrachteten Akteure bewußt waren.

Da es sich bei den hier untersuchten Herrschaftsgebieten um Monarchien handelte, waren dynastische Überlegungen wesentlich für getroffene Entscheidungen. Die Ehre des Monarchen war sowohl Entscheidungsgrundlage als auch Argument und wurde als solche innerhalb der Beziehungen zwischen Wien und London genutzt. Die Heiratspolitik des Wiener und des Londoner Hofes war darauf bedacht, die von der Dynastie regierten Herrschaftsgebiete zu halten und zu sichern. Der Kaiser musste zudem einer Krise begegnen, die zumindest am Ende des vorherigen Jahrhunderts nicht zu erwarten gewesen war. Da ein männlicher Nachkomme in der nächsten Generation fehlte, war absehbar, dass das habsburgische Erbe über eine Tochter in einer neuen Dynastie aufgehen würde, deren dynastischer und geostrategischer Einfluss in Europa kaum zu überbieten sein würde. Die von ihm erlassene Nachfolgeordnung in der Pragmatischen Sanktion bestätigte die Unteilbarkeit der Erblande und erhöhte damit das Gewicht des Erbes. Deshalb hatten alle europäischen Fürstenhäuser ein erhöhtes Interesse an den Eheschließungen der Erzherzoginnen, allen voran die Kurfürsten des Reiches, zu denen Georg II. gehörte. Das britische Königspaar hatte ganz anders gelagerte Probleme, da die große Zahl an Kindern mit zwei Söhnen zwar die Nachfolge sicherte, aber nur durch akzeptable Verbindungen – also Ehen mit Mitgliedern evangelischer, regierender Häuser – wertvoll wurde. Die persönliche Antipathie und dynastisch-geostrategische Gegnerschaft zwischen Georg II. und dem preußischen König verhinderte eine mögliche Doppelhochzeit zwischen Welfen und Hohenzollern und dadurch eine Annäherung der beiden norddeutschen Herrschaftsgebiete, die die Machtverhältnisse im Heiligen Römischen Reich verändert hätte.

Genauso unterschiedlich war auch die Herangehensweise an die Verheiratung der Kinder: Während Karl VI. frühzeitig eine Entscheidung für den zukünftigen Herzog von Lothringen und Bar, Franz Stephan, als Ehemann seiner ältesten Tochter traf, machte er diese Entscheidung nicht öffentlich und verbat sich jede Einmischung in Heiratsangelegenheiten. Durch Maßnahmen wie die Verteilung einer Medaille und Bitten um Vermittlung brachten dagegen Georg II. und Königin Caroline ganz bewusst die Suche nach Ehepartnern für ihre Kinder nach außen, auch wenn die Entscheidungen letztlich vom Königspaar getroffen wurden.

In diesem Feld der Dynastie ist, wie nach der Forschung der letzten Jahre zu erwarten war, der Einfluss der Ehefrauen, also Kaiserin Elisabeth Christines und Königin Carolines, sehr deutlich zu sehen. Er betraf mit dem direkten Briefwechsel der beiden mehr als nur inner- und interdynastische Fragen, da er als Mittel der Verständigung zwischen den Vertragspartnern von 1731 vorgesehen war.

Besonders eng war die Verbindung religiöser mit dynastischen Interessen. Beide Dynastien traten als Repräsentanten ihrer konfessionellen Gruppe auf. Der britische König überspielte dabei jegliche Widersprüche innerhalb des evangelischen Spektrums, um sowohl auf den britischen Inseln als auch in Braunschweig-Lüneburg als Kirchenoberhaupt auftreten zu können. Alle Vertreter der jeweiligen Dynastie, besonders aber die regierende Familie, trugen zum religiös-dynastischen Auftreten bei, was die vereinbarten Eheschließungen unterstrichen. Einfluss hatten religiöse Fragen darüber hinaus bei Personalentscheidungen am Hof und in der Verwaltung. Im diplomatischen Alltag wurde die Wichtigkeit von Religionsfragen durch Gesandtschaftskapellen, Geistliche und Gottesdienstgemeinschaften unterstrichen, ohne dass jedoch in Krisen religiöse Konflikte öffentlich ausgetragen worden wären. Vielmehr waren auf beiden Seiten die Gesandten dafür verantwortlich, die jeweilige Unterstützung und Hilfe für verfolgte Glaubensgenossen nicht zum Anlass weitergehender Auseinandersetzungen werden zu lassen.

Auch wirtschaftliche Fragen waren essentiell für die Dynastien. Angriffe auf die monarchischen Wirtschaftspläne wurden als solche auf die Ehre des Herrschers verstanden, wie im Fall der kaiserlichen Ostindienhandelskompanie. Nach dem hier analysierten Material zeigte Karl VI. ein höheres persönliches Interesse an Fragen von Wirtschaft und Finanzen als Georg II. Britische Entscheidungen in solchen Fragen wurden von der typischen Verflechtung von politischen, wirtschaftlichen und finanziellen Netzwerken, in denen die Minister eingebunden waren, beeinflusst, womit handelspolitische Überlegungen, die teilweise global ausgerichtet waren, im Vordergrund standen. Geostrategisch wurden gerade die guten Möglichkeiten des Londoner Finanzmarktes und der britischen Staatsschuldenpolitik dazu genutzt, über Subsidien Truppen zu verpflichten beziehungsweise über Kredite auswärtigen Mächten, in diesem Fall dem Kaiser, Unterstützung zu bieten. Die chronische Finanzknappheit des Kaiserhofes hatte wiederum Auswirkungen darauf, dass im Polnischen Thronfolgekrieg weder die Stärke der kaiserlichen Truppen noch deren Einsatzbereitschaft in irgendeiner Weise den Angriffen der bourbonischen Allianz gewachsen war.

Die klare Einstellung des Kaisers als Bewahrer des Gleichgewichts in Europa gegen eine Übermacht des Hauses Bourbon betonte Karl VI. immer wieder. Dazu trug auch bei, dass die nach dem Spanischen Erbfolgekrieg erlangten Gebiete vor allem von spanischer und französischer Seite bedroht wurden. Erst nach der Enttäuschung über die geringe Unterstützung der Bündnispartner des Zweiten Vertrags von Wien, den Seemächten, und auf Druck der britischen Seite, zu einem Ausgleich mit den bourbonischen Höfen zu kommen, fanden die Friedensverhandlungen mit der französischen Seite 1735 statt. Damit kam es zumindest zeitweilig zu einer Umkehrung der Verhältnisse von 1729. War zu diesem Zeitpunkt zunächst der Kaiser von den europäischen Mächten isoliert, so galt das gleiche für Großbritannien sechs Jahre später.

Karl VI. sah sich in seiner kaiserlichen Stellung verantwortlich, als Mediator zwischen den Herrschern Europas sowie den Reichsfürsten zu vermitteln, wie er dies im untersuchten Fall für Georg II. und Friedrich Wilhelm von Preußen versuchte. Eine über Europa hinausgehende Geostrategie des Wiener Hofes ließ sich aus den untersuchten Quellen nicht ersehen. Interessanterweise wurde die Handelspolitik für Asien nur unter den Folgen für die Beziehungen zu den europäischen Handelsnationen gesehen. Weitere Forschungen sind an diesem Punkt aber unbedingt nötig, um auch in den Beziehungen mit anderen Herrschaftsgebieten die Determinanten der kaiserlichen auswärtigen Politik herauszuarbeiten.

Auch für die britischen Minister spielten weltweite Überlegungen nur im Zusammenhang mit dem Handel eine Rolle, insbesondere zur Verhinderung eines britisch-französischen Handelsseekrieges. Die vorliegende Analyse stützt die jüngere Forschung, die einen deutlichen Einfluss hannoverscher Interessen auf die geostrategischen Entscheidungen des britischen Königs und der britischen Minister herausstellt.

6. Schluss

6.1 Wien und London (1727–1735)

In der vorliegenden Studie konnte die Entwicklung der kaiserlich-britischen Beziehungen zwischen 1727 und 1735 erarbeitet werden, die in der bisherigen Forschung zugunsten anderer Beziehungen zwischen europäischen Mächten wenig beachtet wurde. Ausgehend von einem Tiefpunkt 1727, der die Ausweisung der jeweiligen diplomatischen Vertreter von beiden Höfen zur Folge hatte, wurde das Verhältnis über neun Jahre hinweg verfolgt. Die Bündnisstrukturen unterlagen zu dieser Zeit einem stetigen Wandel.

Die Anfangsphase der Untersuchung berührte den Zusammenhang mit der Kongressdiplomatie des frühen 18. Jahrhunderts. Die zunehmende Isolierung des Kaiserhofes, die sich beim Kongress von Soissons bis zum Abschluss des Vertrags von Sevilla am Ende des Jahres 1729 zeigte, vereinte die anderen großen europäischen Mächte, darunter auch Großbritannien, gegen den Kaiser. Nach dem spannungsgeladenen nächsten Jahr 1730 markierte die Unterzeichnung des Zweiten Vertrags von Wien am 16. März 1731 sowie die dazugehörigen weiteren Verträge und Erklärungen einen grundlegenden Bündniswechsel hin zur Alten Allianz des Kaisers mit den Seemächten, hier mit dem britischen König. Die Nichtbeteiligung des französischen und spanischen Hofes an den Verhandlungen führte in der Folge zu großen Irritationen bei den anderen europäischen Mächten, auch wenn wesentliche Forderungen der nicht als Vertragspartner genannten Monarchien durch die Vertragsinhalte erfüllt worden waren. Ebenso schwierig war es, dass die Generalstaaten der Niederlande als wichtigster britischer Verbündeter zwar im Vertrag als Bündnispartner genannt wurden, in der Realität aber an der Aushandlung nicht in gleichem Maße mitwirkten und der niederländische Vertreter am Kaiserhof den Vertrag nicht ebenfalls unterschrieb.

Die der Vertragsunterzeichnung folgenden Monate der Jahre 1731 und 1732 waren durch weitergehende Versuche des Aufbaus eines Bündnisnetzwerkes, ausgehend von der kaiserlich-britischen Allianz, gekennzeichnet. Parallel dazu erfolgte im Heiligen Römischen Reich Deutscher Nation einerseits mit Unterstützung des Kurfürsten von Braunschweig-Lüneburg die Anerkennung der Pragmatischen Sanktion als Sukzessionsordnung des Kaiserhauses. Andererseits scheiterten Versuche des Wiener Hofes, die verbündeten Kurfürsten im Reich, vor allem aber den brandenburgischen und den hannoverschen, auch untereinander auszusöhnen. Anfang 1733 wirkten der Tod des polnischen Königs und sächsischen Kurfürsten, die Ausweisung der Protestanten aus dem Erzbistum Salzburg, Konflikte zwischen den oben genannten Kurfürsten von Braunschweig-Lüneburg und Brandenburg sowie innerbritische Probleme auf die Beziehungen zwischen den Höfen in Wien und London ein. Das zunächst unentschiedene, dann militärisch neutrale Verhalten des britischen Vertragspartners im Polnischen Thronfolgekrieg von 1733 bis 1735 führte zu einer weiteren Veränderung der Bündnissituation: 1735 wurde durch geheime kaiserlich-französische Verhandlungen der Krieg beendet, während die britische Seite sich nun isoliert wiederfand.

Grundsätzlich sahen alle untersuchten Akteure die Notwendigkeit kaiserlich-britischer Beziehungen, wenn auch aus jeweils unterschiedlichen Gründen. Die Alte Allianz zwischen den Seemächten und dem Kaiser war die gedankliche Grundlage, auf der Karl VI., Prinz Eugen, Graf Starhemberg und Graf Königsegg auf der einen Seite sowie der Duke of Newcastle auf der anderen Seite dieses Bündnis aufbauten. Das existierende britisch-französisch-spanische Bündnis stand dem entgegen. Ende der 1720er Jahre herrschte unter den britischen Ministern, vor allem bei Viscount Townshend und den Walpole-Brüdern, der Wunsch, einerseits die für Großbritannien förderlichen Beziehungen zur französischen und spanischen Krone zu erhalten und andererseits die kaiserliche Ostende-Kompanie als Gefahr für den britischen Handel auszuschalten. Mit den Bestimmungen des Vertrags von 1731 wollten sie diese Ziele durchsetzen, was aber nur teilweise gelang. Gleichzeitig erlangte Karl VI. die unter anderem von seinem Sekretär und Vertrauten Bartenstein befürwortete internationale, vertragliche Anerkennung der Pragmatischen Sanktion sowie ein Ende der Isolation des Kaisers in Europa. Für Georg II. und von Hattorf als kurfürstlichem Minister war das nach dem Bündnisschluss gewährte Versicherungsdekret für den Kurfürsten von Braunschweig-Lüneburg in verschiedenen Angelegenheiten gleichzeitig eine Stärkung der Beziehung des Kurfürstentums zum Kaiser, welche letzterer wiederum im Reich benötigte. Soweit nachvollziehbar, war Georg II. bei seinen Aufenthalten in Hannover teilweise selbst bei den Verhandlungen anwesend.

Im Polnischen Thronfolgekrieg erwarteten Karl VI. und seine Minister die Einhaltung des Vertrages. Für Braunschweig-Lüneburg nutzte Georg II. als Kurfürst die militärische Zwangslage, um weitere Zugeständnisse vom Kaiser zu erhalten. Auf britischer Seite gab es einen internen Streit über die Notwendigkeit, das Verteidigungsbündnis zu honorieren. Königin Caroline, der Duke of Newcastle, Baron Harrington und Horatio Walpole sowie Sir Thomas Robinson waren eindeutig dafür, Karl VI. und seine Politik auch mit militärischen Mitteln zu unterstützen. Dagegen fand Sir Robert Walpole – und er konnte Georg II. von der Richtigkeit seiner Annahmen überzeugen –, die innenpolitische Lage nach der Excise-Krise 1733 und einer nur knapp gewonnenen Parlamentswahl 1734 sei nicht so, dass es in der politischen Öffentlichkeit eine Mehrheit für die Kriegsteilnahme gebe. Gleichzeitig befürchteten der Minister und sein König die negativen Folgen eines Krieges hinsichtlich der geschlossenen britisch-spanischen Handelsverträge und für den britischen Handel im Allgemeinen. Die Neutralität der Vereinigten Niederlande brachte das Kurfürstentum in eine bedrohliche Lage. Da damit ein wichtiger Bündnispartner früherer anti-französischer Kriege fehlte, wurde dies der nach außen vertretene Hauptgrund für den nicht erfolgten britischen Kriegseintritt. Für den kaiserlichen Sekretär Bartenstein und Karl VI. wurden damit aber Befürchtungen bestätigt, die zumindest Karl VI. schon in den 1720er Jahren bezüglich der die Aufrichtigkeit des britischen Bündnispartners gehegt hatte. Dieser Einschätzung folgte unter anderen Bartenstein auch nach dem Tod Karls VI. 1740, was sich in der habsburgischen Friedens- und Bündnispolitik der folgenden Jahrzehnte zeigte.

Während die Ansichten und Entscheidungen Kaiser Karls VI., seines wichtigsten Beraters Bartenstein und Prinz Eugens für die hier untersuchten Jahre entsprechend analysiert werden konnten, gilt dies nicht in gleicher Weise für alle anderen Akteure. Die Rolle anderer kaiserlicher Minister, etwa des Hofkanzlers Graf Sinzendorff oder des Reichsvizekanzlers Schönborn, wurde hauptsächlich aus den diplomatischen Berichten der britischen Gesandten eingeschätzt. Weitere biographische Studien zur besseren Beurteilung ihrer Netzwerke, Persönlichkeiten und Fähigkeiten sowie ihres Einflusses wären wünschenswert; gleiches gilt auch für den britischen Minister Harrington sowie insgesamt für die braunschweig-lüneburgischen, kurfürstlichen Minister und Diplomaten.

Die neueren Forschungen zum wesentlichen und vor allem aktiven Anteil der beiden Monarchen, Kaiser Karl VI. und König Georg II., an der Regierung ihrer Herrschaftsgebiete konnten bestätigt und erweitert werden. Obwohl zum Beispiel Verträge und Abkommen zwar grundsätzlich zwischen den zuständigen Ministern und Diplomaten ausgehandelt wurden, entschied letztlich der Monarch über deren Abschluss und musste den inhaltlichen Bestimmungen sowie den sprachlichen Formulierungen zustimmen, bevor sie von seinen Bevollmächtigten unterzeichnet werden konnten.

Königin Carolines Rolle als Beraterin ihres Mannes, als Regentin sowie als Repräsentantin der protestantischen Thronfolge auf dem britischen Thron war entscheidend. Sie verkörperte diese Sukzession und half durch ihre Kinder sie abzusichern. Allerdings fehlen insbesondere zu ihren regelmäßigen Regentschaftsregierungen Studien, die ihren politischen und dynastischen Einfluss betreffen. Kaiserin Elisabeth Christines Beitrag zu Entscheidungen des Kaisers und zur Regierung im Allgemeinen wurde bisher ebenfalls nur in Ansätzen untersucht. Die überlieferten Äußerungen in Zusammenhang mit der Aufnahme eines persönlichen Briefwechsels zwischen den beiden Monarchinnen unterstützen die Erkenntnis, welche wesentliche Rolle dynastische Überlegungen in den kaiserlich-britischen Beziehungen spielten.

Durch die vorliegende Arbeit konnte Graf Kinsky als kaiserlicher Gesandter am Hof von St. James erstmalig grundlegend charakterisiert werden.
Seine Ernennung erfolgte einerseits aufgrund seiner eigenen wirtschaftlichen
Aktivitäten sowie seiner vorigen Kontakte zu Engländern. Vor allem in ökonomischen Fragen wurde er den in ihn gesetzten Erwartungen gerecht. In einer
seiner Hauptinstruktionen wurde er dazu aufgefordert, britische Technologie, vor allem die der Leinwandmanufaktur, für Böhmen und damit auch für
seine eigenen Besitzungen zu requirieren. Die Förderung von Kinskys eigenen
Interessen, denen seiner Familie sowie die Aushandlung einer Großanleihe
zur Finanzierung der kaiserlichen Kriegsschulden des Polnischen Thronfolgekrieges zeugen von den mehrfachen Motiven, die hinter seiner Ernennung
steckten. Selbst mit begrenzter Quellenlage hat sich das Verhältnis zu seinem
Bruder Stephan Kinsky, dem kaiserlichen Botschafter am französischen Hof,
als besonders wichtig herausgestellt.

Es konnte gezeigt werden, wie entscheidend für die behandelten Akteure
die Beziehungen zwischen Brüdern waren. Nicht erarbeitet werden konnte,
inwiefern dies für Schwestern oder – abgesehen von den Eltern – weitere
Verwandte galt. Insgesamt musste festgestellt werden, dass über die in der
vorliegenden Arbeit hauptsächlich ausgewerteten Briefwechsel die Rolle der
Frauen, sowohl der Ehefrauen als auch weiterer weiblicher Akteure, kaum
eingeschätzt werden kann.

Die deutlichen Unterschiede in der politischen Kultur des britischen und
des habsburgischen Herrschaftsgebietes wirkten sich sowohl auf die Institutionen als auch auf die Wahrnehmungen und Erwartungen aus, die wiederum
auf das kaiserlich-britische Verhältnis einwirkten. Die mit der politischen
Kultur zusammenhängenden örtlichen Rahmenbedingungen in Wien und
London und die Differenzen der zeremoniellen Gegebenheiten des Kaiserhofes und des Londoner Hofes wurden durch das Verhalten der Akteure
bestätigt.

Der vergleichsweise leichte Zugang, den der kaiserliche Gesandte und
spätere Botschafter Kinsky in die Londoner Gesellschaft fand, hing mit den
dortigen kommerzialisierten Unterhaltungsformen genauso zusammen wie
mit der Tatsache, dass freiwillige Vereinigungen, also Freimaurerlogen oder die
Royal Society, auch Auswärtigen offenstanden. Angenommen werden kann,
dass die zunehmende Ausbreitung der Freimauererei unter den führenden
Akteuren der europäischen Herrschaftsgebiete im Laufe des 18. Jahrhunderts
Netzwerke entstehen ließ, die Auswirkungen auf die internationalen Beziehungen hatten.

Die Konzentration des Lebens in Wien auf die kaiserliche Residenz und
ihre Angehörigen bereitete vor allem dann Probleme, wenn es sich – wie
bei Sir Thomas Robinson – nicht um einen Diplomaten mit hohem Adelstitel oder entsprechenden hochadeligen Netzwerken handelte. Ausgeglichen

wurde dies teilweise durch die Einstellung der britischen Akteure zum Zeremoniell, dessen willentliche Umgehung ihnen Freiräume am Kaiserhof eröffnete. Mit Robinson war ab 1730 ein Repräsentant des britischen Königs in Wien, der sich zwar relativ am Beginn seiner Karriere befand, aber durch den anfänglichen Erfolg bei der Aushandlung des Vertrags von 1731 sowohl die Unterstützung seines Monarchen als auch das Wohlwollen der meisten kaiserlichen Minister genoss. Das Resultat dieses Vertrauensverhältnisses drückte sich in der Behandlung der Frage der Protestanten im kaiserlichen Einflussgebiet aus, bei der sich die britische Regierung auf ihren »man on the spot« verließ.

Die Diplomaten beeinflussten durch ihr Handeln in allen Themenfeldern die Beziehungen zwischen Wien und London. Die Spielräume für einzelne Akteure waren immer dann groß, wenn der Zeitdruck für eine Entscheidung besonders hoch war. Exemplarisch zeigte sich dies beim Abschluss des Vertrags 1731 und den ungeklärten kurfürstlichen Angelegenheiten, deren Lösung im Sinne Georgs II. Sir Thomas Robinson durch sein energisches Auftreten bewirken konnte, oder im Polnischen Thronfolgekrieg, als Graf Kinsky ohne vorherige Rücksprache einen Vertrag über hannoversche Truppenhilfen abschloss.

Damit wurden die Zusammenhänge zwischen den Handelnden mit ihren jeweiligen Erfahrungen, Kenntnissen, Wahrnehmungen, Erwartungen sowie Persönlichkeiten und den Kommunikationswegen deutlich, vor allem bei großen Entfernungen oder zeitintensiven Übermittlungsmethoden. Je länger der Transfer von Weisungen und Instruktionen dauerte, um so wichtiger ist die Rolle einzelner Akteure einzuschätzen. Dies traf vor allem auf die diplomatischen Vertreter zu, aber auch auf die Minister, wenn sie nicht im direkten Umfeld des Monarchen handelten, wie die in London gebliebenen britischen Regierungsmitglieder während der Reisen Georgs II. in sein Kurfürstentum oder die in Graz ausharrenden kaiserlichen Minister und Berater bei der Triestreise Karls VI. 1728.

Wesentliches Merkmal der internationalen Beziehungen war ihre dynastische Ausrichtung. Fragen der Herrschaftssukzession oder dynastischer Verbindungen durch Heirat standen im Zentrum der kaiserlich-britischen Beziehungen. Für beide Herrschaftsgebiete galt, dass sich die Einflusssphären und Interessen ihrer Monarchen und Dynastien nicht auf ein räumlich klar begrenztes Gebiet beschränkten, sondern über den europäischen Kontinent verteilten. In diesem Zusammenhang zeigte sich der Einfluss von Orten, wie der kurfürstlichen Residenz Georgs II. in Hannover, die als Ausweichplatz für Verhandlungen zur Verfügung stand. Die Kommunikationsstrukturen über Botensysteme, die zur Verwaltung der verstreuten Herrschaftsgebiete aufgebaut worden waren, dienten ebenso der Übermittlung von Nachrichten zwischen Wien und London. Die Institutionen der vielfältigen Territorien nahmen insbesondere in der kaiserlichen auswärtigen Politik Einfluss auf die internationalen Beziehungen, da die verschiedenen Räte und Kanzleien eigenständige Instruktionen erteilen konnten.

Im Zentrum der Geostrategie, als Ziel und Argument der internationalen Beziehungen, stand die öffentliche Ruhe. Das Gleichgewicht der Mächte in Europa wurde vom Kaiserhof als Voraussetzung für die Ruhe und die Freiheit Europas gesehen. Britischerseits sah man in der Balance of Power darüber hinaus auch den Weg, auf dem Frieden zwischen den Monarchien und Republiken erreicht werden könne. Die Allianzen zwischen den europäischen Mächten, die mit diesen Zielen abgeschlossen wurden, sowie der Ausschluss von Bündnissen oder Verhandlungen waren deshalb besonders wichtig. Damit waren geostrategische Fragen, die im Übrigen in den hier untersuchten Quellen nicht so genannt wurden, im Zusammenhang der kaiserlich-britischen Beziehungen im Wesentlichen auf Europa bezogen. Globale Überlegungen, die es vor allem in Bezug auf den Ostindienhandel gab, wurden nicht als solche thematisiert, sondern generell als handelspolitische oder wirtschaftliche Erwägungen wahrgenommen.

Ökonomische Kontexte bildeten den dritten wichtigen Bereich internationaler Beziehungen. Finanzielle Ressourcen spielten eine Rolle bei der Frage, ob geostrategische Überlegungen auch in die Praxis umgesetzt und eventuell mit militärischen Mitteln realisiert werden konnten. Wirtschaftspolitische Überlegungen betrafen in der Regel alle von der Dynastie regierten Territorien, wobei die politische Kultur, also die Werte und Einstellungen der Akteure, die sich in ihrem Handeln sowie in den Gegebenheiten der politischen Systeme zeigten, großen Einfluss auf die Umsetzung solcher Ideen hatte. Von britischer Seite wurde, gefördert durch personale Netzwerke, räumliche Nähe in London und grundlegende Ansichten der Akteure, die sich als Vertreter einer erfolgreichen Handelsnation sahen, eine aktive Durchsetzung eigener wirtschaftlicher Interessen verfolgt. Diese wurden gegenüber dem Kaiserhof nachdrücklich und immer wieder auf verschiedenen Ebenen herausgestellt, egal, ob es sich um neue Abgaben handelte, die britische Händler in den Österreichischen Erblanden betrafen, oder um vom Kaiser unterstützte Asienkaufleute, die von Ostende und Hamburg aus in Konkurrenz zu britischen Händlern und Handelskompanien traten.

Eine direkte Auswirkung religiöser Fragen und Konflikte auf Allianzen oder die Beziehungen im Allgemeinen wurde von beiden Seiten dagegen nicht zugelassen, wie beispielhaft in Zusammenhang mit den Salzburger Exilanten und den irischen Katholiken gezeigt werden konnte. Die Dynastien und ihre Repräsentanten traten zwar nach innen und außen als Vertreter der katholischen *pietas austriaca* beziehungsweise des (anglikanischen) Protestantismus auf und ihre Heiratspolitik wurde von konfessionellen Schranken bestimmt. Auf Bündnisschlüsse hatten diese Grenzen aber keinen Einfluss.

Religiöse Fragen spielten allerdings im Alltag der Diplomaten an den Höfen eine Rolle, da die Monarchen sich jeweils als Repräsentanten ihrer Konfession vertreten sehen wollten. Damit einher ging die Finanzierung entsprechender Strukturen, der Gesandtschaftskapellen oder der seelsorgerischen Betreuung von Angehörigen der eigenen Konfession durch Gesandtschaftsgeistliche.

Mögliche Beziehungen zwischen Wien und London auf künstlerischer oder wissenschaftlicher Ebene waren selten Thema der analysierten Briefwechsel und wurden deshalb hier nicht untersucht. In diesem Zusammenhang sei nur am Rande die Opernsängerin Cuzzoni erwähnt, die nach großen Erfolgen in London durch die Vermittlung Graf Kinskys kurzzeitig am Kaiserhof auftrat.

Die verwendeten Quellen ließen insgesamt eine breite Auswertung unter kulturhistorischen Fragestellungen zu. Aus der diplomatischen Korrespondenz konnten neben Themen auch Rahmenbedingungen sowie Informationen zu Akteuren entnommen werden. Drucke, Zeitungen und andere zeitgenössische Schriften ergänzten die Ergebnisse.

6.2 Internationale Beziehungen im frühen 18. Jahrhundert

Die Reduzierung der internationalen Beziehungen auf die Beziehungen zwischen zwei Herrschaftsgebieten, hier also das kaiserlich-britischen Verhältnis, ist eine Möglichkeit, forschungspraktisch Ergebnisse zu erzielen. Eine Beschränkung auf die Untersuchung nur eines Faktors der internationalen Beziehungen muss dagegen abgelehnt werden, da dadurch einzelne Faktoren überschätzt werden können. Die getrennte Bearbeitung der Analyseebenen mit dem Ziel einer späteren Synthese ist, wie hier gezeigt, eine machbare Alternative.

Bewusst wurde in der Herangehensweise an die Analyse internationaler Beziehungen des frühen 18. Jahrhunderts nicht zwischen inneren und äußeren oder inoffiziellen und offiziellen Faktoren unterschieden, sondern zwischen drei Ebenen der Analyse, nämlich den Akteuren, den Rahmenbedingungen und den Themen. Dabei wurden die Akteure getrennt nach ihren jeweiligen Handlungsorten sowie ihrer Zugehörigkeit zu bestimmten Kollektiven untersucht. Die erste Gruppe bildeten die leitenden Akteure aus dem jeweiligen Herrschaftsgebiet, angefangen bei den Monarchen und ihren Ehefrauen sowie den führenden Ministern und Beratern, gefolgt von Diplomaten und Ministern an fremden Höfen, bei denen zwischen kaiserlichen und britischen beziehungsweise braunschweig-lüneburgischen unterschieden wurde. Dadurch ließen sich Gemeinsamkeiten und Unterschiede zwischen den jeweiligen Kreisen an einem Hof – und damit unter den gleichen Rahmenbedingungen – herausarbeiten. Bestätigt werden konnte grundsätzlich, dass die Akteure, ihre familiären, beruflichen und freundschaftlichen Netzwerke sowie ihre jeweils eigenen Charaktere und Eigenschaften zentral für die Entwicklung der internationalen Beziehungen waren. Die vielen personalen Elemente relativierten Bemühungen um die Professionalisierung der diplomatischen Vertreter, die an entsprechenden Anweisungen oder erwünschten Voraussetzungen bei deren Ernennungen zu erkennen sind.

Allerdings operierten die Akteure nicht im leeren Raum, sondern ihr Handeln unterlag bestimmten Rahmenbedingungen. Diese wurden zunächst danach unterschieden, ob sie grundlegend strukturierend oder eher situativ, im persönlichen Aufeinandertreffen, das Handeln der Beteiligten beeinflussten. Die strukturierenden Faktoren wurden nach der Nähe zu den Akteuren behandelt: Deshalb stand die Untersuchung der Orte, an denen sich die Akteure aufhielten, hier konzentriert auf die Städte Wien und London, an erster Stelle, danach kamen die Kommunikationswege, die die Verbindungen ermöglichten, und die Institutionen, denen die Handelnden angehörten oder die sie instruierten. Zwischen den Institutionen und den Netzwerken, innerhalb derer agiert wurde, lassen sich Strukturen diplomatischer Gesandtschaften ausmachen, die allerdings nicht im selben Maße institutionalisiert waren wie die teilweise verfassten Institutionen. Botschaftspersonal oder finanzielle Ausstattung waren genauso von institutionellen wie netzwerkrelevanten Beeinflussungen abhängig. Die politischen Kulturen, innerhalb derer die Akteure sozialisiert wurden, lebten und arbeiteten, wirkten neben den Netzwerken direkt auf die Akteure ein. Diese beiden Faktoren können zusammen mit den Kommunikationswegen als die wichtigsten strukturierenden Elemente festgehalten werden. Die Auswirkungen der politischen Kulturen auf die internationalen Beziehungen, zum Beispiel in der Frage nach der Geheimhaltung auswärtiger Beziehungen und der politischen Öffentlichkeit, sind durch die Unterschiedlichkeit der analysierten Herrschaftsgebiete gut erkennbar.

Im persönlichen Kontakt wirksame Rahmenbedingungen wurden ebenfalls nach ihrer Nähe oder Abhängigkeit von den Akteuren betrachtet, angefangen vom an den Höfen institutionalisiert praktizierten Zeremoniell. Die verwendeten Sprachen waren teilweise vorgegeben für bestimmte Situationen und Gelegenheiten oder beruhten auf dem Kenntnisstand des Einzelnen. Der Informationshorizont war abhängig von der Sachkunde, den Netzwerken und den Kommunikationsmöglichkeiten der Handelnden. Er beeinflusste wiederum Wahrnehmungen und Erwartungen, die die Akteure in die Situationen miteinbrachten. Charakter, Persönlichkeit und Sympathie oder Antipathie, die die Personen für einander empfanden, gehörten zu den Faktoren, die den direkten Kontakt beeinflussen konnten. Allerdings ist deren jeweilige Wirkungmächtigkeit nur schwer einzuschätzen. Wahrnehmungen und Erwartungen sowie der Informationshorizont beeinflussten im Wesentlichen die hier untersuchten internationalen Beziehungen. Das Zeremoniell hatte weniger direkte Auswirkungen, was eventuell daran lag, dass keine größeren Zeremonialkonflikte Thema der Beziehungen waren. Untergeordnet war die Bedeutung der Sprachen, in denen die Akteure verhandelten, sich besprachen oder schrieben; es gab eine grundsätzliche Bereitschaft, pragmatisch mit der Sprachenfrage umzugehen.

Aus den Quellen kristallisierten sich als die vier wichtigsten Themenfelder Dynastie, Finanzen und Wirtschaft, Geostrategie sowie Religion heraus, deren Analyse in einzelnen Kapiteln nach ihrer Gewichtung innerhalb der Beziehungen erfolgte. Es zeigte sich eine durchgehende Relevanz aller Themenfelder für die Akteure, wenn auch mit Abstufungen. Gerade dynastische Probleme waren charakteristisch und grundlegend für die internationalen Beziehungen des 18. Jahrhunderts. Ökonomische und geostrategische Angelegenheiten beschäftigten immer wieder die Beziehungen, auch wenn etwa in wirtschaftspolitischen Fragen sich bestimmte Herrscher, Minister und sonstige Akteure besonders hervortaten. Vor allem aber zeigt sich, dass eine Trennung aller Bereiche innerhalb der Untersuchung kaum möglich ist, da konstante Verbindungen und Wechselwirkungen bestanden. Die hier erfolgte Aufteilung ist als forschungspraktisches Konstrukt für das Verständnis aber unbedingt notwendig.

Die Konstanz der internationalen Beziehungen ließ sich auch am gewählten, kurzen Untersuchungszeitraum zeigen. Zunächst einmal waren die Beziehungen weder abhängig vom jeweils regierenden Monarchen noch von Titeln oder Territorien, sondern von der Bedeutung des jeweiligen Herrschaftsgebiets für alle anderen in Europa. Darin lag ein Ansatz für die Begründung des Pentarchiegedankens, der die folgenden Jahrzehnte prägen sollte. Zweitens konnte gezeigt werden, dass Kriege, beziehungsweise ihr Ausbruch oder Ende, zumindest in diesem Fall keine Zäsur für die internationalen Beziehungen bedeuteten. Vielmehr kann eher das Verhältnis einzelner Herrschaftsgebiete zueinander als Forschungsgrenze verwendet werden, womit der zeitliche Rahmen der Untersuchung begründet ist: Die Studie folgte dem kaiserlich-britischen Verhältnis vom Abbruch der Beziehungen bis zur Isolierung eines Akteurs sowie vom Bündnis der beiden bis zur Isolierung der anderen Seite.

Die Beziehungen zwischen Wien und London in den Jahren 1727 bis 1735 waren geprägt von einzelnen Akteuren. Beeinflusst wurden sie durch ihre Netzwerke, Informationshorizonte, Wahrnehmungen, Erwartungen und Persönlichkeiten, vom Zeremoniell, in dem sie sich an den Höfen bewegten, von den strukturienden Faktoren, den Kommunikationswegen, Institutionen und Strukturen. Thematischen Fragen von Dynastie, Geostrategie, Wirtschaft und Finanzen oder Religion waren in unterschiedlicher Weise Interessen, Motivationen und Grundlagen für die Handlungsentscheidungen der Akteure. Für eine angemessene Analyse der internationalen Beziehungen im frühen

18. Jahrhundert ist die Multiperspektive der sie bestimmenden Faktoren also unerlässlich. Es ist festzuhalten, dass die Verwendung des Begriffs »internationale Beziehungen« als Forschungsterminus sowohl sprachlich als auch inhaltlich der Offenheit einer solchen Beziehungsstudie entspricht.

Anhang

1. Akteure: Titel, Ämter und Würden (Auswahl)

Johann Christoph (von) BARTENSTEIN (1690–1767), Freiherr (seit 1733), Sekretär der Geheimen Konferenz (1727–1733), Geheimer Staatssekretär (seit 1733).

(Wilhelmine) CAROLINE (1683–1737), Prinzessin von Brandenburg-Ansbach, 1705 Heirat mit Georg August von Braunschweig-Lüneburg, Kronprinzessin von Großbritannien (bis 1727), Königin von Großbritannien und Kurfürstin von Hannover (seit 1727).

Johann Wilhelm Dietrich Baron DIEDE(N) zum Fürstenstein, genannt Baron (von) Diede(n) (1692–1737), Braunschweig-lüneburgischer Gesandter am Reichskammergericht (1724–1728), Gesandter beim Reichstag (1728–1730), Gesandter in Wien (1730–1733), Geheimer Rat in Hannover (seit 1733).

ELISABETH CHRISTINE von Braunschweig-Wolfenbüttel (1691–1750), Kaiserin.

Eberhard Hartmann Freiherr von ERFFA (1695–1753), Rat des Oberappellationsgerichts Celle (1729–1733), Braunschweig-lüneburgischer Gesandter am Kaiserhof (1733–1736).

Eugen Franz, Prinz von Savoyen-Carignan (auch: François-Eugène de Savoie-Carignan; Eugenio di Savoia-Carignano), genannt PRINZ EUGEN (1663–1736), seit 1683 Offizier in der kaiserlichen Armee; kaiserlicher Feldmarschall, Generalleutnant (Stellvertreter des Kaisers), Reichsfeldmarschall, Präsident des Hofkriegsrates, Geheimer Rat und Vorsitzender der Geheimen Konferenz.

GEORG II. AUGUST (1683–1760), Erbprinz von Braunschweig-Lüneburg und Prince of Wales (bis 1727), König von Großbritannien und Irland, Kurfürst von Braunschweig-Lüneburg (seit 1727).

Alois (Aloys) Thomas Raimund Graf HARRACH (1669–1742), Landmarschall in Niederösterreich (1712–1742), Mitglied der Finanzkonferenz, Minister der Geheimen Konferenz (seit 1734).

William STANHOPE (1683–1756), ab 1730 Baron HARRINGTON, 1742 Earl of Harrington, Mitglied des britischen Parlaments (House of Commons bis 1730, dann House of Lords), Privy Councillor, Vice-Chamberlain of the Household, Botschafter am spanischen Hof (1721–1730), Secretary of State for the Northern Department (1730–1742; 1744–1746).

Johann Philipp von HATTORF (1682–1737), 1705–1714 Braunschweig-lüneburgischer Kriegskanzleirat, persönlicher Sekretär Georgs I. (bis 1727) und Georgs II. (ab 1727), Wirklicher Geheimer Kriegsrat (1727–1728), Braunschweig-lüneburgischer Minister und Leiter der Deutschen Kanzlei in London (seit 1728).

Daniel Erasmus Graf HULDE(N)BERG (1660–1733), seit 1698 Freiherr, 1701 Graf, 1712 erblicher Freiherr, 1723 Reichsgraf; Braunschweig-Lüneburgischer Gesandter in Wien (um 1690?–1730).

KARL VI. Franz Joseph Wenzel Balthasar Johann Anton Ignaz (1685–1740), Erzherzog von Österreich, 1703–1714/25 Karl III. von Spanien, seit 1711 Kaiser des Heiligen Römischen Reiches Deutscher Nation, König von Böhmen und Ungarn, der Serben und von Bosnien, von Sizilien usw.

PHILIPP Graf KINSKY von Wchinitz und Tettau (1700–1749), Rat des Prager Appellationsgerichts (1721–1723) und Kämmerer der Böhmischen Hofkanzlei (1723–1727), Vizepräsident des Appellationsgerichts (1727–1728), Außerordentlicher Gesandter (1728–1732) und Botschafter (1732–1736) am britischen Hof, Böhmischer Hofkanzler (1736–1738).

Joseph Lothar Graf Königsegg-Rothenfels (1673–1751), kaiserlicher Feldmarschall, Vizepräsident des Hofkriegsrates (1727–1736), Botschafter in Madrid (1725–1729) und Paris (1729–1731), Minister der Geheimen Konferenz (seit 1731).

Thomas Pelham(-Holles) (1693–1768), seit 1712 Thomas Baron Pelham-Holles, 1714 Earl of Clare, 1715 Duke of NEWCASTLE upon Tyne und 1765 erster Duke of Newcastle under Lyme, Mitglied des britischen Parlaments (House of Lords), Lord Chamberlain (1717–1724) Privy Councillor, Secretary of State of the Southern Department (1724–1748).

Don Ramon Frederic de Vilana Perlas [Perles] i Camarasa (1663–1741), seit 1710 Marqués de RIALP, Staatssekretär des Spanischen Rates sowie Sekretär des Rates der Niederlande.

Sir Thomas ROBINSON (1695–1770), seit 1724 im britischen diplomatischen Dienst, Botschaftssekretär beim britischen Gesandten am französischen Hof (bis 1730), seit 1730 britischer Gesandter in Wien (bis 1748).

Philipp Ludwig Wenzel Graf SINZENDORFF (1671–1742), seit 1694 in kaiserlichen Diensten, Geheimer Rat, Minister der Geheimen Konferenz, seit 1715 bis zu seinem Tod Obersthofkanzler.

William STANHOPE, siehe HARRINGTON.

Gundaker Thomas Graf STARHEMBERG (1663–1745), Vorsitzender der Ministerialbancodeputation [Vorläufer des Finanzministeriums], Minister der Geheimen Konferenz, Präsident der Finanzkonferenz.

Friedrich Karl Graf SCHÖNBORN (1674–1746), Koadjutor des Erzbischofs von Mainz, Fürstbischof von Bamberg und Würzburg (seit 1729), Reichsvizekanzler bis 1732 und seit 1729 Fürstbischof von Bamberg und Würzburg.

Charles TOWNSHEND, 2. Viscount Townshend (1674–1738), Mitglied des britischen Parlaments (House of Lords), Privy Councillor, Secretary of State of the Northern Department (bis 1730) [Außen- und Innenminister].

James WALDEGRAVE, 1. Earl (of) Waldegrave (1684–1741), seit 1690 Baron Waldegrave, seit 1729 Earl of Waldegrave, Gentleman of the Bedchamber, (Außerordentlicher) Gesandter/Botschafter in Wien (1727/1728–1730), Botschafter am französischen Hof (1730–1740).

HORATIO WALPOLE (1678–1757), Bruder von R. Walpole, Mitglied des britischen Parlaments (House of Commons); Secretary of the Treasury (1715–1717; 1721–1730), Cofferer of the Household (1730–1741), Botschafter am französischen Hof (1723–1730) und in Den Haag (1730–1740).

Sir ROBERT WALPOLE (1676–1745), Mitglied des britischen Parlaments (Führer der Whigs im House of Commons seit 1721), seit 1714 Privy Councillor, 1714–1715, 1720–1721 Paymaster of the Forces, 1715–1717, 1721–1742 First Lord of the Treasury, 1721–1742 Chancellor of the Exchequer [Finanzminister].

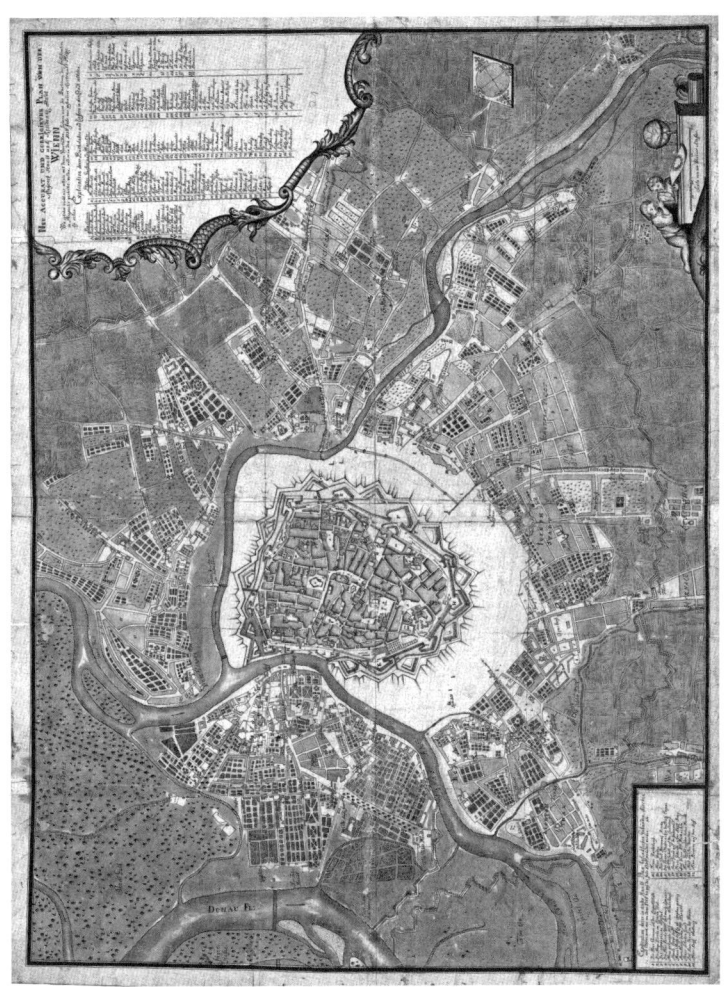

[Joseph REICHENBERGER,] Neu Accurat und corrigirter Plan von der Kayserl. Haubt und Residentz Stadt Wienn, wie solcher nicht nur allein mit denen Vorstädten, sondern auch Bastionen der Fortifikation in Perspectiv gestellet worden, und so in dem 1736 Jahr neu gefundene Kirchen und Plätze zu sehen, Wien 1736, WStLA, Pläne und Karten: Sammelbestand, P1 – 222G, Stadtplan: Stadt und Vorstädte 1736.

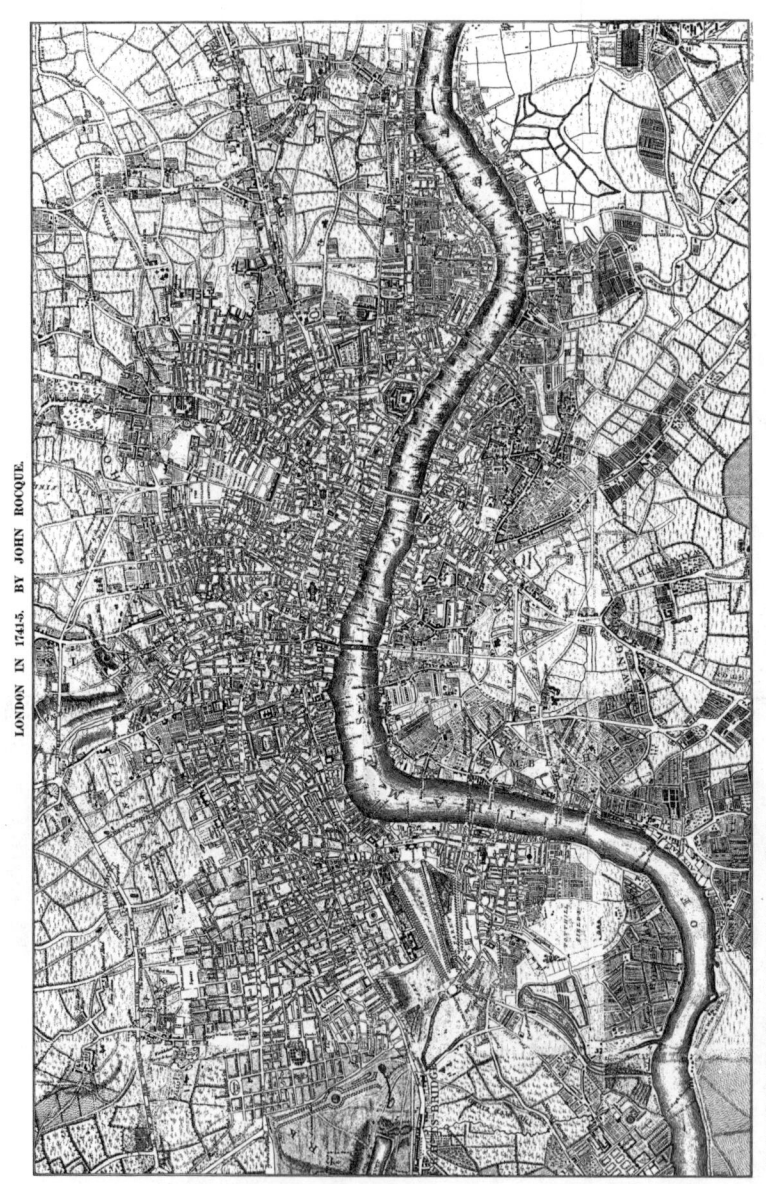

John ROCQUE, Map of London, 1741–1745 [bearbeitet von Mike Calder] (URL: <https://upload.wikimedia.org/wikipedia/commons/3/3a/Rocque%27s_Map_of_London_1741-5.jpg>, 19.01.2018)

3. Abkürzungsverzeichnis

a.S.	alter Stil (Datumsangabe, julianischer Kalender)
AAE	Archives des Affaires étrangères, Paris, Frankreich
ADB	Allgemeine Deutsche Biographie
Add. Mss.	Additional Manuscripts (BL)
AFA	Alte Feldakten (KA)
AVA	Allgemeines Verwaltungsarchiv, OeStA, Wien, Österreich
BEA	Bank of England Archive, London, Großbritannien
BL	British Library, London, Großbritannien
BM	British Museum, London, Großbritannien
Bodleian	Bodleian Library, Oxford, Großbritannien
Cal. Br.	Calenberg Briefe (HStA H)
Ch(H)	Cholmondeley (Houghton) Papers
CUL	Cambridge University Library
CUST	Records of the Boards of Customs, Excise, and Customs and Excise, and HM Revenue and Customs (TNA)
EdN	Enzyklopädie der Neuzeit
EHR	English Historical Review
EIC	East India Company
FA	Feldakten (KA)
FA Harrach	Familienarchiv Harrach (AVA)
FA Kinsky	Familienarchiv Kinsky, Depot im OeStA
FHKA	Finanz- und Hofkammerarchiv, OeStA, Wien, Österreich
FO	Foreign Office (TNA)
Gr. Korr.	Große Korrespondenz (HHStA, OeStA)
HausA	Hausarchiv der Dynastie Habsburg (HHStA)
HHStA	Haus-, Hof- und Staatsarchiv (OeStA)
HMC	Historical Manuscript Commission
HR	Historical Research
HStA H	Niedersächsisches Hauptstaatsarchiv Hannover
HZ	Historische Zeitschrift
JECS	British Journal for Eighteenth Century Studies
KA	Kriegsarchiv (OeStA)
LA BW	Landesarchiv Baden-Württemberg, Stuttgart, Deutschland
MIÖG	Mitteilungen des Instituts für Österreichische Geschichte
MÖStA	Mitteilungen des Österreichischen Staatsarchivs
Mss.	Manuscripts
n.S.	neuer Stil (Datumsangabe, gregorianischer Kalender)
NDB	Neue Deutsche Biographie
Nds. LM Hann.	Niedersächsische Landesmuseum Hannover

NÖ LA St. Pölten	Niederösterreichisches Landesarchiv, St. Pölten, Österreich
NsJbLG	Niedersächsisches Jahrbuch für Landesgeschichte
OeStA	Österreichisches Staatsarchiv, Wien, Österreich
ONB	Oxford Dictionary of National Biography
PC	Records of the Privy Council and Privy Council Office (TNA)
RIHA Journal	Journal of the International Association of Research Institutes in the History of Art
RK	Reichskanzlei (HHStA)
SP	State Papers (TNA)
StA England	Staatenabteilung England (HHStA)
StK	Staatskanzlei (HHStA)
TNA	The National Archives, Kew, Richmond, Großbritannien
VSWG	Vierteljahresschrift für Sozial- und Wirtschaftsgeschichte
Westm. DA	[Catholic] Westminster Diocese Archive, London, Großbritannien
WStLA	Wiener Stadt- und Landesarchiv, Wien, Österreich
WYAS	West Yorkshire Archival Services, Leeds, Großbritannien
ZaöRV	Zeitschrift für ausländisches öffentliches Recht und Völkerrecht

Quellen- und Literaturverzeichnis

1. Ungedruckte Quellen

Deutschland

Hauptstaatsarchiv Hannover (HStA H)
Hann. 10, Nr. 170
Cal. Br. [Calenberg Briefe] 11, Nr. 1791; 1798; 1804

Landesarchiv Baden-Württemberg (LA BW)
GA 90, Nr. 178*

Frankreich

Archives des Affaires étrangères, Paris (AAE)
MD Angl. 78

Großbritannien

Bank of England Archive, London (BEA)
10A 61/1
ADM 30/96, 2
G4 [Court of Directors of the Bank of England, Minutes], 14; 15

Bodleian Library, Oxford (Bodleian)
Gibson Papers, Ms. Eng., d. 2405
John Johnson Mss., b. 1
Ms. Rawlinson, letters 116–138

British Library, London (BL)
Manuscript Collection
Add. Mss. 15867 [Dayrolle Papers]
Add. Mss. 23780 [Robinson Papers]
Add. Mss. 33006 [Negotiations with Foreign Countries or Foreign Affairs]
Add. Mss. 32687 [Newcastle Papers]

Add. Mss. 34282 [Joseph GULSTON, A Biographical Dictionary of Foreigners who have resided in or visited England, from the earliest times down to the year 1777, o.O. 1786]

Add. Mss. 73770 [Walpole Papers]

Add. Mss. 78908; 78909 [Townshend Papers]

East India Collection

EIC, Court of Directors Minutes, B/57, 1722–1724; B/58, 1724–1726; B/59, 1726–1728; B/60, 1728–1730; B/61, 1730–1732

Mss Eur D, 126

Mss. Photo Eur 149, 17

Cambridge University Library, Cambridge (CUL)

Cholmondeley (Houghton) Papers (Ch(H))

Correspondence, 1, 1660; 1817; 2228; 2375

Political Papers, 44, 29; 90, 16; 26, 84

Cheshire Archives and Local Studies

EDA (Diocese of Chester, Administration) 5/31

Lambeth Palace Library, London

Faculty Office

Papers relating to Noblemen's chaplains

Faculty Office, V [Papers relating to Noblemen's Chaplains], 1 [Register of Noblemen's Chaplains], VIII; IX

National Archives, Richmond, Kew (TNA)

ADM [Admirality], 6/15/200

CUST 3 [Records of the Boards of Customs, Excise, and Customs and Excise, and HM Revenue and Customs: Records of imports and exports to and from Britain and its colonies], 28A-35 [Ledgers of Imports and Exports 1726–1735]

FO 90 [King's Letter Book Austria], 3; 4A

SP 35 [State Papers Domestic, George I], 71, 3

SP 36 [State Papers Domestic, George II], 11; 17; 18; 27/2; 28; 32; 56

SP 43 [State Papers Regencies], 9; 10; 12; 77; 78; 87

SP 63 [State Papers Ireland], 394

SP 78 [State Papers Foreign, France], 186, 90; 193

SP 80 [State Papers Foreign, Holy Roman Empire], 62; 63; 64; 65; 66; 67; 68; 69; 70; 71; 72; 73; 74; 75; 76; 77; 78; 79; 80; 81; 82; 83; 84; 85; 86; 87; 88; 89; 94; 98; 100; 101; 103; 104; 109; 110; 113; 115; 116; 118; 119; 120; 122

SP 100 [Foreign Ministers in England], 11; 12; 68

SP 103 [Vienna treaties], 113

SP 104 [State Papers Foreign, Entry Books Flanders], 265

SP 108 [State Papers, Treaties with Foreign Powers], 155

PRO, RG 4, 4568

Royal Society Archive

EC/1731/10

EL/R1/73

RBO/16/24

West Yorkshire Archival Services, Leeds (WYAS)

WYL 150 [Vyner of Studley Royal, Family and Estate Records], 6006; 6018; 6022; 6023; 6024

WYL 5013, Newby Hall Mss. 2822; 2824; 2828

[Catholic] Westminster Diocese Archive, London (Westm. DA)

Mss. Archiv. Westmon., A. 38 [Correspondence, 1700–1734, Bishops Leyburn & Giffard I]

Mss. Archiv. Westmon., A. 40 [Correspondence, 1734–1759, Bishop Petre]

Österreich

Österreichisches Staatsarchiv, Wien

Allgemeines Verwaltungsarchiv (AVA)

FA [Familienarchiv] Harrach, Fam. in spec 780.18

Finanz- und Hofkammerarchiv (FHKA)

Geheime Finanzkonferenz, 19

Bot- und Gesandtschaften, Kontobücher, Hs. 719

Haus-, Hof- und Staatsarchiv (HHStA)

Brunsvicensia 9; 10

Gr. Korr. [Große Korrespondenz] 94b

HausA [Hausarchiv], Sammelbände 2, Tagebücher Karls VI.

HausA, Abschriften Tagebücher Kaiser Karls VI.

RK [Reichskanzlei] Dipl. Akten aus Braunschweig-Hannover, Berichte 3

RK Friedensakten 183

RK Instruktionen 6

StA [Staatenabteilung] England 65; 66; 67; 68; 69; 70; 71; 73

StA England Hofkorr. 3

StA England Noten 2

StA England Varia 7; 8

StA Ostind. Kompanie 1

StK [Staatskanzlei] Interiora 13

StK Interiora Intercepte 1711–1794

StK Vorträge 29; 32; 35; 36

Kriegsarchiv (KA)

FA [Feldakten], AFA [Alte Feldakten], HR Akten 417 [Diplomatische Korrespondenz, 1731–1735]

Familienarchiv Kinsky, Depot, Österreichisches Staatsarchiv, Wien (FA Kinsky)

2; 3; 4; 5; 6; 7; 8; 9; 10; 11; 28; 29; 39; 51; 55

Landesarchiv Niederösterreich, St. Pölten (NÖ LA St. Pölten)

Landtagshandlungen 63; 64; 65

Pfarrarchiv St. Stephan, Wien

Trauungsbuch St. Stephan, 1723–1725

Wiener Stadt- und Landesarchiv, Wien

Kartographische Sammlung, 3.2.1.1, P1.222G

2. Gedruckte Quellen sowie Literatur des 18. Jahrhunderts

ALLEN, Joshua, Twenty Six Sermons, on the Most Important Subjects of the Christian Religion; As Well Doctrinal As Practical: Preached at St. Vedast, Foster-Lane; and Long-Acre-Chapel; in 1742, 1743 by Joshua Allen, Rector of St. Bride's in Pembrokeshire; Late Chaplain to the Right Honourable Sir Thomas Robinson: Then His Majesty's Minister Plenipotentiary at the Court of Vienna, London 1751.

ANONYMUS, An Account of the Ceremonies Observed in the Coronations of the Kings and Queens of England [...], London 1760.

–, The Norfolk Congress. Or, A Full and True Account of the Hunting, Feasting, and Merry-Making, London 1728.

ARIEW, Roger (Hg.), Correspondence. G.W. Leibniz and Samuel Clarke, Indianapolis, IN 2000.

BARNETT, Richard David/RODRIGUES-PEREIRA, Miriam (Hg.), The circumsion register of Isaac and Abraham de Paiba (1715–1775) [...], London 1991.

BARRELL, Rex A. (Hg.), The French Correspondence of James, 1st Earl Waldegrave (1684–1741), Lewiston, NY 1996.

BÖHMER, Georg Ludwig, Principia Iuris Feudalis praesertim Longobardici quod per Germaniam obtinet, Göttingen [5]1789.

BOYER, Abel, The Political State of Great Britain [...]. 38 Bde., London 1711–1729.

BROOKE, John (Hg.), Horace Walpole. Memoirs of King George II, New Haven, CT 1985.

BROWNING, Andrew (Hg.), English Historical Documents. Bd. 8: 1660–1714, London 1966.

CHANDLER, Richard (Hg.), The History and Proceedings of the House of Commons from the Restoration to the Present Times [...]. 14 Bde., London 1742–1744.

CHEMNITZ, Johann Hieronymus, Vollständige Nachrichten von dem Zustande der Evangelischen und insonderheit von ihrem Gottesdienste bey der Königlich Dänischen Gesandtschafts Capelle in der Kayserlichen Haupt und Residenzstadt Wien, o.O. 1761.

COBBETT, William (Hg.), The Parliamentary History of England [...]. Bd. 9: 1733–1737, London 1811.

COLLINS, Arthur (Hg.), The Peerage of England [...]. Bd. 2.2, London 1735; Bd. 3, London 1735; Bd. 5, London [5]1779; Bd. 6, London [4]1768, Bd. 7, London [4]1768.

COXE, William (Hg.), Memoirs of the Life and Administration of Sir Robert Walpole, Earl of Orford [...]. 3 Bde., London 1798 [COXE, Walpole].

CSEPREGI, Zoltán (Hg.), Pietas Danubiana/Pietismus im Donautal, 1693–1755. 437 Schreiben zum Pietismus in Wien, Preßburg und Oberungarn, Budapest 2013.

FABER, Antonius [LEUCHT, Christian Leonhard] (Hg.), Europäischer Staats-Canzley [...]. Bd. 26, Frankfurt a.M. 1716; Bd. 58, Regensburg 1731.

FELLNER, Thomas (Hg.), Die österreichische Zentralverwaltung. Abt. 1: Von Maximilian I. bis zur Vereinigung der österreichischen und böhmischen Hofkanzlei (1749), Bd. 3: Aktenstücke 1683–1749, Wien 1970.

GALLO, Francesca (Hg.), Sicilia Austriaca. Le istruzioni ai Vicere' (1719–1734), Neapel 1994.

GAY, John, A Poem. In A Letter to A Lady, Occasion'd by the Arrival of Her Royal Highness the Princess of Wale, Dublin [3]1714.

[GEORG II.], His Majesty's Speech to both Houses of Parliament, On Friday the Seventh Day of May, 1731, London 1731.

–/ Johann Wilhelm von DIEDEN ZUM FÜRSTENSTEIN, Pro Memoria So auf Befehl Sr. Königl. Groß-Brittannis. Majestät Durch Dero teutschen Ministro Hn. Joh. Wilhelm von Dieden zum Fürstenstein, Wegen deß Religions-Wesen en General-, Specialiter Aber der Saltzburgis. und Ungaris. Gravaminum Halber dem Kayserlichen Ministerio in Wien den 19. Febr. übergeben worden, Wien 1732.

GRITSCH, Johann Georg (Hg.), Der Auserlesenen Sammlung des Heil: Römischen Reichs Grund-Gesetze, Friedens-Schlüße, und Satzungen. Bd. 2 [...], Regensburg 1738.

HALSBAND, Robert (Hg.), The Complete Letters of Lady Mary Wortley Montagu. 3 Bde., Oxford 1965–1967.

Historical Manuscript Commission (Hg.), Diary of Viscount Percival Afterwards the First Earl of Egmont. Bd. 1: 1730–1733, London 1920.

HOLTZHEY, Johann Georg, Catalogus der Medailles, of Gedenk-Penningen, betrekking hebbende op de voornaamste Historien der Vereenigde Nederlanden […], Amsterdam 1755.

House of Commons (Hg.), A Further Report from the Committee of Secrecy, Appointed to enquire into the Conduct of Robert Earl of Orford, During the last Ten Years of his being First Commissioner of the Treasury, and Chancellor and Under-Treasurer of His Majesty's Exchequer, Dublin 1742.

–, (Hg.), Report from the Secret Committee on the Post-Office together with the Appendix, London 1844.

JENKINSON, Charles (Hg.), A Collection of Treaties of Peace, Commerce, and Alliance, between Great-Britain and other Powers […]. Bd. 2: From 1713 to 1748, London 1785.

[KARL VI.], 6 % Obligation über 1.000 Gulden (Schlesische Anleihe), Amsterdam 06.01.1734.

[–,/ GEORG II.], Articuli Præliminares Pro obtinenda in Europa Generali Pacificatione, Parisiis die 31. Maji 1727. subscripti, Wien 1727.

[–], Kayserliches Commissions Decret: sub dato Wienn den 13. Nov. & dictato 18. eiusd. 1734. Die von Sr. Königl. Groß-Britannischen Majestät, als Churfürsten zu Braunschweig und Lüneburg beym Heil. Röm. Reich von Anno 1712. machende Forderung betreffend; Mit Beylagen Lit. A. & B., Regensburg 1734.

[–], Kayserliches Commissions-Decretum, Sambt beygelegter Kriegs-Verkündigung Wider Die Könige von Franckreich und Sardinien/auch Hertzogen von Savoyen/ihre Anhängere/Helffer und Helffers-Helffer/Nebst denen darzu gehörigen Mandatis, Avocatoriis, & Inhibitoriis, Kayserlich-Verordnungen und In das Reich erlassenen Patenten. dd. Ratisbonae 8. April 1734, Frankfurt a.M. 1734.

[–], Tractat, So zwischen Ihrer Kaiserl. Cathol./Königl. Cathol./Und Kön. Groß-Britannischen Majestäten: So geschlossen worden zu Wien in Oesterreich den 22sten Julii 1731, Wien o. J. [nach 22.07.1731].

[–], Tractat, So zwischen Ihrer Kaiserl. Cathol. Majestät/Und Ihrer Kön. Groß-Britannischen Majestät/Zu Wien in Oesterreich den 16. Martii Annô 1731. geschlossen worden, Wien o.J. [nach 16.03.1731].

[–], Tractatus inter Sacram Cæsaream Majestatem, et Magnæ Britanniæ Regem Viennæ Austriæ die. 16. Martij Anno 1731. Conclusus. Ad Decretum Commissionis Cæsareæ de 19.na Maij Anni currentis, Regensburg 1731.

[–], Tractatus inter Sacram Cæsaream Majestatem, et Magnæ Britanniæ Regem Viennæ Austriæ die. 16. Martii Anno 1731. Conclusus, Wien 1731.

[–/ GEORG II./PHILIPP V.], Trattato tra la S. M. Cesarea Cattolica, la S. M. Reale Cattolica, e la S. M. Reale Britannica, conchiuso in Vienna d'Austria il di 22. Luglio 1731, Mantua 1731.

[–/ GEORG II./PHILIPP V.], Trattato tra la Sacra maestà cesarea cattolica, la Sacra maestà reale cattolica e la Sacra maestà reale britannica conchiuso in Vienna d'Austria il dì 22 di luglio 1731, Mailand 1731.

KNAPTON, James u.a. (Hg.), A General Collection of Treatys of Peace and Commerce, Manifestos, Declarations of War, and other Publick Papers, from the End of the Reign of Queen Anne to the Year 1731. Bd. 4, London 1732.

KÖHLER, Johann David, Der Wöchentlichen Historischen Münz-Belustigung, Bd. 9 […], Nürnberg 1737.

KOVÁCS, Elisabeth (Hg.), Instruktionen und Patente Karls (III.) VI. und Maria Theresias für die Statthalter, Interimsstatthalter, bevollmächtigten Minister und Obersthofmeister der Österreichischen Niederlande (1703–1744), Wien 1993.

KÜCHELBECKER, Johann Basilius, Allerneueste Nachricht vom Römisch-Kaeyserl. Hofe […], Hannover ²1732.

LEGG, Leopold George Wickham (Hg.), British Diplomatic Instructions, 1689–1789. Bd. 6: France, 1727–44, London 1930.

The Lords Commissioners of His Majesty's Treasury (Hg.), Journal of the Commissioners for Trade and Plantations from January 1728–9 to December 1734, London 1928.

LUCA, Ignaz de, Journal der Literatur und Statistik, Bd. 1, Innsbruck 1792.

LÜNIG, Johann Christian (Hg.), Codex Germaniæ Diplomaticus […]. Bd. 1, Frankfurt a.M. 1732.

–, (Hg.), Das Teutsche Reichs-Archiv [...]. Bd. 1, Leipzig 1710.

MORANDI, Carlo (Hg.), Relazioni di ambasciatori sabaudi, genovesi e veneti (1693–1711). Bd. 1, Bologna 1935.

MOSER, Johann Jacob (Hg.), Reichs-Fama [...]. Bd. 8, Frankfurt a.M. 1731; Bd. 9, Frankfurt a.M. 1732.

MUYDEN, Georges van (Hg.), A Foreign View of England in 1725–1729. The Letters of Monsieur César de Saussure to His Family, London 1902.

PARRY, Clive (Hg.), The Consolidated Treaty Series. Bd. 33: 1727–1732, New York 1969.

PERCIVAL, Milton Oswin (Hg.), Political Ballads Illustrating the Administration of Sir Robert Walpole, Oxford 1916.

PÖLLNITZ, Karl Ludwig von, Mémoires de Charles-Louis Baron de Pöllnitz [...]. Bd. 1, Lüttich 1734.

PRIBRAM, Alfred Francis (Hg.), Österreichische Staatsverträge England. Bd. 1: 1526–1748, Innsbruck 1907.

ROUSSET DE MISSY, Jean (Hg.), Recueil Historique d'Actes, Negotiations, Memoires et Traitez Depuis la Paix d'Utrecht jusqu'à présent. Bd. 6, Den Haag 1732.

SCHMAUSS, Johann Jacob, Einleitung zu der Staats-Wissenschafft [...]. Bd. 1: Die Historie der Balance von Europa, der Barriere der Niederlande, der Oesterreichischen Sanctionis pragmaticae, und anderer dahin gehörigen Sachen und Tractaten in sich haltend, Leipzig 1741.

SEDGWICK, Romney (Hg.), Some Materials towards Memoirs of the Reign of King George II by John, Lord Hervey. 3 Bde., New York 1970 [Sedgwick, Hervey].

SEWELL, George, Verses to her Royal Highness the Princess of Wales. Occasion'd by the Death of the Young Prince, London 1718.

SHAW, William A. (Hg.), Calendar of Treasury Books and Papers, Bd. 1: 1729–1730, London 1897; Bd. 2: 1731–1734, London 1898; Bd. 3: 1735–1738, London 1900.

THOMPSON, Katherine (Hg.), Memoirs of the Court and Times of King George the Second, and His Consort Queen Caroline [...]. Bd. 2, London 1850.

VERTUE, George (Hg.), Memoirs of the Last Ten Years of the Reign of George the Second, by Horace Walpole, Earl of Oxford. From the Original Mss. 2 Bde., London 1822.

[WILHELM III.], An Act for the further Limitation of the Crown and better securing the Rights and Liberties of the Subject, in: RAITHBY, John (Hg.), Statutes of the Realm [...]. Bd. 7, 1695–1701, London 1820, S. 636–638.

WÜHRER, Jakob/SCHEUTZ, Martin (Hg.), Zu Diensten Ihrer Majestät. Hofordnungen und Instruktionsbücher am frühneuzeitlichen Wiener Hof, Wien 2011.

3. Zeitungen des 18. Jahrhunderts

Fog's Weekly Journal
The Gentleman's Magazine
London Gazette
The London Magazine
Wienerisches Diarium
Wiener Zeitung

4. Medaillen

[In Klammern: Nachweis der verwendeten Exemplare]

CROKER, John, Medal for the Coronation of King George II, 1727 [Gold, Silber, Bronze] (BM, Coins & Medals, MB2p479.4).

–, Medal for the Coronation of Queen Caroline [Gold, Silber, Bronze], 1727 (BM, Coins & Medals, MB2p480.8).

–/ TANNER, John Sigismund, Medal of the Royal Family 1732 [Silber] (BM, Coins & Medals, MB2p500.47).

HOLTZHEY, Martin, Medaille zum Frieden von Wien 1731 [Silber] (BM, Coins & Medals, MB2p496.40).

–, Medaille zum Frieden von Wien 1731 [Silber; »Neptun und Inder«] (BM, Coins & Medals, MB2p497.41).

VESTNER, Georg Wilhelm, Medaille auf den Frieden von Wien 1731 [Gold, Silber, Zinn] (KHM Wien, Münzkabinett, bß1434).

–, Medaille auf die Aufnahme der Salzburger Emigranten in Hannover 1733 [Silber] (Nds. LM Hann., Münzkabinett, 03-068-023; 03-068-024).

WERNER, Peter Paul, State of Britain 1731 [Silber, Blei] (BM, Coins & Medals, MB2p499.46).

5. Onlineportale

URL: <http://www.deutsche-biographie.de>
URL: <http://discovery.nationalarchives.gov.uk>
URL: <http://www.ieg-friedensvertraege.de>
URL: <https://commons.wikimedia.org>

6. Literatur

ADAMS, Robyn/Cox, Rosanna (Hg.), Diplomacy and Early Modern Culture, Basingstoke 2011.

AHN, Doohwan, European Great Power Politics in British Public Discourse, 1714–1763, in: William MULLIGAN/Brendan SIMMS (Hg.), The Primacy of Foreign Policy in British History, 1660–2000, Basingstoke 2010, S. 79–101.

AIKIN, Judith P., A Ruler's Consort in Early Modern Germany. Aemilia Juliana of Schwarzburg-Rudolstadt, Farnham 2014.

ALBAREDA I SALVADÓ, Joaquim, Das Fortbestehen des Austrazismus in Wien nach dem Vertrag von Utrecht (1713–1727). Der Schatten des Marqués de Rialp, in: Friedrich EDELMAYER u.a. (Hg.), Hispania-Austria III. Der Spanische Erbfolgekrieg – La Guerra de Sucesión española, Wien 2008, S. 319–339.

ALCOBERRO, Agusti, L'exili austriacista i la Nova Barcelona del Banat de Temesvar. Teoria i pràctica, in: Boletin de la Real Academia de Buenas Letras de Barcelona 48 (2002), S. 93–112.

ALLEN, Robert C., Landlords and Economic Development in England, 1450–1800, in: Paul JANSSENS/Bartolomé YUN-CASALILLA (Hg.), European Aristocracies and Colonial Elites. Patrimonial Management Strategies and Economic Development, 15th–18th Centuries, Aldershot 2005, S. 25–36.

AMMERER, Gerhard u.a. (Hg.), Bündnispartner und Konkurrenten der Landesfürsten? Die Stände in der Habsburgermonarchie, Wien 2007.

–, Das Kaffeehaus als öffentlicher Raum. Das Beispiel Salzburg, in: Gerd SCHWERHOFF (Hg.), Stadt und Öffentlichkeit in der Frühen Neuzeit, Köln 2011, S. 81–96.

ANDERSON, Matthew Smith, Eighteenth-Century Theories of the Balance of Power, in: Ragnhild Marie HATTON/Matthew Smith ANDERSON (Hg.), Studies in Diplomatic History. Essays in Memory of David Bayne Horn, London 1970, S. 183–198.

–, The Rise of Modern Diplomacy, 1450–1919, London 1993.

ANTONICEK, Theophil, 1711–1740: »Constantia et fortitudine«. Höhenflug von Kunst und Wissenschaft unter Karl VI., in: Günter BROSCHE (Hg.), Musica Imperialis. 500 Jahre Hofmusikkapelle in Wien, 1498–1998. Ausstellung der Musiksammlung der Österreichischen Nationalbibliothek, Prunksaal, Wien, 11. Mai bis 10. November 1998, Tutzing 1998, S. 91–98.

ARBUTHNOT, William, The Genealogy of the d'Aguilar Family, Edinburgh 2009, URL: <http://www.kittybrewster.com/ancestry/daguilar.htm> (30.07.2015).

ARETIN, Karl Otmar von, Das Alte Reich, 1648–1806. Bd. 2: Kaisertradition und österreichische Großmachtpolitik (1684–1745), Stuttgart ²2005.

ARKELL, Ruby William, Caroline of Ansbach. George the Second's Queen, London 1939.

ARMITAGE, David, The British Conception of Empire in the Eighteenth Century, in: Franz BOSBACH/Herman HIERY (Hg.), Imperium – Empire – Reich. Ein Konzept politischer Herrschaft im deutsch-britischen Vergleich/An Anglo-German Comparison of a Concept of Rule, München 1999, S. 91–107.

ARNDT, Johannes, Herrschaftskontrolle durch Öffentlichkeit. Die publizistische Darstellung politischer Konflikte im Heiligen Römischen Reich 1648–1750, Göttingen 2013.

ARNETH, Alfred von, Bartenstein, Johann Christoph, in: ADB 2 (1875), S. 87–93.

–, Johann Christoph Bartenstein und seine Zeit, Wien 1871.

–, Maria Theresias erste Regierungsjahre. Bd. 1: 1740–1741, Wien 1863.

–, Prinz Eugen von Savoyen. Nach den handschriftlichen Quellen der kaiserlichen Archive. 3 Bde., Wien 1858.

ASBACH, Olaf u.a. (Hg.), Altes Reich, Frankreich und Europa. Politische, philosophische und historische Aspekte des französischen Deutschlandbildes im 17. und 18. Jahrhundert, Berlin 2001.

ASCH, Ronald G. (Hg.), Der europäische Adel im Ancien Régime. Von der Krise der ständischen Monarchien bis zur Revolution (1600–1789), Köln 2001.

–, (Hg.), Hannover, Großbritannien und Europa. Erfahrungsraum Personalunion 1714–1837, Göttingen 2014.

–/ LEONHARD, Jörn, Monarchie, in: EdN 8 (2008), Sp. 675–696.

ASHTON, Thomas S., Introduction, in: Elizabeth Boody SCHUMPETER (Hg.), English Overseas Trade Statistics, 1697–1808. With an Introduction by T. S. Ashton and a Memoir of Mrs. Schumpeter by Elizabeth W. Gilboy, Oxford 1960, S. 1–14.

ASSMANN, Aleida, Geschichte findet Stadt, in: Moritz CSÁKY/Christoph LEITGEB (Hg.), Kommunikation – Gedächtnis – Raum. Kulturwissenschaften nach dem »Spatial Turn«, Bielefeld 2009, S. 13–27.

AUER, Leopold, Diplomatisches Zeremoniell am Kaiserhof der Frühen Neuzeit. Perspektiven eines Forschungsthemas, in: Ralph KAUZ u.a. (Hg.), Diplomatisches Zeremoniell in Europa und im mittleren Osten in der Frühen Neuzeit, Wien 2009, S. 33–53.

–, (Hg.), Das Haus Österreich und der Orden vom Goldenen Vlies. Beiträge zum wissenschaftlichen Symposium am 30. November und 1. Dezember 2006 in Stift Heiligenkreuz, Graz 2007.

–, Die Verwendung von Chiffren in der diplomatischen Korrespondenz des Kaiserhofes im 17. und 18. Jahrhundert, in: Anne-Simone ROUS/Martin MULSOW (Hg.), Geheime Post. Kryptographie und Steganographie der diplomatischen Korrespondenz europäischer Höfe während der Frühen Neuzeit, Berlin 2015, S. 153–169.

BABEL, Rainer, Minister, in: EdN 8 (2008), Sp. 571–574.

BACKERRA, Charlotte, Count Philip Kinsky, the British Ministers, and Society. Social and Political Networks of an Imperial Diplomat in London, 1728–1735, in: Theatrum historiae 19 (2016), S. 275–292.

–, For Empire or Dynasty? Empress Elisabeth Christine and the Brunswicks, in: Caroline DUNN/Elizabeth CARNEY (Hg.), Royal Women and Dynastic Loyalty, Cham 2018, S. 165–180.

–, Personal Union, Composite Monarchy and »Multiple Rule«, in: Ellie Woodacre (Hg.), The History of Monarchy. A Handbook, Abingdon 2019 (in Vorbereitung).

BACKHOUSE, David John, The Crown, the Peerage and High Politics, 1689–1760, London 1990 (ungedruckte Dissertation Queen Mary College, University of London).

BAKER-SMITH, Veronica, The Daughters of George II. Marriage and Dynastic Politics, in: Clarissa Campbell ORR (Hg.), Queenship in Britain, 1660–1837. Royal Patronage, Court Culture and Dynastic Politics, Manchester, New York 2002, S. 193–206.

–, A Life of Anne of Hanover, Princess Royal, Leiden 1995.

BALDWIN, Olive/WILSON, Thelma, Cuzzoni [married name Sandoni], Francesca, in: Oxford DNB (2004), URL: <http://www.oxforddnb.com/view/article/67127> (11.03.2014).

BARNES, Donald Grove, Henry Pelham and the Duke of Newcastle, in: Journal of British Studies 1, 2 (1962), S. 62–77.

BASTIAN, Corina u.a. (Hg.), Das Geschlecht der Diplomatie. Geschlechterrollen in den Außenbeziehungen vom Spätmittelalter bis zum 20. Jahrhundert, Köln 2014.

–, Verhandeln in Briefen. Frauen in der höfischen Diplomatie des frühen 18. Jahrhunderts, Köln 2013.

BASTL, Beatrix, Haus und Haushaltung des Adels in den österreichischen Erblanden im 17. und 18. Jahrhundert, in: Ronald G. ASCH (Hg.), Der europäische Adel im Ancien Régime. Von der Krise der ständischen Monarchien bis zur Revolution (1600–1789), Köln 2001, S. 263–285.

BEALES, Derek, Clergy at the Austrian Court in the Eighteenth Century, in: Michael SCHAICH (Hg.), Monarchy and Religion. The Transformation of Royal Culture in Eighteenth-Century Europe, Oxford 2007, S. 79–104.

BEATTIE, John M., The English Court in the Reign of George I, Cambridge 1967.

BEHNE, Axel, Verfassung und Verwaltung der Herzogtümer Bremen und Verden und des Landes Hadeln, in: Hans-Eckhard DANNENBERG/Heinz-Joachim SCHULZE (Hg.), Geschichte des Landes zwischen Elbe und Weser. Bd. 3: Neuzeit, Stade 2008, S. 301–332.

BEHRINGER, Wolfgang, Im Zeichen des Merkur. Reichspost und Kommunikationsrevolution in der frühen Neuzeit, Göttingen 2003.

BEIN, Werner, Schlesien in der habsburgischen Politik. Ein Beitrag zur Entstehung des Dualismus im alten Reich, Sigmaringen 1994.

BÉLY, Lucien, Espions et ambassadeurs au temps de Louis XIV, Paris 1990.

–, Les relations internationales en Europe XVIIe–XVIIIe siècles, Paris ²2007.

BENEDIKT, Christian, Die Architektur als Sinnbild der reichsstaatlichen Stellung, in: Harm KLUETING/Wolfgang SCHMALE (Hg.), Das Reich und seine Territorialstaaten im 17. und 18. Jahrhundert. Aspekte des Mit-, Neben- und Gegeneinander, Münster 2004, S. 97–112.

BENEDIKT, Heinrich, Finanzen und Wirtschaft unter Karl VI., in: Der Donauraum 9, 1 (1964), S. 42–59.

–, Das Königreich Neapel unter Kaiser Karl VI. Eine Darstellung auf Grund bisher unbekannter Dokumente aus den österreichischen Archiven, Wien 1927.

BÉRENGER, Jean, Die Geschichte des Habsburgerreiches 1273 bis 1918, Wien ²1995.

BERMAN, Richard Andrew, The Architects of Eighteenth Century English Freemasonry, 1720–1740, Exeter 2010 (ungedruckte Dissertation University of Exeter).

BERNARDI, Bruno, Das Konzept des europäischen Gleichgewichts im ius gentium der Frühen Neuzeit. Eine begriffsgeschichtliche Skizze, in: Guido BRAUN (Hg.), Assecuratio pacis. Französische Konzeptionen vom Friedenssicherungen und Friedensgarantie, 1648–1815, Münster 2011, S. 281–319.

BERTRAM, Mijndert, Georg II. König und Kurfürst, Göttingen ²2004.

BEYRER, Klaus, Die Schwarzen Kabinette der Post. Zu einigen Beispielen der organisierten Briefüberwachung, in: Wilhelm HAEFS/York-Gothart MIX (Hg.), Zensur im Jahrhundert der Aufklärung. Geschichte – Theorie – Praxis, Göttingen 2007, S. 45–59.

BLACK, Jeremy, Anglo-Austrian Relations 1725–1740. A Study in Failure, in: JECS 12, 1 (1989), S. 29–45.

–, The Anglo-French Alliance 1716–1731. A Study in Eighteenth-Century International Relations, in: Francia 13 (1985), S. 295–310.

–, British Diplomats and Diplomacy, 1688–1800, Exeter 2001.

–, British Foreign Policy, 1727–1731, Durham 1982 (ungedruckte Dissertation Durham University).

–/ WOODFINE, Philip Laurence (Hg.), The British Navy and the Use of Naval Power in the Eighteenth Century, Leicester 1988.

–, British Neutrality in the War of the Polish Succession, 1733–1735, in: The International History Review 8, 3 (1986), S. 345–366.

–, British Policy towards Austria, 1780–93, in: MÖStA 42 (1991/92), S. 188–228.

–, British Politics and Foreign Policy, 1727–44, Farnham 2014.

–, The Collapse of the Anglo-French Alliance, Gloucester 1987.

–, The Continental Commitment. Britain, Hanover and Interventionism, 1714–1793, London 2005.

–, The English Press in the Eighteenth Century, Beckenham, Kent 1987.

–, The 'Forty-Five Re-examined, London 1990.

–, George II. Puppet of the Politicians?, Exeter 2007.

–, George II Reconsidered. A Consideration of George's Influence in the Conduct of Foreign Policy in the First Years of his Reign, in: MÖStA 35 (1982), S. 35–56.

–, Hanover and British Foreign Policy 1714–60, in: EHR CXX 486 (2005), S. 303–339.

–, Hanoverian Nexus. Walpole and the Electorate, in: Brendan SIMMS/Torsten RIOTTE (Hg.), The Hanoverian Dimension in British History, 1714–1837, Cambridge 2007, S. 10–27.

–, The House of Lords and British Foreign Policy, 1720–48, in: Clyve JONES (Hg.), A Pillar of the Constitution. The House of Lords in British Politics, 1640–1784, London 1989, S. 113–136.

–, An »Ignoramus« of European Affairs?, in: JECS 6, 1 (1983), S. 55–65.

–, Intelligence and the Emergence of the Information Society in Eighteenth-Century Britain, in: Karl DE LEEUW/Jan A. BERGSTRA (Hg.), The History of Information Security. A Comprehensive Handbook, Amsterdam u.a. 2007, S. 369–379.

–, Interventionism, Structuralism, and Contingency in British Foreign Policy in the 1720s, in: The International History Review 26, 4 (2004), S. 734–764.

–, Introduction, in: Ders./Philip Laurence WOODFINE (Hg.), The British Navy and the Use of Naval Power in the Eighteenth Century, Leicester 1988, S. 1–31.

–, Jacobitism and British Foreign Policy under the First Two Georges 1714–1760, Huntington 1988.

– (Hg.), Knights Errant and True Englishmen. British Foreign Policy, 1660–1800, Edinburgh 2007.

–, The Medal as Political Propaganda. A Provincial Example of 1739, in: The Medal 10 (1986), S. 8–10.

–, When »Natural Allies« Fall Out. Anglo-Austrian Relations, 1725–1740, in: MÖStA 36 (1983), S. 120–149.

–, Natural and Necessary Enemies. Anglo-French Relations in the Eighteenth Century, London 1986.

–/ REESE, Armin, Die Panik von 1731, in: Johannes KUNISCH (Hg.), Expansion und Gleichgewicht. Studien zur europäischen Mächtepolitik des Ancien Régime, Berlin 1986, S. 69–95.

–, Parliament and Foreign Policy in the Age of Walpole. The Case of the Hessians, in: Ders. (Hg.), Knights Errant and True Englishmen. British Foreign Policy, 1660–1800, Edinburgh 2007, S. 41–54.

–, Parliament, the Press and Foreign Policy, in: Parliamentary History 25, 1 (2006), S. 9–16.

–, Recovering Lost Years. British Foreign Policy after the War of the Polish Succession, in: Diplomacy and Statecraft 15, 3 (2004), S. 465–487.

BLAICH, Fritz, Die Wirtschaftspolitik des Reichstags im Heiligen Römischen Reich. Ein Beitrag zur Problemgeschichte wirtschaftlichen Gestaltens, Stuttgart 1970.

BLANNING, Tim C.W., Das Alte Europa, 1660–1789. Kultur der Macht und Macht der Kultur, Darmstadt 2006.

BOIS, Jean-Pierre, De la Paix des Rois à l'Ordre des Empereurs, 1714–1815, Paris 2003.

BOLD, John, May, Hugh, architect, in: Oxford DNB (2008), URL: <http://www.oxforddnb.com/view/article/37749?docPos=1> (17.05.2015).

BORMANN, Patrick u.a. (Hg.), Angst in den Internationalen Beziehungen, Göttingen 2010.

Bosbach, Franz, Mehrfachherrschaft – eine Organisationsform frühmoderner Herrschaft, in: Michael Kaiser/Michael Rohrschneider (Hg.), Membra unius capitis. Studien zu Herrschaftsauffassungen und Regierungspraxis in Kurbrandenburg (1640–1688), Berlin 2005, S. 19–34.

Boulton, William Biggs, The History of White's with the Betting Book from 1743 to 1878 and a List of Members from 1736 to 1892. 2 Bde., London 1892.

Bourdieu, Pierre, Das Feld der Macht und die technokratische Herrschaft, in: Irene Döllinger (Hg.), Bourdieu, Pierre, Die Intellektuellen und die Macht, Hamburg 1991, S. 67–100.

–, Ökonomisches Kapital, kulturelles Kapital, soziales Kapital, in: Reinhard Kreckel (Hg.), Soziale Ungleichheiten, Göttingen 1983, S. 183–198.

Boxler, Horst, Die Geschichte der Reichsgrafen zu Königsegg seit dem 15. Jahrhundert, Bannholz 2005.

Braddick, Michael J., Parliamentary Taxation in Seventeenth-Century England. Local Administration and Response, Woodbridge 1994.

Brakensiek, Stefan, Akzeptanzorientierte Herrschaft. Überlegungen zur politischen Kultur der Frühen Neuzeit, in: Helmut Neuhaus (Hg.), Die Frühe Neuzeit als Epoche, München 2009, S. 395–406.

Braubach, Max, Bartenstein, Johann Christoph Freiherr von, in: NDB 1 (1953), S. 599–600.

–, Die Bedeutung der Subsidien für die Politik im spanischen Erbfolgekriege, Bonn 1923.

–, Eugen Prinz von Savoyen, in: NDB 4 (1959), S. 673–678.

–, Friedrich Karl von Schönborn und Prinz Eugen, in: Ders., Diplomatie und geistiges Leben im 17. und 18. Jahrhundert. Gesammelte Abhandlungen, Bonn 1969, S. 301–320.

–, Die Geheimdiplomatie des Prinzen Eugen von Savoyen, Köln 1962.

–, Geschichte und Abenteuer. Gestalten um den Prinzen Eugen, München 1950.

–, Johann Christoph Bartensteins Herkunft und Anfänge, in: Ders., Diplomatie und geistiges Leben im 17. und 18. Jahrhundert. Gesammelte Abhandlungen, Bonn 1969, S. 337–386.

–, Prinz Eugen von Savoyen. Eine Biographie. 5 Bde., München 1963–1965.

–, Eine Satire auf den Wiener Hof aus den letzten Jahren Kaiser Karls VI., in: Ders., Diplomatie und geistiges Leben im 17. und 18. Jahrhundert. Gesammelte Abhandlungen, Bonn 1969, S. 385–436.

–, Versailles und Wien von Ludwig XIV. bis Kaunitz. Die Vorstadien der diplomatischen Revolution im 18. Jahrhundert, Bonn 1952.

Braun, Bettina u.a. (Hg.), Nur die Frau des Kaisers? Kaiserinnen in der Frühen Neuzeit, Wien 2016.

–, Princeps et Episcopus. Studien zur Funktion und zum Selbstverständnis der nordwestdeutschen Fürstbischöfe nach dem Westfälischen Frieden, Göttingen 2013.

Braun, Guido, Fremdsprachen als Fremderfahrung. Das Beispiel des Westfälischen Friedenskongresses, in: Michael Rohrschneider/Arno Strohmeyer (Hg.), Wahrnehmungen des Fremden. Differenzerfahrungen von Diplomaten im 16. und 17. Jahrhundert, Münster 2007, S. 203–244.

–, Das Italienische in der diplomatischen Mehrsprachigkeit des 17. und 18. Jahrhunderts, in: Heinz Duchhardt/Martin Espenhorst (Hg.), Utrecht – Rastatt – Baden 1712–1714. Ein europäisches Friedenswerk am Ende des Zeitalters Ludwigs XIV., Göttingen 2013, S. 207–234.

–, Eine Reise zu wilden Völkern ans Ende der Welt, Mainz 30.01.2015 (Vortrag, Johannes Gutenberg-Universität Mainz).

Brauneder, Wilhelm, Die Pragmatische Sanktion als Grundgesetz der Monarchia Austriaca von 1713 bis 1918, in: Helfried Valentinitsch (Hg.), Recht und Geschichte. Festschrift Hermann Baltl zum 70. Geburtstag, Graz 1988, S. 51–84.

Brewer, John, The Sinews of Power. War, Money and the English State, 1688–1783, London 1989.

Bringmann, Wilhelm, »Kabinettspolitik«. Konfliktlösung im Zeitgeist des 18. Jahrhunderts; dargestellt am Beispiel des Polnischen Thronfolgekriegs (1733–1735/38); mit einem Blick auf Friedrich den Großen und den Beginn der Kriege um Schlesien, Stuttgart 2013.

Brockmann, Günther, Die Medaillen der Welfen. Bd. 2: Linie Lüneburg/Hannover. Die Geschichte der Welfen im Spiegel ihrer Medaillen, Köln 1987.

Brown, Keith M., The Scottish Nobility and the British Multiple Monarchy (1603–1714), in: Ronald G. Asch (Hg.), Der europäische Adel im Ancien Régime. Von der Krise der ständischen Monarchien bis zur Revolution (1600–1789), Köln 2001, S. 362–363.

Browning, Reed, The Duke of Newcastle, New Haven, CT 1975.

–, Holles, Thomas Pelham-, duke of Newcastle upon Tyne and first duke of Newcastle under Lyme (1693–1768), in: Oxford DNB (2011), URL: <http://www.oxforddnb.com/view/article/21801> (19.03.2014).

BUCHOLZ, Robert O./WARD, Joseph P., London. A Social and Cultural History, 1550–1750, Cambridge 2012.

BÜHRING, Benjamin, Die Deutsche Kanzlei in London, in: Katja LEMBKE (Hg.), Hannovers Herrscher auf Englands Thron 1714–1837. Katalog zur Niedersächsischen Landesausstellung »Als die Royals aus Hannover kamen«, Niedersächsisches Landesmuseum Hannover und Museum Schloss Herrenhausen, 17. Mai bis 5. Oktober 2014, Dresden 2014, S. 106–115.

–, Regieren mit Brief und Siegel. Administrative Kommunikation im Kurfürstentum Braunschweig-Lüneburg zwischen London und Hannover, in: Steffen HÖLSCHER/Sune Erik SCHLITTE (Hg.), Kommunikation im Zeitalter der Personalunion (1714–1837). Prozesse, Praktiken, Akteure, Göttingen 2014, S. 233–258.

–, Verwaltung und Personalunion. Die Deutsche Kanzlei in London und die English Chancery in Hannover als Träger der Personalunion zwischen Großbritannien und Kurhannover 1714–1760, Göttingen 2012 (ungedruckte Dissertation Universität Göttingen).

BURCHARD, Wolf, St James's Palace. George II's and Queen Caroline's Principal London Residence, in: Court Historian 16, 2 (2011), S. 177–203.

BURCKHARDT, Johannes, Die Entfesselung des Friedens. Für einen Aufbruch der historischen Friedensforschung, in: Inken SCHMIDT-VOGES u.a. (Hg.), Pax perpetua. Neuere Forschungen zum Frieden in der Frühen Neuzeit, München 2010, S. 29–48.

BURGER, Hannelore, Paßwesen und Staatsbürgerschaft, in: Waltraud HEINDL/Edith SAURER (Hg.), Grenze und Staat. Paßwesen, Staatsbürgerschaft, Heimatrecht und Fremdengesetzgebung in der österreichischen Monarchie 1750–1867, Wien 2000, S. 1–172.

BURSCHEL, Peter, Einleitung, in: Ders./Christine VOGEL (Hg.), Die Audienz. Ritualisierter Kulturkontakt in der Frühen Neuzeit, Köln 2014, S. 7–15.

BŮŽEK, Václav/MAŤA, Petr, Wandlungen des Adels in Böhmen und Mähren im Zeitalter des »Absolutismus« (1620–1740), in: Ronald G. ASCH (Hg.), Der europäische Adel im Ancien Régime. Von der Krise der ständischen Monarchien bis zur Revolution (1600–1789), Köln 2001, S. 287–321.

CADY, Priscilla Scott/CADY, Henry L., The English Royal Messengers Service, 1685–1750. An Institutional Study, Lewiston, NY 1999.

CANNON, John Ashton, Aristocratic Century. The Peerage of Eighteenth-Century England, Cambridge 1984.

–, The British Nobility, 1660–1800, in: Hamish M. SCOTT (Hg.), The European Nobilities in the Seventeenth and Eighteenth Centuries. Bd. 1: Western Europe, London 1995, S. 53–81.

–, Cabinet, in: Ders. (Hg.), A Dictionary of British History, Oxford 2001, S. 107.

–, Privy Council, in: Ders. (Hg.), The Oxford Companion to British History, Oxford 2009, URL: <http://www.oxfordreference.com/view/10.1093/acref/9780199567638.001.0001/acref-9780199567638-e-3473> (12.01.2015).

ČAPSKÁ, Veronika, Mendicant Friar in Contact with »Other« Religious Virtuosi. The Travel Writing of the Servite Angelikus Maria Müller (1677–1734), in: Monica SACZYŃSKA/Ewa WÓŁKIEWICZ (Hg.), Samotrzeć, w kompanii czy z orszakiem? Spoleczne aspekty podro óżowania w średniowieczu i w czasach nowożytnych, Warschau 2012, S. 387–402.

CARL, Horst, Herrschaft, in: EdN 5 (2007), Sp. 399–416.

CHARLES, Loïc/DAUDIN, Guillaume (Hg.), Eighteenth-Century International Trade Statistics. Sources and Methods, Paris 2015, URL: <http://www.ofce.sciences-po.fr/pdf/revue/140/revue-140.pdf> (15.08.2015).

CHENEY, David M., Archbishop Pablo Vilana Perlas, in: Ders. (Hg.), Catholic Hierarchy, Kansas City 1996–2013, URL: <http://www.catholic-hierarchy.org/bishop/bvilana.html> (27.02.2015).

CHOLMONDELEY, David u.a., Houghton Hall. Portrait of an English Country House, New York 2014.

CLARK, Georg N., Guide to English Commercial Statistics, 1696–1782, London 1938.

CLARK, Jonathan Charles Douglas, A General Theory of Party, Opposition and Government, 1688–1832, in: The Historical Journal 23, 2 (1980), S. 295–325.

–, The Re-Enchantment of the World? Religion and Monarchy in Eighteenth-Century Europe, in: Michael SCHAICH (Hg.), Monarchy and Religion. The Transformation of Royal Culture in Eighteenth-Century Europe, Oxford 2007, S. 41–75.

CLARK, Peter, British Clubs and Societies, 1580–1800. The Origins of an Associational World, Oxford 2000.

COLLEY, Linda, Britons: Forging the Nation 1707–1837, New Haven, CT 1992.

CONZE, Eckart u.a., Einführung, in: Dies. (Hg.), Geschichte der internationalen Beziehungen. Erneuerung und Erweiterung einer historischen Disziplin, Köln 2004, S. 1–14.

–, States, International Systems, and Intercultural Transfer. A Commentary, in: Jessica C.E. GIENOW-HECHT/Frank SCHUMACHER (Hg.), Culture and International History, New York 2003, S. 198–205.

CORETH, Anna, Pietas Austriaca. Österreichische Frömmigkeit im Barock, München ²1982.

COTTON, Henry, Fasti Ecclesiæ Hibernicæ. The Succession of the Prelates and Members of the Cathedral Bodies of Ireland. Bd. 3: The Province of Ulster, Dublin 1859.

CRUICKSHANKS, Eveline, Lord Cornbury, Bolingbroke and a Plan to Restore the Stuarts, 1731–1735, London 1986.

–, Wager, Sir Charles (c. 1666–1743), in: Romney SEDGWICK (Hg.), The History of Parliament. The House of Commons, 1715–1754, London 1970, URL: <http://www.historyofparliamentonline.org/volume/1715-1754/member/wager-sir-charles-1666-1743> (22.02.2016).

CUMMINGS, J.G., Eyles, Sir John (1683–1745), in: Gerald NEWMAN/Leslie Ellen BROWN (Hg.), Britain in the Hanoverian Age, 1714–1837: An Encyclopedia, New York 1997, S. 242.

CZEIKE, Felix (Hg.), Historisches Lexikon Wien, Bd. 2, Wien 1993.

DAUSER, Regina, »Dann ob Uns gleich die Kayserliche Würde anklebet«. Der kaiserliche Vorrang in Friedensverträgen des 17. und 18. Jahrhunderts, in: Inken SCHMIDT-VOGES u.a. (Hg.), Pax perpetua. Neuere Forschungen zum Frieden in der Frühen Neuzeit, München 2010, S. 305–327.

DEAN, Winton/VITALI, Carlo, Cuzzoni, Francesca, in: Grove Music Online, 09.02.2009, URL: <http://www.oxfordmusiconline.com:80/subscriber/article/grove/music/06995> (11.03.2014).

DEGRYSE, Karel, The Economic Role of the Belgian Aristocracy in the 17th and 18th Centuries, in: Paul JANSSENS/Bartolomé YUN-CASALILLA (Hg.), European Aristocracies and Colonial Elites. Patrimonial Management Strategies and Economic Development, 15th–18th Centuries, Aldershot 2005, S. 57–82.

DEMEL, Walter, Der europäische Adel vor der Revolution. Sieben Thesen, in: Ronald G. ASCH (Hg.), Der europäische Adel im Ancien Régime. Von der Krise der ständischen Monarchien bis zur Revolution (1600–1789), Köln 2001, S. 409–433.

–, »European Nobility« oder »European Nobilities«? Betrachtungen anhand genealogischer Verflechtungen des europäischen Hochadels (1680–1800), in: Rostocker Beiträge zur deutschen und europäischen Geschichte 4 (1998), S. 81–105.

DESPOT, Miroslava, Staklana »Perlasdorf« i njezin vlasnik markiz Perlas de Rialp, in: Starine 49 (1959), S. 321–348.

DHONDT, Frederik, Balance of Power and Norm Hierarchy. Franco-British Diplomacy after the Peace of Utrecht, Leiden 2015.

DICKSON, Peter George Muir, Finance and Government under Maria Theresia, 1740–1780. Bd. 1: Society and Government, Bd. 2: Finance and Credit, Oxford 1987.

DITTRICH, Raymond, Die Lieder der Salzburger Emigranten von 1731/32. Edition nach zeitgenössischen Textdrucken, Tübingen 2008.

DÖRING, Jörg/THIELMANN, Tristan, Einleitung. Was lesen wir im Raum? Der Spatial Turn und das geheime Wissen der Geographen, in: Dies. (Hg.), Spatial Turn. Das Raumparadigma in den Kultur- und Sozialwissenschaften, Bielefeld 2008, S. 7–45.

DOTZAUER, Winfried, Die deutschen Reichskreise (1383–1806). Geschichte und Aktenedition, Stuttgart 1998.

DOUGLAS, Hugh, Jacobite Spy Wars. Moles, Rogues and Treachery, Stroud 1999.

DRÖGEREIT, Richard, Das Testament König Georgs I. und die Frage der Personalunion zwischen England und Hannover, in: NsJbLG 14 (1937), S. 94–199.

DUCHHARDT, Heinz, Balance of Power und Pentarchie. Internationale Beziehungen 1700–1785, Paderborn 1997.

–, Die dynastische Heirat, in: Europäische Geschichte Online (EGO), hg. v. Leibniz-Institut für Europäische Geschichte (IEG), URL: <http://www.ieg-ego.eu/duchhardth-2010-de> (28.01.2018).

–, Einleitung, in: Ders. (Hg.), Der Herrscher in der Doppelpflicht. Europäische Fürsten und ihre beiden Throne, Mainz 1997, S. 3–7.

–/ Espenhorst, Martin (Hg.), Frieden übersetzen in der Vormoderne. Translationsleistungen in Diplomatie, Medien und Wissenschaft, Göttingen 2012.

–, Friedenswahrung im 18. Jahrhundert, in: HZ 240 (1985), S. 265–282.

–/ Knipping, Franz (Hg.), Handbuch der Geschichte der Internationalen Beziehungen, 9 Bde., Paderborn 1997–2012.

–, The Missing Balance, in: Journal of the History of International Law 2 (2000), S. 67–72.

–/ Espenhorst, Martin (Hg.), Utrecht – Rastatt – Baden 1712–1714. Ein europäisches Friedenswerk am Ende des Zeitalters Ludwigs XIV., Göttingen 2013.

Duindam, Jeroen, The Bourbon and Austrian Habsburg Courts. Numbers, Ordinances, Ceremony – and Nobles, in: Ronald G. Asch (Hg.), Der europäische Adel im Ancien Régime. Von der Krise der ständischen Monarchien bis zur Revolution (1600–1789), Köln 2001, S. 181–206.

–, Dynasties. A Global History of Power, 1300–1800, Cambridge 2016.

–, Vienna and Versailles, Cambridge 2003.

Dülffer, Jost/Loth, Wilfried (Hg.), Dimensionen internationaler Geschichte, München 2012.

–, Einleitung, in: Dies. (Hg.), Dimensionen internationaler Geschichte, München 2012, S. 1–8.

Dumont, Georges-Henri, L'Épopée de la Compagnie d'Ostende, 1723–1727, Brüssel 2000.

Dunthorne, Hugh, The Maritime Powers, 1721–1740. A Study of Anglo Dutch Relations in the Age of Walpole, New York 1986.

Düring, Marten/Kayserlingk, Linda, Netzwerkanalyse in den Geschichtswissenschaften. Historische Netzwerkanalyse als Methode für die Erforschung von historischen Prozessen, in: Rainer Schützeichel/Stefan Jordan (Hg.), Prozesse – Formen, Dynamiken, Erklärungen, Wiesbaden 2014, S. 337–350.

Durst, Benjamin, Archive des Völkerrechts. Gedruckte Sammlungen europäischer Mächteverträge in der Frühen Neuzeit, Berlin 2016.

Egger, Rainer, Joseph Friedrich, in: NDB 10 (1974), S. 624–625.

Elliot, John H., A Europe of Composite Monarchies, in: Past & Present 137 (1992), S. 48–71.

Ellis, Kenneth, The Post Office in the Eighteenth Century. A Study in Administrative History, London 1958.

Emich, Birgit, Territoriale Integration in der Frühen Neuzeit. Ferrara und der Kirchenstaat, Köln 2005.

Emsley, Clive u.a., London History – A Population History of London, in: Tim Hitchcock u.a. (Hg.), The Old Bailey Proceedings Online, 1674–1913, Sheffield 2012, URL: <http://www.oldbaileyonline.org/static/Population-history-of-london.jsp> (30.12.2014).

Ertman, Thomas, Birth of the Leviathan. Building States and Regimes in Medieval and Early Modern Europe, Cambridge 1997.

Espenhorst, Martin (Hg.), Frieden durch Sprache? Studien zum kommunikativen Umgang mit Konflikten und Konfliktlösungen, Göttingen 2012.

–, Geheimhaltung als Instrument vormoderner Friedenssicherung, in: Anne-Simone Rous/Martin Mulsow (Hg.), Geheime Post. Kryptographie und Steganographie der diplomatischen Korrespondenz europäischer Höfe während der Frühen Neuzeit, Berlin 2015, S. 73–85.

–, (Hg.), Unwissen und Missverständnisse im vormodernen Friedensprozess, Göttingen 2013.

Equus Kinsky International, Historic Kinsky to Modern Times, Fairtrough 2011, URL: <http://www.equus-kinsky.com/equuskinskyhistory.html> (25.10.2015).

Evans, Robert John Weston, The Making of the Habsburg Monarchy, 1550–1700. An Interpretation, Oxford 1979.

Everaert, John G., Compania non grata. La Compagnie d'Ostende à la recherche de relâches (1716–1728), in: Philippe Haudrère u.a. (Hg.), Les flottes des Compagnies des Indes 1600–1857. Lorient, 4–6 mai 1994, Vincennes 1996, S. 195–210.

Externbrink, Sven, Friedrich der Große, Maria Theresia und das Alte Reich. Deutschlandbild und Diplomatie Frankreichs im Siebenjährigen Krieg, Berlin 2006.

–, Internationale Politik in der Frühen Neuzeit. Stand und Perspektiven der Forschung zu Diplomatie und Staatensystem, in: Hans-Christof KRAUS/Thomas NICKLAS (Hg.), Geschichte der Politik. Alte und Neue Wege, München 2007, S. 15–39.

FENESAN, Costin, Der Banater Kupferhandel in der ersten Hälfte des 18. Jahrhunderts. Zur Frage des österreichischen Merkantilismus in einem Grenzland, in: Romanian Studies 3 (1973–1975), S. 149–164.

FIELD, Ophelia, »In and Out«. An Analysis of Kit-Cat Club Membership (Web Appendix to The Kit-Cat Club by Ophelia Field, 2008), London 2008, URL: <http://www.opheliafield.com/kit-cat_membership.pdf> (02.11.2014).

–, The Kit-Cat Club. Friends Who Imagined a Nation, London 2008.

FITZPATRICK, William John, The Life, Times, and Correspondence of the Right Rev. Dr. Doyle, Bishop of Kildare and Leighlin. Bd. 2, Dublin 1861.

FOLKMANN, Josef Erwin, Die gefürstete Linie des uralten und edlen Geschlechtes Kinsky. Ein geschichtlicher Versuch, Prag 1861.

FREHLAND-WILDEBOER, Katja, Treue Freunde? Das Bündnis in Europa 1714–1914, München 2010.

FREUDENBERGER, Herman, Introduction. Government and Economy, in: Charles W. INGRAO (Hg.), State and Society in Early Modern Austria, West Lafayette, IN 1994, S. 141–153.

–, Technologie-Transfer von England nach Deutschland und insbesondere Österreich im 18. Jahrhundert, in: Ulrich TROITZSCH (Hg.), Technologischer Wandel im 18. Jahrhundert, Wolfenbüttel 1981, S. 105–124.

FREY, Linda/FREY, Marsha, Townshend, Charles, second Viscount Townshend (1674–1738), in: Oxford DNB (2004), URL: <http://www.oxforddnb.com/view/article/27617> (02.06.2014).

FRIEDRICH, Susanne, Drehscheibe Regensburg. Das Informations- und Kommunikationssystem des Immerwährenden Reichstags um 1700, Berlin 2007.

FRITZ, Paul Samuel, The Anti-Jacobite Intelligence System of the English Ministers, 1715–1745, in: The Historical Journal 16, 2 (1973), S. 265–289.

–, The English Ministers and Jacobitism between the Rebellions of 1715 and 1745, Toronto 1975.

FRITZ-HILSCHER, Elisabeth, Kaiserstil? Überlegungen zum Konnex zwischen Zeremoniell und höfischer Musikproduktion am Hof Karls VI., in: Musicologica Brunensia 47, 1 (2012), S. 79–91.

FUCHS, Rudolf, Die Wiener Stadtbank, Frankfurt a.M. 1998.

GABEL, Helmut/JARREN, Volker, Kaufleute und Fürsten. Außenpolitik und politisch-kulturelle Perzeption im Spiegel niederländisch-deutscher Beziehungen 1648–1748, Münster 1998.

GALL, Franz, Ghelen, Johann Peter van, in: NDB 6 (1964), S. 365–366.

GANTET, Claire, Guerre, Paix et Construction des États, 1618–1714, Paris 2003.

GARMS-CORNIDES, Elisabeth, Agostino da Lugano – eine graue Eminenz am Hof Karls VI., in: MÖStA 55, 2 (2011), S. 815–831.

–, On n'a qu'a vouloir, et tout est possible oder: i bin halt wer i bin. Eine Gebrauchsanweisung für den Wiener Hof, geschrieben von Friedrich August Harrach für seinen Bruder Ferdinand Bonaventura. Anhang: Friedrich August Harrach an seinen Bruder Ferdinand Bonaventura Harrach, in: Gabriele HAUG-MORITZ u.a. (Hg.), Adel im »langen« 18. Jahrhundert, Wien 2009, S. 89–111.

–, Pietas Austriaca – Heiligenverehrung und Fronleichnamsprozession, in: Franz-Stefan SEITSCHEK u.a. (Hg.), 300 Jahre Karl VI. (1711–1740). Spuren der Herrschaft des »letzten« Habsburgers. Begleitband zur Ausstellung des Österreichischen Staatsarchivs, Wien: Österreichischen Staatsarchiv 2011, S. 185–197.

GASSER, Peter, Karl VI., Triest und die Venezianer, in: »wir aber uns unsern vorhero sehr erschöpfften camergeföllen nicht hernemben khönnen…«. Beiträge zur österreichischen Wirtschafts- und Finanzgeschichte vom 17. bis zum 20. Jahrhundert, MÖStA Sonderband, Wien 1997, S. 17–109.

–, Österreichs Levantehandel über Triest 1740–1790, in: MÖStA 7 (1954), S. 120–130.

–, Das spanische Königtum Karls VI. in Wien, in: MÖStA 6 (1953), S. 184–196.

GEHLING, Theo, Ein europäischer Diplomat am Kaiserhof zu Wien. François Louis de Pesme, Seigneur de Saint-Saphorin, als englischer Resident am Wiener Hof 1718–1727, Bonn 1964.

GERBA, Raimund, Polnischer Thronfolge-Krieg. Nach den Feld-Acten und anderen authentischen Quellen, 2 Bde., Wien 1891.

GERRARD, Christine, Queens-in-waiting. Caroline of Anspach and Augusta of Saxe-Gotha as Princesses of Wales, in: Clarissa Campbell ORR (Hg.), Queenship in Britain, 1660–1837. Royal Patronage, Court Culture and Dynastic Politics, Manchester, New York 2002, S. 143–161.

GESTRICH, Andreas, Absolutismus und Öffentlichkeit. Politische Kommunikation in Deutschland zu Beginn des 18. Jahrhunderts, Göttingen 1994.

–/ SCHAICH, Michael (Hg.), The Hanoverian Succession. Dynastic Politics and Monarchical Culture, Farnham 2015.

GEYL, Pieter, William IV of Orange and his English Marriage, in: Transactions of the Royal Historical Society 8 (1925), S. 14–37.

GIBBS, Graham C., Laying Treaties before Parliament in the Eighteenth Century, in: Ragnhild Marie HATTON/Matthew Smith ANDERSON (Hg.), Studies in Diplomatic History. Essays in Memory of David Bayne Horn, London 1970, S. 116–137.

–, Parliament and Foreign Policy in the Age of Stanhope and Walpole, in: EHR 77, 302 (1962), S. 18–37.

GIBSON, John S., Playing the Scottish Card. The Franco-Jacobite Invasion of 1708, Edinburgh 1988.

GIENOW-HECHT, Jessica C. E., Emotionale Wahlverwandtschaften. Musik und Politik in den transatlantischen Beziehungen seit 1850, in: Eckart CONZE u.a. (Hg.), Geschichte der internationalen Beziehungen. Erneuerung und Erweiterung einer historischen Disziplin, Köln 2004, S. 197–229.

–, Introduction, in: Dies./Frank SCHUMACHER (Hg.), Culture and International History, New York 2003, S. 3–26.

GILMOUR, Ian, Riot, Risings and Revolution. Governance and Violence in Eighteenth-Century England, London 1992.

GLAISYER, Natasha, The Culture of Commerce in England, 1660–1720, Woodbridge 2006.

GLICKMAN, Gabriel, The English Catholic Community, 1688–1745. Politics, Culture and Ideology, Woodbridge 2009.

GODSEY JR., William D., Stände, Militärwesen und Staatsbildung in Österreich zwischen Dreißigjährigem Krieg und Maria Theresia, in: Gerhard AMMERER u.a. (Hg.), Bündnispartner und Konkurrenten der Landesfürsten? Die Stände in der Habsburgermonarchie, Wien 2007, S. 233–267.

GOEZ, Werner, Imperator advocatus romanae ecclesiae, in: Hubert MORDEK (Hg.), Aus Kirche und Reich. Studien zu Theologie, Politik und Recht im Mittelalter. Festschrift für Friedrich Kempf zu seinem fünfundsiebzigsten Geburtstag und fünfzigsten Doktorjubiläum, Sigmaringen 1983, S. 315–328.

GREGG, Edward, Queen Anne, New Haven, CT 2001.

GREGORY, Jeremy, The Hanoverians and the Colonial Churches, in: Andreas GESTRICH/Michael SCHAICH (Hg.), The Hanoverian Succession. Dynastic Politics and Monarchical Culture, Farnham 2015, S. 107–125.

GREYERZ, Kaspar von, England im Jahrhundert der Revolutionen 1603–1714, Stuttgart 1994.

GRIESER, Rudolf, Die Deutsche Kanzlei in London, ihre Entstehung und Anfänge. Eine behördengeschichtliche Studie, in: BDLG 89 (1952), S. 153–168.

GRÖGER, Roman Hans, Ausbau des Straßennetzes in der Habsburgermonarchie, in: Franz-Stefan SEITSCHEK u.a. (Hg.), 300 Jahre Karl VI. (1711–1740). Spuren der Herrschaft des »letzten« Habsburgers. Begleitband zur Ausstellung des Österreichischen Staatsarchivs, Wien 2011, S. 163–168.

GRÖSCHL, Jürgen (Hg.), Diede zum Fürstenstein, Johann Wilhelm Dietrich, in: Datenbank zu den Einzelhandschriften in den historischen Archivabteilungen, hg. von Studienzentrum August Hermann Francke, Halle 1996–2014, URL: <http://192.124.243.55/cgi-bin/gkdb.pl?x=u&t_show=PER&wert=diede+zum+fuerstenstein%2C+johann+wilhelm+dietrich++-+BIOGRAFIE&reccheck=,151091> (26.04.2018).

–, (Hg.), Huldenberg, Daniel Erasmus von, in: Datenbank zu den Einzelhandschriften in den historischen Archivabteilungen, hg. von Studienzentrum August Hermann Francke, Halle 1996–2014, URL: <http://192.124.243.55/cgi-bin/gkdb.pl?x=u&t_show=x&wertreg=PER&wert=huldenberg%2C+daniel+erasmus+von++-+BIOGRAFIE&reccheck=,147565> (26.04.2018).

GROSSEGGER, Elisabeth, Mythos Prinz Eugen. Inszenierung und Gedächtnis, Wien 2014.

GRÜNHAGEN, Colmar, Sinzendorff, Graf Philipp Ludwig, in: ADB 34 (1892), S. 412–416.

GRUNWALD, Max, Samuel Oppenheimer und sein Kreis. Ein Kapitel aus der Finanzgeschichte Österreichs, Wien 1913.

GUITE, Janette Inglis Keith, The Jacobite Cause, 1730–1740. The International Dimension, McMaster 1987 (ungedruckte Dissertation McMaster University, Kanada).

GÜRTLER, Gernot Oswald, Ein Diplomat im Spannungsfeld von Politik und Kirche. Studien zu Thomas John Francis Strickland (1682–1740), Innsbruck 1981 (ungedruckte Dissertation Universität Innsbruck).

GUSTAFSSON, Harald, The Conglomerate State. A Perspective on State Formation in Early Modern Europe, in: Scandinavian Journal of History 23, 3–4 (1998), S. 189–213.

GUTKAS, Karl (Hg.), Prinz Eugen und das barocke Österreich. Ausstellung der Republik Österreich und des Landes Niederösterreich, Marchfeldschlösser Schloßhof und Niederweiden, 22. April bis 26. Oktober 1986, Wien 1986.

HÄBERLEIN, Mark/JEGGLE, Christof (Hg.), Materielle Grundlagen der Diplomatie. Schenken, Sammeln und Verhandeln in Spätmittelalter und Früher Neuzeit, Konstanz 2003.

HAFFENDEN, Philip, Colonial Appointments and Patronage under the Duke of Newcastle, 1724–1739, in: EHR 78, 308 (1963), S. 417–435.

HAINISCH, Michael, Das österreichische Tabakmonopol im 18. Jahrhundert, in: VSWG 8 (1910), S. 394–444.

HAJÓS, Géza, Der malerische Landschaftspark in Laxenburg bei Wien, Wien 2006.

HAMANN, Brigitte, Maria Anna, in: Dies. (Hg.), Die Habsburger. Ein biographisches Lexikon, München 1988, S. 299–300.

HAMMERMAYER, Ludwig, »Papists« oder »Roman Catholic Citizens«? Zur Toleranz und frühen Katholikenemanzipation auf den Britischen Inseln im 18. Jahrhundert, in: Friedrich ENGEL-JANOSI u.a. (Hg.), Formen der europäischen Aufklärung. Untersuchungen zur Situation von Christentum, Bildung und Wissenschaft im 18. Jahrhundert, München 1976, S. 20–80.

HANHAM, Andrew, Caroline of Brandenburg-Ansbach and the »Anglicisation« of the House of Hanover, in: Clarissa Campbell ORR (Hg.), Queenship in Europe, 1660–1815, Cambridge 2004, S. 276–299.

–, Scrope, John (c. 1662–1752), in: Oxford DNB (2008), URL: <http://www.oxforddnb.com/view/article/24962> (24.02.2015).

HANNOVER, Heinrich von (Hg.), Frauen der Welfen, Göttingen 2011.

HANTSCH, Hugo, Reichsvizekanzler Friedrich Karl von Schönborn (1674–1746). Einige Kapitel zur politischen Geschichte Kaiser Josefs I. und Karls VI., Augsburg 1929.

HANZL-WACHTER, Lieselotte (Hg.), Schloss Hof – Prinz Eugens tusculum rurale und Sommersitz der kaiserlichen Familie. Geschichte und Ausstattung eines barocken Gesamtkunstwerks, Wien 2005.

HARDING, Nick, Sir Robert Walpole and Hanover, in: HR 76, 192 (2003), S. 164–188.

HARDING, Richard, British Maritime Strategy and Hanover, 1714–1763, in: Brendan SIMMS/Torsten RIOTTE (Hg.), The Hanoverian Dimension in British History, 1714–1837, Cambridge 2007, S. 252–274.

HARRIS, Bob/WHATLEY, Christopher, »To Solemnize His Majesty's Birthday«. New Perspectives on Loyalism in George II's Britain, in: History 83, 271 (1998), S. 397–419.

HARRIS, John, Kent, William (bap. 1686, d. 1748), in: Oxford DNB (2007), URL: <http://www.oxford-dnb.com/view/article/15424> (31.12.2014).

HARTMANN, Jürgen, Internationale Beziehungen, Wiesbaden ²2009.

–, Persönlichkeit und Politik, Wiesbaden 2007.

HATTON, Ragnhild Marie, The Anglo-Hanoverian Connection 1714–1760. Delivered before the University of London on Monday 15 November 1982, London 1982.

HAUG-MORITZ, Gabriele, Corpus Evangelicorum und deutscher Dualismus, in: Volker PRESS/Dieter STIEVERMANN (Hg.), Alternativen zur Reichsverfassung in der Frühen Neuzeit?, München 1995, S. 189–207.

–, Zu einer vergessenen Wurzel deutscher föderativer Staatlichkeit. Die konfessionelle Pluralität des Reiches nach 1648, in: Axel GOTTHARD u.a. (Hg.), Studien zur politischen Kultur Alteuropas. Festschrift für Helmut Neuhaus zum 65. Geburtstag, Berlin 2009, S. 403–419.

Hausmann, Friedrich (Hg.), Repertorium der diplomatischen Vertreter aller Länder seit dem Westfälischen Frieden (1648). Bd. 2: 1716–1763, Zürich 1950.

Hausmann, Paulus Andreas, Friedenspräliminarien in der Völkerrechtsgeschichte, in: ZaöRV 25 (1965), S. 657–692.

Haver, Charlotte E., Von Salzburg nach Amerika. Mobilität und Kultur einer Gruppe religiöser Emigranten im 18. Jahrhundert, Paderborn 2011.

Haydon, Colin, Anti-Catholicism in Eighteenth-Century England, c. 1714–80. A Political and Social Study, Manchester 1993.

Heinrichs, Arthur M., William Stanhope and the Question of Gibraltar, Ottawa 1965 (ungedruckte Dissertation University of Ottawa).

Helmedach, Andreas, Infrastrukturpolitische Grundsatzentscheidungen des 18. Jahrhunderts am Beispiel des Landverkehrswesens. Großbritannien, Frankreich, Habsburgermonarchie, in: Comparativ (1996), S. 11–50.

–, Das Verkehrssystem als Modernisierungsfaktor. Straßen, Fuhrwesen, Post und Reisen nach Triest und Fiume vom Beginn des 18. Jahrhunderts bis zum Beginn des Eisenbahnzeitalters, München 2002.

Henderson, Wilhelm Otto, Commercial Policy of Frederick the Great, in: Ders. (Hg.), Studies in the Economic Policy of Frederick the Great, London 1963, S. 85–122.

Henry, Maura A., The Making of Elite Culture, in: Harry Thomas Dickinson (Hg.), A Companion to Eighteenth-Century Britain, Oxford 2002, S. 311–328.

Hertel, Sandra, Maria Elisabeth. Österreichische Erzherzogin und Statthalterin in Brüssel (1725–1741), Wien 2014.

Hertz, Gerald B., England and the Ostend Company, in: EHR 22, 86 (1907), S. 255–279.

Heyde, Jürgen, Geschichte Polens, München ²2008.

Hietsch, Otto (Hg.), Österreich und die angelsächsische Welt. Kulturbegegnungen und Vergleiche, 2 Bde., Wien 1961–1968.

Hildebrand, Daniel, Staatsräson als Friedensmotiv? Beobachtungen zu einem diskreten Systemparadoxon absolutistischer Außenpolitik, in: Martin Espenhorst (Hg.), Frieden durch Sprache? Studien zum kommunikativen Umgang mit Konflikten und Konfliktlösungen, Göttingen 2012, S. 81–95.

Hill, Brian W., Sir Robert Walpole. »Sole and Prime Minister«, Harmondsworth, Middlesex 1989.

Hochedlinger, Michael, Austria's Wars of Emergence. War, State and Society in the Habsburg Monarchy 1683–1797, London 2003.

–, Bürokratisierung, Zentralisierung, Sozialdisziplinierung, Konfessionalisierung, Militarisierung. Politische Geschichte der Frühen Neuzeit als »Machtstaatsgeschichte«, in: Hans-Christof Kraus/Thomas Nicklas (Hg.), Geschichte der Politik. Alte und Neue Wege, München 2007, S. 239–269.

–, Die Frühneuzeitforschung und die »Geschichte der Internationalen Beziehungen«. Oder: Was ist aus dem »Primat der Außenpolitik« geworden?, in: MIÖG (1998), S. 167–179.

–, Der gewaffnete Doppeladler. Ständische Landesdefension, Stehendes Heer und »Staatsverdichtung« in der frühneuzeitlichen Habsburgermonarchie, in: Petr Mat'a/Thomas Winkelbauer (Hg.), Die Habsburgermonarchie 1620 bis 1740. Leistungen und Grenzen des Absolutismusparadigmas, Stuttgart 2006, S. 217–249.

–, »Onus militare«. Zum Problem der Kriegsfinanzierung in der frühneuzeitlichen Habsburgermonarchie 1500–1750, in: Peter Rauscher (Hg.), Kriegführung und Staatsfinanzen. Die Habsburgermonarchie und das Heilige Römische Reich vom Dreißigjährigen Krieg bis zum Ende des habsburgischen Kaisertums 1740, Münster 2010, S. 81–136.

Hoeck, Wilhelm, Anton Ulrich und Elisabeth Christine von Braunschweig-Lüneburg-Wolfenbüttel. Eine durch archivalische Dokumente begründete Darstellung ihres Übertritts zur römischen Kirche, Wolfenbüttel 1845.

Hofmann, Christina, Das Spanische Hofzeremoniell von 1500–1700, Frankfurt a.M. 1985.

Hogg, Bruce/Clements, Diane, Freemasons and the Royal Society. Alphabetical List of Fellows of the Royal Society who were Freemasons, London 2012, URL: <http://www.freemasonry.london.museum/os/wp-content/resources/frs_freemasons_complete_jan2012.pdf> (31.03.2014).

HOLL, Brigitte, Hofkammerpräsident Gundaker Thomas Graf Starhemberg und die österreichische Finanzpolitik der Barockzeit (1703–1715), Wien 1976.

HÖLSCHER, Steffen, Chef – Director – Canzler. Universitätsverwaltung als Organisationsproblem (Göttingen 1734–1747), in: Ders./Sune Erik SCHLITTE (Hg.), Kommunikation im Zeitalter der Personalunion (1714–1837). Prozesse, Praktiken, Akteure, Göttingen 2014, S. 259–280.

–/ SCHLITTE, Sune Erik (Hg.), Kommunikation im Zeitalter der Personalunion (1714–1837). Prozesse, Praktiken, Akteure, Göttingen 2014.

HOLZE, Heinrich, Zwischen Studium und Pfarramt. Die Entstehung des Predigerseminars in den welfischen Fürstentümern zur Zeit der Aufklärung, Göttingen 1984.

HORN, David Bayne, The Board of Trade and Consular Reports, 1696–1782, in: EHR 54, 215 (1939), S. 476–480.

–, (Hg.), British Diplomatic Representatives, 1689–1789, London 1932.

–, The British Diplomatic Service 1689–1789, Oxford 1961.

HRAZKY, Joseph, Johann Christoph Bartenstein. Der Staatsmann und Erzieher, in: MÖStA 11 (1958), S. 221–251.

HUBATSCHKE, Harald, Die amtliche Organisation der geheimen Briefüberwachung und des diplomatischen Chiffrendienstes in Österreich (Von den Anfängen bis etwa 1870), in: MIÖG 83 (1975), S. 352–413.

HUBER, Maximilian, Ignaz Koch 1697–1673. Sekretär Prinz Eugens und Maria Theresias, Wien 1983 (ungedruckte Dissertation Universität Wien).

HUGHES, Michael, Law and Politics in Eighteenth Century Germany. The Imperial Aulic Council in the Reign of Charles VI, Woodbridge 1988.

HUISMAN, Michel, La Belgique commerciale sous l'Empereur Charles VI. La Compagnie d'Ostende, Brüssel 1902.

HUME, Robert D., The Economics of Culture in London, 1660–1740, in: Huntington Library Quarterly 69, 4 (2006), S. 487–533.

HUNTER, Michael, The Royal Society and its Fellows, 1660–1700. The Morphology of an Early Scientific Institution, London ²1994.

HUSS, Frank, Die Oper am Wiener Kaiserhof unter den Kaisern Josef I. und Karl VI. Mit einem Spielplan von 1706 bis 1740, Wien 2003 (ungedruckte Dissertation, Universität Wien).

HUTTERER, Herbert, Handelskompanien, in: Franz-Stefan SEITSCHEK u.a. (Hg.), 300 Jahre Karl VI. (1711–1740). Spuren der Herrschaft des »letzten« Habsburgers. Begleitband zur Ausstellung des Österreichischen Staatsarchivs, Wien 2011, S. 143–151.

INGRAO, Charles W., Conflict or Consensus? Habsburg Absolutism and Foreign Policy 1700–1748, in: Austrian History Yearbook 19, 1 (1983/84), S. 33–41.

–/ THOMAS, Andrew L., Piety and Power. The Empresses-Consort of the High Baroque, in: Clarissa Campbell ORR (Hg.), Queenship in Europe, 1660–1815, Cambridge 2004, S. 107–130.

JACKS, David, United Kingdom, 1696–1899, in: Loïc CHARLES/Guillaume DAUDIN (Hg.), Eighteenth-Century International Trade Statistics. Sources and Methods, Paris 2015, S. 379–383.

JARNUT-DERBOLAV, Elke, Die Österreichische Gesandtschaft in London (1701–1711). Ein Beitrag zur Geschichte der Haager Allianz, Bonn 1972.

JARREN, Volker, Die Vereinigten Niederlande und das Haus Österreich 1648–1748. Fremdbildwahrnehmung und politisches Handeln kaiserlicher Gesandter und Minister, in: Helmut GABEL/Volker JARREN, Kaufleute und Fürsten. Außenpolitik und politisch-kulturelle Perzeption im Spiegel niederländisch-deutscher Beziehungen 1648–1748, Münster 1998, S. 39–354.

JENKINS, Neil, John Beard. Handel and Garrick's Favourite Tenor, Hove 2006.

JOHN, Arthur H., Insurance Investment and the London Money Market of the 18th Century, in: Economia 20, 78 (1953), S. 137–158.

JONES, Clyve/JONES, David Lewis, Peers, Politics and Power. House of Lords, 1603–1911, London 1986.

JONES, Emrys D., Royal Ruptures. Caroline of Ansbach and the Politics of Illness in the 1730s, in: Medical Humanities 37, 1 (2011), S. 13–17.

JONES, James Rees, Limitations of British Sea Power in the French Wars, 1689–1815, in: Jeremy BLACK/Philip Laurence WOODFINE (Hg.), The British Navy and the Use of Naval Power in the Eighteenth Century, Leicester 1988, S. 33–49.

Jorda, Ludwig, Das Verhältnis zwischen Österreich und England von 1740–1744, Wien 1949 (ungedruckte Dissertation Universität Wien).

Junge, Walter, Leibniz und der Sachsen-Lauenburgische Erbfolgestreit, Hildesheim 1965.

Jütte, Daniel, Entering a City. On a Lost Early Modern Practice, in: Urban History 41, 2 (2014), S. 204–227.

Kalipke, Andreas, Verfahren im Konflikt. Konfessionelle Streitigkeiten und Corpus Evangelicorum im 18. Jahrhundert, Münster 2015.

Kallbrunner, Josef, Das Wiener Hofquartierwesen und die Maßnahmen gegen die Quartiersnot im 17. und 18. Jahrhundert, in: Mitteilungen des Vereines für Geschichte der Stadt Wien 5 (1925), S. 24–36.

Kalmár, János, Ahnen als Vorbilder. Der vom späteren Kaiser Karl VI. in seinen Jugendjahren verfasste Kanon der Herrschertugenden, in: Gabriele Haug-Moritz u.a. (Hg.), Adel im »langen« 18. Jahrhundert, Wien 2009, S. 43–60.

–, Regierungsnormen Karl Habsburgs vor seiner Kaiserwahl im Jahr 1711, in: MÖStA 44 (1996), S. 138–144.

Kampmann, Christoph u.a. (Hg.), Bourbon – Habsburg – Oranien. Konkurrierende Modelle im dynastischen Europa um 1700, Köln 2008.

–, u.a., Einleitung, in: Dies. (Hg.), Bourbon – Habsburg – Oranien. Konkurrierende Modelle im dynastischen Europa um 1700, Köln 2008, S. 1–12.

–, Friedensschluss und dynastisches Prinzip. Kontinuität und Wandel im Zeitalter des Utrechter Friedens, in: Heinz Duchhardt/Martin Espenhorst (Hg.), Utrecht – Rastatt – Baden 1712–1714. Ein europäisches Friedenswerk am Ende des Zeitalters Ludwigs XIV., Göttingen 2013, S. 35–51.

Karner, Herbert, Raum und Zeremoniell in der Wiener Hofburg des 17. Jahrhunderts, in: Ralph Kauz u.a. (Hg.), Diplomatisches Zeremoniell in Europa und im mittleren Osten in der Frühen Neuzeit, Wien 2009, S. 55–78.

Karsten, Arne/Thiessen, Hillard von, Einleitung, in: Dies. (Hg.), Nützliche Netzwerke und korrupte Seilschaften, Göttingen 2006, S. 7–17.

–, Familienbande im Außendienst. Die diplomatischen Aktivitäten des Kardinals Bernardino Spada (1594–1661) im Kontext der Familienpolitik, in: Hillard von Thiessen/Christian Windler (Hg.), Akteure der Außenbeziehungen. Netzwerke und Interkulturalität im historischen Wandel, Köln 2010, S. 45–61.

Kauffmann, Kai, »Es ist nur ein Wien!« Stadtbeschreibungen von Wien 1700 bis 1873. Geschichte eines literarischen Genres der Wiener Publizistik, Wien 1994.

Kaufhold, Karl Heinrich, Die Wirtschaft der frühen Neuzeit. Gewerbe, Handel und Verkehr, in: Christine van den Heuvel/Manfred von Boetticher (Hg.), Geschichte Niedersachsens. Bd. 3.1: Politik, Wirtschaft und Gesellschaft von der Reformation bis zum Beginn des 19. Jahrhunderts, Hannover 1998, S. 351–574.

Kaulbach, Hans-Martin (Hg.), Friedensbilder in Europa 1450–1815. Kunst der Diplomatie – Diplomatie der Kunst, Berlin 2013.

Kayserling, Moritz, Aguilar, Diego D' (or Moses Lopez Pereira), in: Jewish Encyclopedia, (1906/2011), URL: <http://www.jewishencyclopedia.com/articles/12020-pereira-diego-moses-lopez> (30.07.2015).

Kelch, Ray A., Newcastle: A Duke without Money. Thomas Pelham-Holles, 1693–1768, London 1974.

Keller, Katrin, Hofdamen, Fürstinnen, Mätressen. Frauen und Politik in der höfischen Gesellschaft, in: Kathleen Biercamp u.a. (Hg.), Mächtig verlockend. Frauen der Welfen. Katalog zur Ausstellung im Residenzschloss Celle vom 16. Februar bis 15. August 2010, Berlin 2010, S. 91–105.

–, Hofdamen. Amtsträgerinnen im Wiener Hofstaat des 17. Jahrhunderts, Wien 2005.

–, Mit den Mitteln einer Frau. Handlungsspielräume adliger Frauen in Politik und Diplomatie, in: Hillard von Thiessen/Christian Windler (Hg.), Akteure der Außenbeziehungen. Netzwerke und Interkulturalität im historischen Wandel, Köln 2010, S. 219–244.

–, Zwischen Zeremoniell und »desbauche«. Die adelige Kavalierstour um 1700, in: Wolfgang Schmale/Reinhard Stauber (Hg.), Menschen und Grenzen in der Frühen Neuzeit, Berlin 1998, S. 259–282.

KENDRICK, Thomas Frank James, Sir Robert Walpole, the Old Whigs and the Bishops, 1733–1736. A Study in Eighteenth-Century Parliamentary Politics, in: The Historical Journal 11, 3 (1968), S. 421–445.

KERN, Ronny, Der Friedenskongress von Soissons 1728–1731, Göttingen 2009.

KIDD, Colin, Integration. Nationalism and Patriotism, in: Harry Thomas DICKINSON (Hg.), A Companion to Eighteenth-Century Britain, Oxford 2002, S. 369–380.

KING, Richard G., Anne of Hanover and Orange (1709–59) as Patron and Practitioner of the Arts, in: Clarissa Campbell ORR (Hg.), Queenship in Britain, 1660–1837. Royal Patronage, Court Culture and Dynastic Politics, Manchester, New York 2002, S. 162–192.

KLEISNER, Tomáš, Barokní londýnský token hraběte Kinského, in: Numismatické listy 54 (1999), S. 33–35.

KLEMENT, Rita, Das Wiener Alltagsleben in der ersten Hälfte des 18. Jahrhunderts im Spiegel des Wienerischen Diariums, Wien 2012.

KLIMA, Arnost, English Merchant Capital in Bohemia in the Eighteenth Century, in: The Economic History Review 12, 1 (1959), S. 34–48.

KLINGENSTEIN, Grete, Institutionelle Aspekte der österreichischen Außenpolitik im 18. Jahrhundert, in: Erich ZÖLLNER (Hg.), Diplomatie und Außenpolitik Österreichs. 11 Beiträge zu ihrer Geschichte, Wien 1977, S. 74–93.

–, Kaunitz contra Bartenstein. Zur Geschichte der Staatskanzlei 1749–1753, in: Heinrich FICHTENAU/Erich ZÖLLNER (Hg.), Beiträge zur Neueren Geschichte Österreichs Adam Wandruszka zum 60. Geburtstag gewidmet, Wien 1974, S. 243–263.

–, The Meanings of »Austria« and »Austrians« in the Eighteenth Century, in: Robert ORESKO u.a. (Hg.), Royal and Republican Sovereignty in Early Modern Europe. Essays in Memory of Ragnhild Hatton, Cambridge 1997, S. 423–478.

KLUXEN, Kurt, Zur Balanceidee im 18. Jahrhundert, in: Franz-Lothar KROLL (Hg.), England in Europa. Studien zur britischen Geschichte und zur politischen Ideengeschichte der Neuzeit von Kurt Kluxen, Berlin 2003, S. 106–121.

–, Die Idee der legalen Opposition im England des 18. Jahrhunderts, in: Franz-Lothar KROLL (Hg.), England in Europa. Studien zur britischen Geschichte und zur politischen Ideengeschichte der Neuzeit von Kurt Kluxen, Berlin 2003, S. 282–299.

KNITTLER, Herbert, Entrepreneurship and Management on the Estates of the Austrian Nobility, 1550–1780, in: Paul JANSSENS/Bartolomé YUN-CASALILLA (Hg.), European Aristocracies and Colonial Elites. Patrimonial Management Strategies and Economic Development, 15th–18th Centuries, Aldershot 2005, S. 155–167.

–, Die europäische Stadt in der frühen Neuzeit. Institutionen, Strukturen, Entwicklungen, München 2000.

KNÖFEL, Anne-Simone, Dynastie und Prestige. Die Heiratspolitik der Wettiner, Weimar 2009.

KOENIGSBERGER, Helmut G., Dominium regale or Dominium politicum et regale. Monarchies and Parliaments in Early Modern Europe, in: Ders. (Hg.), Politicans and Virtuosi. Essays in Early Modern History, London 1986, S. 1–25.

KOMLOS, John, Austria and European Economic Development. What Has Been Learned?, in: Charles W. INGRAO (Hg.), State and Society in Early Modern Austria, West Lafayette, IN 1994, S. 215–225.

KÖRPER, Gerlinde, Studien zur Biographie Elisabeth Christines von Braunschweig-Lüneburg-Wolfenbüttel (Gemahlin Kaiser Karls VI. und Mutter Maria Theresias), Wien 1975 (ungedruckte Dissertation Universität Wien).

KOSCHNICK, Wolfgang J., Management. Enzyklopädisches Lexikon, Berlin 1995.

KÖSTER, Maren, Russische Truppen für Prinz Eugen. Politik mit militärischen Mitteln im frühen 18. Jahrhundert, Wien 1986.

KOVÁCS, Elisabeth, Die südlichen Niederlande innerhalb der Österreichischen Monarchie des 18. Jahrhunderts, in: Roland MORTIER/Hervé HASQUIN (Hg.), Unité et diversité de l'Empire des Habsbourg à la fin du XVIIIe siècle, Brüssel 1988, S. 25–37.

KRAUS, Hans-Christof, Englische Verfassung und politisches Denken im Ancien Régime, 1689 bis 1789, München 2006.

KRISCHER, André, Souveränität als sozialer Status. Zur Funktion des diplomatischen Zeremoniells in der Frühen Neuzeit, in: Ralph KAUZ u.a. (Hg.), Diplomatisches Zeremoniell in Europa und im mittleren Osten in der Frühen Neuzeit, Wien 2009, S. 1–32.

KUBEŠ, Jiří, Kavalírské cesty české a rakouské šlechty (1620–1750), Padubice 2011 (ungedruckte Habilitation Universität Padubice).

KUGELER, Heidrun u.a., Einführung. Internationale Beziehungen in der Frühen Neuzeit. Ansätze und Perspektiven, in: Dies. (Hg.), Internationale Beziehungen in der Frühen Neuzeit. Ansätze und Perspektiven, Münster 2006, S. 9–35.

–, u.a. (Hg.), Internationale Beziehungen in der Frühen Neuzeit: Ansätze und Perspektiven, Münster 2006.

KÜHN, Sebastian, Wissen, Arbeit, Freundschaft. Ökonomien und soziale Beziehungen an den Akademien in London, Paris und Berlin um 1700, Göttingen 2011.

KULISHEK, Patricia J., Whigs and Whiggism, in: Gerald NEWMAN/Leslie Ellen BROWN (Hg.), Britain in the Hanoverian Age, 1714–1837. An Encyclopedia, New York 1997, S. 766–767.

KUNISCH, Johannes (Hg.), Expansion und Gleichgewicht. Studien zur europäischen Mächtepolitik des Ancien Régime, Berlin 1986.

–, Hausgesetzgebung und Mächtesystem. Zur Einbeziehung hausvertraglicher Erbfolgeregelungen in die Staatenpolitik des Ancien Régime, in: Ders. (Hg.), Der dynastische Fürstenstaat. Zur Bedeutung von Sukzessionsordnungen für die Entstehung des frühmodernen Staats, Berlin 1982, S. 49–80.

KUSBER, Jan, Vorfeldkontrolle durch militärische Intervention. Rußland und der polnische Thronfolgekrieg 1733–1736, in: Christine KLECKER (Hg.), Sachsen und Polen zwischen 1697 und 1765. Beiträge der wissenschaftlichen Konferenz vom 26. bis 28. Juni 1997 in Dresden, Dresden 1998, S. 144–155.

LAMPE, Joachim, Aristokratie, Hofadel und Staatspatriziat in Kurhannover. Die Lebenskreise der höheren Beamten an den kurhannoverschen Zentral- und Hofbehörden 1714–1760. 2 Bde., Göttingen 1963.

LANG, Helmut W., Die österreichische Tagespublizistik im Barockzeitalter, in: Erich ZÖLLNER (Hg.), Öffentliche Meinung in der Geschichte Österreichs, Wien 1979, S. 39–52.

LANG, Ines, Die Marienfeste und die Pfingstfeste am Wiener Hof im 17. und 18. Jahrhundert, in: Irmgard PANGERL u.a. (Hg.), Der Wiener Hof im Spiegel der Zeremonialprotokolle (1652–1800). Eine Annäherung, Innsbruck 2007, S. 463–491.

LANGFORD, Paul, The Excise Crisis. Society and Politics in the Age of Walpole, Oxford 1975.

–, Walpole and the Robinocracy, Cambridge 1986.

LAUDE, Norbert, La Compagnie d'Ostende et son activité coloniale au Bengale (1725–1730), Brüssel 1944.

LEA, R.S., Townshend, Hon. Horatio (c. 1683–1751), of New Ormond St., London, in: Romney SEDGWICK (Hg.), The History of Parliament. The House of Commons, 1715–1754, London 1970, URL: <http://www.historyofparliamentonline.org/volume/1715-1754/member/townshend-hon-horatio-1683-1751> (17.06.2014).

LECHNER, Karl, Die Gründungsgeschichte der österreichischen Kriegsmarine, in: MIÖG 15 (1894), S. 614–656.

LEE, James, Preaching and the Politics of Hatred. Catholics, the French and the Development of Englishness in Late Seventeenth-Century England, in: Joachim EIBACH/Horst CARL (Hg.), Europäische Wahrnehmungen, 1650–1850. Interkulturelle Kommunikation und Medienereignisse, Hannover 2008, S. 161–284.

LEEB, Rudolf, Die große Salzburger Emigration von 1731/32 und ihre Vorgeschichte (Ausweisung der Deferegger 1684), in: Joachim BAHLCKE (Hg.), Glaubensflüchtlinge. Ursachen, Formen und Auswirkungen frühneuzeitlicher Konfessionsmigration in Europa, Berlin 2008, S. 277–305.

LEIBETSEDER, Mathis, Kavalierstour – Bildungsreise – Grand Tour. Reisen, Bildung und Wissenserwerb in der Frühen Neuzeit, in: Europäische Geschichte Online (EGO), hg. v. Leibniz-Institut für Europäische Geschichte (IEG), URL: <http://www.ieg-ego.eu/leibsedermr-2013-de> (05.03.2015).

LEITGEB, Hildegard, Frauen am Kaiserhof zur Zeit des Prinzen Eugen. Einfluß und Bedeutung der Kaiserinnen Eleonora Magdalena Theresia, Amalie Wilhelmine und Elisabeth Christine, in: Karl GUTKAS (Hg.), Prinz Eugen und das barocke Österreich. Ausstellung der Republik Österreich und des Landes Niederösterreich, Marchfeldschlösser Schloßhof und Niederweiden, 22. April bis 26. Oktober 1986, Wien 1986, S. 65–72.

LEMBKE, Katja (Hg.), Hannovers Herrscher auf Englands Thron 1714–1837. Katalog zur Niedersächsischen Landesausstellung »Als die Royals aus Hannover kamen«, Niedersächsisches Landesmuseum Hannover und Museum Schloss Herrenhausen, 17. Mai bis 5. Oktober 2014, Dresden 2014.

LEVRON, Jacques, Stanislas Leszczynski, Roi de Pologne, Duc de Lorraine. Un roi philosophe au siècle des Lumières, Paris 1984.

LINDEMANN, Mary, Reflections. The Discreet Charm of the Diplomatic Archive, in: German History 29, 3 (2011), S. 283–304.

LINGENS, Karl-Heinz, Kongresse im Spektrum der friedenswahrenden Instrumente des Völkerrechts. Cambrai und Soissons als Beispiele frühneuzeitlicher Praxis, in: Heinz DUCHHARDT (Hg.), Zwischenstaatliche Friedenswahrung in Mittelalter und Früher Neuzeit, Köln 1991, S. 205–226.

LODGE, Richard, English Neutrality in the War of the Polish Succession. A Commentary upon Diplomatic Instructions, Bd. 6, France, 1727–1744, in: Transactions of the Royal Historical Society 14 (1931), S. 141–173.

LOHRMANN, Klaus, Das österreichische Judentum zur Zeit Maria Theresias und Josephs II., Eisenstadt 1980.

LORENZ, Hellmut, The Imperial Hofburg. The Theory and Practice of Architectural Representation in Baroque Vienna, in: Charles W. INGRAO (Hg.), State and Society in Early Modern Austria, West Lafayette, IN 1994, S. 93–109.

–, Die Wiener Hofburg im 18. Jahrhundert. Legitimation durch Tradition, in: Christoph KAMPMANN u.a. (Hg.), Bourbon – Habsburg – Oranien. Konkurrierende Modelle im dynastischen Europa um 1700, Köln 2008, S. 96–106.

–/ MADER-KRATKY, Anna (Hg.), Die Wiener Hofburg 1705–1835. Die kaiserliche Residenz vom Barock bis zum Klassizismus, Wien 2016.

LOTZ-HEUMANN, Ute, Sprachliche Übersetzung – kulturelle Übersetzung – politische Übersetzung? Sprache als Element des politischen Prozesses auf den frühneuzeitlichen Britischen Inseln, in: Thomas NICKLAS/Matthias SCHNETTGER (Hg.), Politik und Sprache im Frühneuzeitlichen Europa, Mainz 2007, S. 51–70.

LUKOWSKI, Jerzy/ZAWADZKI, Hubert, A Concise History of Poland, Cambridge 2001.

MĄCZAK, Antoni/MÜLLER-LUCKNER, Elisabeth (Hg.), Klientelsysteme im Europa der Frühen Neuzeit, München 1988.

MAGIS, Helga, Subsidien Englands an deutsche Fürsten (1700 bis 1785). Ein Beitrag zur Geschichte der Außenpolitik mit Geld, Innsbruck 1965 (ungedruckte Dissertation Universität Innsbruck).

MALETTKE, Klaus, Frankreich, Deutschland und Europa im 17. und 18. Jahrhundert. Beiträge zum Einfluss französischer politischer Theorie, Verfassung und Außenpolitik in der frühen Neuzeit, Marburg 1994.

MANSFELD, Elisabeth, Juristische Aspekte der Ketzerverfolgung im Erzherzogtum Österreich in der Regierungszeit Karls VI., Wien 2008 (ungedruckte Dissertation Universität Wien).

MARSCHNER, Joanna, Caroline of Ansbach. The Queen, Collecting and Connoisseurship at the Early Georgian Court, London 2007 (ungedruckte Dissertation University of London).

–, Queen Caroline. Cultural Politics at the Early Eighteenth-Century Court, New Haven, CT 2014.

MARSHALL, Alan, The Secretaries' Office and the Public Records, in: State Papers Online, 1603–1714, London 2000, URL: <http://gale.cengage.co.uk/images/Marshall%20The%20Secretaries%20Office%20and%20the%20Public%20records.pdf> (21.10.2015).

MATSCH, Erwin, Der Auswärtige Dienst von Österreich(-Ungarn) 1720–1920, Wien 1986.

MATSCHE, Franz, Die Kunst im Dienst der Staatsidee Kaiser Karls VI. Ikonographie, Ikonologie und Programmatik des »Kaiserstils«, Berlin 1981.

MATZKE, Judith, Gesandtschaftswesen und diplomatischer Dienst Sachsens 1694–1763, Dresden 2007 (ungedruckte Dissertation Universität Dresden).

MAUELSHAGEN, Franz, Der Hof im Medienwandel der Frühen Neuzeit, in: Ulf Christian EWERT/ Stephan SELZER (Hg.), Ordnungsformen des Hofes. Ergebnisse eines Forschungskolloquiums der Studienstiftung des Deutschen Volkes, Kiel 1998, S. 98–108.

MAY, Niels F., Eine Begründungsmetapher im Wandel. Das Gleichgewichtsdenken in der Frühen Neuzeit, in: Heinz DUCHHARDT/Martin ESPENHORST (Hg.), Frieden übersetzen in der Vormoderne. Translationsleistungen in Diplomatie, Medien und Wissenschaft, Göttingen 2012, S. 89–111.

MAYER, Franz Martin, Zur Geschichte der österreichischen Handelspolitik unter Kaiser Karl VI., in: MIÖG 18 (1897), S. 129–145.

McKAY, Derek, Allies of Convenience. Diplomatic Relations Between Great Britain and Austria, 1714–1719, New York 1986.

–/ SCOTT, Hamish M., The Rise of the Great Powers, 1648–1815, Harlow 1983.

McLYNN, Frank, Bonnie Prince Charlie – Charles Edward Stuart. A Tragedy in Many Acts, Oxford 1991.

–, France and the Jacobite Rising of 1745, Edinburgh 1981.

McQUEEN, Hector L., Common Law and Feudal Society in Medieval Scotland, Edinburgh 1993.

MECENSEFFY, Grete, Karls VI. spanische Bündnispolitik 1725–1729. Ein Beitrag zur österreichischen Außenpolitik des 18. Jahrhunderts, Innsbruck 1934.

MEINERS, Jochen (Hg.), Reif für die Insel – Das Haus Braunschweig-Lüneburg auf dem Weg nach London. Katalog zur Niedersächsischen Landesausstellung »Als die Royals aus Hannover kamen«, Bormann-Museum Celle, Residenzmuseum im Celler Schloss, 18. Mai bis 5. Oktober 2014, Dresden 2014.

MELTON, James Van Horn, The Nobility in the Bohemian and Austrian Lands, 1620–1780, in: Hamish M. SCOTT (Hg.), The European Nobilities in the Seventeenth and Eighteenth Centuries. Bd. 2: Nothern, Central and Eastern Europe, Harlow 1995, S. 110–143.

MENSI, Franz von, Die Finanzen Österreichs von 1701 bis 1740, Wien 1890.

MEYER, Heinrich, Vertreibung Salzburger und Berchtesgadener Protestanten und ihre Aufnahme in Kurhannover 1733. Zur 200 Jahrfeier der Ansiedlung Salzburg im Kreis Hameln-Pyrmont 1733–1933, Uslar (Solling) 1933.

MEYERS, Reinhard, Die Lehre von den Internationalen Beziehungen. Ein entwicklungsgeschichtlicher Überblick, Düsseldorf 1977.

MICHAEL, Wolfgang, Englische Geschichte im achtzehnten Jahrhundert. Bd. 3: Das Zeitalter Walpoles. Zweiter Teil, Berlin 1934; Bd. 4: Das Zeitalter Walpoles. Dritter Teil, Berlin 1937.

MIKOLETZKY, Hanns Leo, Die große Anleihe von 1706. Ein Beitrag zur österreichischen Finanzgeschichte, in: MÖStA 7 (1954), S. 268–293.

–, Hofreisen unter Kaiser Karl VI., in: MIÖG 60 (1952), S. 265–285.

MILTON, Patrick, Imperial Law versus Geopolitical Interest. The Reichshofrat and the Protection of Smaller Territorial States in the Holy Roman Empire under Charles VI (1711–1740), in: EHR 130, 545 (2015), S. 831–864.

MÖSSLANG, Markus/RIOTTE, Torsten, Introduction. The Diplomats' World, in: Dies. (Hg.), The Diplomats' World. A Cultural History of Diplomacy, 1815–1914, Oxford 2008, S. 1–20.

Dies. (Hg.), The Diplomats' World. A Cultural History of Diplomacy, 1815–1914, Oxford 2008.

MÜLLER, Klaus, Das kaiserliche Gesandtschaftswesen im Jahrhundert nach dem Westfälischen Frieden (1648–1740), Bonn 1976.

–, Die Reichskriegserklärung im 17. und 18. Jahrhundert, in: Zeitschrift der Savigny-Stiftung für Rechtsgeschichte 90, 1 (1973), S. 246–259.

MÜNKLER, Herfried, Im Namen des Staates. Die Begründung der Staatsraison in der Frühen Neuzeit, Frankfurt a.M. 1987.

NAGEL, Jürgen G., Abenteuer Fernhandel. Die Ostindienkompanien, Darmstadt 2007.

NAUMANN, Martin, Österreich, England und das Reich, 1719–1732, Berlin 1936.

NEUHAUS, Helmut, Das Problem der militärischen Exekutive in der Spätphase des Alten Reiches, in: Johannes KUNISCH/Barbara STOLLBERG-RILINGER (Hg.), Staatsverfassung und Heeresverfassung in der europäischen Geschichte der frühen Neuzeit, Berlin 1986, S. 297–346.

NEWMAN, Aubrey, The World Turned Inside Out. New Views on George II. An Inaugural Lecture delivered in the University of Leicester, 10 October 1987, Leicester 1988.

NEWTON, Douglas, Catholic London, London 1950.

NICKLAS, Thomas, Friedrich August II. (1733–1763) und Friedrich Christian (1763), in: Frank-Lothar KROLL (Hg.), Die Herrscher Sachsens. Markgrafen, Kurfürsten, Könige 1089–1918, München 2004, S. 192–202, 334–335.

–/ SCHNETTGER, Matthias (Hg.), Politik und Sprache im Frühneuzeitlichen Europa, Mainz 2007.

NIEDHART, Gottfried, Handel und Krieg in der britischen Weltpolititk 1738–1763, München 1979.

NISHIKAWA, Sugiko, English Attitudes toward Continental Protestants with Particular Reference to Church Briefs c. 1680–1740, London 1998 (ungedruckte Dissertation Universität London).

NITSCHKE, Peter, Grundlagen des staatspolitischen Denkens der Neuzeit. Souveränität, Territorialität und Staatsraison, in: Jens SIEGELBERG/Klaus SCHLICHTE (Hg.), Strukturwandel internationaler Beziehungen. Zum Verhältnis von Staat und internationalem System seit dem Westfälischen Frieden, Wiesbaden 2000, S. 86–100.

NOLDE, Dorothea/OPITZ-BELAKHAL, Claudia, Kulturtransfer als Familienbeziehungen. Einige einführende Überlegungen, in: Dies. (Hg.), Grenzüberschreitende Familienbeziehungen. Akteure und Medien des Kulturtransfers in der Frühen Neuzeit, Köln 2008, S. 1–14.

–, Was ist Diplomatie und wenn ja, wie viele? Herausforderungen und Perspektiven einer Geschlechtergeschichte der frühneuzeitlichen Diplomatie, in: Historische Anthropologie 21, 2 (2013), S. 179–198.

NORDMANN, Claude, Choiseul et la dernière tentative Jacobite de 1759, in: Revue d'Histoire Diplomatique 93 (1979), S. 223–246.

NOVÁK, Johann Friedrich, Das gräflich Kinskysche Archiv in Chlumetz an der Cidlina, in: Archivalien zur neueren Geschichte Österreichs, Wien 1913, S. 457–469.

NYE, John V.C., War, Wine, and Taxes. The Political Economy of Anglo-French Trade, 1689–1900, Princeton, NJ 2007.

O'BRIAN, Patrick, Central Government and the Economy, 1688–1815, in: Roderick FLOUD/Donald McCLOSKEY (Hg.), The Economic History of Britain since 1700. Bd. 1: 1700–1860, Cambridge 1994, S. 205–241.

O'REILLY, William, A Life in Exile: Charles VI (1685–1740) between Spain and Austria, in: Philip MANSEL/Torsten RIOTTE (Hg.), Monarchy and Exile. The Politics of Legitimacy from Marie de Médicis to Wilhelm II, Basingstoke 2011, S. 66–90.

OLLINGER, Elisabeth (Hg.), Der Traum vom Weltreich. Österreichs unvollendeter Escorial. Ausstellungskatalog, Klosterneuburg 1999.

ONNEKINK, David, The Perplexities of Peace. Dutch Foreign Policy and the Religious Dimension of International Relations around 1700, in: Inken SCHMIDT-VOGES u.a. (Hg.), Pax perpetua. Neuere Forschungen zum Frieden in der Frühen Neuzeit, München 2010, S. 329–348.

ORR, Clarissa Campbell (Hg.), Queenship in Britain, 1660–1837. Royal Patronage, Court Culture and Dynastic Politics, Manchester, New York 2002.

–, (Hg.), Queenship in Europe, 1660–1815, Cambridge 2004.

OSBORNE, Toby, Dynasty and Diplomacy in the Court of Savoy. Political Culture and the Thirty Years' War, Cambridge 2002.

OSSENBRUGGE, Jürgen, Geopolitik, in: Ernst BRUNOTTE u.a. (Hg.), Lexikon der Geographie, Heidelberg 2003–2016, URL: <http://www.spektrum.de/lexikon/geographie/geopolitik/2976> (14.07.2016).

–, Geostrategie, in: BRUNOTTE u.a., Lexikon der Geographie, URL: <http://www.spektrum.de/lexikon/geographie/geostrategie/2987> (25.11.2015).

OSTERHAMMEL, Jürgen, Die Wiederkehr des Raumes. Geopolitik, Geohistoire und historische Geographie, in: Neue Politische Literatur 43, 3 (1998), S. 374–397.

OTRUBA, Gustav, Die Bedeutung der englischen Subsidien und Antizipationen für die Finanzen Österreichs 1701 bis 1748, in: VSWG 51, 2 (1964), S. 192–234.

OTTE, Thomas G., Introduction. Personalities and Impersonal Forces in History, in: Ders./Constantine A. PAGEDAS (Hg.), Personalities, War and Diplomacy. Essays in International History, London 1997, S. 1–13.

OTTO, Karl von, Evangelischer Gottesdienst in Wien vor der Toleranzzeit, in: Jahrbuch der Gesellschaft für die Geschichte des Protestantismus in Österreich 7 (1886), S. 120–131.

OWEN, John, George II reconsidered, in: Anne WHITEMAN u.a. (Hg.), Statesmen, Scholars and Merchants. Essays in Eighteenth-Century History presented to Dame Lucy Sutherland, Oxford 1973, S. 113–134.

PANAYI, Panikos, Germans in Eighteenth-Century Britain, in: Ders. (Hg.), Germans in Britain since 1500, London 1996, S. 29–48.

PANGERL, Irmgard, »Höfische Öffentlichkeit«. Fragen des Kammerzutritts und der räumlichen Repräsentation am Wiener Hof, in: Dies. u.a. (Hg.), Der Wiener Hof im Spiegel der Zeremonialprotokolle (1652–1800). Eine Annäherung, Innsbruck 2007, S. 255–285.

–, u.a. (Hg.), Der Wiener Hof im Spiegel der Zeremonialprotokolle (1652–1800). Eine Annäherung, Innsbruck 2007.

PANNING, Cord, Die Geschichte und die Konzeption der barocken Gartenanlage des Guts Böhme, in: NsJbLG 68 (1996), S. 175–245.

PARMENTIER, Jan, Oostende & Co. Het verhaal van de Zuid-Nederlandse Oost-Indiëvaart 1715–1735, Gent 2002.

Parochial Church Council St George's Hanover Square (Hg.), Handel and St George's, London 2013, URL: <http://www.stgeorgeshanoversquare.org/history/Handel-and-St-George.html> (20.10.2014).

PAULMANN, Johannes, Grenzüberschreitung und Grenzräume. Überlegungen zur Geschichte transnationaler Beziehungen von der Mitte des 19. Jahrhunderts bis in die Zeitgeschichte, in: Eckart CONZE u.a. (Hg.), Geschichte der internationalen Beziehungen. Erneuerung und Erweiterung einer historischen Disziplin, Köln 2004, S. 169–196.

–, Pomp und Politik. Monarchenbegegnungen in Europa zwischen Ancien Régime und Erstem Weltkrieg, Paderborn 2000.

PEČAR, Andreas, Favorit ohne Geschäftsbereich. Johann Michael Graf von Althann (1679–1722) am Kaiserhof Karls VI., in: Michael KAISER/Andreas PEČAR (Hg.), Der zweite Mann im Staat. Oberste Amtsträger und Favoriten im Umkreis der Reichsfürsten in der Frühen Neuzeit, Berlin 2003, S. 331–344.

–, Gab es eine höfische Gesellschaft des Reiches? Rang- und Statuskonkurrenz innerhalb des Reichsadels in der ersten Hälfte des 18. Jahrhunderts, in: Harm KLUETING/Wolfgang SCHMALE (Hg.), Das Reich und seine Territorialstaaten im 17. und 18. Jahrhundert. Aspekte des Mit-, Neben- und Gegeneinander, Münster 2004, S. 183–206.

–, Das Hofzeremoniell als Herrschaftstechnik? Kritische Einwände und methodische Überlegungen am Beispiel des Kaiserhofes in Wien (1660–1740), in: Ronald G. ASCH/Dagmar FREIST (Hg.), Staatsbildung als kultureller Prozess. Strukturwandel und Legitimation von Herrschaft in der Frühen Neuzeit, Köln 2005, S. 381–404.

–, Die Ökonomie der Ehre. Der höfische Adel am Kaiserhof Karls VI. (1711–1740), Darmstadt 2003.

PEKAŘ, Josef, Naše šlechta a jazyk český v 18. stol, in: CCH 20, 1 (1914), S. 80–82.

PEPER, Ines, Konversionen im Umkreis des Wiener Hofes um 1700, Wien 2010.

–/ WALLNIG, Thomas, Ex nihilo nihil fit. Johann Benedikt Gentilotti und Johann Christoph Bartenstein am Beginn ihrer Karrieren, in: Gabriele HAUG-MORITZ u.a. (Hg.), Adel im »langen« 18. Jahrhundert, Wien 2009, S. 167–185.

PETERS, Martin, Heiraten für den Frieden. Europäische Heiratsverträge als dynastische Friedensinstrumente der Vormoderne, in: Heinz DUCHHARDT/Martin PETERS (Hg.), Instrumente des Friedens. Vielfalt und Formen von Friedensverträgen im vormodernen Europa, Mainz 2008-06-25 (VIEG Beiheft online 3), URL: <http://www.ieg-mainz.de/vieg-online-beihefte/03-2008.html>, Abs. 12–20.

PETRIN, Silvia, Die Stände des Landes Niederösterreich, St. Pölten 1982.

PICHORNER, Franz, Wiener Quellen zu den Österreichischen Niederlanden. Die Statthalter Erzherzogin Maria Elisabeth und Graf Friedrich Harrach (1725–1743), Wien 1990.

PILK, Georg, Geschichte von Neukirch, Spitzkunnersdorf 2005.

PILS, Susanne C., Adel, Zuzug, Adeliges Haushalten, Sozialtopographie, in: Karl VOCELKA/Anita TRANINGER (Hg.), Wien. Geschichte einer Stadt. Bd. 2: Die frühneuzeitliche Residenz (16. bis 18. Jahrhundert), Wien 2003, S. 242–255.

PILTZ, Eric, »Trägheit des Raums«. Fernand Braudel und die Spatial Stories der Geschichtswissenschaft, in: Jörg DÖRING/Tristan THIELMANN (Hg.), Spatial Turn. Das Raumparadigma in den Kultur- und Sozialwissenschaften, Bielefeld 2008, S. 75–102.

PLUMB, John Harold, Sir Robert Walpole. 2 Bde., London 1956–1960.

POLLOCK, Frederick/MAITLAND, Frederic William, The History of English Law before the Time of Edward I. Bd. 1, Cambridge ²1923.

POLLEROSS, Friedrich, Augusta Carolinae Virtutis Monumenta. Zur Architekturpolitik Kaiser Karls VI. und ihrer Programmatik, in: Franz-Stefan SEITSCHEK u.a. (Hg.), 300 Jahre Karl VI. (1711–1740). Spuren der Herrschaft des »letzten« Habsburgers. Begleitband zur Ausstellung des Österreichischen Staatsarchivs, Wien 2011, S. 218–234.

–, Renaissance und Barock, in: Karl VOCELKA/Anita TRANINGER (Hg.), Wien: Geschichte einer Stadt. Bd. 2: Die frühneuzeitliche Residenz (16. bis 18. Jahrhundert), Wien 2003, S. 453–500.

PRESS, Volker, Austria and the Rise of Brandenburg-Prussia, in: Charles W. INGRAO (Hg.), State and Society in Early Modern Austria, West Lafayette, IN 1994, S. 298–311.

–, Elisabeth Christine, in: Brigitte HAMANN (Hg.), Die Habsburger. Ein biographisches Lexikon, München 1988, S. 88–90.

–, Karl VI., in: Brigitte HAMANN (Hg.), Die Habsburger. Ein biographisches Lexikon, München 1988, S. 215–219.

–, Kurhannover im System des alten Reiches 1692–1803, in: Adolf M. BIRKE/Kurt KLUXEN (Hg.), England und Hannover/England and Hanover, München 1986, S. 53–79.

PRETSCH, Hans Jochen, Graf Manteuffels Beitrag zur österreichischen Geheimdiplomatie von 1728 bis 1736. Ein kursächsischer Kabinettminister im Dienste des Prinzen Eugen von Savoyen und Kaiser Karls VI., Bonn 1970.

PRIBRAM, Alfred Francis, Das böhmische Commerzcollegium und seine Thätigkeit. Ein Beitrag zur Geschichte des böhmischen Handels und der böhmischen Industrie im Jahrhunderte nach dem westphälischen Frieden, Prag 1898.

PÜSTER, Klaus, Möglichkeiten und Verfehlungen merkantiler Politik im Kurfürstentum Hannover unter Berücksichtigung des Einflusses der Personalunion mit dem Königreich Großbritannien, Hamburg 1966 (ungedruckte Dissertation Universität Hamburg).

RAAB, Heribert, Die Bekämpfung des Jansenismus im Bereich der Kölner Nuntiatur (1720–1732), in: Erwin GATZ (Hg.), Römische Kurie – Kirchliche Finanzen – Vatikanisches Archiv. Studien zu Ehren von Hermann Hoberg. Bd. 2, Rom 1979, S. 701–725.

RAMCKE, Rainer, Die Beziehungen zwischen Hamburg und Österreich im 18. Jahrhundert. Kaiserlich-reichsstädtisches Verhältnis im Zeichen von Handels- und Finanzinteressen, Hamburg 1969.

RATH, Maria Theresia, Kaiser Karl VI. in der Medaille (1685–1740), Leuven 1980 (ungedruckte Dissertation Universität Leuven).

RAU, Susanne, Räume der Stadt. Eine Geschichte Lyons 1300–1800, Frankfurt a.M. 2014.

–, Räume. Konzepte, Wahrnehmungen, Nutzungen, Frankfurt a.M. 2013.

RAUSCHER, Peter (Hg.), Kriegsführung und Staatsfinanzen. Die Habsburgermonarchie und das Heilige Römische Reich vom Dreißigjährigen Krieg bis zum Ende des habsburgischen Kaisertums 1740, Münster 2010.

REDLICH, Oswald, Die Tagebücher Kaiser Karls VI., in: Wilhelm BAUER (Hg.), Gesamtdeutsche Vergangenheit. Festgabe für Heinrich Ritter von Srbik zum 60. Geburtstag am 10. November 1938, München 1938, S. 141–151.

–, Das Werden einer Großmacht. Österreich von 1700 bis 1740, Brünn ³1942.

REIMER, Torsten, Before Britannia ruled the Waves. Die Konstruktion einer maritimen Nation, München 2006 (ungedruckte Dissertation Universität München), URL: <https://edoc.ub.uni-muenchen.de/10310/1/Reimer_Torsten.pdf> (01.12.2015).

REINHARD, Wolfgang, Historische Anthropologie frühneuzeitlicher Diplomatie. Ein Versuch über Nuntiaturberichte 1592–1622, in: ROHRSCHNEIDER/STROHMEYER, Wahrnehmungen des Fremden, S. 53–72.

–, Kommentar: Mikrogeschichte und Makrogeschichte, in: Hillard von THIESSEN/Christian WINDLER (Hg.), Nähe in der Ferne. Personale Verflechtung in den Außenbeziehungen der Frühen Neuzeit, Berlin 2005, S. 135–144.

REITEMEIER, Arnd, Außenpolitik im Spätmittelalter. Die diplomatischen Beziehungen zwischen dem Reich und England, 1377–1422, Paderborn 1999.

–, (Hg.), Kommunikation und Kulturtransfer im Zeitalter der Personalunion zwischen Großbritannien und Hannover. »to prove that Hanover and England are not entirely synonymus«, Göttingen 2014.

REYNOLDS, Susan, Heston and Isleworth: Roman Catholicism, in: Dies. (Hg.), A History of the County of Middlesex. Bd. 3, London 1962, S. 129–131.

RICHTER-UHLIG, Uta, Hof und Politik unter den Bedingungen der Personalunion zwischen Hannover und England. Die Aufenthalte Georgs II. in Hannover zwischen 1729 und 1741, Hannover 1992.

RILL, Bernd, Karl VI. Habsburg als barocke Großmacht, Graz 1992.

RIOTTE, Torsten, Der abwesende Monarch im Herrschaftsdiskurs der Neuzeit. Eine Forschungsskizze am Beispiel der Welfendynastie nach 1866, in: HZ 289 (2009), S. 627–667.

ROBINSON, John Martin, The Dukes of Norfolk. A Quincentennial History, Oxford 1982.

RODE-BREYMANN, Susanne/TUMAT, Antje (Hg.), Der Hof. Ort kulturellen Handels von Frauen in der Frühen Neuzeit, Köln 2013.

ROGERS, Hugh Cuthbert Basset, The British Army of the Eighteenth Century, London 1977.

RÖHRIG, Anna E., Caroline von Brandenburg-Ansbach (1683–1737), in: Heinrich von HANNOVER (Hg.), Frauen der Welfen, Göttingen 2011, S. 119–131.

ROHRSCHNEIDER, Michael/STROHMEYER, Arno (Hg.), Wahrnehmungen des Fremden. Differenzerfahrungen von Diplomaten im 16. und 17. Jahrhundert, Münster 2007.

RÖHSNER, Zdislava, Wirtschaft unter Karl VI., in: Franz-Stefan SEITSCHEK u.a. (Hg.), 300 Jahre Karl VI. (1711–1740). Spuren der Herrschaft des »letzten« Habsburgers. Begleitband zur Ausstellung des Österreichischen Staatsarchivs, Wien 2011, S. 136–142.

–, Die zentrale Finanzverwaltung der Monarchie, in: Franz-Stefan SEITSCHEK u.a. (Hg.), 300 Jahre Karl VI. (1711–1740). Spuren der Herrschaft des »letzten« Habsburgers. Begleitband zur Ausstellung des Österreichischen Staatsarchivs, Wien 2011, S. 112–118.

ROLL, Christine, Politisches Kalkül und diplomatische Praxis. Zu den Verträgen und Vertragsverhandlungen zwischen Zar und Kaiser im 16. und 17. Jahrhundert, in: Heinz DUCHHARDT/Martin PETERS (Hg.), Kalkül – Transfer – Symbol. Europäische Friedensverträge der Vormoderne, Mainz 2006-11-02 (VIEG Beiheft online 1), URL: <http://www.ieg-mainz.de/vieg-online-beihefte/01-2006.html>, Abs. 53–62.

RÖMER, Christof, Der Kaiser und die welfischen Staaten 1679–1755. Abriß der Konstellationen und der Bedingungsfelder, in: Harm KLUETING/Wolfgang SCHMALE (Hg.), Das Reich und seine Territorialstaaten im 17. und 18. Jahrhundert. Aspekte des Mit-, Neben- und Gegeneinander, Münster 2004, S. 43–66.

–, Niedersachsen im 18. Jahrhundert (1714–1803), in: Christine van den HEUVEL/Manfred von BOETTICHER (Hg.), Geschichte Niedersachsens. Bd. 3.1: Politik, Wirtschaft und Gesellschaft von der Reformation bis zum Beginn des 19. Jahrhunderts, Hannover 1998, S. 221–346.

ROSENHEIM, James, The Political Culture of the Early Eighteenth-Century English Gentry, in: Ronald G. ASCH (Hg.), Der europäische Adel im Ancien Régime. Von der Krise der ständischen Monarchien bis zur Revolution (1600–1789), Köln 2001, S. 323–342.

–, The Townshends of Raynham. Nobility in Transition in Restoration and Early Hanoverian England, Middletown 1989.

RÖSSLER, Emil Franz, Die Gründung der Universität Göttingen. Entwürfe, Berichte und Briefe der Zeitgenossen, herausgegeben und mit einer geschichtlichen Einleitung versehen, Aalen 1987.

RÖSSNER, Philipp Robinson, Scotland, 1707–1783, in: Loïc CHARLES/Guillaume DAUDIN (Hg.), Eighteenth-Century International Trade Statistics. Sources and Methods, Paris 2015, S. 345–354.

The Royal Society (Hg.), History of the Royal Society, London 2013, URL: <http://royalsociety.org/about-us/history/> (17.12.2013).

RÜDE, Magnus, Rezension von: Toby Osborne: Dynasty and Diplomacy in the Court of Savoy. Political Culture and the Thirty Years' War, Cambridge: Cambridge University Press 2002, in: sehepunkte 4, 6 (2004), URL: <http://www.sehepunkte.de/2004/06/5141.html> (14.01.2015).

RUPPEL, Sophie, Verbündete Rivalen. Geschwisterbeziehungen im Hochadel des 17. Jahrhunderts, Köln 2006.

Ruvigny et Raineval, Melville Henry Massue (Hg.), The Jacobite Peerage [...], Edinburgh 1904.

Sabelleck, Rainer, Kurhannover als Durchzugs- und Aufnahmeland für Salzburger und Berchtesgadener Emigranten. Erwartungen, Ziele und Handlungsspielräume 1732–1733, in: Thomas Behme/Manfred Dunger (Hg.), Denkhorizonte und Handlungsspielräume. Historische Studien für Rudolf Vierhaus zum 70. Geburtstag, Göttingen 1992, S. 137–168.

Sack, James J., Tories and Toryism, in: Gerald Newman/Leslie Ellen Brown (Hg.), Britain in the Hanoverian Age, 1714–1837. An Encyclopedia, New York 1997, S. 710–711.

Sallmann, Jean-Michel, Géopolitique du XVIe siècle, 1490–1618, Paris 2003.

Sandgruber, Roman, Ökonomie und Politik. Österreichische Wirtschaftsgeschichte vom Mittelalter bis zur Gegenwart, Wien 2005.

–, »Österreich über alles«. Programmatik und Realität der Wirtschaft zur Zeit Prinz Eugens, in: Erich Zöllner/Karl Gutkas (Hg.), Österreich und die Osmanen. Prinz Eugen und seine Zeit, Wien 1988, S. 153–171.

Sardiné i Torrentallé, Sebastià, Jo, Vilana-Perles. El diplomàtic català que va moure els fils de la Guerra de Successió (1704–1734), Lleida 2013.

Satow, Ernest, The Silesian Loan and Frederick the Great, Oxford 1915.

Saville, Richard, Bank of Scotland. A History, 1695–1995, Edinburgh 1996.

Schaich, Michael, Introduction, in: Andreas Gestrich/Michael Schaich (Hg.), The Hanoverian Succession. Dynastic Politics and Monarchical Culture, Farnham 2015, S. 1–22.

–, Introduction, in: Ders. (Hg.), Monarchy and Religion. The Transformation of Royal Culture in Eighteenth-Century Europe, Oxford 2007, S. 1–40.

–, (Hg.), Monarchy and Religion. The Transformation of Royal Culture in Eighteenth-Century Europe, Oxford 2007.

Schenk, Tobias, Reichsjustiz im Spannungsfeld von oberstrichterlichem Amt und österreichischen Hausmachtinteressen. Der Reichshofrat und der Konflikt um die Allodifikation der Lehen in Brandenburg-Preußen (1717–1728), in: Anja Amend-Traut u.a. (Hg.), Geld, Handel Wirtschaft. Höchste Gerichte im Alten Reich als Spruchkörper und Institution, Göttingen 2013, S. 103–219.

Scheutz, Martin, Legalität und unterdrückte Religionsausübung. Niederleger, Reichshofräte, Gesandte und Legationsprediger. Protestantisches Leben in der Haupt- und Residenzstadt Wien im 17. und 18. Jahrhundert, in: Rudolf Leeb u.a. (Hg.), Geheimprotestantismus und evangelische Kirchen in der Habsburgermonarchie und im Erzstift Salzburg (17./18. Jahrhundert), Wien 2009, S. 209–236.

Schilling, Heinz, Formung und Gestalt des internationalen Systems in der werdenden Neuzeit – Phasen und bewegende Kräfte, in: Peter Krüger (Hg.), Kontinuität und Wandel in der Staatenordnung der Neuzeit. Beiträge zur Geschichte des internationalen Systems, Marburg 1991, S. 19–46.

–, Konfessionalisierung und Staatsinteressen. Internationale Beziehungen 1559–1660, Paderborn 2007.

–, Die neue Zeit. Vom Christenheitseuropa zum Europa der Staaten. 1250 bis 1750, Berlin 1999.

Schlag, Wilhelm, A Survey of Austrian Emigration to the United States, in: Otto Hietsch (Hg.), Österreich und die angelsächsische Welt. Kulturbegegnungen und Vergleiche. Bd. 1, Wien 1961, S. 139–196.

Schlitter, Hanns, Starhemberg, Gundakar Thomas Graf von, in: ADB 35 (1893), S. 480–482.

Schlögel, Karl, Kartenlesen, Raumdenken. Von einer Erneuerung der Geschichtsschreibung, in: Merkur 56, 4 (2002), S. 308–318.

–, Im Raume lesen wir die Zeit. Über Zivilisationsgeschichte und Geopolitik, München 2003.

Schmale, Wolfgang/Stauber, Reinhard, Einleitung. Mensch und Grenze in der Frühen Neuzeit, in: Dies. (Hg.), Menschen und Grenzen in der Frühen Neuzeit, Berlin 1998, S. 9–22.

Schmid, Oskar, Marques Rialp und das spanische Staatssekretariat in Wien, in: Historische Blätter 7 (1937), S. 52–60.

Schmidt, Georg, Vernetzte Staatlichkeit. Der Reichs-Staat und die Kurfürsten-Könige, in: Axel Gotthard u.a. (Hg.), Studien zur politischen Kultur Alteuropas: Festschrift für Helmut Neuhaus zum 65. Geburtstag, Berlin 2009, S. 531–546.

SCHMIDT, Hans, Karl VI. 1711–1740, in: Anton SCHINDLING/Walter ZIEGLER (Hg.), Die Kaiser der Neuzeit. 1519–1918. Heiliges Römisches Reich, Österreich, Deutschland, München 1990, S. 200–214, 485–487.

SCHMIDT-RÖSLER, Andrea, Präliminarfriedensverträge als Friedensinstrumente der Frühen Neuzeit, in: Heinz DUCHHARDT/Martin PETERS (Hg.), Instrumente des Friedens. Vielfalt und Formen von Friedensverträgen im vormodernen Europa, Mainz 2008-06-25 (VIEG Beiheft online 3), URL: <http://www.ieg-mainz.de/vieg-online-beihefte/03-2008.html>, Abs. 56–77.

–, Die »Sprachen des Friedens«. Theoretischer Diskurs und statistische Wirklichkeit, in: Heinz DUCHHARDT/Martin ESPENHORST (Hg.), Utrecht – Rastatt – Baden 1712–1714. Ein europäisches Friedenswerk am Ende des Zeitalters Ludwigs XIV., Göttingen 2013, S. 235–259.

–, »Uneinigkeit der Zungen« und »Zwietracht der Gemüther«. Aspekte von Sprache, Sprachwahl und Kommunikation frühneuzeitlicher Diplomatie, in: Martin ESPENHORST (Hg.), Unwissen und Missverständnisse im vormodernen Friedensprozess, Göttingen 2013, S. 167–201.

–, Von »Viel-Zünglern« und vom »fremden Reden-Kwäckern«. Die Sicht auf die diplomatischen Verständigungssprachen in nachwestfälischen Diplomatenspiegeln, in: Heinz DUCHHARDT/Martin ESPENHORST (Hg.), Frieden übersetzen in der Vormoderne. Translationsleistungen in Diplomatie, Medien und Wissenschaft, Göttingen 2012, S. 207–244.

SCHMIDT-VOGES, Inken u.a. (Hg.), Pax perpetua. Neuere Forschungen zum Frieden in der Frühen Neuzeit, München 2010.

SCHMÜCKER, Christina, Im Wirtshaus »Zum Schwarzen Adler«. Die Wirtschaften in den Zeremonialprotokollen (1652–1800), in: Irmgard PANGERL u.a. (Hg.), Der Wiener Hof im Spiegel der Zeremonialprotokolle (1652–1800). Eine Annäherung, Innsbruck 2007, S. 435–462.

SCHNATH, Georg, Geschichte Hannovers im Zeitalter der neunten Kur und der englischen Sukzession 1674–1714. 4 Bde., Hildesheim 1938–1982.

SCHNETTGER, Matthias, Dynastie, in: EdN 3 (2006), Sp. 1–11.

–, Norm und Pragmatismus. Die sprachliche Situation der Italiener im Alten Reich, in: Thomas NICKLAS/Matthias SCHNETTGER (Hg.), Politik und Sprache im Frühneuzeitlichen Europa, Mainz 2007, S. 73–88.

–, Der Spanische Erbfolgekrieg, 1701–1713/14, München 2014.

–, Auf dem Weg zur Bedeutungslosigkeit? Die Rolle der Italiener und des Italienischen in der frühneuzeitlichen Diplomatie, in: Martin ESPENHORST (Hg.), Frieden durch Sprache? Studien zum kommunikativen Umgang mit Konflikten und Konfliktlösungen, Göttingen 2012, S. 25–60.

–, Ist Wien eine Messe wert? Protestantische Funktionseliten am Kaiserhof im 17. und 18. Jahrhundert, in: Christine ROLL u.a. (Hg.), Grenzen und Grenzüberschreitungen. Bilanz und Perspektiven der Frühneuzeitforschung, Köln 2010, S. 599–633.

SCHÖNPFLUG, Daniel, Dynastische Netzwerke, in: Europäische Geschichte Online (EGO), hg. v. Leibniz-Institut für Europäische Geschichte (IEG), URL: <http://www.ieg-ego.eu/schoenpflugd-2010-de> (28.01.2018).

SCHULTE BEERBÜHL, Margrit, Deutsche Kaufleute in London. Welthandel und Einbürgerung (1600–1818), München 2007.

SCHULZE, Winfried, Die Entstehung des nationalen Vorurteils. Zur Kultur der Wahrnehmung fremder Nationen in der europäischen Frühen Neuzeit, in: Wolfgang SCHMALE/Reinhard STAUBER (Hg.), Menschen und Grenzen in der Frühen Neuzeit, Berlin 1998, S. 23–49.

SCHUMPETER, Elizabeth Boody (Hg.), English Overseas Trade Statistics, 1697–1808. With an Introduction by T.S. Ashton and a Memoir of Mrs. Schumpeter by Elizabeth W. Gilboy, Oxford 1960.

SCHUSELKA, Franz, Österreich und England. Kritischer Beitrag zur Geschichte der Bündnisse und Zerwürfnisse zwischen beiden Staaten, Stuttgart 1854.

SCHÜTZ, Ernst, Die Gesandtschaft Großbritanniens am Immerwährenden Reichstag zu Regensburg und am kur(pfalz-)bayerischen Hof zu München 1683–1806, München 2007.

SCHWEIZER, Karl, Scotsmen and the British Diplomatic Service, 1714–1789, in: International Review of Scottish Studies 8 (1978), S. 115–136.

SCHWENNICKE, Andreas, »Ohne Steuern kein Staat«. Zur Entwicklung und politischen Funktion des Steuerrechts in den Territorien des Heiligen Römischen Reichs (1500–1800), Frankfurt a.M. 1996.

SCHWERHOFF, Gerd (Hg.), Stadt und Öffentlichkeit in der Frühen Neuzeit, Köln 2011.

SCOTT, Hamish M. (Hg.), The European Nobilities in the Seventeenth and Eighteenth Centuries. 2 Bde., London 1995.

–/ STORRS, Christopher, Introduction. The Consolidation of Noble Power in Europe, c. 1600–1800, in: Hamish M. SCOTT (Hg.), The European Nobilities in the Seventeenth and Eighteenth Centuries. Bd. 1: Western Europe, London 1995, S. 1–52.

–, »The True Principles of the Revolution«. The Duke of Newcastle and the Idea of the Old System, in: Jeremy BLACK (Hg.), Knights Errant and True Englishmen. British Foreign Policy, 1660–1800, Edinburgh 2007, S. 55–91.

SEDGWICK, Romney R., Walpole, Horatio (1678–1757), of Wolterton, Norf., in: Ders. (Hg.), The History of Parliament. The House of Commons, 1715–1754, London 1970, URL: <http://www.historyofparliamentonline.org/volume/1715-1754/member/walpole-horatio-1678-1757> (24.02.2015).

–, Walpole, Robert (1676–1745), of Houghton, Norf., in: Ders. (Hg.), The History of Parliament. The House of Commons, 1715–1754, London 1970, URL: <http://www.historyofparliamentonline. org/volume/1715-1754/member/walpole-robert-1676-1745> (19.05.2016).

SEEGER, Ulrike, Stadtpalais und Belvedere des Prinzen Eugen. Entstehung, Gestalt, Funktion und Bedeutung, Wien 2004.

SEGER, Otto, Überblick über die Geschichte des Hauses Kinsky, o.O. 1968.

SEIRINIDOU, Vasiliki, Griechen in Wien im 18. und frühen 19. Jahrhundert, in: Das achtzehnte Jahrhundert und Österreich 12 (1997), S. 7–28.

SEITSCHEK, Franz-Stefan u.a. (Hg.), 300 Jahre Karl VI. (1711–1740). Spuren der Herrschaft des »letzten« Habsburgers. Begleitband zur Ausstellung des Österreichischen Staatsarchivs, Wien 2011.

–, Der Adel, in: Ders. u.a. (Hg.), 300 Jahre Karl VI. (1711–1740). Spuren der Herrschaft des »letzten« Habsburgers. Begleitband zur Ausstellung des Österreichischen Staatsarchivs, Wien 2011, S. 63–73.

–, »Einige caeremonialpuncten bet(reffend)«. Kommunizierende Gefäße. Zeremonialprotokoll und Wiener Diarium als Quelle für den Wiener Hof (18. Jh.), Wien 2011 (ungedruckte Magisterarbeit Universität Wien).

–, Der Herrschaftsantritt, in: Ders. u.a. (Hg.), 300 Jahre Karl VI. (1711–1740). Spuren der Herrschaft des »letzten« Habsburgers. Begleitband zur Ausstellung des Österreichischen Staatsarchivs, Wien 2011, S. 94–103.

–, Hof, Hofgesellschaft, Zeremoniell, in: Ders. u.a. (Hg.), 300 Jahre Karl VI. (1711–1740). Spuren der Herrschaft des »letzten« Habsburgers. Begleitband zur Ausstellung des Österreichischen Staatsarchivs, Wien 2011, S. 58–62.

–, Höfische Belustigungen, in: Ders. u.a. (Hg.), 300 Jahre Karl VI. (1711–1740). Spuren der Herrschaft des »letzten« Habsburgers. Begleitband zur Ausstellung des Österreichischen Staatsarchivs, Wien 2011, S. 74–79.

–, Die Hofkanzleien, in: Ders. u.a. (Hg.), 300 Jahre Karl VI. (1711–1740). Spuren der Herrschaft des »letzten« Habsburgers. Begleitband zur Ausstellung des Österreichischen Staatsarchivs, Wien 2011, S. 104–105.

–, Karussell und Schlittenfahrt im Spiegel der Zeremonialprotokolle – nicht mehr als höfische Belustigungen?, in: Irmgard PANGERL u.a. (Hg.), Der Wiener Hof im Spiegel der Zeremonialprotokolle (1652–1800). Eine Annäherung, Innsbruck 2007, S. 357–434.

–, Person und Familie, in: Ders. u.a. (Hg.), 300 Jahre Karl VI. (1711–1740). Spuren der Herrschaft des »letzten« Habsburgers. Begleitband zur Ausstellung des Österreichischen Staatsarchivs, Wien 2011, S. 14–34.

–, Religiöse Praxis am Wiener Hof. Das Beispiel der medialen Berichterstattung, in: István FAZEKAS u.a. (Hg.), Frühneuzeitforschung in der Habsburgermonarchie. Adel und Wiener Hof – Konfessionalisierung – Siebenbürgen, Wien 2013, S. 71–101.

–, Die Tagebücher Kaiser Karls VI. (1720–1725), Wien 2017 (ungedruckte Dissertation Universität Wien).

–, Die »Verstaatlichung« der Post 1722, in: Ders. u.a. (Hg.), 300 Jahre Karl VI. (1711–1740). Spuren der Herrschaft des »letzten« Habsburgers. Begleitband zur Ausstellung des Österreichischen Staatsarchivs, Wien 2011, S. 169–171.

SERRUYS, Michael-W., Oostende en de Oostendse Compagnie. Het economisch effect van koloniale zeehandel op enn zuid-nederlandse havenstad tussen de Spaanse en de Oostenrijkse Successieoorlog (1713–1745), Leuven 1999 (ungedruckte Lizensiatsarbeit Universität Leuven).

SHEEHAN, Michael, Balance of Power Intervention. Britain's Decisions for or against War, 1733–56, in: Diplomacy and Statecraft 7, 2 (1996), S. 271–289.

–, The Sincerity of the British Commitment to the Maintenance of the Balance of Power 1714–1763, in: Diplomacy and Statecraft 15, 3 (2004), S. 489–506.

SHEILS, William, »Getting on« and »Getting along« in Parish and Town. Catholics and their Neighbours in England, in: Benjamin KAPLAN u.a. (Hg.), Catholic Communities in Protestant States: Britain and the Netherlands c. 1570–1720, Manchester 2009, S. 67–83.

SIEGELBERG, Jens/SCHLICHTE, Klaus (Hg.), Strukturwandel internationaler Beziehungen. Zum Verhältnis von Staat und internationalem System seit dem Westfälischen Frieden, Wiesbaden 2000.

ŠIMEČEK, Zdeněk, Zur Reform der Prager tschechischen und deutschen Zeitungen in der josephinischen Ära, in: Mitteilungen der Gesellschaft für Buchforschung in Österreich 1 (2007), S. 7–24.

SIMMS, Brendan/RIOTTE, Torsten (Hg.), The Hanoverian Dimension in British History, 1714–1837, Cambridge 2007.

–, »Ministers of Europe«. British Strategic Culture, 1714–1760, in: Hamish M. SCOTT/Brendan SIMMS (Hg.), Cultures of Power in Europe during the Long Eighteenth Century, Cambridge 2007, S. 110–132.

SLAVÍČKOVÁ, Hana, Hospodářský vývoj panství Česká Kamenice v první třetině 18. století se zvla áštni ím zřetelem na skla ářskou a textilí í výrobu a obchod, in: Děčínské vlastivědné zprávy 11, 3 (2001), S. 3–30.

SMITH, Hannah, Georgian Monarchy. Politics and Culture, 1714–1760, Cambridge 2006.

–, The Idea of a Protestant Monarchy in Britain 1714–1760, in: Past & Present 185 (2004), S. 91–118.

SPECK, William Arthur, William Augustus, Prince, duke of Cumberland (1721–1765), in: Oxford DNB (2008) URL: <http://www.oxforddnb.com/view/article/29455> (28.02.2015).

SPEHR, Ferdinand, Elisabeth Christine, in: ADB 6 (1877), S. 11–12.

SPIESBERGER, Else, Das Freihaus, Wien 1980.

SRBIK, Heinrich von, Der staatliche Exporthandel Österreichs von Leopold I. bis Maria Theresia. Untersuchungen zur Wirtschaftsgeschichte Österreichs im Zeitalter des Merkantilismus, Frankfurt a.M. 1969.

STACHER-GFALL, Anna-Katharina, Das Andreasfest des Ordens vom Goldenen Vlies im Spiegel der Zeremonialprotokolle des Wiener Hofes der Jahre 1712 bis 1800, in: Irmgard PANGERL u.a. (Hg.), Der Wiener Hof im Spiegel der Zeremonialprotokolle (1652–1800). Eine Annäherung, Innsbruck 2007, S. 309–336.

Stadt Bremerhaven (Hg.), Alter Postweg … auf historischen Spuren durch den Landkreis (Flyer), Cuxhaven 2009, URL: <http://www.bremerhaven.de/downloads/394/55759/2009_Postweg+Flyer+II.pdf> (28.05.2014).

STASAVAGE, David, Public Debt and the Birth of the Democratic State. France and Great Britain, 1688–1789, Cambridge 2003.

STASZEWSKI, Jacek, Begründung und Fortsetzung der Personalunion Sachsen-Polen 1697 und 1733, in: Quellen und Studien DHI Warschau 18 (2005), S. 37–50.

STEINER, Stephan, Reisen ohne Wiederkehr. Die Deportation von Protestanten aus Kärnten 1734–1736, Wien 2007.

STEUER, Gisela, Englands Österreichpolitik in den Jahren 1730–1735 nach den Berichten des englischen Gesandten am Wiener Hof, Sir Thomas Robinson, Bonn 1957 (ungedruckte Dissertation Universität Bonn).

STIX, Franz, Zur Geschichte und Organisation der Wiener Geheimen Ziffernkanzlei (Von ihren Anfängen bis zum Jahr 1848), in: MIÖG 51 (1937), S. 131–160.

STOLLBERG-RILINGER, Barbara, Was heißt Kulturgeschichte des Politischen? Einleitung, in: Dies. (Hg.), Was heißt Kulturgeschichte des Politischen?, Berlin 2005, S. 9–24.

–, Des Kaisers alte Kleider. Verfassungsgeschichte und Symbolsprache des Alten Reiches, München 2008.

–, Maria Theresia. Die Kaiserin in ihrer Zeit. Eine Biographie, München 2017.

–, Zeremoniell als politisches Verfahren. Rangordnung und Rangstreit als Strukturmerkmale des frühneuzeitlichen Reichstags, in: Johannes KUNISCH (Hg.), Neue Studien zur frühneuzeitlichen Reichsgeschichte, Berlin 1997, S. 91–132.

STONE, Lawrence/STONE, Jeanne C. Fawtier, An Open Elite? England 1540–1880, Oxford 1995.

STROBL, Walter, Österreich und der polnische Thron 1733, Wien 1950 (ungedruckte Dissertation, Universität Wien).

STROHMEYER, Arno, Theorie der Interaktion. Das europäische Gleichgewicht der Kräfte in der frühen Neuzeit, Wien 1994.

–, Wahrnehmungen des Fremden. Differenzerfahrungen von Diplomaten im 16. und 17. Jahrhundert: Forschungsstand – Erträge – Perspektiven, in: Michael ROHRSCHNEIDER/Arno STROHMEYER (Hg.), Wahrnehmungen des Fremden. Differenzerfahrungen von Diplomaten im 16. und 17. Jahrhundert, Münster 2007, S. 1–50.

SUTHERLAND, Lucy Stuart, The City of London in Eighteenth-Century Politics, in: Dies., Politics and Finance in the Eighteenth Century, London 1984, S. 41–66.

–, The East India Company in Eighteenth-Century Politics, in: Dies., Politics and Finance in the Eighteenth Century, London 1984, S. 153–164.

–, The East India Company in Eighteenth-Century Politics, Oxford ²1962 (Sutherland, East India Company (Monographie)).

–, Samson Gideon. Eighteenth Century Jewish Financier, in: Dies., Politics and Finance in the Eighteenth Century, London 1984, S. 387–398.

SUTTON, John L., The King's Honor & the King's Cardinal. The War of the Polish Succession, Lexington 1980.

SZECHI, Daniel, Britain's Lost Revolution? Jacobite Scotland and French Grand Strategy, 1701–8, Manchester 2015.

–, The Jacobites. Britain and Europe, 1688–1788, Manchester 1994.

–/ HAYTON, David W., John Bull's Other Kingdoms. The English Government of Scotland and Ireland, in: Clyve JONES (Hg.), Britain in the First Age of Party 1680–1750. Essays presented to Geoffrey Holmes, London 1987, S. 241–280.

TANTNER, Anton, Adressbüros im Europa der Frühen Neuzeit, Wien 2011 (ungedruckte Habilitation Universität Wien).

–, Die ersten Suchmaschinen. Adressbüros, Fragämter, Intelligenz-Comptoirs, Berlin 2015.

TANZER, Gerhard, Spectacle müssen seyn. Die Freizeit der Wiener im 18. Jahrhundert, Wien 1992.

TAYLOR, Stephen, The Bishops at Westminster in the Mid-Eighteenth Century, in: Clyve JONES (Hg.), A Pillar of the Constitution. The House of Lords in British Politics, 1640–1784, London 1989, S. 137–163.

–, Caroline (1683–1737), in: Oxford DNB (2004) URL: <http://www.oxforddnb.com/view/article/4720> (17.06.2014).

–, The Clergy at the Courts of George I and George II, in: Michael SCHAICH (Hg.), Monarchy and Religion. The Transformation of Royal Culture in Eighteenth-Century Europe, Oxford 2007, S. 129–151.

–, Queen Caroline and the Church of England, in: Ders. u.a. (Hg.), Hanoverian Britain and Empire. Essays in Memory of Philip Lawson, Woodbridge 1998, S. 82–101.

–, Walpole, Robert, first earl of Orford (1676–1745), in: Oxford DNB (2008), URL: <http://www.oxforddnb.com/view/article/28601> (20.03.2014).

TETTAU, Wilhelm Johann Albert Freiherr von, Urkundliche Geschichte der Tettauschen Familie in den Zweigen Tettau und Kinsky, Berlin 1878.

THELEN, Theodor, Der publizistische Kampf um die Pragmatische Sanktion und Erbnachfolge Maria Theresias (1731 bis 1748), Mainz 1955 (ungedruckte Dissertation Universität Mainz).

THIESSEN, Hillard von/WINDLER, Christian (Hg.), Akteure der Außenbeziehungen. Netzwerke und Interkulturalität im historischen Wandel, Köln 2010.

–, Diplomaten und Diplomatie im frühen 18. Jahrhundert, in: Heinz DUCHHARDT/Martin ESPENHORST (Hg.), Utrecht – Rastatt – Baden 1712–1714. Ein europäisches Friedenswerk am Ende des Zeitalters Ludwigs XIV., Göttingen 2013, S. 13–34.

–, Diplomatie und Patronage. Die spanisch-römischen Beziehungen 1605–1621 in akteurszentrierter Perspektive, Epfendorf 2010.

–, Diplomatie vom *type ancien*. Überlegungen zu einem Idealtypus des frühneuzeitlichen Gesandtschaftswesens, in: Ders./Christian WINDLER (Hg.), Akteure der Außenbeziehungen. Netzwerke und Interkulturalität im historischen Wandel, Köln 2010, S. 471–503.

–/ WINDLER, Christian, Einleitung. Außenbeziehungen in akteurszentrierter Perspektive, in: Dies. (Hg.), Akteure der Außenbeziehungen. Netzwerke und Interkulturalität im historischen Wandel, Köln 2010, S. 1–12.

–/ WINDLER, Christian (Hg.), Nähe in der Ferne. Personale Verflechtung in den Außenbeziehungen der Frühen Neuzeit, Berlin 2005.

THOMAS, Robert Paul/MCCLOSKEY, Deidre, Overseas Trade and Empire, 1700–1820, in: Roderick FLOUD/Deidre MCCLOSKEY (Hg.), The Economic History of Britain, 1700–present. Bd. 1: 1700–1860, Cambridge 1981, S. 87–102.

THOMPSON, Andrew, Britain-Hanover and the Politics of the Peace of Rastatt-Baden, in: Heinz DUCHHARDT/Martin ESPENHORST (Hg.), Utrecht – Rastatt – Baden 1712–1714. Ein europäisches Friedenswerk am Ende des Zeitalters Ludwigs XIV., Göttingen 2013, S. 71–89.

–, Britain, Hanover and the Protestant Interest, 1688–1756, Woodbridge 2006.

–, The Development of the Executive and Foreign Policy, 1714–1760, in: William MULLIGAN/Brendan SIMMS (Hg.), The Primacy of Foreign Policy in British History, 1660–2000, Basingstoke 2010, S. 65–78.

–, Early Eighteenth-Century Britain as a Confessional State, in: Hamish M. SCOTT/Brendan SIMMS (Hg.), Cultures of Power in Europe during the Long Eighteenth Century, Cambridge 2007, S. 86–109.

–, England als Schutzmacht der deutschen Protestanten 1714–1760, in: Ronald G. ASCH (Hg.), Hannover, Großbritannien und Europa. Erfahrungsraum Personalunion 1714–1837, Göttingen 2014, S. 243–263.

–, George II. King and Elector, New Haven, CT 2011.

–, The Grand Alliances, in: Europäische Geschichte Online (EGO), hg. v. Leibniz-Institut für Europäische Geschichte (IEG), URL: <http://www.ieg-ego.eu/thompsona-2013-en> (08.01.2015).

–, Hanover-Britain and the Protestant Cause, 1714–1760, in: Andreas GESTRICH/Michael SCHAICH (Hg.), The Hanoverian Succession. Dynastic Politics and Monarchical Culture, Farnham 2015, S. 89–106.

THOMSON, Mark Alméras, The Secretaries of State, 1681–1782, New York ²1968.

TIPTON, Susan, Diplomatie und Zeremoniell in Botschafterbildern von Carlevarijs und Canaletto, in: RIHA Journal 8 (2010).

TISCHER, Anuschka, Botschafter, in: EdN 2 (2005), Sp. 367–370.

–, Was ist eine internationale Geschichte, die nicht international ist? Methodische Grundüberlegungen zur Erforschung internationaler Geschichte der Frühen Neuzeit, Bonn 2013 (Vortrag, Gründungsworkshop Netzwerk Internationale Geschichte, 21.–22. März 2013), in: Academia. edu, URL: <http://www.academia.edu/3383349/Was_ist_eine_internationale_Geschichte_die_ nicht_international_ist_Methodische_Grund%C3%BCberlegungen_zur_Erforschung_internati­onaler_Geschichte_der_Fr%C3%BChen_Neuzeit> (20.04.2014).

TOPKA, Rosina, Der Hofstaat Kaiser Karls VI., Wien 1954 (ungedruckte Dissertation Universität Wien).

TORPEY, John, The Invention of the Passport. Surveillance, Citizenship and the State, Cambridge 2000.

TROOST, Wout, William III, the Stadholder-King. A Political Biography, Aldershot 2005.

TROSSBACH, Werner, Power and Good Governance. The Removal of Ruling Princes in the Holy Roman Empire, 1680–1794, in: Jason Philip COY u.a. (Hg.), The Holy Roman Empire Reconsidered, New York, S. 191–209.

TURBA, Gustav, Die Grundlagen der Pragmatischen Sanktion. Bd. 2: Die Hausgesetze, Leipzig 1912.

TURNER, Edward Raymond, The Development of the Cabinet, 1688–1760, in: AHR 19, 1 (1913), S. 27–43.

–, The Excise Scheme of 1733, in: EHR 42, 165 (1927), S. 34–57.

TWIGGE, Stephen u.a., British Intelligence. Secrets, Spies and Sources, Kew, Richmond, VA 2008.

URSTAD, Tone Sundt, Sir Robert Walpole's Poets. The Use of Literature as Pro-Government Propaganda, 1721–1742, Newark, DE 1999.

VAJIRAVUDH, Maha, The War of the Polish Succession, Oxford 1901.

VALENTA, Aleš, Dějiny rodu Kinských, Budweis 2004.

–, Z korespondence české šlechty v 18. století. Listy Štěpána Kinského bratru Františku Ferdinandovi z let 1719–1720, in: Sborník archivních prací 56, 2 (2006), S. 508–546.

VAUCHER, Paul, Robert Walpole et la Politique de Fleury (1731–1742), Paris 1924.

VERGA, Marcello, L'Impero in Italia. Alcune considerazioni introduttive, in: Matthias SCHNETTGER/ Marcello VERGA (Hg.), L'Impero e l'Italia nella prima età moderna/Das Reich und Italien in der Frühen Neuzeit, Bologna 2006, S. 11–24.

–, Il »sogno spagnolo« di Carlo VI. Alcune considerazioni sulla monarchia asburgica e i domini italiani nella prima metà del Settecento, in: Cesare MOZZARELLI/Giuseppe OLMI (Hg.), Il Trentino nel Settecento fra Sacro Romano Impero e antichi stati italiani, Bologna 1985, S. 203–261.

VIERHAUS, Rudolf, Die Rekonstruktion historischer Lebenswelten. Probleme moderner Kulturgeschichtsschreibung, in: Ders., Vergangenheit als Geschichte. Studien zum 19. und 20. Jahrhundert, Göttingen 2003, S. 98–110.

VITTORIO, Antonio di, Gli Austriaci e il Regno di Napoli 1707–1734. Ideologia e politica di sviluppo, Neapel 1973.

–, Porti e porto »franco«. Un aspetto della politica commerciale austriaca nel Mezzogiorno continentale d'Italia 1707–1734, in: MÖStA 25 (1972), S. 257–269.

VOCELKA, Karl, Glanz und Untergang der höfischen Welt. Repräsentation, Reform und Reaktion im Habsburgischen Vielvölkerstaat (1699–1815), Wien 2001.

–, Kirchengeschichte, in: Ders./Anita TRANINGER (Hg.), Wien. Geschichte einer Stadt. Bd. 2: Die frühneuzeitliche Residenz (16. bis 18. Jahrhundert), Wien 2003, S. 311–363.

–, Die Stadt und die Herrscher, in: Ders./Anita TRANINGER (Hg.), Wien. Geschichte einer Stadt. Bd. 2: Die frühneuzeitliche Residenz (16. bis 18. Jahrhundert), Wien 2003, S. 13–45.

WALFORD, Edward, Hanover Square and Neighbourhood, in: Walter THORNBURY/Edward WALFORD (Hg.), Old and New London. Bd. 4, London 1878, S. 314–326.

WALKER, Mack, The Salzburg Transaction. Expulsion and Redemption in Eighteeth-Century Germany, Ithaca, NY 1992.

WALLNIG, Pia, Die Verwaltung der Länder. Das Beispiel Neapels und der Österreichischen Niederlande, in: Franz-Stefan SEITSCHEK u.a. (Hg.), 300 Jahre Karl VI. (1711–1740). Spuren der Herrschaft des »letzten« Habsburgers. Begleitband zur Ausstellung des Österreichischen Staatsarchivs, Wien 2011, S. 106–111.

WALSH, Patrick u.a., Ireland, 1698–1829, in: Loïc CHARLES/Guillaume DAUDIN (Hg.), Eighteenth-Century International Trade Statistics. Sources and Methods, Paris 2015, S. 269–273.

WAQUET, Jean-Claude, Verhandeln in der Frühen Neuzeit. Vom Orator zum Diplomaten, in: Hillard von THIESSEN/Christian WINDLER (Hg.), Akteure der Außenbeziehungen. Netzwerke und Interkulturalität im historischen Wandel, Köln 2010, S. 113–131.

WARD, Adolphus William, Great Britain and Hanover. Some Aspects of the Personal Union; Being the Ford Lectures delivered in the University of Oxford Hilary Term, 1899, Oxford 1899.

WEBER, Hermann, Die Bedeutung der Dynastien für die europäische Geschichte der Frühen Neuzeit, in: Zeitschrift für bayerische Landesgeschichte 44 (1981), S. 5–32.

WEBER, Nadir, Zwischen Arkanum und Öffentlichkeit. Der Brief als Medium politischer Kommunikation im 18. Jahrhundert, in: Felix HEIDENREICH/Daniel SCHÖNPFLUG (Hg.), Politische Kommunikation. Von der klassischen Rhetorik zur Mediendemokratie, Berlin 2012, S. 53–73.

WEBER, Wolfgang E. J., Arkanpolitik, in: EdN 1 (2005), Sp. 650–652.

–, Zwischen Arkanpolitik und Aufklärung. Bemerkungen zur normativen Freigabe der politischen Informationslenkung im 17./18. Jahrhundert, in: Heinz DUCHHARDT/Martin ESPENHORST (Hg.), Utrecht – Rastatt – Baden 1712–1714. Ein europäisches Friedenswerk am Ende des Zeitalters Ludwigs XIV., Göttingen 2013, S. 129–140.

–, Dynastiesicherung und Staatsbildung. Die Entfaltung des frühmodernen Fürstenstaats, in: Ders. (Hg.), Der Fürst. Ideen und Wirklichkeiten in der europäischen Geschichte, Köln 1998, S. 91–136.

WEIGL, Andreas, Die (bürgerliche) Mittelschicht, in: Karl VOCELKA/Anita TRANINGER (Hg.), Wien. Geschichte einer Stadt. Bd. 2: Die frühneuzeitliche Residenz (16. bis 18. Jahrhundert), Wien 2003, S. 255–263.

–, Frühneuzeitliches Bevölkerungswachstum, in: Karl Vocelka/Anita Traninger (Hg.), Wien. Geschichte einer Stadt. Bd. 2: Die frühneuzeitliche Residenz (16. bis 18. Jahrhundert), Wien 2003, S. 109–131.

Weindl, Andrea, Europäische Handelsverträge – Friedensinstrument zwischen Kommerz und Politik, in: Heinz Duchhardt/Martin Peters (Hg.), Instrumente des Friedens. Vielfalt und Formen von Friedensverträgen im vormodernen Europa, Mainz 2008-06-25 (VIEG Beiheft online 3), URL: <http://www.ieg-mainz.de/vieg-online-beihefte/03-2008.html>, Abs. 36–55.

Welke, Martin, »… zu Österreichs Gloria durch Publicität mitzuwürcken.« Zur Pressepolitik des Kaiserhofes im Reich im 18. Jahrhundert, in: Wolfgang Duchkowitsch (Hg.), Mediengeschichte. Forschung und Praxis. Festgabe für Marianne Lunzer-Lindhausen zum 65. Geburtstag, Wien 1985, S. 173–193.

Weller, Thomas, Ordnen – Gemeinschaft stiften – Ins Recht setzen. Die Funktion von Ritualen und ihr Wandel, in: Barbara Stollberg-Rilinger u.a. (Hg.), Spektakel der Macht. Rituale im Alten Europa, 800–1800, Darmstadt 2008, S. 199–203.

Werner, Michael/Zimmermann, Bénédicte, Vergleich, Transfer, Verflechtung. Der Ansatz der Histoire croisée und die Herausforderung des Transnationalen, in: Geschichte und Gesellschaft 28 (2002), S. 607–636.

Westphal, Siegrid, Frieden durch Ignorieren. Die Frage der Rijswijker Religionsklausel im Vorfeld der Friedensverhandlungen von Baden, in: Heinz Duchhardt/Martin Espenhorst (Hg.), Utrecht – Rastatt – Baden 1712–1714. Ein europäisches Friedenswerk am Ende des Zeitalters Ludwigs XIV., Göttingen 2013, S. 167–183.

Whaley, Joachim, Das Heilige Römische Reich Deutscher Nation und seine Territorien. Bd. 2: Vom Westfälischen Frieden zur Auflösung des Reichs 1648–1806, Darmstadt 2014.

Wheatley, Henry Benjamin, London. Past and Present. Its History, Associations, and Traditions. 3 Bde., Cambridge 2011.

Whyman, Susan, Postal Censorship in England 1635–1844, Princeton, NJ 2003, URL: <http://web.archive.org/web/20080228094011/> und <http://www.psc.gov.uk/postcomm/live/about-the-mail-market/uk-market-reviews/postalcensorship.pdf> (28.05.2014).

Whyte, Ian D., Scotland before the Industrial Revolution. An Economic and Social History, c. 1050–c. 1750, Harlow 1995.

Wieland, Christian, Geheimer Rat, in: EdN 4 (2006), Sp. 263–267.

Wilkins, William Henry, Caroline the Illustrious. Queen-Consort of George II and sometime Queen-Regent. Study of her Life and Time. 2 Bde., London 1901.

Wilkinson, Clive, The British Navy and the State in the Eighteenth Century, Woodbridge 2004.

Williams, Basil, The Duke of Newcastle and the Election of 1734, in: EHR 12, 47 (1897), S. 448–488.

–, The Foreign Policy of England under Walpole. Part I, in: EHR 15, 58 (1900), S. 251–276; Part II, in: EHR 15, 59 (1900), S. 479–494; Part III, in: EHR 15, 60 (1900), S. 665–698; Part IV, in: EHR 16, 61 (1901), S. 67–83; Part V, in: EHR 16, 62 (1901), S. 308–327; Part VI, in: EHR 16, 63 (1901), S. 439–451.

Wilson, Peter H., The Holy Roman Empire and the Problem of the Armed Estates, in: Peter Rauscher (Hg.), Kriegsführung und Staatsfinanzen. Die Habsburgermonarchie und das Heilige Römische Reich vom Dreißigjährigen Krieg bis zum Ende des habsburgischen Kaisertums 1740, Münster 2010, S. 487–514.

–, Military Culture in the Reich, c. 1680–1806, in: Hamish M. Scott/Brendan Simms (Hg.), Cultures of Power in Europe during the Long Eighteenth Century, Cambridge 2007, S. 36–57.

Winkelbauer, Thomas, Nervus rerum Austriacarum. Zur Finanzgeschichte der Habsburgermonarchie um 1700, in: Petr Mat'a/Thomas Winkelbauer (Hg.), Die Habsburgermonarchie 1620 bis 1740. Leistungen und Grenzen des Absolutismusparadigmas, Stuttgart 2006, S. 179–215.

–, Postwesen und Staatsbildung in der Habsburgermonarchie im 17. und 18. Jahrhundert, in: Wiener Geschichtsblätter 68, 1 (2013), S. 69–86.

Winkler, Karl Tilman, Wörterkrieg. Politische Debattenkultur in England 1689–1750, Stuttgart 1998.

–, Die Zeitung und die Anfänge der Informationsgesellschaft. Wirtschaft, Technologie und publizistischer Markt in London 1665–1740, in: Martin Welke/Jürgen Wilke (Hg.), 400 Jahre Zeitung. Die Entwicklung der Tagespresse im internationalen Kontext, Bremen 2008, S. 139–174.

WOLFRAM, Herwig/POHL, Walter (Hg.), Probleme der Geschichte Österreichs und ihrer Darstellung, Wien 1991.

WOOD, Betty, Oglethorpe, James Edward (1696–1785), in: Oxford DNB (2006), URL: <http://www.oxforddnb.com/view/article/20616> (15.07.2016).

WOODFINE, Philip Laurence, The Duke of Newcastle's War. Walpole's Ministry and the War against Spain, 1737–1742, Huddersfield 1994 (ungedruckte Dissertation University of Huddersfield).

–, Ideas of Naval Power and the Conflict with Spain, 1737–1742, in: Jeremy BLACK/Philip Laurence WOODFINE (Hg.), The British Navy and the Use of Naval Power in the Eighteenth Century, Leicester 1988, S. 71–90.

–, Robinson, Thomas, first Baron Grantham (1695–1770), in: Oxford DNB (2007), URL: <http://www.oxforddnb.com/view/article/23878> (19.03.2014).

–, Stanhope, William, first earl of Harrington (1683?–1756), in: Oxford DNB (2008), URL: <http://www.oxforddnb.com/view/article/26257> (17.06.2014).

–, Waldegrave, James, first Earl Waldegrave (1684–1741), in: Oxford DNB (2008), URL: <http://www.oxforddnb.com/view/article/28437> (15.03.2014).

–, Walpole, Horatio [Horace], first Baron Walpole of Wolterton (1678–1757), in: Oxford DNB (2011), URL: <http://www.oxforddnb.com/view/article/28595> (20.03.2014).

WORDEN, Blair, Introduction, in: Ders. (Hg.), Stuart England, Oxford 1986, S. 7–21.

WORMALD, Jenny, The Creation of Britain. Multiple Kingdoms or Core and Colonies?, in: Transactions of the Royal Historical Society 2 (1992), S. 175–194.

WUNDER, Heide (Hg.), Dynastie und Herrschaftssicherung in der Frühen Neuzeit. Geschlechter und Geschlecht, Berlin 2002.

–, »Er ist die Sonn', sie ist der Mond«. Frauen in der Frühen Neuzeit, München 1992.

WURZBACH, Constantin von, Biographisches Lexikon des Kaiserthums Oesterreich, Wien 1856–1891.

YONAN, Michael, Portable Dynasties. Imperial Gift-Giving at the Court of Vienna in the Eighteenth Century, in: Court Historian 14, 2 (2009), S. 177–188.

ZATSCHEK, Heinz, England und das Reich, Brünn 1942.

ZEDINGER, Renate, Flucht oder adelige Kavalierstour? Zur Reise des Herzogs Franz III. (Anton) Stephan von Lothringen in den Jahren 1731/32, in: Das achtzehnte Jahrhundert und Österreich 7/8 (1992/93), S. 51–69.

–, Franz Stephan von Lothringen (1708–1765). Monarch – Manager – Mäzen, Wien 2008.

–, Hochzeit im Brennpunkt der Mächte. Franz Stephan von Lothringen und Erzherzogin Maria Theresia, Wien 1994.

–, Die Verwaltung der Österreichischen Niederlande in Wien (1714–1795). Studien zu den Zentralisierungstendenzen des Wiener Hofes im Staatswerdungsprozeß der Habsburgermonarchie, Wien 2000.

ZELZER, Hugo, Österreichischer Barock und der angelsächsische Raum, in: Otto HIETSCH (Hg.), Österreich und die angelsächsische Welt. Kulturbegegnungen und Vergleiche. Bd. 1, Wien 1961, S. 531–543.

ZENKER, Ernst Victor, Die Geschichte der Wiener Zeitung in ihrem Verhältnisse zur Staatsverwaltung auf Grund archivarischer Forschungen dargestellt, in: Zur Geschichte der kaiserlichen Wiener Zeitung, 8. August 1703–1903, Wien 1903, S. 1–44.

ZIMMERMANN, Doron, The Jacobite Movement in Scotland and in Exile, 1749–1759, Basingstoke 2003.

ZÖLLNER, Erich/GUTKAS, Karl (Hg.), Österreich und die Osmanen. Prinz Eugen und seine Zeit, Wien 1988.

ZWIEDINECK-SÜDENHORST, Hans von, Die Anerkennung der pragmatischen Sanction Karls VI. durch das deutsche Reich, in: MIÖG 16 (1895), S. 276–341.

Register[1]

Ortsregister

---

[1] *Kursiv* gesetzte Seitenangaben verweisen auf Anmerkungen.

Personenregister